비밀 중의 비밀 수행법 · **제2판**

禪과 生命의 認知 강의

남회근 지음
송찬문 번역

마하연

禪與生命的認知初講

南懷瑾 講述

ⓒ 老古文化事業股份有限公司, 2008

Korean translation copyright ⓒ Mahayon Publishing Co., 2013
Korean edition is published by arrangement with
Nan Huai Jin Culture Foundatian.

선과 생명의 인지 강의

초판 1쇄 2013년 10월 20일| 초판 1쇄 발행 2013년 10월 25일 | 초판 2쇄 2014년 7월
2판 1쇄 2022년 2월 25일

지은이 남회근 | 옮긴이 송찬문 | 펴낸이 송찬문 | 펴낸곳 마하연 | 등록일 2010년 2월
3일 | 등록번호 제 311-2010-000006 호 | 주소 10266 경기도 고양시 덕양구 통일로
966번길 84-4 | 전화번호 010-3360-0751
이메일 youmasong@naver.com
다음카페 홍남서원 http: //cafe.daum.net/youmawon

ISBN 978-89-964001-8-9   93220

책값은 뒤표지에 있습니다

역자의 말

선(禪)과 생명과학의 인지

이 제목에는 세 가지 큰 주제가 포함되어 있습니다. 첫째는 무엇이 선(禪)이냐는 것입니다. 둘째는 무엇이 생명과학이냐는 것입니다. 오늘날 생명과학이란 말이 매우 유행하고 있습니다. 셋째는 새로 일어난 인지과학(認知科學)인데, 무엇이 인지(認知)일까요?

불법은 대 과학이요 대 철학입니다. 종교가 아닙니다. 종교가 아니면서도 종교를 포함하고 있습니다. 부처님이 일대사인연(一大事因緣)을 위하여 세상에 출현하여 설했던 대소승 불법이 그 방대하기가 아득한 바다와 같더라도 '선과 생명의 인지' 문제를 강해하는 데 지나지 않습니다.

오늘날 새로운 과학이 출현하였는데, 바로 인지과학이나 생명과학 등입니다. 인지과학은 무엇을 연구하는 것일까요? 생명은 어떻게 온 것인지 생명과학까지를 포함한 인식론입니다. 이것은 새로운 추세입니다.

오늘날 미국에서 유행하는 것이 무엇일까요? 선(禪)이 아닙니다. 도가와 밀종입니다. 왜냐하면 이 두 가지 것이 두 가지의 새로운 과학에 영향을 미쳤기 때문입니다. 하나는 인지과학이라고 하는데, 유식학의 영향을 받았습니다. 정신생명이 이해되지 않고, 태어남은 어디로부터 오며 죽음은 어디로 가는지 그리고 우주가 어떻게 생겨났는지를 모르기 때문에 과학자들이 추구하고 있습니다.

또 하나는 생명과학 연구입니다. 미국은 서양문화 영향을 깊게 받았습니다. 기독교는 원래 전생과 후세를 믿지 않습니다. 그러나 지금은 영화나 소설도 나왔고 인과가 있고 전생과 내생이 있다는 것을 믿습니다. 그래서 애를 쓰고 추적해 들어가고 있습니다. 이것을 생명과학이라고 부릅니다. 이것은 물론 물리작용에서 온 것입니다.

오늘날 과학은 필연적으로 철학과 만나야 할 때에 도달하였습니다. 이것은 전 인류문화의 추세라는 사실을 저는 지금 여러분에게 말씀드립니다. 과학은 원래 철학과 나누어졌습니다. 그러나 과학의 최후의 결론은 철학에 의지해야 합니다.

엄중한 문제가 하나 있습니다. 인류의 문화는 21세기 이후에 도대체 어느 길을 향하여 걸어가야 할까요? 전 인류의 사상 문화와 정신생명은 모두 공백 상태입니다. 제가 근심하는 심정은 이 방면에 있습니다. 한 사람의 진정한 발심이 필요한데, 한 개인을 위해서거나 어떤 점을 위해서가 아닙니다. 불학 입장에서 말하면 중생을 구제하기 위해서입니다.

선정은 계정혜 3학의 중심

불법에서의 계정혜(戒定慧)는 3무루학(三無漏學)으로 어느 하나도 빼놓을 수 없는 학문입니다. 그 중에 선정은 계율과 지혜의 중심으로, 모든 불법의 수증 실험의 기초가 됩니다. 바꾸어 말하면 불법을 배우고 닦아 체험 증명하고자 하는 사람이라면 먼저 선정 공부부터 시작해야 한다는 것입니다.

선정이 이루어진 뒤에야 비로소 장엄한 계체(戒體)[1])에 도달할 수 있으며, 그런 다음에야 지혜를 계발하여 3명6통(三明六通)의 경계인 깨달음에 도달할 수 있습니다. 불법의 8만4천 법문도 모두 선정의 힘을 기초로 해야 보리과해(菩提果海)에 도달할 수 있습니다. 어느 종파의 수행법도 모두 선정을 떠날 수 없습니다. 이런 점들을 보면 선정이 얼마나 중요한지 알 수 있습니다.

선종은 무엇인가

선종은 무엇일까요? 바로 심종(心宗)입니다. 불심종(佛心宗)입니다. 불법의 중심요령인 마음이란 바로 『반야바라밀다심경』의 마음입니다.

만약 당신이 선(禪)을 배우고 선종을 배운다고 말하면서, 유식(唯識) · 중관(中觀) · 『유가사지론(瑜伽師地論)』 1백 권을 제대로 이해하지 못하고 『능가경(楞伽經)』 · 『법화경(法華經)』 등을 제대로 이해하지 못한다면, 당신은 선종을 함부로 말하지 마십시오. 우리가 알 듯이 선종의 초조인 달마조사가 중국에 와서 선종을 전해주었을 때 그는 『능가경』으로 마음을 인가했습니다! 『능가경』은 바로 유식종(唯識宗)의 5경 가운데 중점적인 경전으로서 첫째 경전입니다. 그러므로 법상유식을 연구함에는 『능가경』을 제대로 이해하지 않을 수 없습니다. 바꾸어 말해, 밀종을 연구하려면 『능가경』을 제대로 이해하지 않으면 안 됩니다. 그렇다면 유식을 연구하는 사람은 더더욱 『능가경』을 제대로 이해하지 않으면 안 됩니다.

선종을 보면, 임제종으로부터 위앙종 · 조동종 · 운문종 · 법안종 등에 이르기까지 교리에 통달하지 않은 사람이 없었습니다. 경전

---

1) 잘못된 일을 막고 악행을 그치게 하는 힘을 가진 계율의 본체.

의 교리를 전부 통달하고, 마지막에는 그것을 버리고 선(禪)을 배운 겁니다. 지금 사람들은 경전도 연구하지 않고 입만 열면 선종을 말합니다.

선종의 대사들은 대부분 유가와 도가의 학문과 수양에 깊게 통달한 사람들이었기 때문에 불법을 철저하게 깨달을 수 있었습니다. 바꾸어 말하면 그들은 이미 불법 5승도의 첫걸음인 인승도를 완성하였기에 당연히 진보 향상하기 쉬웠습니다.

일반인들은 달마조사가 중국에 온 다음에야 비로소 선종이 중국에 전해졌다고 생각합니다. 그러나 달마조사 이전에는 구마라집 법사가 번역한 『유마경』과 『법화경』이 영향이 가장 컸으며, 중국문화인 선종의 근본경전이 되었다는 사실을 전혀 모르고 있습니다.

교외별전이란

선종에서 말하는 교외별전(敎外別傳)이란 불학의 경교(經敎)가 아예 필요 없고 따로 하나의 비밀 혹은 미묘한 전수(傳授)가 있다는 의미가 아닙니다. 불학 경교 전체의 학술이론은 어떻게 수행하여 증득을 추구할 지 그 이론과 방법을 설명하기 위한 것입니다. 그래서 경교 학술이론에 집착하는 사람은 왕왕 교리를 사상으로 바꾸어서 오히려 지식상의 장애와 오류를 증가시켜 아는 그대로 행하지 못해 공부와 견지가 병진하는 효과를 동시에 체험하지 못합니다.

그러므로 교외별전이란 일반적인 불교불학 교수법과는 달라서 오히려 교리 밖에 특별히 기묘한 법문이 있는 것이나 다름없다는 의미를 표시할 뿐입니다.

예를 들어 이조(二祖) 신광(神光)이 출가하기 이전에는 원래 재능이 많고 박학다식한 소년이었습니다. 출가 이후에 거기다가 대소 승불학 교리를 꿰뚫었습니다. 그는 지식 면에서 분명 대단히 해박하고 충실해서 뭐가 필요하지 않았습니다. 단지 자기의 마음에서 추구해보고 지식적인 학문에 대해 의심을 품었으며, 진정으로 안신입명(安身立命)면에서 적용해보면 완전히 별개의 일임을 느끼곤 했습니다. 그래서 그는 지식적인 교리를 버리고 단지 실제의 증오(證悟)만 추구하고자 했습니다.

그러나 진정으로 실제의 진제(眞諦)를 깨닫게 되자 모든 지식적인 학문의 근본에 대하여 자연스럽게 융회관통하고 그 궁극적인 도리를 훤히 이해하게 되었습니다. 그래서 뒷날 선종의 위산(潙山) 영우(靈祐) 선사는 말하기를, "진여의 경지에서는 공(空)하여 한 생각에도 머무르지 않지만, 모든 선행 가운데에서는 작용을 일으켜 어떠한 작은 선행도 버리지 않는다[實際理地, 不著一塵. 萬行門中, 不捨一法]."고 했는데 바로 그런 도리입니다.

그러므로 우리는 불학 교리인 '교(敎)'와 교외별전인 선종의 '종(宗)'에 대하여 하나의 개념적인 결론을 지을 수 있습니다. '교(敎)'란 당신으로 하여금 어떻게 수행하여 과위를 증득할 것인지를 가르쳐 인도하여 주는 것이고, '종(宗)'은 내가 어떻게 증득하기 위하여 수행할 것인가 입니다. '종'과 '교'는 가르쳐 이끄는 방법상의 다름에 있지 목적이 다른 것은 아닙니다.

선종의 선

선종의 선(禪)은 기봉전어(機鋒轉語)를 중시하는 구두선이 아닙니다. 선종은 명심견성(明心見性)하여 성인(聖人)이 되고 부처를 이룬 극과(極果)에 도달할 목적으로 선정수증(禪定修證) 공부를 떠나지 않습니다.

예컨대 이조 신광은 달마대사를 뵙기 이전에 이미 『역경(易經)』과 노장(老莊)의 도학(道學)을 맴돌며 깊은 생각에 잠겼습니다. 뿐만 아니라 엄격한 심성 수양의 단련을 통해 향산(香山)에서 8년 동안 정좌하였기 때문에 어려움을 견디면서 꾸준히 면밀한 관조(觀照) 공부에 대해서 이미 상당한 기초가 있었습니다. 달마대사를 만나 뵌 뒤에 달마대사는 즉시 가르쳐 이끌지 않았을 뿐만 아니라, 오히려 난감한 태도와 과분한 말로써 그를 자극했습니다. 만약 신광이 실제 수양공부가 없는 사람이었다면 달마대사를 실컷 두들겨 패주지는 않았더라도 적어도 화가 나서 소매를 뿌리치고 가버렸을 것입니다. 그러나 그는 오히려 그럴수록 정성과 공경을 다했습니다. 심지어는 도를 구하기 위하여 자신의 팔을 끊었습니다. 그의 그런 정신만을 근거해 본다면, 우리는 『논어』 「학이」 편에서 자하(子夏)가 말한, "현인을 본받아서 태도를 바꾸고, 부모를 섬김에 그 힘을 다하며, 임금을 섬김에 그 몸을 바치며, 벗들과 사귐에 있어 말에 신의가 있다면, 비록 그가 글공부는 하지 않았다 하더라도, 나는 반드시 그를 가리켜 학문을 한 사람이라 할 것이다!"에서, '비록 그가 글공부는 하지 않았더라도 나는 반드시 그를 가리켜 학문을 한 사람이라 할 것이다'라는 한 마디 말을, 그런 신광에 대하여 "비록 도에 들어갔지 않았다 할지라도 나는 반드시 도라고 하겠다!"라고 바꾸어 표현하는 것도 결코 불가한 것이 아닙니다. 그래서 그가 달마대사에게 안심법(安心法)을 묻자 달마대사는 단지 그에게 "마음을 가지고 오라. 내가 너를 위하여 편안하게 해주겠다!"고 말했을 뿐입니다. 그는 곧 "마음을 찾아보았으나 마침내 얻을 수 없다."고 이해하고서 도를 깨달을 수 있었습니다.

그런데 뒷날 선종을 연구하면서 이를 끌어다 걸핏하면 "선종은 말이 끝나자마자 돈오하고 서 있는 자리에서 성불하는 것이다."라는 이야기꺼리로 붙들어 줘었습니다. 마치 총명영리하고 한 두 마디 알쏭달쏭한 말을 잘하기만 하면 즉시 도를 깨달은 셈으로 치고, 실제 학문을 하는 것이나 공부하는 중점은 완전히 상관하지 않았습니다. 이렇게 하는 것은 당연히 "내가 누구를 속이겠는가! 남을 속이겠는가! 하늘을 속이겠는가!"하는 야호선(野狐禪)에 떨어질 것입니다! 그렇지 않으면 자기가 반성하는 공부를 하지 않고 그저 밝은 스승만을 찾아서 비밀리에 비결을 하나 전수해 주는 것이 곧 선종 공부라고 여겼는데, "몽당 빗자루를 스스로 보배로 여겨 마치 큰 옥처럼 본다[敝帚自珍, 視如拱璧]."는 격이었습니다. 이것도 달마대사의 밝은 가르침인 "모든 부처님들의 법인(法印)은 다른 사람으로부터 얻는 것이 아니다[諸佛法印, 非從人得]."라는 말을 잊어버린 것입니다. 근대에 선(禪) 담론은 전자의 공소광망(空疏狂妄)[2]에 쉽게 떨어지기 아니면 후자의 신비현묘(神祕玄妙)에 쉽게 떨어져 버렸는데, 정말 반성할 필요가 있습니다.

참선을 하는 사람에게 첫째로 중요한 것은 발심입니다. 즉, 개인의 굳센 의지입니다. 그리고 하나 분명히 알아야 할 사실은, 만약 곧바로 위없는 보리를 향해 나아가 돈오하고자 한다면, 절대로 조그만 복덕이나 인연으로는 성공할 수 없다는 것입니다. 무릇 인승(人乘) · 천승(天乘) · 성문승(聲聞乘) · 연각승(緣覺乘)으로부터 대승에 이르기까지의 5승도(五乘道) 속에 나열되어 있는 6바라밀 만행의 모든 수련법과, 복덕자량을 쌓는 일체의 선법(善法)을 모두 절실히 지키고 닦아야만 비로소 가능합니다. 달리 말하면 크나큰 희

---

2) 내용이 없고 오만방자함.

생과 노력 없이 약간의 조그만 총명이나 복보 또는 선행으로 보리를 깨닫는 것은 절대로 불가능하다는 것입니다. 그러기에 달마대사는 이렇게 말했습니다.

"모든 부처님들의 무상묘도(無上妙道)는 억겁에 걸친 정진과, 실천하기 어려운 것을 실천하고, 참기 어려운 것을 참아낸 것이다. 어찌 작은 공덕과 작은 지혜, 경솔한 마음과 교만한 마음으로 부처님의 정법을 얻기를 바라고 헛된 정진수고를 하리요."

무엇이 선정(禪定)일까요. 선(善)을 행하는 것이 선정입니다. 선정에 이르면 생각 생각마다 선(善)을 행하기 마련입니다. 그러므로 여러분들에게 선정(禪定)의 힘이 있는지 없는지 보려면, 당신에게 선(善)을 행하는 일이 있는지 없는지 보면 알게 됩니다. 반드시 부지런히 선근(善根)을 모으고 난 뒤라야 진정으로 선정의 즐거움을 얻을 수 있고, 영원히 산란하지 않습니다.

중국의 불법에서 선종의 가장 고명한 한 글자는 '참(參)'자입니다. '참'이란 참고함이요 사유함 · 의심 · 연구 · 파고들어감 · 탐구함 등 많은 내용을 포함하고 있습니다. 선종의 한 글자인 '참'자는 곧 '정사유(正思惟)'라는 의미로서, 문제를 연구해야 합니다. '참'자에 가장 불법의 정신이 있고 오직 선종에만 있습니다. 모든 것을 부정하고 참구합니다. 당신이 참구하여 뚫어내지 못한 채 믿는다면 온전히 미신이 됩니다. 불법은 미신을 반대합니다.

선종 조사들은 항상 우리를 경책하기를 "놓아버려라[放下], 놓아버려라."라고 하였는데, 무엇을 놓아버릴까요? 아집(我執)을 놓아버릴 뿐입니다. 당신이 만약 문제의 핵심을 분명히 보지 못하고

'놓아버려라'는 말을 현실 도피의 구실로 삼고 아무것도 상관하지 않는다면, 당신이 자기를 속이고 잘못되도록 내버려둘 수밖에 없습니다. 누구를 원망할 수 없습니다!

옛 사람의 참선 방법 세 가지

옛 사람이 참선하는 데는 세 가지 방법이 있었습니다. 어떤 세 가지일까요?

달마조사가 서쪽 인도에서 온 이후부터 육조혜능 이전까지의 단계에서의 선종은 매우 평범해서 선정으로부터 입문했습니다. 그런 대종사들은 그 자신의 수단을 이용하여 당신으로 하여금 본래면목을 똑똑히 알도록 접인(接引)하였는데, 매우 평범했습니다. 이것이 그 한 가지 방법이었습니다.

육조혜능 이후 당나라 송나라 사이에 선종은 변화하여 중국화한 기봉전어(機鋒轉語)가 나오게 되었습니다. 기언묘구(奇言妙句)를 사용하거나, 눈썹을 치켜뜨고 눈을 깜박거리거나, 유머러스하고 가뿐한 행동거지를 통해서 어떤 기취(機趣), 어떤 경계에서 당신으로 하여금 알고 볼 수 있게 것이 한 가지 방법이었습니다. 사실 기봉전어 기언묘구가 중국에서 왜 그런 모습으로 변했을까요? 이 가뿐하고 유머러스한 태도에는 『장자(莊子)』와 『열자(列子)』의 풍모와 도량이 끼어 들어간 겁니다. 『장자』와 『열자』를 연구해보면 완전히 기봉전어 기언묘구입니다. 그런 씩씩하고 열렬한 풍류유운(風流遺韻)은 정말 묘합니다! 그러므로 선종은 당나라 중기에 이르러 풍격이 일변했습니다.

송나라 원나라 이후 명나라 말기 청나라 초기까지, 그리고 청나라 말기까지의 선은 이러쿵저러쿵 쓸데없이 재잘거리는 선이었습니다. 문학선(文學禪)이라고도 말할 수 있는데, 종사들의 설법은 대체로 사언팔구(四言八句)의 운문(韻文)으로써 표방하였습니다. 마치 폐결핵을 앓고 있던 서시(西施)라는 미인이 가슴이 아파 늘 손을 얹고 눈살을 찌푸리곤 하였는데 워낙 미녀인지라 이마저 아름다워, 동시(東施)라는 아주 못생긴 여자가 그 모습을 쓸데없이 흉내 내어 눈살을 찌푸리고 돌아다녀서 세상의 웃음거리가 되었던 격이었습니다. 어떤 이는 아주 가소로웠습니다. 그래서 어찌해볼 방법이 없는 가운데에서 화두참구 방법으로 당신을 매달아 놓을 수밖에 없었습니다. 비록 그렇더라도, 이것도 묘한 방법이자 선정과 지혜를 균등하게 닦는 묘한 법문이기도 합니다.

화두참구 방법이 일어나자 선종은 쇠퇴하였다

남송 시대 이후부터 직지인심(直指人心)에서 화두참구로 방법이 바뀌었습니다. 그러나 선종의 대덕들은 한 세대 한 세대 쇠미해져 갔습니다. 그러므로 화두참구 방법이 일어나자 선종은 쇠퇴하였습니다. 무슨 까닭이었을까요? 지금 여러분 각자에게 물어보겠습니다. 여러분은 이틀 동안 참구하였지만 아직 소식이 없습니다. 오늘날 화두참구가 크게 유행하고 있는데 후인을 접인 할 방편이 없어 곤경에 빠지게 함으로써 사람들 몸이 온통 병 덩어리입니다.

여러분이 정좌(靜坐)해서 약간의 청정함을 얻고 약간의 도리를 이해한 것을 선(禪)이라고 여기고, 계율규범조차도 지키지 않고 오만방자하면서 무지하다면, 그것은 깨달음이 아니라 지옥종자(地獄種子)입니다.

이 시대에는 화두참구보다는 지관수행이 적합하다

이 시대에 화두참구는 정말 적합하지 않습니다. 역시 관심(觀心) 법문으로 걸어가는 것이 평범하고 실제적이며 쉽습니다. 화두참구는 지관(止觀)을 닦고 정(定)을 닦는 것만 못합니다.

'지(止)'란 마음을 전일(專一)하게 하는 겁니다. 우리는 불교의 많은 법문을 배웠지만 왜 효과가 없는 걸까요? 또 귀신을 부르는 주문(呪文)을 배워도 불러낼 수 없는 것은 왜 그럴까요? 그것은 바로 심행(心行)이 지(止)를 얻을 수 없기 때문입니다. 세간법이든 출세간법이든 지(止)를 닦지 않고서는 성취가 있을 수 없습니다. 지(止)의 단계에 이르지 않고서는 부처님을 배워도 모두 헛공부가 됩니다. 아미타불 염불을 예로 들면, 아미타불…아미타불…아미타불…염불을 하여 일심불란(一心不亂)의 경계에 도달하는 것도 지(止)를 닦는 것입니다.

왜 당시에 부처님을 따랐던 사람들이 즉시 과위를 증득하고 도를 얻었으며 아라한 과위를 증득한 사람이 많았을까요? 그분이 가르친 것은 어떤 것이었을까요? 지혜 면에서 도를 깨달은 뒤에 이 공부가 단번에 도달했는데 무슨 원인이었을까요? 제가 연구해 보았습니다. 한참 얘기했지만 선정(禪定)을 떠나지 않습니다. 선정 방법에는 언제나 입문하는 방법이 있습니다. 오직 지혜가 높은 사람, 예컨대 중국 선종의 육조대사와 같은 그런 사람이 상상(上上)의 지혜라고 불리고 최상 중의 최상 인물이었습니다. 이 세상에 최상의 인물이 몇 사람이나 있겠습니까? 하물며 최상 중의 최상 인물은 더 말할 나위가 없으므로 찾아낼 수 없습니다. 그들은 그 당시에 모두 상상의 지혜를 갖춘 사람들이었습니다. 오늘날 사람들은 부처님을

3생을 배웠어도 그림자조차도 없습니다.

가장 빠른 수행 길은 안나반나와 백골관

그래서 제가 여러분에게 말씀드리는데, 제가 모든 외도를 두루 배웠고 도가나 밀종 등 일체의 방법 등을 배워보니 그 모두에게는 문제가 있다는 것을 발견했습니다.

도대체 가장 빠른 길은 어떤 길일까? 하고 다시 방향을 바꾸어 불경에서 찾아볼 수밖에 없습니다. 이리저리 살펴보니 역시 안나반나와 백골관이었습니다. 이상합니다! 왜 안나반나나 백골관은 그렇게 간단할까요? 알고 보면 그 비밀 속에 비밀이 들어있습니다.

석가모니불은 그 두 가지 법문만이 가장 중요하다고 일생 동안 가르쳤습니다. 오늘날 남방의 소승불교는 온통 이 두 가지 법문을 닦습니다. 부처님은 당신에게 호흡노선 수행 길을 걸어가라고 가르쳤습니다.

불법의 기본 수행은 소승에 있고, 즉각 과위를 증득할 수 있으며 도의 증득을 구할 수 있습니다. 소승으로부터 대승으로 발전했고, 선종은 소승으로부터 대승에 이르는 직접적인 한 가닥 길입니다.

부처님은 대승의 길은 역시 소승을 위주로 하여서 성공(性空)의 경지에 도달한 후 다시 연기(緣起)를 말해야 한다고 판단하셨습니다. 당신이 성공(性空)의 단계에 아직 도달하지 못했다면 그 다음 단계는 말하지 말기 바랍니다.

한 가지 수행법을 정해서 변치 않아야

불법은 대단히 과학적인 실증(實證)입니다. 그러므로 여러분들은 각자 자기의 길을 걸어가되, 개인별로 한 가지 수행법을 정해서 깊이 들어가 죽을 때까지 변치 않아야 합니다. 어떤 분은 염불을 한다면 그대로 닦아가고, 어떤 분은 대비주(大悲呪: 신묘장구대다라니)를 외우는 습관이 있다면 대비주를 지니십시오. 육자대명주(六字大明呪: 옴마니반메훔)를 외워 일심불란(一心不亂)에 도달하는 사람이 있다면 그것을 계속 외우십시오. 어느 법문이든 상관없습니다. 그러나 이리저리 바꾸어서는 안 됩니다. 각자의 길을 가되, 한 가지 수행법을 정하면 됩니다. "저는 어떤 수행법으로도 공부가 되지 않습니다."하는 분이 있다면, 관세음보살을 외우십시오.

명상이나 기(氣) 수련은 정신적 유희이자 망상

요즘 젊은이들이 가장 탐닉하는 것이 바로 명상이니 기(氣) 수련이니 하는 것들인데, 이것은 모두 정신적 유희이자 망상일 뿐입니다. 진정한 기 수련은 그런 것이 아닙니다. 부처님은 일찍이 예언하시기를, 말법시대가 오면 정토종과 밀종이 제일 유행할 것이라 했습니다. 총명한 사람이라면 부처님의 이 말씀만 듣고서도 경각심을 가질 것입니다.

이상은 역자가 남회근 선생의 여러 저작들 중에서 뽑아온 글입니다. 오늘날 우리 불자들의 믿음과 실천을 돌아보기 위하여 실었습니다. 부록에 실은 '불자의 올바른 신행을 위한 남회근 선생의 어록'도 함께 꼭 읽어보기 바랍니다.

'불자삼일운동'을 하자고 조용히 외칩니다

우리가 알 듯이 불교의 교의(敎義)는 자(慈)·비(悲)·평등(平等)이라는 세 가지 일을 근본으로 삼고, "어떤 악행도 하지 말라. 많은 선행을 하라. 자기의 마음을 정화하라[諸惡莫作, 衆善奉行, 自淨其意]"는 세 가지 일을 행지(行持)로 삼습니다. 그리고 성불이란 복덕과 지혜의 원만 성취입니다.

저를 포함한 대다수 불자들의 신행(信行)은 오늘날 어떤 모습일까요? 남회근 선생의 윗글과 부록 글을 거울삼아 비추어 보면 자연히 드러날 것입니다. 역자는 불자들의 올바른 믿음과 실천을 위하여 다음 세 가지 운동을 시작하자고 조용히 외치면서, 이를 '불자삼일운동(佛子三一運動)'이라고 이름 짓고 지면 관계상 간단히 설명합니다.

첫째, '일일일선(一日一善) 실천운동(實踐運動)'입니다. 불자라면 누구나 자신의 처지에서 능력껏 날마다 작은 선행 하나라도 실천해가자는 것입니다.

『보살영락본업경(菩薩瓔珞本業經)』은 말합니다. "인과(因果)란 무엇인가? 우리가 짓는 선악(善惡)을 인(因)이라 부르고, 그 때문에 받는 고락(苦樂)을 과(果)라 부르며, 과(果)의 근거를 이루는 것을 인(因)이라고 하고, 인(因)을 근거로 하여 생기(生起)되는 것을 과(果)라 한다. 이와 같이 근거와 생기가 서로 의존해 있는 것을 한데 묶어 인과라 하는 것이다."

『법집요송경(法集要頌經)』은 말합니다. "작은 선행을 복보가 없다 하여 가벼이 알아서는 안 된다. 물방울은 아주 작지만 차츰 큰 그릇까지도 채우는 것처럼 선행도 점점 늘어 가면, 작은 것이 큰 것을 이루게 된다."

『십선업도경(十善業道經)』은 말합니다. "보살은 한 가지가 있어서 온갖 악도의 괴로움을 끊게 된다. 한 가지란 무엇인가? 밤낮으로 늘 선법(善法)을 사유하고 관찰함으로써 모든 선법을 부단히 늘려 가서 불선(不善)이 조금도 섞이지 않게 함이다. 이렇게 하는 태도는 영원히 모든 악을 끊고 선법을 성취하여, 모든 부처님과 보살과 그 밖의 여러 성자를 항상 가까이할 수 있게 해줄 것이다. 선법이란, 인간과 천인과 성문의 깨달음이나 독각의 깨달음이나 부처님의 깨달음이 다 이것에 의해 이루어지는 까닭에 선법이라고 하는 것이다."

그래서 선지식이 말하기를, 열 가지 선행[十善業]을 정말로 실천할 수 있다면, 그것은 부처가 되고 조사가 되는 초석이며, 세상이 태평하고 인간세계 정토를 건설하는 주축이라고 했습니다.

둘째, '일인일경(一人一經) 전공운동(專攻運動)'입니다. 불자라면 누구나 널리 배우되 특히 자기와 인연이 있는 요의경전[了義經]을 하나 선택하여 전공 수준까지 깊이 학습 연구하자는 것입니다. 경전은 부처님의 법신 사리요, 경장(經藏)에 깊이 들어가면 지혜가 바다와 같아진다 했습니다. 경전을 깊이 공부하지 않으면 무지오도(無知誤導) 망자존대(妄自尊大)하기 십상입니다.

『대집경(大集經)』은 말합니다. "세상의 온갖 경전과 소(疏)·논을 다 통달하면, 이 때문에 깨달을 때에 부처님의 지혜를 얻어 다시는 미혹하지 않게 된다. 이런 지혜를 무애지(無碍智)라고 한다."

『월등삼매경(月燈三昧經)』은 말합니다. "보살의 박학[多聞]에는 열 가지 공덕이 있다. 첫째는 번뇌의 양상을 아는 일이요, 둘째는 번뇌를 떠난 경지를 아는 일이요, 셋째는 의혹을 떠나는 일이요,

넷째는 바른 견해를 지니게 되는 일이요, 다섯째는 비도(非道)를 떠나는 일이요, 여섯째는 바른 도리에 안주하는 일이요, 일곱째는 감로의 문을 여는 일이요, 여덟째는 부처님의 본성에 접근하는 일이요, 아홉째는 온갖 중생의 광명이 되는 일이요, 열째는 악도를 두려워하지 않는 일이다. 이것이 박학에서 오는 열 가지 공덕이다."

셋째, '일인일문(一人一門) 수행운동(修行運動)'입니다. 불자라면 누구나 자기 근기에 적합한 법문을 하나 선정하여 변치 말고 수행하자는 것입니다.

『능엄경』은 말합니다. "박학하더라도 수행하지 않으면 무식한 것과 같으니 먹는 이야기를 아무리 많이 해도 배부르게 하지 못하는 것과 같다."

선지식이 말했습니다. "『능엄경』 25원통(二十五圓通)의 보살들은 저마다 오랜 겁의 세월을 지나오면서 장기간 닦아 익혀서 비로소 성공한 분들입니다. 경은 말합니다. '본원으로 돌아가면 자성에는 둘이 없지만, 방편에는 많은 법문이 있다[歸元性無二, 方便有多門].' 스물다섯 분의 보살은 저마다 한 가지 법문만을 전일하게 닦았습니다. 그래서 '일문심입(一門深入)'입니다. 만약 한 보살님이 여러 법문을 수행하려 욕심 부렸더라면 아마 원통을 얻지 못했을 것입니다. 그래서 62억 줄기의 갠지스 강 모래알 수만큼이나 많은 법왕자들의 명호를 받아 지님이 관세음보살 한 분의 명호를 받아 지님만 못하다고 한 것입니다. 『금강경』은 말합니다. '이 법은 평등하여 높고 낮음이 없다[是法平等無有高下].' 그러므로 저마다 한 가지 법문을 닦되 서로의 수행법을 비방하거나 깔보거나 뽐내거나 하는 것은 모두 옳지 않습니다. 법문이 많지만 법문마다 모두 생사를 마칠 수 있습니다. 한 법문으로 깊이 들어가려면 마음이 이랬다 저랬다 하면서 뒤로 물러나서는 안 됩니다. 만약 곁으로 다른 종파에 통하고 싶다면 그 기본과 보조를 알아야 합니다. 선종 수행자는 선종법문을 기본으로 하고 나머지 종파의 교리를 보조로 삼아야 합니다. 정토종 수행자는 정토법문을 기본으로 하고 나머지 종파의 교리를 보조로 삼아야 합니다. 밀교도 마찬가지입니다. 염불이든 진언 수지이든 참선이든 한 가지 법문을 선정하여 곧장 해나가고 영원히 물러나거나 후회하지 말아야 합니다. 오늘 성공하지 못하면 내일도 하고, 금년에 성공하지 못하면 내년에도 하고, 금생에 성공하지 못하면 내세에도 합니다. 어떤 사람들은 오늘 어느 선지식이 염불이 좋다고 하는 말을 듣고는 또 이틀 염불하고, 내일 어느 선지식이 참선이 좋다고 하는 말을 듣고는 또 이삼일 참선합니다. 이것도 좀 해보고 저것도 좀 해보고 죽을 때까지 그런 식입니다. 결국은 성과가 조금도 없습니다. 이 어찌 억울한 일이 아니겠습니까!"

『수행도지경(修行道地經)』은 말합니다. "스스로 숙명(宿命)을 보니, 한량없는 겁 이래로 생사를 반복하면서 쌓인 몸의 뼈가 수미산(須彌山)을 능가하고, 그 골수가 땅을 칠한 것이 천하의 삼천세계를 두루 할 수 있으며, 그 피가 흘러서 떨어진 것은 고금의 천하에 널리 내린 비보다 많으니, 다만 이 생사의 우환을 벗어나려고 한다면 밤낮으로 정진하여 무위(無爲)를 구해야 한다."

위와 같이 역자는 '불자삼일운동'을 시작하자고 조용히 외칩니다.

끝으로, 이 책은 남회근 선생의 저서 『선여생명적인지초강(禪與

生命的認知初講)』을 번역한 것입니다. 기록을 보니, 몇 분들과 2008년 10월부터 매주 2시간 씩 중국어본 원전(총 400p) 강독을 시작하여 2009년 7월까지 모두 38회에 걸쳐 290p까지 강독했습니다. 번역을 주요 목적으로 제가 시작 주관했던 선생의 저서 몇 종의 강독이 그랬듯이 중도에 멈추었습니다. 그 나머지 분량은 2012년 6월에야 구두 번역 녹음하였습니다. 이 모든 녹음테이프들은 정창숙 님이 컴퓨터에 청취기록 하였습니다.

금년 6월초부터 본격적으로 원고 정리에 착수, 긴 장마와 무더위의 여름 내내 검토 손질하고 상당한 분량의 역자보충 부록까지 더하여 이제야 마쳤습니다. 그러고 보니 강독 시작으로부터 출판까지 봄가을이 어느덧 다섯 번이나 바뀌었습니다.

이 책과 관련하여 소중한 인연이 된 분들을 기록으로 남기고 싶습니다. 서울 은평구 녹번동(碌磻洞) 반 지하 누실(陋室)에서 강독에 참여했던 학우님들, 특히 강독기간 내내 출석한 황규진(黃圭珍)님과 김재성(金載城) 님에게, 청취 기록한 정창숙(鄭昶淑) 님에게, 부록의 일부 타자와 편집 원고의 오탈자 교정 수고를 한 정윤식(鄭允植)님에게, 그리고 빈녀일등(貧女一燈)의 정성으로 책 출판을 후원하여 준 몇 분들에게 모두 진심으로 감사드립니다. 임무는 무겁고 갈 길이 먼 저는 풍우한설(風雨寒雪) 속에 짊어지고 온 법공양의 짐을 또 하나 내려놓으면서 역자의 말을 맺습니다.

2013. 9월 한가위
와부읍 덕소리 심적재에서
송찬문 삼가 씀

출판설명

이 책은 하나의 새로운 시작의 기록입니다.

태호대학당(太湖大學堂)이 6년간의 힘든 개척과 건설을 거쳐 2006년 초 여름에 건축이 대체로 완성되었습니다.

7월 1일부터 7일까지 남회근 선생이 태호대학당에서 첫 번째로 강의와 훈련을 거행했습니다.

맨 처음 사용하기 시작하는 것이라 활동과 관리 면에서 시험 성격이 강했기 때문에 내부 직원과 수학(修學)해온 오랜 학생들 일부에게만 참여를 개방했습니다. 그러나 이번에 한 강의의 내용과 방식은 매우 특별한 의미를 갖고 있을 뿐만 아니라 시대적 노정(路程)이라는 느낌을 갖는데, 그 이유는 다음과 같습니다.

(1) 5십 년 동안 남회근 선생은 문화를 말하고 불법을 말하여 그 적지 않은 기록들이 이미 세상에 출판되어서 따르고 배웠던 많은 사람들이 많이 들어 잘 알고 있지만 그저 대부분이 이목(耳目)에 그치고 있을 뿐입니다. 이번에는 다른 시간과 공간 환경에서 모든 것을 다시 처음부터 말하기 시작하여 체계적이고 조리 있게 중점을 드러내 보여주었습니다. 그래서 강의를 듣는 동안 홀연히 꿈에서 막 깨어난 듯한 느낌이 들고 자기도 모르게 등에서 식은땀이 나면서 세월을 헛되이 보냈다는 자괴감이 들었습니다.

(2) 시대의 변천과 과학기술의 발전, 그리고 동서 문화의 상호 격동을 종합하여 보면, 현재 생명과학과 관련된 연구토론이 세계 각지에서 한참 열렬하게 진행되고 있습니다. 돌이켜보면 중화문화

와 종교의 외피를 벗어버린 동양문화는 정말 그 한 문제의 관건이 되기 때문에 똑바로 보지 않을 수 없으며, 더더욱 적극적으로 천양(闡揚)하고 인류문화를 위하여 발걸음을 다그쳐야 합니다.

(3) 세계를 둘러보면 인류의 자질은 우려스럽고 개탄스러우며 인류의 정신은 내용이 없어 의지할 곳이 없습니다. 그러므로 교육 문화를 시급히 극력 제창함으로써 광란(狂瀾)에서 구해내야 합니다. 이것이 태호대학당이 멀리 내다보는 시야의 높은 목표 지점입니다.

이상의 이유로, 식자들로 하여금 문화를 위해서 공동으로 노력하게 하고자 이 기록을 정리하여 인쇄 발행합니다.

이번의 강의 기록은 장진용(張振熔)이 녹음을 청취하여 기록한 것을 다시 오자친(烏慈親) 여사가 타자하였습니다. 굉인(宏忍) 스님도 정리 후의 타자 작업에 참여하고 사금양(謝錦揚)과 함께 원고를 선후로 여러 차례 교정 대조하였습니다. 여기서 이 분들에게 일괄 감사드립니다.

책 속에서의 소제목은 편자가 더했습니다.

2007년 5월 묘항(廟港)에서
유우홍(劉雨虹) 쓰다

차 례

제3일 강의 ...190

일러두기

1. 이 책의 초판은 대만의 노고문화사업고분유한공사가 발행한 2008년 7월 대만 초판 1쇄본의 『선여생명적인지초강(禪與生命的認知初講)』을 완역 출판했던 것입니다. 그리고 이 책의 2022년 2월 2판본은, 중국 동방출판사의 2017년 7월 제14차 인쇄본과 다시 대조하였습니다.

2. 인명 · 지명 · 책명 등 고유명사는 중국식 발음으로 표기하지 않고 우리식 한자음대로 표기함을 원칙으로 하였습니다.

3. 불교 용어 중 육경(六境) · 육근(六根) · 육식(六識) · 사대(四大) · 사성제(四聖諦) · 오온(五蘊) · 십이처(十二處) · 십팔계(十八界) · 사선(四禪) · 팔정(八定) · 구차제정(九次第定) · 육도(六道) · 육바라밀 · 삼업(三業)등과 같은 숫자 개념의 용어 등은 아라비아 숫자로 표시하여 6경 · 6근 · 6식 · 4대 · 4성제 · 5온 · 12처 · 18계 · 4선 · 8정 · 9차제정 · 6도 · 6바라밀 · 3업 등으로 각각 표기함을 원칙으로 하였습니다.

4. 독자의 이해를 돕기 위해 주석을 달거나 보충하였을 경우에는 각주로 달았거나 '역주' 또는 '역자보충'이라 표시하였습니다. 모르는 용어나 내용은 사전이나 관련 서적 등을 참고하고, 특히 남회근 선생의 다른 저작들도 읽어보기 바랍니다. 선생의 저작들은 전체적으로 서로 보완 관계에 있기 때문입니다.

5. 부록은 역자가 더한 글입니다. 그 중 '분석 경' 등 네 개의 경은 독자로 하여금 12인연과 16특승 등에 관하여 남회근 선생이 한 강의 내용과 서로 비교하여 이해하도록 역자가 뽑아 전재한 글입니다. 그 나머지는 역자가 남회근 선생의 저작들이나 관련 저서 가운데서 뽑아 번역한 것입니다.

(태호대학당)

제1일 강의

첫째 시간

무릎의 건강보호

정좌하는 여러분은 특히 이런 날씨에 두 다리를 반드시 그렇게 많이 싸서 덮을 필요는 없습니다. 정좌를 할 때 왜 다리를 덮어야 할까요? 우리는 항상 기후에 영향을 받기 때문입니다. 평소에 정좌를 하지 않더라도 그러한데, 여러분은 주의하지 않습니다. 사람이 잠 잘 때나 정좌할 때나 움직이지 않고 가만히 있을 때는 체온이 내려갑니다. 그러므로 잠 잘 때는 이불을 덮어야합니다. 정좌도 마찬가지입니다. 바람과 추위[風寒]가 무릎이나 후뇌로부터 들어올까 걱정되기 때문에 뒤 목깃을 잘 싸고, 두 무릎을 보호하되 조금만 덮고, 이불로 둘러 덮고 있듯이 그렇게 하지 말기 바랍니다.

여름이라 그럴 필요가 없다면 덮지 않아도 됩니다. 여러분에게 오늘날 문제가 하나 있습니다. 선당(禪堂)의 어느 곳에든지 볼 수 있는 일인데, 여름날 정좌를 하면서도 잘 싸 덮고 있습니다. 그렇게 하여 뭐하자는 것인지 모르겠습니다. 그것은 불합리한 것입니다. 그러므로 이 도리를 알아야 합니다. 만약 동남아나 인도에 있다면 출가 수행자나 재가 수행자는 온 몸을 벌거벗고 있는데, 넓은 들판에서는 그래도 됩니다. 왜냐하면 그에게는 본능적인 습관이 있어 이미 적응이 되었기 때문입니다. 그러므로 정좌할 때 다리를 덮는 등의 모든 사항을 자기 자신이 조정할 줄 알아야 하고, 이런 관념을 분명히 해야 합니다.

일부 선당의 전통적인 규범으로는 두 다리를 싸 덮는데 그렇게 멋대로 한번 덮는 게 아닙니다. 규범대로 해야 합니다. 두 무릎을 싸서 덮되 그 모양이 마치 네모 덩이 같아야 합니다. 그렇지 않으면 규범을 범한 것이어서 향판(香板)을 맞아야 합니다. 우리 여기는 그런 규정이 없습니다. 단지 여러분에게 하나의 도리를 일러줄 뿐입니다.

온도 육기(六氣) 양생

오늘날 사람들은 다들 에어컨에서 병을 얻습니다. 여기 에어컨은 아주 차갑게 할 수 있습니다. 그러나 며칠간 시험해보고서는 온도를 26도 보다는 낮게 해서는 안 된다고 생각했습니다. 에어컨은 여러분을 서늘하게 해 주는데, 여름에는 자연의 법칙에 따라서 몸에 약간 땀이 나는 게 제일 좋고 건강에 아주 좋습니다. 서늘한 것을 탐하다보면 냉기 병을 얻을 수 있습니다. 오후에는 전등을 좀 많이 켜 놓아서 약간 더운데, 사람들은 좀 조정해야 한다고 말합니다. 그러므로 여기의 기온은 통제되고 있습니다. 어떤 곳들에서는 에어컨을 틀어놓고 놀고 있습니다. 마치 겨울처럼 차갑게 켜 놓는데, 그것은 죽음으로 가는 길입니다. 그래서는 안 됩니다. 여기 앉아있는 저의 경우는 등에서는 땀이 흐르고 있습니다. 저는 그래도 좋아합니다! 만약 땀이 흐르지 않는다면 저는 습관적으로 병이 난 것으로 생각합니다. 그러면 큰일입니다.

제가 이전에 미국인 교수와 얘기했습니다. "여러분들이 위생을 얘기하는 것은 소극적인 것입니다. 중국문화는 양생의 도를 말합니다. 도가에서는 그것을 섭생(攝生)이라고 합니다. '섭'이란 틀어 쥔 겁니다. 자기가 생명을 통제하고 있는 겁니다. 이것을 섭생이라고 부릅니다. 그러므로 도서(道書)에서는 섭생의 도라고 부릅니다. 이것은 적극적인 것입니다."

중국문화 얘기가 이왕 나왔으니 말인데, 우리 여기에는 양의(洋醫)가 계십니다. 황(黃) 의사 경우 수염과 눈썹이 다 하얀 큰 의사께서 여기에 앉아계시는데 거의 고희의 나이입니다. 그는 늘 저를 꾸짖습니다. 우리 오랜 친구들 사이에서는 우스갯소리를 하는 게 습관이 되어있습니다.

저는 지금 양의를 얘기하고 있는 것이 아닙니다. 중의(中醫)는 첫 번째 책으로 『황제내경(黃帝內經)』을 읽어야한다는 것을 말하고 있습니다. 그 책의 제1편은 사람들에게 음양육기(陰陽六氣)를 이해하라고 하는데, 오늘날 사람들은 믿지 않습니다. 심지어 중국의학을 배우는 사람도 읽으려고 하지 않으면서 그것은 알맹이 없는 헛된 이론이라고 생각합니다. 음양이란 바로 정면과 반면입니다. 음양이란 두 글자는 부호입니다. 무슨 일이든지 정반 양면이 있으며 상대적입니다. 심지어 날마다의 기후도, 어떤 일마다도, 모두 상대적입니다. 전체 우주 대기층은 태양과 달의 운행 도수(度數)에 따라서 열두 달 속에는 여섯 가지 변화가 있습니다. 그래서 육기(六氣)를 말합니다.

어떤 육기일까요? 바람의 기운인 풍(風)·차가운 기운인 한(寒)·무더운 기운인 서(暑)·습기로 인한 기운인 습(濕)·건조한 기운인 조(燥)·뜨거운 기운인 화(火), 이것이 육기입니다. 지금 만약 우리가 에어컨을 켜지 않고 여기 앉아있거나 혹은 밖에 나가서 햇볕을 조금 쬐면 어떤 감각일까요? 이제 매우(梅雨)3)의 계절이 지나가고 곧 삼복(三伏)더위가 다가옵니다. 바로 『황제내경』에서 말하는 조(燥)·열(熱)·화(火)라는 계절인데, 신체적으로 견디기 어렵습니다. 그러므로 매우기(梅雨期)부터 삼복더위까지는 가장 엄중합니다. 이것은 신체 밖의 감각을 얘기한 것입니다.

만약 의술을 배우는 사람이라면 여름에는 몸 안이 오히려 차갑다는 사실을 알아야 합니다. 우리들의 위는 찹니다. 하지만 다들 여름에는 차디찬 것을 먹기 좋아합니다. 양생의 이치에서 말하면 수도자는 그런 일을 하지 않습니다. 여름날은 도리어 뜨거운 것을 마시고 뜨거운 것을 먹어야합니다. 이것은 지구 자연의 물리인데, 여름날 손을 우물 속에 넣어보면 지하수는 서늘합니다.

그러므로 우리는 말하기를, 산서성(山西省) 사람들은 돈도 벌줄 알 뿐만 아니라 총명하기도 하다고 합니다. 만약 당신이 산서성 지역의 옛집에 가서 보면 지교(地窖)4)가 있고 또 빙교(氷窖)5)가 있습니다. 겨울날 얼음을 그 움 속에다 넣어놓으면 여름이 되어도 아직 녹지 않습니다. 우리가 여름에 더위를 느끼는 것은, 대기의 영향을 받기 때문에 신체의 체능 온도가 밖으로 발산하고 이 표피에서 더

---

3) 매화 열매가 익을 무렵의 장마.
4) 움, 토굴, 지하 저장고
5) 얼음 저장고

위를 느껴서 땀을 흘리며 내부는 차게 되기 때문입니다. 이게 양생의 도리입니다. 그러므로 아주 고명한 의사는 때로는 여름 병에 당신에게 서늘한 약을 주는 게 아니라 몹시 뜨거운 약을 먹게 합니다.

우리는 지금 아직 시작도 안했습니다! 여러분들이 다리를 덮는 일을 보았기 때문에 먼저 이 방면을 얘기하게 된 겁니다. 조(燥)와 열(熱)은 다릅니다. 중국인 자신들은 중국 글자를 알아야 합니다! 이런 수업 내용들은 여러분들이 다 들은 적이 있다고 생각해서는 안 됩니다. 여러분은 알아야 합니다. 저는 8,9십이 된 노인으로서 내일이나 모레라도 세상을 떠나버릴지 모릅니다. 그러므로 여러분들은 이번에 수업을 들으면서 조금 신중해야 합니다. 듣고서 기억해야 합니다. 기록에 의지하지 말고 컴퓨터에 의지하지 말기 바랍니다. 머리에다 기억하지 않고 기록이나 컴퓨터에만 의지하는 것은 소용이 없습니다. 그래서 음양과 조와 열은 다르다고 얘기했는데, 여러분들은 알아들었다고 생각하지 말기 바랍니다. 총명한 척하지 마세요. 왜냐하면 중국 글자들을 여러분들이 한 글자 한 글자씩 배운 적이 없기 때문입니다.

다음은 서(暑)와 습(濕)입니다. 지금은 아직 삼복더위에 이르지는 않았습니다. 우리는 장마 때의 습을 얘기하는 겁니다. 우리가 지금 더위를 느끼거나 추위를 느끼거나 또는 기후가 안 좋음을 느끼는 것은 습도 때문에 그렇습니다. 공기 속에는 물이 있습니다. 그런데 이 물이 해가 비치면 뜨거운 물로 변합니다. 우리들 지금의 몸은 마치 목욕탕의 뜨거운 물속에 담그고 있는 것과 같습니다. 그래서 그리 쾌적하지 않습니다. 그래서 더운 날 습기가 있습니다. 특히 상해(上海)는 바닷가에 있고 여기는 태호(太湖)이기 때문에 더위와 습기가 아주 심각합니다. 가장 심한 곳은 남경(南京)과 무한(武漢),

서호(西湖) 주변입니다. 수기(水氣)가 있는 것은 모두 서습(暑濕)입니다. 그러므로 의학을 배워서 신체를 보양하는 데 있어서 이것에 주의를 기울여야합니다. 지금은 여러분들에게 자기 보양(保養)에 대해서 얘기를 하는 겁니다. 그래서 음양육기를 말한 겁니다.

우리가 과거에 글공부할 때에는 『황제내경』도 읽었습니다. 저는 열두 살 반 때부터 읽기 시작했습니다. 제가 어떻게 이것을 읽었을까요? 제게는 선생님이 한 분 계셨는데, 그분도 불교를 신앙하여 『금강경(金剛經)』한 권이 그곳에 놓여 있었습니다. 그밖에도 『황제내경』이 있었습니다. 우리는 어렸으니까 곁에 서서 황제라는 말을 듣는 게 아주 드물었습니다. 선생님은 한번 웃고는 제게 한 마디 하셨습니다. "이것은 의학 서적이다!" "선생님! 제가 한번 봐도 좋겠습니까?" "보고 싶으면 가져가거라. 네가 외울 수 있다면 더욱 좋고" 그 때에 『황제내경』을 접촉했습니다. 저는 요즈음 말하기를, 중국인이 문학을 배우든 의학을 배우든 정치를 배우든 『황제내경』을 만져보지 못하고 이해하지 못한다면, 중국문화를 얘기할 자격이 못된다고 말합니다. 여러분은 『황제내경』이 의학용이라고 생각하지 말기 바랍니다. 그 속에는 많은 인생의 도리, 정치의 도리가 있습니다.

방금 말하기를 온도를 1, 2도 낮게 조절했다고 했는데 좀 너무했는가보죠. 여러분 바로 다시 조절하십시오. 이제는 이미 오후가 되었습니다. 해가 떨어지면 곧 서늘해집니다. 제가 여러분들에게 의견을 말씀드린 겁니다. 또 한 마디 하겠습니다. 방금 전에 들어왔을 때는 여러분들은 더웠습니다. 지금은 아직 3시인데도 왜 지금은 좀 서늘하게 느껴질까요? 조금 전에는 여러분들이 더워서 견디기 어렵다고 얘기를 해서 온도를 조금 낮게 조절했습니다. 그래서 그럴까요? 무슨 원인일까요? 중국문화에 한 마디 전해오는 말이 있습니다. "마음이 고요하면 자연히 서늘하다[心靜自然涼]." 이 말에 주의해야 합니다. 대단히 중요합니다. 제가 아직도 기억하고 있는데, 젊었을 때 운동장에 서서 병사들이 훈련하는 것을 봤습니다. 제 자신은 다섯 시간 동안이나 서서 있었습니다. 전신 무장을 한데다 모피 구두를 신은 채 쨍쨍 내리쬐는 강렬한 햇볕 아래 서서 있었습니다. 속에서는 땀이 마치 빗물처럼 흘러내렸지만 겉으로는 보이지 않았습니다. 저는 조용히 우뚝 서서 있으면서 움직이지 않았습니다.

그때는 그 말을 그렇게 깊게는 체험하지 못했습니다. 자기를 잊어버릴 수밖에 없었습니다. 영웅인 척 해야 하니까요. 남을 이끌려면 모범을 보여야 하니까요. 무엇을 '마음이 고요하면 자연히 서늘해진다.'고 하는 걸까요? 더위나 추위에 대해서 개의하지 않고 상관하지 않는 것입니다. 여러분이 몹시 덥다고 말하고 몹시 덥다고 생각하면 당신은 더 더워지게 됩니다. 그러기에 "마음이 고요하면 자연히 서늘해진다."가 될 수 없습니다. 여러분 보세요, 여러분은 한 늙은이가 여기 앉아서 여러분들에게 떠들어대니까 얘기를 듣자마자 덥다는 관념이 잊혀져버려서 많이 좋아진 겁니다. 이것이 "마음이 고요해지면 자연히 서늘해진다."는 것으로, 수양의 도리는 바로 이것입니다. 바꾸어 말하면, 여러분이 번뇌를 만났다든지 위험할 때를 만났을 때는 놓아버릴 수밖에 없습니다. 그래서 선종은 "방하(放下)", 놓아버리라고 말합니다. 여러분이 상대 하지 않으면 아무 일 없습니다. 그러면 훨씬 가뿐해집니다. 다리 덮는 일 때문에 정좌 때문에 여러분에게 이렇게 많은 수다를 떨었는데, 여러분 주의하기 바랍니다.

여러분은 지금 자발적으로 다리를 틀고 앉아 있습니다만 이제 모두들 자유롭게 하십시오. 꼭 다리를 틀고 앉아 있을 필요는 없습니다. 제일 좋기로는 평소에 매일 시간을 정해서 규칙적으로 자기가 정좌를 하는 겁니다. 앉아있을 수 없는 사람은 다리를 먼저 풀어놓으십시오. 저 뒤쪽에 등나무 의자가 준비되어 있습니다. 거기에 앉아 들어도 좋습니다. 그러나 요 며칠 가운데서 정좌 시간을 아주 엄격히 규정하겠으니 그때는 여러분이 서서히 체험해보기 바랍니다.

이번 모임의 시작 원인

　제가 이번에 여러분에게 보낸 통지를 어떤 분들은 보았고 어떤 분들은 보지 못했습니다. 원래 제가 보낸 그 편지는 제 말대로 기록한 것입니다. 이것은 그 당시에 제 생각이었습니다. 왜냐하면 그렇게 오랫동안 수고했고 이곳도 거의 초보적으로 사용할 수 있게 되었기 때문에 통지를 보냈습니다. 또 외부에서는 우리들의 여기 교실을 곧바로 개강하라고 요구했기 때문입니다. 많은 일들을 요구했는데 모두 시동을 걸지 않았습니다. 이번에는 여기 내부에서 일하는 '집안사람들'을 생각했습니다. 제가 '집안사람들'이라고 말했는데, 우리와 함께 태호대학당 이곳을 준비한 사람들을 가리킵니다. 모두 함께 몇 가지들을 얘기해볼 생각을 했습니다.
　두 번째 관념인데, 저는 제 나이가 이미 많은 것을 생각했습니다. 고문(古文)에 '모질지년(耄耋之年)'이라고 말했습니다. 8십 세를 '모(耄)'라고 하고 9십 세를 '질(耋)'이라고 합니다. 그래서 옛사람들은 '풍촉잔년(風燭殘年)'이라고 말했습니다. 마치 촛불이 바람이 불어오는 쪽에 켜져 있는 것과 같아서 한번 바람이 불면 꺼져버릴지 모릅니다. '풍촉(風燭)'이란 바람 앞의 촛불이요, '잔년(殘年)'이란 시간이 얼마 남지 않았다는 뜻입니다. 마치 꽃이 피어있는 시간이 거의 다 되었다는 뜻인데, 이것은 중국문학에서의 묘사입니다.

여러 해 전 제가 금화(金華) 온주(溫州)간 철도 건설을 할 때 물론 저를 욕한 사람도 있었고 칭송하는 사람도 있었습니다. 저는 말했습니다. "칭송하지 마십시오. 인간세상의 보잘 것 없는 한 노선의 철도가 뭐 대단한 것입니까. 허풍을 좀 크게 치면, 제가 아직 살아있는 동안이라면 중국인을 위하여 인류를 위하여 한 가닥 길을 만들고 싶습니다. 그 길은 '인도의 길[人道之路]'이라고 부릅니다. 이것이 저의 수십 년 동안의 소망입니다." 이제 이 태호대학당이 그 한 가닥 길을 닦기 시작하는 기지입니다. 그래서 제가 시동을 걸어 시험 운용을 한 번 해보고 싶습니다.

그 다음으로는, 제 자신이 죽을 날이 얼마 남지 않은 것을 생각했고 또 알고 있는 친구들을 생각했습니다. 불교를 배운 사람, 학문을 하는 사람, 열심히 수행공부를 하는 사람들도 많지만 진심으로 하는 말을 한 마디 한다면, 저는 내심으로 몹시 비애를 느낍니다. 제가 오늘 하는 이 말은 진담입니다. 왜냐하면 출가자든 재가자든 성취한 사람이 하나도 없기 때문입니다. 특히 이번에 고도(古道)가 제 말을 듣고서 강서(江西)에 가 보았습니다. 선종(禪宗) 5종(五宗)의 조정(祖庭)을 다 가보았습니다. 저는 특별히 그더러 선종의 조정마다 반달 동안 머물면서 체험을 좀 해보라고 했습니다. 심산고찰(深山古刹)에 진정한 대 수행자가 있는지 없는지 한번 살펴보라고 했습니다. 저는 대 수행자라고 말했습니다! 대 수행자는 이렇게 앉아서 정좌를 하고 있는 게 아닙니다. 대철대오(大徹大悟)하고 도(道)를 얻은 사람입니다. 고도는 가서 돌아보면서 일기 보고를 썼습니다. 몇 개월 뒤에 돌아와서 저를 보고 한번 웃으면서 머리를 가로 저었습니다. 저도 그에게 한번 웃을 수밖에 없었습니다. 이 웃음은 정말 고통스런 웃음이었습니다. 우리 중국전통의 문화를 어떻게 해야 할까요? 인재가 없습니다! 제 자신은 대단히 비애를 느낍니다. 이 때문에 또 생각하게 되었습니다. 여러분들 중 어떤 분들은 대사(大師)가 되었고 대 교수가 되었지만, 저는 오늘 몹시 예의바르지 못한 말을 합니다. 제 속마음은 아주 엄중함을 느낍니다!

제가 그 편지를 보내면서 위에는 이름이 없었습니다. 결과적으로 잘못되었는지 모릅니다. 명단을 드러내면 어떤 친구들은 자기가 명단 속에 없는 것을 보고서 분별심을 일으켜서 견디기 어려웠을 겁니다. 사실 그렇지 않습니다. 일부 친구들은 꼭 이 길을 걸어가는 것은 아닙니다. 비교적 이 길을 가려고 하는 사람들을 겨냥해서 그들로 하여금 되돌아와서 자기를 비판 반성 좀 하고, 하나도 성취하지 못했으면서 자기를 속이고 남을 속이는 일을 하지 말게 하고 싶었습니다. 그래서 그런 심정으로 통지서를 보냈습니다. 만약 제가 다른 사람들에게 부처님을 배우고 정좌 하도록 가르치고 수양을 얘기하려고 한다면 오는 사람들이 많고 많아서, 우리 이 교실은 다 수용하지 못합니다. 그래서 이번에는 아주 은밀했습니다. 마치 사람들 앞에서 나설 수 없는 듯이 몰래 몰래 했습니다. 저는 원래 십여 명 정도만 예산(豫算)했습니다. 나중에 통지해서 계산을 해보니까 2십여 명에서 3십 명이 안 되었습니다. 그런데 결과적으로 지금 교실에는 가득이 8십 명이나 앉아있습니다. 그러므로 이번에 우리는 정말 반성해야 합니다. 정말로 연구해야 합니다. 정말 뭔가 좀 얘기해야 합니다. 비록 여러분들은 다 들어본 적이 있지만 깊이 들어가지는 못했습니다. 특히 우리 앞에 있는 일부 오랜 학우들 중 많은 분들이 벌써 5,6십 세가 되었는데 출가는 안했지만 이미 깎은 머리가 돼버렸습니다. 그래서 여러분들이 성취하지 못한 것을 보고 마음속이 더 괴롭습니다. 이것을 위해서 이 일을 하는 겁니다. 바꾸어 말하면 자아내심(自我內心)의 검토 반성입니다. 하지만 이 검토 반성이 매우 중요합니다. 제가 마치 후사를 당부하는 것처럼 보이는데, 거의 그렇기도 합니다. 인생이 여기에 이르면 뭐 별것 없습니다. 여러분은 진정으로 잘 체험해 보시기 바랍니다. 이상은 이번 활동의 처음 원인을 말씀드린 것이었습니다.

선등(禪櫈)과 타칠(打七)

무엇보다도 먼저 저는 아무래도 젊었을 때 같지 않습니다. 여러분은 제가 타칠(打七)[6]을 열기를 수십 년 동안 줄곧 바래왔습니다. 제가 타칠을 하는 것은 이런 모습이 아닙니다. 왜 타칠이라고 할까요? 타칠이란 명칭도 이미 수십 년 동안 유행했습니다. 그래서 제가 어제 저녁에 선당(禪堂)에 가서 학우들이 선등(禪櫈)[7]을 배열하고 있는 것을 보고서는 일을 하고 있는 학우들에게 허풍을 쳤습니다. "이 선등은 총림에는 아주 드뭅니다. 세상에 원래 없었던 것인데 제가 발명한 것입니다! 대만에서 시작된 겁니다. 심지어 여러분의 그 의자 위의 큰 솜 방석과 작은 솜 방석도 제가 발명한 것입니다. 저는 특허 신청을 하지 않았고 지금은 전 세계에 유행하고 있습니다."

---

6) 7일 단위로 하는 정진법회. 참선정진법회는 선칠(禪七). 염불정진법회는 불칠(佛七)이라고 한다.
7) 참선용 의자.

지금 선등이 이렇게 배열되어 있는 것도 제가 그들에게 배치 안내를 한 것입니다. 이렇게 놓고 저렇게 놓으라면서 그들에게 여러 가지 이유를 말했습니다. 안타깝게도 그런 이유들을 여러분은 듣지 않았습니다. 그들은 밤에 저를 따라서 바빴습니다. 그런 다음 한편으로는 바쁘면서 한편으로는 불평을 했습니다. "선생님요, 저 오늘 노동을 많이 했거든요!" 마치 제가 만두 하나를 그에게 주어서 격려나 해야 하듯이 말했습니다. 물론 그날 저녁에 이리 놓고 저리 놓으라고 아주 수고들 했습니다. 이러한 선등들은 펼쳐서 침상으로 삼아서 잘 수도 있습니다.

　　제가 만약 정말로 타칠을 한다면 아침 6시부터 줄곧 밤 12시까지 언제나 여러분과 함께 생활합니다. 길을 걷거나 식사를 하거나 1분 동안이라도 긴장을 늦추지 않습니다. 손에는 향판을 들고서 비록 사람은 때리지 않지만 거의 어느 때나 사람을 때릴 수 있습니다. 이것을 타칠이라고 부릅니다. 저는 지금은 그렇지 않습니다. 지금 우리는 토론을 하고 있는 겁니다. 그래서 여러분들을 한자리에 다 모이게 하였는데 어떻게 할까요? 먼저 요가 동작 좀 하시죠.

　　본래는 어떤 학우더러 아침에 여러분을 인솔하고 자유롭게 기본 동작을 좀 가르치라고 할 생각도 있었습니다. 그는 소림(少林) 무술의 고수입니다. 농담이 아닙니다. 싸움은 진짜 싸우는 겁니다. 이제 먼저 일련의 권법(拳法) 동작들을 해서 한번 보여주기 바랍니다. 저는 잠깐 쉬어도 됩니다(시범을 보여주다).

　　저는 여기서 그의 신체 속에서 뼈가 울리는 소리를 들었습니다. 당신이 가르치는 기본공(基本功)[8]이 대체로 무엇인가요? 매번의 동작은 얼마 동안 해야 하는 것입니까? 그들이 연습하기에 적합한

---

8) 기초 지식과 기술. 기본적 지식과 기능.

공(功)을 찾아서 그들을 인솔하여 운동하기 바랍니다. 여러분 중에 신체를 단련하고 싶은 사람은 그를 따라서 아침저녁으로 한 번씩 연습하십시오. 제가 하는 수업을 좀 줄여도 좋습니다. 잠시 뒤에는 수업을 정식으로 시작하겠으니 여러분은 이번에 좀 진지하기 바랍니다. 필기할 사람들은 얼른 노트를 챙기기 바랍니다. 저는 여러분이 필기하는 것을 반대하지만 기록하지 않을 수는 없습니다. 먼저 좀 쉬겠습니다.

둘째 시간

동산 선사의 시

방금 쉬고 있는 동안에 제가 보니 한 무리의 젊은이들이 굉인(宏忍) 스님을 둘러싸고 동산(洞山) 선사의 시를 한 수 쓰고 있는 것을 보았습니다. 선종의 조동종파(曹洞宗派)의 동산 조사는 절강(浙江)의 회계(會稽) 사람입니다. 그는 제기(諸曁)의 오설산(五洩山)에서 출가했습니다. 고도(古道)가 그곳에 가 보았습니다. 그는 돌아와 제게 말하기를, 그 곳 폭포 물이 다섯 마디가 있는데, 한 마디 한 마디 몹시 아름답다고 했습니다. 저는 듣고서 벌써 멍멍해지면서 몹시 가보고 싶었습니다. 오늘날 세계에 유행하고 있는 선종은, 특히 일본은 대부분이 조동종인데 원래 창시자가 바로 동산 선사였습니다.

그의 이 시 한 수를 얘기가 나온 김에 얘기해보겠습니다. 이 시

의 의미는 조금 전 제가 말했던 저의 심정입니다. 즉, 동산 선사의
이 시의 심정입니다.

짙은 화장 깨끗이 씻어버림 누구를 위했던 것인가
두견새 울음소리 속에서 사람들에게 돌아가라 권했네
온갖 꽃 다 떨어졌어도 그 울음소리 그치지 않고
다시 높낮은 산봉우리들 깊은 곳으로 향하며 우네

淨洗濃妝爲阿誰　子規聲裏勸人歸
百花落盡啼無盡　更向亂峰深處啼

"짙은 화장 깨끗이 씻어버림 누구를 위했던 것인가[淨洗濃妝爲
阿誰]", 시 첫 구절은 비구니를 묘사합니다. 꾸미지도 않고, 예쁜
옷도 입지 않고, 머리도 빡빡 밀어서 출가했고, 짙은 화장도 지워
버리고 해서 모든 것을 다 버려버렸다는 말과 같습니다. 첫 구절은
아주 재미있으며 아주 선정적입니다. 만약 이 한 구절만 본다면 마
치 그 비구니 스님들이 연애에 실패해서 출가한 시 같습니다. '위
아수(爲阿誰)'란 말은 절강(浙江) 지역의 구어입니다. 바로 '누구를
위하여' 뜻입니다.

단지 스물여덟 글자로 써진 시가 그의 일생의 심정과 감상을 말
했는데, 제가 방금 했던 말과 마찬가지입니다. "두견새 울음소리
속에서 사람들에게 돌아가라 권했네[子規聲裏勸人歸]", 자규는 두
견새입니다. 중국 고대문학의 두견새는 자규라고도 합니다. 또 망
제(望帝)라는 이름도 있습니다. 망제란 무엇일까요? 여기서 중국
상고 시대의 문화를 얘기해야겠습니다. 사천(四川)의 성도(成都)는
고대에 또 하나의 국가였는데, 잠총국(蠶叢國)이라고 불렀습니다.

오늘날 고고학자들이 모두 고증해 냈는데 문화가 우리와는 달랐습니다. 고고학 연구 결과 대단히 위대한 한 국가였다는 것을 발견했습니다. 어떻게 망했는지는 모르지만 최후에 나라가 망할 때 태자는 상심하여 울고 울어서 눈에서 눈물이 마르자 피가 흘러나왔습니다. 그의 피는 두견화에 떨어졌습니다. 사후에 영혼은 자규로 바뀌어서 길을 찾고 자기 집을 찾는 겁니다. 이것은 매우 아름다운 중국문화 고사입니다.

어떤 사람들은 잘못알고 자규를 자고새로 혼동합니다. 자고새[鷓鴣]는 봄날 우는 새입니다. 자규와는 다릅니다. 우리가 예전에 외출했을 경우 고서를 많이 읽었기 때문에 자고새가 우는 소리를 들으면 마음속이 편치 않았습니다. 자고새가 우는 소리는 꾸꾸꾸이, 꾸꾸꾸이 하는데, 얼른 돌아가라 얼른 돌아가라 합니다. 자규도 그런 맛이 있어서, 빨리 집으로 돌아가요! 라고 말합니다. 그러므로 중일전쟁 때 우리는 대 후방에 있으면서 산에 올라가 이런 새들이 우는 것을 들었는데, 마음속이 몹시 괴로우면서 옛사람의 시가 생각났습니다. 두 번째 구절 "두견새 울음소리 속에서 사람들에게 돌아가라 권했네"에서 동산양개(良价)는 말하기를, 자기가 출가한 뒤에 도를 깨달았고 일생동안 설법해서 사람마다 모두 부처의 경계에 도달하기를 바랐다고 했습니다. 그가 일생동안 불법을 널리 펼친 것이 마치 자규로 변한 태자처럼 눈에서는 흘러내린 것이 모두 피로서, 사람들을 교화하고 모두들 대철대오(大徹大悟)하고 도를 깨닫도록 하기 위해서였다는 것입니다. 자규의 울음소리 속에 사람들더러 돌아가라고 권한 것입니다. 그는 산 속에서 지내면서 자규가 우는 소리를 듣고는 그런 감상이 하나 일어나서 자기를 묘사했습니다.

"온갖 꽃 다 떨어졌어도 그 울음소리 그치지 않고[百花落盡啼無

盡]", 봄이 다 지나가버렸습니다. 시대가 지나버렸습니다. 모든 꽃들이 다 사라져버렸습니다. 그런데도 산속의 자규처럼 아직 이런 놀이를 얘기하고 있습니다. 아직도 새처럼 울고 있으면서 포기하지 않고 있습니다. 자규가 우는 것을 '제(啼)'라고 합니다. 여러분 젊은이들에게 지금 국어 수업을 하겠는데, 호랑이가 울부짖는 것은 '소(嘯)'라고 하고, 용이 우는 것은 '음(吟)'이라고 합니다. 개가 우는 것은 '폐(吠)'라고 하고 원숭이가 우는 것은 '제(啼)'라고 하며 새가 우는 것도 제(啼)라고 합니다. 우는 소리마다 그 묘사 글자가 다른데 지금은 엉망으로 합니다.

"온갖 꽃 다 떨어졌어도 그 울음소리 그치지 않고", 시대가 다 지나가 버렸는데 영감님 당신은 아직도 여기서 이런 걸 얘기하다니 뭐하자는 겁니까! 마치 잠총국이 사라지고 자규로 변해서 아직도 슬픈 마음으로 울고 있는 것과 같다는 겁니다. "다시 높낮은 산봉우리들 깊은 곳으로 향하며 우네[更向亂峰深處啼]", 자규는 산중의 총림 곳곳에 다니며 웁니다. 엉망진창인 곳에 가서도 웁니다. 동산양개 선사는 자기가 일생동안 불법을 펼친 것을 묘사하고 있습니다. 제가 오늘 여러분에게 얘기하는 것도 그와 같아서 꽃이 다 떨어져도 끊임없이 울고 있습니다. 시대가 이미 지나갔습니다. 그렇지만 이 시대에 문화를 몹시 만회하고 싶습니다. 그러므로 더더욱 높낮은 산봉우리들 깊은 곳으로 향하여 울어서, 이 묘항 이곳에서 여전히 이 일을 하고 있습니다. 정말 "온갖 꽃 다 떨어졌어도 그 울음소리 그치지 않고, 다시 높낮은 산봉우리들 깊은 곳으로 향하며 우네"입니다!

이것은 시문학입니다. 그래서 많은 사람들이 시 짓기를 좋아하는데, 네 구절이 그렇게 많은 의미를 담고 있을 뿐만 아니라 대단히 우아하고 아름답습니다. 짙은 화장을 깨끗이 씻어버리고 일생

동안 누구를 위해서 이런 것을 배우는 겁니까? 자규 울음소리 속에서 사람들에게 돌아가라고 권하는 것입니다! 모두에게 자기와 마찬가지로 성불하기를 바라고 성취가 있기를 바란 것입니다.

정좌에 관한 책

이번에 우리가 이렇게 한자리에 모였는데, 특히 오랜 학우들에 대하여 바로잡아야 하겠습니다. 예컨대 여러분은 모두 저를 남선생님이라고 부르고 제가 쓴 책이 한권 있는데 다들 모두 읽은 적이 있습니까? 틀림없이 다들 읽은 적이 있습니다. 제가 예전에 젊었을 때 썼던 『정좌수도여장생불로(靜坐修道與長生不老)』[9]는 제가 조금 있다가 여기 오랜 학우들에게 물어보겠습니다. 다른 사람들은 말하기를, "선생님 저는 당신의 많은 책을 읽어 보았습니다."라고 하는데 저는 일체 상대하지 않습니다. 그건 모두 아첨하는 말입니다. 저를 오랫동안 따랐던 오랜 학우들은 모두 공부를 열심히 하신 분들입니다. 저의 이 '정좌수도와 장생불로'라는 책의 서언에 그 목적이 정좌를 얘기하기 위한 목적이었다고 쓰여 있었습니까? 이게 첫 번째 문제입니다.

두 번째는, 중점적으로 정좌의 칠지(七支)좌법을 말하였는데, 어느 학우 분이 앞에 나와서 자세히 얘기하여 저에게 들려주시기 바랍니다. 만약 중국 의학과 서양 의학을 결합하여 생리작용을 모두 분명하게 얘기할 수 있으면 좋겠는데, 이것은 대단히 중요합니다. 제가 보기에 우리 노년 학우가 자발적으로 나서보시지요. 어느 분

---

9) 한국어판은 『정좌수도 강의』이다.

이 얘기 하시겠습니까?

먼저 제가 여러분들에게 말씀드리겠습니다. 왜 제가 '정좌수도와 장생불로'라는 이름을 붙였을까요? 수십 년 전 당시 여러분이 보았듯이 저의 담력이나 패기가 얼마나 크고 얼마나 주제넘었던가요? 옛 사람들이 정좌를 말한 책은 모조리 뒤집어 엎어버리고 여러분더러 모조리 함부로 배우지 말라고 하였으니 말입니다. 특히 그 당시 전국에 유행했던 것은 『인시자정좌법(因是子靜坐法)』이었습니다. 또 『강전정좌법(岡田靜坐法)』이라는 것도 있었는데 일본인의 저작입니다. 장개석(蔣介石) 선생이 배웠던 것은 바로 『강전정좌법』이었습니다. 제가 모조리 그냥 뒤엎어버리면서 말하기를, "여러분들 함부로 배우지 마십시오."라고 했습니다. 수십 년 전에 전국에 정좌 수도하고 부처를 배우는 것이 유행했는데, 지금보다도 더 요란하고 아주 많았습니다. 그런데 제가 쓴 이 책은 여러분에게 말씀드리는데, 생리의 가장 기본적인 일부분만을 썼습니다. 여러분은 돌아가서 연구해보기 바랍니다. 그러므로 여러분은 기를 쓰고 선생님에게 배우려고 하지만 이것조차도 제대로 모르면서 선생님에게서 뭘 배우겠다는 겁니까? 그러므로 여러분이 저를 선생님이라고 부르지만 제가 인정하지 않는 이유가 바로 이 때문입니다. 뿐만 아니라 이 책은 도가 입장에서 말하면 기경팔맥(奇經八脈) 중에서 독맥(督脈) 부분만을 얘기하고 임맥(任脈)은 말하지 않았습니다. 당시 이 책을 써서 먼저 제 자신이 경영하고 있던 한 간행물에 발표했습니다. 뒷날 책을 출판하려니 돈이 없어서 이숙군(李淑君) 학우가 간행물에 실렸던 것을 가위로 잘라내어 한 줄 한 줄 오려붙여 인쇄했습니다. 이 책은 바로 이렇게 처음 출판되었습니다.

이제 이 책이 출판된 지 수십 년이 되었지만, 제가 만약 여러분에게 질문을 해보면 틀림없이 대답을 못할 것입니다. 그런데도 무슨 선생님이라고 부릅니까! 바꾸어 말하면 남을 선생님이라고 부르는 이상 도대체 이 사람이 나쁜 놈인지 아니면 좋은 사람인지 연구해야 합니다. 언행거동 등 무엇이든지 잘 연구해보아야 합니다. 겉으로만 공경하는 것이 아닙니다. 여러분이 오늘 이 수업을 들으려면 정성스런 마음으로 배워야합니다. 주관(主觀)을 밀쳐버리고 먼저 객관적으로 받아들이고 돌아가서 연구해야 합니다.

밀종에 "당신이 불법을 배우고자 하면 먼저 법기(法器)로 변해야 한다."는 말이 있습니다. 법기란 어떤 물건인데, 어떤 물건으로 변해야 할까요? 당신이 하나의 금강석 잔으로 변하여 사자의 젖을 구하려고 해야 합니다. 불경에서는 비유하기를, 사자의 젖을 보통의 유리잔에 따르면 유리잔이 폭발해버릴 수 있으며, 금강석 잔이라야 사자왕의 법유(法乳)를 감당할 수 있다고 합니다. 그러므로 여러분이 배움을 추구하러 온 여기서의 며칠 동안 자신의 주관적인 것을 버려서 텅텅 비워버리기 바랍니다. 완전히 비워진 법기로 변해서 선생님이 가르쳐 주는 것을 받고 한 통, 한 그릇을 가득히 채워 돌아가서 서서히 소화시키기 바랍니다. 만약 어떤 주관이 있다면 법기로 변할 수 없습니다. 안의 것을 깨끗이 쏟아 비워버리지 않는다면 당신의 귀에 들어오지 않습니다. 만약 여러분이 거기 앉아서 제 말을 분석하면서 한편으로는 감상을 짓고 있다면 소용이 없습니다.

수업을 듣는다는 것은 바로 자기에게 주관을 두지 않는다는 것입니다. 당신의 학문이 아무리 훌륭하더라도 깨끗이 쏟아버려 비우고 먼저 남의 것을 들어야합니다. 이는 마치 법관이 사건을 심문하는 것과 같아서 주관을 쓰지 않고 당신이 어떤 사람을 자세하게 심문하고 난 다음에 사건을 판단하는 것과 같습니다. 당신이 한편으로는 수업을 듣고 한편으로는 생각이 있고 주관이 있다면, 그게 무슨 수업을 듣는 것입니까! 당신이 법관이라면 틀림없이 흐리멍덩한 법관일겁니다. 왜냐하면 중요한 말을 당신은 듣지 않았기 때문입니다.

두 번째로, 저의 『정좌수도여장생불로』는 정좌를 얘기하는데, 칠지좌법은 옛 부처님이 남겨준 것으로 지금은 전 세계가 다 알고 있습니다. 이 일곱 가지 요점의 기원도 얘기 했습니다. 자, 물어보겠습니다. 우리 오랜 학우들 여러분은 칠지좌법에 대해서 정말로 연구해보았습니까? 또 정좌를 한다고 수십 년 동안 했지만, 저는 몹시 서글프다고 말할 수 있겠는데, 다들 잘 연구하지 않았습니다. 앉아있는 게 다 틀립니다. 그러므로 그 효과가 아주 떨어집니다. 우리는 평소 한 자리에서 식사하고 우스갯소리도 하지만 저는 여러분과 얘기하는 게 귀찮습니다. 저는 여기 교실에 오자마자, 특히 제가 타칠 할 때는 향판을 들고서 얘기합니다.

"법왕의 법을 자세히 보시오, 법왕의 법은 이와 같습니다[諦觀法王法, 法王法如是]." 이것은 문수보살이 나와서 석가모니불을 대신해서 설법할 때 먼저 한 두 마디 말입니다. '체관(諦觀)'은 자세히 보라. 이 선생님을 자세히 보라는 말입니다. 부처님은 법왕으로서 일체 학문의 왕입니다. 법왕 얘기가 나왔으니까 말인데 신비한 쪽으로 생각하지 마시기 바랍니다. 모든 학문의 왕입니다. "법왕의 법을 자세히 보시오, 법왕의 법은 이와 같습니다." 바로 이렇습니다. 이러한 것은 어디까지나 이러해서 틀림없습니다. 선종에서의 타칠은 바로 이와 같습니다. 지금은 타칠하는 것이 아닙니다! 제가 칠지좌법을 얘기하고 있는데 여러분 정말 연구해 본 적 있습니까? 남이 당신에게 정좌를 가르쳐주니까 다리만 틀고 그렇게 앉아 있는데, 그렇게 하는 것도 조금은 좋은 점이 있습니다. 그렇지만 칠지좌법에 대해서는 아예 이해하지 못하고 있습니다. 이제 제가 여러분에게 묻겠습니다. 남녀노소 학우 여러분, 어느 분이 자신이 있다고 생각한다면 나와서 얘기 한번 해 보기 바랍니다. 그래서 저도 좀 가뿐하게 해 주십시오. 사양하지 말기 바랍니다. 법왕의 법을 자세히 보십시오, 법왕의 법은 이와 같습니다(기紀 여사가 자진하여 나서서 말하다).

유가사지론의 5승도(五乘道)

칠지는 서로 분리되지 않는 일곱 가지의 요점입니다. 그래서 자세히 연구해야합니다. 이번에는 특히 주의를 기울이기 바랍니다. 사실은 정좌가 바로 요가(瑜珈)입니다. 요가는 음역입니다. 여러분 보세요. 우리들의 대장경에는 요가라는 두 글자는 구슬옥(玉)변에 써져있습니다. 가장 아래 가로 획은 삐쳐서 올라가 있습니다. 요가(瑜珈)는 유가(瑜伽)가 아닙니다. 불학에서 이 두 가지는 똑같이 하나로 읽을 경우가 있습니다. 그러나 다릅니다. 요가는 현재 국제적으로 유행하는 요가입니다. 유가는 어떨까요? 요가를 수련하거나 도를 닦는 사람을 유가사(瑜伽士)라고 부릅니다. 그러므로 불경에는 유식학의 한 부의 중요한 경전인 『유가사지론(瑜伽師地論)』이 있습니다. 부처님을 배우고 수행하는 것은 바로 요가를 수행하는 것이요, 정좌하고 참선하는 사람은 바로 요가사입니다. 『유가사지론』은 말하기를, 부처님을 배우고 수행하여 성불하여 과위를 증득하는 것은 한 걸음 한 걸음씩 한 지(地) 한 지씩 차례차례 진보하는 것이라고 합니다. 『유가사지론』은 미륵보살이 유식(唯識)과 유심(唯心) 법문을 말하는 저작인데, 완전히 과학적이면서 한 지(地) 한

지씩 공부가 증득을 추구하는 것이며, 또 한 걸음 한 걸음의 경계도 있습니다.

『유가시지론』은 17지로 나누어져 있습니다. 중국은 요 일천 년 동안 유식학을 연구하는 대사들이 많았습니다. 중화민국이래로 남방의 구양경무(歐陽竟無) 선생과 북방의 한청정(韓清淨) 선생 이 두 분은 양인산(楊仁山) 선생의 학생이었으며 '남구북한(南歐北韓)'이라고 불렸습니다. 한청정 선생이 『유가사지론』을 연구한 저작은 저도 읽어 보았습니다. 그렇지만 저는 평론은 하지 않겠습니다. 오직 한 마디를 한다면, 『유가사지론』을 완독한 사람은 아주 드물며 읽어도 이해하지 못한다는 것입니다. 유식법상을 아무리 강의하고 또 제목을 분석할 수 있다할지라도 정말 이해한 것은 아닙니다. 제가 방금 여러분에게 요점을 가리켜보였는데, 『유가사지론』은 부처님을 배우고 수행 증득하는 도리를 5도(五道)로 나눕니다. 먼저 사람됨을 배우는 것으로부터 시작하여 먼저 인도(人道)를 닦습니다. 인도를 잘 닦고 난 다음에 천도(天道)를 닦습니다. 중국 유가가 말하는 '천인지제(天人之際)', 천도(天道)와 인사(人事) 사이의 상호관계입니다. 천도를 잘 닦고 난 다음에 성문도(聲聞道)를 닦습니다. 성문도는 소승인데 출가 수행하는 것이 성문도입니다. 성문도를 잘 닦고 난 다음에 연각도(緣覺道)를 닦습니다. 연각도를 잘 닦고 나면 보살도(菩薩道)를 닦고 성불합니다. 진정한 불법은 5승도(五乘道)인데, 제가 지금 여러분들에게 이것을 강의하는 것은 아닙니다.

요가와 정좌

정좌도 요가입니다. 그래서 지금 하벽미(何碧媚)라는 여성의 경우는 4~5년 동안 요가를 배웠습니다. 이소미(李素美) 등도 여러 해 동안 요가를 배워서 다들 압니다. 인도의 많은 요가 수행자들이 저의 책을 봅니다. 그들은 저를 몹시 만나고 싶어 합니다. 저도 인도인 친구에게 말합니다. "여러분들의 진정한 소중한 문화는 모두 중국에 있습니다. 저는 여러분들에게 몹시 돌려주고 싶답니다. 여러분들은 잘 배우기 바랍니다." 오늘날 그들이 연습하고 그들이 단련하고 동작하는 것은 신체 요가입니다. 우리 소림사의 공부(功夫)인 『역근경(易筋經)』과 『세수경(洗髓經)』도 요가인데, 달마조사가 가지고 온 것입니다.

밀종의 진언 외우기를 닦는 것은 음성 요가로서 소리의 이치입니다. 이것은 과학입니다. 참선과 정좌수도는 마음 요가입니다. 심물일원(心物一元)의 그 '심'입니다. 마음 요가는 불법의 선종 등 이외의 것들은 없어져버렸습니다. 현재의 인도 요가로서 유행한 것은 신체 요가인데, 대단히 좋은 것입니다. 중국에서 수련하는 불문의 무공(武功)과는 다릅니다. 바로 노자가 말한 "호흡에 의식을 집중함으로써 온몸이 유연해져 갓난애 같을 수 있는가[專氣致柔, 能嬰兒乎]?"라는 이치에 부합합니다. 여러분이 태극권을 배우는 데는 한 마디 말이 있습니다. "마음과 호흡을 하나로 결합한다[心氣配合爲一].", 최후에는 수련 경지가 신체가 백 살이 되어도 마치 갓난애처럼 유연하고 장생할 수 있는 것도 그런 이치입니다. 그러므로 여러분들이 정좌하고 안나반나(安那般那)를 수행할 경우 첫걸음 단계에 도달할 수 있다면 8~9팔구십 세까지 사는 데는 문제가 없습니다. 그러므로 정좌도 바로 요가입니다.

　이번에 다시 여러분에게 말씀드릴 테니 주의를 기울여야 합니다. 대충 되는대로 정좌를 배우지 말기 바랍니다. 제가 여러분들에게 묻겠습니다. 여러분들은 저의 책을 읽어보았습니다. 저의 책에서 정좌에는 몇 가지 자세가 있다고 했던가요? 96가지가 있습니다. 이것을 사자좌법이라고 합니다(선생님이 시범을 보였다). 여러분은 사자를 보았습니까? 개입니다! 예컨대 히말라야 산 꼭대기에서 정좌를 한다면 사면이 모두 낭떠러지 절벽입니다. 당신이 그곳에서 정좌를 한다면 조심해야 합니다. 한번 혼침(昏沈)으로 떨어지면 목숨이 날아갈지 모릅니다. 이것이 사자좌법인데 각양각식의 좌법이 있습니다. 보세요, 제가 손을 어디에다 놓고 있습니까? (대답: 손이 바닥에 놓여 있습니다)

　듣기 좋게 말하면 사자좌법이라고 하지만 사실은 개가 앉아 있는 자세와 같습니다. 모든 운동 요가는 동물을 흉내 내어 나온 것입니다.

　또 하나는 과학좌법(跨鶴坐法)입니다(선생님이 시범을 보였다). 여성에게는 비교적 중요합니다. 앉는 방석이 없습니다. 여러분은 도가 책을 보지 않았던가요? 여자 신선이 백학(白鶴)의 등을 타고 있는데 이것이 과학좌법입니다. 또 일본 여자들이 꿇어앉는 자세도 과학좌법인데 아주 단정합니다. 그래서 모두 90여 가지의 좌법이 있습니다. 여러분은 다들 '남선생님! 남선생님!' 하는데, 남선생이 쓴 책에 있습니다! 그래요 안 그래요? 이번 시험에 모두 불합격이지요!

실전된 칠지좌법

이런 칠지좌법을 불경에서는 뭐라고 말할까요? 석가모니불은 종교가가 아닙니다. 과학자입니다. 철학가이기도 합니다. 그 분은 말씀하시기를, 역대 이래로 성불한 사람이 많았으며, 한 겁수(劫數)에는 모두 많은 부처님들이 있다고 했습니다. 바로 앞전 겁수는 장엄겁(莊嚴劫)이라고 합니다. 현재의 이 겁수는 현성겁(賢聖劫)이라고 하며, 1천 분의 부처님이 출현하시는데 석가모니불은 그 네 번째 부처님입니다. 앞으로 나오실 분은 다섯 번째인 미륵불입니다. 대장경에서 설명하기를, 중국에서 몇 분의 부처님이 나오고 아프가니스탄에서 몇 분이 나오고 인도에서 몇 분이 나온다고 부처님이 하신 예언이 있는데, 아주 기묘합니다. 일반적으로 부처님을 배우면서 출가자나 재가자는 불경을 읽지 않습니다. 대충 불학서적을 좀 읽고서는 부처님을 이해한 걸로 생각합니다.

칠지좌법에 대하여 조금 전 기여사도 초보적인 설명을 했지만 아직은 점수가 모자라서 역시 불합격입니다. 석가모니불은 말씀하시기를, 이 칠지좌법은 바로 앞전 겁수의 말겁 시대에, 즉 과학이 발달하고 문화가 쇠락한 시대에 이르렀을 때 이 정좌 방법은 실전되었다고 합니다. 그래서 가섭불(迦葉佛)의 말법 때에 5백나한이 산에서 도를 닦았지만 모두 성공하지 못했습니다. 나중에 5백 마리의 원숭이들이 그들을 보고 감동하였는데, 이 원숭이들은 가섭불 시대의 나한들이 변한 자들로서 산에서 정좌 시범을 하였답니다. 그 5백 명의 수행 나한들은 이를 보고서야 정좌하는 것을 배워할 수 있게 되었답니다. 그리고 자신들이 도를 얻고 나서야 이들이 원숭이가 아니라 도를 얻은 나한이 일부러 그들에게 시범을 보여준 것임을 알게 되었습니다. 그래서 비로소 이 칠지좌법을 다시 배워서 회복하게 되었다는 것입니다.

제1지

제1지(第一支)입니다. 지(支)란 무엇일까요? 지(支)란 가장 중요하다는 의미입니다. 제1지는 두 다리를 가부좌하는 겁니다. 바로 이렇게 말입니다(선생님이 시범을 보이다). 이렇게 쌍가부좌(雙跏趺坐)를 할 때에는 방석이 필요하지 않습니다. 일어날 수 있으며

(선생님이 두 손으로 전신을 버티다), 요가를 배운 사람은 뛸 수도 있습니다. 다리는 이렇게 틀고 손으로 이렇게 받쳐서 뛰어갑니다. 만약 제가 이렇게 동작을 해서 여러분에게 보여줄 경우 여러분 중

에 한 사람이 백만 원을 낸다면 제가 거기까지 뛰어가겠습니다. 이 것이 쌍가부좌법인데, 왼 다리를 안쪽에 놓고 오른 다리를 밖에 포 개어 놓는 겁니다. 이번에는 반대로 오른 다리를 안쪽에 놓고 왼 다리를 밖에 포개어 놓습니다. 역시 똑같이 교환을 합니다. 그냥 단가부좌(單跏趺坐)의 경우는 방석을 사용해야 합니다. 왼 다리가 아래에 있고 오른 다리가 위에 포개져 있습니다. 또는 그와 반대로 오른 다리가 아래에 있고 왼 다리가 위에 포개져 있습니다. 이것이 단가부좌입니다. 여러분이 앉는 동작을 해 보면 자신이 느낄 것인 데, 만약 오른 다리가 밑에 있다면 몸이 한쪽으로 약간 기울어져 서 좌 뇌에 영향을 미칩니다. 만약 왼 다리가 아래에 있고 오른 다 리가 위에 포개져 있다면 또 다른 한편으로 기울어집니다. 여러분 체험해 보십시오. 이것은 체험입니다! 배우는 겁니다! 듣는 것이 아닙니다! 이것은 과학입니다. 좌우의 뇌신경이 다른 영향을 받는 것이나 다름없습니다. 이것이 가부좌입니다.

　그러나 개인의 신체적인 관계로 어느 한쪽을 좋아하고 다른 한 쪽을 싫어한다면, 당신의 신체 구조는 이미 어느 한 쪽으로 기울어 졌다는 것을 알아야 합니다. 그러므로 자신이 몸을 바르게 해야 합 니다. 여러분을 보십시오. 제가 어제 출가한 사람들의 습관화된 앉 은 자세를 보고 웃었는데 사람이 기울어져있습니다. 곧게 바른 사 람이 하나도 없습니다. 만약 쌍가부좌를 할 경우 왼 다리가 안에 있고 오른 다리가 밖에 포개져 있다면 금강항마좌법(金剛降魔坐法) 이라고 합니다. 만약 오른 다리가 안에 있고 왼 다리가 밖에 포개 져 있다면 이것을 길상여의좌법(吉祥如意坐法)이라고 합니다. 자, 여러분 불상을 보십시오. 밀종을 배울 경우 이런 것들을 다 알아야 합니다. (선생님이 몸을 돌려서 등 뒤에 있는 사람들에게 보여주면 서) 이렇게 앉아 미려골(尾閭骨)로부터 시작하여 첫째 마디부터 일곱째 마디까지를 이렇게 단정하게 해야 합니다. 일곱 번째의 뼈마디10)가 아주 중요합니다.

중일전쟁 기간 동안 저는 성도에서 한 분의 도가 있는 노년 수행자를 만났습니다. 그를 스님이라고 하자니 스님 같지도 않으면서 장포(長袍)를 하나 입고 있었습니다. 저는 가서 뵙고는 그분께 절을 하자 그분은 저를 꾸짖고는 저더러 절하지 말라고 했습니다. 그렇게 번거롭게 해서 뭐 하자는 것이냐고 말했습니다. 우리는 오랫동안 얘기했습니다. 마지막에 제가 작별 인사를 하고 떠나려고 하면서 말했습니다. "노사부님, 당신은 지금 정신이 어떻게 그렇게 좋으십니까?" 그분은 그 당시 이미 7,8십 세였고 저는 겨우 스물 몇 살이었습니다. 그분은 웃더니 대문까지 바래다주고는 한 마디 하셨습니다. "나는 지금 엉덩이의 일곱째 마디의 뼈에 주의를 기울이고 있다네." 제가 말하기를 "노사부님, 무슨 뜻입니까?"하자 "응, 아무것도 아냐! 아무것도 아냐! 가봐!"하면서 저를 얼른 가라고 밀었습니다. 뒷날 다시는 그분을 뵙지 못했습니다.11)

제가 5십 몇 세 이후에야 그 한 마디 말을 깨달았습니다. 사람이 노년에 이르면 이 부분이 매우 중요합니다. 엉덩이 미려골의 다섯째 마디부터 일곱째 마디까지가 바로 단전이 있는 곳입니다. 노년인들은 그곳이 굽어 있는데 남녀가 다 마찬가지입니다. 사실 그분은 제가 장래에 이 문제에 부딪히게 될 거라고 일러준 것이며 제가 이해 못할지 모르니 미리 저에게 분부해준 것입니다. 저의 법연(法緣)은 정말 좋았습니다. 그러므로 이것에 주의하기 바랍니다.

양 다리는 꼭 교대로 바꿔야 합니다. 반드시 제대로 틀고 앉아야

---

10) 요추 제5번 바로 아래 뼈마디.
11) 남회근 선생의 『남선칠일(南禪七日)』 법문에 의하면, 여기서 말하는 노년 수행자 그분은 심중심(心中心) 밀법의 초대 조사인 대우(大愚)법사를 가리킨다.

합니다. 신체에 대하여 그렇게 중요합니다. 여러분 보세요, 밀종에서 빚은 불상은 가는 허리에 엉덩이는 크고 가슴은 큽니다. 허리는 곧고 가슴을 이렇게 쭉 내밀어 폈습니다. 그래서 어제 제가 그들을 보고 웃었던 겁니다. 저마다 허리가 굽고 낙타 등입니다. 제가 이제 이렇게 서보면 몸이 아직도 여러분처럼 굽지 않았습니다. 저는 아직도 안경을 끼지 않고 신문을 볼 수 있으며 여전히 아직도 그들을 이끌고서 이런 물건들을 운반합니다.

　제가 책에서 여러분들에게 말씀드렸듯이 만약 여러분이 쌍가부좌를 하지 않는다면 산반(散盤)[12]해도 좋습니다. 산반할 때는 다리를 꼬아서는 안 됩니다. 그렇게 하면 신체가 기울어집니다. 수평이 되도록 놓아야합니다. 만약 다리를 바꾸더라도 수평이 되도록 놓아야 합니다. 제가 어려서 부처님을 배울 때에 항주에서 한 스님이 저에게 다리를 틀고 앉는 것이 아주 중요하다면서 말했습니다. "어떤 스님이 야간에 밖에서 두타행(頭陀行)을 했는데 무덤에서 정좌를 했다네. 쌍가부좌로 계속 앉아 있어 한 밤중이 되었는데 갑자기 소근 대는 소리가 들리더래. 그가 눈을 떠서 보니 귀신들이 무릎을 꿇고서 그에게 절을 하고 있는 거야. '아이고! 여기에 보살님이 계시네! 꼭 금빛 광명이 나네.' 그는 잠시 후에 좀 있다가 앉아있는 게 피곤해서 쌍가부좌를 단가부좌로 바꿨대. 그러자 그 귀신들이 말하기를, '아, 안돼요. 안 돼. 옳지 않아요. 옳지 않아. 변했네. 밝기는 밝지만 황금 탑이 은 탑으로 변해버렸네. 한 토막 모자라네.' 하더라는 거야. 그는 다시 앉아있기가 피곤해지자 이번에는 산반으로 앉았더래. 그러자 그 귀신들이 흙덩이를 던지면서 말하기를 '이게 뭔 물건이야. 이게. 응, 진흙덩이 한 무더기가 여기 놓여 있

---

12) 양 다리를 자연스럽게 교차하여 앉는 자세.

구먼.'하더라는 거야. 그래서 그 스님은 그 소리를 듣자마자 얼른 다리를 쌍가부좌로 했더니 귀신들이 또 다시 와서 절을 했다는 거야." 이게 예전에 항주에서 들었던 이야기입니다.

더군다나 사람이 늙으면 먼저 죽는 것이 두 다리입니다. 만약 늙어서 당신이 이 다리를 움직이기조차도 못한다면 다 된 겁니다. 생명은 아래 부분에서 옵니다. 여러분, 저 팔선(八仙) 중의 철괴리(鐵拐李)도 다리를 절뚝거리고 있습니다. 물론 그래도 됩니다. 닦는 방법이 있는데, 그것은 기(氣)의 관계로서 온몸이 통해야 합니다. 이상이 제1지로서 가장 중요한 것입니다.

제2지

제2지는 척추[脊骨]를 꼿꼿하게 해야 하는 것입니다. 일부러 꼿꼿하게 하지는 마십시오. 마치 동전을 한 꾸러미로 꿰어놓은 것처럼 곧아야 합니다. 예전에는 동전은 하나씩 하나씩 꿰었습니다. 꿰면 붓대처럼 쭉 펴졌습니다. 미추골(尾椎骨)에서부터 허리 여기 다섯 째 마디부터 일곱째 마디까지 주의해야합니다. 특히 두 개의 협척 환양혈(還陽穴) 여기 부분까지 주의해야 합니다.

이 환양혈은 위장과 심장을 마주 대하고 있고 그 둘과 관계가 있으므로 무공을 연마하는 사람들은 반드시 제대로 앉아야 합니다. 물론 당신의 신체가 좋지 않다면 처음에는 좀 억지로 하십시오. 당신은 기맥이 도달하면 틀림없이 좋아질 겁니다. 이 자세가 옳지 않고 신체를 바르게 못한다면 수행을 얘기하지 마십시오. 보세요, 지금 중년 나이의 이 사람들은 등 척추 여기가 굽어있어서 정좌를 해도 이렇게 약간 굽어집니다. 완전히 노화했습니다. 예컨대 제가 이

렇게 앉으면 저의 눈은 수평으로 바라보고 움직이지 않으면서 양
쪽을 볼 수 있습니다. 머리를 한쪽으로 평면으로 돌리면 뒷부분을
조금 볼 수 있습니다.

(역자보충)

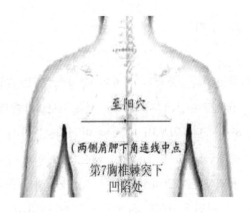

독맥의 지양혈(至陽穴)이 환양혈이다.
제7 흉추 극돌기 아래 오목한 곳이다

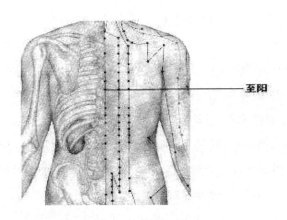

다른 쪽도 마찬가지입니다. 얼굴을 완전히 등 뒤로 돌리는 것까지
는 아직은 못합니다. 만약 몇 년 더 산다면 아마 그렇게 할 수 있을
겁니다. 목 부분이 이렇게 유연해야 합니다. 이상은 등 척추가 쭉
펴져야 한다는 것을 말했는데, 이것이 제2지입니다.

제3, 4, 5, 6, 7지

어깨가 제3지입니다. 중점은 어깨가 평평한 것입니다. 여러분들
은 정좌하면 이런 모습인데 지금 저를 보십시오! 어깨를 이렇게 당
겨 평평하게 하십시오. 일부러 펴지는 마십시오! 다시 조금 더 크
게 당기면 평평해집니다. 만일 팔이 짧으면 어떻게 할까요? 이런
수인(手印)을 맺지 않고 그냥 두 손을 이렇게 사타구니에 놓아도
됩니다. 손이 긴 사람은 무릎 위에 놓아도 좋습니다.

제4지는 수인을 맺는 겁니다. 조금 전에 길이를 얘기 했는데, 다
시 해부학, 생리학 그리고 중의학 기맥의 도리를 가지고서 얘기하
게 되면 얘기가 길어집니다. 그러므로 이 기본을 잘해야 합니다.

제5지는 눈을 말합니다. 눈을 감는 것이 제일 좋습니다. 옛사람
은 눈을 감은 듯 뜬 듯이 하라고 하지만 제 책에서는 눈을 감아야
한다고 주장합니다. 이 시대에는 다들 눈을 너무 많이 쓰기 때문에
방법이 변해야 합니다.

제6지는 혀를 상악(上顎)에 대는 것입니다. 제7지는 목등뼈[頸椎]
와 머리부위[頭部]를 반듯하게 하는 겁니다. 상악은 어디에 있을까
요? 여러분은 손가락으로 자기 구강 속 상면에 오목한 것[凹]이 하
나 있는지를 만져보십시오. 그것을 상악이라고 합니다. 그러므로
여러분에게 혀를 상악에 대라고 일러준 겁니다. 만약 혀를 윗잇몸

에 댄다면 옳지 않습니다. 조금 더 들어가야 합니다. 이 오목한 부분이 혈도(穴道)입니다. 이 혈도에 침을 찌르면 문제가 없습니다. 그래서 상악이라고 합니다. 이상을 칠지좌법이라고 합니다.

여러분은 남선생님, 남선생님 한참 불렀고 제 책도 읽어보았지만 한번 시험을 치러보니 모두 불합격입니다! 앞서 기(紀)모씨가 칠지좌법에 대하여 자진해서 말했던 용기가 있는 것은 옳았지만 자세하게 연구하려고 하면 더 많아질 것입니다. 여러분이 정말로 안나반나(安那般那)를 닦아서 기(氣)가 통해진 뒤에는 온몸의 열두 가닥의 경맥(經脈), 사지(四肢)의 기가 다 도달하는데, 자세히 연구하는 것은 아주 대단한 일입니다. 모두 다 분명히 알아야 합니다.

셋째 시간

이번에 제가 여러분을 초청했다든지 여러분을 소집했다든지 하는 이러한 단어들은 상관하지 않겠습니다. 이번의 모임은, 다들 주의하셔야합니다, 대단히 귀중히 여길 가치가 있다는 심정입니다. 또 자기를 소중히 여겨야합니다. 과거처럼 그저 수업이 듣기 재미있다고나 말하지 말기 바랍니다. 그게 무슨 소용이 있겠습니까! 자기를 가지고 실험해야 합니다. 제가 마음속에서 원래 여러분들에게 하고 싶었던 말을 자신이 다시 한 번 생각해보니 몹시 조급해졌습니다. 왜냐하면 대략 3개월 정도는 수업을 해야 되기 때문입니다. 그런데 지금은 저의 그런 방법대로 강의하지 않기로 했습니다.

단지 조금 씩 조금 씩 중요한 것을 집어내겠습니다. 여러분은 이러한 심정을 가지고 이해하기 바랍니다.

　오후에 칠지좌법을 얘기했는데 정좌의 겉모습을 얘기한 것입니다. 이번에 들었다고 곧 이해한 것으로 생각하지 말기 바랍니다. 아직 멀었습니다! 적어도 제가 쓴 『정좌수도와 장생불로』라는 책을 자세히 한번 읽고, 위에서 말한 칠지좌법의 요점들을 연구하여 알아야 합니다. 그러나 몹시 미안하게도 그것은 예전에 우연히 써낸 것이었습니다. 저는 일생동안 책을 쓸 때 정말 잘 쓰지 못했습니다! 정말입니다. 이 책이 전 세계의 여섯 가지 언어의 번역본으로 바뀔 줄 누가 알았겠습니까! 영어, 불어, 한국어 등 여섯 가지 언어로 번역되었는데, 저는 정말 생각지도 못했습니다. 그러나 저는, 오만이라고도 할 수 있고 겸손이라고도 할 수 있고 탄식이라고도 말할 수 있는데, 이런 책 한 권이 여섯 가지 언어로 번역이 되었다니 인류의 지식이 매우 낮다는 것을 증명한 것이다! 라고 마음속으로 느낍니다. 제 개인은 생각하기를, 그렇게 보통인 책 한 권이 그렇게 좋을까 싶습니다. 그렇지만 지금 한번 회상해 보니 칠지좌법에 관하여 여러분이 오늘 비록 들었지만 저는 아직 깊게 말하지 않았습니다! 칠지 중에서 어느 지 하나마다 어느 자세 하나마다 깊이 들어가 보면 학문이 깊습니다. 현재의 의학·과학·자연과학·생리과학과 모조리 관련이 있습니다. 그러므로 여러분은 부처님을 배우면서 정좌하겠다고 함부로 말하지 마시기 바랍니다. 저는 늘 제 자신을 비웃습니다. 젊었을 때는 불법을 배우고 익히면서 발원하기를, 중생을 교화하겠다고 해서 본래는 중생을 교화하려 했는데 지금은 반대로 중생에게 교화 당했기 때문입니다. 이것은 제 자신에 대한 일종의 비웃음이자 탄식이며 솔직한 심정입니다.

비구와 복전

오늘날의 사회 인류는 문화교육에 대하여 너무 쉽게 자만(自滿)하고 너무 쉽게 스스로 자랑하여 뽐냅니다[自慢]. 그러므로 중국문화의 도가·유가 내지 불가는 유달리 겸손을 중시합니다. 자만(自滿)해서는 안 됩니다. 중국문화의 근본은 『역경(易經)』으로부터 나오는데, 겸손을 극력 요구합니다. 불교에서는 출가한 제자를 비구(比丘)라고 부릅니다. 비구란 무엇일까요? 명백하게 번역하면 밥을 비는 사람입니다. 여러분은 잘못 알지 말기 바랍니다. 비구를 걸사(乞士)로 번역했는데, 걸사에는 두 가지 의미가 있습니다. 한 가지 의미는, 위로는 부처님에게 법(法)을 비는 것입니다. 부처님에게 법을 구하는 겁니다. 또 하나의 의미는, 아래로는 사람들에게 밥을 비는 것입니다. 일반 중생의 공양에 의지하여 생명을 유지하는 겁니다. 그러나 다들 비구를 아주 고귀하게 보고는 걸사는 얼마나 좋은가! 하고 생각합니다. 사실 여러분이 이렇게 생각한 것은 머리가 단순한 거예요! 비구란 바로 밥을 비는 사람이란 걸 한번 생각해 보지 않은 겁니다.

부처님은 사람들에게 비구는 중생의 복전(福田)이라고 말씀하셨습니다. 출가자가 밥을 빌고 시주받는 것은 중생에게 복을 배양시켜주는 것입니다. 중생이 당신에게 돈을 보시하거나 당신에게 밥을 드리면 중생은 복을 얻게 됩니다. 보시한 사람이 복을 얻게 되면 당신은 끝나버린 겁니다. 당신은 남의 복전일 뿐입니다. 당신은 그 진흙으로서, 쓰레기가 그 위에 쏟아 부어지는 복전입니다. 남이 당신에게 보시하니 남은 당연히 복이 있습니다. 남이 복전에 종자를 뿌리면 장래에 좋은 과보를 얻습니다. 그런데 당신의 그 밭은 어떻게 될까요? 여러분 농업을 알고 있지요? 한 뙈기 농지에다가 3년 동안 벼를 심었다면 얼른 그 농지를 휴식하게 해야 됩니다. 다른 종자로 바꿔야합니다. 그렇지 않으면 그 땅의 힘[地力]이 약해져서 다시 씨앗을 뿌려도 그 벼가 생산되어 나오지 않습니다. 그래서 바꿔서 심어야 합니다. 이것이 농업과학입니다.

당신 자신을 한번 생각해보십시오! 만약 자신이 출가자가 되어서 남의 복전이 되어 남더러 씨앗을 뿌리게 하고 공양을 많이 받았다면, 자기가 그것을 누릴 수 있을까요? 그래서 저는 늘 말합니다, 여러분은 부처님을 배우면서 불경을 보지만 아무것도 보고 이해하지 못한다고요. 사실 부처님도 지극히 겸손하게 자기를 낮추셨으며, 출가한 비구더러 먼저 자비희사(慈悲喜捨)의 4무량심(四無量心)을 배우라고 하셨는데, 이게 가장 중요합니다! 오늘날 물리학을 얘기하는데, 최근 대륙에 온 호킹 박사는 신체가 장애인인데도 꿋꿋하게 일생동안 양자역학(量子力學)을 말하고 있습니다. 과학기술대학 총장이 왔는데 다들 양자역학을 얘기하기에 저는 곧바로 불학에서의 「양론(量論)」[13]을 찾아서 그에게 보라고 줬습니다. 부처님은 일체가 무량(無量)하다고 말씀하셨는데 물리에서는 왜 양(量)을 말하는 것일까요? 이것이 중점적인 큰 문제이며 매우 중요한 문제입니다.

우리는 지금 과학을 먼저 얘기하지 않겠습니다! 부처님을 배움에는 4무량심을 일으켜야 합니다. 무엇을 무량이라고 할까요? 한도가 없고 범위가 없는 것입니다. 먼저 자기의 네 가지 기본 심리인 자(慈: 자애심)·비(悲: 연민심)·희(喜: 수희심)·사(捨: 평등심)를 배양하는 겁니다. 우리는 오늘날 자비란 말을 입말로 바꿨습니

---

13) 인명(因明)을 양론이라고도 하는데, 곧 논리학과 인식론이다. 그 연구대상은 현량(現量)과 비량(比量), 다시 말해 직관적 지식과 추론적 지식이다.

다. 유가의 공자는 인(仁)과 의(義)를 말했습니다. 도가의 노자는 말했습니다. "나에게는 세 가지 보배가 있어 지니고 보존하고 있다. '일왈자(一曰慈)', 첫째는 자비이다. '이왈검(二曰儉)', 둘째는 검소함이다." 여기의 검(儉)자는 절약하다는 의미의 검이며 간단하다는 의미의 간(簡)자와도 같습니다. "삼왈불감위천하선(三曰不敢爲天下先)', 셋째는 감히 천하를 위하여 나서지 않는 것이다." 바로 자기를 겸손하게 낮추는 겸비(謙卑)입니다.

조금 전에 제가 얘기를 하자마자 이것저것 많은 얘기를 했습니다. 마음속의 목적을 얼른 여러분에게 말해주고 싶은데 하루가 쉽게 지나가버립니다. 예를 들어 이번에 저도 한 가지 잘못을 범했고 여러분도 잘못을 하나 범해서 모두가 잘못을 범했습니다. 저의 편지에 통지하기를 7월 1일에 시작한다고 했고 오고자 하는 사람은 우리가 준비할 수 있도록 28일에 알려달라고 했습니다. 결과적으로 여러분은 어떻게 했을까요? 7월 1일 오전에야 도착했습니다. 그러므로 저는 그대로 할 수밖에 없었습니다! 그래요 안 그래요? 이게 바로 잘못입니다. 신의(信義)라는 신(信) 한 글자를 실천하지 못한 겁니다. 비록 작은 동작이지만 국가민족의 도덕문화 건설은 우리가 바로 이 부분부터 자기를 검토하기 시작해야 합니다. 7월 1일 시작한다고 했습니다. 물론 제가 1일 아침 몇 시에 시작한다고 규정하지는 않았습니다. 바꾸어 말하면 다들 우리와 마찬가지로 느긋해서 시간을 하나의 일로 여기지 않은 겁니다. 그래서 저는 늘 사람들을 꾸짖습니다. 여러분이 남에게 내일 오전이라고 약속했지만 그 오전은 6시간이 있다고 저는 말합니다. 오후에 만나자고 약속했다면 그 오후도 6~7시간이 있습니다.

불법은 과학이다

조금 전 오후에는 칠지좌법을 얘기했는데, 여러분 스스로 연구하기 바랍니다. 이제 정좌에 대해서는 얘기하지 않겠습니다. 그래서 저는 순서대로 말하지 않겠다고 했던 겁니다. 만약 그렇게 했다가는 3개월 동안에도 다 하지 못합니다. 우리의 오늘 이번 시작은 불법(佛法)으로부터 시작할 수밖에 없습니다. 불학(佛學)이 아닙니다. 불교(佛教)를 얘기하는 것도 아닙니다. 여러분이 제 책에서 보았듯이 한 가지 관념을 분명히 하고 있습니다. 저는 항상 이 세 가지를 분명하게 구분하고 있습니다. 불교는 종교입니다. 그것은 종교의 형식이 있고 종교의 관습이 있으며 종교의 행위가 있습니다. 예컨대 출가·절 짓기·탁발·불사하기는 모두 불교 범위에 속합니다. 특히 불교가 중국에 들어와서는 중국 특색의 불교를 이룩했는데 조금 있다가 여러분에게 들려드리겠습니다. 여러분은 기억했다가 저한테 묻기 바랍니다. 중국 특색의 총림(叢林) 불교는 어떠한지 여러분은 알아야합니다. 하지만 오늘날 아는 사람이 아주 적습니다.

둘째는 불학입니다. 일반인들이 불경을 연구하고, 동남아의 소승 국가인 태국이나 월남, 그리고 소승을 중시하는 국가들, 예컨대 일본, 한국 내지는 중국의 많은 대 학자들이 철학을 연구하고 불학을 연구하는 것은 모두 불학에 속하며 이론을 말하는 것입니다. 불학자들은 매우 학문이 있습니다. 말하면 하는 말마다 도(道)인데, 저는 어떤 입장일까요? 어려서부터 지금까지 바로 고문(古文)의 다음 한 마디 말입니다. '재소불취야(在所不取也)'14), 여러분들은 이

---

14) 아무리 많고 아무리 좋더라도 거들떠보지도 않는다. 일고의 가치도 없다는 뜻.

한 마디 고문을 알아들으시겠지요! 그런 것들에 대하여 저는 거들떠보기조차도 하지 않습니다. 왜냐하면 저도 몹시 오만하기 때문입니다. 학문을 강의한다는 건 너무 쉽기 때문에 상대조차도 하지 않는 겁니다. 저는 깔봅니다. 깔보는 것이 아니라 그런 측면을 중시하지 않는 겁니다. 세상에는 학문이 많고도 많습니다. 제가(齊家)·치국(治國)·평천하(平天下)가 모두 중요한데 제가 또 그런 쓸데없는 일을 하겠습니까! 그렇지만 저도 할 줄 압니다. 정말 불학을 얘기한다면 저는 여러분보다도 좀 더 세밀하게 얘기할 수 있습니다. 그러나 저는 중요하게 여기지 않습니다. 저는 그 방면으로 걸어가지 않습니다.

저는 어떻게든 성불하고 어떻게든 도를 얻고 싶어 적어도 정좌를 좀하여 어떻게든 입정(入定)하고 싶습니다! 당신은 학술이론을 한참동안 얘기해서 뭐하자는 것입니까! 마치 과학을 배우는 것처럼 저는 발명을 하여 한 과학자가 되고 싶지, 과학이론만을 얘기하고 박사학위를 하나 받아서 글공부 가르치는 데 불과하고 싶지 않습니다. 그래서 저는 불학을 얘기하지 않습니다. 그러나 여러분이 불학을 얘기하더라도 저의 눈에 차지 않습니다. 저는 여러분이 불학을 얘기하자마자 다 틀렸다고 봅니다. 그래서 제가 사람들에게 말해주고 싶어 하는 것이 불법입니다. 제가 일생동안 걸어가는 노선이 부처님의 수행방법을 연구하는 것입니다. 그분의 방법은 무엇을 하자는 것이었을까요? 생사문제를 해결하자는 것이었습니다.

생명의 근본을 추구하는 사람

저도 늘 여러분에게 말씀드렸듯이 이것은 논리입니다. 인문과학 논리인데, 하나는 부처님을 배우는 것이요 하나는 불법입니다. 여러분은 부처님을 배운다고 하는데 그 누가 부처님을 배울 자격이 있을까요? 저는 자격이 없습니다. 저는 말하기를 부처님을 배우려면 먼저 부처님을 연구해야한다고 합니다. 석가모니불은 이미 태어나면서부터 태자였습니다. 이미 운명적으로 주어지는 황제도 하지 않았습니다. 왜 그랬을까요? 연애 실패도 없었고 사업 실패도 없었습니다. 무슨 자극을 받지도 않았습니다. 그런데도 그는 왜 성을 뛰어넘어 출가하여 이 일을 하려고 했을까요? 그는 머리를 빡빡 깎고 밥을 비는 비구가 되었습니다.

부처님은 대 비구였습니다! 그의 일생을 연구해보면 그에게는 몇 번의 재난이 있었습니다. 탁발을 나왔다가 오시(午時)가 지나도록 보시하는 사람이 없으면 배를 곯는 채 돌아갔습니다. 한번은 외도(外道) 바라문교를 만났는데, 불교를 깔보고 말먹이를 그에게 보시했습니다. 바꾸어 말하면 남이 그에게 개가 먹는 것을 준 것입니다. 그는 감사드리고 받아들고 돌아와서 역시 먹었습니다. 중생들에게 복전이 되어 준 겁니다! 여러분 생각해보세요. 그의 행위를 우리가 배울 수 있습니까? 게다가 부처님에 관한 전기는 많습니다. 영문으로 된 것, 중국어로 된 것, 어떤 전기들은 그가 19세에 출가했다고 하고, 어떤 전기들은 20 몇 세에 출가했다고 합니다. 이것은 바로 불학을 연구하는 겁니다. 여러분은 보고나면 아예 부처님을 믿지 않게 될 겁니다. 무얼 하고 있는지 모를 겁니다.

석가모니불은 19세에 출가한 게 확정적입니다. 일부 소승불교에서는 그가 출가한 이후의 12년 동안을 인정하지 않습니다. 그 기간은 외도에게 학습한 경력인데, 마치 그에게는 영광스럽지 못한 일 같기 때문에 다 지워버리고는 20여세에 출가한 것으로 고쳤습니다. 그는 출가한 뒤에 두루 모든 법을 구했습니다. 인도의 바라문이나 요가 등 무엇이든지 다 그는 배웠지만 그것들을 다 내던져 버렸습니다. 그런 다음 홀로 설산으로 달려가서 6년 동안 고행했습니다. 저는 지금 그 분의 전기를 얘기하는 게 아닙니다. 얘기하면 무협소설보다 더 재미있습니다. 그런 다음 마지막에는 보리수 아래 이르러서 오도(悟道)했습니다. 31세였습니다.

그러므로 부처님을 배운다는 것은 너무나 어렵다고 저는 말합니다. 왜냐하면 일부 사람들은 근본이 평민백성인데 그냥 제멋대로 머리 깎고 승복을 입으면 부처님을 배운 셈으로 여깁니다! 이런 사람들에게서 저는 배울 방법이 없기 때문입니다.

불법은 어디에 있을까요? 제 개인적인 경험에서 여러분에게 말씀드립니다. 특히 중국 선종이나 밀종은 다음 한 마디 말을 기억하고 있습니다. "부처님은 일대사 인연을 위하여 세상에 출현하셨다[佛爲一大事因緣出現於世]." 이 말은 노트 기록에 의지하지 말기 바랍니다. 자꾸 노트에 의지하면 무슨 소용 있습니까! 여러분 보세요, 저는 일생동안 어려서부터 노트 기록에 의지하지 않았습니다. 저의 뇌는 어머니가 저에게 나아준 것으로 곧 컴퓨터인데, 왜 머리를 써서 기억력을 강화시키지 않겠습니까? 예컨대 이 말 같은 경우 저는 보면 곧 기억합니다. 여러분은 얼른 펜을 들어 쓰려고 합니다. 써서 누구한테 보여줍니까? 자신도 안 보고, 잠시 후에는 잊어버립니다. "부처님은 일대사 인연을 위하여 세상에 출현하셨다." 중국 불법인 선종은 한 마디로 결론짓기를, 석가모니불은 한 가지 크나큰 일을 위하여 이 세상에 출현하셨다고 합니다. 선종에서는 하나의 화두라고 말하는데, 그는 무슨 크나큰 일을 위하여 오셨을까요?

우리가 중국문화를 가지고 주해한다면 당신은 이해할 것입니다. 중국의 도가인 장자는 여러분에게 말합니다, "사생막대언(死生莫大焉)", 세상의 모든 학문 중에는 가장 큰 문제가 하나 있는데, 바로 생과 사입니다. 생명은 어떻게 왔을까요? 생사문제를 연구하는 것, 이게 바로 불법의 정신입니다. 영국의 대 물리학자 호킹은 이틀 전에 중국에 왔는데, 역시 이 문제를 얘기했습니다. 우리는 어떻게 이 세상에 태어나는가? 인류는 도대체 어디서 왔는가? 태어남은 어디로부터 왔는가? 죽음은 어디로 향하여 가는가? 그는 말합니다. "세계는 시작이 없는 것이다." 이 말은 원래 서양 철학자인 아리스토텔레스가 한 것으로 중국인들은 믿습니다. 사실은 석가모니불이 일찍이 벌써 말했습니다. 아리스토텔레스보다도 오래 전에 일찍이 말했습니다.

그렇지만 수천 년 동안 동서양 문화는 현재까지도 도대체 사람이 어디로부터 왔는지를 종교가·철학자·과학자들이 모두 추구하고 있지만 아직 결론이 없습니다. 사람은 왜 태어났다가 또 죽어야 할까요? 왜 늙고 병들까요? 또 그렇게 많은 고통과 번뇌가 있을까요? 석가모니불이 세상에 출현하신 것은 바로 그런 문제들을 해결하기 위해서였습니다. 장자는 "사생막대언"이라고 했는데 생사 문제는 하나의 화두입니다.

발심이란 무엇인가

부처님을 배우는 사람은 발심(發心)하겠다고 말합니다. 절에 가는 남녀 재가 불자는 스님이 "당신은 발심해야 합니다!"라고 하는 말을 듣습니다. 다시 말해 당신이 돈을 내서 보시하거나 절을 짓거나 하겠다면, 그것은 발심으로서 보시의 마음을 일으키는 겁니다. 그러나 진정한 불학·불법·불교가 당신더러 하라는 발심은, 생사를 끝마치겠다[了生死]는 마음을 일으키라는 것입니다. 이것이야말로 발심이라고 합니다. 이런 발심이 바로 불경에서 말하는 '발아뇩다라삼먁삼보리'입니다. 무상정등정각(無上正等正覺)을 추구하고 대철대오를 추구하고 생사를 끝마치겠다는 마음을 일으키는 겁니다.

그럼 물어보겠습니다. 우리 학우님 여러분은 예전에 정좌를 배우기 시작하였을 때, 부처님을 배우기 시작하였을 때, 심지어 이번에 참가한 것도 그런 의미가 있습니까? 없습니다. 남씨 늙은이 그 사람이 또 수업 한다고 하는데 듣기 재미있으니 가서 좀 놀자는 데 불과하지 무슨 마음을 발원했다는 겁니까! 생사를 마치겠다는 마음요? 여러분들은 생각조차도 해본 적이 없습니다. 생사는 두렵습니다. 그러나 그것을 생각하기가 귀찮습니다. '아뇩다라삼먁삼보리'를 중국어로 번역하면, '아뇩다라'는 지고무상(至高無上)이라는 의미입니다. '삼'이라는 중국어의 발음은 범어(梵語)에서는 바르다[正]는 의미입니다. '삼먁삼보리'는 정등정각(正等正覺)의 의미입니다. 대철대오입니다. 자기가 생사를 마치기 위한 것을 발심이라고 합니다.

우리 학우들 중에도 자신이 어려서부터 출가하고 싶었다고 말한 적이 있습니다. 예컨대 저 뒤에 앉아있는 모모씨 등은 모두 절에 이리저리 다녀보았고 머리도 깎았습니다. 그런데 그런 마음을 내고 머리를 깎은 사람은 생사를 마치기 위한 것이었을까요? 결코 아닙니다. 재미로 그런 겁니다. 에이! 짜증나 죽겠어. 출가하는 게 좋겠어. 이것을 무슨 발심이라고 할까요! '짜증나 죽겠다'는 마음을 발한 것입니다.

미안한 말씀이지만 제가 부처님을 배우기 시작할 때 나는 성불하겠다는 이런 발심을 했습니다. 저는 열 몇 살 때부터 소설 삼국지를 많이 읽었습니다. 그리고 영웅이 되어 천하를 차지하겠으며, 영웅이 되어서 천하대사를 완성하고는 만년에는 출가하여 성불하겠다는 그런 뜻을 세웠습니다. 만년이 되어서야 성불하고 신선이 되겠다는 것이 저의 목표였습니다. 그 당시 저는 부처님을 몰랐고 신선만 알았습니다. 그래서 뒷날 저는 여러 명의 황포군관학교 출신의 연로한 장군이나 학우들을 만나게 되었는데 그들은 제게 이런 말을 했습니다. "형씨! 나는 당신에게서 부처님을 배우고 싶어요." 제가 말하기를 "당신이 무슨 부처님을 배워요? 당신은 세상에 나설 때 황제가 되고 싶은 생각이 없었어요?"라고 하자 그가 말했습니다. "당신 무슨 허튼 소리를 하는 거야!" 제가 말했습니다. "정말입니다. 나는 세상에 나서자 황제가 되고 싶었습니다. 당신은 황제조차도 감히 못하면서 당신이 무슨 부처를 배우겠다는 겁니까!" 뒷날 그들은 저를 아주 미쳤다고 얘기했습니다. 저는 진담을 얘기했습니다! 부처님은 이렇게 온 것입니다. 일대사인연(一大事因緣)을 위하여 오고 성불하고자 했습니다.

이제 오늘부터 여러분에게 어떻게 성불의 길을 걸어 갈 것인지를 말하겠으니 반드시 자기가 발심하기 바랍니다. 그저 제가 얘기하는 것만 듣지 말기 바랍니다. 제가 하는 말을 듣고 있는데 제가 지금 말하는 것이 무엇이죠? 불학의 입장에서 말하면 제가 조금 전에 한참 얘기한 말은 바로 권발보리심(勸發菩提心)입니다. 여러분들에게 발심하기를 권한 것입니다. 이로써 알 듯이 다들 발심하지 않았기에 제가 여러분에게 권하여 이끄는 것입니다. 여기 와서 정좌하고 평안을 구하고, 혹은 어떻게 하고, 혹은 늙었을 때 길을 좀 편안하게 걷기 등등을 구하라는 말이 아닙니다. 그런 것들은 모두 조금도 상관이 없습니다. 꼭 진정으로 발심을 해야 합니다.

석가모니불의 이런 마음을 보세요, 출가한 뒤에 그는 교주가 되고 싶은 생각이 없었습니다. 저의 연구에 의하면 석가모니불은 31세 때 도를 깨닫고 난 뒤 세상에 나와서 법을 널리 전파할 때, 그는 공자와 마찬가지로 많은 사람들이 그를 따라서 도를 닦았습니다. 그가 이끈 그런 사람들이 하나의 단체로 변하였습니다. 교육단체로 변했습니다. 불교의 형식으로 변한 것은 그 후의 일입니다. 여러분은 경전을 읽어보지 않았지만 저는 대장경의 율장(律藏)을 읽어보았습니다. 그는 아주 성가심 속에서 살았다는 사실을 보았습니다. 우리보다도 훨씬 고통스럽게 살았습니다. 그렇게 많은 제자들을 이끌었는데, 그 안에는 좋은 사람 나쁜 사람, 못된 짓이라고는 다하는 사람들이 있었습니다. 그는 몹시 고통스러웠습니다.

어느 날 그 자신이 짜증이 나서 제자들을 떠나 홀로 산을 향하여 걸어가고 있었습니다. 때마침 맞은편에서 한 마리의 큰 코끼리 왕이 오는 것을 만났습니다. 그 코끼리들이 몹시 떠들어대면서 싸움을 했기에 코끼리 왕도 짜증이 나서 산을 걸어 내려오고 있는 중이었는데 석가모니불이 그와 마주친 겁니다. 석가모니불은 그의 머리를 어루만지면서 말했습니다. "지금 나는 너의 심정처럼 몹시 짜증스럽단다!" 그러므로 제가 보기에 석가모니불은 어떤 종교를 하나 창립하고 싶은 생각이 없었습니다. 종교는 뒷날 사람들이 한 것입니다.

그래서 불경의 기록에 의하면, 그는 보리수 아래서 대철대오하고 도를 깨달아 성불하고서는 곧 열반하고자 했습니다. 이것은 종교 신화와 마찬가지인데, 이때에 대범천왕(大梵天王)이 감동하여 간청했습니다. "당신은 떠나서는 안 됩니다. 당신은 다생루세(多生累世)에 발원하기를, 도를 깨달은 뒤에는 일체중생을 제도하겠다고 했습니다. 당신은 지금 도를 깨달았는데 어떻게 바로 떠나실 수 있습니까? 우리는 아직 제도 받지 못했습니다!" 그리하여 부처님이 세상에 나서서 설법했습니다. 이것이 첫 번째 점입니다.

부처님이 『법화경(法華經)』을 설할 때 사리불에게 말씀하셨습니다. "'지(止), 지(止)', 얘기하지 마라, 얘기하지 마라. '아법묘난사(我法妙難思)', 내가 깨달은 것을 이해하는 사람이 없다. 왜냐하면 불법은 생각이 아니며 추리도 아니며 학문으로써 도달할 수 있는 것이 아니기 때문이다. 실제 과학적인 증득추구 방법으로써 실천해야 하는데, 이 일을 기꺼이 하려고 하는 사람이 없기 때문이다."

이제 진정한 불법을 얘기하겠으니 모두 기억하기 바랍니다. 노트에 의지하지 말기 바랍니다. 저는 여러분이 인재가 되지 못할까 안타까워하면서 여러분의 머리가 저처럼 한 번 보고 한 번 들으면 기억하기를 바랍니다. 저는 그렇게 할 수 있는데 왜 당신은 그렇게 하지 못합니까? 저는 지금까지도 여전히 노력하고 있습니다. 책을 읽으면서 기억해야할 경우 기억하려고 하는데도 기억이 안 되면 애를 써서 기억을 합니다. 더 나아가 오늘날의 과학을 이해하지 못하면 저는 애를 써서 연구하여, '아! 원래 그렇구나!'하고 알게 됩니다. 그리하여 저는 과학자들과 담론하면서 이것, 저것 옳지 않다고 비평도 합니다.

부처님은 무슨 법을 설하셨을까요

두 번째 점입니다. 석가모니불은 보리수 아래서 제 7일째 이르러서 밝은 별을 보고 도를 깨달았습니다. 날이 곧 밝아오고 있었는데 머리를 들어 하늘에 있는 밝은 별을 하나 보았습니다. 아마 동쪽을 향하여서 보았을 겁니다. 달은 지고 온 하늘은 어슴푸레한 가운데 수성(水星)이 나타났습니다. 그는 보고서 갑자기 깨달았습니다. 대철대오 했습니다. 이것이 선종의 기록입니다. 여러분 주의하기 바랍니다! 대단히 중요합니다. 선종에서는 "도명성이오도(睹明星而悟道)", 밝은 별을 보고 도를 깨달았다고 말해서 이 몇 글자로 해결해버렸습니다. 비교적 속어화(俗語化) 구어화(口語化) 한 겁니다. 불학에서는 어떻게 말했을까요? "도명성이성정각(睹明星而成正覺)", 밝은 별을 보고 정각을 이루었다고 말함으로써 이미 불학으로 변해버렸습니다.

석가모니불이 도를 깨닫고 한 이 몇 마디 말에 특별히 주의하기 바랍니다. "기재(奇哉)!", 현재의 백화로 번역한다면, "아주 이상하네!"라는 말입니다. 그래서 감탄하기를 "일체중생개구여래지혜덕상(一切衆生皆具如來智慧德相)"이라고 했는데, 이렇게 말해서 불학화 되었습니다. 보세요, 중국어에서는 그것을 어체문(語體文)으로 바꾸었습니다. '일체중생'은 한 사람만이 아닙니다! 사람마다 다 완전히 갖추고 있으며 모두에게 충만한 것으로 본래에 바로 부처님입니다. 우리 모두는 부처님의 지혜가 있을 뿐만 아니라 부처님의 공덕도 가지고 있습니다. 일체가 갖추어져 있어서 모자람이 없습니다. "지인망상집착, 불능증득(祇因妄想執着, 不能證得)", 이미 모든 사람들이 다 부처인 바에야 저마다 부처인데, 보통사람은 왜 부처로 변하지 않을까요? 어떤 것 하나가 있어서 자기를 가로막고 있기 때문입니다. 모든 생각·감정, 알 수 있는 것을 모두 망상이라고 부릅니다. 이런 망상이란 것에 의하여 가로막혀져 있기 때문입니다. 단지 망상집착 때문에 자기의 주관을 단단히 붙들어 쥐고 있습니다. 그러기 때문에 성불하지 못합니다. 이렇게 간단합니다. 그는 이 말을 하고난 뒤에 곧 열반하려고 했습니다. 떠나버리려고 했습니다. 그러자 대범천 천주를 감동시켜 그가 얼른 내려와서 그의 앞에 무릎 꿇고 말했습니다. "당신은 열반해서는 안 됩니다." 그래서 비로소 나와 49년 동안 설법했습니다. 이것이 선종의 시작입니다.

보세요, 석가모니불이 뒤에 말씀하신 불법이 무엇일까요? 일체는 유심이다[一切唯心]는 것입니다. 모두 자기이지 하느님이 없다는 것입니다. 염라대왕이 없고 천당이 없고 지옥이 없습니다. 만약 있다면 천당·지옥·하느님 이 모두도 당신이 변하여 나온 것입니다. 이것은 하나의 문제입니다. 이 세계에는 도대체 타력(他力)이 있을까요 아니면 자력(自力)일까요? 도대체 유심일까요 아니면 유물(唯物)일까요? 부처님은 우리들에게 철저하게 유심이라고 말합니다. 유물이든 유심이든 모두 마음의 본체에서 온 것입니다. 누구도 그 누구의 주(主)가 될 수 없습니다. 하나의 주재자가 없습니다. 생명은 이렇게 온 것입니다. 부처님은 철저하게 모든 종교를 뒤엎어버렸습니다. 모든 종교, 모든 과학을 모조리 다 쓸어버렸습니다. 오직 그 생명의 주재자를 당신이 이해하고 구하여 증득했다면 됩니다, 성불합니다.

이것이 진정한 불법이고 불교의 형식이 없습니다. 겉으로 보면 그것은 무신론자입니다. 하나의 신이 없고 하나의 주(主)가 없고 하나의 우상이 없습니다. 우상이 하나 있다면 바로 상(相)에 집착한 겁니다. 우상을 숭배하지 않는 것은 불교에서 왔습니다. 예수교 · 천주교에 온 것이 아닙니다. 상에 집착하자마자 바로 우상입니다! 바로 아니게 됩니다. 철저한 유심입니다. 그래서 그가 일생동안 설법한 게 바로 도대체 유물이냐 유심이냐를 말하면서 변론 분석한 것이었습니다. 그의 일생동안의 설법은 종교성이 없었습니다. 뿐만 아니라 모든 종교, 모든 철학, 모든 과학을 뒤엎어버렸습니다. 저의 수십 년간의 개인적인 연구에 의하면 아주 특별하고 특별하다고 생각하는데, 세계의 모든 종교는 그의 손바닥을 벗어나지 못합니다.

넷째 시간

부처님을 배워 성취한 자의 생로병사

방금 말했듯이 석가모니불이 어떻게 도를 깨달았는 지가 바로 선종의 시작입니다. 선종은 이 단서에서 온 것입니다. 우리가 석가모니불을 연구해 보면 그는 생사를 마치기 위하여 출가했고 제왕의 부귀영화를 포기했습니다. 생로병사의 고통을 해결하기 위하여 출가했습니다. 그런데 최후에는 어떠했을까요? 그는 여전히 생로병사로 떠나갔습니다. 이게 무슨 도리일까요? 모든 종교의 교주들은 모두 이것을 해결하기 위해서였지만 최후에는 역시 떠나갔습니다. 영원히 산 사람은 하나도 없었습니다. 설사 도가의 신선이더라도 우리들은 본 적이 없습니다! 이것은 큰 문제 아닙니까? 설마 이세상의 이러한 종교들, 이러한 학문 이론들이 모두 사람을 속이는 것일까요? 그런데 속임을 당한 사람들은 역대의 제 1류의 지혜로운 사람들이었는데, 속임을 당한 뒤에 마음으로 달가워하지 않아서 또 와서 사람들을 속이는 것일까요? 부처님을 배우면서 바로 이것을 참구해야 합니다.

석가모니불은 경전 기록에 의하면 살아있을 때도 병이 있어서 약도 복용했습니다. 그의 제자로서 명의인 기바(耆婆) 거사가 처방한 약을 복용했습니다. 그렇지만 계율 면에서 말하기를, 부처님이 한번은 감기 상풍(傷風)에 걸려 기바를 오라고 불러 약을 지어달라고 했습니다. 부처님은 기바의 처방전을 보고서 말했습니다. "그대는 약재를 하나 빠뜨렸다." 기바가 말했습니다. "사부님, 당신은 정말 고명하십니다. 당신은 영원히 우리들보다 고명하십니다. 저는 정말 잊었습니다." 부처님은 말씀했습니다. "그대는 소유(酥油)15)를 더하는 것을 잊었다." 이런 것들은 계율 방면에서 그 기록이 아주 실제적입니다. 하지만 그는 역시 늙어가고 병에 걸리고 죽었습니다.

하지만 어떤 사람들은 연구하고서 그는 신화라고 말합니다. 그가 죽은 뒤 제자들은 그를 금관(金棺)에다 모셨습니다. 금관이란 구리로 만들어진 관입니다. 그의 전법 제자인 가섭존자는 선종의 제1대 조사이며 염화미소(拈花微笑) 이야기의 주역인데, 아직도 살아있습니다. 운남(雲南)의 계족산(鷄足山) 석문동(石門洞) 속에서 선정에 들어있습니다. 저는 그가 아직 살아있다고 믿습니다. 부처님은 최후에 그를 기다리다 오지 않아서 떠났습니다. 가섭존자가 왔

---

15) 소나 양의 젖을 바짝 졸여서 만든 기름.

을 때는 부처님이 이미 금관 속에 입관된 뒤였습니다. 가섭존자는 몹시 괴로워서 곧 무릎을 꿇었습니다. 부처님은 그를 위하여 관속으로부터 두 발을 내보이셨습니다. 부처님은 또 어떻게 이런 재간이 있었을까요? 가섭존자는 부처님의 발을 보고는 곧 그 두 발을 받들었습니다. "알았습니다. 세존이시여!" 부처님은 발을 거두어들였습니다. 우리가 부처님에게 절을 할 때 머리를 이렇게 조아리는 것은 이마를 부처님의 발에다 대는 것과 같습니다.

그 다음으로, 그는 일반인처럼 불교의 불학대로 말한다면 이것을 시현(示現)이라고 합니다. 생명이 무상(無常)하다는 것을 표시한 것입니다. 그 누구도 이 법칙에서 도망갈 수 없습니다. 무상이란 영원하지 않는 것입니다. 세상의 모든 일은 영원하지 않습니다. 그는 무상을 당신에게 보여준 것입니다. 그러나 그는 죽음을 앞두고 『열반경(涅槃經)』을 설하여, 우리들 생명의 배후에는 진정으로 태어나지도 않고 죽지도 않는[不生不死] 영원한 것이 하나 있다고 일러주었습니다. 그는 4대제자인 그의 아들 라후라 · 가섭존자 · 군도발탄존자 · 빈두루존자에게 신체를 유지하여 세상에서 살아있으라고 분부했습니다. 뿐만 아니라 자신의 발우와 옷을 가섭존자에게 건네주며, 선정에 들어 있다가 미륵불이 이 세상에 와서 성불하거든 그 의발을 미륵불에게 전하고, 그런 다음에야 가섭존자가 열반해도 좋다고 허락했습니다. 그의 4대제자들은 죽지 않을 수 있는데, 이것은 또 무슨 도리일까요? 이것이 화두이며 문제들이 나타납니다.

생사와 불생불사

예전에 제가 열두 살 때 도가를 배우기 시작했는데 무공을 연마했기 때문에 자연히 점점 도가를 좋아하게 되었습니다. 도가를 배우고 나서 이십여 세가 되었을 때 선정을 배웠고, 원(袁) 선생님16)을 따라다니면서 알게 되었습니다. 하지만 저는 당시에 선당(禪堂)에서 원 선생님에게 물었습니다. "저의 생사를 어떻게 마칠까요?" 원 선생님은 저를 한바탕 꾸짖었습니다. "너는 보거라, '그것'17)에는 생사가 있느냐 없느냐?" 저는 없다고 대답하고는 묻지 않기로 했습니다. 그렇지만 여전히 문제였습니다. 8,90년 동안 내내 저에게는 이 문제가 있었습니다. 그렇습니다. '이것'에는 생사가 없습니다. 석가모니불을 보거나 가섭존자를 보거나, 선종의 인도 28대 조사들을 보면 달마조사에 이르기까지 저마다 모두 신통자재(神通自在)했고 지혜가 제일이었습니다. 떠나고 싶을 때는 시원스럽게 떠나버렸습니다. 그러나 저는 아니었습니다. 그래서 다시 도가(道家)로 들어갔습니다. 다시 또 현교(顯教)로 들어갔다 다시 선종으로 들어갔습니다. 다시 밀종의 홍교(紅教) · 백교(白教) · 화교(花教) 등 모두를 다 더듬어 보았지만 모두 옳지 않았으며, 모두 문제가 있었습니다!

그래서 제가 대만에서 5,60세가 되었을 때 일부 사람들에게 말했습니다. "불법수행에는 태어나지도 않고 죽지도 않는 '이 어떤 것'이 정말로 있습니다. 저는 증명할 수 있습니다. 그러나 저는 법

---

16) 남회근 선생의 스승인 원환선(袁煥仙).
17) 불성을 말함. 그 다음에 나오는 '이것', '이 어떤 것'도 불성을 가리킴. 남회근 선생 『원각경 강의』「역자의 말」'절대적 최고 진리의 이름들'을 참조하기 바람.

정에 나가 서서 여러분에게 증명할 길은 없습니다. 바꾸어 말하면 '이 어떤 것'이 불생불사 한다는 것을 공개적으로 설명할 방법이 없습니다! 저는 말합니다. 어느 날 제가 일어서서 여러분에게 증명하게 될 때는 저는 떠나갈 것입니다."

조금 전 황 의사가 저에게 기(氣)의 문제를 물었습니다. 그는 처음에 유물(唯物)을 배운 사람입니다. 양의이니까 당연히 유물 문화를 배워온 것입니다. 정좌도 믿지 않았고 생명에는 하나의 기(氣)가 있다는 사실은 더더욱 믿지 않았습니다. 그는 처음에 저를 보고 비웃기도 했습니다! "기(氣)요? 헤헤!" 이렇게 저를 비웃었습니다. 이제 그는 기한테 속고 있습니다. 그는 말합니다. "지금은 제가 주인 노릇하는 것이 아니라 기가 저의 주인이 되어버렸는데, 어떻게 해야 할까요?" 저는 말했습니다. "천천히 강의를 듣고 서두르지 마세요." 그는 이제 기가 하나 있다는 사실을 우선 믿습니다.

예전의 문제들을 예로 들어보겠습니다. 부처님을 배우는 여러분은 정좌를 하자마자 망상이 없고 무념(無念)이고자 하는데, 이는 다들 멋대로 해석한 것입니다. 제가 8,90년 동안 연구했는데, 부처님을 배운 그런 사람들은 맹인이 맹인을 이끈 격으로, 당신더러 망상이 없게 하고 생각하지 말라고 합니다. 그런 말은 없습니다! 어떠한 것을 망상이 없음이라고 하는지가 문제이며, 생명은 어떻게 살아있는지 어떻게 죽는지가 문제입니다. 그러므로 제가 최근에 말하기를, 생명은 귀납시키면 몇 가지 문제만이 있으며, 가장 엄중한 문제가 어떻게 투태(投胎)[18]하여 오느냐는 것이라고 합니다. 이런 학문상의 이치가 어디에 있는지 우리 자신이 모릅니다. 황 의사는 전문적으로 연구하는 사람입니다. 그는 산부인과 의사입니다.

---

18) 환생. 영혼이 모태에 들어가 다시 태어남을 말함.

저는 그를 보고 웃습니다. 홍콩에는 그가 조산(助産)하여 태어난 사람이 아마 1만 명쯤 있을 것입니다.

　생명은 도대체 어떻게 오는 것일까요? 생명은 또 어떻게 죽는 것일까요? 생사는 하나의 문제입니다. 또 낮에는 활동하고 왜 밤에는 잠을 자야할까요? 설마 정말로 유물적인 것으로 뇌신경이 휴식을 해야 할까요? 저 같은 경우는 지금 잠을 적게 자지만 마찬가지로 기력 있게 여러분에게 말을 합니다. 아주 적게 먹고 때로는 또 많이 먹기도 합니다. 이러한 체력과 정신은 여러분이 꼭 저보다도 고명한 것은 아닙니다. 요 몇 젊은이들은 저를 따라서 활동을 하는데, 제가 보면 그들은 저보다 조금 노후한 모습입니다. 또 낮과 밤의 문제, 꿈꾸는 문제가 있습니다. 물론 심리학이나 의학에는 다들 해석이 있습니다. 그러나 모두 철저하지 않습니다. 최후에는 '심의식(心意識)'의 문제입니다.

나무 구멍 속의 행자

　선종의 28대 조사들은 모두 기록이 있고, 모두 신통과 지혜가 제1류였으며 모두 신통을 구체적으로 드러낸 사례들이 있습니다. 밀교에서는 말하기를, 수행에 성공한 사람은 마지막에 한 줄기의 무지개 광명으로 변화해서 떠나버린다고 하는데, 뭐 그것은 희기한 일이 아닙니다. 대단할 게 없습니다. 쉽습니다. 그러나 역시 궁극은 아닙니다. 그렇다면 선정의 힘[定力]은 도대체 있을까요 없을까요? 예를 들어 제가 여러분들에게 가르쳐주려고 내일부터는 수행을 말하는 『달마선경(達摩禪經)』을 얘기할 것인데, 이야기가 하나 있어 말할 테니 여러분은 참구해보기 바랍니다.

『달마선경』은 선종의 달마조사가 전해 온 것이 아니라 그의 동문인 불대선(佛大先)의 제자 불타발타라(佛陀跋陀羅)가 전해 온 것입니다. 당시 그는 장안(長安)의 한 무리의 학문이 있는 대 화상들에게 내쫓겨 강서(江西)의 여산(廬山)으로 와서 이 경전을 번역하여 수행공부 경험을 중국에 남겨주었습니다. 뒷날 그는 건강(建康: 남경南京)에서 열반했습니다. 그는 공부가 있는 사람이었습니다. 그에게는 혜지(慧持) 법사라는 제자가 하나 있었습니다. 중국 정토종(淨土宗)의 창시자인 혜원(慧遠) 법사의 동생입니다.

먼저 혜원 법사가 왜 출가했는지를 말해보면, 그의 출가는 당시의 정치와 관련 있었습니다. 혜원 법사는 그 시대를 깔보았습니다. 그래서 정치권을 뛰어넘어서 출가했고 뒷날 여산에서 중국의 또 하나의 종파인 정토종을 창시했습니다. 불학에 근거해서 나무아미타불을 염불하여 서방정토 극락세계에 왕생할 것을 제창했습니다. 그의 친동생인 혜지 법사는 불타발타라 선사에게서 선정을 배우고 선종의 노선을 걸어갔습니다. 이 이야기는 가짜라고 말할 수 없습니다! 이는 진(晉)나라 시대 때 일인데 아마 대개 서기 5세기일 겁니다.

역사상 기록들에 의하면 혜지 법사는 사천에 도착한 뒤에 아미산(峨嵋山)으로 가서 산을 한 바퀴 돌았고 아미산에서 죽었다고 합니다. 그런데 7백 년 뒤인 송나라 시대 때 이르러 아미산 아래 낙산(樂山: 嘉定)에 어느 날 큰 바람이 불었습니다. 그 바람에 큰 나무 한 그루가 넘어졌는데, 어떤 스님이 그 나무 구멍 속에서 정좌하고 있는 것이 발견되었습니다. 최후에 중앙에 보고했습니다. 당시 황제는 송나라 휘종(徽宗)이었습니다. 그는 그림을 그릴 줄 알고 서예를 할 줄 알며 문학도 대단히 좋았습니다. 그는 어떤 스님이 나무 구멍 안에 있는데 손톱이 자라서 온몸을 둘둘 감고 있고 수염과 머리카락, 손톱이 아직도 자라고 있다는 것을 듣고서 수도인 하남(河南)의 개봉(開封)으로 보내라고 명령했습니다.

중국에는 본래 종교국(宗教局)이 하나 있었는데, 송나라 휘종 당시에 불교를 관할하는 사람은 라마금총지(喇嘛金總持)였습니다. 투루판이나 감숙(甘肅) 청해(靑海) 쪽에서 온 사람인데, 그를 오라고 청해서 경쇠를 두드려 혜지 법사를 선정에서 나오게 했습니다. 정좌하여 선정에 든 사람은 아무리 소리를 질러도 선정에서 나오지 않고, 귓가에 경쇠를 두드려야 선정에서 나오곤 합니다. 여러분 주의하기 바랍니다. 서서히 경쇠를 두드려야 합니다(선생님이 시범을 보이다) 문학에서는 경쇠[磬]를 청경(靑磬)이라고 부르고, 목어(木魚: 목탁)를 홍어(紅魚)라고 부릅니다. 목탁 소리와 경쇠 소리를 서로 결합시키면 아주 듣기 좋습니다.

혜지 선사가 선정에서 나와서 말한 첫마디는 이렇습니다. "저의 형님은요?" 다들 그에게 물었습니다. "당신의 형이 누구입니까?" 그는 말했습니다. "혜원입니다.""허! 그 사람은 진나라 왕조 때 사람입니다. 지금은 송나라 왕조입니다. 진나라 때와는 벌써 7백 년이 지났습니다. 당신 형님은 열반해버렸습니다." 그는 말하기를 "아, 그렇군요!"하더니 눈을 또 감고 선정에 들어가려고 했습니다. 투루판의 번승(蕃僧)인 그 라마는 경쇠를 들고서 이렇게 두드리면서 말했습니다. "당신 선정에 들지 말아요. 선정에 들어가서 뭐하렵니까?" 어디로 갈 작정이냐고 물었습니다. 그는 하남의 동류(東留)로 돌아가고 싶다고 말했습니다. 그 두 형제는 동류 사람이었습니다. 당나라 현장(玄奘) 법사도 그 지방 사람이었습니다. 이 이야기는 매우 재미가 있습니다.

이 육체가 어떻게 한번 정좌하여 7백 년 동안이나 앉아있을 수 있을까요? 그래서 고승전(高僧傳) 기록에 의하면, 정좌하고 수십 년 또는 백 년 동안 살아 있었던 사람들이 많았습니다. 제가 어렸을 때 절강(浙江)의 제기(諸曁)에 한 도사가 있다는 걸 알았습니다. 그는 선정에 들어서 백여 년 동안을 살았는데, 손톱이 길게 자랐고 매년 백성들이 그의 손톱과 수염을 깎아주고자 했습니다.

송나라 휘종의 시

생명이란 어찌된 일일까요? 그래서 제가 늘 말하기를, 역사를 연구하는 것은 재미있다고 합니다. 송나라 휘종은 나중에 금(金)나라 사람들에게 오국성(五國城)으로 포로가 되어 갔습니다. 들리는 바에 의하면 또 다른 자료가 있는데, 그 자료에는 송 휘종은 뒷날 동북지방에서 출가하여 라마가 되었다고 합니다. 이것도 이상한 일입니다. 그는 당시에 선정에 들었던 이 스님에 대하여 세 수의 시를 지었는데 보자마자 바로 대철대오한 시임을 알 수 있습니다. 이 황제 분은 아주 이상합니다. 한 나라를 가지고 놀다 망해먹을 수도 있었고, 글씨나 그림, 문장이 훌륭했을 뿐만 아니라 선(禪)도 잘 배웠으니 말입니다. 허! 중국역사에는 이상한 일들이 정말 많았습니다.

칠백 년 전 골동품인 혜지의
선정 속 소식을 혹시 누가 알까
외짝 신발로 서쪽으로 돌아간 달마조사와 어찌 같겠는가
사람이 살다 죽으면 공연히 나무 널 속에 넣네

七百年前老古錐　定中消息許誰知
爭如隻履西歸去　生死徒勞木作皮

　"칠백 년 전 골동품인 혜지의[七百年前老古錐]", 무엇을 '노고추 (老古錐)'라고 할까요? 당나라 때와 송나라의 말로서 '골동품'이라 는 말입니다. 혜지는 이 나무 구멍 속에서 7백 년 동안이나 정좌하 고 있지 않았습니까? 그래서 7백 년 전의 골동품입니다. "선정 속 소식을 혹시 누가 알까[定中消息許誰知]", 문제가 나타났는데, 이를 보면 그가 매우 전문가라는 것을 알 수 있습니다. 이 스님이 도대 체 들어간 것이 무슨 선정일까요? 염불일까요? 아니면 정좌일까 요? 아니면 밀종의 관상(觀想)을 닦은 것일까요? 진언을 외운 것일 까요? 아니며 기공을 닦았을까요? 아니면 무엇을 닦고 있었을까 요? 여러분 얘기 좀 해 보시기 바랍니다. 어느 분이 아십니까? 이 선정 중의 소식을 아는 사람이 누가 있습니까? "외짝 신발로 서쪽 으로 돌아간 달마조사와 어찌 같겠는가[爭如隻履西歸去]", 그는 말 합니다. "그대는 한번 선정에 들어 7백 년 동안이나 선정에 있었는 데 그게 무슨 소용 있습니까! 역시 달마조사만 못합니다." 우리의 그 달마조사님은 120세에 중국에 와서 선종을 전하고 인도에 돌아 갈 때는 150세였습니다. 전해오는 말에 의하면 달마조사가 죽은 뒤에 그를 매장하는데 신발이 한 짝 모자라서 어떤 스님이 신발 한 짝을 그에게 빌려주었습니다. 최후에 달마조사가 이 신발 한 짝을 다른 사람에게 중국에 가지고 돌아가도록 부탁했답니다. "사람이 살다 죽으면 공연히 나무 널 속에 넣네[生死徒勞木作皮]", 이 말은 송나라 휘종이 사람을 아주 철저히 꾸짖는 것으로, 사람이 죽으면 모두 목재 널에 집어넣는다는 말입니다. 그의 문학, 선(禪)의 경계 는 그렇게 높았습니다. 송나라 휘종은 아주 보통이 아니었지요! 그가 나라를 망해 먹었든 어쨌든 세 수의 시는 훌륭합니다. 우리는 보자마자 잘 이해합니다. 중국책을 많이 읽었으니까요. 여러분은 이해 못합니다. 중국인이면서 중국책을 읽지 않으니까요!

천하에 감출 곳 없는 도는 친할 수 있다

산을 바다 속에 감추고 몸도 감추지만
천하에 감출 곳 없는 도는 친할 수 있네
말을 전하노니 장주는 예견하지 마시요
나무숙 헤지는 짚어지고 갈 사람이 아니었소

藏山於澤亦藏身　天下無藏道可親
寄語莊周休擬議　樹中不是負趨人

　두 번째 수의 시입니다. "산을 바다 속에 감추고 몸도 감추지만[藏山於澤亦藏身], 천하에 감출 곳 없는 도는 친할 수 있네[天下無藏道可親]", 이것은 완전히 『장자(莊子)』를 인용한 것인데 그 가운데는 큰 도리가 하나 있습니다. 수행하여 도를 깨닫는 큰 도리인데 송 휘종 황제는 다 알았습니다. 『장자』에는 "장주어학(藏舟於壑)"이라는 한 마디가 있습니다. 천 톤이나 되는 큰 기선 한 척을 태풍이 불어올 위험이 두려워서 산 속의 동굴 속으로 몰아다 감추어놓았습니다. 천하 사람들이 장사를 하면서 악착같이 돈을 버는 것이 바로 "장재어아(藏財於我)", 재물을 나에게 감추는 것입니다. "장산어택(藏山於澤)", 그럼 산은 어떻게 할까요? 여산이나 아미산이나 히

말라야 산을 어디다가 집어넣어서 감출까요? 바다 속에다 넣어둡니다. 맞습니다! 지구 전체의 70%가 해양이고 10%가 산입니다. 그러므로 산을 바다 속에다 감춥니다. 사람은 얼마나 감추기를 잘합니까! 돈을 벌어서 은행에 예금하는 것도 감추는 것으로, 은행에 감추는 것입니다. 은행은 믿을 수 있을까요? 은행은 또 보험회사에 감춥니다. 보험회사는 또 어디다 감출까요? 모르겠습니다. 그래서 "장주어학(藏舟於壑), 장산어택(藏山於澤)"이라고 했는데, 사람들은 다 감출 곳을 하나 갖고 싶어 하고, 모두 다 자기의 재부를 보존하고 싶어 하고 생명을 보존하고 싶어 합니다.

그러나 장자는 말하기를 "유력자부지이주(有力者負之而走)", 힘 있는 자가 그것을 짊어지고 가버린다고 합니다. 몇 천 톤이나 되는 기선을 산 속에다 감추어 놓습니다. 4대 해양 속은 히말라야 산을 감추어 놓기에 제일 좋은 곳입니다. 그러나 힘이 있는 사람은 등에다 짊어지고 도망 가버렸습니다. 산이나 배조차도 가지고 달아나 버렸습니다. 여러분이 장사해서 돈 벌고 권력과 재부가 있지만 방법 있는 사람이 단번에 당신을 삼켜버리면 당신은 무너져버립니다. 어디에다 감추는 것이 제일 좋을까요? 장자는 말합니다. "장천하어천하(藏天下於天下)", 우주를 우주 속에 놓아두면 누가 움직일 수 있겠습니까? 그러므로 천하를 천하 속에 감추고, 허공을 허공 속에 감추고, 허공 전체를 허공 속에 놓아두면 움직일 수 없게 됩니다. 그래서 제가 지난번 상해에서 강연할 때 말하기를, "우리 국가는 결국 재부를 국민에게 감추어야 할지, 아니면 나라에 감추어야 할지를 분명히 해야 합니다. 나라가 부자가 되고 국민이 강해지거나, 아니면 국민이 부자가 되고 나라가 강해지는 것입니다."라고 말했는데, 바로 이 철학입니다.

『장자』의 이 부분을 이해했으니 돌아가 다시 이 시를 보겠습니다. 그는 혜지 법사가 나무 구멍 속에 숨어 7백 년 동안 정좌하면서 선정에서 나오지 않았다고 말했습니다. "산을 바다 속에 감추고 몸도 감추지만", 그는 나무속에서 정좌했습니다. "천하에 감출 곳 없는 도는 친할 수 있네.", 송 휘종은 이것이 궁극이 아니라고 말합니다. 대철대오한 뒤에, 마치 부처님처럼 보리를 증득한 뒤에 생사를 마쳐버린 것이야말로 진정한 도라고 말합니다. 그러나 혜지 법사가 비록 나무속에서 정좌했더라도 장자에게는 허풍치지마라고 그는 일러주고 있습니다. "말을 전하노니 장주는 예견하지 마시오, 나무속 혜지는 짊어지고 갈 사람이 아니었소.", 혜지 법사는 나무를 등에 짊어지고 가고 싶은 사람이 아니라, 그는 나무 구멍 속에 몸을 감추고 있었다는 것입니다. 보세요, 송 휘종의 문학·선종·도가의 견해가 얼마나 고명합니까.

중생의 몸, 선정속의 몸

유정의 몸은 무정이 아니기에
피차 사람마다 선정 속의 사람이네
보리는 본래 나무가 없다는 것을 알면
수고롭게 혜능에게 물을 필요가 어디 있으리오

有情身不是無情　彼此人人定裏身
會得菩提本無樹　何須辛苦問盧能

　세 번째 수의 시는 매우 참구해 볼만 합니다. "유정의 몸은 무정이 아니기에[有情身不是無情]", 불학에서는 모든 사람을 중생이라고 번역하여 부르고, 유식학에서는 유정(有情)으로 번역합니다. 이몸은 정(情)이 있는 것입니다. 이것이 중생입니다. 무엇을 유정이라고 할까요? 바로 모든 생명의 신체는 감각이 있고 지각이 있기에 유정이라고 합니다. 세 번째 수의 시는 더욱 중요합니다. 여러분이 정좌하는 것과 절대적인 관계가 있습니다.

당신이 정좌를 하면 왜 다리가 아파서 견디기 어렵고 편안하고 편하지 않음을 느낄까요? 신체는 정이 있고 감각이 있고 지각이 있기 때문입니다. 송 휘종의 이 한 수의 시는 허풍을 크게 떨었습니다. 완전히 선종입니다. 천하 사람들은 다 선정 속에 있으니 선정을 닦지 말라고 합니다. "피차 사람마다 선정 속의 사람이네[彼此人人定裏身]", 모두 태어나지도 않고 죽지도 않는다는 것입니다. 그러므로 그는 혜지 법사를 비평하기를, "나무 구멍 속에서 7백 년이나 정좌한 게 뭐 대단한가. 도도 못 깨달았으니 선정을 배워야 한다."고 했습니다. "보리는 본래 나무가 없다는 것을 알면[會得菩提本無樹]", 육조 스님이 지은 "보리는 본래 나무가 없고, 밝은 거울도 경대가 아니다. 본래에 한 물건도 없거늘, 어느 곳에서 번뇌가 일어나겠는가[菩提本無樹, 明鏡亦非台, 本來無一物, 何處惹塵埃]" 이 게송처럼 해야 대철대오한 것이어서 그의 육체는 마땅히 나무 구멍 속에서 7백 년 동안 머무르지 않았어야 했다는 것입니다. "수고롭게 혜능에게 물을 필요가 어디 있으리오[何須辛苦問盧能]", 노능(盧能)은 누구일까요? 육조 스님입니다. 육조 스님의 속가 성씨가 노(盧)씨이고 출가 이름은 혜능(惠能)이라고 합니다.

이 세 수의 시는 너무나 좋습니다. 송 휘종의 이 세 수의 시를 보면 그가 나라를 망해 먹은, 한 군왕으로서 나라를 망해먹은 죄과에 대하여 그는 모두 사면됩니다. 대단히 고명합니다. "유정의 몸은 무정이 아니기에", 이 신체가 유정중생인데 이 신체를 어떻게 조정해야할 지를 알아야 합니다. "피차 사람마다 선정 속의 사람이네. 보리는 본래 나무가 없다는 것을 알면, 수고롭게 혜능에게 물을 필요가 어디 있으리오." 원문에서의 '하수(何須)'는 '해서는 안 된다'는 의미의 '불수(不須)'가 아닙니다. 당신이 또 무슨 선을 참구해요! 당신은 벌써 깨달았고 도를 이루었다는 것입니다.

오늘 저녁에 부처님을 배움에 대하여 얘기했는데, 가장 중요한 것은 '어떻게 발심하고 어떻게 자기의 심신을 수증(修證)할 것인가'입니다. 우리 황 의사는 몹시 조급해 합니다. 그에게 한번 참구해 보라고 한 다음에 얘기하겠습니다. 하루 밤 자고 내일 다시오면, 당신의 그 기(氣)는 어디에 있을까요? "유정의 몸은 무정의 몸이 아닙니다.", 이 기(氣)인, 지(地)·수(水)·화(火)·풍(風)은 유정의 몸의 물질이며 유물적인 작용입니다.

제2일 강의

첫째 시간

남을 자기처럼 사랑하라

처음으로 여기 왔기에 뭐가 뭔지 잘 모르는 사람은 먼저 정좌하는 자세부터 잘 조정하십시오. 한 가지 주의할 점이 있습니다. 여기에 있는 학우들은 배운 적이 없는 학우들에게 남을 자기처럼 사랑하는 것을 실천하지 않았습니다. 예컨대 제가 칠지좌법을 얘기했는데 많은 내용을 자세히 말하지 않았습니다. 하지만 제가 얘기하지 않을 때에 그 오랫동안 함께 공부했던 학우 여러분은 새로 온 학우들이 다시 연구하도록 도와주었습니까? 도와주지 않았습니다. 여러분에게는 몇 가지 심리가 있습니다. 첫째는 그 사람이 다 할 줄 아는데 뭐. 둘째는 그 사람이 나를 믿겠어, 물론 나야 그 사람보다는 고명하지만 내가 말해도 안 믿을걸. 셋째는 아, 그의 일을 내가 뭘 상관해! 이런 심리들은 모두 부처님을 배우는 심리가 아닙니다. 이기적인 것입니다. 부처님을 배우는 사람은 남을 자기처럼 사랑하고 힘을 다해서 서로 도와주고 서로가 토론해서 남을 도와줄 수 있습니다. 그러나 여러분은 그렇게 하지 않을 겁니다. 특히 지식인들은 더욱 이기적이어서 자기만 상관하고 많은 핑계들이 있습니다.

어제 칠지좌법을 얘기했는데 여러분은 연구해야 합니다. 특히 여기에 의사가 있는데, 황 의사는 대단히 과학적입니다. 생리 방면에서, 특히 부녀 문제에 대하여는 이 기회를 놓치지 말고 그에게 물으십시오. 그는 견문과 학식이 많고 넓습니다. 가능한 한 많이 물으십시오. 그래서 정좌와 생리는 다 관계가 있다고 말하는데, 남성들도 그와 연구해도 됩니다. 그는 본래 도 닦고 성불하는 것에 대해 믿지 않았는데, 지금은 부처님을 배우고 도 닦는 것에 대해서 저보다도 미신하고 있습니다. 그러므로 여러분은 그를 찾아서 토론해야 합니다. 어렵사리 한자리에 있는데 인생에서 몇 번이나 서로 만나는 기회가 있을 수 있겠습니까!

여러분은 듣고서 '에이, 남선생님은 유별나게 황선생님을 떠받드네.' 하는 심리가 있을 수 있는데 절대 그런 게 아닙니다. 또 틀렸습니다. 저는 여러분에게 덕 좀 보라고 가르쳐준 겁니다! 그가 여기 앉아 있으니 우리들의 학우입니다. 병원에 가서 그를 찾으면 쉽지 않을 겁니다. 이 사람은 보살 마음입니다. 우리 친구들에게 문제가 있다면 그는 애를 써서 도와줍니다. 예컨대 최근에 어떤 사람이 홍콩에서 넘어져서 뼈가 부러졌습니다. 황 의사는 알고서 직접 그를 봐주러 갔는데 문제가 심각하다는 것을 알게 되었습니다. 그래서 정형외과 의사인 아들을 빨리 오라고 해서 뼈가 끊어진 것을 보자마자 병원으로 보내 즉시 수술하도록 도와주었습니다. 제가 이런 얘기를 하는 것은 홍콩에서 그를 알게 된 뒤로 우리들 친구나 학우들을 수시로 이렇게 도와준다는 것을 말하는 겁니다.

이상은 저에 대한 면이고, 그는 또 다른 면에서도 그렇습니다. 저는 그의 인품도덕에 감복했습니다. 그는 힘이 있으면 곧 도와주는 것을 실천합니다. 의사의 거드름이 아주 적습니다. 제가 들으니 홍콩의 많은 사람들이 그를 얘기하면서 다 감복했습니다.

불학에서의 생명과학

이번의 제목이 무엇인지 다들 기억하십니까? '선과 생명과학의 인지'입니다. 이 제목에는 세 가지 큰 주제가 포함되어 있습니다. 첫째는 무엇이 선(禪)이냐는 것입니다. 여러분은 한번 생각해보아야 합니다. 여러분은 많은 분들이 대 박사님이고 대 교수님인데 소홀히 해서는 안 됩니다! 둘째는 무엇이 생명과학이냐는 것입니다. 오늘날 생명과학이란 말이 매우 유행하고 있습니다. 셋째는 새로 일어난 인지과학(認知科學)인데, 무엇이 인지(認知)일까요? 이상 세 가지 큰 주제는 1백여 만자의 책을 쓸 수 있습니다. 본래는 이것을 얘기하려고 했는데 시간이 모자라기 때문에 한 단락 한 단락씩 나눠서 얘기를 하겠습니다.

어제 저녁에 무엇이 불법인지를 말했습니다. 불법은 대 과학이요 대 철학입니다. 종교가 아닙니다. 종교가 아니면서도 종교를 포함하고 있습니다. 부처님이 일대사인연(一大事因緣)을 위하여 세상에 출현하여 설했던 대소승 불법이 그 방대하기가 아득한 바다와 같더라도 선과 생명의 인지 문제를 강해하는 데에 지나지 않습니다. 다시 귀납하면 바로 전 인류가 추구하고자 하는 우주기원의 문제입니다. 도대체 인류생명의 기원은 유물일까요 유심일까요? 그런데 오늘날의 과학은 우주세계까지 발전했습니다. 특히 아인슈타인 이후에 과학자들은 양자역학(量子力學)이라는 문제를 말합니다. 나노(nano) 과학기술과 정보의 발전, 인문적 관리의 발전, 컴퓨터 인터넷의 발전 같은 것들은 모두 양자(量子)의 문제로부터 온 겁니다. 물론 이면에는 또 많은 문제들이 있습니다. 사실은 불학 속에 다 있는데 단지 여러분이 꺼내지 못할 뿐입니다. 만약 여러분 대박사님들, 대 교수님들이 배워서 할 줄 알게 되어 이 문제를 과학과 결합시켜 내면, 여러분이 현직에서 퇴직한 뒤에 이 새로운 과학기술 방면으로 발전시켜갈 수 있습니다. 이것은 인류에 공헌하는 것입니다!

오늘 점심때 제가 그들에 대해 비판했습니다. 사람이 어떻게 태어나고 어떻게 죽는지 이 문제에 대해서 제가 강의 하려한다는 것을 분명히 알았으니 제가 이렇게 수업하러 강단에 올라오기 이전에 여러분은 강의 녹음테이프를 선택해서 들을 수 있고, 다시 자세히 한번 들어보도록 엄격히 규정할 수 있었습니다. 이렇게 하면 여러분에게도 좋고 저에게도 좋습니다. 하지만 사람마다 머리를 쓰지 않습니다. 머리를 썼고 고려를 많이 했는지도 모르지만 집행하지 않습니다. 도덕행위로 말하면 유가에서는 이것을 "위덕불고(爲德不固)"라고 합니다. 공덕을 짓고 발심하는 일을 자기가 비록 분명히 보았지만 꼭 해야겠다고 견지하지 않는 것이 '위덕불고'입니다. 즉, 양명(陽明)철학에서 말하는 "지이불행(知而不行)"으로, 알면서도 행하지 않은 것입니다. 화엄의 도리로는 "이즉시사(理卽是事)"인데, 이치에 도달했다면 실제에 도달해야합니다. 저를 그렇게 오랫동안 따랐으면서도 다들 그렇게 해내지 못하고 있고, 항상 들어서 듣는 것도 피곤합니다. 만약 여러분이 생각나지 않았다고 하면 더더욱 잘못입니다.

저는 오늘 오후에 수업을 시작하자마자 남을 꾸짖는데, 여러분은 남을 꾸짖고 있다고 생각합니까? 이게 바로 부처님을 배우는 보살행입니다. 생각은 곧 행위입니다. 여러분은 부처님을 배웁니까? 이런 것들을 다 배우지 않는데, 부처님을 배운다는 것은 단지 자기만 상관하는 것이 아닙니다. 자기를 이롭게 하고 남을 이롭게 하는 것이 가장 중요합니다. 이렇게 몹시 더운 날 우리가 이 장소를 마련하고 여러분을 놀러 오라고 청한 것입니까? 다른 사람들을 이롭게 하기 위한 것입니다! 여러분이 정좌하는 것은 구경이나 하는 것이 아닙니다. 저를 바라다보고 있는 것이 아니라, 제가 말하는 것을 들어야 하는 것입니다. 생사문제에 대해 아무리 많이 들었어도 다시 새롭게 연구해야 합니다. 이번에는 확실히 발심하고 정말로 수행하고 생사를 마쳐야 합니다.

둘째 시간

당신의 학문과 공부는 몸으로 올라갔습니까

생사(生死) 문제를 얘기하고 불학을 인식하기 위하여 얘기한 것은 모두 중복된 말입니다. 저를 여러 해 따랐던 친구들 여러분은 다 알 것입니다. 하지만 제가 관찰해 보건대 여러분은 모두 깊이 들어가지 않았습니다. 깊이 들어가지 않았다는 말은 무슨 말일까요? 학술이론과 공부가 몸으로 올라가지 않았다는 말입니다. 몸과 마음으로 올라가지 못했습니다. 이것은 중국 도가에 과거에 있었던 오래된 한 마디 말입니다. 제가 과거에 노년 선배들이 학문을 하고 도를 닦는 것을 보았는데 한편으로는 담론하면서 한편으로는 말했습니다. "에~! 나는 여러분과 얘기하지 않겠습니다." 학우들이 다들 왜냐고 물었습니다. 그는 공부가 몸에 올랐다고 말했습니다. 그 자신은 눈을 감자마자 정좌를 했습니다. 이것이 진정한 공부입니다. 이것이 실험입니다. 그러므로 여러분은 여러 해 동안 배웠지만, 부처님을 배우면서 도를 닦고 공부하는 게 몸에 오르지 않았습니다. 사업을 하는 것은 오히려 몸에 많이 올라있습니다. 어떤 일부 친구들은 관직 생활도 잘하고 장사도 잘하며 몹시 마음을 씁니다. 그렇지만 수양(修養) 얘기만 하면 상관하지 않습니다. 그것은 그냥 재미로 놀고 하는 겁니다. 이것이 바로 세간법(世間法)과 출세간법(出世間法)의 차이입니다. 그러므로 저는 말하기를, 오랜 학우들은 저를 따른 지가 오래되어 이론은 다 말할 줄 알지만 공부가 몸에 오르지 않았다고 합니다. 모두 내용이 없는 이론인데, 학교에 가서 선생님 노릇하면서 남을 가르치는 것은 괜찮습니다. 저는 일부 글을 가르치는 사람들은 사람을 속이고 있다고 생각합니다. 자기가 학문이 많다는 것을 표시하여 사람들로부터 잘한다고 칭찬을 받습니다. 그렇지만 자기 자신에 대해서는 결코 소용이 없습니다. 반드시 학술이론과 공부가 몸에 올라야 공부라고 할 수 있습니다.

이제 중복된 말을 하기 위하여 저는 다시 한 번 말합니다. 제가 생각하건대 이 자리에 있는 우리의 많은 오랜 학우들은 학문들이 다들 좋습니다. 그분들더러 강의하라고 하면 아마 저보다도 강의를 더 분명하게 잘 할 겁니다. 하지만 저는 그래도 그분들이 하는 강의에 마음을 놓지 못합니다. 들어보면 다 옳지만 견실하지가 않습니다. 석가모니불은 도를 깨달은 뒤 세간에 나와서 법을 널리 전파했습니다. 일반적 불학 연구대로라면 종교를 말하는 사람이 먼저 말하는 게 소승법문입니다. 오늘날 사람들은 소승 얘기만 들었다하면 깔보아서 마치 유치원과 초등학교 과정인 것처럼 생각합니다. 틀렸습니다! 당신의 학문이 대단하다 하더라도 유치원과 초등학교에서부터 뿌리를 내리기 시작해야 합니다.

고(苦)는 집(集)으로부터 온다

우리가 불학을 연구해보겠습니다. 제가 먼저 한 가지 소제목을 얘기하겠습니다. 즉, 소승이 무엇인지를 인지(認知)하는 것입니다. 우선 인지 자체가 무엇인지는 말하지 맙시다. 단지 그 명사만을 차용할 수 있습니다. 소승불학에 대한 우리들의 인지는, 부처님이 맨 처음에 4제(四諦: 4성제四聖諦)를 설했다는 것만을 알 뿐입니다. 제(諦)란 요점입니다. 4제란 무엇일까요? 고(苦)·집(集)·멸(滅)·도(道)입니다. 소승법문에서는 4제를 3전4제법륜(三轉四諦法輪)이라고 부릅니다. 기억하고 있기 바랍니다! 그런 다음 12인연(十二因緣)을 말합니다. 이것은 여러분에게 불학수업을 하는 것인데, 과학이면서도 매우 유용한 것입니다! 여러분이 나가서 사업을 하거나 장사를 하거나 벼슬을 하거나 모두에 쓸모가 있습니다! 당신이 4제와 12인연 법문을 충분히 이해하기만 하면 아주 유용합니다. 종합적으로 말하면 37조도품(三十七助道品)이 있는데 대소승 불학의 기초는 모두 여기에 있습니다. 대철대오하고 자기가 생사를 마치고 성불하는 길입니다. 모든 대소승 경전은, 선종이든 밀종이든 당신이 무슨 종이든 무슨 파이든 간에, 세상의 어떤 종교까지도 포함하여 모두 이 법칙을 벗어날 수 없습니다. 만약 여러분이 수행을 하고 싶다면 이러한 학술 이론을 모르면 안 됩니다.

제가 먼저 이론을 말하고 그 다음에 수지하는 실제 방법을 말하겠습니다. 저의 이런 얘기는 노트에 의지해 기록하지 말기 바랍니다! 일 분간 멈추어서 여러분 제가 방금 얘기한 4제법문 고집멸도를 한 번 생각해 보십시오. 부처님의 3전4제법륜에서 제가 이런 불학 대가들, 대사들에게 늘 물어보기를 3전(三轉)이란 것은 어떻게 굴리는 것이냐고 물어봅니다. 바퀴처럼 굴리는 것일까요? 이것은 모두 가장 기본적인 것입니다. 이것은 학문을 얘기하는 것일 뿐이라고 생각하지 말기 바랍니다. 정좌하여 공부하여 곧 체험해야 합니다.

제1전(第一轉)을 예로 들어보겠습니다. 부처님이 보통 말하는 방법, 교육법은 당신에게 인간 세상은 모두 괴로움이라고 일러줍니다. 몹시 고통스럽고 오직 괴로움만 있지 즐거움은 없다고 일러줍니다. 이 세상 사람들이 여기는 쾌락은 가벼운 정도의 고통을, 전도(顚倒)되어서 쾌락으로 삼은 것입니다. 전도란 착오(錯誤)라는 의미입니다. 예를 들어 우리가 큰 돈을 써서 한 시간 동안 안마를 받았거나 사우나를 하고 씻고 또 안마를 받았다면 이렇게 말합니다. "아따! 어제 600원이나 써서 사우나하고 안마를 했더니 아주 기분이 좋다!" 중생은 전도되었습니다. 실제는 다른 사람을 찾아가 당신을 학대한 겁니다. 찬물과 뜨거운 물로 당신을 땀나게 합니다. 그런 다음 안마하게 합니다. 당신을 가볍게 두드리면 시원하다고 합니다. 심하게 안마를 하면 "어어, 좀 살살해요. 너무 아파요!"라고 말합니다.

　세상은 온통 고통뿐이지 즐거움이 없습니다. 그래서 8고(八苦)나 10고(十苦)로 나눕니다. 소극적으로 보이지만 모두 아주 실재적입니다. 8고 중에서 생로병사(生老病死)의 고(苦) 이 네 가지는 다들 알고 있습니다. 생로병사의 고통을 얘기해보겠습니다. 지금 제가 보면 일부 학우들은 다 늙었습니다. 저처럼 늙었습니다. 하지만 자기가 늙는 고통을 잊어버렸습니다. 저는 늙는 고통을 깊이깊이 느낍니다. 조금 전에 저는 사미(沙彌)와 이곳의 건축에 대해서 얘기를 했습니다. 그녀는 당시 저에게 물었습니다. "이 욕조 높이가 좀 높은 것 같죠? 좀 낮추면 어떨까요?" 저에게 세 번이나 물었습니다. 저는 오늘에야 당시에 제가 틀렸다는 것을 깨달았습니다. 오늘 목욕하고 나올 때에야 알았습니다. 5,60세 된 사람들은 두 다리가 잘 움직이지 않는데 기어 나올 수 있을까! 라는 생각이 들었습니다. 이게 바로 늙는 고통입니다. 눈은 잘 안보이게 되고 허리는 시큰거리고 등짝은 아픕니다. 갖가지 병통이 찾아옵니다. 생로병사를 모두들 그 고통 속에서 자신이 모르고 있습니다. 모른다는 것은 바로 지혜가 없는 것입니다! 알면 지혜를 가지고 뛰어 벗어날 방법을 생각해야만 합니다.

　다섯 번째는 애별리고(愛別離苦)입니다. 좋아하는 사람이나 좋아하는 일과 이별하고 나누어진 것입니다. 자기가 바라는 것을 하지 못하여 언제 어디서나 애별리고 속에 있습니다. 여섯 번째는 원증회고(怨憎會苦)입니다. 좋아하지 않는 사람과 한사코 만나는 것입니다. 일반적으로 말하는, "말을 탔을 때는 사돈을 못 만나고 소를 탔을 때 사돈을 만난다."는 격입니다. 일곱 번째는 구불득고(求不得苦)입니다. 돈을 벌려고 하는데 공교롭게도 재수가 없습니다. 승진하고 싶은데 자리가 없습니다. 구하는 것이 뜻대로 되지 않는 고통입니다. 여덟 번째 고통은 다들 모를 것인데 무엇을 5음치성고(五陰熾盛苦)라고 할까요? 어느 젊은 학우가 이 문제에 대답하겠습니까? (대답 : 색色 · 수受 · 상想 · 행行 · 식識입니다)

맞습니다. 색 · 수 · 상 · 행 · 식을 오음이라고 합니다. 이 다섯 가지는 심리와 생리를 포괄하고 있습니다. 색(色)은 생리인 지(地) · 수(水) · 화(火) · 풍(風) · 공(空)입니다. 수(受)는 감각입니다. 매일 기후가 차다거나 · 덥다거나 · 쾌적하다거나 · 쾌적하지 않다거나 하는, 생각 · 감정 등이 모두 수에 해당합니다. 상(想)은 곧 생각[思想]과 지각(知覺)입니다.

행(行)은 무엇일까요? 행위가 아닙니다. 우주 간에 있는 하나의 동력(動力)입니다. 생명의 배후에는 하나의 동력이 있는데, 전기 에너지처럼 영원히 발동하고 있습니다. 이 생명에서 발동하는 동력이 어디에 있는지를 당신이 찾아내지 못했는데, 찾아내어야 수행이라고 합니다. 우리의 몸은 왜 쇠로(衰老)하고 병이 날까요? 왜 고통스러울까요? 왜 정감(情感)이 있을까요? 이 행은 그 동력 운동 에너지가 무엇일까요? 유물일까요 유심일까요?

식(識)은 무엇일까요? 굳이 해석한다면 정신 방면입니다. 불학에서는 생리와 심리, 사람의 심신 양면을 통틀어 5음(五陰)이라고 합니다. 5온(五蘊)이라고도 하는데, 온(蘊)이란 그 안에 간직하고 있다는 뜻입니다. 전기 에너지의 전장(電場)처럼 그 에너지원을 당신은 보지 못합니다. 전기 에너지에서 이 에너지가 무엇인지 당신은 모릅니다. 입으로야 에너지라고 말할 줄 알지만 그 에너지가 무엇인지 당신 보았습니까? 오늘날 과학이 발달했는데 누가 우주 최초의 에너지원이 무엇인지 찾아낼 수 있을까요? 그러므로 이 여덟 번째의 5음치성고는 이해하기 쉽지 않습니다.

부처님은 말씀하시기를, 우리는 날마다 생리적 심리적 시달림을 받으며 자기가 고생을 하고 있기 때문에 8고라고 부른다고 하였습니다. 이 8고는 다들 불학을 얘기하면서 얘기하고 지나가버립니다. 만약 오늘날 총명한 젊은이가 8고의 관념을 문자 언어로 문장이나 소설이나 산문이나 이론을 쓴다면 아주 많은 좋은 것들을 써낼 수 있습니다. 부처님은 이것을 고제(苦諦: 고성제)라고 하였습니다. 이 세계의 생명은 소극적인 각도에서 바라보면 온통 괴로움입니다. 그러므로 생명은 고통스럽게 살아가고 있습니다. 그래서 저는 늘 여러분에게 인생은 세 마디라는 말을 합니다. "영문을 모른 채 태어나고, 어쩔 수 없이 살아가며, 까닭을 모른 채 죽어간다." 이 생명은 5음치성고라고 부처님은 그렇게 철저하게 말씀하셨습니다. 다들 이 세 마디를 우스갯소리로만 듣고는 하 하 웃으며 제 말이 우습다고 느끼는데, 제가 보기에는 그들이 우습게 느끼는 것이 더 우습습니다. 당신이 웃는 것은 당신이 이해했다는 의미일까요? 웃기는 뭘 웃어요! 당시에 다들 한담을 하고 있는데 꾸짖기도 뭐했습니다. 바꾸어 말하면 이 세 마디 말은 사람들을 꾸짖고 있는 겁니다! 당신은 태어나도 온 곳을 모르고 죽어도 가는 곳을 모르니, 일생을 헛되이 산 것입니다.

부처님이 4제 인연을 설하셨는데 첫 단계는 인생을 소극적으로 바라본 것입니다. 사실 종교마다 다 그런 견해인데 부처님이 가장 철저하게 얘기하신 겁니다. 그러나 이 고통은 일반적으로 불학을 얘기할 때는 8고만 얘기합니다. 부처님은 다른 경전에서 10고를 얘기하셨습니다. 요컨대 이 세상에서 산다는 것은 너무나 고통스럽고 너무 힘들고 너무 견디기 어렵습니다. 하지만 고통은 절망이 아닙니다. 소극적이 아닙니다. 그게 아니라 우리 사람들은 재간이 있고 지혜가 있고 능력이 있어서 이 고해를 뛰어넘을 수 있으니 부처님을 배워야 한다는 것을 사람들에게 일러주는 것입니다. 당신은 고통에 패배해서는 안 됩니다. 패배하게 되면 대장부가 아닙니다. 영웅이 아닙니다. 그래서 부처님을 대웅(大雄)이라고 부릅니다. 대 영웅은 그런 고통의 속박을 타파하고 뛰어넘어 나옵니다. 이것을 "삼계 밖으로 뛰어넘어 오행 가운데 있지 않다[跳出三界外不在五行中]."라고 합니다. 그래서 절의 대전(大殿)을 대웅보전(大雄寶殿)이라고 부릅니다. 천하를 정복하여 황제가 되어 전 세계를 통치한다고 해서 영웅이라고 할 수는 없습니다. 당신은 생사를 뛰어넘을 수 있습니까? 물리세계의 고통스런 속박을 뛰어넘었습니까? 오직 부처님이야말로 대웅(大雄)이요 대력(大力)이요 대자비(大慈悲)입니다. 그는 뛰어넘었습니다. 조금 전에 제가 4제 3전을 얘기했는데 이상이 제1전입니다.

해탈 추구 — 2전(二轉)

이 모든 고(苦)는 어느 곳으로부터 올까요? 괴로움은 결과[果]입니다. 이 결과는 원인[因]으로부터 오는 것인데, 원인은 집(集)으로부터 옵니다. 집이란 집중(集中)입니다. 붙들어서 온 것입니다. 당신 스스로가 모아들여 온 것입니다. 집(集)은 고(苦)의 원인이요 고는 집의 결과입니다. 그러므로 우리가 정좌하고서 왜 비워버리지 못할까요? 얘기하는 김에 과학 얘기를 여러분에게 들려드리겠습니다. 우리들의 생명은 하나의 자석[磁鐵]과 같습니다. 여기서 여러분이 수행하고 있다고 생각하면서 두 다리를 틀고 앉아 있으면 아주 편안하지만 잠시 후에는 이곳도 정상이 아니고 저곳도 정상이 아닙니다. 당신의 그 마음이 고요해지고 난 뒤에는 자석처럼 우주 일체의 에너지 고통을 당신의 몸에다가 집중합니다. 그런 다음에 이런 생각이 납니다. "우리 남편은 나한테 잘 못해줘. 우리 아들도 나한테 옳지 않아. 나 그 장사는 어떻게 하지?" 모두 모으고 있습니다. 집(集)은 마치 한 개의 자석처럼 그래서는 안 될 것들 모두를 빨아들입니다.

여러분이 정좌하고 있으면서 자기가 도를 닦고 있다고 생각하지만 사실은 모든 고통을 몸에다 모으고 있는 중입니다! 그러므로 당신더러 놓아버리라고 하는데, 놓아버릴 수 있습니까? 놓아버리지를 못합니다. 이 몸이 정좌하지 않을 때는 괜찮았는데 정좌하자마자 이곳도 정상이 아니고 저곳도 정상이 아닙니다. 모두 모으고 있습니다. 당신은 이리하여 이 몸이 한 개의 자장(磁場)이라는 것을 알게 됩니다. 그것은 일체를 한데 모읍니다. 놓아버리라고 말할수록 한데 모여집니다. 마치 자석이 철을 당기는 것과 같습니다. 불경은 한 마디로 집(集)은 고(苦)의 원인이라고 하고, 고는 집의 결과라고 합니다. 어제 저녁에 어떤 사람이 제게 말하기를 온 몸이 견디기 어려웠는데, '에이! 상대하지 말자' 했더니 좀 편안해졌다고 했습니다. 그렇습니다. 당신이 가서 모으지 않으면 자연히 가뿐해집니다. 이것은 철학입니다. 학술이론이자 과학이기도 하니, 실험을 해야 합니다.

고집(苦集)의 다음은 멸도(滅道)입니다. 모든 고통을 소멸 제거하여 고통의 범위를 벗어나고 물리세계를 뛰어 벗어나고자 한다면 오직 도를 얻어야 그렇게 할 수 있습니다. 도는 멸의 원인이요 멸은 도의 결과입니다. 열반(涅槃)이 바로 멸제(滅諦)입니다. 모든 것을 쉬고 해탈하여 열반을 얻은 것입니다. 오직 도를 얻어야만 지혜에서 대철대오하고 수증(修證)이 도달합니다. 그래서 도는 적멸에 들어가는 원인입니다. 멸은 모든 고통이 소멸제거된 것으로 범어로 열반이라고 하고 중문으로는 적멸이라고 합니다. 이 열반적정 (涅槃寂靜)의 극락세계는 어떻게 해야 도달할 수 있을까요? 보살이나 하느님이 당신에게 주는 것이 아닙니다. 당신 자신이 해내어야 하는 것입니다. 도는 오직 지혜로 깨달아야 합니다. 도는 적멸(寂滅)의 원인이요 적멸은 도를 닦아 도를 이룬 결과입니다. 그러므로 고집멸도라고 합니다.

그러므로 3전4제법륜을 제가 불학을 배우는 일반 사람들에게 물어보면 벙어리가 되어 아무 말이 없습니다. 불경에서 말하는 3전4제법륜은 어떻게 굴릴까요? 저는 금년에 90세가 되었습니다. 20몇 세 때부터 불학을 연구하면서 예전에 많은 사람들에게 이 문제를 물었지만 다들 대답을 하지 못했습니다. 제 자신은 어떻게 대답을 할까요? 저는 부처님이 하신 대답을 찾았습니다. 지금 제가 여러분에게 얘기하는 거야 가뿐하지만 저는 수십 년 동안 고통스러웠습니다. 뒷날 돌아보니 불경에 다 있다는 것을 발견하였습니다. 다 말해놓았지만 자신이 바보여서 이해하지 못했던 겁니다.

사실 당신이 이 도리를 알았으니 이제는 내려놓고 여기 앉아있으면 아주 편안한데 구태여 공부할 필요가 있겠습니까! 만약 공부하지 않는다고 하면 이것이야말로 큰 공부이니 일체를 놓아버리면 됩니다. 자기 몸조차도 바라지 말고 모두 내던져버리십시오. 몸 어느 곳이 견디기 어렵다거나 어디 허리가 시큰거리고 등짝이 아프더라도 아예 상대조차도 하지 마십시오. 당신은 그것을 한데 모아서 뭐하겠습니까? 모을수록 고통스럽습니다. 당신이 그에 대응하고 다스리려고 할수록 귀찮아집니다. 죽어야 한다면 죽는 거지요. 그것은 물리적 물질적인 것이니 무너지면 떠나가지요 뭐. 바꾸어 말하면 제가 말하는, "제기랄! 꺼져라."입니다. 당신이 죽어야 한다면 죽으십시오. 어떤 학우가 한번은 무슨 일을 잊어버렸다고 했습니다. 제가 말하기를, "당신에게 제일 좋은 진언을 하나 가르쳐드리겠다며 그것은 '제기랄'입니다."라고 말했습니다. 뒷날 이 학우는 제게 말하기를, "아따! 선생님, 당신의 그 진언 정말 쓸모 있습니다. 제가 가장 고통스러울 때 저는 곧 '제기랄' 하고 생각하면 바로 좋아집니다."고 했습니다. 모으지 않으니까요! 이상은 제2전이었습니다.

12인연 — 3전

제3전4제법륜에서 12인연을 굴려내는데, 이것은 과학이요 대철학입니다. 12인연을 당신이 철저하게 이해하고 수행하고 정(定)을 얻으면, 도를 이룹니다. 12인연이라는 이 동그라미 하나를 먼저 기억하고 있기 바랍니다. 필기에 의지하지 마십시오. 제가 여러분에게 외워 들려주겠습니다. "무명(無明)을 조건으로 행(行)이 생겨나고, 행(行)을 조건으로 식(識)이 생겨나고, 식을 조건으로 명색(名色)이 생겨나고, 명색을 조건으로 6입(六入)이 생겨나고", 이 중에 다음 두 부분을 주의하기 바랍니다. 큰 관건이 있습니다. "6입을 조건으로 촉(觸)이 생겨나고, 촉을 조건으로 수(受)가 생겨나고", 당신이 공기가 좋다 안 좋다 차다 덥다고 느끼는 것은 바로 촉(觸)과 수(受)로서 물리세계와 관계가 있습니다.

어제 촉이 무엇인지를 말했습니다. 요가(瑜珈)에서는 상응(相應)이라고 부릅니다. 바로 교감(交感)입니다. 접촉하자마자 교감이 있습니다. 그래서 심리적으로 편안하거나 편안하지 않습니다. '촉'과 '수'를 얘기해보겠습니다. 당신이 정좌를 해보면 다리가 정상인지 아닌지 접촉하자마자 느낌이 있습니다. 안마를 하면 안마의 편안함을 느낍니다. "수를 조건으로 애(愛)가 생겨나고", 수(受)를 얘기해 보면, 남녀가 둘이 죽어라고 사랑하는데 뭘 애정이라 할까요? 그것은 호르몬이 수작을 하고 있는 것이라고 저는 말합니다. 그 조금의 호르몬을 소모해 버리고 나면 없어져버리는데 무슨 사랑이라고 할 수 있습니까? 이것은 탐애(貪愛)입니다. "애를 조건으로 취(取)가 생겨나고", 사랑(愛) 때문에 붙들어 쥐는데 그것이 바로 '집(集)'입니다. 악착같이 붙들어 쥡니다. 돈을 사랑하고 명예를 사랑하고 이익을 사랑하고 허영(虛榮)을 사랑합니다. 사랑이 있으면 취합니다. "취를 조건으로 유(有)가 생겨나고", 취함이 있기 때문에 현유(現有)의 세계가 있습니다. "나는 생각한다. 그러므로 나는 존재한다."는 존재철학이 나타납니다. 내가 생각하기 때문에 오게 되고 존재하게 됩니다. 천하의 존재[有]를 붙들어 쥐고 있을 수 있을까요? 고집멸도입니다! 유(有)는 바로 현재의 생명입니다. "유(有)를 조건으로 해서 생(生)이 생겨나고, 생을 조건으로 노사(老死)가 생겨난다." 현재의 생명은 필연적으로 늙고 죽기 마련입니다. 반드시 늙고, 늙으면 죽습니다. 이상이 12인연입니다.

죽은 다음에는 어떨까요? 생명이 존재 할까요 존재하지 않을까요? 서양의 기타의 종교들은 사후에 착한 사람은 천당에 올라가고 악한 사람은 지옥에 떨어진다고 합니다. 이것이 일반적인 종교입니다. 부처님은 그렇지 않다고 말씀하십니다. 죽은 뒤에 다시 돌아와서 과보를 받습니다. 죽은 뒤에는 온통 무명(無明)입니다. 영문을 모른 채 온통 캄캄하여 아무것도 모르고 또 와서 투태(投胎)합니다. 어제 마치 잠잤던 것과 같아서 잠자고 있는 동안에 아무것도 모릅니다. 온통 무명입니다. 머릿속도 또렷하지 않고 아무것도 모릅니다. 흐리멍덩합니다. 무명도 괜찮습니다. 고통도 없고 번뇌도 없습니다. 대혼침(大昏沈)도 괜찮습니다! 그러므로 외도가 무상정(無想定)에 들어가고 무명(無明) 경계에 들어가면 아무것도 없습니다. 여섯 시간 동안 잠자는 것이나 다름없어서 무슨 고통이나 즐거움도 모두 없고 무명입니다! 깨어나서는 또 행(行)이어서 동력이 또 나타납니다. "무명연행(無明緣行)", 무명을 조건으로 행이 생겨납니다. 12개의 인연을 먼저 암기하십시오. 방금 제가 말했는데 왜 제가 여기까지 얘기했을까요? 진정한 생사문제를 말하고 어떻게 생사를 마치고 수행공부를 할 것인지를 말하기 위해서입니다. 그러므로 먼저 이 기본을 잘 알기 바랍니다.

"무명애취삼번뇌(無明愛取三煩惱)", 무명(無明)·애(愛)·취(取)는 근본번뇌(根本煩惱)에 속합니다. 수번뇌(隨煩惱), 소번뇌(小煩惱), 대번뇌(大煩惱)19)는 모두 이렇게 온 것입니다. 우리 스스로는 영문을 모른 채 자기에게 지배되고, 또 영문을 모른 채 자기를 지배합니다. 일체가 애(愛)입니다. 세상을 사랑하고, 명예를 사랑하고, 이익을 사랑하고, 뭔가를 사랑하면서 악착같이 붙들어 쥡니다. 이 세 가지는 근본번뇌입니다. 이것은 12인연을 해부하여서 말씀드린 것입니다.

"행유이지속업도(行有二支屬業道)", 12인연에는 행(行)과 유(有)가 하나씩 있습니다. 행은 무엇일까요? 생명의 한 가닥의 동력인데 당신이 멈추게 할 수 없는 것입니다. 예컨대 우리가 잠들었을 경우, 심장은 여전히 뛰고 있고 당신의 호흡은 예전대로 오가며 혈액은 유동(流動)하고 있습니다. 생명은 살아있으면서 영원히 하나의 행음(行陰)이 있습니다. 전기 에너지처럼 해와 달처럼 영원히 허공에서 굴러가고 있는 것이 행음인데, 당신은 이것을 틀어쥐고 있어

---

19) 118p (역자보충) 「오위백법」 중의 번뇌 관련 부분을 읽어보기 바람.

야 합니다. 그러므로 수행에서 이것을 인식해야 합니다. 행은 바로 현실의 세계입니다. 물리세계는 그 뒤에 하나의 동력이 움직이고 있는데, 이 동력은 도대체 정신적인 것일까요 아니면 물리적인 것일까요? 이제 대 과학 문제가 나타났습니다. 양자역학(量子力學)을 예로 들어보겠는데, 여기에 물리학을 배운 분이 있습니까? 모 박사 한분 얘기 해보세요. 파(波)와 입(粒)의 관계는 모두 행음인데, 양자역학에는 파장(波長)과 입자(粒子)가 있습니다. 두 마디를 보충해야 할까요?

어느 박사 : 최신의 양자역학에 '쿼크(quark)'라는 게 있는데, 파(波)에 접근할 때 그 속의 파(波)는 변동할 수 있습니다.

남선생님 : 복선궤도적인 것이 투과해서 나온 것이 바로 오늘날의 정보요 텔레비전 등등입니다.

어느 학우 : 제가 좀 보충하겠습니다. 광자(光子)와 전자(電子)는 때로는 입자 상태로 체현(體現)하고 때로는 파장 상태로 체현하곤 합니다. 동일한 물질이 어떤 때는 입자이고 어떤 때는 파(波)입니다. 다른 형식으로서 표현되기 때문에 파립이상성(波粒二相性)이라는 명사가 하나 있습니다.

남선생님 : 파(波) 여기를 투과하면 입자가 집중되어 이런 현상이 나타납니다. 즉, 에너지 작용입니다. 즉, 파립이상성으로, 두 가지 현상을 종합하여 오늘날의 이러한 정밀과학기술 발명이 있게 되었습니다. 제가 양자역학을 차용하는 것은 무엇 때문일까요? 이 우주 일체에 대해서 지금 이런 정도까지 이미 이해했기 때문에 오늘날의 정밀과학기술이 있다는 것을 말하고자 하는 겁니다. 오늘날의 과학은 아직 최고도에 이르지는 않았습니다. 부처님을 배움에 있어서는 이 행(行)을 이해해야 합니다. 당신은 불학이 공허한 것이라고 생각합니까? 불학은 대 물리과학입니다. 그러므로 '행

(行)'이 오늘날의 정밀과학기술 세계를 구성했습니다. 일체는 있습니다. 없는 것이 아닙니다.

그러므로 12인연 중에서 부처님이 말씀하신 '행(行)'과 '유(有)' 이 두 부분을 합한 것이 바로 우리가 말하는 '업을 짓는다[造業]'는 것입니다. 업을 짓는다는 것은 종교에서는 하느님이 지은 것이라거나 혹은 운명이 우리들로 하여금 그렇게 되도록 하는 것이라고 말합니다. 사실은 운명도 아니요 하느님도 아닙니다. 주재자가 없습니다. 다 자기가 붙들어 쥐어 온 겁니다. "행유이지속업도(行有二支屬業道)", 업을 짓는다는 것은 바로 이 업인데, 불학에서의 이 업은 선업(善業)·악업(惡業)·불선불악업(不善不惡業) 이 세 가지를 포함합니다. 불선불악은 중성적인 것입니다. 그런데 수행은 업을 짓는데, 짓는 업은 도업(道業)입니다. 성불하는 것도 업을 짓는 것입니다! 성불의 업을 짓는 겁니다. 지옥 중생은 지옥의 업을 짓습니다. 그 후면에 있는 하나의 운동 에너지가 업도(業道)입니다. 그러므로 양자역학도 아직은 궁극적인 것이 아닙니다. 행(行)과 유(有) 두 지는 12인연에서 업도에 속합니다. 12 가지에서 다섯 가지를 얘기했습니다. 그렇지요? 무명(無明)·애(愛)·취(取) 세 가지는 번뇌의 근본으로 심리적인 것입니다. 행(行)과 유(有) 두 가지는 물리적인 것이자 심리적인 것이며, 그 후면의 것은 업입니다. 이것을 업도라고 합니다.

그 다음에 7가지가 남아있습니다. 무명(無明)을 조건으로 행(行)이 생겨나고, 행을 조건으로 식(識)이 생겨납니다. 식에서부터 명색(名色)·육입(六入)·촉(觸)·수(受), 생(生)과 노사(老死)까지 이 일곱 가지를 종합하면 괴로운 과보[苦報]입니다. 이 몇 마디 말은 중국불학이 12인연을 종합한 것인데, 대단히 고명합니다. 우리 생명의 고통은 이렇게 온 것입니다. 이것은 대 과학입니다. 여러분은

12지를 잘 배우기 바랍니다. 장래에 여러분이 정치학, 관리학, 물리학을 말할 때 이것을 사용하면 대단히 고명합니다. 세상의 학문도 마찬가지입니다. 당신이 정치상으로 많은 농촌 경제의 문제가 나타나는 것을 보고, 거기다 12인연의 논리를 적용하면 곧바로 이 경제정책 발전이 얼마나 큰 고통인지를 알아낼 수 있고 좋고 나쁜 것도 보게 됩니다. 이것은 대 학문입니다! 이상 말씀드린 것이 제3전(第三轉)입니다. 매 한가지마다 모두 대 과학입니다. 인지과학과 생명과학입니다.

(역자보충)
오위백법 : 우주만유 일체법의 분류
백법명문론(百法明門論) 약해(略解)

　오위백법(五位百法)에서 '백법'이란 우주만법을 100종으로 귀납시킨 것을 말하고 '오위'란 그 백법을 다시 심법(心法) 8종·심소유법(心所有法) 51종·색법(色法) 11종·심불상응행법(心不相應行法) 24종·무위법(無爲法) 6종의 다섯 부류로 크게 묶은 것을 말한다.

　예컨대 유정세간(有情世間)은 심법·심소유법·색법·심불상응행법을 떠나지 않으며 기세간(器世間)의 경우 색법을 가리키는데, 이상은 모두 세간의 유위법(有爲法)에 속한다. 하지만 성인(聖人)의 경계는 무위법(無爲法) 혹은 출세간법을 가리킨다.

　이러한 분류를 통해 만법, 즉 일체의 정신현상과 물질현상은 모두 이 다섯 가지 부류로 개괄할 수 있으며 그것들은 실체가 없는 것으로서 무아(無我)임을 알게 하기 위한 것이다. 이제 그 내용을 간략히 설명한다.

1. 심법 (8종) : 심리작용 활동의 주체

심법이란 곧 8식을 말한다. 8식심왕(八識心王)이라고도 한다. 심왕이라고 하는 까닭은 심소유법에 상대적으로 말하는 것이다. 8식심은 마치 국왕과 같고 심소법은 신하와 같아서 심법이 일어나면 심소유법도 따라서 일어난다. 심법을 맨 첫 자리에 두는 것은 '삼계는 유심이요[三界唯心]', '일체는 유식이다[一切唯識]'로서 일체법 중에서 심법이 가장 주요한 것이기 때문이다.

1) 안식(眼識) ; 안근(눈)에 의지하고 색경(色境: 각종의 색상)을 대상으로 하여 일어나는 시각 분별인식.

2) 이식(耳識) ; 이근(귀)에 의지하고 성경(聲境: 각종의 소리)을 대상으로 하여 일어나는 청각 분별인식.

3) 비식(鼻識) ; 비근(코)에 의지하고 향경(香境: 각종의 냄새)을 대상으로 하여 일어나는 후각 분별인식.

4) 설식(舌識) ; 설근(혀)에 의지하고 미경(味境: 각종의 맛)을 대상으로 하여 일어나는 미각 분별인식.

5) 신식(身識) ; 신근(몸)에 의지하고 촉경(觸境: 각종의 감촉)을 대상으로 하여 일어나는 촉각 분별인식.

이상은 전5식(前五識)으로, 이 5식 중 어떤 식이든 작용이 발생하면 반드시 의식과 동시에 일어나서 의식이 전5식의 분별인식 작용이 발생하도록 도와준다.

6). 의식(意識) ; 의근(말라식)에 의지하고 법경(法境: 유위·무위의 일체법)을 대상으로 일어나는 의식 분별인식.

의식은 우리들의 심리활동의 중심으로 수시로 전5식과 동시에 일어나며(이를 5구의식五俱意識이라고 한다), 전5식이 휴식하는 할 때에도 독자적으로 사색·추억·상상, 심지어 잠자는 동안에도 작용이 발생한다(이를 독두의식獨頭意識 또는 독영의식獨影意識이라고 한다).

7) 제7식 : 말라식(末那識)이다. 제8아뢰야식에 의지하고 자아를 집착하여 항상 사량(思量)하는 작용을 일으킨다. 자아의식의 중심으로서 우리들의 일체

의 자기중심적인 생각, 탐욕·거만·견해고집 등의 악습은 모두 이 말나식이 일으키는 것이다.

8) 제8식 : 아뢰야식(阿賴耶識)이다. 말나식에 의지하고 몸[根身]·기세간[器界]·종자를 대상으로 하여 작용을 일으킨다. 우주인생의 본체이자 만유의 근원이다. 모든 업력을 저장시키고 받아들여 보존하며, 모든 선악의 행위를 유발시키는 기능이 있다. 또한 전생과 금생 그리고 내생에 윤회하면서 다른 과보를 받게 하는 기능을 가지고 있다. 그리하여 지옥·아귀·축생·아수라·인간·천상 등의 6도 가운데 업력에 따라 발생하는 생명의 주체가 되는 동시에 윤회의 주체가 된다.

2. 심소유법 (51종): 심리작용 활동

심법이 소유한 법으로 간단히 심소법(心所法)이라고도 하는데, 즉 8식 심왕이 일으키는 심리작용 활동들이다. 항상 심법과 상응하므로 심념이 일어나면 반드시 심소(心所)가 있고 심이 일어나지 않으면 심소도 없다. 이에는 변행심소 5종, 별경심소 5종, 선심소 11종, 근본번뇌심소 6종, 수기번뇌심소 20종 등 여섯 가지 부류가 있다.

a. 변행심소 (5종): 보편적 심리작용 활동

8식 중 어느 심왕이든 작용을 발생하면 어느 때나 따라서 일어나므로 변행심소(遍行心所)라 한다. 즉 이 다섯 가지 심리작용 활동은 일체심(一切心: 8식), 일체지(一切地: 삼계9지—욕계1지·색계4지·무색계4지), 일체성(一切性: 선성善性·악성惡性·무기성無記性)에 보편적으로 일어나는 심리작용이다. 모두 5종이 있다.

1) 작의(作意); 경각·주의(注意) 작용이다. 주의 작용은 심식을 이끌어 인식

대상으로 향하게 하는 것이다. 즉 6근과 6경이 화합할 때 심식이 경각·반응을 하는데 이 경각 반응이 주의이다.

2) 촉(觸); 접촉, 즉 감각 작용이다. 작의로 말미암아 6식(인식주체)이 6근(감각기관)을 통해서 6경(인식대상)을 접촉하는 것이다. 촉은 다음의 수·상·사의 활동의 기초가 된다.

3) 수(受); 감수, 즉 감정 작용이다. 6근을 통해 접촉한 대상에 대하여 발생하는 괴롭거나[苦]·즐겁거나[樂]·괴롭지도 즐겁지도 않은[不苦不樂]의 감정이다. 우리들의 정서작용이다.

4) 상(想); 표상, 즉 인식 작용이다. '상(相)'은 모습을 취한다는 뜻이다. 6근을 통해 접촉한 대상을 관찰하고 공통적인 성질을 선택하여 인상·개념을 형성하는 것이다.

5) 사(思); 사려·의지작용이다. '사(思)'는 조작의 의미다. 접촉한 대상을 관찰 사고하고 선악 등의 각종의 구체적인 행위, 즉 업을 발생하는 심소이다.

b. 별경심소 (5종): 특정 경계의 심리작용 활동

별경심소(別境心所)란 앞의 변행심소와는 달리 특정한 경계에 대하여서만 일어나는 심리작용 활동이다. 모두 5종이 있다.

1) 욕(欲); 욕망이다. 즐기는 경계[所樂境]를 바라고 추구하는 것이다.

2) 승해(勝解); 수승한 이해이다. 대상 경계[決定境]에 대하여 정확하고 결정적인 이해·판단을 하는 것이다.

3) 염(念); 기억이다. 접촉·경험·학습한 사물이나 도리 등의 경계[曾所習境]에 대하여 마음속에 분명히 기억하여 잊지 않는 것이다.

4) 정(定); 삼마지라고도 한다. 관찰 대상경계[所觀境]에 대하여 마음을 집중하여 심념이 흩어지지 않는 것이다[심일경성心一境性]. 선정의 심식상태를 말한다.

5) 혜(慧); 지혜이다. 사리를 자세히 살펴보아 의혹이 없고 가장 바람직한 선

택을 하는 것이다.

c. 선심소 (11종): 선심 수반 심리작용 활동

선심소(善心所)란 선심에 수반하여 일어나는 심리작용 활동으로 현세와 미래세 중에 자기와 남에게 이익을 주는 심리작용 활동이다. 불교의 교리에 부합하는 일체의 생각과 행위는 모두 선이다. 모두 11종이 있다.

1) 신(信); 어떤 사실·대상·도리를 의심 없이 믿어 청정함과 승화를 얻을 수 있는 정신작용이다. 즉 불교 교리에 대한 굳건한 신앙이다

2) 참(慙); 자기에 대한 수치심이다. 즉 자기 잘못을 양심상 반성 부끄러워하고 다시 범하지 않겠다고 하는 것이다.

3) 괴(愧); 타인에 대한 수치심이다. 즉 자기 잘못을 남에게 부끄러워하고 반성하여 다시 범하지 않겠다고 하는 것이다.

4) 무탐(無貪); 탐욕이 없음이다. 재물·이성·명예·이익 등 순경(順境)에 대하여 탐욕집착이 없는 것이다.

5) 무진(無瞋); 성냄이 없음이다. 자신에게 가해지는 고통·불쾌한 일 등 역경(逆境)에 대하여 성냄이나 증오심이 없는 것이다.

6) 무치(無癡); 어리석음이 없음이다. 사리를 분명히 이해하고 어리석음이 없는 것이다. 즉 불교의 교리를 분명히 이해하는 것이다.

 (이상 무탐·무진·무치는 3선근으로 일체 선법을 일으킬 수 있는 근본이다. 그래서 불교에서는 가장 중요한 도덕규범이요 수행목표이다)

7) 정진(精進); 게으르지 않고 진취적으로 노력하는 것이다. 즉 악을 끊고 선을 닦는 데 노력하는 것이야 말로 정진이다.

8) 경안(輕安); 선정을 통해 심신이 경쾌하고 안락한 느낌이나 상태를 얻은 것이다.

9) 불방일(不放逸); 규범을 지키는 것이다. 즉 언제나 겸허 근신하여 나쁜 생각이나 행동을 방지하고 선법을 한결같은 마음으로 닦는 것이다.

10) 행사(行捨); 마음으로 하여금 갖가지 분별 집착을 버려 치우치지 않고

평등 정직하도록 하는 것이다.

11) 불해(不害); 생명체를 불쌍히 여겨 정신적 신체적 생활적으로 해를 끼치
지 않는 것이다.

d. 근본번뇌 (6종): 근본번뇌 심리작용 활동

대번뇌(大煩惱)라고도 하는데 모두 6종이 있다. 참고로 번뇌의 다른 이름으
로는 혹(惑)·루(漏)·구(垢)·전(纏)·사(使)·박(縛)·결(結)·계(繫)·수면(隨
眠)·잡염(雜染)·진로(塵勞) 등이 있다.

1) 탐(貪); 탐욕이다. 자신에 대하여나, 생존에 필요한 각종 물질적 정신적
조건 등 순경에 대하여 탐욕을 부리는 것이다. 무탐(無貪)의 반대로 고통의 근
원이다.

2) 진(瞋); 성냄이다. 자기에게 고뇌를 일으키는 일이나 사람 등 역경에 대해
분노하고 증오심을 일으키는 것이다. 내심의 안녕을 잃게 되고 악념악행이 뒤
따른다. 무진(無瞋)의 반대이다.

3) 치(癡); 어리석음이다. 옳은 것을 그르다하고 그른 것을 옳다하는 등, 일
체의 사리에 어둡고 진상을 이해하지 못하는 것으로 무명(無明)이라고도 한다.
무치의 반대로 일체의 번뇌고통의 근원이다.

(이상 탐진치를 3독三毒이라고 한다)

4) 만(慢); 오만이다. 자신의 입장에서 타인과 비교하여 갖는 마음의 오만한
상태를 뜻하며, 다시 일곱으로 나누기도 한다.

① 자신보다 열등한 자에 대해 자신이 더 뛰어나다 하고, 동등한 이에 대해
서 동등하다고 하여 마음을 높이 들어 올리는 만(慢)

② 자신과 동등한 자에 대해 자신이 더 뛰어나다고 하거나, 혹은 자기보다
더 뛰어난 이에 대해 자기와 동등하다고 하는 과만(過慢)

③ 자신보다 더 뛰어난 이에 대해 자기가 더 뛰어나다고 하는 만과만(慢過
慢)

④ 자신을 구성하는 다섯 요소[오취온五取蘊]을 영원한 '나(我)다, 나의 것[我所]이다'라고 집착함으로써 마음을 높이 들어 올리는 아만(我慢)

⑤ 아직 예류과(預流果) 등의 뛰어난 과를 증득하지 못하였으면서도 이미 증득했다고 하여 마음을 높이 들어올리는 증상만(增上慢)

⑥ 자기보다 월등히 뛰어난 이에 대해 자기가 조금만 열등하다고 하는 비만(卑慢)

⑦ 없는 덕을 있다고 하는 사만(邪慢) 등

5) 의(疑); 의심이다. 불교의 교리에 대하여 믿음이 굳지 못하고 의심하고 주저하여 결정하지 못하는 것이다.

6) 부정견(不正見); 악견(惡見)이라고도 한다. 올바르지 못한 견해로 다섯 가지가 있다.

① 신견(身見: 유신견有身見, 살가야견薩迦耶見)이란 5취온에 대한 것으로, 이것은 아(自我 ; 나), 아소(我所 ; 나의 소유)라고 잘못 생각하는 견해이다.

② 변견(邊見: 변집견邊執見)이란 '세간이 항상한다[상견常見], 끊인다[단견斷見]', '끝이 있다[유변견有邊見], 끝이 없다[무변견無邊見]', '육체와 영혼은 동일하다[동견同見]', '별개인 탓으로 다르다[이견異見]', '여래는 사후에도 존재한다[유견有見], 존재하지 않는다[무견無見]' 등의 양극단적인 생각으로 괴로움 · 즐거움 등의 극과 극으로만 보는 것이 그것이다.

③ 사견(邪見)이란 넓은 뜻으로는 인과의 도리를 무시하는 옳지 못한 견해를 일컫는다. 여기서 10사(十事)의 사견(邪見)은 보시도, 헌공도, 제사도 필요 없으며, 선악업의 과보도 받지 않으며, 현세도, 내세도, 어머니도, 아버지도, 화생유정(化生有情)도 없고, 수행증과를 얻는 종교도 없다고 하는 것이 그것이다. 요컨대 사견이란 선악의 업보나 3세인과도 인정하지 않는 잘못된 견해인 것이다. 주지하다시피 그것은 인과나 연기를 말하는 불타의 교법도, 수행에 의해서 깨달음을 여는 불타나 승보도 인정하지 않는 생각인 것이다. 인과를 부정하기 때문에 불교의 가르침에는 결코 포함될 수 없다고 주장하므로, 이러한 사견이 한층 해악을 끼치게 되는 것이다.

④ 견취(見取: 견취견見取見)란 자기중심적인 옳지 못한 견해를 절대의 진

리라 믿으며, 다른 사람의 주장은 잘못된 것이라고 매도하는 행위를 일컫는다. 오늘날 배타적인 사상이나 종교가 이에 해당한다고 볼 수 있다.

⑤ 계금취(戒禁取: 계취戒取, 계금취견戒禁取見)란 외도 교들이 해탈이나 하늘에서 태어나기를 바라며 맹세하고 지키는 구계(狗戒)·상계(象戒)·고행 등인데, 그로 인해서는 결코 해탈이나 하늘에 태어날 수 없는 잘못된 견해를 말한다. 비도계도(非道計道 ; 도가 아닌 것을 도로 간주함)의 계금취와, 비인계인(非因計因 ; 원인이 아닌 것을 원인으로 간주함)의 계금취 둘로 나눈다.

e. 수기번뇌 (20종): 지말번뇌 심리작용 활동

수기번뇌(隨起煩惱)란 근본번뇌를 따라서 일어나는 심리작용 활동으로 수번뇌 또는 지말번뇌(枝末煩惱)라고도 한다. 모두 20종이 있으며 비교적 성찰하기 쉽고 끊기 쉽다.

1) 분(忿); 분노이다. 자기에 거슬리는 경계에 대해 불만스러워하고 분노하는 것이다.

2) 한(恨); 원한이다. 분노한 일에 대하여 오랫동안 원한의 마음을 품고 있는 것이다.

3) 뇌(惱); 분뇌(憤惱)이다. 분노와 원한의 마음이 점점 거친 행동을 하는 것이다.

4) 복(覆); 감춤이다. 즉, 명예를 잃을까 두려워 자기의 잘못이나 약점을 꾸미며 감추는 것이다.

5) 질(嫉); 질투이다. 타인의 성취나 영예에 대해 질투 시기하는 것이다.

6) 간(慳); 인색함이다. 재물이나 남에게 유익한 법을 타인에게 베풀려 하지 않고 옹졸하고 인색한 것이다.

7) 광(誑); 속임이다. 명예나 이익의 동기에서 남을 속이는 것이다.

8) 첨(諂); 아첨이다. 사실을 숨기고 남을 속이며 아첨하는 것이다.

9) 해(害); 상해이다. 중생에게 손해나 상해를 가하고 자비심이 조금도 없는

것이다. 무해의 반대이다.

10) 교(憍); 교만이다. 자기가 소유하고 있는 명예나 이익에 대하여 자고자대(自高自大)하고 자부하면서 교만한 것이다.

11) 무참(無慚); 자기의 잘못에 대해 자신에게 수치심이 없는 것이다. 참(慚)의 반대이다.

12) 무괴(無愧); 자기의 잘못에 대해 남에게 수치심이 없는 것이다. 괴(愧)의 반대이다.

13) 혼침(昏沈); 심신이 무겁고 정신이 흐리멍덩한 것이다. 경안(輕安)의 반대이다.

14) 도거(掉擧); 기쁘거나 즐거웠던 일의 기억으로 마음이 불안정하고 들뜬 상태이다. 행사(行捨)와 선정의 방해가 된다.

15) 불신(不信); 사실이나 진리를 부정하고 믿지 않는 것이다. 신(信)의 반대이다.

16) 해태(懈怠); 선을 행하고 악을 끊는 일에 게을리 하는 것이다. 정진(精進)의 반대이다.

17) 방일(放逸); 규범을 지키지 않고 방종하고 멋대로 하여서 악한 생각과 악한 행위를 엄격히 막지 못하는 것이다. 불방일(不放逸)의 반대이다.

18) 실념(失念); 잊어버림이다. 보거나 들었던 것, 닦아야 할 선법(善法)에 대해 기억하지 못하는 것이다. 염(念)의 반대이다.

19) 산란(散亂); 내심이 분산되고 혼란스러워 전일·안정되지 못한 것이다.

20) 부정지(不正知); 관찰 대상경계에 대하여 정확하게 인지하지 못하는 것이다.

f. 부정심소(4종): 그 이외의 심리작용 활동

부정심소(不定心所)란 앞의 변행·별경·선·근본번뇌·수번뇌의 심소법에 속하지 않지만 그것들과 서로 결합하여 일어나는 심소를 부정심소법이라고 한다. 모두 4종이 있다.

1) 회(悔); 후회이다. 악작(惡作)이라고도 한다. 이미 한 일에 대해 후회하는 것이다. 악한 일을 하고나서 나중에 후회함은 선성(善性)에 해당한다. 이와 반대로 선한 일을 하고나서 나중에 후회함은 악성(惡性)에 해당한다. 악하지도 선하지도 않은 일을 하고나서 후회함은 무기성(無記性)에 해당한다. 그러므로 이 심소는 선악이 확정적이지 않다.

2) 면(眠); 수면이다.

3) 심(尋); 심구(尋求)의 의미다. 사리에 대해 대략적으로 사고 분별하는 심리다.

4) 사(伺); 사찰(伺察)의 의미다. 사리에 대해 세밀하고 깊게 사고 분별하는 심리다.

3. 색법(11종): 물질현상

색법이란 앞서 기술한 심법에 상대적으로 말한 것으로 물질성에 편중되어 있다. 불교에서는 일체의 형상이 있는 물질은 통틀어 색이라고 한다. 색은 변화 파괴 · 장애 · 시현 등의 의미를 가지고 있다.

1) 5근
① 안근(眼根): 눈.....................................
② 이근(耳根): 귀....................................
③ 비근(鼻根): 코....................................
④ 설근(舌根): 혀....................................
⑤ 신근(身根): 몸....................................

2) 5경
① 색경(色境): 색상
② 성경(聲境): 소리
③ 향경(香境): 냄새
④ 미경(味境): 맛
⑤ 촉경(觸境): 감촉

3) 법처소섭색(法處所攝色)
문자 그대로의 뜻은 '법처에 속한 색'으로, 12처의 법체계에서 말하는 법처(法處)에 속하는 물질을 말한다. 즉, 6경(六境) 가운데 색 · 성 · 향 · 미 · 촉의 5경(五境)에 속하지 않고 6번째의 법경(法境)에 속하는 물질[色]을 말한다. 법처소섭색으로는 다음의 5가지가 있다.

① 극략색(極略色) : '지극히 간략화된 색'으로, 물질적 실법인 안 · 이 · 비 · 설 · 신의 5근, 색 · 성 · 향 · 미 · 촉의 5경, 또는 지(地) · 수(水) · 화(火) · 풍(風)의 4대종의 변괴성(變壞性)과 질애성(質碍性)을 가진 색(色)을 세밀하게 나누어, 이 나눔이 극한에 이르렀을 때 성립되는 물질의 최소 단위를 말한다. 즉, 극미(極微) 또는 극미색(極微色)에 해당한다.

색을 나눔이 그 극한에 이르러서는 물질의 영역을 넘어 정신[名 또는 心]의 영역에 속하게 된 어떤 법이라고 보며, 따라서 실색(實色), 즉 실재하는 물질이 아니며 가색(假色) 즉 가립된 물질이며 의근을 소의로 하여 제6의식이 인식하는 대상인 법처(法處) 즉 법경(法境)에 소속된다. 즉, 극미가 정신의 영역에 속해 있으며 따라서 의식의 대상이다.

② 극형색(極逈色) : '지극히 먼 색'으로, 멀다는 뜻의 형(逈) 또는 원(遠)은 볼 수 없는 곳에 존재하는[不在可見處] 색, 즉 볼 수 없는 색을 뜻한다.

극형색은 허공(虛空)이라는 색, 또는 현색(顯色) 가운데 질애성을 가지지 않는 청(靑) · 황(黃) · 적(赤) · 백(白)의 색, 또는 현색(顯色) 가운데 다시 공계색(空界色)으로 분류되는 영(影) · 광(光) · 명(明) · 암(闇)의 색을 세밀하게 나누어 이 나눔이 극한에 이르러 물질의 최소단위 상태 즉 극미의 상태에 도달했을 때의 색을 말한다. 간단히 말하면, 극형색은 극미의 상태의 현색을 말한다.

극미의 상태의 현색이 색을 나눔이 그 극한에 이르러서는 물질의 영역을 넘어 정신[名 또는 心]의 영역에 속하게 된 어떤 법이라고 보며 따라서 실색(實色), 즉 실재하는 물질이 아니며 가색(假色) 즉 가립된 물질이며 의근(意根)을 소의로 하여 제6의식이 인식하는 대상인 법처(法處) 즉 법경(法境)에 소속된다. 즉 극형색, 즉 극미의 상태의 현색이 정신의 영역에 속해 있으며 따라서 의식의 대상이다.

③ 수소인색(受所引色) : 한자어 문자 그대로의 뜻은 '받아서 끌어들인 색'

으로, 특히 수계(受戒)를 통해 형성되는 무표색(無表色) 즉 무표업(無表業), 즉 잠재력으로서의 무형의 색 또는 무형의 잠재력 또는 원동력으로서의 색을 뜻한다. 즉, 계를 받아서 끌어들인 색을 특히 뜻한다.

무표색 즉 수소인색이란 강력한 사(思)의 마음작용에 의해 일어난, 즉 강한 의지에 의해 일어난, 선한 것이건 혹은 악한 것이건, 구업(口業) 또는 신업(身業)의 행위가 있을 때 그 의지와 행위가 아뢰야식에 훈습되어 새로이 생겨나는 종자나 혹은 그 의지와 행위의 훈습에 의해 세력이 증장되는 기존의 종자를 마치 신체 내에 형성된 어떤 실재하는 법인 것처럼 가립한 것이다.

④ 변계소기색(遍計所起色) : 제6의식이 5근과 5경 등의 물질적 사물에 대하여 변계함으로써, 즉 그릇되이 계탁(計度)함으로써, 즉 허망한 분별 또는 그릇된 분별을 일으킴으써 생겨나는 제6의식의 변현(變現)으로서의 영상(影像: 그림자와 같은 형상, 映像)을 말한다. 예를 들어, 거북의 털, 토끼의 뿔, 허공의 꽃[空華, 空中花] 등과 같이 그릇된 계탁분별에 의해 주관(제6의식)에 그려진 실체가 없는 '그림자와 같은 형상[影像]'과 물에 비친 달[水月, 水中月], 물에 비친 자신의 모습, 거울에 비친 상[鏡中像] 또는 텔레비전에 나타난 영상(映像)을 단지 관념상의 물체가 아니라 물질적 실체로 여기고 있을 때의 그 영상들을 말한다.

이와 같이 변계소기색은 제6의식의 변계에 의해 개인의 주관 위에 나타난 물질로서, 비록 그 개인이 실상(實相)에 어긋나게 생각하고 있는 상태이기는 하지만, 그 개인의 주관 상에서는 그 물체는 실재하는 물질[色]이기 때문에 분류상으로는 색법에 속하며, 처소 상으로는 제6의식의 인식대상이므로 법처에 속한다. 또한 제6의식의 변계에 의해 나타난 실체가 없는 물질이므로 당연히 실법(實法)이 아닌 가법(假法)이다.

⑤ 정자재소생색(定自在所生色) : 선정(禪定)에 의해 나타나는 형상으로, 예를 들면 물이나 불에 대해 선정을 행하여 심일경성(心一境性)의 상태가 되어서 나타나게 되는 물이나 불 등을 말한다.

정자재소생색 즉 선정력에 의해 생겨난 색은 가법, 즉 실체가 없는 물체인 경우도 있고 실법, 즉 실체가 있는 물체인 경우도 있다. 후자의 경우는 보살 10지 가운데 제8지 이상의 보살에 의한 것으로, 이 경우에서는 선정력으로 지 · 수 · 화 · 풍의 4대종을 실제로 조합(組合: 여럿을 모아서 합하여 한 덩어리가 되게 함)하고 조작(操作: 일정한 방식에 따라 다루어 움직임)하여 물을 포도 주로 바꾸고, 납을 금으로 바꾸는 등의 연금술적인 변형을 일으켜 실제의 객관적 물질이 나타나게 한다. 이렇게 나타난 물질은 실제의 객관적 물질이기 때문에 현실에서 그 물질의 본질적 용도 그대로 사용된다. 말하자면, 실제의 포도주이기 때문에 잔치에 실제로 사용할 수 있고 실제의 금이기 때문에 실제로 화폐로 사용될 수 있다. 따라서 실법(實法)이다. 이에 비해 제7지 이하의 보살과 범부의 선정력에 의해 생겨나는 물체는 아직 객관적 물체는 되지 못하고 자신의 주관적 영역에만 존재하는 것이기에 실체성이 없는 가법(假法)이다.

4. 심불상응행법 (24종): 마음과 물질간의 관계 설명 개념

심불상응행법(心不相應行法)이란 심법 · 심소유법 · 색법과 상응하지 않는 법, 즉 정신적 물질적 요소에 포함될 수 없는 법이다. 다시 말해 그들 사이의 상태나 연계를 설명하기 위하여 사람의 생각에 의해 가설된 법이다. 모두 24종이 있다.

1) 득(得); 성취 · 획득의 의미이다. 색법 · 심법 · 심소유법 세 가지의 작용이 발생할 때 선 · 악 · 무기의 갖가지 행위를 성취할 수 있음을 말한다. 예컨대 내가 연필을 취할 경우, 나는 심 · 색법의 화합체고 연필은 색법인데, 이 둘 사이의 관계가 득이다.

2) 명근(命根); 생명의 근본이다. 즉, 출생에서부터 사망하기까지의 생명을 지속 존재하게 하는 아뢰야식이 그 근본이다.

3) 중동분(衆同分); 사물의 동류성이다. 즉, 여러 가지 사물이 공유하는 성분

·소질이다. 중생의 공상(共相)을 말한다.

4) 이생성(異生性); 범부(6도의 중생)의 부동성(不同性)이다. 즉 범부의 생각·유별이 다른 것이다. 중생의 차별성을 말한다.

5) 무상정(無想定); 6식[안·이·비·설·신·의]의 활동을 소멸시킨 선정이다(제7말나식은 여전히 존재한다). 무상천(無想天)의 과보를 받는다.

6) 멸진정(滅盡定); 6식과 제7말나식의 활동을 소멸시킨 선정으로 무루정(無漏定)이라고도 한다.

7) 무상보(無想報); 무상정을 닦음으로 인하여 얻은 과보이다. 무상천이라고도 한다.

8) 명신(名身); 예컨대 눈, 귀, 코, 혀...등처럼 한 단어 내지는 여러 개의 단어의 모임이다. 주어 술어를 갖추지 않은 형태이다. 신(身)이란 집합의 의미다.

9) 구신(句身); 예를 들어, '꽃이[주에] 아름답대[술에]'는 문장처럼, 단어들로 이루어진 주어와 술어 구조를 가진 완전한 의미를 갖는 문장(sentsnce)을 말한다.

10) 문신(文身); 언어와 문자를 말한다.

11) 생(生); 사물의 생성이다. 즉, 사물이 여러 인연이 화합하여 생겨나는 것이다.

12) 주(住); 사물의 지속이다. 즉, 사물이 생성한 후 상대적으로 안정 지속되는 상태이다.

13) 노(老); 사물의 노쇠 변화이다. 즉, 사물의 생성에서부터 소멸에 이르기까지의 사이에 점점 노쇠하며 변화해가는 것이다.

14) 무상(無常); 사물의 소멸·죽음이다.

이상 생·주·노·무상을 유위법의 사상(四相)이라고 하는데, 중생에 대하여는 '생·노·병·사'라고 하고, 세간에 대해서는 '성(成)·주(住)·괴(壞)·공(空)', 심법에 대해서는 '생(生)·주(住)·이(異)·멸(滅)'이라고 부른다.

15) 유전(流轉); 인과(因果)가 끊임없이 순환하면서 서로 이어지는 것이다.

16) 정이(定異); 선악인과의 차별이 결정코 다른 것이다. 선인(善因)에는 선과(善果)만 악인(惡因)에는 악과(惡果)만 맺어져 절대 혼란이 일어나지 않는 것

이다.

17) 상응(相應); 원인과 결과가 서로 떠나지 않고 반드시 서로 응하는 것이다. 우리들의 어떤 생각이나 행위는 반드시 그에 상응하는 결과를 가져오는데 이를 상응이라고 한다.

18) 세속(勢速); 사물의 변화가 찰나찰나 빠르게 진행되는 것이다.

19) 차제(次第); 순서이다. 사물은 시간적 발전 순서가 있어 문란하지 않는 것이다.

20) 방(方); 동서남북·전후좌우·상하 등 방향 공간을 말한다.

21) 시(時); 과거·현재·미래의 시간을 말한다.

22) 수(數); 1234567....숫자를 말한다.

23) 화합(和合); 물과 우유처럼 사물사이에 서로 화합하여 서로 방해 대립하지 않는 것이다.

24) 불화합(不和合); 물과 불처럼 사물사이에 서로 화합하지 않고 방해 대립하는 것이다.

5. 무위법 (6종): 우주만유 현상의 본체

인연화합으로 생겨난 유위법과는 달리 무위법은 인연화합에 의해 있는 것이 아닌, 일체 현상의 본체요 우주만유의 실상이다. 즉, 청정 적멸한 것이요 진여 실상이요 불생불멸의 법성이다.

1) 허공무위(虛空無爲); 모든 장애·더러움을 떠났음이 허공과 같으므로 허공무위라고 한다.

2) 택멸무위(擇滅無爲); 지혜로운 선택 분석을 통하여 모든 더러움을 떠났으므로 택멸무위라고 한다.

3) 비택멸무위(非擇滅無爲); 본성은 본래 더러움을 떠나 청정하여 지혜로운 선택 분석을 필요로 하지 않으므로 비택멸무위라고 한다.

4) 부동멸무위(不動滅無爲); 색계의 제4선정에서는 수(受·감수작용)가 소멸하였으므로 부동멸무위라고 한다.

5) 상수멸무위(想受滅無爲); 무소유처정에서는 상(想)과 수(受)가 소멸하였으므로 상수멸무위라고 한다.

6) 진여무위(眞如無爲); 무위의 본체를 말한다. 무위의 본체는 언어로 표현할 길이 없지만 진여라는 두 글자로 표시한다. '진'은 허망하지 않다는 뜻이요 '여'는 뒤바뀌지 않음을 뜻한다. 그러나 '진여'라는 두 글자도 가설적인 이름일 뿐이다.

셋째 시간

조금 전에 제3전4제법륜의 12인연을 얘기 했습니다. 꼭 기억하고 있기 바랍니다. 왜냐하면 부처님의 모든 대소승 경론 일체의 수행 방법은 12인연의 대원칙에서 나온 것이며 8만4천 법문도 이 테두리를 뛰어넘지 않기 때문입니다. 그러므로 여러분은 『대반야경(大般若經)』과 『금강경』을 읽어보고 근본의 모든 무명을 타파해야 합니다. 그것을 어떻게 타파할까요? 조금 전에 여러분더러 외우라고 했던 게송은 불학자나 대사들이 12인연을 귀납시킨 것으로서 대단히 좋습니다.

무명과 애와 취 이 세 고리는 번뇌이고
행과 유 이 두 고리는 업도에 속하며
식·명색·육입·촉·수·생·노사

이 일곱 고리는 괴로운 과보라고 한다

無明愛取三煩惱　行有二支屬業道
從識至受並生死　七支同名一苦報

　나중에 칠판에다 덧붙여 쓴 '무명행식명색육입(無明行識名色六
入), 촉수애취유생사(觸受愛取有生死)'는 고도(古道)스님이 불학원
에서 들은 것인데, 이 두 마디는 좋지 않습니다. 단지 12인연의 명
칭을 기억하는 데 도움을 줄뿐 의미는 위에서 말한 옛사람의 그 게
송만큼 좋지 않습니다. 예를 들어 '촉수애취유생사(觸受愛取有生
死)'에서 유(有)는 한 고리입니다. 생(生)도 한 고리요, 노사(老死)도
한 고리입니다. 그런데 '유생사(有生死)'로 변해버렸습니다. 마치
다른 것들은 생사가 없는 것처럼 되어버려 문자적으로 오도(誤導)
할 수 있습니다. 차이가 바로 이 부분에 있습니다. 이것은 문장 쓰
기를 얘기하는 겁니다.
　제일 첫 번째의 게송은 맞습니다. 특히 젊은이 여러분이 불학원
을 운영할 경우 이런 것들을 분명히 해야 합니다. 그렇지 않으면
들으면 다 옳은 것 같지만 사실은 다 옳지 않습니다. 이게 바로 선
생님의 중요함입니다. 스승의 도리란 취하고 버릴 줄 알아서 옳음
과 옳지 않음을 학생들에게 말해주어야 합니다. 그러므로 문장을
쓸 때는 사람들로 하여금 오해의 길로 가도록 해서는 안 된다고 하
는 겁니다.

인연과 인과

우리가 여기서 연구하는 것은 서원(書院) 방법으로서, 학우들과 그리고 스승과 사이에 서로 토론 연구하는 것입니다. 12인연의 중점은 어디에 있을까요? 바로 '무명연행(無明緣行)' 사이의 이 '연(緣)'에 있습니다. 인(因)은 인이고 연(緣)은 연입니다. 인과(因果)는 대원칙을 말합니다. 인(因)이 있으면 틀림없이 과(果)가 있습니다. 하지만 이 인과에 대해서는 대 토론이 있었습니다. 예컨대 용수(龍樹)보살이 뒷날 『중론(中論)』을 저작했는데, 겉으로 보면 그는 인과를 모두 뒤엎어버리고 모두 다 공(空)한 것 같습니다. 실제로는 인과가 있습니다.

예전에 제가 아미산(峨嵋山)에서 폐관(閉關)하고 내려와 성도(成都)에 왔을 때 한 무리의 대 화상들이 8,9명이 있었는데, 모두 허운(虛雲) 노화상[20]처럼 위풍 있는 대로(大老)[21]였습니다. 문수원(文殊院)에서 저를 식사에 청하고 불법의 인과 문제를 제기했습니다. 선종 백장(百丈) 선사의 야호선(野狐禪) 공안인 '설법 가운데 한 글자의 차이로 오백 년 동안 들 여우의 몸을 받았다'는 얘기를 했습니다. 그런 다음 한 노화상이 물었습니다. "마침내 성불하면 인과를 뛰어넘는 것인가 그렇지 않는 것인가?" 저는 말했습니다. "당연히 그대로 인과 속에 있습니다. 인과는 뛰어 넘었다고 말할 것이 없습니다. 나옴도 없고 들어감도 없습니다. 즉공즉유(卽空卽有)입니다. 보리를 증득한 것이 인이고 적멸에 들어가는 것이 과입니다.

---

20) 허운(虛雲. 1840-1959)은 중국 근대 불교 중흥 대사로서 남회근 선생의 귀의 사부이다. 역자 번역 『선정과 지혜 수행 입문』 '부록 2. 허운대사'를 참조하기 바람.
21) 나이가 많고 존경받는 노인.

인과가 분명합니다. 아주 또렷합니다."

인과는 하나의 대원칙이며, 인과의 작용은 인연입니다. 그러기에 이 인연에서의 이 연(緣) 자가 유달리 좋습니다. 불경을 중국어로 번역하기를 대단히 잘했습니다. 연은 반연(攀緣)입니다. 하나하나 서로 연쇄적 관계입니다. 예를 들어 "이 사람은 모씨의 셋째입니다."라고 말한다면 틀림없이 그 사람 위에는 첫째가 있고 둘째가 있습니다. 만약 이분이 넷째라면 그 위에는 틀림없이 세 사람이 있습니다. 그것은 하나하나 연쇄적으로 나오는 것입니다.

조금 전에 양자역학을 얘기했는데 양(量)속에는 파장이 있습니다. 그 파동 속에는 입자가 있습니다. 그 입자가 바로 연(緣)이고, 그 파(波)가 곧 인(因)입니다. 그런데 그것은 영원히 입자일리는 없습니다. 그것은 파(波)로 변하고 인(因)으로 변할 수 있습니다. 그런 다음 또 입자로 변합니다. 모두 인연의 연쇄적 관계입니다. 인연은 모든 것에 있다고 불학은 말합니다. 즉, 물리세계 속의 모든 것에는 모두 인연이 있다는 것입니다. 그렇다면 인연 자체에는 어떤 것이 있을까요? 없습니다. 공(空)한 것입니다. 오늘날 말하는 양자역학에서의 파(波)와 입(粒)의 관계나 다름없습니다. 파(波)와 입(粒) 이 두 가지의 최후의 운동 에너지는 무엇일까요? 모릅니다.

인연의 이치는 대단히 깊습니다. 그러므로 무명이 일어나면 행(行)을 연기합니다. 예컨대 당신이 피곤하면 밤에 수면이 필요합니다. 자고난 다음은 무엇일까요? 틀림없이 깨어나는 것입니다. 예컨대 만약 잠이 무명이라면 깨어나는 것이 행입니다. 무명을 조건으로 행이 생겨나지요? 맞지요? 이것은 아주 뚜렷한 것입니다. 잠을 다 자면 틀림없이 깨어납니다. 당신이 1만 년을 자더라도 깨어날 것입니다. 막 깨어난 그것이 바로 행입니다. 당신은 어떻게 깨어났는지를 모릅니다. 무명을 조건으로 행이 생겨나고 행을 조건으로

식이 생겨납니다[行緣識]. 깨어난 다음에는 생각이 있게 됩니다. 행에 이어서 식(識)이 있습니다. 그 심의식(心意識)이 작용을 일으키는데, 아주 또렷합니다. 생각이 오자마자 신체의 감각이 있습니다. 식을 조건으로 명색(名色)이 생겨납니다[識緣名色]. 명색은 바로 신체의 감각입니다. 명은 정신의 의식이고 색은 바로 신체입니다. 색은 지수화풍공(地水火風空) 5대(五大)로서 물리적이고 물질적인 것입니다.

제가 잠을 가지고 여러분들에게 말씀드렸는데, 여러분은 이렇게 연구하고 체험해야 합니다. 이론을 말하는 것이 아닙니다. 바꾸어 말하면, 여러분이 정좌하고 정(定)에 들어 한 생각 일어나지 않는 무명정(無明定)에 들어가면 또 정에서 나올 것입니다. 정(定)에서 나오면 틀림없이 행을 연기합니다. 이어서 심식 작용이 일어나게 됩니다.

그러므로 이 의식이 깨어나자마자 여러분은 신체가 있다는 것을 감각합니다. 수음(受陰) 경계를 하나 예를 들어보겠는데 체험하기 아주 좋습니다. 여러분은 저마다 틀림없이 경험이 있습니다. 여러분이 열 몇 살 때 날씨가 춥지도 덥지도 않고 학교에 몹시 가고 싶지 않아 나른하게 잠자고 있는데 아주 편안합니다! 그렇지만 이 몸은 어떨까요? 감각이 있을까요 없을까요? 몸이 나른한 것만 느끼는데, 그것이 명색의 작용입니다. 곧바로 더욱 깨어나면 명색인 신체가 작용을 일으킵니다. 명색을 조건으로 육입(六入)이 생겨나는데[名色緣六入], 어떤 육입일까요? 색(色)·성(聲)·향(香)·미(味)·촉(觸)·법(法) 이 여섯 가지입니다. 이 여섯 가지가 우르르 달려듭니다! 당신은 잠에서 깨어나자마자 서서히 자기에게 몸이 있다는 것을 감각하게 됩니다. 곧바로 베게 곁에서 핸드폰을 들고 친구에게 전화를 걸겠지요. 색성향미촉이 다 몰려온 겁니다.

촉(觸)이 활동을 일으킵니다. 촉이 있으면 수(受)가 있습니다. 감각이 있게 됩니다. 낮에 10시간 내지는 20시간 바쁘면서 밥 먹고 사람들 응대하고 일하면서 한결같이 느낌[感受] 속에 있습니다. 그 다음에는 애(愛)인데, 좋아하는 겁니다. 하기 좋아하는 일은 애를 쓰고 합니다. 애하면 곧 취(取)합니다. 단단히 붙들어 쥡니다. 취를 조건으로 곧 유(有)가 생겨납니다. 하나하나가 연쇄적으로 옵니다. 이게 움직이자마자 그 다음에는 무엇일까요? 당신 스스로가 분명히 볼 수 있습니다. 애를 조건으로 취가 생겨나고[愛緣取] 취하면 곧 유가 생겨납니다[取緣有]. 가정·부모·처자·명예·재산이 바로 현유(現有)의 인생입니다[有緣生]. 살아가면 다음 단계는 틀림없이 늙음이 있으며, 그 다음에 죽음이 있습니다[生緣老死]. 죽은 다음에는 또 잠자는 것이나 다름없습니다. 또 무명으로 갑니다. 내일 아침에 어떻게 깨어날까요? 모릅니다. 그러므로 저는 말합니다. 여러분이 참선하여 생사를 마치려고 하는데, 저녁에 자신이 어떻게 잠드는 지를 한번 살펴보십시오. 또 아침에 어떻게 깨어나는지를 살펴보십시오. 이 하루 밤 중간 과정은 완전히 무명으로, 당신은 뭐가 뭔지 모릅니다.

부처님은 말씀하시기를, 이 매 동작과 과정마다에는 '주재자가 없다[無主宰]'고 하십니다. 당신을 뜻대로 할 수 있는 사람은 하나도 없습니다. 하느님도 아니고 귀신도 아닙니다. 신도 아니고 염라대왕도 아니며 보살도 아닙니다. '자연도 아니다[非自然]'라고 하십니다. 텅 빈 자연에서 온 것도 아닙니다. 그것에는 물리 작용이 있고 과학성이 있습니다. 주재자가 없고 자연이 아니기 때문에 '연기, 연생(緣生), 인연소생(因緣所生)'이라고 부릅니다. '성공(性空)', 그 본성 자체가 공(空)하여 실재적인 어떤 것이 없습니다. 이것을 '성공연기(性空緣起)'라고 부릅니다. 그러므로 부처님이 말씀하신 게송이 하나 있습니다. "인연소생법(因緣所生法), 아설즉시공(我說卽是空)", 일체는 모두 조건으로 생겨나기 때문에 그 자성이 공하며, 그 자성이 공하기 때문에 조건으로 생겨납니다[緣生性空, 性空緣起].

12시진과 12인연

인도의 석가모니불과 중국의 노자와 공자는 거의 같은 시대 사람이었습니다. 12인연은 사실 중국문화의 12지지(十二地支 : 자축인묘진사오미신유술해子丑寅卯辰巳午未申酉戌亥)와 같은 이치입니다. 이 물리세계의 구르는 법과 이 열두 개의 바퀴 순서는 같은 것입니다. 이 12인연과 우리들 태양계의 열두 개 시진(時辰)과 한데 이어놓으면 약사불(藥師佛)의 수행법이 산생(産生)합니다. 밀종의 시륜금강(時輪金剛) 수행법도 역시 이것을 이용합니다. 그러므로 약사불 앞에는 12신장(神將)이 있어서 12시진과 12인연의 한 단계 한 단계의 수행법을 관장합니다. 이에 대하여는 더 이상 깊게 여러분에게 말씀드리지 않겠습니다. 여러분은 부처님을 배우면서 현교도 아직 제대로 배워서 통하지 못하고 있는데 밀교는 더욱 말할 것도 없습니다. 그러므로 여러분에게 말씀드리지 않겠습니다. 12인연의 중요함과 생사의 관계를 얘기한 김에 포함시켜 조금 얘기 했습니다.[22]

---

22) 4제와 12인연에 대하여 부록 1번의 '분석 경'과 2번의 '여섯씩 여섯 경'과 비교하여 읽어보기 바랍니다.

가장 중요한 두 개의 연(緣)

제가 조금 전에 말했듯이 평소에 저는 여러분에게 우스갯말을 이렇게 합니다. "인생은 영문을 모른 채 태어나오고", 온통 무명이 온 것입니다. "어쩔 수 없이 살아가며", 열두 개의 바퀴가 영원히 구르고 있고, 최후에는 또 늙어 죽고 무명으로 돌아옵니다. "까닭을 모른 채 죽어갑니다." 부처님을 배우는 사람들은 이렇게 사는 것을 달가워하지 않고 이 무명을 타파하여 그것이 도대체 어떻게 온 것인지를 분명히 하고자 합니다. 무명을 깨뜨리면 대철대오라고 부릅니다. 아뇩다라삼먁삼보리를 깨달은 것입니다. 무명을 깨뜨려버리지 못하면 모두 헛일을 한 것입니다. 12인연과 방금 얘기한 제3전법륜을 중국불학은 하나의 게송으로 다음과 같이 귀납시켰습니다. "무명과 애와 취 이 세 고리는 번뇌이고, 행과 유 이 두 고리는 업도에 속하며, 식ㆍ명색ㆍ육입ㆍ촉ㆍ수ㆍ생ㆍ노사, 이 일곱 고리는 괴로운 과보라고 한다[無明愛取三煩惱, 行有二支屬業道, 從識至受幷生死, 七支同名一苦報]."라고 다 얘기했습니다. 열두 개의 인연을 4제(四諦)로 귀납시켰습니다. 뒤에 부처님은 분석해 내서 한 단계 한 단계씩 과학적인 심리분석과 물리적인 분석을 했습니다.

왜 오후에 우리가 이것을 얘기할까요? 태어나고 죽어가는 것과 관계가 있기 때문입니다. 그러므로 불법이 중국에 전해졌을 때 어떻게 수행하여 성불할 것인지에 대하여 최초에 번역한 것은 모두 어떻게 공부할 것인가 이었습니다. 예컨대 『수행도지경(修行道地經)』이나 『달마선경(達磨禪經)』같은 것입니다. 특히 『수행도지경』은 여러분에게 각별히 일러주기를, 부처님을 배움에 있어서는 재가자든 출가자든 삼계 밖으로 뛰어넘어 오행 중에 있지 않는 방법으로, 무엇보다 먼저 생사의 도리를 이해하고 그 다음에 수행을 얘기해야 한다고 합니다. 남북조(南北朝)나 수당(隋唐) 시대 이후에 부처님을 배우면서는 오로지 큰소리들만 치고 큰 불학만을 얘기했지, 수행의 기본 이치와는 모두 거리가 멀었습니다. 그래서 수행자들이 갈수록 줄어들었습니다. 수행 이치는 그 최초가 3전4제법륜에서 시작합니다. 12인연 생사의 이치가 여기에서 옵니다. 이제 우리가 "행과 유 이 두 고리는 업도에 속한다[行有二支屬業道]."를 이해했는데, 가장 중요한 것은 '행'과 '유' 이 두 가지입니다.

우리의 생명이 입태한 이후에 어떻게 오늘날의 사람으로 성장할 수 있을까요? 어떻게 수십 살까지 살까요? 그 이면의 동력 기능[動能]은 무엇일까요? 영양에 의존한다, 의약에 의존한다, 음식에 의존한다 하지만 도대체 무엇에 의존할까요? 사실은 바로 이 하나의 '행(行)'에 의존합니다. 하나의 영원한 동력이 있습니다. 그것은 영원히 존재합니다. 이것이 하나의 큰 문제입니다.

제가 이 문제를 얘기하려면 불학 전부와 관련됩니다. 저는 요 1백 년 동안에 유식을 말했던 사람들에 대하여 웃습니다. 비록 『능가경(楞伽經)』이 유식학(唯識學)의 중요 경전이라고 말하지만 그들은 오히려 잘못 풀이했습니다. 다들 모조리 중점을 파악하지 못했습니다. 모두 근본 도리를 잊어버리고 그저 학문적 개념인 명상(名相)에서만 맴돌았습니다. 이제 여러분에게 약간의 소식을 누설하겠습니다. 특히 여러분 젊은 교수님들은 더욱 유식을 알아야 합니다. 『능가경』은 유식을 말하는데, 부처님은 왜 아뢰야식(阿賴耶識)을 하나 제시했을까요? 부처님은 세상의 모든 종교들을 부정했습니다. 무슨 하느님이나 신이나 보살이나 뜻대로 하는 존재 같은 것은 모두 없고, 연기성공(緣起性空)이라고 주장했습니다. 생명에는 하나의 근본이 있는데, 이 근본이 한 덩이 무명(無明)입니다. 이 무명은 유식 대승의 도리에 따르면 아뢰야식이라고 합니다. 대단히 위대한 한 덩이 무명입니다. 여러분이 도를 깨닫기 전에는 그 광명을 회복할 수 없습니다.

3종상(三種相) 3종식(三種識)

『능가경』에서 대혜(大慧)보살은 부처님에게 생명에 관계되는, 유심(唯心) 유식(唯識)이요 심물일원(心物一元)인 본체를 묻습니다. 이러한 설은 이미 종교를 벗어났습니다. 당신이 『능가경』을 넘겨보십시오. 그 모두가 큰 요점이요 대 과학입니다. 대보살들이 부처님에게 묻는 것은 대 과학자가 조사님들에게 묻는 것이나 다름없습니다. 부처님은 말씀하시기를 식(識)에는 "전상(轉相)·업상(業相)·진상(眞相)" 이렇게 3종상(三種相)이 있다고 합니다. 이 생명과 만유(萬有)의 우주는 영원히 돌아가고 있는 것이 바로 운동 에너지입니다. 당신이 이것을 이해하고 나서, 보통 사람도 닦아서 성불에 도달할 수도 있고 닦아서 사망에 이를 수도 있으며, 그것으로 하여금 성장하게 할 수도 있습니다. 이런 것들은 단지 당신의 이 하나의 굴리는[轉] 기능에 달려있는데, 이것이 '전상'입니다. '업상'은 바로 조금 전에 얘기한 '행(行)'과 '유(有)' 두 고리입니다. 즉, 현상(現象)입니다. 그리고 한 가지는 정신의식의 '진상(眞相)'입니다.

『능가경』은 맨 먼저 생사와 관계가 있는 식(識)을 제시하는데, 부처님은 몇 가지 식이 있다고 말씀하실까요? 세 가지입니다. "진식(眞識)·업식(業識)·분별사식(分別事識)" 이 세 가지입니다. 상세하게 분석하면 8식(八識)입니다. 이것으로 끝나지 않고 그 다음으로는 당신에게 수행에서의 매우 중요한 문제를 일러주십니다. 대혜보살이 부처님에게 묻기를, 전체 생명의 현상, 물리세계와 개인의 생명세계의 생(生)·주(住)·멸(滅)은 어떻게 오는 것이냐 합니다. 이 세계는 왜 만유의 생명을 생겨나게 하는데 어떻게 생겨날까요? '생주멸'에서 주(住)는 존재하는 것인데 어떻게 존재할까요? 이 우주만유 세계는 수천만억 년 영원히 존재하며, 사람의 생명은 영원히 돌고 있습니다. 예컨대 작년·금년·어제·오늘 일체의 일체가 죽어가고 지나갑니다. 지나간 다음에는 어떻게 또 올까요? 이제 이러한 현상들을 연구하고자 하면 모두 과학과 관련됩니다.

부처님은 오직 두 가지가 있다고 대답하십니다. "유주생(流注生) 상생(相生), 유주주(流注住) 상주(相住), 유주멸(流注滅) 상멸(相滅)." 그러므로 양자의 파(波)와 입(粒)이 운동하고 있다고 말하는 현대과학 입장에서 보면 이 세계 전체는 양자가 운동하고 있는 것입니다. 이런 과학 학설은 완전히 부처님의 말씀과 맞아떨어집니다. '유주(流注)'란 한 줄기의 폭포수나 전기에너지처럼 영원히 끊임없이 나타나는데, 이렇게 나타나는 것이 행음(行陰)입니다. 이것은 본체의 기능입니다. '유주주(流注住) 상주(相住)', 전체 만유의 현상이 나타났습니다. '유주멸(流注滅) 상멸(相滅)'은 현상이 사라져버린 겁니다. 사라져버렸다는 끊어져버렸다는 것이 아닙니다. 또 '유주생(流注生)'합니다.

유주(流注)의 기능이 생사를 결정한다

'유주(流注)'의 기능은 무엇일까요? 아뢰야식입니다. 그러므로 아뢰야식에는 등류(等流)가 있습니다. 선(善)·악(惡)·불선불악(不善不惡)이 함께 유동하고 있는 것이 바로 등류입니다. 생명의 본체는 그렇습니다. 그러므로 수행이란 어떻게 이것을 정지시키느냐는 것입니다. 당신이 정좌를 해서 선정을 얻은 것이 '주(住)'입니다. 바로 '행(行)'의 기능을 꺼버린 겁니다. 이것은 아직도 궁극이 아닙니다. 방금 우리의 이 확성기가 잡음이 아주 컸는데, 스위치를 한 번 돌려서[一轉] 꺼버리니 그 잡음이 사라져버렸습니다. 어떻게 꺼버렸을까요? 이것을 '정(定)'이라고 하고 '주(住)'라고 합니다. 이 속에서 산생하는 문제는 큽니다. 자기가 재간이 있어 그것을 꺼버리기만 하면 멈추어버립니다[住]. 자기가 이 육체 생명을 일만 년 동안 멈추게 할 수 있습니다. 심지어는 그것을 지금 훼멸시켜버리고 곧바로 또 다른 생명으로 생겨나게 할 수 있습니다. 기본적으로는 이렇습니다. 이것을 불가사의한 힘이라고 부릅니다.

그러므로 부처님은 말씀하시기를, 아뢰야식의 기능은 두 개의 가장 큰 작용을 포함하고 있는데, 하나는 등류습기(等流習氣)요 또 하나는 등류과(等流果)라고 합니다. 기본적으로 선(善)과 악(惡)이 없고 불선불악(不善不惡)도 없습니다. 비선비악(非善非惡)이 함께 옵니다. 물리세계와 함께 오는 기능이 있습니다. 왜 우리들의 이런 개별적인 생명으로 변해 나왔을까요? 이것을 이숙습기(異熟習氣), 이숙과(異熟果)라고 하고 업보로서 오는 것인데 심리행위와 관계가 있습니다. 그러므로 이런 대 과학 문제를 '유식'이라고 부릅니다. 이른바 제6의식, 분별심 등등은 모두 다 작은 장난감들입니다. 그러나 한 가지 대원칙이 있는데, 오늘날의 과학과 결합해서 얘기해야 비교적 분명해 집니다.

그렇다면 이 시작이 처음에 어떻게 온 것일까요? 또 뒤의 결과는 어떤 것일까요? 왜 우주는 이런 현상을 변화시켜 낼 수 있을까요? 부처님은 "불가사의훈(不可思議熏), 불가사의변(不可思議變)"이라고 말씀하십니다. 일체는 변화하고 있습니다. 그러므로 당신이 정좌하고서 정(定)을 닦으면 신체가 비교적 건강하고 비교적 좋은 것은, 불가사의한 훈습이요 불가사의한 변화입니다. 당신이 만약 정좌하지 않고 정(定)을 닦지 않거나 혹은 그 훈습이 나쁘게 변했다면 변화한 것이 다를 것입니다. 생사를 마치는 기능도 이와 같습니다! 그러므로 먼저 이 원리를 분명히 알아야 합니다.

우리가 오늘 수행을 시작하는데, 자기의 불가사의한 훈습에 의지하여 공부해서 그것을 변화시켜야겠다고 결심하면 변화할 수 없는 것이 아니라, 변화의 방법을 알아야합니다. 이것은 소승의 기초 도리도 대승 속에 들어있다고 말하는 것인데, 대 과학적인 문제입니다. 여러분 듣느라 피곤하시지요. 잠깐 쉬겠습니다.

넷째 시간

여러분이 수양을 배우려면 유가이든 도가이든 불가이든 선을 배우든 간에, 이 30분 동안의 정신을 기억해 두었다가 돌아가서 생활하면서도 항상 보호 유지해야 합니다. 이것은 진정으로 학문수양을 말한 겁니다. 유가의 학문인,

"대학지도(大學之道)는 재명명덕(在明明德)하며 재친민(在親民)하며 재지어지선(在止於至善)이니라. 지지이후유정(知止而后有定)하며

정이후능정(定而后能靜)하며 정이후능안(靜而后能安)하며 안이후능려(安而后能慮)하며 려이후능득(慮而后能得)이니라. 물유본말(物有本末)하고 사유종시(事有終始)하니 지소선후(知所先後)면 즉근도의(則近道矣)리라."

고 말한 대학의 첫걸음은 바로 자제 후배들에게 지정(止靜)의 공부를 먼저 배우라고 가르치는 것입니다.

(역자보충) 『대학』 원문 경 1장에 대하여 남회근 선생이 부분적으로 간략히 풀이한 내용을 역자가 그의 저작 『남회근강연록』과 『21세기초전언후어』에서 참고하여 정리 번역하였습니다. 보다 깊고 자세한 강해는 역자가 보충한 '부록 5. 「인지에 관한 남회근 선생의 법문을 간단히 말한다」와 따로 남회근 선생의 『대학강의』를 읽어보기 바랍니다.

大學之道는 在明明德하며 在親民하며 在止於至善이니라. 知止而后有定이니 定而后能靜하며 靜而后能安하며 安而后能慮하며 慮而后能得이니라 物有本末하고 事有終始하니 知所先後면 則近道矣리라. 古之欲明明德於天下者는 先治其國하고 欲治其國者는 先齊其家하고 欲齊其家者는 先修其身하고 欲修其身者는 先正其心하고 欲正其心者는 先誠其意하고 欲誠其意者는 先致其知하니 致知는 在格物하니라. 物格而后知至하고 知至而后意誠하고 意誠而后心正하고 心正而后身修하고 身修而后家齊하고 家齊而后國治하고 國治而後天下平이니라. 自天子로以至於庶人이 壹是皆以修身爲本이니라. 其本이 亂而末治者否矣며 其所厚者薄이오 而其所薄者厚하리 未之有也니라. 차위지본(此謂知本)이며 차위지지지야(此謂知之至也)니라.

"대학지도(大學之道)는", 성년자의 첫 번째 수업으로는 먼저 생명인 심성의 기본수양에 대하여 인지하여야 합니다.

"재명명덕(在明明德)하며", 무엇이 '명명덕'일까요? 도를 얻은 것을 말합니다. 바로 심성의 문제를 이해한다는 것입니다.

"재친민(在親民)하며", 명덕을 밝힌 뒤에 수행하고 행을 일으켜 세상과 사람들을 구제하는 사업을 하는 것이 바로 '친민'입니다.

"재지어지선(在止於至善)이니라.", '지어지선'이란 바로 범부를 초월하여 성인의 경지로 들어가는 것, 초인이 되는 것, 천인합일(天人合一)의 경지입니다.

이상은 일개 범부로부터 생명의 근원을 아는 성인이 되는 세 가지 강요인데 이를 '삼강(三綱)'이라고 합니다.

그런데 어떻게 명덕(明德)을 밝힐까요? 어떻게 도를 얻을까요? 어떻게 생명의 근본 의의를 알까요?

"지지이후유정(知止而后有定)하며", '지(知)'와 '지(止)' 이 두 글자에 주의하기 바랍니다. 사람은 모태에서 나오자마자 '아는[知]' 작용이 있습니다. 예를 들어 갓난애는 태어난 뒤 배가 고프면 울 줄 알고 젖을 달라고 합니다. 추위와 더위가 지나쳐도 울 줄 압니다. 이런 지성(知性)[23]은 선천적인 것입니다. 그러나 주의하십시오!, '지지(知止)'는 감각 지각할 수 있는 작용이 정지했다는 말이 결코 아닙니다. 지성을 인도하여 하나의 가장 좋은 길로 걸어가게 하라는 말입니다. 심성이 평안한 길을 하나 선택하여 걸어가는 겁니다. 우리들의 생각과 신체는 어떻게 정(定)하게 할까요? 보통사람의 지성은 뛰고 산란하고 혼매(昏昧)하면서 정의 상태가 아닙니다. 그러나 또 지성의 평온함·청명함으로써 산란과 혼매를 없애고 청명한 경계에 전일하도록 해야 하는데, 이를 '지지(知止)'라고 합니다. '지지'한 다음 다시 한 층 나아가야 정(定)입니다. 불교가 중국에 들어온 뒤 대소승 수행의 하나의 요점을 선정(禪定)이라고 부릅니다. 선(禪)은 범어의 음역

---

23) 아는 본성 성능. 영지성. 이하 같은 뜻임.

이며 정(定)은 대학의 '지지이후유정'에서의 '정'자를 차용한 것입니다.

"정이후능정(定而后能靜)하며", 정(定)의 경계에서 점점 차분하고 고요한 상태에 들어가는 것을 정(靜)이라고 합니다.

"정이후능안(靜而后能安)하며", 정(靜)의 경계에 도달한 뒤에 다시 대단히 평안하고 쾌적하며 가볍고 재빠른 경계에 들어가는 것을 '안'이라고 합니다. 불학 용어를 빌리면 경안(輕安)이라고 부릅니다.

"안이후능려(安而后能慮)하며", 경안하고 청명하고 산란하지 않고 혼매하지 않아서 정결(淨潔)한 경계에 대단히 근접하면 '애쓰지 않아도 들어맞고 생각하지 않아도 얻어지는' 지혜의 힘이 일어나게 되는데, 이것을 '려(慮)'라고 합니다. 자기의 내재적인 지혜가 일어날 수 있는 겁니다. 불학 용어를 빌리면 '반야'의 경계이며 중문으로는 '혜지(慧智)'라고 번역할 수 있습니다.

"려이후능득(慮而后能得)이니라.", 이 혜지를 통하여 생명인 자성의 근원을 철저하게 아는 것을 대학에서는 '려이후능득'이라고 합니다. 무엇을 얻는 것일까요? 생명에 본래부터 있는 지혜 기능의 대기대용(大機大用)을 얻는 것을 '명명덕'이라고 합니다. '득'은 도달한다는 의미입니다. 대철대오하여 생명의 본래의 면목을 보는 겁니다. 증자는 이런 심성수양의 성취를 '명명덕'이라고 했습니다.

이상은 명백하게 말해놓지 않았습니까? 바로 이 길로 걸어가면 명덕을 얻습니다. 도를 얻습니다. 좋습니다! 보다시피 그 방법은 지(知)·지(止)·정(定)·정(靜)·안(安)·려(慮)·득(得)으로, 모두 일곱 단계의 공부인 칠증(七證)입니다. 이상은 자기 내면의 수양공부인 내성지학(內聖之學)을 말한 것입니다.

"물유본말(物有本末)하고 사유종시(事有終始)하니 지소선후(知所先後)면 즉근도의(則近道矣)리라. 고지욕명명덕어천하자(古之欲明明德於天下者)는 선치기국(先治其國)하고 욕치기국자(欲治其國者)는 선제기가(先齊其家)하고 욕제기가자(欲齊其家者)는 선수기신(先修其身)하고 욕수기신자(欲修其

身者)는 선정기심(先正其心)하고 욕정기심자(欲正其心者)는 선성기의(先誠其意)하고 욕성기의자(欲誠其意者)는 선치기지(先致其知)하니"

'삼강칠증(三綱七證)'에 이어서 '팔목(八目)'이 있습니다. 바로 여덟 개의 방향인데, 어떻게 성인의 학문과 수양 정도에 도달할 수 있을까요?
"치지(致知)는 재격물(在格物)하니라.", 무엇을 '치지'라고 할까요? '지'는 바로 지성(知性)입니다. 우리들은 태어나면서부터 지성이 하나 있습니다. 갓난애 때 배고프면 울 줄 알고 추우면 울 줄 압니다. 이 지성은 본래부터 존재합니다. 이 지(知)는 생각의 근원입니다. 다시 말해 이 '지'는 우리가 보통 천성(天性)이라고 하는데, 없는 사람이 없습니다. 우리가 엄마 태속에 들어가 태아로 변할 때 이미 있었고 선천적으로 지니고 온 것입니다. 다만 엄마 태속에서 열 달 동안 있다가 태어날 때 그 열 달의 경과를 잊어버렸을 뿐입니다. 지금 우리들처럼 수십 년 동안 사람으로 살아오면서 많은 일들을 기억하지 못하는 것이나 마찬가지입니다. 특히 모태 속에서의 경과는 거의 사람마다 그 고통의 압박을 견디지 못하고 흐리멍덩해져버렸습니다. 그러나 이 지성은 결코 손실되지 않아서 모태에서 나와 탯줄이 가위로 잘라지자마자 차가움과 따뜻함, 그리고 외부의 자극을 알고서는 응애응애 하고 울었는데, 견딜 수 없어서 울고불고함으로써 지성이 작용을 일으킨 것입니다. 그런 다음 곁에 있던 어른이 우리를 깨끗이 씻어주고는 타올로 싸고 옷을 입히고 젖을 먹이고 좀 편안해지자 울지 않았습니다. 다 알았습니다. 그러므로 배고프면 울면서 먹고 싶다고 하는데, 이 지성은 천성적으로 지니고 온 것입니다. 정좌하여 어떤 것을 정(定)을 얻은 것이라고 할까요? '치지(致知)'입니다. 방금 '치지재격물'이라고 외웠지요? 그렇다면 무엇을 '격물(格物)'이라고 할까요? 외부의 물질에 유혹되어 끌려가지 않는 것을 '격물'이라고 합니다. 우리들의 지성은 외부의 것들에게 유혹되어 끌려가기 쉽습니다. 예를 들어 우리들의 신체는 정좌하면 시큰거리고 아파서 견디기 어려운데 신체도 외부의 '물(物)'입니다.
여러분은 당장에 한 가지 실험을 해볼 수 있습니다. 당신이 거기 앉아 있는데, 다리가 시큰거리고 아프고 온 몸이 괴로울 때 갑자기 당신의 채권자가 칼을 들고 당신 앞에 서서 당신더러 "돈을 갚지 않으면 안 된다. 갚지 않으면 죽이겠다."고 한다면, 당신은 즉시 아프지 않게 될 겁니다. 왜 그럴까요? 당신의 그 지성이 놀래 있기 때문입니다. 신체의 아픔도 '물'인데 하물며 신체 밖의 '물'은 더 말할 나위가 있겠습니까? 당연히 일체가 모두 '외물(外物)'이 됩니다. 그러므로 '치지재격물'이란 바로 신체의 감각과 외부 경계에 속아 끌려가지 말라는 것입니다.

"물격이후지지(物格而后知至)하고", 온갖 외물의 유혹을 물리쳐버리면 우리들의 그 지성은 본래 존재하고 있었습니다. 당신이 정좌하고 있으면 지성은 또렷하므로 따로 지성을 하나 찾지 말기 바랍니다. 그러므로 먼저 이 지성을 확실히 인지하고 나서 정좌를 말해야 합니다. 왜 정좌하고자 할까요? 지성이 정좌하고자 하고 내가 정좌하고 싶어 하기 때문입니다. 왜 이것을 배우러 왔을까요? 내가 어떤 것을 하나 추구하기 때문입니다. 이렇게 하여 당신은 이미 속임을 당했습니다. '물(物)'에 의하여 '물리쳐 져버린(格)' 것입니다. 당신이 '물'을 물리친 것이 아니라 '물'이 당신을 물리친 것입니다. 그러므로 '치지(致知)는 재격물(在格物)하니라. 물격이 후지지(物格而后知至)하고' 란, 온갖 감각과 외부 경계를 모두 물리쳐버리면 당신의 그 지성은 지금 여기에 또렷이 있다는 것입니다. 정(定)을 얻은 하나의 경계라고 우선 부를 수 있습니다.

"지지이후의성(知至而后意誠)하고", 이때에 당신이 한 생각이 청정한 것을 아는 것이 바로 지성이며, 한 생각이 청정함이 바로 '의성(意誠)'입니다. 생각 생각마다 청정하고 지성이 언제나 청명하여, 신체상의 막힘 [障碍]에 의하여 시달리지 않고 외부의 온갖 경계에 의하여 시달리지 않으며 자신의 흩날리는 망상들에 의하여도 시달리지 않습니다.

"의성이후심정(意誠而后心正)하고", 아무것도 바라지 않는 것이 바로 '심정'입니다.

"심정이후수신(心正而后身修)하고", 그렇게 되면 우리들 신체의 병통·막힘·쇠약노화는 서서히 전환 변화합니다. 전환 변화한 다음에 정좌하면 당연히 반응이 있습니다. 그렇지만 만약 애를 써서 신체 반응에만 상관한다면 '물'을 물리치지 못하고 '물'에 의하여 물리쳐집니다. 이렇게 알아들으셨습니까? "의성이후심정(意誠而后心正)하고 심정이후수신(心正而后身修)하고"는 모두 공부입니다. 얼마나 오래 닦아야 할까요? 일정하지 않습니다.

"신수이후가제(身修而后家齊)하고 가제이후국치(家齊而后國治)하고 국치이후천하평(國治而後天下平)이니라."

이상을 팔목이라고 하는데, '격물(格物)·치지(致知)·성의(誠意)·정심(正心)·수신(修身)·제가(齊家)·치국(治國)·평천하(平天下)'이 여덟 개의 큰 항목으로서, 큰 방향의 외용지학(外用之學)이 됩니다.

"자천자이지어서인(自天子以至於庶人)이 일시개이수신위본(壹是皆以修身爲本)이니라", 중국 전통문화는 불법과 마찬가지로 위로는 천자인 황제로부터 아래로는 서인인 보통 백성들에 이르기까지 모두 한 개인으로 보고 모두 먼저 이 문화로써 근본을 삼습니다. 이것을 내양지학(內養之學)이라고 하는데 불가에서는 내명(內明)이라고 합니다.

"기본란이말치자부의(其本亂而末治者否矣)며", 이 근본학문 수양을 성취하지 못하고 외면의 지식만을 추구한다면 그것은 근본을 버리고 말단을 좇는 것입니다. 바꾸어 말하면 한 인간이 내성(內聖)수양 공부가 없이 제가(齊家) 치국(治國)을 하여 평천하(平天下)에 도달하고자 한다면 가능성이 없습니다! 그러므로 이런 내용들을 여러분들은 반드시 자세히 참구해야 합니다. 그것 자체가 바로 하나의 대비주(大悲呪)입니다.

"기소후자박(其所厚者薄)하고 이기소박자후(而其所薄者厚)함은 미지유야(未之有也)니라."

"차위지본(此謂知本)이며 차위지지지야(此謂知之至也)니라.", 여기서의 '지'는 바로 지성입니다. 지성을 잘 수양하고 정좌공부를 하여 정력(定力)이 있으면 지성은 청명합니다. 지성이 청명하고 간절합니다.

이상의 남회근 선생의 풀이를 참고하여 역자가 미흡하나마 그 원문을 다음과 같이 간결하게 한글 번역했습니다.

    대학(大學)의 도(道)는 명덕(明德)을 밝힘에 있으며, 백성을 친애함에 있으며, 지선(至善)의 경지에 머묾에 있다.

    마음이 지성[知: 知性, 아는 성능]에 머문[止] 뒤에야 안정[定: 安定]이 있고, 안정이 있은 뒤에야 평정[靜: 平靜]할 수 있고, 평정이 있은 뒤에야 경안[安: 輕安)할 수 있고, 경안이 있은 뒤에야 혜지[慮: 慧智]가 열릴 수 있고, 혜지가 있은 뒤에야 명덕을 얻을 수 있다.

    어떤 물건이든 근본과 말단이 있고, 어떤 일이든 끝과 시작이 있으니, 먼저 하고 뒤에 할 것을 알면 도에 들어가는 문에 다가갈 수 있다.

    옛날에 명덕을 천하에 밝히고자 하는 자는 먼저 그 나라를 다스리고, 그 나라를 다스리고자 하는 자는 먼저 그 집안을 다스리고, 그 집안을 다스리고자 하는 자는 먼저 그 자신을 수양하고, 그 자신을 수양하고자 하는 자는 먼저 그 마음을 바르게 하고, 그 마음을 바르게 하고자 하는 자는 먼저 자기의 의식생각을 정성스럽게 하고, 자기의 의식생각을 정성스럽게 하고자 하는 자는 먼저 자기의 지성에 도달하였으니, 지성에 도달함은 외물(外物)을 물리침에 있다.

    외물이 물리쳐진 뒤에야 지성이 도달하고, 지성이 도달한 뒤에야 의식생각이 정성스럽게 되고, 의식생각이 정성스럽게 된 뒤에야 마음이 바르게 되고, 마음이 바르게 된 뒤에야 자신이 수양되고, 자신이 수양된 뒤에야 집안이 다스려지고, 집안이 다스려진 뒤에야 나라가 다스려지고, 나라가 다스려진 뒤에야 천하가 화평해진다.

    천자(天子)로부터 일반 백성들에 이르기까지 똑같이 저마다 자신의 수양을 근본으로 해야 한다. 그 근본이 어지러운 데도 말단이 다스려지는 경우는 없었으며, 두텁게 해야 할 것을 얇게 하고 얇게 해야 할 것을 두텁게 한 경우는 아직 없었다. 이것을 일러 근본을 안다고 하고, 이것을 일러 지성이 도달하였다고 한다.

제갈량의 명언

그래서 저는 수십 년 동안 제갈량의 「계자서(誡子書)」를 제창해 왔습니다. 제갈량은 도가가 아니라 완전히 유가입니다. 그의 일생의 학문 정신은 바로 아들에게 주는 그의 한통의 편지였습니다. 그 자신이 전방에서 재상으로서 군대를 이끌면서 아들에 대한 교육이 한통의 편지였습니다. 저는 몇 십 년 동안에 여러 차례 풀이했습니다! 여러분 중에 누가 완전히 외울 수 있는가요? "군자의 조행(操行)은 안정된 마음으로써 자기의 인격을 수양하고 검소함으로써 덕을 기르는 것이다[君子之行, 靜以修身, 儉以養德].", 고요함을 추구하는 것이 수신(修身)하는 것입니다. 지금 정좌하고 있는 것은 정(靜) 배우기를 연습하고 있는 겁니다.

"마음에 욕심이 없어 담박하지 않으면 뜻을 밝힐 수 없고, 마음이 안정되어 있지 않으면 원대한 이상을 이룰 수 없다[非澹泊無以明志, 非寧靜無以致遠]", 이 속에는 유가·도가·불가의 학문이 포함되어 있습니다. "배울 때는 반드시 마음이 안정되어 있어야 하고[夫學須靜也]", 학문을 추구하려면 반드시 정정(靜定)을 연습해야합니다. 정(靜)의 공부를 배워야합니다. 제갈량은 아들에게 훈계합니다. "재능은 반드시 배움을 필요로 한다[才須學也]", 인생에서 사람으로서의 재간은 장사를 하던 벼슬을 하던 반드시 학문을 추구해야 재능이 있습니다. 그의 편지나 문장은 모두 아주 간단합니다. 제갈량은 일생동안 그렇게 학문이 컸지만 천고이래로 남아 전해지는 것은 「전후(前後) 출사표(出師表)」이 두 편 뿐 입니다. 그러나 그의 편지가 가장 간단하고 요점적이라는 것을 다들 잊어버렸습니다. 그는 일생동안 학문이 훌륭했지만 일이 바빠서 편지는 간단명료하게 몇 마디 말 뿐이었습니다. 그런데 그 가운데 큰 학문이 들어있습니다. "배울 때는 반드시 마음이 안정되어 있어야 하고, 재능은 반드시 배움을 필요로 한다.", 재능은 지식 학습에 의지해서 오는 것입니다. "배우지 않으면 재능을 발전시킬 수 없고[非學無以廣才]", 각종의 지식, 종교·철학·과학·상업·경제·금융·사회 교육 등 갖가지 학문을 알아야 합니다. 그렇지 않으면 당신의 재능은 넓어지지 못합니다. "마음이 안정되어 있지 않으면 학문을 성취할 수 없다[非靜無以成學]", 학문을 추구할 때는 먼저 정정(靜定)을 배워야합니다. 여러분은 박사 학위도 공부 하고 외국 유학에서 돌아오기도 했지만 심경(心境)은 조금도 고요하지 않습니다. 그러므로 학문이 크지 않습니다. 저는 여러분을 젊은이라고 부르지만 사실은 이미 중년 이상입니다. 대 교수, 대 박사님 여러분은 저의 오랜 학생들입니다. 오랜 학생이니까 제가 여러분을 나무랍니다. 하지만 밖의 사람들에 대해서는 저는 아주 예의 바릅니다. 이제 여러분 요 몇 분의 학생들에 대하여 "도만즉불능연정(慆慢則不能研精)", 마음이 방자하고 오만하면 정밀하고 미묘한 이치를 깊이 연구할 수 없다고 꾸짖습니다. 이 한 마디 말에 주의하기 바랍니다. 여러분은 수십 년 동안 게을러서 열심히 공부하지 않고 부질없는 말, 빈 말들을 너무나 많이 했습니다. 교제도 너무 많았고 허풍도 너무 크게 떨었습니다. 나태 경만하고 아만(我慢)에 차서 자기 자신이 대단한 것으로 봅니다. "도만즉불능연정(慆慢則不能研精)"에서 '도(慆)'자와 '만(慢)'자에 주의하기 바랍니다. 자만하여서 작은 것을 얻는 것으로 만족하는 겁니다. "즉불능연정(則不能研精)", 진보가 없었습니다.

이 「계자서」는 제가 1,2십 세에 암기한 것으로 일생동안 써먹었습니다. 제가 군관학교와 육군대학에서 군관들을 가르칠 때 이 한

편의 글을 엄격히 외워야 군대를 통솔할 수 있다고 요구했습니다. 보세요. 한 글자가 천금의 가치가 있어서 그 힘이 대단히 큽니다. "경망하고 조급하면 자신의 본성을 제대로 다스릴 수 없다[險躁則不能理性]", 무엇을 험(險)이라고 할까요? 약삭빨라서 조금 듣고는 다 알았다고 생각합니다. 모두 모험과 약삭빠름에서 오는 것입니다. 마음이 들뜨고 기(氣)가 조급하고 조용하지 않고 수양이 부족합니다. 제갈량은 아들에게 이 험(險) 자를 범해선 안 된다고 가르칩니다. 조급해도 본성을 다스릴 수 없어서 명심견성(明心見性)의 학문도 해낼 수 없으며 심성수양도 잘 할 수 없습니다. 모험과 약삭빠름에 의지해서는 안 됩니다. 큰일을 하려면 반드시 규범에 따라서 해야 합니다. 깡충깡충 뛰듯이 총명 부리는 것을 학문이 많은 것으로 여겨서는 안 됩니다. 이 모두는 옳지 않습니다. 여기 조(躁) 자는 발 족(足) 변인데 뛰는 것이요 피상적인 것입니다. 그가 자식에게 말한 것은 모두 엄중한 교육문제요 수양문제입니다.

"나이는 시간과 함께 달려가고[年與時馳]", 그는 말하기를 나이는 시간과 함께 잠깐 사이에 달려가 가버리고 사람은 곧 늙어버린다고 합니다. 시간은 말처럼 달려가 버리고 시간은 붙들어 쥘 수가 없습니다. "의지는 세월과 함께 사라지면서[意與歲去]", 우리 인생의 의지(意志), 패기는 나이를 먹어감에 따라 노화합니다. 나이가 많아지면 용기가 없어집니다. "마침내 가을날 초목처럼 시들어 갈 것이다[遂成枯落]", 자식에게 글공부 잘하라고 분부합니다. 여기의 '수(遂)'자는 오늘날 백화(白話)로는 '취(就)'자에 해당합니다. 너는 곧 늙어가 마른 잎처럼 떨어져 버릴 것이다. "그때 가서 곤궁한 오두막집에서 슬퍼하고 탄식해본들[悲嘆窮盧]", 늙어서 아무리 후회해도 "어찌할 것인가[將復何及也]", 그때가 되어서는 나아갈 길이 없다.

당나라 사람이 지은 시인 "젊어서 노력하지 않으면 늙어서 헛되이 슬퍼한다[少壯不努力, 老大徒傷悲]."는 바로 제갈량의 이 관념에 근거해서 온 것입니다. 제가 중앙군관학교와 육군대학에서 가르칠 때 첫 수업 시간에는 반드시 이것을 외우게 했습니다. 이것은 중국 문화의 유가와 도가 교육의 종지(宗旨)입니다. 저는 아직도 외워서 여러분들에게 들려줄 수 있습니다. 저는 여러분이 저를 선생님이라고 부르니 여러분 남녀노소 중에는 아무래도 외울 수 있는 사람이 한 사람이라도 있을 것으로 생각했는데, 뜻밖에 전체 모두가 영점입니다. 아주 부끄럽습니다. 창피합니다. 제 책에서 여러 번 언급을 했습니다. 다시 외워보십시오. 여러분은 다 기록을 했습니다.

유가의 교육 종지

제갈량은 동한(東漢) 말기 사람입니다. 그의 문장은 간단명료하고 분명합니다. 최후에 진(晉)나라 군대인 사마염(司馬炎)의 부대가 공격해 와서 사천(四川)이 망했습니다. 그의 아들 제갈첨(諸葛瞻)은 절대 투항하지 않았습니다. 그래서 한 집안이 군주에게 충성하고 부모에게 효도했습니다. 그의 손자도 부친을 따라서 자살해서 삼대가 충성하고 효도했습니다. 물론 따로 남겨진 방계 혈통의 아이가 있어서 제갈량은 역시 후손이 있었습니다. 그의 교육은 문무겸전(文武兼全)이었습니다.

제가 왜 이 한 토막의 얘기를 했을까요? 제가 한 말에는 논리가 있습니다. 중요한 과목을 강의하기 위한 그들의 준비가 옳지 않아서 오늘 제가 꾸지람을 했습니다. 그런 다음 제가 말했습니다. "여러분은 현재 정좌를 잘하고 있습니다. 여러분의 정좌를 찬탄합니다. 이 정좌란 뭘 하자는 것입니까? 부처님을 배우면서 공부하는 것을 말하는 것이 아닙니다. 이것은 사람됨의 근본입니다." 정좌를 얘기했기 때문에 이「계자서(誡子書)」한 편을 제시했습니다. 여러분은 제가 말하는 게 천마가 하늘을 마음대로 날아다니듯 뛰어나고 막힘없다고 묘사하면서 저를 추켜세우지만 사실은 저를 욕하고 있는 겁니다. '선생님은 말씀하시는 것이 논리적이지 못하고 마구 말씀하신다'고 말입니다. 제가 어디 멋대로 합니까? 한 마디 한 마디마다의 제목은 어디에 있을까요? 제가 무슨 얘기들을 하면서 그렇게 많은 자료들을 인용하여 여러분에게 들려주는 것을 논리라고 합니다. 그러므로 저는 여러분이 하는 말은 분명하지 않다고 늘 꾸짖습니다. 주제가 바로 여기에 있습니다. 여러분이 정좌를 잘 한 것을 보고, 여러분의 정좌의 중요성을 찬탄하면서 곁들여 여기까지 말한 겁니다.

1백여 년 동안 우리들의 국가는 교육에 목표가 없었습니다. 오늘날 중국의 교육을 담당하고 있는 사람들에게 물어보겠습니다. 교육의 목표가 무엇입니까? 정치의식은 교육 목표 속에 두어서는 안 됩니다! 국가민족 전체의 교육에서 13억 인구의 후대들 민족정신은 어디에 있습니까? 무슨 삼민주의(三民主義)니 무슨 주의니 하는 그것들은 단지 하나의 방법론일 뿐입니다. 오늘날 교육은 돈벌이로 변해버렸고 자신의 아이들로 하여금 유명한 학교에 합격하기를 바라는데, 이게 무슨 교육입니까!

제갈량의 이 짧막한 한 편의「계자서」는 중국 유가의 교육 목표의 농축으로서 아주 분명합니다. 그 시작 부분이 "군자의 조행은 안정된 마음으로써 자신의 인격을 수양하고, 검소함으로써 덕을 기르는 것이다. 마음에 욕심이 없어 담박하지 않으면 뜻을 밝힐 수 없고, 마음이 안정되어 있지 않으면 원대한 이상을 이룰 수 없다."
인데, 이게 바로 우리 국가민족 교육의 종지요 교육의 방향이요 교육의 목표입니다. 먼저 어떻게 한 인간이 될 것인가를 말하고 나서 사업을 얘기 합니다. 제갈량의 아들이 받은 교육은 이런 교육이었습니다. 전투에서 최후까지 싸웠지만 버틸 길이 없었습니다. 그래서 죽음으로 끝냈습니다. 절대 투항하지 않았습니다. 이런 문무겸전의 충의(忠義)의 행위는 바로 이러한 교육을 받아 양성된 것입니다.

여러분은 "선생님의 기억력은 정말 좋으십니다."라고 다들 말하는데, 기억력이 좋은 것일까요? 아주 고통스럽게 연습한 결과입니다! 예전에 글공부할 때에 한 글자 한 구절이라도 외우지 못하면 밤에 잠을 이루지 못했습니다. 어디 여러분처럼 잔재주 부렸겠습니까! 보자마자 안다고 하지만 당신에게 물어보면 반 글자도 나오지 않습니다. 비록 박사 학위를 받았지만 학문이 없습니다. 어! 미안합니다! 밥을 배부르게 먹고 힘이 있어서 사람들을 꾸짖기가 쉬웠습니다. 잠시 쉬십시오. 다리도 좀 푸십시오.

다섯째 시간

오늘 오후에 할 수업에서 제가 지금 사용하고 있는 방법을 먼저 설명하겠습니다. 이것은 서원(書院)에서의 수업 방법입니다. 오늘날의 대학이나 전문학교에서 시간과 제목을 규정해놓고 강의하는 그런 식이 아닙니다. 서원에서의 교육 방법은 융통성이 있습니다. 어떤 문제에 부딪히면 바로 그 문제 면에서 수업을 합니다. 여러분도 서원만 알지 서원에서 지내본 적은 없기 때문에 모릅니다. 서원은 지도교사제입니다. 어떤 사부에게 배우는 것인데, 선종조사의 강학 방법과도 다름없습니다.

선종의 교육방법은 일정한 방법이 없습니다. 『능가경』에서 말하는 무문(無門)을 법문으로 삼습니다. 선종에서는 이런 교육 방법을 '여주지주반(如珠之走盤)'이라고 묘사합니다. 구슬 하나가 쟁반 안에서 구르는 경우 두루 흘러 다니면서 이르지 않은 곳이 없고 고정된 방향도 없습니다.

오늘 저녁에 왜 강의안을 나누어드렸을까요? 우리가 오후에 어떻게 공부할 것인지, 또 어떻게 몸소 생명의 궁극[究竟]을 증득할 것인지를 말할 것이기 때문입니다. 그것은 선정(禪定) 방법을 이용하는데 선정 방법을 강의하기 위하여, 제가 석가모니불의 교육 방법인 37보리도품(菩提道品)·4성제(四聖諦)·12인연 이런 학술이론들을 제시했습니다. 그리고 우주는 어떻게 형성되었으며, 사람은 어떻게 태어나고 어떻게 죽어 가는지, 그러한 생사 한계 작용의 문제로부터 선정을 강의합니다.

오후 노선은 원래 순서에 따라서 한 걸음 한 걸음씩 하는 것이었습니다. 오늘은 두 번째 날입니다. 첫 날은 여러분이 망가뜨려버렸는데, 많은 사람들이 그날 오후에야 도착했기 때문입니다. 그러므로 오늘은 첫 날의 시작이나 같습니다. 하지만 제가 오후에 한 문제에 대해서 얘기하면서 『능가경』을 인용하여 심의식(心意識)의 문제를 강의해서 소승을 갑자기 대승으로 전환했습니다. 저녁 식사때 어떤 사람이 저에게 말했습니다. "선생님! 당신이 오늘 강의한 『능가경』은 많은 사람들이 못 알아듣겠다고 합니다." 제가 말했습

니다. "알아듣지 못하는 것은 바로 여러분의 탓입니다. 알아듣는다
면 제가 너무나 기쁘지요!" 저는 수십 년 동안 알아듣는 학생이 하
나도 없었다고 말합니다. 그래서 오랜 학우 여러분은 듣고 나서 부
끄러울 겁니다! 이것이 첫 번째 점입니다.

고도(古道)와 선(禪)

두 번째 점입니다. 오후에 수업을 마친 뒤 고도(古道)가 저를 따
라 곁에 있으면서 12인연에서의 온통 무명 얘기를 꺼내어 갑자기
제 흥미를 건드렸습니다. 그는 말했습니다. "아이고! 수십 년 공부
한다고 이 무명을 어떻게 끝마치겠습니까! 이 생사를 어떻게 끝마
치겠습니까!" 그는 줄곧 저와 함께 걸었습니다. 걸으면서 저는 그
의 등을 토닥토닥하면서 말했습니다. "고도, 이번에는 좀 심각하지
요?" 고도가 이 문제를 제기하여 저의 흥미를 불러 일으켰기 때문
에 방향을 갑자기 바꾸어 선종으로 전환합니다.
여러분은 아직 고도를 잘 모르겠지만 저는 그를 잘 압니다. 그는
동북지방의 조선족입니다. 아주 재미있습니다. 저는 늘 그에게 웃
으면서 말합니다. "당신들 조선족 동포는 중국에서 조사로 변한 일
이 늘 있었습니다. 구화산(九華山)의 그 육신이 파괴되지 않은 보살
은 조선인이었습니다[24]. 여러 선종의 조사들이 조선인이었습니다.

---

24) 김교각(金喬覺, 697년~794년)은 신라의 승려이다. 법명은 석지장(釋地藏)
이다. 신라 왕족 출신으로 첫 속명은 중경(重慶)이다. 24세에 당나라에서 출
가하여 교각(喬覺)이라는 법명을 받았다. 안후이성 구화산에서 화엄경을 설
파하며, 중생을 구제하는 지장보살(地藏菩薩)의 화신으로 평가받았다.
그의 행적은 813년 중국 당나라 비경관(費冠卿)이 쓴 구화산 화성기(九華山
化城寺記), 이용(李庸)이 편찬한 구화산지(九華山志) 등에 기록되어 있으며,

물론 우리 중화민족 사람이기도 합니다." 고도는 어려서부터 군대 가서 군인이 되었습니다. 군인 노릇하면서 무공(武功)에 대해서 몹시 흥미가 있었습니다. 저는 예전에 젊은이들이 「소림사(少林寺)」라는 영화를 보고 나서 소림사로 출가한 것에 대하여 웃는데, 출가해서 뭘 하자는 것이었을까요? 그 목적이 부처님을 배우고 성불하고 싶은 것이 아니었습니다! 무공을 배우고 싶어서였습니다.

소림사는 선종의 조동종(曹洞宗) 계통인데, 이 사실을 여러분은 모를 겁니다. 고도는 무공을 배운 뒤 참선의 길을 걸어갔기 때문에 이곳저곳에 가서 참선했습니다. 그런 다음 소림사를 떠났습니다. 홀로 감숙(甘肅)의 공동산(崆峒山)에 가서 오두막에서 지냈습니다. 세상의 이런 고생들을 다 해보았습니다. 이곳저곳의 총림에 가서 스승을 찾고 도 있는 사람을 방문하며 훌륭한 선생님을 찾아 참선하여 도를 이루고 싶었습니다. 좀 허풍을 떨어 묘사한다면 그는 서북지방에서 동남지방까지 천하를 두루 돌아다닌 겁니다.

그도 정말 힘써 참선하고 있습니다. 그는 최근 강서(江西)의 5대 조정(五大祖庭)을 방문했습니다. 제가 그더러 방문하라고 시켰습니다.[25] 의춘시(宜春市) 시장, 의풍현(宜豊縣) 현장이 송(宋) 사장을

동 시대를 살았으며, 입적 후 19년 뒤에 쓰인 당나라 비경관(費冠卿)의 저서가 가장 정확한 것으로 파악되고 있다. 비경관은 구화산이 있는 지주 청양현 사람으로 학문이 뛰어났으며, 구화산 소미봉에 은거한 것으로 나타나 가장 객관적으로 구화산과 김교각을 관찰한 사료로 평가되고 있다.

25) 남회근 지도, 고도(古道) 저 『선지여(禪之旅)』 2권이 대만 노고문화에서 2006년, 2007년에 각각 출판되었다. 고도 법사는 현재 중국 강서성(江西省) 의풍현(宜豊縣) 소재 동산선사(洞山禪寺) 주지이다. 동산선사는 2010년 남회근 선생이 중창을 발기하여 고도 법사가 총책임을 맡아 6년간의 공사를 거쳐 2016년 말 대부분 공정을 마쳤다. 역자는 2017년 1월 27일~2월 2일까지의 춘절동산수계선수(春節洞山首屆禪修)에 초청받아 참가했다. 동산선사에는 한국조동종 중국법당이 있다.

찾고 우리들을 찾았기 때문입니다. 우리가 그들 시 안의 도로를 하나 닦는 걸 도와준 것도 강서(江西)의 선종의 다섯 개의 조정(祖庭)26)을 위한 것이었습니다. 지금 강서에는 그 도로를 남선생님이 돈을 내서 닦았다고 헛소문이 떠돈 답니다. 그래서 제가 고도더러 각 조정에 가서 한번 살펴보라고 했습니다. 돌아온 뒤에 저는 그더러 여기의 강당을 지키라고 했습니다. 왜냐하면 그는 참선하는 사람이니까요. 그는 오늘 갑자기 저로 하여금 선종을 강의하도록 건드려서 저의 가려운 곳을 긁었습니다.

돈오와 점수

정좌하고 한참동안 앉아 있어도 선정도 얻지 못하고, 도를 깨닫고 싶었지만 깨닫지도 못하고 반평생의 세월이 지나갔다고 당신은 말합니다. 조금 전에 제갈량의 말에 "마침내 가을날 초목처럼 시들어갈 것이다. 그때 가서 곤궁한 오두막집에서 슬퍼하고 탄식한다."고 하지 않았던가요? 그렇지요? "장부하급야(將復何及也)", 어떻게 할까요? 그가 말한 것은 중요한 문제입니다. 예컨대 우리들 사람이 잠 들었거나 사망했을 때 그 하나의 온통의 무명은 아무것도 모릅니다. 어떻게 해야 무명(無明)으로부터 명(明)으로 전환할까요? 선종으로 말하면 당신에게 정좌를 말하지 않습니다. 선종에서의 명심견성 대철대오는 꼭 정좌로부터 오는 것은 아닙니다! 선정으로부터 오는 것은 아닙니다. 정좌로부터 깨달음까지를 점수(漸修)라고 부릅니다. 남종의 5종(五宗)은 돈오(頓悟)를 말하지 점수의 노선

---

26) 조사선의 문정(門庭)이라는 의미임.

이 아닙니다.

옛사람들은 선종을 한 줄기 대나무속의 벌레에 비유했습니다. 이 벌레가 이 대나무 속에서 기어 나오려고 할 때 한 마디 한 마디 씩 갉아서 구멍을 냅니다. 첫 마디를 갉아서 구멍을 낸 뒤에 두 번째 마디로 기어가 다시 갉아서 구멍을 냅니다. 그렇게 수십 개의 마디를 갉아내 구멍을 내고서야 대나무로부터 뛰어나옵니다. 이것이 점수에서 온 성과입니다. 돈오의 선종은 어떤가요? 그 대나무 속의 벌레는 한 마디 한 마디씩 기어 올라오는 것이 아니라 바로 옆으로 갉아 구멍을 하나 내어 곧바로 꼭대기까지 기어 올라갑니다. 이것은 돈오를 비유합니다. 선정을 닦음은 점수인데 닦아서 대철대오에 이르는 것이 온당합니다. 공부가 한 걸음 한 걸음 발자국을 남기면서 나아가는 겁니다.

남종을 닦는 선종은 어떨까요? '횡초돈출(橫超頓出)'이라는 네 글자입니다. 가로로 뛰어나오는 것을 돈오라고 합니다. 그러므로 선종 얘기는 제가 대륙에 돌아와서도 얘기 해 본적이 없고 대만에서도 아주 드물게 얘기했습니다. 오직 3,4십년 전에 양린(楊麟)의 부친인 양관북(楊官北)같은 노년 세대들 소수 십여 명이 타칠(打七)할 때 전문적으로 선종을 얘기했었습니다. 하지만 다 지나갔습니다. 저는 요 수십 년 동안 이것을 건드리지도 않았습니다.

중국의 문화는 전체적으로 쇠락해졌고 수준이 나빠져서 말하지 않기로 하고 늙어죽어서 지니고 갈 작정이었습니다. 널도 쓸 필요 없이 생명과 함께 사라지게 될 것이었는데, 오늘 고도가 저의 이것을 건드렸기에 비로소 다시 제시하는 겁니다.

선종을 얘기하면서 먼저 이야기를 하나 여러분에게 들려드리겠습니다. 선종 임제종의 오조법연(五祖法演)은 송나라 시대의 대선사인데 이것은 선종의 공안(公案)이지 이야기가 아닙니다. 유가에서는 학안(學案)이라고 부릅니다. 이 두 개의 명사를 기억하기 바랍니다. 공안은 비밀 없이 공개적으로 말하는 것으로, 옛사람들이 도를 깨달은 경험을 기록한 것입니다. 뒷날 유가는 선종을 흉내 내어 학안이라고 불렀습니다. 그러므로 어록(語錄)이나 학안(學案), 서기(書記) 같은 것들은 모두 선종의 명사들입니다.

좀도둑과 사형수의 탈주도망

어떤 사람이 와서 오조법연 선사에게 물었습니다. "사부님, 부처님을 배워서 깨달음이 열리고 대철대오하여 도를 이루는 데는 무엇이 수행방법입니까?" 오조법연은 없다고 대답했습니다. 선종은 『능가경』에 근거를 두고 온 것으로서 '무문위법문(無門爲法門)', 즉 방법이 없는 방법입니다. 물론 질문을 했던 이 사람은 듣고서 갈피를 잡을 수 없고 이해하지 못했습니다.

오조법연은 자비로웠습니다. 그는 말했습니다. "내가 당신에게 이야기를 하나 들려드리죠!" 선종의 이야기는 많습니다. 모두 대학문입니다. "고수인 좀도둑이 있었답니다. 천하에서 제일가는 도둑이었습니다. 그의 아들이 말했습니다. 아빠, 당신은 연세도 많아졌고 저도 좀도둑이 되고 싶어요. 당신의 그 훔치는 재간을 저에게 좀 전해주세요." 그 좀도둑은 말했습니다. "너는 이런 길을 걸어가지 마라. 사람노릇이나 잘해라. 이런 걸 배우지 마라." 아들이 꼭 배우고 싶다고 하자 좀도둑이 말했습니다. "너 진짜 배우고 싶어? 결심했어?" 아들이 결심했다고 말했습니다. "좋다. 저녁에 나를 따라오너라." 이 늙은 좀도둑은 아들을 데리고 어떤 부귀한 집을 털러 갔습니다. 높고 깊은 큰 마당 안으로 들어갔습니다.

들어간 뒤에 남의 비밀 창고를 열었습니다. 창고 안에는 나무 궤짝이 하나 있었는데 자물쇠가 채워져 있었습니다. 이 좀도둑은 들어오자 곧 그 궤짝을 열었습니다. 안에는 온통 금은보화가 들어있었습니다. 그는 아들더러 들어가라고 했습니다. 물론 밤이라 말하지 않고 손짓을 했습니다. 아들이 들어가자마자 좀도둑은 궤짝을 닫고 자물쇠를 채워버렸습니다. 그런 다음 크게 소리쳤습니다. "좀도둑이 있다!" 그러자 이번에는 온 가족이 일어났습니다. "큰일 났다. 좀도둑이 어디 있지?" 온 집안이 한 밤중에 도둑을 잡으러 일어났습니다. 창고 문이 열려있고 그 중요한 궤짝은 아직 열쇠가 채워진 채 아무 일 없음을 발견했습니다.

이 아들은 궤짝 속에 갇혀있었습니다. 지금은 물건을 훔치는 것이 아니라 도망가야만 했습니다! 아들은 자기의 아버지가 자기를 곤경에 떨어뜨린 것이 몹시 미웠습니다. "어, 그렇다!" 갑자기 쥐가 우는 소리를 흉내 낼 생각이 떠올랐습니다. 쥐가 궤짝 속에서 기는 흉내를 냈습니다. 궤짝 안에서 찍..찍..찍... 소리를 내면서 손가락은 나무 표면을 긁었습니다. 집안사람들이 듣고는 말했습니다. "큰일 났다. 보석 궤짝 속에 쥐가 있다. 빨리 촛불하나 켜라." 얼른 촛불을 하나 켜고 자물쇠를 열었습니다. 그 좀도둑 아들은 후 ~ 하고 한번 불어 촛불을 끄고서 도망가 버렸습니다.

집에 돌아와 보니 아버지는 침대에 누워서 잠을 자고 있으면서 말했습니다. "너 왔냐? 어떻게 돌아왔냐?" 아들이 말했습니다. "아이고, 당신 어떻게 한 거예요? 저를 궤짝 속에다 가둬놓다니, 어쩔 수 없어서 쥐가 우는 흉내를 낼 수밖에 없었지요. 그랬더니 그 사람들이 궤짝을 열기에 저는 그 사람들의 촛불을 후 ~ 불어 끄고서 죽어라고 뛰어 도망 왔어요." 늙은 좀도둑이 말했습니다. "됐다. 너는 재간을 이미 다 배워서 할 줄 알게 되었다. 좀도둑 하는 데는 정해진 일정한 방법이 없느니라. 도망할 줄만 알면 된다."

그러므로 당신이 선을 배워 어떻게 깨닫느냐에는 일정한 방법이 없습니다. 어떤 방법으로든 깨달으면 됩니다. 이게 바로 선종입니다. 하지만 당신은 어떻게 배울까요? 그래서 저는 일생동안 선종을 말해본 적이 없다고 말하는 겁니다.

또 공안이 하나 있는데 마찬가지 도리입니다. 부처님을 배워 어떤 것을 대철대오 성도라고 하는 지에 관한 것입니다. 두 사람이 감옥살이를 하고 있었습니다. 모두 사형 판결을 받은 사람들로서 감옥을 탈출하고 싶었습니다. 그 중에 한 사람이 방법을 생각해 끌을 이용하여 땅굴을 서서히 팠습니다. 서서히 여러 해 동안 파서 그 구멍을 통해 감옥에서 도망갔습니다. 부처님이 말씀하신 것인데, 우리들의 이 3계(三界)는 감옥과 같고 우리의 온 세상 사람들은 이 감옥 속에 갇혀 있는 것입니다. 성불이란 바로 세계라는 이 감옥을 뛰어넘는 것입니다. 그 땅굴을 팠던 사람은 여러 해 동안 시간을 들여서 파고 파고 해서 마침내 도망 나갔습니다. 이것은 소승으로 개인이 생사의 새장 속에서 벗어난 겁니다.

또 다른 사형수는 그가 땅굴을 파서 도망가는 것을 보고 그는 싹수가 없다고 비웃고는, 그 자신이 감옥 속에서 감옥 관리인과 좋은 친구 사이로 변해버렸습니다. 늘 좋은 술을 마련하고 좋은 고기를 마련해서 이 감옥 관리인을 청했습니다. 우리는 보통 간수(看守)라고 부르는데 법률상의 명칭은 교도소장[典獄長]이라고 부릅니다. 여러 해 지나자 교도소장은 뭐든지 그를 다 믿었습니다. 어떤 때는 감옥 전체의 열쇠를 그더러 관리하라고 건네주었습니다. 사형수가 부 교도소장으로 변한 것이나 다름없었습니다. 사형수 역시 관리를 좀 하다가 교도소장에게 돌려줬습니다. 한동안 지나 어느 날 이 사형수는 또 이 간수를 청해서 진탕 먹고 마시고 취했습니다. 교도소장이 말하기를 "나는 취했네. 오늘 저녁은 자네가 관리하게나." 하면서 모든 열쇠를 그에게 넘겨줬습니다. 곤드레만드레 취해 휘장이나 계급이나 군복도 모두 꺼내주고는 잠을 잤습니다. 이 감옥살이 하는 자는 곧 자기 옷을 벗고 그의 옷으로 갈아입었습니다. 휘장도 차고 열쇠꾸러미를 들고 감옥 전체를 열어 자기도 나오고 다른 사람들도 모두 석방해버렸습니다. 이게 바로 대승보살입니다. 그러므로 선종에는 일정한 방법이 없습니다. 보세요, 선종을 배움에 있어 당신에게 이런 것들을 얘기해주는데 당신은 어떻게 깨달을까요?

협산 선사

고도는 오후 수업을 듣고서 이 한 생각 무명을 어떻게 타파해야 하는지를 물었습니다. 당신은 동산(洞山) 선사를 참구해보지 않았나요? 그래서 저는 당신더러 낙보(洛甫)가 협산(夾山)을 만난 그 한 단락의 공안을 복사하라고 시켰습니다. 낙보는 임제(臨濟)의 제자입니다. 이 공안은 너무 길어서 제가 우선 중점만 얘기할 테니 여러분은 연구해보기 바랍니다. 이해하지 못하면 내일 다시 제게 묻기 바랍니다. 고도의 참선 문제 때문에 협산의 오도(悟道) 공안을 얘기하는 겁니다. 어떤 사람은 저에게서 알고서 이 노선을 걸어갑니다. 그는 참선을 하고 선종을 배웠는데 당시에 저를 보러 상해에 왔습니다. 정좌도 잘했습니다. 저는 그에게 상해의 선종 조사 공안을 얘기해 주었습니다. 바로 화정선자(華亭船子) 선사입니다. 상해에는 화정진(華亭鎭)이라는 지역이 있는데, 호박진(湖泊塡)에서 나온 겁니다. 예전에 이 조사는 화정에서 나룻배를 젓는 사람이었습니다.

이 한 단락의 공안은 아주 훌륭합니다. 저는 그에게 이 이야기를 해줬습니다. 그는 내 앞에서 정좌를 했습니다. 저는 말했습니다. 협산 선사가 당시 도를 깨닫기 이전에는 대법사였습니다. 윗자리에 앉아서 경전을 강해하고 설법을 했습니다. 어떤 사람이 협산에게 물었습니다. 무엇이 법신(法身)입니까?

도를 깨쳐 성불하면 3신인 법신·보신(報身)·화신(化身)을 갖춥니다. 법신은 우리들 육체생명 이외의 하나의 태어나지도 않고 죽지도 않는 생명으로서 법신이라고 부릅니다. 우리들의 현재 이 몸은 보신입니다. 온갖 중생의 자자손손(子子孫孫)은 모두 온갖 중생의 화신입니다.

당시 어떤 사람이 협산에게 물었습니다. 무엇이 법신입니까? 협산 조사가 대답하는 말은 바로 선종의 말하는 법입니다. 저처럼 이렇게 수다스럽지 않습니다. 협산은 "법신은 무상(無相)이다."라고 말했습니다. 그 사람이 또 물었습니다. "어떤 것이 법안(法眼)입니까?" 협산 선사는 말했습니다. "법안에는 티끌이 없다[法眼無瑕]." 이것은 천여 명이나 되는 사람이 함께 있는 공개적인 대화이자 토론이며 질문이었습니다. 이 법사의 대답은 일류입니다. 아래에는 도오(道吾) 선사라는 분이 맨 뒷자리에 앉아서 수업을 듣고 있었습니다. 그는 깨달아 도를 얻은 사람인데 일부러 법사를 교화하기 위해서 온 것입니다. 그는 듣고서 뒤에서 푸하하하! 하고 웃었습니다. 협산 대법사는 위에 앉아있으면서 어떤 스님이 아래에서 웃는 것을 보았습니다. 얼른 자리에서 일어나 내려와 이 화상 앞으로 와서 말했습니다. "사부님, 제 말이 틀렸습니까? 잘못 인식하고 있습니까?" 바로 인지(認知)의 문제였습니다. 도오는 말했습니다. "도리는 맞습니다. 당신은 공부가 아직 도달하지 않았습니다. 안타깝게도 당신에게는 좋은 선생님이 없습니다."

협산은 대법사로서 학문도 훌륭했지만 견딜 수 없었습니다. "사부님, 그럼 저를 좀 지도해주십시오." "아닙니다. 저는 당신의 선생님이 아닙니다." "그럼 천하에 이름난 스승[名師]은 어디에 계십니까?" 도오는 말했습니다. "있습니다. 훌륭한 선생님이 한 분 있습니다. 위로는 기와 한 장 없고 아래로는 송곳 꽂을 곳도 없습니다." 이렇게만 말하니, 당신이 이 선생님을 찾고자 해도 찾을 수 없습니다. 당송 시대의 지식문화를 보세요, 이 두 마디 말은 집도 없고 땅 한 조각도 없다는 뜻입니다. 이 사람은 배에서 산다는 것입니다. 협산 선사는 듣고서 말했습니다. "아, 사부님 저를 좀 데리고 가서 그를 뵙게 해주십시오!" 그를 보기위해 상해로 가고자 했는데 협산은 호남(湖南)에 있었습니다! 당시에는 길을 걸어서 몇 개월 동안 이름난 스승을 찾으러 가야 했습니다. 이 단락은 여러분이 스스로 연구해보시기 바랍니다. 저는 간단히 줄이겠습니다.

뒤에 협산은 선자(船子) 선사를 만났는데, 대화의 묘함은 말로 할 수 없습니다. 모두 최고의 심오한 철학이요 과학이요 문학입니다. 그런 다음 협산 선사는 또 질문을 하자, 선자화상은 삿대를 가지고 갑자기 그를 때려서 물속으로 쳐 넣었습니다. 협산은 대법사인데 큰일 났습니다. 대 교수께서 그에게 맞아 물속으로 떨어졌습니다. 물 밖으로 머리가 나오자마자 선자화상은 말했습니다. "그대는 말해보라." 그가 입을 열자마자 또 삿대로 그를 눌러서 물속으로 집어넣습니다. 모두 세 번이나 그렇게 했습니다. 최후에 한 번 물속으로 눌러 집어넣고 그의 머리가 나오자 말했습니다. "그대는 말해 보라. 알았는가 몰랐는가?" 협산이 머리를 끄덕이자 물 위로

건져 올렸습니다.

또 한 사람도 이렇게 참선공부를 했는데 때려서 물속에다 집어넣었습니다. 그런 다음 물었습니다. "그대는 알았는가?" 그 머리가 막 나오자마자 또 세 번이나 눌러서 집어넣습니다. 그가 물을 거의 기절할 정도로 이미 먹은 상태에서 물었습니다. "그대는 깨달았는가?" "깨달았습니다." "무엇을 깨달았는가?" "신족취재축족리(紳足就在縮足裏)", 이 다리를 폄은 바로 다리를 오므림 속에 있다는 겁니다.

이상이 협산입니다. 저는 간단히 얘기했고 전반적으로 얘기하지 않았습니다. 전반적인 내용은 아주 멋집니다. 그래서 선종의 교육은 영화로 연출해도 연출할 수 없습니다. 이것은 중국문화의 고대의 정화(精華)입니다. 협산은 깨닫고 나서 대선사로서 전국에 유명해졌으며, 다시 나서서 경전 강의와 설법을 했습니다. 어떤 사람이 나서서 물었습니다. "어떤 것이 법신입니까?" "법신은 무상(無相)이다." "어떤 것이 법안입니까?" "법안에는 티끌이 없다." 여전히 이 두 마디 말이었는데 왜 저번에 얘기할 때는 틀렸고 이번에는 맞을까요? 이런 자세한 자료는 제가 얘기하지 않겠으니 여러분이 연구해보기 바랍니다.

뒷날 협산의 유명한 법어가 하나 있는데 여러분에게 어떻게 정좌하고 어떻게 수행하고 어떻게 깨달을 지를 가르쳐줍니다. 상해에 와서 저를 만난 그분은 이 법어에서 약간의 좋은 점을 얻고 문으로 들어갔습니다. 법어는 뭐라고 말할까요? "눈앞에 법이 없다. 생각의식이 눈앞에 있다. 진성(眞性)[27]은 눈앞의 법이 아니기에, 눈과 귀로 도달할 수 있는 것이 아니다[目前無法, 意在目前, 不是目

---

27) 진여. 본성. 자성.

前法, 非耳目之所到]." 여러분은 지금 정좌를 하는데 이 경계를 참구해 보십시오. 당시 제가 그에게 말하기를, "협산의 훗날의 법어는 아주 훌륭합니다. 정좌하여 선정을 얻음과 지혜가 그 가운데 모두 있다."고 했습니다. "목전무법(目前無法)", 눈앞에 사물이 없습니다. 아무 것도 없습니다. 일체가 다 공해졌습니다. "의재목전(意在目前)", 일체가 다 공해졌다고 하는데 의식이 목전에 있습니다. 두 번째 구절은 또 부정한 것이나 다름없습니다. "진성(眞性)은 눈앞의 법이 아니기에, 눈과 귀로 도달할 수 있는 것이 아니다[不是目前法, 非耳目之所到]", 아주 훌륭합니다. 그가 예전에 저를 만나러 왔으며 그런 다음 약간의 좋은 점을 얻었다고 저는 지금 말했습니다. 지금은 그에게 "눈과 귀로 도달할 수 있는 것이 아니다"가 있는지 없는지, 목전에 법이 있는지 법이 없는지는 모르겠습니다. 저는 모두 따져 묻지 않았습니다.

낙보와 협산

이제 협산은 상관하지 않기로 하겠습니다. 이런 얘기들은 다 지나갔습니다. 다시 낙보(洛甫)가 협산을 찾아와 만난 공안을 얘기하겠습니다. 낙보는 협산을 보고 두 마디의 중요한 말을 물었습니다. 낙보는 정좌 공부가 이미 좋은 상태였습니다. 다만 깨닫지는 못했습니다. 마치 황 의사가 저에게, "지금 왜 늘 기(氣)에 끌려가버리게 되는지요? 기는 도대체 무엇인지요?"라고 묻는 것처럼 그러한데, 저는 아직 그에게 대답을 하지 않았습니다. 낙보는 그 당시에 그런 공부들에 모두 도달했었고 모두 초월한 상태였습니다. 그는 북방의 산동(山東)으로부터 호남에 와서 협산의 산꼭대기에서 지내면서 내려오지 않았습니다. 그렇게 오만했습니다. 뒤에 협산은 그를 끌어내릴 방법을 생각했습니다. 낙보가 내려와서 협산을 만날 때의 문답하는 과정에 두 마디 말이 있습니다. 낙보가 물었습니다. "아침 해는 이미 떠올랐고 밤 달은 나타나지 않았을 때는 어떠합니까[朝陽已昇, 夜月不現時如何]?", 날이 밝았고 밤 달은 나타나지 않았습니다. 대낮에도 온통 무명이고 밤에도 온통 무명입니다. 협산이 그에게 대답한 다음 말을 보십시오. "보배 구슬을 머금은 용은 주변에서 헤엄치는 물고기들을 거들떠보지 않는다[龍銜海珠, 遊漁不顧]." 낙보는 곧 감복하고는 무릎을 꿇고 그에게 스승으로 모시는 절을 올렸습니다. 이게 무슨 뜻일까요?

고도가 저를 쉬는 곳으로 배웅하면서 "야반정명(夜半正明)"이란 말을 묻기에 저는 듣고서 하하하 웃었습니다. 그의 등을 두 번 두드리고 제가 말했습니다. "그대는 그래도 조금은 비슷합니다. 그리고 야반정명을 물었는데, 그대는 야반에 아직 밝음이 없지요? 온통 무명입니다." 예전에 어떤 선사가 말하기를, "야반정명, 천효불로(夜半正明, 天曉不露)"라고 했습니다. 이 말은, 밤에는 아무것도 보이지 않아서 온통 깜깜하여 밝음이 없을 때 자성이 청정하고 가장 원만 영명한 저 한 덩이 광명이 도리어 낮에는 빛이 있기 때문에 보이지 않게 되어버린다는 겁니다. 이것은 제가 그의 두 마디 말을 문자적으로 해석한 것인데, 그런 의미인지 아닌지는 여러분이 참구해보기 바랍니다. 그렇게 '한 밤중에는 밝다가도 날이 새자 드러나지 않을' 때는 어떨까요? 공부 견지가 이 경계에 이르렀을 때에 우리는 지금 야반에 한참 큰 잠을 자고 있고 온통 무명이라고 당신은 말합니다. 그러므로 일평생 참선을 해도 무슨 소용이 있습니까? 공안도 살펴보지 않고 그저 죽은 화두인 "염불하는 자가 누구인가

[念佛是誰]?"만을 껴안고 있는데 당신은 참구하여 통할 수 있습니까? 그러므로 당송 시대의 중국문화는 선의 이 단계에 이르렀을 때에 선이 최절정에 이르렀습니다.

그럼 이제 되돌아가겠습니다. 오늘 저녁에 여러분에게 이것을 얘기할 것이 아닙니다. 중요한 것은 절강의 제기(諸暨)의 동산양개(洞山良价) 선사입니다.

동산 선사와 그림자

동산 선사는 정좌하면서 공부를 몇 십 년을 했습니다. 그는 절강에서 출가하여 뒷날 강서에 이르렀습니다. 이런 사람들은 다들 당시 대 영웅 인물이었습니다. 동산은 산 이름입니다. 산물이 흘러내려 한 줄기 계곡물을 형성했습니다. 그가 계곡물을 지나갈 때 태양이 내리비추었고 골짜기의 물속에 한 그림자가 있었습니다. 그는 그 그림자를 보고서 깨달았고 한 수의 계송을 썼습니다.

여러분 유의하기 바랍니다. 동산은 조동종입니다. 보시다시피, 오늘날 일본이나 또 전 세계의 선종은 모두 그의 교화에 영향을 받고 있습니다. 오늘날 전 세계에서 선종 얘기를 하면 조동종을 말합니다. 동산이 오도한 이 한 수의 계송은 아주 유명합니다.

절대로 그림자를 좇아 찾지 말라	切忌從他覓
그러면 나와는 까마득히 멀어지네	迢迢與我疏
나는 지금 홀로 가노라니	我今獨自往
어디서나 그 사람을 만날 수 있네	處處得逢渠

그 사람은 지금 바로 나이지만　　　　　　渠今正是我
나는 지금 그 사람이 아니네　　　　　　　我今不是渠
마땅히 이렇게 이해하여야　　　　　　　　應須恁麼會
비로소 진여에 들어맞을 수 있네　　　　　方得契如如

　당송 시대의 표준말은 광동어(廣東語)입니다. '거(渠)'는 그 사람
이란 의미입니다. "거금정시아(渠今正是我), 아금불시거(我今不是
渠)", 그 사람이 바로 나이지만, 나는 그 사람이 아닙니다. "응수임
마회(應須恁麼會)", 당나라 왕조 시대의 백화인데, '만약 당신이 그
사람을 그렇게 이해한다면' 뜻입니다. "방득계여여(方得契如如)",
당신은 거의 불법을 이해한 것입니다. 자! 여러분은 이 한 수의 시
를 기억하기 바랍니다.

중국 강서성 의풍현에 있는 현재의 동산선사

동산양개 선사가 도를 깨달은 곳인 유명한 봉거교(逢渠橋)이다

이제 제가 여러분에게 한번 해석하겠습니다. 문자를 얘기하면 저는 좀 오만합니다. 특히 선종은 여러분들이 더욱 이해 못합니다. 동산이 계곡물을 지나가면서 그림자를 보고 깨달은 것은 우선 얘기하지 않겠습니다. 여러분은 『장자(莊子)』를 읽어보신 적 있습니까? 장자는 말합니다[28]. 사람이 태양 아래서 길을 걸어가면 그림

---

28) 『장자』 제2편 「제물론」에 나온다:
　　"그림자의 그림자인 망량(罔兩)이 그림자인 경(景)에게 물었다. "방금 전에 당신은 걸어가더니 지금은 또 멈춰서고, 방금 전에 앉더니 지금은 또 일어서는 등 이랬다 저랬다 하는데, 어째서 그렇게 일정한 지조(志操)가 없는가?" 경이 대답했다. "내가 의지하고 있는 상대가 있기 때문에 어쩔 수 없이 따라서 그런 것인가? 내가 의지하고 있는 그 상대도 의지하고 있는 상대가 있기 때문에 어쩔 수 없이 따라서 그러는 것인가? 내가 의지하고 있음은 뱀의 배 비늘이나 매미의 날개처럼 부속품인가? 왜 그런지 까닭을 어떻게 알겠는가! 왜 그렇지 않은지 까닭을 어떻게 알겠는가! (생명의 주재자는 어디에 있을

자가 있고, 그 그림자 밖에 또 하나의 그림자가 있는데, 본 적이 있습니까? 여러분은 유의해보지 않았습니다. 특히 밤에 논을 걸어 지나가면 분명히 또렷이 볼 수 있습니다. 달이 우리의 이 몸을 비추면 몸은 하나의 그림자가 있어서 논에 비치고, 당신의 그림자 밖에 반짝이는 둥근 것이 또 하나 있는데, 장자는 그것을 '망량(魍魎)'이라고 합니다. 그 망량의 둥근 빛이 그림자에게 물었습니다. 여보시오! 형씨는 왜 일생토록 주장(主張)이 없는 거요? 한번은 쭈그려 앉았다가 한번은 또 갑자기 일어섰다가 한번은 또 길을 걸어갔다가 한번은 또 잠을 잤다가 하는데, 당신 자신은 주장이 없습니까?

그 그림자가 망량에게 대답했습니다. 그대는 몰라. 나는 내 뜻대로 못해요. 내 뒤에 사장님이 한 분 계시는데 그 분이 뜻대로 해요. 그가 가고자 하면 저도 갑니다. 그가 잠자고자 하면 저도 잡니다. 그가 일어서고자 하면 저도 일어섭니다. 그가 앉으면 저도 앉습니다. 그러나 저의 이 사장님도 자기 뜻대로 못합니다. 그의 배후에는 또 하나의 어떤 것이 있습니다. 그 어떤 것이 그로 하여금 자라고 하면 잡니다. 그를 죽게 하면 그는 죽습니다. 길을 걸어가게 하면 길을 걸어갑니다. 장자는 몇 천 년 전에 이런 얘기를 했습니다. 여러분은 생각해봐야 합니다. 우리들의 뇌는, 우리들의 생각은, 우리들이 일생동안 일을 하는 것은, 제6의식이라는 이 생각이 지휘하여 이렇게 하라 저렇게 말하라고 합니다. '나[我]'가 주인 노릇을 하지 못합니다. 나[我]는 사실은 그림자[他]입니다! 이것은 손님이

까? 그 누가 알겠는가! 그것이 무엇인지 정말로 모를까? 꼭 모르는 것은 아니다. 세상에는 아는 사람이 있을 것이다. 어느 날엔가 대철대오(大徹大悟)하면 알게 될 것이다"

罔兩問景曰 : 曩子行 , 今子止 ; 曩子坐 , 今子起。何其無特操與 ? 景曰 : 吾有待而然者邪 ? 吾所待又有待而然者邪 ? 吾待蛇蚹蜩翼邪 ? 惡識所以然 ! 惡識所以不然 !

요 객관입니다. 그 배후에는 하나의 주관이 있어서 지휘하고 있습니다. 당신은 그 주관이 대단하다고 생각합니까? 그 배후에는 또 이사장이 있는데, 그 이사장을 아무도 본적이 없습니다. 그러므로 이 생명은 이와 같은 것입니다.

그런 다음 동산을 보십시오. 동산은 계곡 물위를 지나가면서 자기의 그림자를 보았고 깨달았습니다. "절대로 그림자[他]를 좇아 찾지 말라", 그림자를 따라가지 말기 바랍니다. 우리들의 정서나 감각 생각들은 정좌하고 앉아있으면 여기가 안 편하거나, 또 저곳에서 기(氣)가 움직이거나, 여기에 감각이 있거나 하는데, 모두 다 그림자를 따라서 달려가고 있는 것입니다! 그것은 도가 아닙니다. 대(戴) 박사는 이 부분이 견디기 어렵다며 그림자(신체)와 함께 걸어가고 있습니다. 당신이 그림자로부터 문제를 해결하려 하면 해결하지 못합니다. 그래서는 안 됩니다. "그러면 나와는 까마득히 멀어지네", 당신이 이 몸을 돌아보고 걱정하면 할수록 멀어지고 당신은 일생동안 따라잡지 못합니다. 당신은 자기의 그 영성(靈性)을 찾아야합니다. 주인 노릇하는 그 물건을 찾아야합니다. "나는 지금 홀로 가노라니", 당신이 이 육체를 초월해버리고 물질 환경을 초월해버리면, "어디서나 그 사람을 만날 수 있네", 그 진정한 생명의 사장님을 찾아내게 됩니다.

하지만 현재의 생명인 이 몸은 그 사람이 변한 것이 아닐까요? 그 사람이 변한 것입니다. "그 사람은 지금 바로 나이지만", 오늘의 이 몸이 나일까요? 나입니다. "나는 지금 그 사람이 아니네", 이것은 나의 생명이 아닙니다. 그 배후에는 사장님이 하나 있고, 이 육체는 허망한 가짜입니다. "마땅히 이렇게 이해하여야", 당신은 이 속으로부터 체험해야 "비로소 진여에 들어맞을 수 있네", 거의 불학을 이해하게 됩니다. "절대로 그림자를 좇아 찾지 말라", 만약 당신이 감각이나 지각에 끌려가서 뛰어다니면 모두 그림자를 따라가는 것입니다. 그러므로 임제종의 손님[賓]과 주인[主]의 입장에 보면, 이것은 객관이지 주관이 아닙니다. 감각을 알거나 편안한지 편안하지 않은지를 아는, 그 생명의 주체는 이것에 있지 않습니다. 이 게송을 잘 기억하기 바랍니다. 당신이 만나는 것은 모두 그림자로서, 모두 생리적 육체적 물질적인 작용입니다. 그 사람인 지금의 이 생명은 바로 나입니다. "나는 지금 그 사람이 아니네", 그렇지만 진정한 나는 이 신체가 아닙니다. 그 사람이 아닙니다.

자! 이제 다시 되돌아옵니다. 저는 여러분에게 선을 얘기할 수밖에 없습니다. 밤에 잠자면서 아무것도 모르고 온통 무명이라고 말하는데 그 온통의 무명도 역시 그입니다. 나가 아닙니다. 나는 도대체 어디에 있을까요? "한 밤중에는 밝다가도 날이 새자 드러나지 않습니다." 고도는 참선을 반평생 동안 했습니다. 그래서 오늘 저녁 수업 한 시간은 그에게 보냅니다. 이 수업 과정은 정해진 범위를 초과한 것이기에 여러분에게 자세히는 얘기하지 않았습니다. 이 속의 진주보배는 너무나 많습니다.

여섯째 시간

대중다 공양, 천명의 승려와 인연 맺기

어제 밤에 그리고 오늘밤에 곽(郭) 총경리 사미(沙彌)가 여러분들에게 보다(普茶)29)를 공양했습니다. 여러분, 좋은 차를 드시기 바랍니다. 이것은 일시적인 격려로서, 선종에서의 규범입니다. 밀종을 배우는 것은 더욱 엄중한데, 여러분은 티베트에 가서 밀종을 배우려면 많은 돈을 준비해야 한다는 것만 압니다. 먼저 일천여 명의 스님들에게 보다를 공양하거나 소유다(酥油茶)30)를 끓여서 대접하여서 먼저 인연을 맺고 많은 돈을 씁니다. 오늘날 현교에서 오대산에서 천승재(千僧齋)를 열어 1천 명의 스님들께 식사를 대접하고 스님 각자에게 용돈을 드리는 것과 다름없습니다. 이 보다를 공양하는 것은 인연을 맺는 것입니다. 사실은 한번 가뿐하게 하는 것이기도 합니다. 간식과 차를 대접하는 것은 전통적인 관습입니다. 제가 여러분에게 한번 설명 드리겠습니다. 이것은 단지 개인의 발심일 뿐이니 다들 차 공양 드시고 인연을 맺으십시오. 이것이 '보다'의 의미입니다. 이상이 첫 번째입니다.

두 번째는, 전해오는 바에 의하면 천승재를 올릴 때 석가모니불의 제자인 빈두로(賓頭盧)라는 대아라한이 그 때마다 반드시 온다고 합니다. 그렇지만 당신이 알도록 하지 않습니다. 그는 무슨 모습으로 변할 수 있습니다. 그는 대화상으로 변하거나 비구니로 변하거나 거지로 변할 수 있어서 모두 일정하지 않습니다. 연(緣)이 있으면 그를 볼 수도 있습니다. 과거에 사원에는 규범이 있어서 지나간 후에야 비로소 알 곤 했습니다. 1천여 명 가운데 어떤 이가 대아라한인지 성승(聖僧)인지를 몰랐습니다. 떠나간 후에 여러분에게 그림자를 남기곤 했습니다.

밀종에서의 보다 공양에도 이런 규범이 있는데, 그가 뜻밖에 와서 참여할지도 모릅니다. 당신도 어느 분인지 알지 못합니다. 바로

---

29) 널리 일반 대중에게 차를 내어 대접하는 것.
30) 버터로 만든 기름인 소유(蘇油)로 만든 차.

이렇게 아주 신비스럽습니다. 그러므로 양일 저녁의 보다 공양에서 제가 옛 문화와 옛 규범을 여러분에게 들려드립니다. 이것을 보다 공양이라 하고, 아직 성불하지 못했다면 먼저 인연을 맺으라는 것입니다. 방금 사미도 배워서 알고 말하기를 "여러 보살님들 오셔서 보다를 드십시오."라고 했습니다.

여러분은 다들 보살입니다. 인지(因地)상의 보살로서 이 자격이 있습니다. 어느 날엔가 성취하면 모두 대보살입니다. 이는 마치 국민이라면 누구나 다 주석(主席)에 당선되고 총통이 될 수 있는 자격이 있는 것과 마찬가지입니다. 하지만 당신의 공덕이 충분한지 않은지에 달려 있습니다. 그러므로 여러분은 다 보살들이며 여러분의 수지(修持)가 도달했느냐 못했느냐에 달려 있습니다.

동산 선사의 원적

오늘 저녁에는 홀연히 선종을 얘기하겠습니다. 내일부터는 역시 공부 방향을 얘기하겠습니다. 오늘 저녁은 제가 활력이 있는 셈이니 다시 여러분에게 한번 보충하겠습니다. 동산조사는 뒷날 호남과 강서 사이에서 조동종의 창시자가 되었습니다. 그는 물을 지나면서 자신의 그림자를 보고서 대철대오 했습니다. 그는 마지막에 어떻게 세상을 떠났을까요? 우리 좀 살펴보겠습니다. 어느 학우가 한번 보고해 보십시오. 당신이 보고를 잘하는지 못하는지 보겠습니다. 역시 한번 테스트해보겠습니다.

어떤 학우 : 저는 그냥 글자대로 한번 풀이해보겠습니다. 잘못 보고한 곳이 있다면 죄송합니다. 동산양개 오본 조사의 이 한 편에

서 '스승이 원적하려 하다[師將圓寂]'라는 단락입니다. 동산양개 선사는 인연을 살펴보고 거의 다 되었다고 느끼고는 세상을 떠나갈 것을 생각했습니다. 이때에 당상(堂上)에서—즉, 대청 안인데 모두 평소에 수업하던 곳입니다. 마치 지금 우리들처럼 그랬습니다—양개 선사는 말했습니다. "내가 이 일생에 나서서 법을 널리 전파하고 얼굴을 내밀어 밖에 큰 명성을 하나 남겨 놓은 것은 번거로운 일이다."

남선생님 : 동산양개 선사가 "일생동안 큰 명성에 번거로웠다." 고 말했습니다. 이제 우리가 통지하는데, 우리 내부에 교사를 양성해서 장래에 이런 사람들이 세상에 나서서 법을 널리 전파해야하니, 당신은 잘 풀이하세요. 문자대로 풀이하지 말고, 글자대로 그 뜻을 이해하지 말기 바랍니다.

어떤 학우 : 일반인들은 다들 명성을 좋아합니다. 동산 선사는 떠나가기 전에 다음 세대로서 후계자가 하나 나와 제자가 스승보다 훌륭할 수 있기를 몹시 바랐습니다. 자기의 명성이 이미 컸기 때문에 그 자신은 큰 부담으로 느끼고는 누군가가 그의 명성을 지워버리고 다시 누군가가 와서 이 사업을 계승하기를 몹시 바랐습니다. 그래서 그는 말했습니다. "나는 세상에 부질없는 명성을 가지고 있는데, 그 누가 나를 위하여 지워줄 수 있을까[吾有閑名在世, 誰人爲吾除得]?" 다들 당시에 듣고 난 뒤에 침묵했습니다. 잠시 지나자 어떤 사미가 일어서서 나왔습니다. 사미란 비구계를 받지 않은 출가자입니다. 나이의 많고 적음은 일정하지 않습니다. 이 사미가 나와서 말했습니다. "대 화상의 법호를 묻고자 합니다[請問大和尙法號]." 당신은 이름을 무엇이라고 합니까? 그 사미는 그의 제자임이 뻔합니다. 그런데 지금 나와서 묻습니다. "선생님 당신은 이름을 무엇이라고 합니까?"

    남선생님 : 그가 말했습니다. "명성이 크다고 했는데, 당신은 이름을 무엇이라고 합니까?"

    어떤 학우 : 양개 선사는 말합니다. "좋다. 너는 이미 나의 명성을 지워버렸다. 심지어 내 학생조차도 내 이름이 뭔지를 모른다니 말이다. 됐다. 이로써 무상하다는 것을 알 수 있다. 이미 지나갔다. 이미 비워져버렸다." 그런 다음 이 어린 스님은 물었습니다. "선생님 당신 몸이 별로 안 좋습니다." '화상위화(和尙違和)', 몸이 편치 않다는 것입니다. "그럼 선생님, 당신은 지금 아직도 병나지 않은 것이 하나 있다고 생각하십니까?"

    남선생님 : "당신은 늙었습니다. 몸이 편찮아지셨습니다. 그런데도 늙지 않고 병들지 않고 죽지 않는 것이 하나 있습니까?"

    어떤 학우 : 양개 선사가 말합니다. "있지." 그러자 어린 스님이 또 물었습니다. "늙지 않고 병들지 않고 죽지 않은 이것이 화상을 아직 보고 있습니까? 그것이 아직 당신을 관조하고 있습니까?" 양개 선사는 말했습니다. "지금은 그것이 나를 관조하고 있는 것이 아니라, 내가 그것을 관조하고 있다." 그러자 어린 스님이 또 물었습니다. "선생님, 당신은 어떻게 그것을 관조합니까?" 양개 선사가 말했습니다. "여러분이 비록 내가 지금 늙었고 병들어 있는 것을 보지만, 내가 그것을 관조할 때는 내가 병을 보지 못하고 늙음도 보지 못한다. 태어남도 보지 못하고 죽음도 볼 수 없다."

    남선생님: 만약 그가 제대로 보고를 못한다고 생각할 때에는 여러분은 그에게 묻기 바랍니다. 그는 보고를 제대로 보고했습니까?

    어떤 학우 : 그 다음에는 이제는 반대로 양개 선사가 어린 스님에게 물었습니다. "여러분은 평소에 나를 보아왔고 나를 따랐다. 때로는 말하기를 선생님을 한번 보면 마음속에서도 편안하다고 했다. 그럼 이제 이 몸을 떠나버리면 여러분은 어디서 나를 서로 볼

것인가? 『금강경』에서는 말한다. '만약 물질로써 나를 보거나 음성으로써 나를 추구한다면 이 사람은 바르지 못한 도를 행하는 것으로 여래를 볼 수 없느니라[若以色見我, 以音聲求我, 是人行邪道, 不能見如來].' 여러분은 평소에 이 몸이 바로 나라고 느끼는데, 만약 지금 내가 떠나버려서 내가 이 몸을 내던져버리거나 다른 몸으로 바꾸어, 만약 내가 장 씨 집 셋째 아들이나 이 씨 집 넷째 아들로 변해버렸다면 그때에 여러분은 어느 곳에 가서 나를 찾을 것인가?" 이 어린 화상은 대답을 하지 못했습니다. 이때에 양개 선사는 말했습니다. "'학자항사무일오(學者恒沙無一悟)', 수행자는 갠지스 강의 모래알 수처럼 장강이나 황하강의 모래알 수처럼 아주 많았지만, 옛날부터 지금까지 수행자들 중에 도를 깨달은 자는 아주 드물었다. '과재심타설두로(過在尋他舌頭路)', 예컨대 길을 묻는 경우 나의 이 손이 이 길을 가리키면서 동쪽으로 가라고 하면 다들 동쪽을 향해서 보고, 서쪽을 향하여 가라하면 다들 서쪽을 향해 본다. 자기의 혜안(慧眼)에 의지하는 사람은 하나도 없다."

남선생님 : '불학을 좀 얘기하면 불학을 따라가고 공부를 좀 얘기하면 공부를 따라가 버린다,' 당신은 이렇게 풀이해야 되요.

어떤 학우 : "어쨌든 뭘 얘기하면 얘기한 것을 따라 가버린다. 다시 말해, 늘 다른 사람의 말을 따라서 달려가고 있다. 언제나 끌려서 앞으로 가고 돌이켜보아 자기를 비춰볼 생각을 하지 않는다. 그래서 '학자항사무일오(學者恒沙無一悟), 과재심타설두로(過在尋他舌頭路)', 다들 자기의 길을 찾지 못하는 까닭은, 다시 말해 모두 언제어디서나 다른 사람의 방향을 보고 있고 다른 사람의 얼굴빛을 보거나 다른 사람의 말을 보고 있는 것이다. 부처님이 일대장경(一大藏經)을 말씀하셔서 아주 많은데, 왜 대장경을 보자마자 도를 깨닫거나 도를 이룬 사람이 하나도 없는가?"

남선생님 : 일반인들은 법을 하나 자기에게 전해주면 융통성 없이 그 법을 지키고만 있지 그 법을 통해 그 뒤에 무엇이 있는지를 살펴볼 줄 모릅니다.

어떤 학우 : 선생님이 앞 수업 시간에 두 가지 이야기를 하였습니다. 하나는 한 좀도둑 이야기였고 하나는 어떤 죄수 이야기였습니다. 이 속에는 모두 여러분에게 가르쳐 주는 법문이 없습니다. 실제로는 가르쳐주었다고도 저는 생각합니다. 길을 가리켜 보여주었으니 다들 스스로 열어야 합니다. 자기가 마치 벌레가 그 대나무를 뚫듯이 하기 만 하면 됩니다. 무슨 방법을 쓰던지 상관없습니다. 다음은 "'욕득망형민종적(欲得忘形泯蹤跡), 노력은근공리보(努力殷勤空裏步)'입니다. 모두 이 형상의 집착을 떠나고자하면, 이몸, 이 생각, 갖가지 학문들을 포함한 이런 귀찮은 것들은 내던져버리고 싶다면, 저 장애가 없고, 태어남이 없고 죽음이 없고, 늙음이 없고, 새것과 묵은 것이 없고, 전후좌우가 없고, 옛날과 지금이 없는 곳으로 향하여 가서 체험하라." 이 게송을 다 말하고 나서 학생더러 머리를 깎아주라고 했습니다. 그런 다음 목욕하고 옷을 갈아입었습니다. "'성종사중(聲鐘辭衆)', 사원에 종을 치게 하고 대중들에게 나는 가겠다."고 말했습니다.

남선생님 : 종을 친 것은 모두들 모이라고 명령을 발하는 것입니다. 모두에게 나는 떠나가겠다고 작별인사를 하겠다는 겁니다. 모두 모인 뒤에 동산 선사는 정좌하고 떠나버렸습니다. 모두들 스승이 앉아있는 채 꼼짝 않고 떠나버린 것을 보자 소리쳤습니다. "스승님, 가지 마세요." '시대중호통(時大衆號慟)', 호(號)는 소리친 겁니다. 다들 통곡했습니다. "스승님, 당신은 좀 천천히 떠나가십시오. 좀 더 머무르십시오." '이구불지(移晷不止)', 두 시간 동안 다들 소리쳤습니다. "스승님, 당신은 머무십시오. 다들 무릎 꿇고서 스

승님더러 좀 천천히 떠나가십시오."라고 청했습니다.

어떤 학우 : 다들 줄곧 빌었습니다. "스승님 떠나지 마십시오. 우리를 좀 불쌍히 여겨주십시오. 우리는 아직 도를 얻지 못했습니다. 당신 제발 떠나지 마십시오. 당신이 떠나버리면 온 세상의 밝은 등이 꺼져버립니다. 떠나지 마십시오. 떠나서는 안 됩니다." 양개 선사는 갑자기 두 눈을 뜨고서 대중에게 말했습니다. "수행자는 진정으로 번뇌의 집을 벗어난 사람이다."

남선생님 : "수행자나 출가자는 '심불부물(心不附物)'한다, 여러분은 아직 생사에, 물질에, 끌려가고 있다. 이 마음이 삼계 밖으로 뛰어 넘고자 하면서도 이 육체가 죽고 안 죽고를 상관하느냐! 그거야말로 진정한 수행이다. 여러분이 울면서 나더러 죽지 말라고 하는구나." 그는 사람들을 꾸짖어 '노생석사(勞生惜死)'라고 했습니다. "이 육체를 진실한 생명으로 여기고는 진정으로 불생불사 하는 것을 여러분은 모른다. '애비하익(哀悲何益)', 울면서 나더러 머무르라고 하는데 무슨 소용이 있겠는가! 좋다. 여러분에게 약속한다. 멍청이들!" 대중을 한 무리의 멍청이들이라고 꾸짖었습니다. "좋다. 주방에 좋은 음식을 마련하여 대중에게 한 끼 공양하라"고 시켰습니다. '령주사(令主事)', 식사 담당자에게 한 끼 식사를 마련해서 이 멍청이들에게 먹도록 주라고 시켰습니다.

어떤 학우 : 대중이 연모하기를 그치지 않았습니다. 다들 선생님이 떠나가게 하고 싶지 않아 1주일을 질질 끌고서야 음식이 갖추어졌습니다.

남선생님 : 주방 담당자가 고의로 서서히 마련했습니다. 스승이 좀 늦게 죽기를 바랐기 때문에 질질 끌면서 마련했습니다. 1주일을 끌고 나서야 공양[素齋]을 마련했습니다.

어떤 학우 : '사역수중재필(師亦隨衆齋畢)', 동산 선생님은 대중

과 함께 이 한 끼 식사를 먹었습니다. 먹고 난 뒤에 말했습니다.

"승가무사(僧家無事), 대솔임행지제(大率臨行之際), 물수훤동(勿須喧動)."

남선생님 : 그는 출가자였습니다. 이미 출가해서 생사를 마쳐서 일이 없었습니다. 그는 말합니다. "내가 떠나갈 때에 상심해서 울지 말라." '대솔(大率)'은 대부분이란 뜻입니다. 임행은 떠나갈 때입니다. "'물수훤동', 소리 지르지 말라. 법석피우지 말라. 울지 말라." '수귀장실(遂歸丈室)', 곧 자기 방으로 돌아가서 단정히 앉아 떠나버렸습니다. 이때는 당(唐) 왕조 말년의 함통(咸通) 10년으로, 서기 869년이었습니다.

어떤 학우 : 양개 선사가 떠나갈 때 63세였습니다. 출가 계랍(戒臘)은 42년이었고 최후에 그에게 주어진 시호는 오본(悟本) 선사였습니다.

남선생님 : 이것은 당시의 황제가 그에게 준 봉호(封號)인데, 오본 선사라고 했습니다. 이 분은 선종의 조사로서 생사에 자재하였습니다.

어떤 학우 : 미안합니다. 제대로 풀이 못해 여러분에게 시간을 허비하게 했습니다.

남선생님 : 그래요. 제가 그를 시험하고 싶었습니다. 그리고 특별히 어느 사람더러 풀이하라고 지정하지 않았습니다. 다들 준비해야합니다. 한참 동안 배웠습니다. 그 문자연구를 융통성 없이 지키지 말기 바랍니다. 문자를 풀이하려면 활발하고 생동적이게 풀이해야 합니다. 살아있는 스크린으로 바꿔내야 합니다. 그가 이렇게 생사거래에 자재한 것을 수행성도(修行成道)라고 부릅니다. 고대의 선종에서라면 떠나갈 때 신통을 나타냈습니다. 티베트의 일부 기맥 수련 성취자는 갑자기 몸에서 방광을 하면서 변화하여 사

람들에게 보여줍니다. 그런 다음 안녕히 계세요! 하고 떠나버립니다. 오늘날 사람은 그렇게 하지 못하기도 하고, 진정으로 가서 수행하는 사람도 없을 것입니다. 이게 바로 진실하게 수증하는 것[眞修實證]으로 이것을 선수행이라고 부릅니다.

천하의 조동종

우리는 원래 점수 법문을 얘기하고, 그런 다음 점수로부터 어떻게 한 걸음 한 걸음씩 여기까지 수지하는 지를 얘기했습니다. 중간에 4제와 12인연의 문제를 얘기했고, 태어나고 죽어가는 그 과학적인 것에 대해서는 얘기하지 않았습니다. 고도가 선종의 일을 제기했기 때문에 이 단락이 끼어들게 되었습니다. 이 한 단락의 공안을 모두들 가지고 있는데 참고해도 좋습니다. 이게 바로 중국의 선종이요 선을 닦아서 온 것입니다. 그래서 동산양개 선사가 최후에 떠나간 상황과, 당시에 어떻게 그림자를 보고 도를 깨달았는지와, 최후 수십 년 동안 설법했고, 명성이 대단히 컸다는 것을 얘기했습니다.

조동종은 공부를 중시합니다. 선정공부 수행과 지혜로운 오도를 함께 결합시킵니다. 임제종은 당신의 공부를 그리 상관하지 않아서 위산 선사가 한 다음의 말과 같습니다. "그대의 견지가 바른 것만을 중요하게 여기지, 그대의 행위가 어떠한지는 중요하게 여기지 않는다[祇貴子見正, 不貴子行履]." 임제 선사의 교육 방법은, 당신이 지혜가 높고 깨닫기 만하면 공부는 반드시 도달합니다. 여기서 '자(子)' 자는 당신이란 의미입니다. 단지 당신의 견해가 도달했는지 않는지만 묻고, 당신의 공부가 도달했는지 않는지는 묻지 않습니다. 이것이 임제의 교육방법입니다. 조동종은 어떨까요? 공부와 지혜가 함께 도달합니다. 그러므로 오늘날 천하의 선당들은 거의 절반 이상이 조동종의 노선을 걸어가고 있습니다. 그러나 오늘날까지 남아 전해 온 것으로, 소림사나 강서의 운거산(雲居山) 같은 경우는 모두 조동종 계통입니다. 그렇지만 형식만 있는데 지나지 않을 뿐입니다. 공부가 도달한 사람이 있는지 없는지에 대해서는 모르겠습니다. 그러나 가볍게 보지 마시기 바랍니다. 아마 있을 겁니다. 단지 제가 보지 못했을 뿐입니다.

오늘 우리가 우연히 기회 인연을 만나 저녁 수업을 갑자기 방향을 바꾸어 그 쪽으로 걸어갔습니다. 내일부터는 역시 원래대로 계속하겠습니다. 내일 오전에는 제가 강의한 생사문제에 관한 강의 녹음테이프를 찾아서 여러분은 요가를 수련하면서 먼저 들어보기 바랍니다. 제가 기억하기로는 매번 이 문제를 강의했습니다. 강의는 비록 간단했지만 중점은 달랐습니다. 여러분이 하나를 선택해서 먼저 들어보고 난 다음 우리 토론하겠습니다. 이것은 내일 일입니다.

오늘 여러분은 두 다리를 수고롭게 했습니다. 미안합니다! 쉬십시오.

제3일 강의

첫째 시간

저에 대하여 말하면 심정이 무거운 것은 매번 수업할 때마다 있는 느낌입니다. 보통 수업하는 것조차도 마찬가지입니다. 여러분의 시간과 정신을 허비하게 하여 미안하게 될까 봐 몹시 두려워합니다. 여러분에게 조금의 공헌이 있어야한다고 느끼면서, 제 자신이 강의를 잘못하거나, 다들 알아듣지 못했거나, 마음에 얻은 바가 없거나 할까봐 걱정합니다. 만약 그렇다면 실례가 되는 일입니다. 일반인들은 이런 말을 겸손한 말로 여기지만 그건 당신이 틀린 겁니다. 이것은 간절하게 한 말입니다. 바꾸어 말하면 수행자는 이 세상에 살면서 언제나 남에게 미안함을 느껴야합니다. 특히나 부처님을 배우는 사람은 아침저녁으로 예불할 때에 외웁니다. "위로는 네 가지 은혜를 갚고, 아래로는 3도의 고통을 제도하겠습니다[上報四重恩, 下濟三途苦]."

'위로는 네 가지 은혜를 갚고'에서 네 가지 은혜는 부처님의 은혜·부모님의 은혜·나라의 은혜·중생의 은혜입니다. 나라는 바로 사회를 말합니다. 우리는 생명이 살아가면서 이 네 가지와 모두 관련이 있습니다. 그러므로 어떻게든 네 가지 무거운 은혜에 보답해야만 합니다. 그렇지 않으면 진 빚을 어떻게 갚겠습니까? 부모 이외에도 전체 사회와 국가가 당신에 대해서 은혜가 있습니다. "아래로는 3도의 고통을 제도하겠습니다."에서의 3도는 지옥·축생·아귀인데 가장 고난에 빠져 있는 이런 중생들을 어떻게 도와주어야 할까요? 그래서는 저는 부처님을 배우는 마음에는 진정으로 이런 발심이 있어야만 한다고 말합니다. 입으로만 외우는 것이 아닙니다. 여러분은 어떤지 저는 모르겠습니다. 제 입장에서는 언제나 견디기 어려움을 느끼면서 8,9십 세가 되었습니다. 제 곁을 따른 지 오래된 일부 학우들은 저의 다음 한 마디를 늘 듣습니다. "아, 8,9십 세를 살았으면서 뭘 했다는 건가! 무슨 소용이 있었어! 이 세상에 대해 공헌이 없었으니 이 생명이 헛되이 산 것이지." 학우는 저를 따른 지 오래되어 듣고는 한번 웃거나, 웃지 않거나 합니다. 마치 제가 입에 달고 사는 말이 된듯하지만 저의 내심에서는 그냥 하는 소리가 아닙니다.

생사에 관한 책

이제 이미 이틀이 지났습니다. 저는 어떻게 여러분으로 하여금 빨리 한 가지라도 이익을 얻게 할 수 있을까 수시로 생각합니다. 그러므로 우리는 이틀을 낭비한 것이나 다름없습니다. 오늘은 정말로 진정한 수행, 생사를 마치는 공부 방법에 대해서 얘기하겠습니다. 여러분은 오전에 생사 문제에 관한 녹음테이프를 들었습니까? 여러분은 똑똑히 들었는지 모르겠습니다. 저는 일생 동안 이 문제를 강의했습니다. 아마 수십 차례라고 해야 할 것인데, 매번 강의를 마치고는 곧 후회했습니다. 분명하게 설명해 주지 못한 것을 후회했습니다. 예를 들어 최근에 미국의 한 오랜 학우는 성이 호(胡)씨인데, 그는 뉴욕에서 살고 있으며 문장도 좋습니다, 외국에 있기 때문에 특히 미국의 학우들이 티베트 밀교의 『서장생사서(西藏生死書)』를 읽어 보았습니다. 그 책은 『중음구도밀법(中陰救度密法)』이라고도 합니다. 사람이 죽은 뒤 영혼을 어떻게 천도하는지에 관한 것입니다. 뿐만 아니라 프랑스 · 일본 · 중국 · 티베트가 함께 사후에 영혼이 어떻게 몸을 떠나는지, 어떻게 환생하는지를 영화로 찍었습니다. 저는 다 보았습니다. 저는 보고서 웃었습니다. 영혼은 보이지 않는 것인데도 어떻게 한 갓난애로 태어날 수 있는지 어떻게 환생하는지 이 유물론자들도 문제를 발견했습니다.

티베트 밀교의 『생사서』는 완전히 옳지 않은 것은 아닙니다. 맞기도 합니다! 그것은 불법에 근거해서 온 것입니다. 사후에 7주간인 49일 동안 중에, 첫째 날은 몇 명의 보살이 나타나고 몇 명의 흉신(凶神)과 악살(惡煞)들이 나타나는지 등을 말하고 있는데, 서양에서 유행하고 있고 미국에서는 더욱 유행하고 있습니다. 그러므로 미국인들은 애를 써서 생명과학 · 인지과학을 연구하고 있습니다. 왜냐하면 이런 것들과 관계가 있기 때문입니다. 이런 사람들은 최후에 문제를 발견하고는 저한테 달려와서 맞는지 안 맞는지를 물었습니다. 저는 옳지 않다고 말했습니다.

불학은 그렇게 말하지 않습니다. 저는 멋대로 얘기하는 게 아니라 불경에 근거를 두고 있습니다. 우선 일체 중생은 말하지 않기로 하고 이 세계의 60억 인구를 말해보겠습니다. 사람이 죽은 뒤 7주간 49일 동안에 일곱째 날에는 어떤 보살들이 나타나고, 두 번째

일주일 동안에는 어떤 보살들이 나타난다고 합니다. 그러나 어떤 사람들은 하느님을 믿고 어떤 사람들은 신앙이 없는데도 그런 보살들이 나타날 수 있을까요? 부처님은 일체중생들을 구해줍니다! 그러므로 부처님은 이렇게 말씀하지 않았습니다. 그들은 듣고 나서 말했습니다. "맞습니다. 맞습니다. 바로 이 문제를 당신에게 묻는 것입니다."

제가 말하기를, 수 십 년 전에 티베트와 성도에서 있을 때도 『중음구도밀법』을 알았다고 했습니다. 이런 책들은 다 보았습니다. 보고 나서 웃고는 한쪽으로 밀쳐두었습니다. 제가 4,50년 전에 쓴 첫 번째 책이 『선해려측(禪海蠡測)』인데, 생사문제에 관해서 이미 말했습니다. 중음이 7주간 49일 동안의 변화과정에서 꼭 보살을 보는 것도 아니고 흉악한 귀신들을 꼭 보는 것도 아닙니다. 그래서 호 씨는 아주 조급해져 두 번이나 다녀갔습니다. 그런 다음 제가 한번 강의한 것을 듣고서 이번 강의가 비교적 완비된 것이라고 생각하였습니다.[31] 그 사람들은 이번 강의가 꼭 중국어와 영어로 출판되어야지 그렇지 않으면 많은 사람들에게 해악을 끼칠 것이라고 말했습니다. 제가 말하기를, "제가 내고 싶은 책이 많으니 천천히 하세요. 그렇게 많은 정력과 시간이 없습니다."라고 했습니다.

방금 한 이상의 말은, 여러분이 오늘 오후에 그 녹음테이프를 들었으며, 그 강의는 여전히 완비된 것이 아니었다는 점입니다. 그러나 여러분에게 다시 강의할 시간이 없습니다.

---

[31] 2007년 노고출판사에서 『인생적기점화종참(人生的起點和終站)』이라는 책명으로 책을 출판하였으며, 한국어판은 역자가 『생과 사 그 비밀을 말한다』는 책명으로 출판하였음.

부처님을 배움에는 문제를 찾아야 한다

이제 되돌아가서 말씀드리겠습니다. 금년에 저는 89세입니다. 12세부터 이 물건을 만지작거리기 시작하여, 이 문제를 위하여 무공을 배우고, 도를 배우고, 부처님을 배우고, 선(禪)을 배우고, 밀교를 배우면서 줄곧 뒹굴어 왔는데, 바로 이 문제를 찾기 위한 것이었습니다. 여러분 밀종에서 말하는 것을 보세요! 저 활불(活佛)32)들은 죽을 때 몸이 온통 한 덩이 무지갯빛으로 변화하여 사라져 버립니다. 허! 허! 저도 제 눈으로 본 적이 있습니다. 그것은 과학 문제인데, 잠시 얘기 하지 않기로 하겠습니다. 문제가 너무 크기 때문에 이 점은 우선 보류하겠습니다.

이 얘기가 나왔으니, 어제 있었던 한 가지 문제를 보충하도록 하겠습니다. 공부가 있던 많은 사람들이 죽을 때에 몸이 수축되어 작게 되거나 또 육신이 파괴되지 않고 머물러있는 사람도 있습니다. "아이고, 선생님, 어떤 사람이 죽었는데요. 머리털이 자라고 수염도 자라나온답니다." 저는 듣고는 웃었는데, 무엇을 웃었을까요? 과학을 너무 이해하지 못하기 때문입니다. 이 육신은 죽으면 수축하기 마련입니다. 수축되면 그 수염과 두발의 뿌리가 나오기 마련입니다. 이것은 과학 문제인데, 당신은 그의 수염과 두발이 여전히 영원토록 자랄 것이라고 생각합니까? 눈앞의 과학도 이해하지 못합니다. 우리가 며칠 전에 얘기했던 혜지 법사의 경우 나무 구멍 속에서, 기록에 의하면 그의 손톱이 자라 온 몸을 둘러 덮고 수염과 두발이 덮고 있었다고 합니다. 그것은 육체가 아직 살아있기 때문이었습니다. 이런 것들은 모두 다 자질구레한 것인데, 약간의 자

---

32) 라마를 말함.

료를 제시하였을 뿐입니다.

부처님을 배우거나 선종을 배우거나 밀종을 배우면서, 유의하고, 문제를 제기하고, 의심을 품고, 증득을 추구해야 합니다. 만약 듣고 나서 곧 믿는다면 그것은 종교입니다. 불법이 아닙니다. 불법은 과학적인 것입니다. 이 문제가 도대체 어떻게 된 것인가 하고 따져 물어야 합니다. 예를 들어, 엊저녁에 동산 선사의 공안을 얘기 하면서 제가 동산 선사는 어떻게 죽었는지를 얘기 했습니다. 보세요, 그가 생사거래(生死去來)에 얼마나 침착했던가요. 그러나 『지월록(指月錄)』에는 그 외의 기록도 있습니다. 그가 죽은 뒤에 그의 몸을 화장 하여 그곳에 무덤[墳]도 하나 썼다고 합니다. 불교에서는 분묘라고 하지 않고 탑(塔)이라고 부릅니다. 어제 강의 자료에는 그런 기록이 없었지요! 고도가 이번에 동산의 분묘에 가보았습니다. 현지의 학자를 한 분 만났는데, 오종종파(五宗宗派)의 조사들에 대해 전문적으로 연구한 분이었습니다. 고도가 돌아와서 저에게 말하기를, 그 사람은 현지 사람인데 각 조사의 분묘를 다 찾아냈답니다. 그 사람은 십몇 년 동안 동산 조사의 탑을 찾아내지 못하다가 뒷날 찾아냈는데, 땅속에 탑원(塔院)이 하나 있었다고 합니다. 고도가 돌아와 제게 말해서 저는 듣고는 대단히 감복했습니다.

송 사장님은 그곳에서 좋은 일을 했습니다. 지방정부에서는 원래 그 구역을 관광구역으로 바꾸려고 그런 탑묘(塔廟)들을 옮기려고 했답니다. 송 사장님이 이를 보고 몹시 안타까워서 지방 수장(首長)에게 그렇게 해서는 안 된다고 말했습니다. 우리도 뒤에 친구에게 가서 협조하라고 했습니다. 그래서 길을 하나 마련했고 지금은 모두 보존되어 있습니다. 말은 이렇게 하지만 장래에 시대가 변하면 또 어떻게 될지 모르겠습니다. 이상은 조금 전에 한 생사문제의 얘기에 이 점을 보충한 것으로, 이것은 학술·고고학과 관계가 있습니다.

졸화를 닦는다고 누가 말했나

　이제 우리 되돌아와 생사문제를 얘기하겠습니다. 중음과 관계되는 단락의 말을 들었는데, 제가 몇 십 년 동안 배워가지고 왜 최근에 늘 이 두 경전을 언급하는 것일까요? 저는 각 종파의 수련방법을 다 배웠습니다. 특히 티베트 밀종의 첫 단계는 기(氣) 수련이고 두 번째 단계는 맥(脈) 수련입니다. 기와 맥은 서로 나누어집니다. 세 번째 단계는 명점(明點) 수련입니다. 네 번째 단계가 졸화(拙火) 수련입니다. 중국에서는 왜 '졸화'라고 번역했을까요? 형용사입니다. 졸화는 영능(靈能)·영력(靈力)·영사(靈蛇)라고도 번역했는데, 한 마리의 뱀처럼 영원히 잠을 자고 있습니다. 수지한 뒤에야 그것은 작용을 일으킵니다.

　왜 졸화라고 할까요? 생명이 살아가는 데는 온도가 있어야 합니다. 이 온도가 일어나지 않아서 차가워지면 사망합니다. 그런데 졸화는 영원히 일어난 적이 없습니다. 수지를 해야 비로소 일어나기 때문입니다. 명점도 하나의 문제입니다. 명점은 정(精)입니다. 일반인들은 남녀가 성교할 때 배설하는 정이라고 하는데, 다 틀렸습니다. 그것은 정(精)과 관계가 있으며 정기신(精氣神)과 다 관련이 있습니다. 밀종에서는 최후에 졸화를 수련합니다. 이것이 밀종이 표방하는 즉신성불(卽身成佛)입니다. 바로 육체의 몸이 성불한 겁니다. 홍교(紅敎)든 백교(白敎)든 화교(花敎)든 황교(黃敎)든 진정으로 한 걸음 더 나아간 수련법의 비밀은 바로 여기에 있습니다.

이 졸화는 인도에는 없을까요? 요가 수련도 졸화 수련과 최후에는 마찬가지입니다. 진정한 요가는 바로 이 노선입니다. 신체 요가가 아니어서 동작은 문제 삼지 않습니다. 최후에 진정한 요가는 역시 이 몇 가지 단계를 닦는 것입니다. 이 졸화는 과거에 한 무리의 노년 선배들로서 부처님을 배우는 사람들이 제게 이렇게 말했습니다. "회근이, 그거 사람 속이는 거야. 자네가 당나라 시대의 밀종 번역을 한번 살펴보게나. 졸화라는 것이 어디 있어!" 저는 그때 젊은 시절이었는데 꼭 그런 건 아닐 것이라고 말했습니다. 그 노년 선배들이 말했습니다. "어이, 자네가 대장경에서 한 번 찾아보게!" 결국 대장경을 다 읽어보고 제가 그분들에게 "있습니다!"라고 말하자 노년 선배들이 겸손해졌습니다. "형씨, 자네가 대장경에 있다고 하니까 우리가 이제는 믿네."

대장경 속에서는 졸화를 군다리(軍茶利)라고 부릅니다. 당신이 찾아보면 중국 당나라 밀교[唐密]에 군다리 유가(踰伽)가 있는데, 군다리가 바로 졸화입니다. 졸화를 영문 번역으로는 Kundalini(쿤달리니)라고 하는데 생명의 본능을 가리킵니다. 이런 것들을 우리는 모조리 배웠습니다. 저는 여러분들 앞에서 이렇게 말할 수 있습니다. 저는 일생에 이런 법문들을 다 배웠지만 최후에는 다시 되돌아가서 모조리 믿지 않는다고 말입니다. 왜 믿지 않을까요? 모두 석가모니불이 말씀하신 것을 기준으로 삼아야하기 때문입니다. 그 어르신께서 직접 이런 것들을 말씀하신 적이 없었습니다. 이것은 후세에 더해진 것입니다. 이런 것들을 믿지 않을 뿐만 아니라 제 자신이 수지도 해보았습니다. 쿤달리니도 닦아보았고, 무슨 단수(單修)나 쌍수(雙修)도 저는 다 몸소 시험해보았습니다. 마지막에는 되돌아와 본사 석가모니불을 찾았습니다. 그 어르신께서 그렇게 많은 학술 이론을 말씀하셔 놓았는데도 부처님을 배우는 우리는 다들 다른 법문들에게 속임을 당했던 겁니다.

예를 들어 천태종의 판교(判敎)33)를 얘기해 보겠습니다. 판교는 분과판교(分科判敎)라고도 합니다. 불경을 전체적으로 과학적으로 분류해서 연구하는 것으로 천태종의 지자(智者) 대사가 시작했습니다. 사실은 당나라 이전에 대사들이 이미 불학을 과학적 분류 방법으로 연구 정리하고, 그런 다음 모든 불경을 오시팔교(五時八敎)로 나누었습니다. 이런 것들은 여러분들에게 얘기하지 않겠습니다. 우리 여기에는 많은 교수들이 있는데 그분들이 다 잘 압니다. 그 뒤에는 화엄종이 있어서 삼시오교(三時五敎)로 분류해서 천태종과는 또 달랐습니다.

이런 것들에 다들 속임을 당했습니다. 저는 이런 것들을 받아들이지 않습니다. 당신은 한참 얘기했는데 부처님 당시에 그렇게 말한 것일까요? 그래서 제가 아미산(峨嵋山)에서 3년 동안 대장경을 연구했습니다. 비록 석가모니불과 직접 대화할 길은 없었지만 적어도 그분이 남겨준 것이 있었습니다. 그 어르신께서 당시에 사람들에게 가르쳐서, 수행하여 과위를 증득한 그렇게 많은 사람들이 어떤 방법을 썼을까요? 석가모니불은 사람들에게 기(氣) 수련·맥(脈) 수련·명점(明點) 수련·졸화(拙火) 수련을 가르치지 않았습니다! 반드시 단수(單修)해야 한다거나 꼭 쌍수(雙修)해야 한다고도 가르치지 않았습니다. 그런 말들을 모두 하시지 않았습니다.

제가 대만에 처음 도착했을 때 맨 첫 번째로 사범대학에서 강연을 했습니다. 그 당시 자리에 있었던 몇 명의 교수들이 아직도 학생입니다. 여기에 노년 선배 한 분이 계시는데 진(陳)씨 부인이나 오(吳) 여사는 당시에 대만대학교를 다니고 있는 중이었습니다. 그

---

33) 교상판석(敎相判釋).

녀는 먼저 제가 사범대학교에서 강의하는 수업에 참가했는데, 저는 소승 경전을 강의 했습니다. 왜 그랬을까요? 수십 년 전 그 당시 대만에는 이것이 없었는데, 제가 첫 번째로 나서서 강의하면서 한사코 소승 경전을 강의하고자 했습니다. 저는 말합니다. 불법의 기본 수행은 소승에 있고, 즉각 과위를 증득할 수 있으며 도(道)의 증득을 구할 수 있습니다. 소승으로부터 대승으로 발전했고, 선종은 소승으로부터 대승에 이르는 직접적인 한 가닥 길입니다. 진 씨 부인은 지금 이 자리에 계십니다. 그래서 그녀는 때로는 여러분들에 대해서 웃는데, 수업을 들은 것은 그녀가 가장 이른 시기라고 마음속으로 생각합니다. 그녀는 당시에 대만대학 법과대학을 다니고 있었습니다. 그러나 그녀는 일생동안 법률 관련 일도 하려하지 않았습니다. 그녀는 지금의 왕(王) 원장과 거의 동일한 시기에 수업에 참여하여 들었습니다.

석가모니불이 가르친 양대 법문

제가 석가모니불이 사람들에게 가르친 것을 제시하겠는데, 두 가지 법문만이 가장 중요하다고 일생 동안 가르쳤습니다. 하나는 안나반나(安那般那)로서 출입식(出入息)입니다. 또 하나는 부정관(不淨觀) 백골관(白骨觀)인데, 중점은 백골관에 있습니다. 오늘날 남전의 소승불교는 온통 이 두 가지 법문을 닦습니다. 그들은 대승을 인정하지 않습니다. 무슨 밀종·선종·화엄종·천대종·정토종에 대해서는 더욱 반대하면서 그런 것들은 모두 후기 불학이라고 여깁니다.

부처님은 당신에게 호흡 노선 수지의 길을 가라고 가르쳤습니다. 안나반나는 바로 한 번 내쉬고 한 번 들이쉬는 겁니다. 그러므로 제가 앞에서 언급하였듯이 석가모니불은 네 사람의 제자에게 신체를 세상에 남겨 머무르면서 영원히 이 세상에서 살라고 분부하셨습니다. 물론 우리들은 그분들을 만나본 적이 없고 전해오는 말에 근거할 뿐입니다. 저도 네 사람이 정말로 살아있다고 믿습니다. 그 가운데 빈두로 존자는 신통을 나타내서 부처님이 정한 규범을 위반했기 때문에 부처님은 그를 꾸짖고 신통 부리지 말라고 했습니다. 그리고 그에게 형체를 머물러 있게 하여 죽지 말라고 벌을 주었습니다. 그러므로 오래 산다는 것은 이 세상에 머물러서 죄를 받는 것입니다. 제가 늘 여러분들더러 유의하라고 일깨우는데, 그 네 분은 무슨 방법으로 형체를 세상에 머무르게 하고 있을까요? 바로 안나반나(安那般那)의 수련입니다. 저의 연구가 맞는지 틀린지는 여러분들이 직접 증거를 찾아보시기 바랍니다.

대장경으로 돌아와 살펴보겠습니다. 여러분들은 물론 대장경 전체를 연구해보지는 않았습니다. 부처님 자신은 설산에서 6년 동안 고행을 닦았습니다. 뭘 드시지 않은 게 6년 동안입니다! 그는 당시 2십 몇 세로부터 3십 세에 이르렀습니다. 설산이란 곧 히말라야 산입니다. 석가모니는 네팔 사람이었는데 그 산 기슭의 가장 추운 곳에서 고행을 닦았습니다. 6년 동안 매일 한 알의 푸른 대추를 먹은 것이나 다름없었습니다. 2, 3십 세에 7,8십 먹은 노인처럼 변해버렸습니다. 그래서 뼈가 마른 장작 같았습니다. 6년 동안 고행하면서 증득을 추구했습니다.

율장에서는 그가 호흡법 수련에 대해서 반대했다고 말합니다. 그는 그 당시 기공을 닦았다고 말합니다. 식사를 하지 않았기 때문에 기(氣)를 먹는 것에만 의존했습니다. 이 법문을 닦을 때에 머리가 몹시 아팠습니다. 고통이 극도에 이르렀고 머리가 빠개질 것 같았습니다. 그래서 그는 제자들더러 이것을 닦지 말라고 했습니다. 그런데 왜 뒷날에는 또 제자들에게 안나반나를 닦으라고 했을까요? 이것은 문제이지요? 뿐만 아니라 또 다른 한 부의 계율에서는 말하기를, 부처님이 세상에 나와서 수십 년 동안 설법한 뒤에 두 달 동안 폐관(閉關)한 적이 있다고 합니다. 출관(出關)한 뒤에 제자들이 그에게 폐관 중에 무엇을 닦으셨느냐고 묻자, 그는 안나반나를 닦았다고 말했습니다. 또 호흡법입니다! 매우 이상합니다! 그는 한편으로는 닦으면 고통스럽다고 사람들에게 함부로 닦지 말라고 해 놓고, 한편으로는 그 자신이 이것을 닦고 있었습니다. 때로는 휴식할 때도 이것을 닦았습니다. 그러므로 제가 대장경을 보는 것은 여러분들과는 다르지요? 제가 유의하는 것은 수지 방면입니다. 그의 출가는 우리들과 마찬가지로 추구하는 목적이 생사를 마치는 것이었습니다. 이것은 생명의 문제입니다. 그저 허풍이나 치고 학술이론만 얘기하는 것이 아닙니다.

갖가지 정(定)의 경계

대장경은 말합니다. 한 번은 부처님이 제자들을 이끌고 갠지스 강변에서 우연히 휴식을 취했습니다. 그는 공자(孔子)처럼 외출하면 제자들을 대동했기 때문입니다. 특히 인도에서 수천 명이 그를 따랐습니다. 인도 사람들은 맨발인데다 옷 한 벌만 걸치면 곧 걸었습니다. 날씨가 더워서 강변에 이르자 다들 잠깐 쉬었습니다. 석가모니불도 다리를 틀고 앉아 쉬면서 잠깐 동안 정(定)에 들었습니다. 그가 정(定)에서 나온 뒤에 보니 앞의 갠지스 강변이 온통 물이고 땅바닥은 엉망진창이었습니다. 그래서 제자들에게 어찌된 일이냐고 물었습니다. 제자들이 말하기를, 방금 장사하는 마차대가 지나가서 바닥을 더럽게 해버렸다고 했습니다. 그는 정에 들어갔고 신통이 있었는데도 왜 방금 발생한 일을 몰랐을까요? 마치 잠에서 깨어난 것처럼 말입니다. 그가 들어간 정은 무슨 정이었을까요? 혼침 수면이었을까요? 아니면 무상(無想)이었을까요? 아니면 휴식 중이었을까요? 정(定)에는 많은 경계가 있습니다.

그래서 그저께 여러분들에게 송나라 휘종의 다음 한 마디 말을 언급했습니다. "선정 속 소식을 누가 알까" 도대체 어느 종류의 정에 들어갔을까요? 만약 부처님이 지금 아직 살아 계신다면 저는 그 어르신께 물어보고 싶습니다. 당신이 당시에 들어갔던 것은 수면 같은 혼침(昏沈)이었습니까? 혹은 6근(六根)이 작용을 일으키지 않는 무상정(無想定)이었습니까? 당신은 당시의 환경에 원자탄이 떨어졌다고 하더라도 당신은 알지 못하는 정이었습니까?

수면(隨眠)·민절(悶絶)·무상정·무상천(無想天)·멸진정(滅盡定)을 유식학에서는 다섯 개의 무심위(無心位)라고 말합니다. 유식을 연구하는 사람은 알아야 합니다. 수면, 즉 잠이 든 것은 무심위입니다. 제6의식 생각이 작용을 일으키지 않는 상태입니다. 민절은 기절한 것입니다. 혹은 상당한 양의 마취약을 먹고서 기절한 것입니다. 또 다른 한 가지는 무상정입니다. 무상정의 결과는 무상천에 태어나는 것입니다. 그 다음이 대아라한의 멸진정입니다. 이 다섯 가지는 무심위에 속합니다. 제6의식 생각이 작용을 일으키지 않습니다. 보통사람이 그 누가 그렇게 할 수 있을까요! 대부분은 잠을 자고 싶어도 잠들지 못합니다. 그래서 도가와 밀종에는 수면 수련 방법이 하나 있습니다.

저는 도가의 신선인 진단(陳摶)이 쓴 다음의 대련을 매우 좋아합니다. "우람하고 씩씩한 외모는 천마요, 기이하고 초탈한 품격은 사람들 중 용이로다[開張天岸馬, 奇異人中龍]." 우리가 어렸을 때에 도가의 진단은 화산(華山)에 있다고 알았습니다. 우리 시골사람들은 이런 말을 했습니다. "팽조는 나이가 많아서 팔백 살이었고, 진단은 한 번 잠든 게 일천 년이었네[彭祖年高八百歲, 陳摶一睡一千年]." 수면정을 닦으면 무심위에 도달할 수 있습니다. 그렇지만 육체는 죽지 않을 수 있습니다. 저에게는 또 작은 이야기가 하나 있습니다. 저의 부친은 책을 보고 시를 외울 때 몹시 흥이 났습니다. 저는 당시에 아주 어렸는데 곁으로 달려가서 보았습니다. 그는 저에게 어떤 스님이 지은 시라고 말씀해주었습니다. 우리 고향의 이 스님은 원래 고기 잡는 사람이었습니다. 낫 놓고 기억자도 모르는 사람이었습니다. 그는 갑자기 고기잡이를 그만두고 출가해서 오로지 부처님에게 절만 했습니다. 우리 그곳은 여러분들 중에 가본 사람은 아는데, 대웅전 바닥에 깔려 있는 것이 네모 돌덩어리입니다. 그는 부처님에게 여러 해 동안 절을 했습니다. 부처님에게 하는 절은 두 무릎, 두 팔로 바닥에 엎드리고 동시에 이마를 바닥에 가볍게 한번 부딪치는 겁니다. 그러므로 다섯 개의 자국이 있었습니다. 어느 날 갑자기 절을 하지 않고 잠자러 갔습니다. 한 자세로 잠을 자면서 몇 날 동안 꼼짝하지 않았습니다. 그 사제가 뛰어와서 사부에게 사형이 아마 죽어버린 것 같다고 말했습니다. 이 사부가 말했습니다. "너, 그를 깨우지 마라. 가서 물 한 컵 따라서 그의 엉덩이에다 올려놓고 삼일 지나서 가 보아라." 삼일 뒤에 가서 보니 물이 조금도 밖으로 흘러나오지 않았습니다. 이로써 사흘 낮 사흘 밤을 꼼짝도 하지 않았다는 것을 알 수 있습니다. 그는 9년 동안 자고서 일어나더니 시를 지을 줄 알게 되었고 글씨를 쓸 줄 알게 되었습니다. 도를 얻고 깨달았습니다. 이 시는 그가 지은 것입니다. 그래서 저의 부친은 매우 기뻐하면서 항상 꺼내서 소리 내어 읽었습니다.

그 당시가 아홉 살 때인지 열 살 때인지 기억하지 못하겠습니다. 저도 이 시를 외우기를 몹시 좋아합니다. 제가 또 기억나는데 한 구절이 매우 훌륭하게 써졌습니다. "읊조리며 돌아오는데 밝은 달은 동쪽 담장에 가득하네[吟回明月滿東墻]." 이 한 구절을 저는 지금도 기억하고 있습니다. 어느 날 저도 흥이 나서 시를 한 수 써서 제 부친에게 보여드리면서 저도 시를 지을 줄 알게 되었다고 말했습니다. 제 부친은 보더니 "괜찮다. 잘 지었다. 그런데 너 훔쳐온 것이구나!" 그 스님의 시 구절에서 이 한 구절, 저 한 구절 뽑아서 지은 것이었습니다.

조금 전 5무심위(五無心位)를 얘기했는데, 석가모니불이 때로는 정에 들었고 무심정 경계에도 들었다는 것을 말하기 위해서 입니다. 이제 우리는 말을 길게 했는데 시간이 부족하지 않도록 하기 위하여 말을 줄이겠습니다.

출입식으로부터 발전되어 나온 모든 것들

다시 돌아와서 말씀드리겠습니다. 원래의 밀종에서의 기 수련, 맥 수련, 명점 수련, 졸화 수련은 모두 안나반나 출입식으로부터 발전되어 나온 것들입니다. 예컨대 밀종의 화교 사카파에 요가가 하나 있는데 고도는 이 요가를 가장 숭배합니다. 역시 저의 한 학생인데 얘기가 나온 김에 한 법본(法本)을 그에게 주었습니다. 그는 이것을 항상 몸에 휴대하고 있습니다. 이것은 사카파의 것으로 심(心) 요가를 수련하는 네 가지 요점이라고 저는 말합니다. 여러분은 이것에 유의하기 바랍니다. 참고할 가치가 있습니다. 이 법문을 수행하는 네 가지 요점은 다음과 같습니다. 첫째는 전일(專一) 요가, 두 번째는 이희(離戱) 요가, 세 번째는 일미(一味) 요가, 네 번째는 무수무증(無修無證)으로 선종과 같습니다.

수행에서 첫 번째는 전일 요가입니다. 심념을 전일하게 하는 겁니다. 전일하게 되고 나서 전일을 타파합니다. 이희는 무엇을 말할까요? 부처님은 이 모두가 희론(戱論)이며 우스갯소리라고 말합니다. 공(空)에 떨어져있는 것도 일변(一邊)이요 유(有)에 떨어져 있는 것도 일변입니다. 비공비유(非空非有)에 떨어져 있는 것도 일변입니다. 즉공즉유(即空即有)에 떨어져 있는 것도 일변입니다. 이 사구(四句)를 모두 떠나야합니다.[34] 공이니까요. 공(空), 유(有), 즉공즉유(即空即有), 비공비유(非空非有) 이런 말들이 모두 우스운 얘기

---

[34] 사구부정(四句否定): 사물에 관해서 그 진상을 알리기 위하여 몇 번이고 부정을 거듭하여 유무(有無)의 견해를 명백하게 해주는 변증법적인 문답법을 말하는데, 사구분별(四句分別), 또는 사구백비(四句百非)라고도 한다.

중관파에서는 통상 사구분별의 각 구는 모두 부정된다. 사구는 정립(定立), 반정립(反定立), 긍정종합(肯定綜合), 부정종합(否定綜合)을 말한다. 즉 유(有)와 공(空)으로 만유 제법을 판정할 때에, 제1구의 유(有)는 정립, 제2구의 공(空)은 반정립, 제3구의 역유역무(亦有亦無)는 긍정 종합, 제4구의 비유비공(非有非空)은 부정 종합이며, 이러한 사구를 몇 번이고 부정하는 것을 백비(百非)라고 한다.

예를 들면 아함 경전에서는 '세계는 상주한다. 무상이다. 상주 또는 무상이다. 상주도 아니고 무상도 아니다' 등의 질문에 대해 결코 답을 하지 않았다고 전해진다. 그것은 사구의 어느 것이든 특정한 견해를 지니는 것을 부정했다는 것을 의미한다. 특히 부처님은 당시 외도들의 질문 중 세상의 상주와 무상에 관한 사구, 세계의 유한과 무한에 관한 사구 및 혼과 신체가 동일한가, 다른가, 등 14개항의 질문에 대해 대답하지 않은 일은 잘 알려져 있다[十四無記].

중론에서는 '일체는 진실이다. 혹은 비진실이다. 진실이고 비진실이다. 비진실도 아니고 진실도 아니다. 이것이 부처님의 가르침이다'라고 하였다.

고 빈말들입니다. 이희 요가는 비공(非空)이니 곧 유(有)요. 비유(非有)는 곧 공입니다. 그러므로 빈말들 아닙니까? 즉공(即空)이 곧 유이고, 즉유(即有)가 곧 공입니다. 이런 희론 들을 모두 떠나서 공성(空性)을 증득하고 심념이 청정해져야 제2단계까지 성취한 겁니다.

세 번째 단계는 일미 요가입니다. 길을 걷거나 일을 하거나 세속에 들어가거나 세속을 벗어나거나 어느 때나 한 결 같이 이 경계 속에 있어서 여여부동(如如不動)한 겁니다. 그러므로 선종에서는 일행삼매(一行三昧)라고 합니다. 당나라 때 일행(一行) 선사라는 분이 있지 않았습니까? 『육조단경(六祖壇經)』에서는 일행삼매라고 부르는데 바로 일미 요가입니다. 마지막에는 무수무증(無修無證)으로 닦음도 없고 증득함도 없습니다. 성공한 겁니다. 바로 어제 우리가 말했던, 동산 조사의 오도송의 마지막 한 구절인 '비로소 진여에 들어맞을 수 있네.'에 해당합니다. 그러므로 이러한 발전, 모든 밀법, 도가, 특히 도가에서의 신선 수련이나 장생불로 수련의 일체의 법문들은 모조리 안나반나로부터 나온 것입니다. 뿐만 아니라 생사와 관계가 있습니다.

둘째 시간

(고도사가 판을 두드려 울려 모두 자리에 앉으라고 알리다)

이것을 타판(打板)이라고 하는데, 그가 두드려 울리는 소리 양식이 특히 듣기 좋습니다. 종판(鐘板)이 울리면 선당에 들어갑니다.

고대에는 이 두 개의 나무를 두드려서 여러 가지 많은 양식의 소리를 냈습니다. 판이 울리는 것은 명령을 내리는 것입니다. 대중들에게 들어오라고 명령하는 것입니다. 오늘날 선당에서는 종판이라고 부릅니다. 조금 전에 사캬를 얘기했는데 고도가 뛰어 와서 저에게 말했습니다. "선생님, 카규파의 것입니다. 사캬파의 것이 아닙니다." 그는 제가 잘못 말했을까 걱정한 겁니다. 남이 트집 잡을까 걱정했던 것입니다. 그래서 저는 매우 행운이 있습니다. 중요한 학술적인 것을 얘기할 때에 학우들이 다 주의를 기울여주니 말입니다. 제가 말했습니다. "당신이 잘 모른 겁니다. 티베트 밀종의 카규파는 백교입니다. 사캬파에서 전환된 것입니다. 밀종의 시작은 홍교인데 당나라 왕조 때는 닝마파라고 했습니다. 곧 이어진 것이 화교 사캬파인데, 원나라 왕조 때 대보법왕(大寶法王)이 바로 사캬파입니다. 그 아래 내려온 것이 카규파인 백교입니다. 백교의 중점은 대수인(大手印)입니다. 마지막이 황교입니다. 총카파 대사가 창립했는데, 이런 법문들을 쓰지 않기로 하고 중관정견(中觀正見)과 지관을 배우는 노선을 걸어갑니다. '정(正)'은 중점이라는 의미입니다. 이런 것들을 여러분들에게 소개해드렸는데, 그 하나하나마다 얘기하자면 내용이 아주 많습니다. 며칠 안에 다 강의할 수 있는 것이 아닙니다.

대승 소승의 수증과의 관계

이제 우리 되돌아와 석가모니불을 얘기하겠습니다. 얘기하자마자 또 교리를 얘기하게 됩니다. 다들 알 듯이 소승법문은 유위법

(有爲法)입니다. 선종과 밀종을 포함한 대승의 모든 방법은 가장 높게는 무위법(無爲法)까지 도달합니다. 유위, 무위 이 두 가지 관념은 중국문화의 노자의 관념을 차용한 것입니다. 최고의 도는 무위입니다. 무위는 곧 공(空)입니다. 유위는 바로 방법이 있고 찾을 수 있는 노선이 있는 것입니다. 그래서 뒷날 중국불학은 대승이 유행한 뒤에, 특히 선종의 각 종파와 천태종이나 화엄종은 모두 유위법을 깔보았습니다. 바꾸어 말하면, 유위는 유물 노선을 걸어가는 것입니다. 특히 시대적인 요소에 유의합니다. 무위는 절대유심적인 노선을 걸어갑니다. 이것은 철학적인 하나의 큰 문제이자 과학적인 큰 문제이기도 합니다.

사실 불법 전체의 입장에서 보아 유물과 유심의 문제와 관련하여 욱당(旭堂) 선사가 지은 시 한 수가 있는데, 대단히 잘 말하고 있습니다. 이 대선사에 대해 수십 년 동안 지금까지도 고증을 해내지 못하고 있습니다. 그는 온주(溫州) 사람이었습니다. 온주에는 두 사람의 대사가 나왔습니다. 한분은 영가(永嘉)대사로 그의 성취는 더 말할 필요가 없습니다. 두 번째는 시와 문학이 아주 훌륭한 욱당 선사였습니다. 그러나『고승전(高僧傳)』에서 지금까지도 분명히 찾아낼 수 없습니다. 그의 시에 대해서 우리는 모두 감탄합니다.

욱당 선사의 산거시(山居詩)에 이런 시 구절이 있습니다. "천 길 바위 앞에서 지팡이를 짚고 의지하여, 유위법은 반드시 다하여 무위법에 도달하여야 하네[千丈巖前倚杖藜, 有爲須極到無爲]."35) 유위

---

35) 욱당 선사의 「산거시」 전문은 다음과 같다.

천길 바위 앞에서 지팡이를 짚고 의지하여	千丈岩前倚杖藜
유위법은 반드시 다하여 무위법에 도달해야 하네	有為須極到無為
말이 도리에 어긋나면 푸른 하늘의 얼룩이요	言如悖出青天滓
행위가 닦음에 들어맞지 않으면 흰 옥의 타끌이네	行不中修白壁疵

(有爲) 공부 수행이 극점에 도달하면 최후에는 공(空)을 증득합니다. '장(杖)'이란 지팡이입니다. 이 지팡이를 앞에 의지하고 수행 공부가 먼저 유위법으로부터 시작하여 최후에 공성을 증득합니다. 유위법은 반드시 다하여 무위법에 도달하여야 합니다. 그 다음을 얘기하면 또 문학을 얘기하게 됩니다. 이 한 마디 말을 인용하는 것은 유위와 무위를 설명하기 위해서입니다. 그가 얘기한 것은 매우 실재적인데 저는 이 말에 찬성합니다. 소승은 유위법입니다. 유위법도 잘 닦지 못했고 공부도 제대로 하지 않았으면서 함부로 공(空)을 떠들어대는데, 당신은 무엇을 비울 수 있다는 겁니까!

물리 최후의 공(空)

방금 특별히 요점을 제시했습니다. 현대 학술사상으로 보면, 불학에서 유위법과 관련된 것은 소승의 법문이며 유물론자입니다. 무위법은 절대유심론자입니다. 철학 강의를 하는 몇 분의 교수님 여러분은 이 개념을 분명히 해야 합니다. 그러나 일반적으로 불학을 연구하는 사람들 중에, 일본 학자들을 포함하여 요 1백여 년 동안에 저는 제대로 아는 사람을 하나도 보지 못했습니다. 저는 그렇게 오만합니다. 다들 유위·무위·유물·유심을 두 개로 나누어 버렸습니다. 실제로는 불법은 심물일원론(心物一元論)입니다. 물질과

말 한 마리 비유로 어찌 만물을 다 할 수 있겠는가 　馬喩豈能窮萬物

양을 잃고 많은 갈림길에서 헛되이 스스로 우네 　羊亡徒自泣多歧

하서(霞西)의 도인은 눈썹이 흰 눈 같고 　霞西道者眉如雪

달빛 아래서 문 두드려 보라색 영지를 보내주네 　月下敲門送紫芝

마음은 일체양면(一體兩面)입니다. 여러분 주의하기 바랍니다! 『능가경』과 『능엄경』은 우리들에게 일러주기를, 자기의 마음, 자기의 본성은 불생불멸이며, 유물적인 것인 4대(四大)의 본성도 불생불멸이라고 합니다. 이것이 중점입니다. 다들 불교를 배우지만 대부분이 개념을 분명히 알지 못하고 있습니다.

부처님이 말씀하신 4대인 지수화풍(地水火風)은 유물적인 것입니다. 오늘날 물리는 쿼크(quark)까지 연구했습니다. 저는 말합니다. 여러분, 당황하지 마십시오. 아직 기다려야하고 아직 발명해야 합니다. 쿼크의 최후가 어떤 것인지도 모릅니다. 그 최후는 필경공(畢竟空)입니다. 이것이 불법의 특징입니다. 예컨대 20세기 불학자였던 구양경무(歐陽竟無) 선생의 제자인 여추일(呂秋逸: 여징呂澂)은 『능엄경』이 위경(僞經)이라고 주장하며 그 이유를 1백 가지를 썼는데, 저는 보고서 몹시 화가 났습니다. 그를 몹시 비판 반박하고 싶었습니다. 마침내 다른 사람이 이미 비판 반박했음을 발견하고는 저는 다시 말하기가 귀찮았습니다. 그런데 그 다른 사람이 비판 반박을 잘했는지 여부는 상관하지 않았습니다.

여추일은 불학개론을 강의했습니다. 공산당이 중국을 통일한 뒤에 그가 당 간부 학교에서 강의한 불학 전문 제목을 저도 읽어 보았습니다. 물론 저는 불학을 연구하는 이런 사람들이 수행 공부를 조금도 하지 않았고 증득을 추구하지 않았다는 것을 압니다. 그 점은 상관하지 않겠습니다. 『능엄경』은 최후에 이르러 당신에게 말해주기를, 4대인 물리세계도 불생불멸이다고 합니다. 물리 물질 자체는 최후에 이르면 공(空)입니다. 이 공성(空性)은 불생불멸입니다. 즉공즉유(卽空卽有)이며 비공비유(非空非有)입니다.

이제 과학상의 크나큰 문제가 나타났습니다. 다들 주의를 기울이지 않았는데 저는 늘 여러분들더러 주의를 기울이라고 제시합니다. 대승의 『원각경』과 『능엄경』에서 부처님은 '4대성리(四大性離)'라는 요점을 제시합니다. 지수화풍은 유물적인 변화입니다. 저는 늘 말합니다. 만약 남북극의 가장 밑에 도달한다면 온도가 있을까요 없을까요? 어떤 과학자가 저에게 대답하기를, 역시 온도가 있다고 말했습니다. 저는 말했습니다. "맞습니다. 그 에너지는 여전히 유지되고 있습니다." 그러므로 4대 속에서 이 에너지성이 분리될 수 있습니다. 물과 불은 서로 용납하지 않습니다. 바람과 땅은 서로 용납하지 않습니다. 각자 자기의 영역이 다릅니다. 이게 바로 '4대성리'입니다. 4대가 한 데 조합하면 물질세계로 변합니다. 사실은 4대뿐만 아니라 또 공대(空大: 허공)가 있습니다. 이 4대는 모두 공대 속에서 각자 독립적입니다. 이런 상호모순적인 조합들이 물질세계로 변했고 물리세계로 변했습니다.

서로 다른 공(空)

저는 지금 학술이론을 얘기하고 있는 것이 아닙니다. 여러분은 자기의 신체에 대하여 분명히 알아야 합니다. 우리의 신체는 바로 지수화풍공이 조합하여 모아진 것입니다. 지구라는 물리의 전체가 조합된 것을 4대라고 부르고 4대성리는 평등한 것입니다. 어느 것의 힘이 가장 클까요? 차이가 없이 힘이 동등한 크기입니다. 또 동등하게 힘이 없습니다. 최후에 이르면 공(空)으로서, 힘이 조금도 없습니다. 4대는 공으로 돌아갑니다. 이 공은 없다는 것이 아닙니다. 우리가 눈으로 보는 것으로서 우주 허공, 예컨대 우리가 선당 밖에 나가서 눈으로 보는 이 허공을 당신은 공이라고 생각합니까?

공이 아닙니다. 우리가 눈으로 보는 것은 지수화풍공의 하나의 조합이요 하나의 화면입니다. 이것은 공이 아닙니다. 이것은 모습[相]이 있는 세계입니다. 이것은 모습이 있는 공간의 공이요, 물리세계의 공입니다. 이것은 지수화풍공의 공입니다.

이른바 공대(空大)란, 예를 들어 우리 모두가 선당 안에 앉아서 앞면이 텅 비어있는 것을 보는데, 틀렸습니다. 당신은 이러면 수행하지 못합니다. 앞면은 공한 것이 아닙니다. 그 안에는 지수화풍이 다 들어있습니다. 그러므로 당신의 공부가 도달했을 때에 당신이 눈을 감고 앞면을 바라보면 전자(電子)의 움직임 같은데 오늘날은 이를 양자의 파동입자라고 부릅니다. 모두가 당신 앞에서 뛰며 움직이고 있습니다. 지수화풍이 모두 이 안에서 돌고 있습니다. 이 앞은 공이 아니라 있는 것입니다.

그러나 『금강경』, 『반야경』이 말하는 공은 이런 공이 아닙니다. 그것은 모습이 없는 것[無相]으로 당신이 볼 수 없는 것입니다. 당신의 최고의 지혜로써 체험해야지, 이 육안이 보는 것이 아닙니다. 육안이 보는 공은 어떤 것이 있는 것인데, 어떤 것일까요? 지수화풍의 조합입니다. 이것이 물리세계입니다. 그러므로 이렇게 이해하고 들어가야 합니다.

화수풍(火水風)의 재난

부처님은 우리들에게 이 세계, 이 우주는 지금까지 수천만억 년 동안 존재했으며, 장래에 괴멸될 것이라고 말씀하셨습니다. 부처님이 괴멸을 얘기하심에는 3재8난(三災八難)이라는 개념이 있습니다.

이 세계는 가유(假有)의 것입니다. 비록 수천만억 년의 존재이지만 역시 찰나 사이에 지나가 버립니다. 3재(三災)는 대 3재입니다. 유의하기 바랍니다. 이제 수행을 얘기합니다. 오늘날 과학자들은 북극 남극의 빙산이 서서히 녹아 온도가 갈수록 높아지는 것을 걱정합니다. 그래서 저도 여러분들에게 말하기를, 오늘날 세계의 전쟁은 문화전쟁·경제전쟁·사상전쟁 속에 있으며, 서서히 물 때문에 전쟁하게 될 것이라고 합니다. 전 인류가 쓰기에는 물이 부족합니다. 담수가 사라지고 있습니다. 지구상의 온도가 높아져 빙산이 녹아내리기 때문입니다.

지구가 괴멸할 것을 얘기하자면, 첫 번째 재난은 화재가 일어납니다. 불경 기록에 말하기를, 장래에 불의 재난이 올 때에 이 세계에는 열 개의 태양이 함께 나타난다고 합니다. 당시의 과학으로는 다들 몰랐기 때문에 그렇게 말할 수밖에 없었습니다. 즉, 세계가 파멸하려고 할 때에 이르면 온도가 열 개의 태양이 떠있는 것처럼 그렇게 높아 화재가 일어난다는 것입니다. 화재가 일어나면 지구 전체가 연소되고 물도 마르게 됩니다. 당신이 이것을 신화로 여겨 보아도 좋지만 사실은 하나의 과학 연구입니다. 지금 일반적인 새로운 과학은 바로 이 문제를 걱정하고 있는데, 불학과 접근했습니다. 부처님이 몇 천 년 전에 하신 말씀을 믿는 사람이 없었습니다. 그 당시의 문화에는 과학이 없었지만, 이제는 갈수록 대단하다는 것을 알고 있습니다.

이 화재는 어느 정도까지 태워버릴까요? 히말라야 산 전체가, 지구 전체가 파괴되어버리고 계속해서 태양과 달 계통까지 태워버립니다. 불경의 묘사로 말하면 초선천(初禪天)까지 태워버립니다. 이 세계만 파괴해버리는 것이 아니라 외기권(外氣圈: 外太空)의 곁까지 태워버립니다. 그 외기권의 첫 단계가 초선천입니다. 우리가 정좌해서 초선천을 얻었다면, 초선천은 욕계천(欲界天)의 꼭대기에 있으며 색계천에 도달하는 첫걸음입니다. 최근 제가 교통대학교의 어떤 학자의 연구를 읽어 보았는데, 아직 그 가장 자리에도 이르지 못했습니다. 그렇지만 약간은 그럴싸합니다.

그러므로 여러분은 알아야 합니다. 우리가 정좌하고 있는 동안 때로는 다리가 아프고 때로는 시큰거리고 하는데, 당신은 아직 초선을 얻지 못했고 정(定)을 얻지 못한 것입니다! 그렇지만 이미 견딜 수가 없습니다. 여(呂) 사장이 말했습니다. "선생님, 저는 앉기만 하면 온 몸에 땀이 납니다." 제가 말했습니다. "축하합니다! 좋아요! 그 화력이 당신의 땀을 몰아내어 나오게 하는 겁니다. 당신이 뚱뚱한 것은 물이 너무 많아서 그러니, 당신을 위해서 증발시켜 낸 겁니다. 그래서 견딜 수 없게 열이 날수 있습니다."

또 당신이 정좌하면서 공부를 하는데 갑자기 성욕 충동이 일어납니다. 그것은 화재가 온 겁니다. 그래서 남녀 성관계를 욕화(慾火)라고 하고, 음화(婬火)라고도 합니다. 음욕은 일종의 불로서 이 생명을 파멸시킬 수 있습니다. 이것은 욕계천의 화재가 나타난 겁니다. 그러므로 많은 사람들이 공부를 잘 하다가도 마지막에는 남녀라는 이 관문을 통과하지 못합니다. 듣기 좋게 말하면 쌍방의 운동 화력이 소모되어버린 겁니다. 소모되고 난 다음에 정(精)이 나오고 수대(水大)도 흩어져버립니다. 그래도 청정하다고 느끼는데 실제로는 무너진 것입니다. 그러므로 화재가 초선천까지 파괴해버리는 것이 첫 번째 재난입니다. 그 과정의 왕복과 시간을 부처님은 매우 자세하게 말씀하셨는데, 글로 써내면 대 과학 서적이 될 겁니다. 우리들의 요 학우 대 교수님들 중에는 몹시 안타깝게도 과학을 잘 연구한 사람이 없습니다. 불학을 과학의 길로 끌고 가는 사람이 없습니다. 다들 그렇게 앉아서 빈말들만 하고 있는데 쓸모가 없습니다.

화재 뒤에 우주는 또 형성됩니다. 두 번째의 괴멸은 수재입니다. 수재는 화재보다 더 엄중합니다. 우주가 형성으로부터 파괴되기까지는 성주괴공(成住壞空)의 4단계가 있습니다. 성(成)은 우주의 형성입니다. 주(住)는 우주의 존속입니다. 괴(壞)는 파괴입니다. 공(空)은 소멸입니다. 오늘날 우리 인류과학의 발전은 에너지원을 이용하여 자신들이 이 우주를 파괴할 수 있습니다. 파괴가 빠르면 빠를수록 사망도 빨라집니다. 사람의 생명 입장에서 보면 생로병사(生老病死)입니다.

두 번째 겁수(劫數)는 수재인데, 온 우주가 물로 변해버려서 만물이 모두 물에 얼어 죽습니다. 그것이 확충되는 범위는 화재보다도 더 넓어서, 2선천(二禪天)까지 잠기게 합니다. 비록 정(定)을 얻어 2선천의 경계에 도달할지라도 이 수재의 겁수에서 도망할 수 없습니다. 보세요. 여기에 있는 학우들은 저마다 수재가 나타났습니다. 몸이 뚱뚱하다거나 혈당이 높은 것은 다 수재입니다. 우주물리도 그렇습니다. 그러므로 두 번째 겁은 수재입니다. 사실 우리가 젊을 때에는 남녀 음식을 좋아하는데, 화재 속에서 노는 것입니다. 중년에 이르면, 즉 요즘 말하는 "도둑질 할 마음은 있어도 도둑질 할 담력이 없다"는 없다는 말인데 그 도적이 사라져버린 격으로, 수재가 온 겁니다. 당신의 그 성욕 충동이 일어나지 않는 것은 물에 잠겨서 파괴되어버렸기 때문입니다.

수재와 화재 두 가지가 비록 두렵지만 풍재에 비하면 그래도 그렇게 두렵지 않습니다. 세 번째 겁인 풍재가 올 때에는 3선천에 이르고 큰 바람이 모조리 당신을 불어 날려버립니다. 불경에 형용하기를, 풍재가 올 때에는 히말라야 산이 바람에 날려 그림자조차도 없다고 했습니다. 지구 전체가 날려서 어느 곳으로 가버린 지 모른다고 했습니다. 3선천의 이 전체의 우주가 파괴되어버립니다. 이상이 바로 3재입니다.

화재·수재·풍재가 3재입니다. 공재(空災)는 없습니다. 공(空)은 본래 비어 있으니까요. 이 3재는 공속에서 자연히 굴러 도는 것입니다. 공은 일체를 포함합니다. 물리의 그 진공(眞空) 세계에 도달하면 이 세 가지 것은 일어나지 못합니다. 하지만 여전히 모두 공속에서 존재합니다. 그것이 한번 움직이면 '4대성리(四大性離)', 각각 저마다의 작용이 일어나기 시작합니다. 하지만 그것은 불생불멸이며 즉유즉공(即有即空)입니다. 우리들의 몸인 현재의 생명은 날마다 견디기 어렵습니다. 이가 아프지 않으면 뼈마디가 시리고, 이곳이 움직이지 않거나 저곳이 편치 않습니다. 수재 아니면 화재입니다. 그러므로 어떤 사람은 병이 나서 중풍에 걸렸다고 하는데, 무엇을 중풍이라고 할까요? 안에 바람이 있는 겁니다. 바람이 안에 갇혀서 굴러 나오지 못한 겁니다. 신경이 움직이지 않아서 유동할 수 없게 되어버린 것을 중풍이라고 합니다. 중(中)자는 가운데의 의미가 아니라 명중하다는 뜻입니다. 활을 당겨서 화살을 쏘는 것과 같아서 바람에 휘~하고 맞아버린 것입니다. 그래서 이 부분에 문제가 나타났고 바람에 맞아버립니다.

잘 돌아다니며 자주 변하는 바람

그래서 제가 여러분들에게 『황제내경(黃帝內經)』을 읽으라고 하는데, 오늘날 중의(中醫)들은 그리 유의하지 않습니다. 수천 년 전에 우리의 옛 조상들은 풍(風)을 어떻게 말했을까요? 『황제내경』에 한 마디가 있습니다. 우리들 신체내부의 바람인 이 기류는 "선행이 삭변(善行而數變)"이라고 다섯 글자로 말하고 있습니다. 고문을 모르니 어떻게 중국의학을 읽겠습니까? 어떤 것을 '선행(善行)'이라고 할까요? 왜 선행이라고 할까요? 선악의 선으로 보지 말기 바랍니다! 이 선자는 형용사입니다. 이 바람은 신체 내부에서 휘~ 휘~ 휘~ 이렇게 돌며 구르는데 몹시 빨리 돌며 구릅니다. 이것을 선행이라고 합니다. 신체내부의 이 기(氣)는 움직일 뿐만 아니라 또한 많이 변화합니다. 이것은 변화할 줄 압니다. 당신의 골절이 왜 바람에 맞았을까요? 바람이 골절을 만났을 때 지대(地大)인 이 부분이 온도가 충분하지 못했거나 골절이 느슨해져서 이 기(氣)가 그곳에 이르자마자 휘~하면서 맞아버린 것입니다. 그래서 움직이지 못하게 된 겁니다. 바람은 잘 돌아다니며 자주 변화합니다. 바람은 맺어진 덩어리로 변할 수 있고 변하여 실체적인 것이 될 수 있습니다. 그래서 어떤 사람들은 몸 안에서 종기가 자라나거나 암 같은 것이 자라난다고 말합니다. 예컨대 정좌를 하고 있으면 몸이 근질근질할 경우가 있는데 저는 그에게 한약을 먹으라고 줍니다. 한약을 먹어서 풍을 흩어버리라고 합니다. "선생님, 그 약 참 용하네요. 이젠 안 가려워요." 왜 가려울까요? 바람이 안에서 움직이기 때문입니다. 시리고 아픈 것도 풍이 장난을 하는 것인데 당신이 무슨 약을 쓰느냐에 달려 있습니다. 『황제내경』의 한 마디 말을 오늘날 사람들은 중국어 능력이 좋지 않으니 어떻게 읽겠으며 의학 서적을 읽겠습니까!

풍(風)은 바로 기(氣)입니다. 그러므로 부처님은 우리에게 안나반나를 닦으라고 하십니다. 풍대를 닦고 호흡기(呼吸氣)를 닦으면 직접 3선천의 경계에까지 도달할 수 있다고 합니다. 그런 다음 염두를 청정히 하는 것과 결합시켜 4선천(四禪天)에 이릅니다. 4선(四

禪)은 사념청정(捨念淸淨)입니다. 우리들의 선생님인 석가모니불의 제창에 따라서 다들 안나반나를 닦으라고 합니다. 그의 학술이론이 바로 이곳에 있으며 이것은 과학적입니다. 안나반나는 풍대를 닦습니다. 바람은 인지하기 쉽지 않기 때문에 먼저 당신의 신체상의 호흡에서부터 말하기 시작합니다. 당신은 그래야 알 수 있을 것입니다. 이 부분부터 공부를 하면 정(定)에 들기 쉽습니다. 또한 당신의 모든 병통도 전환 변화시키기가 쉽습니다.

예를 들어 여러분들은 중년에 이르러서 배들이 불룩 나온 게 산문 밖의 미륵보살님과 마찬가지입니다. 물이 많아져서 중년에 노화되어 뚱뚱해진 겁니다. 무엇을 뚱뚱함이라할까요? 중국 글자인 뚱뚱할 반(胖)자를 여러분들에게 물어보겠습니다. 대만이나 대륙이나 다 마찬가지인데 모두 현대 문화를 배운 사람들입니다. 뚱뚱할 반자는 어떻게 쓰지요? 아마 여러분들은 틀림없이 달월[月] 변에 절반 반(半) 자를 쓴다고 할 겁니다. 틀렸습니다. 고기 육(肉)자 변입니다. 육달월 변에 반(半) 자로서 당신의 고기가 절반이나 나온 겁니다. 근육이 없고 모두 물이 되어버린 겁니다. 당신이 뚱뚱한 걸 보자마자 당신이 건강하지 않다는 것을 압니다. 이게 바로 중국 글자입니다.

중국 글자를 간체자로 바꿔버려서 모든 문화 의식이 사라져버렸습니다. 그러므로 다른 사람들은 중국 글자를 묘하다고 말하는데, 하나의 고기육(肉) 글자는 하나의 부호입니다. 구육(狗肉: 개고기)·마육(馬肉: 말고기)·저육(豬肉: 돼지고기)·양육(羊肉: 양고기)·인육(人肉: 사람고기) 이런 단어들이 있는데, 외국어로는 이렇게 쓸 수가 없습니다. 그래서 중국 글자는 2,3천자만 이용해서 수천 년의 문화를 보존했습니다.

지수화풍 4대는 각각 저마다의 작용이 있기 때문에 부처님은 여러분에게 안나반나를 닦으라고 하십니다. 호흡법 수련으로부터 착수하여 이 생명을 고쳐서 즉신성취(即身成就)하라고 하십니다. 즉, 우리들의 육체인 몸을 이용하여 수지하면 직접 3계(三界)를 뛰어 넘어 성불할 수 있다고 합니다.

셋째 시간

8난(八難)36)을 얘기하면 이렇게 말한 사람이 늘 있습니다. "선생님, 당신은 백 살 때까지 사셔야합니다." 저는 말하기를, "당신은 나더러 고난을 당하게 하는군요! 장수는 8난 가운데 한 가지 재난입니다. 사람이 너무 늙도록 사는 것은 한 가지 재난입니다."라고 합니다. 저는 그 학우가 최근에 어르신들에게 둘러싸여 있어서 재난에 둘러 싸여 있는 것을 보고서 웃습니다. 늙도록 사는 게 당신은 기분 좋다고 생각합니까? 그러므로 사람은 이 세상에서 산다는 게 아주 고생입니다.

학자 여러분의 총명재지(聰明才智)도 재난 가운데 하나입니다. 이것을 세지변총(世智辯聰)이라고 합니다. 세간의 지식에 대해서 대단히 잘 사변할 줄 알고 논리적으로 사고할 줄 압니다. 유달리 총명하여 다생루세(多生累世)37) 동안 학자나 철학자로 변합니다.

---

36) 8난 : 지옥 · 아귀 · 축생 · 장수천 · 변지 · 봉사귀머거리 · 세속적인 지혜 · 부처님 이전이나 이후에 태어남.
36) 여러 번 환생하여 많은 생을 받는 것.

그러나 도를 이루기에는 쉽지 않습니다. 그러므로 학문이 좋은 게 무슨 소용이 있습니까? 하지만 책을 읽지 않으면 안 됩니다. 총명 재지가 없고 지혜가 없어서도 안 됩니다. 어렵습니다. 우리 같은 사람들은 모두 3재8난 중의 사람입니다. 태어났을 때는 이미 부처 님은 떠나가신 뒤이고 미래의 부처님은 아직 오지 않은 비어 있는 중간 사이입니다. 그래서 오늘날 이 사회는 집안에 노인이 있으면 그 후대의 젊은이들이 대단히 고통스럽습니다. 그건 정말 재난입 니다.

사람의 시작

방금 풍대의 중요성을 얘기했는데, 제가 거꾸로 얘기를 했습니 다. 그래서 오전에 여러분더러 녹음테이프를 들으라고 했습니다. 제가 말을 좀 적게 할 수 있기 때문입니다. 그렇지 않으면 긴 시간 동안 어떻게 환생하는지를 얘기 해야만 합니다.

여러분은 생사문제를 들었으니까 저는 이제 많은 얘기를 하지 않겠습니다. 만약 제대로 못 들었다면 다시 녹음테이프를 틀어서 들으십시오. 그리고 문제가 있으면 저에게 물으십시오. 우리들의 중음이 투태 할 때는 남녀가 성관계를 하고 있을 때 정자와 난자가 서로 만날 때입니다. 오늘날 의학은 여성은 매월 한 두 개의 난자 만이 성숙한다는 사실을 알고 있습니다. 그러므로 월경주기는 28 일간이며 그 중간 십여 일 동안에 어느 때 배란되는지 모릅니다. 배란이 되어 자기 신체내부에서 머무르는 시간을 여러분은 황 의 사한테 물어보시기 바랍니다. 그는 전문가입니다.

남자가 한 번에 배출하는 정자는 수억 개나 됩니다. 하나가 앞에서 뛰어가 난자를 하나 만나면 태아가 이루어집니다. 그러므로 사람의 몸은 얻기 어렵습니다. 바꾸어 말하면 우리의 이 하나의 생명이 얻어진 것은 수억 개의 형제자매들과 달리기 경주를 하여 마침내 우리가 선두로 달려서 저 난자를 만난 겁니다. 만약 나쁜 난자라면 역시 소용이 없습니다. 부처님은 수천 년 전에 말씀하시기를 여성의 자궁이 높으면 안 된다고 했습니다. 삐뚤어졌어도 안 되고 치우쳤어도 안 됩니다. 너무 차가워도 안 되고 너무 뜨거워도 안 된다고 했습니다. 그는 여러 가지 조건들을 말씀하셨는데 오늘날 생리와 마찬가지입니다. 그는 수천 년 전에 이렇게 또렷이 보셨습니다!

　그러므로 3연화합(三緣和合)으로, 즉 세 가지 연이 화합하여 사람이 태어납니다. 한 개의 정자와 한 개의 난자 이 두 가지가 결합해도 아직은 사람으로 변할 수 없습니다. 반드시 영혼이 더해져야 합니다. 이것을 중음(中陰)이라고 합니다. 이 중음은 무엇일까요? 유식을 연구한 여러분 학우들은 이런 교리들에 유의해야 합니다! 중음은 아뢰야식의 종자 변화로서, 전생의 업보가 지니고 온 것입니다. 세 가지 연이 화합하여 태아로 변합니다. 그리고 부처님은 또 한권의 경전을 설하셨는데, 그의 동생에게 설해준 『불설입태경(佛說入胎經)』입니다. 제자들에게도 말씀하신 적이 있는데 생명이 어떻게 오는지를 말하여 주셨습니다.

바람이 움직였습니다

행음(行陰)은 동력(動力)이 굴러 돌고 있는 것입니다. 당신의 정신이 어리벙벙할 정도로 굴러 돌아서 전생의 일은 뭐든지 다 잊어버립니다. 제1주간에 명칭이 하나 있는데 원문의 발음은 갈라람(羯羅藍)입니다. 중문 번역으로는 응활(凝滑)입니다. 그것은 마치 우유나 물 백설탕이 한데 합쳐져 굴러 돌아서 미음으로 변한 것 같습니다. 이 굴러 돌아가는 힘은 무엇일까요? 부처님은 풍대(風大)라고 말씀해줍니다. 즉, 한 가닥의 기(氣)로서 생명이 안에서 굴러 돌고 있는 것입니다. 부처님은 대강(大綱)만을 말씀하시고 자세한 과학은 말씀하시지 않았습니다. 만약 그 어르신께서 오늘날 태어났다면 틀림없이 최신 과학으로 우리들에게 말씀해주실 것입니다. 이 기는 안에서 1주일 동안 굴러 돕니다. 이 한 가닥의 생명의 힘의 동적 에너지는 5음(五陰) 가운데 행음이라고 합니다. 여러분 유의하십시오. 행(行)은 동력입니다. 도대체 이것이 진공(眞空)역학에 속하는지, 아니면 양자(量子)역학에 속하는지, 아니면 생명역학에 속하는지는 과학자들이 천천히 탐구해보기를 기다립시다.

그러므로 수행을 해가다보면 이 행이란 동력이 변화하고 있으며 에너지가 변화하고 있는 것임을 당신에게 말해줍니다. 이 기는 바로 에너지인데, 1주일에 한 번씩 변화합니다. 그런 다음 부처님은 우리들에게 매 1주일마다 태아의 어떤 부위들이 자라나는지를 말씀해주십니다. 제일 첫 번째 가닥이 바로 척추골의 독맥(督脈)이 서서히 일어나는 것입니다. 물론 일어나는 것은 뼈가 아니라 부드러운 것입니다. 그러므로 『황제내경』에 말하기를 "풍선행이삭변(風善行而數變)"이라고 하는데, 모두 이 가닥의 기가 변화해서 나온 것입니다. 기맥 수련에서 공부한다는 것은 바로 이 척추골 이곳에서 서서히 한 가닥이 올라오기 시작한 것을 말합니다. 태가 이루어지고 난 뒤에 1주일에 한 번씩 변화하고 매 주마다 한 번씩 풍의 변화가 있습니다. 부처님은 매주 있는 그런 풍에 대하여 다른 명칭을 주어서 이 에너지인 풍력의 변화를 형용하는데, 우주의 법칙과 마찬가지입니다. 기독교의 예배는 1주일이 칠일입니다. 왜 1주일이 한 주기일까요? 예컨대 우리 오늘날 여성들이 열 몇 살 때 첫 번째 월경이 시작한 이래 1주일이 한 주기로서 4칠일인 28일 동안이 한 월경의 주기인 것처럼 그렇습니다. 그런 다음 좀 더 확대하면 7년에 한 번 변화합니다. 여성은 홀수인 7 위주입니다. 남성은 짝수인 8입니다. 홀수는 양(陽)인데, 여성은 도리어 양수(陽數)입니다. 짝수는 음(陰)으로서 남성은 도리어 음수(陰數)입니다. 이 속의 음양의 변화는 대단히 과학적입니다.

누가 환생한 활불일까

우리의 한 학우가 『불위아난소설입태경(佛爲阿難所說入胎經)』[38]을 백화로 번역했으니 여러분 자신들이 연구해 보십시오. 중간의 일부분은 황 의사한테 물어본 것입니다. 태아의 형성은 매우 쉽지 않은 일이라고 부처님은 말씀하십니다. 그러므로 활불의 환생 얘기를 하는데 어느 분의 환생인지 저는 모르겠습니다. 아무도 모릅니다.

부처님은 말씀하시기를 중음이라는 영혼은 태에 들어가면 곧 미

---

38) 역자가 번역한 『입태경 현대적 해석』을 참조하기 바람.

혹해버려 지나간 일들을 잊어버린다고 합니다. 태에 들어감은 그만두고라도 이 자리에 있는 우리들은 모두 수십 년을 살았는데 당신은 지나간 일마다 또렷이 기억할 수 있습니까? 다 기억하지 못합니다. 한 달 전의 일도 다 잊어버렸습니다. 만약 닦아서 기억력이 영원히 잊히지 않는다면 물론 태에 들어가서도 미혹하지 않습니다. 태에 들어갈 당시 맹렬하게 굴러 돌[轉動] 때 미혹하지 않고 여전히 정(定) 속에 있으며 여전히 정좌를 하고 또렷이 압니다. 이것이 입태불미(入胎不迷)입니다. 만약 태에 머무르는 기간에도 미혹하지 않고 38주가 지나 태에서 나올 때도 미혹해서는 안 됩니다. 미혹하지 않으려면 큰 정력(定力)이 있어야 미혹하지 않을 수 있습니다.

보세요, 우리는 수십 년 동안 살았지만 젊었을 때 읽은 책은 지금 와서는 모두 잊어버렸고 모두 미혹해 버렸습니다. 출생할 때는 더욱 고통스럽습니다. 그런데 태에서 나올 때도 미혹하지 않아합니다. 세 단계인, 입태(入胎)에도 미혹하지 않고 주태(住胎)에도 미혹하지 않고 출태(出胎)에도 미혹하지 않아야 자기가 과거의 어떤 사람이 환생되어 온 것인지를 말할 수 있습니다. 어떤 라마는 누가 전생되어 온 것이라고 함부로 말하는데 누가 알겠습니까? 저는 모릅니다. 저는 라마도 아니고 활불도 아니기 때문입니다. 정말로 알 수 있으려면 입태·주태·출태 모두에 미혹하지 않을 정도로 정력을 닦아야 합니다. 만약 당신이 그 정도로 공부를 닦았다면 당신은 전생의 학문을 금생에 태어날 때 모두 기억합니다. 그런 사람이 있을까요? 있습니다. 세상에는 없는 것이 아닙니다! 태어나서 읽어본 적이 없던 책을 보자마자 압니다. 무슨 지식인지 다 압니다. 이것은 생명과학입니다.

그래서 저는 "책은 금생에 와서 읽으면 이미 늦었다[書到今生讀已遲]."라는 말을 늘 인용합니다. 금생에 와서 학문을 추구하는 것은 이미 늦었습니다. 모두 전생에서 읽은 것으로 지니고 온 것입니다. 이것을 '종자식이 태에 들어감[種子識入胎]'이라고 합니다.

만약 중생의 생명을 얘기하자면 생물학을 연구해야 합니다. 고양이는 임신 기간이 얼마 동안이고 양은 몇 개월일까요? 외울 수 있는 구결이 있는 것 같습니다. 사람은 10개월인데 임신기간이 1년 동안인 동물도 있습니다. 지금 우리는 6도 가운데서 인도(人道)만을 얘기하는데 38주, 아홉 달 남짓입니다. 최후에 한 가닥의 바람이 태아를 굴려 방향을 바꿉니다. 머리가 거꾸로 되어 아래로 향합니다. 그래서 태에서 나오려고 합니다. 어떤 생명들의 업보는 그가 과거에 지은 업으로 태에 머무르는 동안 죽어버리게 합니다. 어떤 태아들은 출산을 바로 앞두고 죽어버립니다. 어떤 태아들은 산문(產門)을 막 나오자마자 죽어버립니다. 그러므로 부처님은 네 마디 말을 했습니다. "인신난득, 중토난생(人身難得, 中土難生)", 사람 몸은 얻기 어렵고 중토에는 태어나기 어렵습니다. 여기서의 중토는 꼭 중국을 가리키는 것은 아닙니다. 굳이 말한다면 문화중심 지방을 말합니다. "명사난우(明師難遇)", 도를 얻은 밝은 스승을 만나기 어렵습니다. "불법난문(佛法難聞)", 불법을 듣기 어렵습니다. 변방 지역에 태어나서 일생동안 문화를 듣지 못하고 불법을 듣지 못합니다.

우리는 태중에서 38주 동안 매주 마다 바람이 돌고 있다는 것을 기억하고 있습니다. 그 태아가 태어날 때까지 그렇습니다. 태아는 엄마 태속에서 코로 호흡하지 않습니다. 탯줄이 모친과 이어져 있고 영양은 모두 탯줄을 통해 흡수합니다. 그 기(氣)는 탯줄로부터 들어와 태아를 서서히 성장하게 합니다. 입에는 치아가 없습니다. 대변도 없습니다. 오늘날 과학이 증명하였듯이 약간의 배설물이 있습니다. 실제로는 더러운 것은 모두 입안 속에 있습니다. 그래서 갓난애가 태어날 때 입이 동그렇습니다. 태어나면 그 탯줄을 자르고 간호사는 얼른 갓난애의 입속에 있는 더러운 덩이를 깨끗이 끄집어냅니다.

우리가 어렸을 때 우리 시골에는 뚱뚱한 산파가 한 분 있었습니다. 어느 집에서 아기가 태어나려하면 "얼른 그 산파를 찾아와라. 아기가 태어나겠다."하면서 물통에는 물을 끓여 놓고 가위 등등을 놓아두었습니다. 정말로 태어날 때에 엄마 된 사람도 고통스럽고 어린아이도 고통스럽습니다. 생로병사의 고통으로 양쪽이 다 고통스럽습니다. 생사문제는 가장 고통스럽습니다. 불학에서는 생일을 모난일(母難日)이라고 합니다. 모친이 재난을 당한 날입니다. 그러므로 사람들에게 닭을 잡아 대접하지 말고 채식을 해야 합니다. 자기의 생명이 태어났는데 왜 다른 생명을 죽여서 경축해야합니까! 이게 불교의 관념입니다.

호흡 근본의 종자의

『달마선경(達磨禪經)』에 따르면 탯줄을 끊자마자 갓난애는 입을 벌리고 아 ~ 소리를 한 번 하고 코의 기(氣)가 즉시 들어옵니다. 제일 첫 번째 기가 들어간 뒤에 코에 의해서 호흡하기 시작합니다. 후천의 생명은 풍대(風大)에 의지하여 한 번 내쉬고 한 번 들이쉼이 끊임없이 반복합니다. 그러므로 내쉬는 숨을 '반나(般那)'라고 하고 들이쉬는 숨을 '안나(安那)'라고 합니다(다른 경전에서는 그 설이 다릅니다). 안나는 무엇에 근거할까요? 바로 발음의 시작인데, 갓난애의 입속에서 '아'란 발음소리가 나오고 이어서 코의 기가 들어옵니다. 그러므로 아미타불의 '아'자는 개구음(開口音)인데, 중국 도가가 말하는 토고납신(吐故納新)[39]과 같습니다. 호흡은 코든 입이든 간에 내쉬는 것은 탄소이고 들이쉬는 것은 산소입니다. 한번 오고 한번 가면 생명은 바로 여기 삼촌(三寸)의 곳에 있습니다. 코는 목구멍으로 통합니다. 왼쪽 목구멍은 기관(氣管)이고 오른쪽은 식도관(食道管)입니다. 두 개는 서로 나누어져 있습니다. 우리의 생명은 이 한 호흡[一口氣]에 의존합니다. 목구멍 여기 삼촌에 기가 들어오지 않으면 죽습니다. 기가 나간 뒤에 들어오지 않으면 죽습니다. 들어온 다음에 내쉬지 못해도 죽습니다. 생명은 그렇게 취약하고 짧아서 바로 이 호흡이 오고가는 사이에 있습니다.

지금 여러분 학자들은 모두 유의하기 바랍니다. 물론 여기는 학자들이 많습니다. 두 분은 오랜 학우들이기에 얘기 했다하면 바로 그들인데, 그 두 분들이 옳지 않다는 게 아닙니다. 너무 잘 알기 때문에 저는 항상 그들을 주시하고 있습니다. 제가 잘 모르는 사람이라면 말하기 쉽지 않을 겁니다.

유식학은 생명이란 인연소생(因緣所生)이라고 말합니다. 8개의 식(八識) 가운데서 이 호흡은 무슨 작용일까요? 이것을 '근본의(根本依)'라고 합니다. 일반적으로 유식학을 말하는 사람들에게 근본의가 무엇이냐고 물어보면 습기(習氣)다고 대답할 것입니다. 그는 이론상의 관념으로 여겨버리고, 이것이 기로부터 온 것이며, 이 기를 근본의라고 하는지를 모릅니다. 근본의의 배후는 종자의(種子依)인데, 바로 당신의 개성입니다. 전생업력의 습기가 지니고 온 것을 종자의(種子依)라고 합니다. 그러므로 여러분은 분명히 알아야 합니다. 우리가 살아있는 동안 한 호흡의 생명이 있는데, 그것

---

39) 호흡에서 낡은 공기를 밀어내고 신선한 공기를 흡수하는 것.

은 근본의가 여기에 있기 때문입니다.

그런데 이 기는 어떨까요? 겉으로 보면 신체 내부의 한 가닥 기입니다. 특히 코 이 부분에서 아주 분명합니다. 실제는 코뿐만이 아닙니다. 우리들의 10만8천 개의 털구멍이 모두 호흡을 하고 있습니다. 특히 신체 표면에 있는 아홉 개의 구멍이 있는데 얼굴에 일곱 개, 아래 부분에 두 개가 있습니다. 이 아홉 구멍이 다 호흡을 하고 있습니다. 하지만 호흡 주체의 작용은 코에 있습니다. 마치 두 개의 굴뚝이 호흡하고 있는 것 같습니다.

호흡과 기

호흡은 어떤 것일까요? 불학에서 말하는 생멸법입니다. 생성이 있으면 소멸이 있고 소멸이 있으면 생성이 있습니다. 한 번 오고 한 번 감을 여래여거(如來如去)라고도 합니다. 사실 호흡이 들어와서 안에서 머물러 있을까요? 없습니다. 불가능합니다. 안에서 머물러 있지 않을까요? 역시 불가능합니다. 『달마선경』에 우리들에게 일러주는 비밀이 있음에 유의하기 바랍니다. 대아라한의 수행경험을 일러주고 있는데, 이 한 번 내쉬고 들이쉬는 것을 장양기(長養氣)라고 하며 보양용(保養用)입니다. 바로 안나반나입니다.

그밖에도 두 가지 기가 있다고 제시하지만 어디에 있는지는 말하여주지 않았습니다. 최고의 비밀입니다. 하나는 보신기(報身氣)라고 합니다. 우리의 이 업보 신체는 태아 속에서 이 기를 성장시킵니다. 그때에는 탯줄만 있고 호흡은 없는데, 그것이 보신기입니다. 업보의 몸에서 온 것으로서 일종의 에너지의 변동입니다. 또 하나는 근본기(根本氣)라고 합니다. 남녀의 정자와 난자가 만났을 때 한 가닥의 힘이 있는데, 그 기가 근본기입니다. 하나의 운동 에너지로서 바로 행음(行陰)입니다. 그래서 모두 세 가지 기(氣)가 있습니다.

도가는 근본기를 원기(元氣)라고 부릅니다. 신선을 닦는 것을 원기를 닦는다고 합니다. 그러기에 도가의 도서(道書)에서 여러분들에게 선천일기(先天一炁)를 말해줍니다. 우주만물은 이 힘으로부터 온 것입니다. 선천일기는 허무(虛無) 가운데서 옵니다. 공(空)이 극점에 이르면, 진공(眞空)의 폭파나 진공의 충실한 힘은 모두 그것이 발생시키는 것입니다. 우리가 살아가는 동안 생명 속에는 이 세 가지 기능이 있습니다. 그러므로 정좌하여 선정에 들고자하면 이 몸을 전환 변화시켜야 합니다.

오늘 오후부터 여러분들에게 얘기하는 것은 중요합니다. 먼저 여러분에게 학술이론을 말하고 그 다음에 방법을 쓰면 여러분은 수행 길에 오를 수 있습니다. 무엇보다도 먼저 기의 중점을 인식해야 합니다. 지금 우리가 호흡하는 기는 여러분이 코가 호흡하는 것을 보면 아주 간단합니다. 그러나 요가를 배웠거나 밀종을 배운 적이 있거나 또는 선(禪)을 배웠거나 하면 호흡이 모두 다릅니다. 왼쪽 기와 오른쪽 기가 또 다릅니다. 만약 우리가 매일 아침 잠에서 깨어나서 호흡을 한 번 시험해 보아 오른쪽 코는 잘 통하고 왼쪽 코는 그리 통하지 않는다면, 몸에 조금 문제가 있는 것입니다. 게다가 호흡 곤란까지 있다면 더욱 문제가 있다는 것을 자기가 알게됩니다. 어찌 이것에만 그치겠습니까! 아래서 뀌는 방귀조차도 왼쪽에서 나오느냐 오른쪽에서 나오느냐가 다 다릅니다. 당신은 방귀 뀌는 게 그렇게 뀌기 쉽다고 생각합니까? 당신 자신이 스스로 체험 좀 해 보시기 바랍니다. 이 생명은 그렇게 간단하지 않습니다. 이것이 그 하나입니다.

두 번째입니다. 양쪽 콧구멍의 기는 공부가 진정으로 정(定)을 얻었을 때에는 콧구멍으로 호흡하지 않습니다. 하지만 이 코의 뿌리는 호흡을 하고 있습니다. 최후에는 뇌로 와서 호흡을 합니다. 그러면 당신은 거의 이루어진 겁니다. 그러므로 부처님을 배우는 것을 지관(止觀)이라고 부르는데, 지(止)를 얻으면 아주 편안하고 조용합니다. 정(定)을 얻은 뒤에 자기의 내면의 지혜가 서서히 내부의 신체를 관찰하는 게 바로 지관입니다. 이것은 모두 유위법(有爲法)입니다. 도가와 밀종은 한 마디로 귀납시킬 수 있는데, 그것은 '내조형구(內照形軀)'라는 네 글자입니다. 그래서 중국 신선의 단경인 『참동계(參同契)』는 역시 '내조형구'를 언급하고 있습니다. 당시에 불경이 아직 들어오지 않았지만 중국에는 이미 있어서, 이 지관을 내시(內視)라고 했습니다. 돌이켜서 자기의 내면을 관조하는 것입니다. 그러므로 마음과 기가 하나로 결합하여, 생각염두가 기와 하나로 결합하여 정좌해야 비로소 진정으로 정(定)을 얻어 그 정의 경계로 진입할 수 있습니다.

우리는 보통 수십 년을 살지만 낮에는 살아있고 밤에 잠자는 것만 알지 그 누가 자기의 생각을 관리한 적이 있습니까! 호흡도 영원히 호흡하고 있지만 당신은 생각과 결합시키지 않았습니다. 마음과 기 두 가지가 결합하지 않으면 그 두 가닥의 길은 나누어져 가게 됩니다. 특히 우리가 어떤 일에 주의를 기울이고 있을 때에 호흡이 마치 정지해 버린 듯 애써 일에 주의를 기울입니다. 때로는 어떤 사람을 보거나 어떤 일을 보고 몹시 두려워하면 호흡이 정지합니다. 혹은 어떤 기쁜 일이 있을 때 소리 내서 하~하~ 하고 한 번 웃으면 호흡도 멈춥니다. 마음과 기는 원래 결합하기 쉽지 않습니다. 마음과 기가 하나로 결합하였을 때 당신은 비로소 중국의학을 이해하고 비로소 신체의 12경맥의 변화와 모든 변화를 알 수 있습니다. 그때야 비로소 수행의 길을 이해합니다. 그러므로 기에 대한 인식이 아주 중요합니다.

넷째 시간

소식(消息) 지식(止息) 진식(眞息) 출입식

안나반나를 중문으로는 간단하게 출입식(出入息)이라고 합니다. 그렇다면 중문으로 번역할 때 왜 출입기(出入氣)라고 번역하지 않았을까요? 문제가 바로 여기에 있습니다. 다들 중국 전통문화를 연구함에 있어서 유의해야 합니다. 식(息)자는 어디로부터 왔을까요? 우리는 지금 말을 하고 있습니다. 예를 들면 소식(消息)이 있느냐 없느냐고 말하는데, '소식'이라는 두 글자는 『역경(易經)』에 나옵니다. 우리는 수천 년 동안 사용했습니다. 공자(孔子)가 아닙니다. 오랜 선조들에게 있었습니다. 무엇을 '소(消)'라고 할까요? 이것은 과학인데, 우리들의 모든 동작, 말하는 것 모두, 그리고 모든 생명은 다 소(消)하고 있습니다. 모두 방사(放射)하고 있고 사라져버렸습니다[消失]. 과학으로 말하면 물리적인 방사 작용입니다. 모두 방사하고 나면 없어져버린 것일까요? 없는 것이 아니라 식(息)입니다. 식(息)은 성장(成長)입니다. 그러므로 일소일식(一消一息)이란 불학에서 말하는 '한 번 생성하고 한 번 소멸하는 것[一生一滅]'입니다.

멸이란 없는 것이 아니라 또 하나의 생명의 시작입니다.

생사(生死)도 같은 이치입니다. 사망은 또 하나의 생명의 시작입니다. 또 하나의 생명이 무명(無明)의 단계에 진입하여 무명을 조건으로 행(行)이 생겨나고 또 하나의 생명이 또 시작합니다. 그러므로 제가 여러분에게 약간의 중문 수업을 함으로써 이해하여 들어갔습니다. 이것이 출입식을 수련하는 첫 번째 의미입니다.

두 번째 의미입니다. 한번 나갔다 한번 들어오는 그 중간은 아주 짧아서 당신은 또렷이 나누지 못합니다. 중간의 그 조용한 단계는 아주 빠릅니다. 기계물리학으로 말하면 발동기가 시쿵시쿵 돌아가고 있을 때 당신이 그 소리를 들어보면 그 첫 번째 소리와 두 번째 소리의 중간에는 공백이 하나 있는데 대단히 빠른 찰나입니다. 방금 황 의사가 태아세포가 변화할 때에 소식하고 있다면서 한번 나갔다가 한번 들어오고, 한번 들어오고 한번 나가는 그 중간에 한 찰나가 있는데, 그것이 바로 '진식(眞息)'이라고 말했습니다. 도가에 여신선이 하나 있습니다. 송나라 왕조 개국 대원수인 조빈(曹彬)의 손녀로서 출가하여 도를 얻었는데 '조문일선고(曹文逸仙姑)'라고 부릅니다. 그녀에게 한 편의 수도가(修道歌)가 있는데 『영원대도가(靈源大道歌)』라고 합니다. 영가(永嘉)대사의 『증도가(證道歌)』와 함께 논할 수 있습니다. 중간에 생명근본에 대하여 한 마디를 말했는데 대단히 좋습니다. "명체원래재진식(命蒂原來在眞息)", 이 생명의 뿌리는 한번 나가고 한번 들어오는 그 지식(止息)의 단계에 있습니다. 한번 나가고 한번 들어오는 이 진식(眞息)은 바로 온갖 중생의 생명이 있는 곳입니다.

예컨대 우리 같은 농촌 출신들은 진흙 속에 심어진 벼가 진흙과 물로 싸여진 것을 보았는데, 그것의 성장 그 잠깐이 진식입니다. 농촌의 밤에서, 4, 5월 사이에 벼가 성장할 때 한 밤중 삼경에 논가에서 그 곡식이 탁탁하는 소리가 대단히 큰 것을 들을 수 있습니다. 사실 벼나 보리뿐만 아닙니다. 모든 식물이 꽃이 피고 성장하는 동안에는 다 소리가 있습니다. 당신이 초음파로서 들어보면 들립니다. 이게 바로 '명의 뿌리는 원래 진식에 있다'는 것입니다. 그래서 우리는 '출입식'이라고 번역하여 불렀습니다.

수행도지경 이야기

부처님은 당신더러 먼저 출입식을 수련하고, 그 다음에 명심견성(明心見性)하고, 그 다음에 아라한과를 증득하고 성불하라고 합니다. 몸까지 포함하여 변화한 것을 즉신성취(即身成就)라고 하는데, 이것이 비밀입니다. 그래서 제가 오전에 여러분에게 말씀드렸듯이 저의 경우 이 일생 동안 세상의 이런 것들을 모조리 배웠다고는 감히 말하지 못하지만 거의 두루 배워봤습니다. 되돌아보니 원래 이런 많은 법문들은 모두 부처님이 말씀하신 것으로부터 변해나온 것인데, 다들 이런 모양새 가짓수들에 속고 있는 것입니다. 사실은 출입식을 닦는 것입니다. 최근 요 몇 년 동안 저는 여러분에게 말하기를, 삼국 시대 이후 동진(東晋)에서 서진(西晋)까지 이 단계에 불경은 『반주삼매경(般舟三昧經)』과 『안반수의경(安般守意經)』이외에도 수행을 말하는 아주 중요한 한 권의 책인 『수행도지경(修行道地經)』이 있었다고 말했습니다. 이것은 당시에 최초로 비교적 구체적인 번역이었습니다.

하지만 제가 예전에 대장경을 볼 때에 그것을 간과했습니다. 그래서 뒷날 대단히 후회했습니다. 왜냐하면 우리는 책을 많이 읽었기 때문에 문자에 사로잡힐 경우가 있기 때문입니다. 축법호(竺法護)가 5음(五陰)을 색(色)·통(痛)·상(想)·행(行)·식(識)이라고 번역한 것을 보고서 최초의 번역이 어딘지 이상하다고 생각했습니다. 뒷날 번역은 색·수(受)·상·행·식이었습니다. 6,7칠십 년 후에야 다시 성실하게 읽어보고 비로소 그가 번역을 맞게 했다는 것을 발견했습니다. 왜냐하면 느낌[感受]이란 다 견디기 어렵고 아프기 때문입니다. 그는 인도 사람으로서 중국에 와서 부처님의 수행방법을 중문으로 바꿀 때에 색은 말하기 쉬웠을 겁니다. 볼 수 있기 때문입니다. 수(受)는 무엇일까요? 누구나를 한번 꼬집으면 고통을 느끼기 마련이므로 느낌을 모두 통(痛)이라고 번역했습니다. 느낌의 최대 반응은 아픔이요 가벼운 반응은 가려움입니다.

　초기의 번역인 이 『수행도지경』이 5음을 색통상행식으로 번역한 것을 당시에 보고는 그 뒤의 번역이 틀림없이 조금 더 나을 것이라고 생각했습니다. 그런데 알고 보니 뒷날의 번역을 보면 볼수록 속았습니다. 뒷날 정통적인 번역은 수(受)로 번역 했습니다. 사실 문자가 세련되면 세련될수록 도리는 분명하지 않았습니다. 왜냐하면 감수(感受)나 감각(感覺)에는 세 가지 내함(內涵)이 있기 때문입니다. 첫째는 고수(苦受)입니다. 고통, 아픔이 괴로움 속에 있는 것입니다. 둘째는 낙수(樂受)입니다. 낙(樂)은 상쾌(爽快)하다의 상(爽)으로서 쾌감, 즐거운 느낌[樂感]입니다. 쾌감은 즐거운 느낌의 한 가지입니다. 또 중성적인 것이 있는데 불고불락수(不苦不樂受)입니다. 고통스럽지도 않고 즐겁지도 않은 느낌입니다. 지금 우리는 선당에 앉아 있는데, 공기를 거의 대충 조절해서 고통스럽지도 않고 즐겁지도 않으며 아주 편안합니다. 중성적입니다. 그런데 감각이 있을까요 없을까요? 있습니다. 비교적 상쾌한 일면에 편향되어 있는데, 그 속의 심리를 분석해보면 대단히 자세합니다.

이 세 가지 수(受)는 감각과 심리에 속하는 근심[憂]과 기쁨[喜] 두 가지까지 포함하여 사실은 다섯 가지입니다. 그러나 이 수(受) 역시 과보를 받음[受報]입니다. 금생에 왜 남성으로 변했을까요? 왜 여인으로 변했을까요? 왜 가난한 사람이 있는가 하면 부자가 있는 것일까요? 왜 인생의 운명이 다를까요? 모두 과보를 받고 있는 것입니다.

노자도 출입식을 말했다

이제 출입식 수행을 말하겠습니다. 오늘 저녁에는 여러분에게 무엇이 출입식인지 먼저 인식하라고 말씀드립니다. 이 출입식은 부처님이 말씀하신 것 이외에도 어느 조사가 말한 적이 있을까요? 여러분은 아직 기억합니까? 대 박사 대 교수님 여러분에게 시험을 치러보면 여러분은 학위를 받은 게 맹랑한 일이 되어버립니다. 저의 꾸지람 대상이 되었으니 말입니다. 노자가 말한 적이 있습니다. 제가 말하니 여러분은 생각났을 겁니다! 노자는 말했습니다. "하늘과 땅 사이는 마치 풀무와 같구나[天地之間, 其猶槖籥乎]!" 사실 '약(籥)'은 피리입니다. 속이 비어 있어서 공기가 들어가면 소리를 냅니다. 풀무를 탁약(槖籥)이라고도 합니다. 예전에 쇠를 벼리는 대장간에는 풀무가 있었습니다. 한 번 밀고 잡아당길 때마다 후푸~후푸~ 하면서 그 바람이 움직여 불을 불었습니다. 노자는 우주 공간 전체와 생명은 한 번 생성하고 한 번 소멸하며, 한 번 오고 한 번 가는 호흡 관계라고 우리들에게 말해줍니다.

도가를 수행함에도 호흡을 수행하는 것이 제일 좋다며 "전기치

유, 능영아호(專氣致柔, 能嬰兒乎)?", 호흡에 의식을 집중함으로써 온몸이 유연해져 갓난애 같을 수 있는 정도까지 수행하라고 노자는 말해줍니다. 특히 태극권 운동을 할 경우 여러분은 그의 이 말을 사용할 줄 알지만, 실제로는 공부가 다들 도달하지 못했습니다. 그는 당신에게 안나반나 출입식 법문을 수행하면 신선이 되고 장생불로할 수 있다고 전해줍니다. '전기(專氣)'란 출입식 안나반나를 수행하는 것입니다. '치유(致柔)'란 온 몸의 세포와 뼈들을 모조리 대단히 유연하도록 변화시키는 것입니다. 당신이 나이 백 살에 닦기 시작하더라도 공부가 도달하면 신체 전체가 마치 갓난아이처럼 유연해지는데, 바로 이 한번 나가고 한번 들어오는 기를 이용하여 닦아 성취한 것입니다.

막 태어난 갓난애가 아 ~하고 울자마자 기가 한번 출입하고, 1백 일 이내에는 아이가 울지 않고 조용할 때는 마치 호흡이 없는 것 같은데, 갓난애의 호흡은 어디에 있을까요? 여기 계신 엄마 여러분은 다들 경험해 본적이 있습니다! 갓난애의 호흡은 코에 있지 않고 아랫배 단전에 있습니다. 자연히 움직이면서 한번 들어오고 한번 나갑니다. 들어오고 나가면서 온몸에 두루 통합니다. 그러므로 도가에서는 당신더러 배꼽 아래를 지키라고 합니다. 그렇지만 이것도 상(相)에 집착하게 되니 상에 집착하지 마십시오. 공부가 도달하면 자연히 그와 같아집니다. 이러한 원리들을 먼저 이해해야 합니다.

제게 있는 한 경험을 말씀드리겠습니다. 저는 아무것도 두려워할 것이 없다고 말합니다. 죽은 사람도 저는 많이 보았습니다. 제일 보기가 난감한 게 잠자는 모습이었습니다. 1백 명이 함께 자고 있으면 어떤 사람은 이를 갈고 입을 빙그레 열고 있습니다. 어떤 사람은 꿈을 꾸고 있으며 코나 살들이 모두 다 경련을 일으키고 있습니다. 각양각색입니다. 1백 명의 미인들이 화장을 다 지워버리고 모두 함께 자는 모습을 밤에 보고 나면 당신은 백골관을 닦지 않아도 이미 성공했을 것입니다. 만약 그 여자들이 화장을 하여 눈은 파랗고 입술은 빨가며, 치아는 하얗고 머리는 빨간색으로 염색을 한 채 잠자면서 입을 벌리고 침을 질질 흘리는 모습에 당신이 놀라지 않는다면 오히려 이상할 겁니다.

병사들을 이끌 때에 사병들을 아끼고 보호하기 위하여 밤에 가서 한두 번 시찰해보면서 저는 경험을 얻었습니다. 대체로 코를 골고 호흡이 거친 사람은 잠을 잘 자지 못했습니다. 비록 잠은 들었지만 머릿속에서는 꿈을 꾸고 있었습니다. 그가 정말로 잘 잘 때는 당신이 느끼기에 그는 호흡이 없으며 조금도 들리지 않습니다. 대체로 1분 가까이 그러한데, 그때야말로 진짜로 잠든 것입니다. 이것을 지식(止息)이라고 부릅니다. 사람의 뇌가 정말로 고요함의 극점에 이르렀을 때 왕래하는 호흡이 정지해 버리는데, 그것을 지식이라고 합니다. 출입식 중간의 그 지식의 단계입니다. 방금 전에 조선고(曹仙枯)의 한 마디 명언인 "생명의 뿌리는 원래 한번 나가고 한번 들어오는 진식(眞息)에 있다."는 말을 인용했는데, 그때가 생명의 근본입니다.

과학적 연구에 따르면 사람이 여섯 시간에서 여덟 시간동안 밤에 잠을 자는데, 사실은 진정으로 잠을 자고 있는 것이 아닙니다. 좌우의 뇌 부분이 휴식을 하고 있으면서 내면에서는 여전히 생각을 하고 있습니다. 사람마다 모두 꿈을 꾸고 있다고 말할 수 있습니다. 하지만 깨어난 뒤에 잊어버립니다. 유식학을 연구하면 알게 되는데, 진정으로 잠이든 그 한 찰나는 꿈도 없고 생각도 없으며 진정으로 지식(止息)합니다. 그런 수면은 15분을 넘지 않을 것입니다. 그러므로 정좌하여 정(定)을 닦는 사람이 몸과 마음이 편안한 정도에 도달하고 15분 정도 지식할 수 있거나 혹은 30분 정도 지식할 수 있다면 당신은 그 기력을 하루에 다 쓰지 못합니다. 그게 바로 진정으로 충전된 것입니다. 평소에 몇 시간씩 잠자는 게 때로는 소용이 없습니다.

여기서 또 생각이 나서 여러분에게 말씀드려야겠습니다. 우리는 이번에 석가모니불 선생님이 말씀하신 것을 인용하였고, 방금은 또 도가의 조사님인 노자의 말을 인용했습니다. 그래서 선생님이 두 분이 됐습니다. 이제 우리는 유가 선생님인 공자를 청하겠습니다. 수행과 관계가 있는 몇 마디 말이 있는데 음식을 말하고 있습니다. "식곡자우(食穀者愚)", 국수나 밥이나 채소를 많이 먹은 사람은 비록 우리의 생명은 이런 오곡(五穀)류에 의지하더라도 지혜가 없어 어리석습니다. "식육자비(食肉者鄙)", 소나 양고기 또는 돼지고기를 먹는 사람은 어리석은 자보다도 더 못한 아주 하등 사람입니다. 그래서 우리가 어른세대나 혹은 학문 있는 사람에게 편지를 쓸 때에는 자기 자신을 '비인(鄙人)'이라고 일컫는데, 바로 이 '비'자입니다. "식기자수(食氣者壽)", 안나반나를 수행하여 성공하면 밥이나 고기나 오곡들을 먹을 필요가 없게 됩니다. 도가에서는 벽곡(辟穀)해야 한다고 합니다. 피하는 겁니다. 그러므로 벽곡은 오곡의 곡입니다. "식기자수(食氣者壽)", 호흡을 수련하여 지식(止息)의 정도에 이르면 장수할 수 있습니다. "불식자신명이불사(不食者神明而不死)", 최후에는 오곡을 먹지 않고 고기를 먹지 않고 기에도 의존하지 않고 정(定)을 얻습니다. 이것은 우리의 큰 선생님인 공부자께서 우리들에게 일러주신 겁니다. 이것은 「사서오경」에는 없고 『공자가어(孔子家語)』에 있는데, 자기의 자손 아들딸들에게 한 말이었습니다. 예컨대 앞에서 말했던 혜지 법사는 그 나무 구멍 속에서 입정(入定)하여 7백 년 동안을 먹지도 마시지도 않았으며 똥도

누지 않았습니다. 그것은 불사(不死)의 경계에 이르렀고 신명의 경계에 도달했던 것입니다(오늘날 판본의 『공자가어』는 이와 다릅니다).

신선 수련 성취가 가장 많았던 시대

이것은 '기를 먹는 사람은 장수한다[食氣者壽]'는 것을 말하며, 도가는 이것에 대단히 주의를 기울입니다. 특히 부처님이 전해준 안나반나인 『수행도지경』은 서진(西晉) 시대 때에 번역한 것입니다. 도가는 기 수련을 말하는데, 동진(東晉)과 서진 때 가장 유행하였으며 불가와 도가 이 두 가지 방법을 융합했습니다. 그래서 그 2, 3백년 사이에 나온 신선들이 유달리 많았습니다. 왜냐하면 그들은 이 방법을 종합했기 때문입니다.

그래서 여러해 전에 제가 해외에 대만에 있을 때 대륙에서 기공이 유행하는 것을 보고서 괴롭기도 하고 우습기도 했습니다. 저는 말했습니다. "중국문화가 왜 이 모양이 됐을까? 기공이 뭐 대단하다고. 다들 기가 어떤 것인지에 대해서 알지도 못한다." 저는 말합니다. 중국문화에서 만약 수련을 말하면 첫 번째 단계는 무공(武功) 수련입니다. 두 번째 단계는 기공(氣功) 수련입니다. 세 번째 단계는 내공(內功) 수련인데 기공 수련보다도 한층 높아집니다. 네 번째 단계는 도공(道功) 수련이고 다섯 번째 단계가 선공(禪功) 수련입니다. 오늘날 중국은 왜 한 결 같이 기공을 할까요! 기가 무엇일까요? 한번 내쉬고 한번 들이쉬는 것을 기로 여깁니다. 한번 내쉬고 한번 들이쉬는 이 기는 풍대에 속합니다. 천태종은 수식관을 가르쳐줍니다. 오늘날 선종도 천태종을 배우는데, 수식 얘기만 할 뿐입니다. 정좌하고 앉아서 출입식만 상관하고 숫자를 계산합니다. 배우고서는 일생동안 이것을 합니다. 그래서 제가 『불교수행법강의(如何修證佛法)』란 책에서 말했습니다. 여러분이 이것을 닦는 수련을 하는 것은 무슨 회계를 배우는 것입니다! 호흡은 한번 왕래하고 밤낮 24시간동안에 몇 번이나 호흡을 하는지를 오늘날 과학은 분명히 통계를 내어 놓았습니다. 당신은 이 숫자를 기억해서 뭐하자는 겁니까! 호흡이 들어오고 나가는 것을 멈추게 할 수 있습니까? 돈을 축적하듯이 머물러 있게 하려는 것은 당신이 죽으려고 환장한 것입니다! 호흡이 들어와서 멈추고서 나가지 않으면 모두 탄소이기에 병이 나기 마련입니다. 호흡은 흘러 통해야 건강합니다.

만약 정(定)을 얻어서 지식(止息)의 경계에 이르러서 거친 호흡이 정지하였다면 진식(眞息)에 접근한 겁니다. 식(息)에는 세 가지가 있습니다. 부처님이 말씀하시기를 호흡이 왕래하는 것을 장양식(長養息)이라고 하며 보양용(保養用)이라 한다고 제가 오후에 얘기 했습니다. 지식에 이르렀을 때 그 지식은 지(止)의 장양식입니다. 그래서 보신식(報身息)이 시작합니다. 그것은 현유생명(現有生命)의 근본입니다. 당신이 그 지식을 틀어쥘 수 있다면 병을 없애고 수명을 늘려서 좀 오래살 수 있습니다. 죽지 않는다고는 말할 수는 없습니다. 죽을 수도 있고 죽지 않을 수도 있습니다. 적어도 저는 아직까지는 죽은 경험이 없기 때문에 제가 죽거든 다시 와서 여러분에게 말씀드리겠습니다(대중이 웃다). 투태(投胎)할 때 그 찰나의 식이 종자식(種子息)입니다. 공부가 그 경계를 증득한다면 당신은 5통(五通) 가운데서 신족통(神足通)을 갖출 수 있습니다. 이것은 신화를 얘기하는 게 아닙니다. 신족통은 『장자(莊子)』와 『열자(列子)』란 책에도 다 있습니다. 바람을 몰고 갈 수 있었으며 허공중에서 놀 수 있었습니다. 밀종을 배울 때 밀레르빠를 가장 숭배하는데, 밀레르빠가 성취했을 때 자신의 몸이 허공으로 뛰어올라 걸어갔습니다. 온몸과 두 다리의 기맥이 다 통했습니다. 바꾸어 말하면 육체가 날아오를 수 있었습니다. 고대의 도가 서적에서는 '충거(沖擧)'라고 했습니다. 사람이 솟구쳐서 허공에 떠서 움직일 수 있는 것입니다. 그것은 기와 마음이 자재하기[風心自在] 때문입니다.

육묘문의 문제

저녁에 여러분들에게 말하기 시작했던 중점은 출입식 수행입니다. 제가 고도(古道) 씨의 그 소림사의 출가자들에게도 얘기한 적이 있습니다. 특히 고도 씨는 젊어서 집을 나와 도처에 다니면서 스승을 구하고 도 있는 사람을 찾아다녔습니다. 그리고 머리도 깎고 채식도 했습니다. 고도는 본래 수지(修持)하여 마음으로 얻은 바가 없는 것은 아닙니다. 그는 천태종 노선을 따라서 선정을 닦았습니다. 천태종의 그 노선은 육묘문(六妙門)입니다. 여러분은 다 읽어본 적이 있는데, 여섯 가지 방법인 소지관육묘문(小止觀六妙門)입니다. 그래서 제가 그들에게 일부러 수업을 하고 토론을 했습니다. 왜냐하면 그는 확실히 수지를 중시하기 때문입니다. 경험이 없는 사람한테는 얘기하지 않습니다. 제가 말했습니다. "고도 씨, 여러분은 이 몇 가지에 주의하기 바랍니다. 소지관육묘문은 지자(智者)대사가 『수행도지경』과 『달마선경』에서 뽑아낸 한 수행 방법입니다. 천태종의 종파 창립은 선종보다 조금 늦었습니다. 거의 같은 시기인데 두 방면으로 나누어졌습니다. 천태지자대사 자신이 수지하여 성취가 있자 이 방법을 기록한 뒤 소지관이 천하에 유통되었습니다. 현재로 보면 소승에서부터 대승으로 변해버렸습니다. 저는 조금도 예의를 차리지 않고 비평하기를 사람들을 다 그르쳤다고 합니다. 다들 육묘문소지관의 방법의 길을 걸어가지만 걸어서 통한 사람이 한 사람도 없으며 수지하여 성취한 사람도 하나도 없습니다." 고도 씨, 제가 그렇게 말했죠? (고도가 그렇다고 대답했다).

저는 아주 대담합니다! 이것은 제가 현장법사가 번역한 유식과 지자대사에 대한 공개적인 비판입니다. 그래서 저는 말합니다. 천태종을 보면 2, 3대 사이에 두세 사람만이 성공했습니다. 훗날의 영가(永嘉)대사는 먼저 천태종을 닦은 사람이었습니다. 그는 깨닫고 선종의 노선을 걸어갔습니다. 그는 도를 깨달은 뒤 다시 육조대사에게 인가 증명을 요청했습니다. 그는 『영가선종집(永嘉禪宗集)』을 저술했고 완전히 천태종 방법을 떠났습니다. 그러므로 선종에서 진정으로 대단한 제자는 영가대사로서, 제1인자라고 말할 수 있습니다.

저는 이 육묘문의 문제를 말하지만 지자대사에게는 잘못이 있을까요? 잘못이 없습니다. 그는 대자비로웠기 때문에 안나반나 방법을 정리해 냈고 이것을 정(定)의 수지 입문으로 삼았습니다. 하지만 곧바로 대승으로 전환했습니다. 그는 걱정하기를, 일반적으로 안나반나 출입식만 닦은 사람이 닦고, 닦아서 신통이 있게 되어, 천안통 · 천이통 · 타심통 · 숙명통 더 나아가 공중에서 날아다닐 수 있는 신족통이 있게 되어 마침내는 외도로 변할까 걱정했습니다. 왜냐하면 5통이 오게 되면 반야지혜가 장애를 받아 대철대오하지 못할지도 모르기 때문입니다. 그래서 그는 대승으로 전환하여 3지 3관(三止三觀)으로 전환했습니다. 하지만 그가 이렇게 한 뒤부터 후세에 수행한 사람들 중에는 성취한 사람이 적었습니다. 이것이 그 첫 번째입니다.

두 번째로는, 중국의 선종이 달마조사로부터 육조까지 전해지고, 당나라 왕조 말년에 이르러서 5종의 종파가 흥성한 뒤에 중국의 대승 선종도 끝장나버렸습니다. 사라져버렸습니다. "일화개오엽, 결과자연성(一花開五葉, 結果自然成)", 꽃 한 송이에서 다섯 잎이 나와 열매가 자연히 맺어지리라 이렇게 말했지요? 그렇습니다. 그래서 지금에 이르러서는 선종의 생명이 이 세상에서 '불절여루(不絶如縷)', 이미 거의 다 끊어져서 마치 한 오라기의 실처럼 매달려 있습니다. 아마 아직 한두 사람만 살아있어서 이 한 가닥 실오라기만 남아 있는데, 이것은 중국문화의 엄중한 문제입니다. 왜 제가 『정좌수도여장생불로』라는 책을 썼을까요? 바로 그 육묘문에 대한 집착을 깨뜨리고, 『인시정좌법(因是子靜坐法)』과 『강전정좌법(岡田靜坐法)』같은 것들을 깨뜨리기 위해서였습니다. 다들 길을 잘못 걸어가고 있기에 제가 한번 자비심을 내어 그 책을 썼습니다. 그런데 지금 제가 얘기하는 것은 더욱 육묘문을 깨뜨립니다. 육묘문은 옳습니다. 그러나 잘못 사용했습니다. 여러분은 육묘문을 가지고 대조해보기 바랍니다. 그래서 오늘날 천하에 선종이 두루 유행하고 더 나아가 정좌들을 하는데, 그들에게 당신들은 무엇을 하고 있습니까? 하고 물어보면 지관을 닦고 수식관을 닦으면서 정좌하고 있다고 합니다. 그들에게만 그치는 게 아니라 옛사람들도 거기에 떨어진 경우가 많았습니다. 소동파·육방옹·백거이 같은 경우도 다들 선을 배우고 도를 배운 사람들이었습니다. 육방옹은 "일좌수천식(一坐數千息)"이라고 했습니다. 정좌하고 자기가 한번 내쉬고 한번 들이쉬는 것을 헤아렸는데, 정좌할 때마다 1천까지 숨을 헤아렸습니다. 마치 진언을 외우듯이 수천만 번을 외운 격이었습니다. 저는 보고서 웃었습니다. 아하, 육방옹은 회계를 배우고 있었구나. 무슨 소용이 있었을까? 이제 여러분에게 육묘문을 말씀드릴 테니 천천히 해보기 바랍니다. 삼일 째가 되었습니다.

왜 선정을 닦는지에 대하여 『수행도지경』이나 『달마선경』 그 밖의 선(禪) 경전들 속에 써져 있습니다. 그러나 선 경전들의 연대를 보면 일부 어떤 것들은 여기서 베끼고 저기서 베낀 것들입니다. 다시 되돌아가서 대장경 속에 『대비바사론(大毗婆沙論)』 그리고 목련존자의 『법온처족론(法蘊足論)』과 사리불의 『아비담론(阿毗曇論)』을 읽어보십시오. 이런 것들은 불학을 연구하는 여러분이 다들 읽어보지 않은 것들입니다. 읽더라도 읽어 내려갈 수가 없습니다. 이런 저작들 속에서 다 언급했지만 특히 『대비바사론』은 유식학을 말하든 다른 것을 말하든 간에 매우 중요합니다. 5백나한이 부처님 제자의 법통을 따라서 나온 것으로서 출가하여 부처님을 배움에는 연구하지 않을 수 없습니다.

왜 이 여섯 가지 방법을 쓸까요? 사실 육묘문은 오로지 한 가지 문만 있습니다. 제가 여러분들에게 원칙을 일러드리겠는데, 오직 한 가지 방법만 있습니다. 바로 당신의 풍대를 이용하는 것입니다. 우리들의 생명은 다 기(氣)이니까요. 이 기를 자세히 말하면 내용이 많은데, 오늘은 먼저 육묘문만 얘기하겠습니다. 여러분이 정좌하면 생각이 이리저리 날뛰어 거둬들일 수 없습니다. 생각이 왜 청정해질 수 없을까요? 당신 자신의 그 선풍기의 전원을 꺼버리지 않았기 때문입니다. 다시 말해서 호흡이 움직이고 있기 때문입니다. 호흡이 움직이면 생각이 움직이고, 생각이 움직이면 호흡이 곧 움직입니다. 바꾸어 말하면 마음(心)과 식(息) 이 두 가지가 한데 합해지지 않았기 때문입니다.

중국인에게는 사람을 꾸짖는 말로서 "몰류출식(沒有出息)[40]"이라는 한 마디가 있습니다. 이것은 도가의 말인데, 당신의 호흡이 잘못됐다는 것을 말합니다. 출식이 없으면 꽉 갇혀 있어 미련한 사람으로 변합니다. 그러므로 출식이 있어야 옳습니다. 출식이 없는 사람은 어떤 사람일까요? 이 말은 아주 잔인합니다. 만약 출식이 없다면 바로 죽은 사람입니다. 왜냐하면 죽은 사람이야말로 호흡 왕래가 없기 때문입니다. 그러므로 이 식이 이렇게 중요합니다.

이제 여러분에게 말씀드리겠습니다. 정좌하면 생각이 왜 조용해지지 않을까요? 왜 생각이 청정해지지 않을까요? 호흡이 왕래하고 있기 때문입니다. 바람이 움직이기 때문입니다. 행음 때문입니다. 호흡은 왜 오고갈까요? 당신의 생각이 조용하지 않기 때문입니다. 이 두 가지 가운데 어느 것이 주체적이고 어느 것이 부대적인 것일까요? 모두 옳지 않습니다. 두 가지는 저울처럼 평등합니다. 만약 당신의 호흡이 조용해졌다면 생각도 조용해집니다. 이 저울도 평온해집니다. 마음이 먼저 움직이느냐 아니면 기가 먼저 움직이느냐는 문제가 아닙니다.

그래서 도가는 석가모니불이 닦은 출입식 법문을 이해하고는 "항룡복호(降龍伏虎)", 용과 호랑이를 항복시킨다는 비유를 했으며, 이 생각 저 생각을 묶어두고자 했습니다. 생각은 나는 새처럼 멋대로 달리기에 당신 스스로 뜻대로 할 수가 없습니다. 생각이 와도 어디로부터 오는지 모르고, 가더라도 어느 곳으로 가는지를 모릅니다. 만약 당신이 주의력을 호흡에 집중한다면 생각이 당신에 의해서 끌려오게 됩니다.

그러나 일부러 호흡할 필요도 없습니다. 여러분의 이 코 호흡의 왕래에 대해서 평소에도 특별히 유의하지 않습니다. 이제 정좌하고 있으면서 아무것도 상관하지 않고 호흡을 들을 수 있다면 더욱

---

40) 싹수가 없다. 발전성이 없다는 의미임.

좋습니다. 소리를 들을 수 없더라도 감각할 수 있을 겁니다. 한번 들어오고 한번 나가는 것을 느낄 수 있습니다. 당신이 첫 번째 느껴보고 두 번째 느껴보고 생각이 달아나버렸다면 당신은 곧 두 가지가 나누어졌다는 것을 압니다. 그러면 얼른 그것을 끌어옵니다. 도가에서는 이것을 남녀결합(男女結合)이요 음양쌍수(陰陽雙修)라고 하는데, 마치 여인과 남자가 한데 결합되어 있는 것이나 다름없습니다. 도가는 말하기를 음양이 결합하는 그 중간에는 중매쟁이가 하나 있는데 그 중매쟁이를 황파(黃婆)라고 부릅니다. 그것은 바로 의식[意]입니다. 당신의 그 의식은 호흡과 생각을 한데로 끌어당겨야 합니다. 너무 주의를 기울이지 말기 바랍니다. 호흡은 본래 오고가니까요. 자리에 올라앉으면 아무것도 상관하지 말고 의식이 이 호흡에만 주의를 기울이면, 생각이 그것과 한데 결합하여 함부로 달리지 않습니다. 방법은 아주 간단합니다.

그렇지만 일반인들은 그렇게 하지 못합니다. 그래서 부처님은 당신더러 세라고[數] 합니다. 어떻게 셀까요? 당신은 그 호흡이 나가면 호흡이 나가는 것을 알고, 그것이 나갔다가 다시 들어오는 것에 주의를 기울입니다. 한번 들어왔다가 한번 나가는 것을 1식(一息)이라고 하는데, 당신은 '하나'라고 셉니다. 다시 한 번 들어왔다가 나가면 '둘'이라고 셉니다. 다시 한 번 들어왔다가 한번 나가면 '셋'이라고 세면서 이 숫자를 기억합니다. 호흡이 한번 들어오고 한번 나가는 것을 1, 2, 3, 4, 5, 6, 7, 8, 9, 10까지 세어갔다면, 10까지 센 뒤에는 또 한 가지 방법이 있는데, 더 이상 세어가지 않고 호흡이 다시 한 번 들어오고 한번 나가면 9라고 셉니다. 그 다음 다시 한 번 들어오고 한번 나가면 8이라고 세고, 이렇게 다시 거꾸로 세어갑니다.

만약 호흡이 한번 들어왔다 한번 나갈 때마다 세어서 3까지 세었는데 그 사이에 다른 것을 생각했다면 수를 세지 않고 다시 시작합니다. 다시 호흡이 한번 들어왔다 한번 나가면 1을 세어 6까지세었는데 또 다른 생각이 끼어들면 수를 세지 않고 다시 1부터 세기 시작합니다. 이것을 수식(數息) 법문이라고 합니다. 하지만 여러분 생각해 보십시오. 우리들의 호흡은 본래 천성적으로 한번 들어오고 한번 나가고 본래 있는 것입니다. 그렇지요? 그리고 동시에또 한 가지 작용이 있어서 자기가 호흡에 주의하고 있는지 안하고있는지를 느낍니다. 아이고, 이거 잘못했다. 또 허튼 생각을 했네합니다. 그래서 이 한 마음에는 세 가지 작용이 있습니다.

우리는 보통 사람들을 꾸짖기를 "삼심이의(三心二意)하지 말라"고 합니다. 마음이 세 개요 뜻이 두 개입니다. 보세요. 우리는 생명속에서 얼마나 시끄럽습니까? '삼심이의(三心二意)'를 합해서 한 마음으로 돌아가려면 당신은 단지 호흡에만 주의를 기울이고 너무용심하지 않으면 자연히 느긋해집니다. 호흡이 어디에 이르든 당신은 상관하지 마십시오. 당신은 느낄 것입니다. 이 호흡이 위장에이르렀네. 또 어디에 이르렀네 하면서 당신이 그것을 따라간다면그것도 망상입니다. 왜냐하면 마음과 식(息)이 하나로 결합되지 않았기 때문입니다.

일부 선정수행 관련 서적들이 당신에게 일러주기를 "눈은 코를관하고 코는 마음을 관하라[眼觀鼻, 鼻觀心]."고 합니다. 그래서 어떤 사람들은 수행하면 곧 눈동자는 코끝을 바라보고 고개를 숙이고 있습니다. 그러면 큰일 납니다. 신경병이 날 수 있습니다. 뇌의기(氣)도 제대로 통하지 않을 수 있습니다. 이 말은 당신의 눈을 밖으로 보지 말고 콧구멍의 호흡에만 주의를 기울이란 것일 뿐입니다. 초보적인 호흡은 콧구멍 속을 출입하면서 심념(心念)과 한데결합합니다. 이것이야말로 "눈은 코를 관하고 코는 마음을 관하는 것"이라고 합니다! 그곳을 지키라는 얘기가 아닙니다. 호흡은 심념과 결합해야 조용해집니다. 이 하나의 조용함을 느끼는 감각이 당신에게 있습니다. 만약 호흡이 들어와서 내려가지 않고 허파 부위에만 도달하거나 어느 부분이 괴로울 수 있는데, 그 가운데는 많은 문제가 있습니다. 우리는 서서히 토론하기로 하고, 이렇게 하는 것을 수식이라고 한다는 것을 이해합시다. 모두 합하여 여섯 가지 요점입니다. 1단계는 수식(數息), 2단계는 수식(隨息), 3단계는 지식(止息), 4단계는 관(觀)인데 관식(觀息)을 설명하지 않았습니다. 지(止)·관(觀)·환(環)·정(淨)에도 사실 '식'자를 더해서, 수식(數息)·수식(隨息)·지식(止息)·관식(觀息)·환식(還息)·정식(淨息)이라 해야 마땅합니다. 그렇지만 그 다음에 나오는 몇 개의 식(息)자들은 떼어버렸습니다. 그래서 오히려 해석이 분명하지 않게 되어버렸습니다.

다섯째 시간

안팎을 깨끗이 씻다

수식(數息)에 관하여는 여기 한 가지 비밀이 있습니다. 진정으로 이 법문을 닦고 신체의 병도 제거하고 수명까지도 늘려서 비교적 좀 오래 살고자 한다면, 날마다 아홉 구멍을 청결히 해야 합니다. 얼굴에 있는 일곱 개의 구멍과 아래의 대소변을 보는 두 개의 구멍을 모두 깨끗이 처리해야 합니다. 예컨대 다들 도시에서 지내면서는 공기가 오염되어있으니 날마다 콧구멍을 깨끗이 씻어야 합니다. 요가를 배우면서 콧구멍을 씻어야할 뿐 아니라 뇌도 씻어야합니다. 어떤 학우들은 저를 따라서 그렇게 합니다. 어떤 학우들은 감히 시험을 해 보지 못합니다. 완전히 깨끗한 냉수를 이용하되 코로 그 냉수를 빨아들이고 입으로 푸우~ 하고 내뿜습니다. 뇌를 씻고 코를 씻는 경우는 아주 깨끗한 물이 필요합니다. 처음 한두 번은 머리가 몹시 아픈 것을 느낍니다. 실제로 뇌신경에는 아주 더러운 것들이 많습니다. 서너 번 이후에는 기분이 좋습니다. 이게 바로 코와 뇌를 씻는 방법입니다. 심지어 뒤에 잘 연습된 후에는 뛰어난 공부가 되어서, 우유나 물을 마시면 한 가닥의 기가 코로부터 뻗쳐 나옵니다. 그러나 일반적으로 우유를 쓰지 않고 맑은 물을 사용합니다.

그리고 요가를 수련하는 사람들은 목구멍과 식도를 세척해야합니다. 우리가 어떤 것이 맛있다고 느끼지만 실제로 어떤 것이 맛있다고 아는 것은 혀이지 목구멍과는 관계가 없습니다. 목구멍까지 삼키고 난 뒤에는 어떤 맛이든 다 모르게 됩니다. 그러므로 맛이 있느냐 맛이 없느냐는 혀에서의 미각들이지 삼키고 난 다음에는 무엇이든지 다 마찬가지입니다. 식도관이 제일 지저분합니다. 요가를 수련하고 기맥을 수련하는 사람은 당신에게 일러주기를, 식도관이 깨끗하지 못하면 머릿속의 생각이 맑지 않을 수 있다고 합니다. 예컨대 우리가 유리잔에다 우유를 담아 다 마시고 나면 그 유리잔에는 한 층의 하얀 흔적이 남습니다. 백번이나 쓰고 씻지 않는다면 그 유리잔은 투명하지 않게 됩니다. 그러므로 우리가 먹는 음식은 식도관 이 부분의 한 관절을 지나가는데 요가를 수련하는 사람들은 그것을 후륜(喉輪)이라고 부릅니다.

후륜에서 심장에 이르는 이 마디가 청정하지 않으면 생각망념을 정지시키기 어렵습니다. 성깔이 나쁘거나 생각이 복잡하거나 마음속이 초조할 경우는 바로 그 때문에 그렇습니다. 그러므로 식도 관을 깨끗하게 해야 합니다. 저도 예전에 시험해 본 적이 있는데, 저는 뭐든지 감히 시험을 해 보아 저의 수도(修道) 실험으로 삼습니다. 그 당시 저는 죽어도 좋다는 심정이었습니다. 만일 죽어버리면 그만이지 뭐하는 심정이었습니다. 저에게는 "몸을 도에 바친다[以身殉道]"는 관념이 하나 있습니다. 자기 몸을 가지고 시험을 하여 사람을 속이는 것인지 진짜인지를 살펴보는 것입니다. 석가모니불이 당시에 불법을 구할 때에 반구절의 게송을 위하거나 두 마디 시를 위하여, 자신이 모르기 때문에 남이 일러주기를 바라고는 생명을 희생할 수 있었습니다.

공산당의 한 노년 선배로서 복건(福建)에서 국민당에 의해 총살된 구추백(瞿秋白)은 죽음을 앞두고 다음 두 마디 시를 썼는데, 이것은 그가 지은 것이 아니라 당나라 왕조 때의 것입니다. "달이 저 높은 곳에 이르니 갖가지가 깨끗하고, 마음에 반 마디 게송을 지니니 온갖 인연이 공하구나[月到上方諸品淨, 心持半偈萬緣空]." 이것은 부처님의 관념을 이용한 것인데, 부처님이 도를 구하면서 두 마디 비결을 얻기 위하여 자신의 생명까지 희생하여 한 가지 지식과 바꾸었듯이, 배움을 추구하는 데는 그런 정신이 있어야 한다는 것입니다. 지금 여러분은 연분이 좋고 복이 좋아서 저같이 이런 낯두꺼운 늙은이를 만났는데, 수집한 것들을 모두 여러분에게 토해주어서 여러분이 영양으로 삼도록 하지 못한 것이 안타깝습니다. 그렇지만 제가 수십 년 동안 했지만 진정으로 받아들이고 소화하려고 하는 사람은 한 사람도 없습니다. 모두 없습니다. 모두들 어떤 학우처럼 듣고서는 흰 치아를 드러내어 마치 석가가 꽃을 집어

들자 가섭이 미소했듯이 그랬지만 그 뒤에는 아무것도 없습니다.

식도관은 어떻게 씻을까요? 한 조각 흰 비단 천을 깨끗이 완전히 소독하여 위까지 내려가도록 삼켜서 위와 식도를 깨끗이 씻는 것입니다. 그 천을 잡아당겨서 내부의 냄새를 맡아보면 구려서 이 생명이 너무나 더럽고 구리다는 것을 느낍니다. 이것은 윗부분이고 또 아랫부분인 장(腸)을 모두 씻어야합니다. 안나반나를 수행하여 즉신성취(即身成就)를 하고 싶은 사람이나 진정으로 밀교를 수행하고자 하는 사람은 이런 것들을 다 해야 합니다! 신체 안팎을 깨끗하게 씻어야 합니다.

그럼 평소에 정좌할 때에 당신은 이 식도 관을 어떻게 씻을까요? 그러기에 가슴이 답답하다고 하는 사람이 많이 있는데 제가 그들에게 일러주는 것은 아주 간단합니다. 당신이 일어서서 혀를 가능한 최대한 위로 끌어당겨 목젖을 막아 마치 토하려는 것처럼 합니다. 세 번하고 나면 식도 관에 있는 것들이 내려갑니다. 자신에 대하여 대충하지 말기 바랍니다! 끌어당긴다고 죽지는 않을 겁니다. 혀를 끌어당긴 뒤에는 당신의 식도부분이 많이 열립니다. 자기가 후륜 이 부분을 씻을 수 있습니다. 물론 위도 씻을 수 있습니다. 요가를 배우는 사람이 어떻게 위를 씻을까요? 자기가 자리에 앉아서 의식으로써 기를 (호흡을 한 번 들이쉬지 마십시오) 충실히 하여 위 부분에서 굴립니다. 그 밖에도 갖가지 방법들이 있습니다.

인류는 수행하여 이 생명 본체의 작용을 증득 추구하기 위해서 자신들이 많은 방법들을 낳았습니다. 예컨대 종기가 났다거나 암이 생겨났을 경우 진정으로 안나반나를 닦고 기를 수련하는 사람은 공부할 결심을 하여 그것을 파괴시킬 수 있습니다. 마치 레이저처럼 그것을 파괴시킬 수 있습니다. 이것은 할 수 있는 일인데 그 사람의 결심이 있느냐 없느냐에 달려 있습니다. 도가에 다음 두 마디 말이 있습니다. "약요인불사, 제비사개인(若要人不死, 除非死個人)", 당신이 장생불사를 추구하고 싶다면 오직 죽을 각오로 공부를 하지 않으면 안 됩니다. 이 두 마디 말에는 깊은 의미가 있습니다. 그러므로 수행하고 공부함은 이런 결심에서 오는 것입니다. 어떤 경계를 만나면 두려워서 얼른 의사를 찾아가는 보는데, 보면 볼수록 심해집니다. 그런 다음 저는 늘 말하기를, "제 친구들 중에는 양의나 중의로서 명의들이 많지만 가끔 한번 참고할 뿐입니다."라고 합니다. 저는 지금까지도 자기 자신을 믿습니다! 대장부가 자기의 생명을 자기 뜻대로 못한다면 사람 노릇하지 않아야 합니다. 그렇게 간단합니다.

수식의 비밀

조금 전에 자질구레하게 말씀드렸는데 우리는 본 주제인 수식을 떠나지 맙시다. 수식에는 비결이 하나 있는데 제가 그 비밀도 여러분에게 말했습니다. 제가 여러분에게 모두 아낌없이 보시합니다. 법보시를 하는 겁니다. 밀교를 배우려면 보통일이 아닙니다. 여러분더러 절을 몇 번 하라고 하고 공양을 얼마 하라 하고, 그 밖에도 여러 조건들이 있습니다. 마지막에는 1년 반이나 끌었다가 비로소 당신에게 한 마디 일러줍니다. 저는 그렇지 않습니다. 제가 가지고 있는 지식들을 완전히 꺼내서 보시합니다. 제가 알 수 있는 것은 역시 천하 사람들의 것입니다. 과거 조사들이 남겨주신 것은 불행하게도 제가 알게 되었습니다. 저는 예의 차리지 않고 꼭 그것들을 공개합니다. 저는 일생동안 이런 관념이었습니다. 도는 천하 사람들의 공도(公道)이니 저는 비밀을 한 수 남겨 놓아 사람들에게 전해주지 않기를 좋아하지 않습니다. 저는 그런 게 부도덕하다고 생각합니다. 어떤 사람이 한 수 남겨놓았다면 설사 그것이 장생불사의 법문이라 할지라도 저는 바라지 않습니다. 왜냐하면 당신의 그 도덕에는 문제가 있으니까요. 이러한 정신을 배우는 데 유의하기 바랍니다. 도는 천하 사람들의 공도이니 온 세상에 공포하여 사람들마다 좋은 점을 얻게 해야 합니다. 그것이야말로 도를 닦는 목적입니다.

부처님은 은밀한 분부(吩咐)를 하나 하셨습니다. 당신이 수식하고자 할 때, 예를 들어 코에 공기가 한번 들어왔다 나감을 '하나'라고 세는데, 당신의 관념 속에서는 어느 때에 그 숫자를 셀까요? 사람의 탐심과 사심은 대부분 호흡이 들어올 때 '하나'라고 셉니다. 그런데 그것은 기공을 하는 것이지 도를 닦는 게 아닙니다. 부처님은 진정한 수도는 내쉬는 숨을 세는 것이라고 일러줍니다. 출식에 주의를 기울이십시오. 이 비밀의 중점을 여러분에게 말씀드렸습니다.

부처님이 말씀하신 비밀에 다들 경전을 봐도 주의를 기울이지 않습니다. 그런데 저는 그것을 알아냈습니다. 당시에 저는 부처님에게 머리를 조아렸습니다. 당신은 마침내 후대 사람들에게 분부를 하셨군요! 하지만 후대 사람들 자신들이 닦지 않으면 어쩔 수 없습니다. 열반을 닦는다면 출식에 주의를 기울여야 하는데 출식하면서 어떻게 셀까요? 당신이 출식을 셀 때에 당신의 모든 것을, 심지어 자기의 생명, 일체의 번뇌, 병통조차도 출식을 따라서 내보내는 것입니다. 특히 감기가 들어 병이 났거나, 신체 안에 종기가 났거나, 암이 났을 경우에는 그것을 출식과 함께 나가게 합니다. 나가게 하면 곧 비워집니다[空]. 당신이 만약 이렇게 수식(數息)한다면 몸이 즉시 가뿐해집니다. 먼저 일분 동안 시험해 보고나서 말하겠습니다.

이것은 이론을 얘기하는 게 아닙니다. 자기가 해보세요. 꼭 다리를 틀고 앉을 필요도 없습니다. 어떤 자세라도 좋습니다. 호흡은 본래 있으니까요. 당신이 출식에 주의를 기울이면 생각도 호흡을 따라서 자연히 떠나갑니다. 모든 번뇌의 고통과 일체의 병통, 업장이 숨을 내쉬어버리면 사라져 버립니다. 내쉬고 난 다음에 다시 들어온 숨은 깨끗한 것인데 당신의 내면에 도달하면 또 더러운 것으로 변합니다. 산소가 들어와 탄소로 변합니다. 이어서 탄소가 내쉬어지고 모든 병통도 사라져버립니다. 출식을 세는 것에 주의를 기울이기 바랍니다. 입식에 주의를 기울이고 세는 것이 아닙니다. 일반적으로 기공을 수련하고 도를 닦는 사람이 공부를 수련할 준비를 할 때에 먼저 숨을 한번 들이쉬고 닫아버리는데, 그것은 죽으려고 환장한 것이 아니겠습니까! 무공을 수련하는 사람은 더욱 이런 병통이 있습니다. 제가 보니 소림 무공을 수련하는 사람들도 이런 병통이 있었습니다. 최후에는 기는 나가기 마련입니다. 최후에는 헤이! 하면서 기가 나가버려야 힘이 발생합니다. 그런 사람들은 그 점을 모르고 죽어라고 숨을 한번 들이쉬고 닫고 있습니다. 진정으로 공(空)의 힘은 유(有)의 힘보다 큽니다. 만약 호흡이 들어왔는데 그것을 유지시키고 있다면 좋지 않게 됩니다. 수식이라는 초보적인 단계를 이해하겠지요!

왜 호흡을 헤아려야 하는가

수식의 목표를 다시 한 번 말하겠습니다. 당신이 정좌하고 앉아서 1, 2, 3... 이렇게 수식을 하는데 왜 수를 쓸까요? 숫자를 세는 주체[能數]는 심념(心念)인데, 당신이 호흡을 세거나 세지 않거나 호흡과는 관계가 없습니다. 하지만 호흡을 빌려서 이 심념을 끌어당겨 와서 호흡과 결합하는 것입니다. 다들 부처님을 배우고 도를 닦으면서 죽어라고 수식을 하고 있습니다. 제가 말합니다, 여러분은 부처님을 배우고 있는 것입니까 아니면 회계를 배우고 있는 것입니까! 호흡은 생멸법입니다. 들어오면 또 나갑니다. 나가버리면 틀림없이 공한 것입니다. 당신은 그 공한 것을 세어서 어쩌자는 겁니까! 그런데 부처님은 왜 당신더러 수식을 이용하라고 시켰을까요? 당신이 마음을 끌어당겨 오지 못하기 때문에 호흡왕래를 도구로 삼아 마음을 끌어당겨 오게 하는 겁니다. 마음이 돌아온 다음에는 당신은 수를 셀 필요가 없습니다! 숫자를 세지 않으면 뭘 할까요? 수(隨)입니다.

두 번째 단계는 수식(隨息)입니다. 호흡할 때 나가면 나간 줄 알고, 들어오면 들어온 줄 압니다. 곁의 그런 생각 망념들은 모조리 상대해서는 안 됩니다. 이것은 제가 어제 여러분에게 말씀드린 선종 조사의 다음 한 마디 말과 같습니다. "보배 구슬을 머금은 용은 주변에서 헤엄치는 물고기들을 거들떠보지 않는다." 알아들으셨습니까? 심념을 전일(專一)하게 하고 곁의 잡념들은 모조리 상관하지 않는 것입니다. 이 말은 초보적으로 여기에다 빌려 쓸 수 있습니다. 당신은 전일해졌잖아요! 전일해졌으니 곧 수식(隨息)합니다. 기(氣)가 들어오면 들어온 줄 알고 당신은 그것이 어디에 도달하든 내버려 둡니다! 그러나 당신은 감각이 있습니다.

이 기가 들어온데 대하여 장자는 말하기를 "보통사람은 목구멍으로 호흡한다[常人之息以喉]"고 했습니다. 기억하고 있기 바랍니다! 보통사람의 호흡은 흉부 폐부까지만 도달합니다. 혹은 몸이 좋지 않으면 목 부분까지만 도달합니다. "지인은 발뒤꿈치로 호흡한다[至人之息以踵]", 도를 얻은 사람이나 공부가 있는 사람은 기가 한번 들어오면 곧장 발바닥 중심에까지 도달합니다. 제가 한 가지 경험을 여러분에게 솔직히 말씀드리겠습니다. 저의 호흡의 경우 몸에 호흡이 있다는 감각이 없습니다. 그렇지만 사지와 발바닥 중심과 발가락에까지 모두 기가 도달했음을 느낍니다. 당신은 기가 길면 수명도 길고, 기가 짧으면 수명도 짧습니다. 이것을 수식(隨息)이라고 합니다. 보세요. 경극이나 곤곡(崑曲)을 창하는 그 아가씨와 서생은 서로 따라옵니다. 즉, 함께 옵니다. 이것을 수식(隨息)이라고 합니다. 일부러 마음을 쓰지 말기 바랍니다. 잡념망상들이 있더라도 일체 상관하지 마십시오. 당신은 이미 알았는데 잡념망상을 상관해서 뭐 하겠습니까! 당신이 잡념망상을 알아버리면 망상은 곧 떠나버립니다. 그러니 당신은 이 호흡만 상관하십시오. 알아들으셨지요! 육묘문에서 두 번째인 수(隨)에 대하여 말했습니다.

지식(止息)의 상태

어떻게 지식(止息)할까요? 조금 전에 여러분에게 잠자는 것에 대해 얘기했습니다. 자리에 앉아마자 세심하지 못 할 때에는 내쉼도 있고 들이쉼도 있습니다. 우리의 이 몸은 아주 기묘합니다. 당신이 이 두 다리를 틀고 앉아 아무것도 상관하지 않습니다. 물고기의 경우 물속에서 호흡하기를 입으로는 들이쉬고 양 아가미로는 내보내고 또 들어오면 또 내쉬는데, 모두 공(空)한 것입니다. 보세요, 그 물고기가 내뿜고 내뿜다 입을 움직이지 않고 물을 내뿜지 않을 때가 있습니다. 우리도 마찬가지입니다. 코가 호흡을 하면서 한번 들이쉬고 한번 내쉬기를 반복해 가다 조용하고 전일할 때에 이르게 되면 호흡도 움직이지 않게 됩니다. 마치 호흡이 없어진 것 같습니다. 이게 바로 지식(止息)입니다. 지식에 이르렀을 때 당신의 심경(心境)도 자연히 유달리 조용해집니다. 이때에 당신은 느낄 수 있습니다. 황 의사는 그저께 저에게 말했습니다. "저는 지금 기를 따라 갔습니다. 온 몸의 기가 충만합니다." 당신은 틀렸습니다. 당신은 감각에 주의를 기울였기 때문입니다. 감각에 주의를 기울이지 말기 바랍니다. 기는 본래 공한 것입니다! 당신이 아주 충만하다고 느낀다면 코로나 입으로 그것을 내쉬어 모조리 그것을 놓아버리고 비워버리십시오. 몸도 상관하지 마세요. 기가 충만할 때는 염두도 멈춥니다. 그렇게 해야 신체 내부의 변화가 큽니다! 그 다음 단계는 천천히 얘기해서 여러분에게 말씀드릴 겁니다.

지식(止息)한 뒤에는 관(觀)입니다. 무엇을 관(觀)이라고 할까요? 당신은 자기의 호흡이 조용해졌다는 것을 압니다. 비록 완전히 정(定)의 상태에 있는 것은 아니지만 오래 지나서야 호흡을 한 차례씩 하고, 당신은 그것을 알면서 상관하지 않습니다. 이때가 관입니다. 당신의 그 앎[知]은 이미 자기를 관찰하고 있습니다. 따로 관을 하나 둘 필요가 없습니다! 당신의 그 앎이 관을 하고 있는 것 아닙니까? 그런 다음 당신은 관찰합니다. 이 기가 명치에 도달하면 어떻게 내려갈까? 아이고, 등 여기가 아파 괴롭네! 이게 바로 관입니다. 당신이 본 것입니다. 당신은 자신의 등이 아프고 허리가 시큰거리는 것을 보고서는, 간(肝) 부분이 괴로운 것 같은데 혹시 무엇이 난 것이 아닐까? 하는 등 당신의 회의(懷疑)가 모두 나타납니다. 그럴 때는 어떻게 할까요? 상관하지 마십시오. 그럴 때는 당신이 일부러 가다듬는 게 제일 좋은데, 코 부분이 아닙니다. 요점은 견디기 어려운 부분에 집중상태를 유지하면서[定住] 움직이지 않는다는 것입니다. 이에 대해서는 여러분이 불학을 연구해야 합니다. 도리를 여러분에게 들려드리겠습니다.

인(忍)과 지(智)

4제 법문에는 8인(八忍) 8지16심(八智十六心)이 있습니다. 참을 인(忍)자에 주의하시기 바랍니다. 정력(定力)입니다. 그래서 일본 사람들은 전문적으로 이 글자를 사용하여 협객을 인자(忍者)41)라고 합니다. 보살도에 들어가려면 무생법인(無生法忍)을 얻어야합니다. 이 '인'자는 대단합니다. 중국 글자인 참을 인(忍)자는 윗부분이 칼 한 자루입니다. 칼 도(刀)자가 아니라 칼날 인(刃)자입니다. 칼 '도'자는 칼날이 한 면만 있는 것입니다. '인'은 양날 칼입니다. 마음속에서 한 자루의 칼이 잘라 끊어버리는 것이 인(忍)입니다. 여러분이 고요해져 호흡을 할 때는 여기가 편치 않고 저기가 편치 않은 것을 느끼면서 괴로운 줄 알게 됩니다. 고집멸도의 이 고제에는 두 가지 작용이 있습니다. 첫째가 고법지인(苦法智忍)입니다. 당신이 어느 부분이 고통스럽다고 알았다면 이 방법을 이미 알았으니 지인(智忍)으로써 그 부분에 머무르면서 몹시 괴로움을 서서히

---

41) 일본어 발음으로는 닌자.

느낍니다. 그 부분이 마치 밖으로 나올 것처럼 느끼고 그것을 방출하고 호흡도 놓아버립니다. 방법과 지혜의 인(刃)이 있습니다. 한 걸음 더 나아가 그런 다음에는 서서히 그 병통이 가뿐해지고 인(忍)자도 사라집니다. 이것을 고법지(苦法智)라고 하는데, 지혜가 열린 겁니다.

집법지인(集法智忍)도 같은 이치인데, 집(集)은 더욱 심합니다. 당신의 몸과 생명을 그 괴로운 부분에다 집중을 합니다. 지인(智忍)을 거쳐서 서서히 집중하여[集] 관통한 뒤가 바로 집법지(集法智)입니다. 공부가 도달한 뒤가 바로 멸법지인(滅法智忍)입니다. 한 걸음 더 나아가면 멸법지(滅法智)입니다. 공부가 도를 얻은 경계에 도달한 것이 도법지인(道法智忍)이고, 최후에 도달한 것을 도법지(道法智)라고 합니다.

고집멸도가 우리 욕계(欲界)에 대하여 말하는 것은 4종인(四種忍)과 4종지(四種智)입니다. 천인(天人) 경계에 이르면 한층 높습니다. 색계, 무색계의 천인들과 그 밖의 별 세계의 사람들도 고통이 있습니다. 우리보다는 가벼운데 그것을 '고류지인(苦類智忍)·고류지(苦類智), 집류지인(集類智忍)·집류지(集類智), 멸류지인(滅類智忍)·멸류지(滅類智), 도류지인(道類智忍)·도류지(道類智)'라고 부릅니다. 우리와 거의 차이가 없지만 우리보다는 가벼운데, 역시 이 공부를 해야 합니다.

제가 조금 전에 말하기를, 당신은 병통이 어느 곳에 이르렀을 때 그것을 참고 있다가 그것을 내쉬는 숨을 통하여 보내버릴 수밖에 없다고 했습니다. 이런 공부들은 이론을 말한 것이 아닙니다. 이론을 알고 나서 실제로 심신으로 체험해보지 않는다면, 저는 이것을 빈말이라고 생각합니다. 당신이 수증(修證)하지 못한다면 무슨 소용이 있겠습니까! 이 세상의 어떤 과학이나 종교나 철학이든 심신에 무익한 것이라면 그런 학문이 무슨 소용 있겠습니까! 모든 지식 학문은 인류의 심신에 유익한 것이어야 합니다. 그러므로 불법을 배우면서는 실험을 해야 합니다. 과학적인 실험입니다. 이 인(忍)과 정(定)은 차이가 있을까요? 인(忍)과 지(止)와 정(定)은 차이가 있습니다. 논리상에 차이가 있는데, 바로 강도(强度)의 차이입니다.

육자결(六字訣)

여러분은 호흡을 하며 내쉽니다. 그래서 육묘문 지관법문을 닦음에 있어 여섯 가지 비결이 중요하다고 일러줍니다. 이 여섯 가지 비결은 "허우[呵]·후이[噓]·후[呼]·츄이[吹]·희[嘻]·쓰[呬]"인데[42], 도대체 불가에서 온 것인지 도가에서 온 것인지 저는 지금까지 잘 모르겠습니다. 이것은 학문지식을 얘기한 것입니다. 그 용도는 어떨까요? 대단히 유용합니다. 이 여섯 글자의 발음은 여러분이 안나반나 호흡법을 수행할 때 자신의 신체 내부가, 예컨대 심장의 여기 명치가 괴로울 때는 '허우[呵]' 자를 이용합니다. 그렇지만 목구멍에서는 소리를 내지 않고 심장 부분으로부터 허우~합니다. 단숨에 허우~ 하고 나서 입을 다물면 기(氣)가 자연히 돌아옵니다. 당신이 몇 번 그렇게 허우~ 하면 명치와 심장이 열리고 병도 나갑니다.

'츄이[吹]'자는 신부(腎部)입니다. 허리 부분이 괴롭고 기가 통하지 않으면 츄이~자를 써서 발음합니다. 소리를 내서 읽는 게 아닙니다. 이 입 모양은 퉁소를 불거나 피리를 부는 겁니다(선생님이

---

42) 이 여섯 개의 한자음의 한글 표기는 남 선생님이 하는 발음에 가깝게 음사한 것임.

시범을 보이다). 단숨에 허리와 신장의 모든 병통을 다 불어버립니다. 츄이~ 하고 끝까지 불고 나서 바로 입을 닫으면 자연히 호흡을 합니다. 이렇게 한 두 번 하고 나면 허리 부분이 풀어집니다.

'후[呼]'자는 어떨까요? 비위(脾胃)에 문제가 있거나 소화불량인 경우 후~자를 씁니다. 입으로 후~발음의 형태를 합니다. '쓰[呬]'자는 광동어나 민남어 발음으로는 서(西)나, 사(斯)자로 발음하는데 거의 같습니다. 입을 옆으로 벌리는데 폐부(肺部)에 해당합니다. '희[嘻]'자는 무슨 발음일까요? 우리 사람들이 기쁠 때는 희희, 희희 하고 웃는데 바로 이 발음입니다. 앞부분의 상중하 삼초(三焦)가 다 열립니다. 이상의 여섯 글자의 발음은 대단히 중요합니다. 안나반나에서의 반나인 출식법문에 속합니다.

그러므로 저는 말하기를, 오늘날 중국의 큰 절들에서 진정한 총림을 보기가 드물다고 합니다. 영파(寧波)의 천동사(天童寺)와 아육왕사(阿育王寺), 혹은 상주(常州)의 천녕사(天寧寺)는 현재 수행방법적인 건축이 있는지 없는지 모르겠습니다. 진정한 총림의 건축은 바로 수행 방법을 표시합니다. 여러분이 산문에 들어가자마자 전면의 전(殿)에는 형하이장(哼哈二將)[43]이 모셔져 있는데, 바로 안나반나 호흡작용을 상징합니다. '형(哼)'은 코로 기를 내쉬는 겁니다. '하(哈)'는 입으로 기를 내쉬는 겁니다. 그러므로 수행은 먼저 안나반나 형하로부터 들어갑니다.

이 전(殿)을 지나면 사대천왕(四大天王)이 모셔져 있는데, 두 눈과 두 귀를 상징합니다. 눈·귀·코·입을 말한 것이기도 합니다. 가운데에 배가 불룩 크게 나온 미륵보살이 하하하 하고 크게 웃고

---

43) 우리말 발음은 '형합'이지만 중국어 발음은 '형하'이다. 형하로 표기한다. 두 분의 절 문지기 신의 속칭으로 집금강신(執金剛神)의 일종이다. 절의 산문 안에 모셔져 있다.

있습니다. 희희 하고 크게 웃는다고도 할 수 있습니다. 사람이 살면서 입을 열어 한번 웃는 일이 드문데, 그렇게 웃고 나면 모든 기가 통해버립니다. 그렇지요?

미륵보살을 지나서 그 뒤가 위타(韋馱) 호법보살입니다. 더 들어가면 대전(大殿)에 석가모니불이 모셔져 있고, 법신·보신·화신의 3신(三身)이 그곳에 앉아 계시면서 눈은 당신을 보기조차도 하지 않습니다. 다시 대전을 돌아가면 배후에 대자대비한 관세음보살인데, 도를 얻은 이후에 세간에 들어가는 것입니다. 다시 고해 속에 돌아와서 중생을 제도하는 것입니다. 대전의 석가모니불 주변의 두 줄은 18나한이거나 4대보살인데, 모두 서로 짝을 이룹니다. 그러므로 진정한 대총림은 실제 형상으로써 당신에게 수행방법을 일러주고 있음이 모두 분명합니다. 그런데 다들 이해하지 못하고 우상으로 여기고 숭배할 뿐입니다.

방금 우리는 이미 수식(數息)·수식(隨息)·지식(止息)을 말했고, 그 다음으로는 관(觀)을 말했는데, 당신은 관찰을 분명히 해야 합니다. 그 다음은 환(還)의 단계인데, 앞의 길에 따라 수행한 뒤에 공부가 도달하여서 코를 통한 호흡이 모두 정지한 것 같아지고 신체 내부가 완전히 변화하면, 어느 곳으로 돌아갈까요? 여러분이 육묘문 글을 보면, 대승반야공관(大乘般若空觀)이나 가관(假觀)으로 전향하여 사람들을 그 방향으로 이끌어가고 있습니다.

육묘문은 분명 소승 수행법이며 공부입니다! 어디로 돌아갈까요? 내쉬지도 않고 들이쉬지도 않음으로 돌아갑니다. 즉, 노자가 말하는 "여영아호(如嬰兒乎)"입니다. 어머니 태속에 있을 때나 막 어머니 태에서 나왔을 때의 그 갓난애의 호흡 상태로 돌아가는 것입니다. 마땅히 그 상태로 돌아가야 합니다. 그 다음이 정(淨)입니다. 호흡도 청정해졌고 잡념도 청정해졌습니다. 잡념이 청정해진 뒤에는 생각이 없을까요? 틀렸습니다. 견문각지(見聞覺知)가 다 있어서 일체를 다 알 수 있으며 일체를 다 이해할 수 있습니다. 견문각지에서의 '각(覺)'은 감각이요 '지(知)'는 아는 것입니다

그래서 진정으로 이 공부에 도달하고 정(定)을 얻었을 때에는 당신의 영감(靈感), 당신의 지혜, 당신의 두뇌가 외부를 접촉하는 힘은 완전히 달라집니다. 아마 당신은 여기 앉아서 상해(上海)의 친구가 말하는 소리조차도 들을 수 있을 것이며, 당신의 집안에서 무슨 일을 하는지를 당신도 알 것입니다. 견문각지(見聞覺知)가 다 있습니다. 오늘은 초보적으로 여러분에게 먼저 육묘문을 얘기했습니다. 내용을 자세히 말하려면 아직도 아주 많습니다!

제4일 강의

첫째 시간

일본은 왜 선종을 추천하고 소개했는가

수행은 유위법(有爲法)으로부터 착수해야 한다고 불법은 말합니다. 이것은 학술이론을 말하는 겁니다. 무엇이 유위법일까요? 현세의 이 생명으로부터 물리세계의 생리방면으로부터 출입식 방법에 착수하여 닦기 시작하는 것입니다. 불법이 중국에 전해졌을 때부터 시작하여 1천 년 동안 육묘문이 유행했고, 지금은 전 세계에 유행하고 있습니다. 몇 사람이나 이 법문으로부터 수지하여 성취했을까요? 제 일생의 경험에 비춰볼 때 몹시 탄식하며 여러분에게 말씀드리는데, 거의 한명도 보지 못했습니다. 특히 일본 선종인 조동종에서도 마찬가지로 성취한 사람을 보지 못했습니다.

일본은 2차 세계대전에서 투항한 뒤에 한 가지 비밀이 있었는데, 일반적으로 역사를 연구하거나 정치를 연구하는 사람들은 다 모르고 있습니다. 일본은 일부 작은 동작들에서는 대단히 총명하고 대단히 의미가 있습니다. 중국인들은 남보다 총명하다고 스스로 생각합니다만 대충 대충합니다. 이것은 중화민족의 한 가지 큰 결함입니다.

일본인들은 투항한 뒤에 많은 벚꽃나무를 보내 미국의 수도 워싱턴에 심었습니다. 그래서 오늘날 봄에 보면 그 벚꽃들이 활짝 피는 게 일본 것보다도 더 아름답습니다. 저는 그들이 정말 총명하다고 말합니다. 왜냐하면 이것은 아주 작은 동작이지만 그 의미는 깊기 때문입니다. 많은 사람들이 잘 모르고 일본의 벚꽃이 국화(國花)라고 말합니다. 완전히 틀렸습니다. 벚꽃은 일본의 국화가 아닙니다. 일본의 국화는 국화(菊花)입니다. 가을날의 노란 국화입니다. 여러분이 학문을 말하고 역사를 말하고 정치를 연구할 때는 모두 분명히 해야 합니다! 벚꽃은 무사(武士) 정신을 상징합니다. 비록 일본이 미국의 원자탄에 무너졌지만 지금은 미국의 수도를 벚꽃도시로 바꾸어 버렸습니다. 이것은 일본의 심리적인 위안이 되며 정신적인 만족이 됩니다.

그 다음으로 일본은 두 사람을 양성했습니다. 한 사람은 스님입니다. 아직 살아 있다면 백여 세가 될 겁니다. 또 한 사람은 재가 거사인 스즈끼 다이세쓰[鈴木大拙]입니다. 미국으로 가서 미국 아가씨에게 장가들어 부인으로 삼고 외국어를 잘 배워 그곳에서 선종을 크게 전파했습니다. 그야말로 이름을 날렸다고 할 수 있습니다. 당신은 그 스즈끼 다이세쓰가 선종을 널리 전파하기 위해서 갔다고 생각하십니까? 여러분은 알아야 합니다. 일본정부는 1년에 그에게 5십만 달러를 지원하여 주었습니다. 일본사람들은 비록 전쟁에서는 실패했지만 문화적으로는 미국 당신들을 침략하겠다고 생각했습니다. 일본은 무슨 문화가 없고 선종의 조동종만이 있었습니다. 그 당시 저는 대만에 있었는데 아주 운이 좋지 않은 시절이었습니다. 양린(楊麟)의 부친 양관북(楊管北)씨가 이렇게 말했습니다. "일본 정부는 선종의 대사를 하나 배양하여 외국에 나가 남의 문화를 침략할 수 있습니다. 당신은 대만에서 힘들게 살아가고 있으니 우리가 남하고 어떻게 비교가 되겠습니까?" 저는 말했습니다. "아무 일 없습니다. 그들은 선종을 위하여 보급하고 있는 것이 아니니까요! 미국인도 멍청하지 않으니 1~2십 년 만지다 보면 돌아올 겁니다."

생명과학과 인지과학

오늘날 미국에서 유행하는 것이 무엇일까요? 선(禪)이 아닙니다. 도가와 밀종입니다. 왜냐하면 이 두 가지 것이 두 가지의 새로운 과학에 영향을 미쳤기 때문입니다. 하나는 인지(認知)과학이라고 하는데, 유식학의 영향을 받았습니다. 정신생명이 이해되지 않고, 태어남은 어디로부터 오며 죽음은 어디로 가는지 그리고 우주가 어떻게 생겨났는지를 모르기 때문에 과학자들이 추구하고 있습니다.

또 하나는 생명과학 연구입니다. 미국은 서양문화 영향을 깊게 받았습니다. 기독교는 원래 전생과 후세를 믿지 않습니다. 그러나 지금은 영화나 소설도 나왔고 인과가 있고 전생과 내생이 있다는 것을 믿습니다. 그래서 애를 쓰고 추적해 들어가고 있습니다. 이것을 생명과학이라고 부릅니다. 이것은 물론 물리작용에서 온 것입니다. 그래서 저는 말하기를 이곳 묘항(廟港)이 대략 완성된 것은

100%의 공정 중 2, 3% 정도 완성된 것이나 다름없다고 합니다. 진정한 완성은 아직 멀었습니다. 지금은 기숙사도 없고 연구실이나 사무실 등 아무것도 없습니다. 진정으로 연구하려면 최신의 뇌 부위 관련 의료기기 등도 사야합니다. 그리고 의사와 결합시켜서 과학적으로 연구해야 합니다. 날마다 여기서 정좌 좀 하고 이런 옛 것들을 듣는 것이 아니라, 오래된 옛 문화를 현대의 것으로 변화시켜 인류세계로 하여금 새로운 문화 발전 과정 속으로 걸어 들어가도록 이끌어야 합니다. 이것이 저가 이상(理想)으로 하는 길입니다. 그런데 우리는 이제 막 첫걸음을 떼었습니다. 두 번째 걸음은 어떻게 밟아나갈지 아직 모르겠습니다. 그 어려움이 어디에 있을까요? 첫 번째가 인재이고, 두 번째가 돈입니다. 어떤 사업을 하던 인재가 돈보다 더 어렵습니다.

우리는 수업 시작 단계에서 육묘문을 얘기했습니다. 왜냐하면 일본과 전 세계에 유행하는 선종은 오늘날 공부함에 있어 여전히 육묘문의 수식(數息)에서 맴돌고 있고, 공부가 수식(隨息) 단계까지 도달한 사람조차도 드물기 때문입니다. 저도 감히 전 세계를 두루 돌아다녀 보았다고 말하지는 못하지만 적어도 일본과 미국은 가 본적이 있고 유럽의 프랑스도 가 본적이 있습니다.

엄중한 문제가 하나 있습니다. 인류의 문화는 21세기 이후에 도대체 어느 길을 향하여 걸어가야 할까요? 지금은 중국이 아닙니다! 전체 인류의 사상문화와 정신생명은 모두 공백 상태입니다. 제가 근심하는 심정은 이 방면에 있습니다. 한 사람의 진정한 발심이 필요한데, 한 개인을 위해서나 어떤 점을 위해서가 아닙니다. 불학 입장에서 말하면 중생을 구제하기 위해서입니다.

신(神)과 빛

어제 제가 육묘문의 요점을 여러분에게 말씀드리고 어떻게 수지해야하는지를 말했습니다. 여러분은 비록 들었지만 이해하기 쉽지 않습니다. 제가 어제 천태종 조사님을 비판했는데 그분에게는 미안합니다. 참회하고 머리를 조아릴 수밖에 없습니다. 그것도 그분의 잘못이 아닙니다. 그가 이 수행법을 제시한 것은 완전히 옳았습니다. 후세에 잘못한 겁니다. 그래서 영가대사도 먼저 천태종의 육묘문부터 지관을 닦기 시작했습니다. 수식(數息)과 수식(隨息)은 수지입문 방법입니다. 불법 전부 중점은 지관(止觀)을 닦는 데 있습니다. 지(止)는 바로 정(定)입니다. 관(觀)은 혜(慧)입니다. 영가대사는 천태지관으로부터 착수했고 선종으로 전환하여 법신·반야·해탈 이 세 가지 점으로 결론 지었습니다.

성불하면 세 가지 몸이 있습니다. 첫째는 법신입니다. 본체로서 불생불멸(不生不滅)이요, 불생불사(不生不死)요, 공(空)도 아니요 유(有)도 아닌 것으로 영원한 것입니다. 명심견성한 뒤에 자기의 공부가 법신을 증득합니다. 둘째는 화신입니다. 시방의 모든 부처님들과 우리들 모든 6도(六道)중생들은 모두 법신의 화신입니다. 셋째는 보신(報身)입니다. 예컨대 석가모니불의 일생의 육체는 보신입니다. 응보로서 온 것으로, 중생의 필요에 응한 것입니다. 그래서 부처님이 일대사인연(一大事因緣)으로 세상에 나오신 것은 응화신입니다. 중생에 응답하여 제도하러 온 것입니다. 석가모니불, 아미타불 이런 분들은 모두 화신입니다. 진정한 보신불은 노사나불(盧舍那佛)인데 색계천에 계십니다. 색계천의 천인들은 물질적인 신체를 전환시켜 영원한 빛을 이룹니다.

주의하기 바랍니다. 빛[光]은 불생불멸입니다. 여러분들은 빛이라는 말을 들으면 곧 알지만 본 사람은 하나도 없습니다. 예컨대우리가 여기 앉아서 앞에 밝은 빛이 있음을 봅니다. 이것은 색(色)이지 빛이 아닙니다. 그 빛의 에너지는 무형무상(無形無相)입니다. 엄격히 말해서 불학에서는 빛을 '무상유대(無相有對)'라고 여깁니다. 이해하기 어렵지요! 현상이 없기 때문에 당신은 볼 수 없습니다. 광학은 과학적으로 실험해 냈는데, 텔레비전의 경우 나노(nano) 과학기술 등이 있고, 핸드폰으로는 상대방을 보고 대화를할 수 있습니다. 그러나 이것은 색이지 빛이 아닙니다. 빛의 실체[體]는 무엇일까요? 당신은 볼 수 없습니다. '무상유대'입니다. 현상이 없습니다. 과학 기구로 아직도 추적하고 있습니다. 그렇지만그것은 작용이 있고 상대가 있습니다. 중문으로는 과거에 '대(待)'자라는 글자를 썼습니다. 대(待)란 오늘날 말하는 상대성을 말합니다. 이런 것들을 당신은 고서에서 이해를 해야 합니다. 우리들의물리세계의 것들은 모두 현상이 있고 상대적입니다. 색계천의 경계에 이르면 물리세계를 뛰어넘어 '무상유대'입니다.

그래서 저는 늘 이런 학생들, 예컨대 기독교의 목사들이나 천주교의 수녀나 신부 등의 친구들에게 말합니다. 저는 이런 학생들이여러 명 있습니다. 저는 그들에게 말하기를, 성경(신약전서)에서말하는 것은 다 맞지만 여러분들이 해석을 잘못하고 있다고 합니다. 저는 말합니다. "당신은 요한복음 장을 넘겨보세요. 신은 곧 빛이요 빛이 곧 신이라고 했습니다. 이렇게 말하는 게 맞는데, 여러분에 의해 해석이 잘못되었습니다. 하느님이란 바로 이 신이요 바로 이 빛입니다. 이렇게 해석하면 옳습니다.

그래서 『금강경』은 말합니다. "일체현성, 개이무위법, 이유차별(一切賢聖, 皆以無爲法, 而有差別)", 불법 관점에서 보면 이 세계의 모든 종교 모든 성현들은 다 옳습니다. 그들은 다 도를 얻었습니다. 단지 얻은 바가 원만 하느냐 원만하지 않느냐의 차이일 뿐입니다. 그들은 모두 허공(空)을 하나 보았는데, 예를 들면 구멍을 하나 뚫어놓고 허공을 본 것과 같습니다. 지붕창을 열어 놓은 것도 허공입니다. 히말라야 산 꼭대기에서 본 것도 허공입니다. 우주공간에서 보는 것도 역시 허공입니다. 그렇지만 그 경계가 다릅니다. 이게 바로 부처님의 경계인데 얼마나 위대합니까! 당신은 다른 종교인들을 깔보아서는 안 됩니다. 당신은 모두 존중해야 합니다. 다 맞습니다.

염불과 오도

청나라 왕조 때 옹정(雍正) 황제는 선종을 배웠습니다. 그는 정말로 깨달았습니다. 불행하게도 뒷날 권력을 잡았습니다. 그가 황제의 자리에 올라 황제가 되기 이전에는 아주 편안해서 자칭 '부귀한인(富貴閒人)', 부귀하고 한가한 사람이라고 했고, '원명거사(圓明居士)'라고도 했습니다. 그는 선(禪)을 배웠고 도를 깨달았습니다. 공부가 아직 철저하지 못하고 아직 의심이 있을 때에 그는 장가(章嘉) 국사와 토론을 했습니다. 장가 국사는 그 시대에 대철대오한 사람이었습니다. 국사가 말했습니다. "당신은 맞습니다. 전하! 그러나 당신은 벽에 구멍을 하나 뚫고서 그 구멍을 통해서 허공을 본 것입니다. 전면을 본 것이 아닙니다." 옹정은 공부를 더 해야 되겠다고 말했습니다. 기록에 보면 그는 옹화궁(雍和宮)에서 혼자 선칠(禪七)정진을 열심히 했습니다. 밤낮 24시간 동안 열심히 공부했습니다. 마침내 깨달았습니다. 당장 장가 국사를 만나러 달려갔습니다. 국사는 멀리서 그를 보고 말했습니다. "당신은 맞습니다! 당신은 맞습니다!"

제가 이 한 토막의 이야기를 말하는 것은 『금강경』이 말한 "모든 성현들은 저마다 무위법 가운데서의 깨달음의 깊이가 다르기 때문에 보는 바의 높낮이가 다르므로 성현의 차별이 발생한다."는 것을 설명하기 위해서입니다. 뒷날 정토종의 조사들은 동진 이후부터 나무아미타불이라는 부처님 명호를 하나 외우기를 제창했습니다. 저는 말하기를 "여러분 가볍게 보지 마십시오."라고 합니다. 저 역시 주장하기를, "관세음보살님을 외우든 문수보살님을 외우든 나무아미타불 한 구절을 잘 외우십시오. 철저하면 공부가 성취됩니다."라고 합니다. 범어인 '나모' 두 글자를 왜 남녘 남(南)자와 없을 무(無)자로 번역을 했을까요? 어떤 도서(道書)에는 '남방에는 부처님이 없기 때문에 남무불(南無佛)이라고 한다'고 써져 있는데 정말 웃기는 얘기입니다. 여러분은 알아야합니다, 우리가 불경을 번역하였던 시기는 위진남북조와 당나라 왕조 시기였는데 그 시기의 객가어(客家語)와 광동어(廣東語)가 국어(國語)였습니다. 그 당시의 무(無)자 발음은 마(摩)였습니다. 그래서 남무(南無)는 번역음입니다. 밀종의 어떤 경전들에서는 나마(那摩)라고 번역했습니다. 그 의미는 귀의하다는 뜻입니다. 일체를 부처님을 향하여 돌아가게 한다는 뜻입니다. 그러므로 남무(南無)를 욀 때는 광동어나 객가어 발음으로 하는 게 가장 정확합니다.

아미타불(阿彌陀佛)의 '아'자는 개구음(開口音)으로 목 부분과 흉부의 음입니다. 범문의 의미를 번역하면 무량무변(無量無邊)입니다. 큰 것도 없고 작은 것도 없으며, 있지 않은 곳이 없어서 곳곳마다 있으며, 대단히 위대한 가운데 위대하며, 커서 밖이 없고 작아서 안이 없다는 뜻인데 이를 간단히 말하면 '무량'입니다.

'미(彌)'는 빛의 의미입니다. 무량한 빛입니다. 빛이 이 법계 우주에 충만하여 있는 곳도 없고 없는 곳도 없습니다. 그러므로 보세요, 과학이지요! 여러분은 아미타경을 읽어본 적 있습니까? 부처님은 경전에서 말씀하시기를 "파란 색은 파란 빛이요, 노란 색은 노란 빛이요, 빨간 색은 빨간 빛이요, 흰 색은 흰 빛이다."고 합니다. 보이는 것은 모두 색깔입니다. 색의 후면은 빛인데 당신은 보지 못했습니다. 낮과 밤에 보는 것이 당신은 빛이라고 생각하십니까? 그건 색입니다. 빛의 근원[光源], 빛 에너지[光能]를 당신은 본 적이 없습니다. 빛의 근원이 '아(阿)'입니다. 있는 곳도 없고 없는 곳도 없으면서, 일체에 충만합니다. '미'는 빛이요, '아미'는 무량광의 의미입니다.

'타(陀)'는 목숨 수(壽)자의 의미입니다. 영원히 불생불사 하는 수명입니다. '아미타'는 오늘날 외국어 번역 음은 Amita입니다. '불'은 Buddha입니다. 원래 중국어로는 보타(菩陀)라고 번역했습니다. 시대마다 번역이 달랐습니다. 바꾸어 말하면 아미타불은 바로 무량광 무량수로서, 영원히 불생불멸하는 생명의 본원(本源)입니다.

나무아미타불이지 '워'미타불이 아닙니다. 여러분이 외워보면 알게 됩니다. 자기 입을 체험해 보십시오. '아'는 입을 벌리고 개방하는 음입니다. '워'는 입을 오므리는 것으로 아래로 가라앉는 소리입니다. 오늘날 많은 사람들이 '워미타불'하고 외우는데 그를 보고 웃을 수밖에 없습니다. 말해주기도 좀 그렇습니다. 말해주어도 그는 믿지 않으면서 말하기를, "당신이 틀렸습니다. 우리 사부는 그렇게 외우라고 가르쳐 주었습니다."라고 합니다.

나무아미타불은 무량광수(無量光壽)입니다. 그래서 중국의 도가

도교에서는 서로 만나면 무슨 말을 하는지 아십니까? 당나라 왕조 이후 도교는 국교로 변했는데, 도사와 도사가 서로 만나면 '무량수불'이라고 말했습니다. 바로 아미타불입니다. 바꾸어 말하면 아미타불은 빛과 수명이 무량무변하다는 것입니다.

육묘문과 영가(永嘉)대사

방금 육묘문을 얘기하면서 잠깐 사이에 여기까지 왔습니다. 얘기가 너무 주제와 멀어진 것 같지만 저는 주제를 떠난 적이 없습니다. 중간에 여러분에게 말하기를 육묘문은 너무나 깊고 깊으며 그렇게 간단하지 않다고 했습니다. 천태종은 영가대사의 『선종집(禪宗集)』에 이르러서 성불에는 세 마디 말이 있다고 합니다. "법신이 어리석지 않음이 바로 반야이다[法身不癡即般若].", 당신의 한 생각이 청정해져서 모든 인연을 놓아버리고 법신을 증득하여 대철대오함이 대반야입니다. "반야가 집착함이 없음이 바로 해탈이다[般若無著即解脫].", 무엇이 지혜의 해탈일까요? 일체에 집착하지 않는 것입니다. 부처님은 여러분에게 이렇게 일러주시지 않았습니까? "온갖 중생은 모두 여래의 지혜와 덕상(德相)을 갖추고 있다. 다만 망상집착 때문에 그것을 증득할 수 없다[一切衆生皆具如來智慧德相, 祇因妄想執著, 不能證得]", 당신이 망상하지 않으면 그 즉시 해탈입니다. "해탈이 적멸함이 바로 법신이다[解脫寂滅即法身]." 영가대사의 이 세 마디 말은 그 논리가 반복적으로 불법의 최고의 철저한 중심을 여러분에게 일러드렸습니다.

제 고향사람인 영가대사는 정말 대단합니다! 그래서 제가 예전에 불법을 배우기 시작할 때 기회와 인연이 대단히 있어서 그의 전집을 가지게 되었습니다. 그 당시 저는 군관학교에서 교관 노릇을 하고 있었는데 사무실에서 그 전집을 전부 읽었습니다. 그리고 일람표도 만들었습니다. 대단히 감복했습니다. 정말 날마다 그에게 절을 올렸습니다. "법신이 어리석지 않음이 바로 반야요, 반야가 집착함이 없음이 바로 해탈이요, 해탈이 적멸함이 바로 법신이다." 이 세 마디 말은 구슬이 쟁반 위를 구르는 것과 같아서 유보하는 방향이 한 곳도 없다고 말할 수 있습니다. 세 마디가 곧 한 마디요 한 마디가 곧 세 마디입니다. 한 생각이 적멸하여 청정하면 그 즉시 성불합니다. 뿐만 아니라 그의 전집은 비록 얄팍한 한 권의 책이지만 총카파 대사의 『보리도차제론(菩提道次第論)』과 대등하므로 여러분이 연구해도 좋습니다. 총카파 대사는 영가대사보다 1천년이나 늦습니다. 영가대사는 당시에 『선종집』을 써서, 사람들에게 먼저 사람됨을 배우고, 어떻게 수행하고, 어떻게 소승을 닦고, 어떻게 대승을 닦아, 최후에 대철대오 성불하라고 했습니다. 법신이 어리석지 않음이 바로 반야요, 반야가 집착함이 없음이 바로 해탈이요, 해탈이 적멸함이 바로 법신입니다. 여러분은 진언으로 삼아 외워도 좋습니다. 일체의 마법을 파괴할 수 있습니다.

방금 아미타불을 얘기했고 영가대사의 법신 · 반야 · 해탈 삼위일체의 관점을 얘기했습니다. 이제 되돌아가 육묘문을 얘기하겠습니다. 육묘문은 아주 좋은 입문방법입니다. 여러분이 이해하기 쉽지 않지만 가볍게 보지 말고 얼마든지 들으십시오.

당신은 호흡을 이해합니까

제가 여러분 개개인에게 다음과 같은 시험 질문을 하기는 그렇습니다. 당신은 정말로 기를 이해합니까? 정말로 자기의 호흡을 이해합니까? 여러분은 말할 것도 없고 심지어 많은 출가자도 일생동안 열심히 수행 공부하지만 자기의 호흡을 알지 못합니다. 『달마선경』을 넘겨보면 위에 조사들의 주해가 있는데 다음과 같이 쓰여 있습니다. "안반자이종 : 일견이촉, 둔근불견(安般者二種 : 一見二觸, 鈍根不見)", 지혜가 있는 사람은 즉시 자기의 호흡을 또렷이 보지만 어리석은 사람들은 들어도 헛 들어서 일생동안에도 자기의 호흡을 모르며 그림자조차도 없다는 뜻입니다.

우치(愚癡)는 불학 명칭으로 바보 가운데 바보라는 뜻입니다. 우리 일반인들은 다 바보 가운데 바보여서 이해하기 쉽지 않습니다. 우리들의 이 생명인 지수화풍을 덧붙여 말하겠습니다. 저도 늘 여러분에게 말씀드립니다만, 이 지구 표면을 보면 70%가 바다입니다. 우리 몸의 70%가 물이어서 몸이 물속에 잠겨 있는 것이나 다름없습니다. 그러므로 몹시 더운 날씨에 사막을 걸어 갈 때에 몇 시간 동안 물 한 모금도 마시지 않으면 사람은 견디지 못합니다. 우리들 신체의 뼈와 살은 지대(地大)에 속합니다.

어제 여러분이 수업이 끝난 뒤 황 의사를 둘러싸고 질문하는 것을 보았습니다. 그는 태아가 입태하는 것을 매우 분명하게 이야기했습니다. 그 수정란(受精卵)은 모태에서 마치 꽃이 피듯이 분화합니다. 그리고 또 만두를 싸듯이 싸 모아지고, 음(陰)속에 양(陽)이 있고 양속에 음이 있습니다. 그래서 석가가 꽃을 들어보이자 가섭이 미소를 했는데[釋迦拈花, 迦葉微笑], 우리들의 신체는 그런 것입니다! 오늘날 생리해부 영화필름이 하나 있는데 아주 또렷하고 자세합니다. 빨리 하나 사서 보시기 바랍니다. 세포가 그렇게 변화하는 속에 맥락(脈絡)의 길이 있습니다. 이것을 기맥(氣脈)이라고 부릅니다. 그러므로 기 수련·맥 수련·졸화(拙火) 수련·명점(明點) 수련은 이 기맥을 소통시키는 것이며, 이 물리생명과 우주법계의 빛을 일체로 혼합하여 불생불사의 광명으로 바꾸면 당신도 성불합니다. 이것은 상(相)이 있는 것이 아닙니다! 상에 집착하는 사람들은 수련하여 정신병을 이루어 말하기를, 정좌하면서 빛을 보았다, 부처님을 보았다, 귀(鬼)를 보았다, 신을 보았다 합니다. 그런 신들 얘기만 할 뿐 그것은 자기의 심리적 물리적 작용에 지나지 않는 것임을 모릅니다.

이제 저는 요약해서 말씀드리겠습니다. 『달마선경』은 무엇보다 먼저 말하기를 수행은 퇴전(退轉)하기 쉽다고 합니다. 일반인들은 처음에는 몹시 수행하기를 원하지만 서서히 다들 뒤로 물러납니다. 3,4십 가지의 물러남이 있지만 실제는 그 정도에 그치지 않습니다. 예컨대 여러분은 요 며칠간 여기서 대단히 정진하는 것으로 보입니다만 돌아가려고 차에 오르기만 하면 이미 퇴보해버렸습니다. 저처럼 이렇게 노력해서 부지런히 하는 사람이 아직 없습니다! 일반인들은 할 줄 모릅니다.

『달마선경』에 의하면, 안나는 입식이고 반나는 출식이며 간단히 안반법문이라고 하는데 두 가지 함의가 있습니다. 하나는 견(見)인데, 볼 수 있는 것입니다. 눈으로 보는 것이 아닙니다. 당신의 마음속에서 마음의 눈으로 이 기를 보는 겁니다. 두 번째는 촉수(觸受)·감촉(感觸)·감수(感受)인데 감각할 수 있는 것입니다. 그는 둔근(鈍根)은 못한다고 말했습니다. 어리석은 사람들은 아예 보지 못합니다. 그래서 제가 장래에 과학을 배우는 학우들에게 수업을 할 때는 이렇게 강의하지 않을 겁니다.

이 물리세계를 관찰해보면 지수화풍은 모두 허공 속에 있습니다. 풍(風)과 공(空) 이 두 가지는 아주 접근해 있는 한 조(組)입니다. 지(地)와 수(水) 이 두 가지가 한 조입니다. 이것은 굳이 얘기해 본겁니다. 사실은 4대성리(四大性離)[44]입니다. 보세요, 물이 얼면 덩어리가 되고 대지로 변해버립니다. 물이 흩어져 사라지면 공기로 변해버립니다. 화(火)는 온도입니다. 이러한 과정에 대해서는 『역경(易經)』의 이치를 알아야합니다. 그러므로 여러분이 공부할 때 『역경』을 이해하고 안나반나를 잘 닦으면 몸이 곧 바뀌기 시작합니다. 병고도 사라집니다.

모든 병은 물이 너무 많아서 온 겁니다. 『역경』에서 풍수괘(風水卦)의 이름이 환(渙)인데 흩어져버렸다는 의미입니다. 모든 병통을 다 불어버립니다. 풍수는 환(渙)이고 그 반대는 어떨까요? 수풍괘(水風卦)는 정(井)입니다. 물이 땅 아래에 있고 바람이 상층에 있는 샘으로 변해 물이 나올 수 없으므로 정지하여 머물고 있습니다. 기(氣)를 잘 수련하지 못하면 이 생명은 함정 속에 떨어져 영원히 빠져나올 수 없습니다. 『역경』의 팔괘를 이렇게 이해하면 통하게 됩니다. 그래서 도가의 『참동계(參同契)』는 괘의 이치로서 이런 도리를 얘기 하는데 아주 많은 것을 얘기했습니다.

육묘문에 대해서 오늘은 아직 분명히 하지 않았습니다. 자기의 신체 4대 가운데서 수대가 가장 병통이 발생하기 쉽다는 것을 먼저 알아야 합니다. 노화하든지, 풍습(風濕)이나 관절염이 있다든지, 더 나아가 종기가 난다든지 암이 나는 것은, 기를 잘 장악하지 못해 물에 잠겼기에 나온 겁니다. 만약 기를 잘 장악한데다 『역경』의

---

44) 저마다 독자적인 물리성질을 갖추고 있다는 뜻.

팔괘를 잘 이해하여 결합시키면 당신은 내부의 촉수(觸受)의 변화를 알 수 있습니다.

둘째 시간

색신이 전환 변화하도록 닦다

어제 얘기했던 육묘문을 계속하겠습니다. 이것은 색신이 전환 변화하도록 닦는 것입니다. 부모가 낳아준 육체생명에 대하여 하나의 대단히 초보적인 전환변화 방법입니다. 그러나 저는 몹시 탄식합니다. 지금까지 1, 2천년동안 전해 오는 동안 진실하게 수증하고 실험하여 성공한 사람은 만 명 가운데 한 사람도 없습니다. 학술이론이야 다 아는 것 같지만 모두 총명 부리고 있습니다.

수행에서 왜 먼저 자기의 색신을 변화시켜야할까요? 부처님이 『능엄경』에서 최후에 한 분부를 기억하고 있어야합니다! "생인식유(生因識有)", 우리의 생명이 투태 하여 올 때에는 12인연에서 무명을 조건으로 행이 생겨나고[無明緣行], 행을 조건으로 식이 생겨나서[行緣識]. 심의식(心意識)인 정신[名]과 물질[色]이 결합하여, 즉 지수화풍공(地水火風空) 5대(五大)와 결합하여 신체가 있게 됩니다. 두 번째 말은 "멸종색제(滅從色除)"인데, 색은 곧 지수화풍공으로 물리 물질을 말합니다. 당신은 수행이 괘도에 오르기를 바라고 생명을 원래 있던 성불의 경계까지 회복하고자 한다면, 육체적인 생리로부터 닦아야만 합니다. "생인식유, 멸종색제(生因識有, 滅從色除)[45]"를 기억하고 있기 바랍니다.

그 다음은 "리즉돈오, 승오병소(理即頓悟, 乘悟併銷)"입니다. 불학의 도리를 여러분은 배워서 이해하는데, 선종과 밀교의 교리들은 돈오에 의지하여 단번에 이해해야 합니다. 이해하고 난 다음에는 "승오병소(乘悟併銷)"입니다. 방금 한 학우가 아미타불은 공(空)하다고 말했는데, 그는 마치 이치를 다 이해하는 듯 했습니다. 그렇지만 실제는 쓸모가 조금도 없습니다. 그 다음 두 마디는, "사비돈제(事非頓除)", 공부는 한 걸음, 한 걸음 나아가는 것입니다. 사(事)가 바로 공부입니다. 당신이 도리를 알았다고 해서 색신을 곧 공하게 할 수 있다는 말이 아닙니다. 당신은 비울 수 있습니까? 알자마자 도달하는 것이 아닙니다. "인차제진(因次第盡)", 한 걸음 한 걸음 닦아가는 것입니다. 부처님은 『능엄경』에서 엄중하게 당신에게 말씀하십니다. "생인식유, 멸종색제", 바꾸어 말하면, 아이를 하나 낳으면 다들 기뻐하면서 "어, 또 하나 낳네. 또 하나 낳네."하고 죽으면 어떨까요? '멸종색제'입니다.

"리즉돈오, 승오병소, 사비돈제, 인차제진(理即頓悟, 乘悟併銷, 事非頓除, 因次第盡)[46]", 대소승 수행 노선을 그분이 다 말씀하셨습니다. 그 어르신께서는 다 당부하셨기에 어떤 중생에게도 부끄럽지 않으신데 중생은 부처님에게 부끄럽지 않을까요?

사실 육묘문 방법도 하나의 지각과 하나의 감각 속에서 구르는 것입니다. 여러분이 정좌하면 감각이 유달리 강열하다는 것을 틀

---

45) 색수상행식 이 오음의 생기 순서는 식음의 작용이 먼저 있기 때문이며, 그것을 소멸하여 없앰은 먼저 색음으로부터 닦아 없애기 시작하여야 한다.
46) 해석: 오음은 이치 면에서는 단박에 깨달을 수 있고 이 돈오의 한 생각으로 말미암아 오음이 함께 동시에 소멸되지만, 사실 면에서는 도리어 단박에 다 없앨 수 없는 것이어서 반드시 차례로 닦아 없애야 한다.

림없이 경험합니다. 감각을 촉수(觸受)라고 부릅니다. 불학에서는
촉(觸)이 바로 요가입니다. 요가는 중문으로의 구(舊)번역은 상응
(相應)입니다. 제가 지금 번역한다면 교감(交感)으로 번역하겠습니
다. 물리세계인 생리와 심리의 교감, 물리와 정신의 교감·반응이
바로 요가입니다. 정좌하고서 선정을 닦는 것은 곧 요가를 닦는 것
입니다. 신체 요가는 교감 촉수에 직면하는데, 간단히 분류하면 여
덟 가지가 있습니다. 차가움[冷]·따뜻함[暖]·가벼움[輕]·무거움
[重]·껄끄러움[澁]·매끄러움[滑]·딱딱함[麤]·유연함[柔], 이 여
덟 가지인데 이들을 분석해보면 내용이 아주 많습니다.

차가움[冷]과 따뜻함[暖]입니다. 정좌를 하고 있으면 오한이 날
때가 있는데 당신은 몸 안에 병이 있음을 알게 됩니다. 어떤 때는
온 몸에서 땀이 나면서 불타듯이 따뜻함이 일어날 경우도 있습니
다.

가벼움[輕]과 무거움[重]입니다. 어떤 때는 정좌하고 오래 앉아있
다 보면 두 다리나 몸이 시리고 아프고 부어오르고 저리는 게 마치
병이 난 듯합니다. 심지어는 수종(水腫)[47]이 나서 두 다리가 부어
걸을 수 없기에 병이 있다고 생각하고는 얼른 의사를 찾기도 합니
다. 의사를 찾자마자 많은 병을 알아내게 됩니다. 사실은 모두 아
닙니다. 어떤 때는 이렇게 느낍니다! "아, 이번의 정좌는 정말 좋
네. 몸이 아주 가뿐하네. 아주 편안하네!" 그래서 자기가 공부가 진
보가 있다고 생각하지만 이런 것들은 변화에 불과할 뿐입니다. 이
것은 현상을 말하는 것입니다! 그러므로 수행이 어디 그렇게 쉽겠
습니까! 여러분 유의해야합니다. 어떤 현상이 발생함은 당신의 성
욕이나 식욕 혹은 기타 풍한(風寒)을 맞은 것 등과 모두 관계가 있

---

47) 심장 신장 내분비선 질환의 부종(浮腫).

습니다.

껄끄러움[澁]과 매끄러움[滑]입니다. 때로는 몸이 말을 잘 듣습니다. 심지어 정좌를 하고나면 피부가 변화하여 부드럽고 윤기가 나는 느낌이 듭니다. 신체를 움직일 수 없는 때도 있는데, 옛사람들은 껄끄러울 삽(澁)자를 썼습니다. 오늘날의 '차가 막힌다'의 '막힌다'에 해당합니다.

유연함[柔]과 딱딱함[麤]입니다. 어떤 때는 유연(柔軟)합니다. 유(柔)는 유이고 연(軟)은 연입니다. '유'는 비교적 유화(柔和)한 것이고 연은 갓난애 같은 것입니다. 때로는 거칠고 딱딱함[麤]을 느낍니다. 때로는 신체의 어느 부분이 부드럽게 변화했다는 느낌이 듭니다. 때로는 나른하면서 마음 내키지 않는 느낌이 듭니다.

보시다시피, 우리의 저 학우는 일생동안 행동이 완만(緩慢)하고 마음 내켜하지 않고 이미 풀어져 있습니다. 그는 어려서부터 그랬습니다. 이것은 그의 업보로서, 자기가 노력하려고 하지 않은 업보입니다. '완(緩)'이란 마치 활과 화살이 팽팽하게 잡아당겨지지 않은 채 영원히 그곳에 놓여 있는 것과 같습니다. 어떤 사람들은 그의 몸을 보면 그의 개성을 알 수 있습니다. 보세요, 저 두 분 사장님은 키도 크고 몸도 뚱뚱합니다. 그렇지만 결코 느리지 않습니다. 일처리가 아주 빠릅니다. 이것은 개성의 문제입니다. 때로는 성미가 급해서 신경이 온통 팽팽해진 것을 느낍니다. 때로는 힘이 강해져서 비록 무공을 연마한 적은 없지만 정좌를 하면 위력이 견줄 바가 없다는 느낌이 듭니다. 때로는 정말 힘이 없어서 힘이 모자라게 되어 안 되겠다는 느낌이 듭니다.

제가 여러분에게 말씀드리겠습니다. 제가 4십여 살이 되었을 때에 제가 갑자기 두 손가락으로 종이 한 장도 들고 있을 수 없고, 펜을 들고 글자도 쓸 수 없다는 것을 발견했습니다. 저는 끝장났다고 말했습니다. 저는 갑자기 자신에 대해서 하하하 하고 웃고는 나는 너에게 속지 않는다고 말했습니다. 5십 살이 되려할 때 저는 계단조차도 걸어 올라갈 수 없어서 계단의 중간에 서서 이렇게 가만히 있으면서 마음속으로 생각했습니다. "이대로 가 버리지. 꼭 누워서 죽을 필요가 있겠어!" 조금 있자 기맥이 통했고 예전대로 걸어 올라갔습니다. 그러므로 자기의 생명을 인식해야 한다고 이런 것들을 여러분에게 말씀드렸습니다.

어떤 때는 왜 애를 써서 물을 마시고 싶을까요? 병이 났다고 생각하고 당뇨병을 얻었다고 생각하기 때문입니다. 이것은 생리상의 공부가 진보한 변화일 뿐입니다. 때로는 배가 몹시 부풀어 올라 아무것도 먹고 싶지 않습니다. 때로는 많이 먹었는데도 배고픔을 느낍니다. 때로는 답답합니다. 때로는 가려워서 온 몸이 가렵고 뼈 속까지도 가렵습니다. 몸이 끈적끈적하거나 움직이기를 좋아하거나 고요하기를 좋아할 때가 있습니다. 게다가 늙음과 병, 피로, 휴식하기 좋아함 등 이런 생리현상의 변화에는 그렇게 많은 것들이 있습니다.

변화현상인 생멸의 느낌

지금 생명과학을 얘기하는 것으로 가정한다면 하나하나 문제마다 여러 가지의 의학 주제로 삼을 수 있습니다! 이 학문은 그렇게 큰데, 모두 지수화풍으로부터 변화해 나온 변화현상의 생멸로서, 능촉(能觸)의 기능으로부터 온 것이기 때문에 감각이 발생했습니다. 결과적으로 우리는 정좌하여 공부를 하면서 방금 위에서 말한 느낌을 온통 따라갑니다. 그 느낌을 계산해보면 모두 3십 몇 개가 됩니다. 이건 그래도 간단한 것으로, 불경에 있는 것인데 제가 다시 귀납시킨 것입니다. 우리의 생명은 하루 24시간 동안에 온통 속임을 당하며 모두 이 느낌 속에서 돌고 있습니다.

이번에 수업을 듣고 나서는 자신이 그런 현상을 만날 경우 잊지 말기 바랍니다. 의사를 찾아가 보아도 될까요? 그래도 됩니다. 양의이든 중의이든 당신은 가서 고명한 의사한테 가르침을 청해도 됩니다. 만약 당신이 정좌공부를 해서 그렇게 된 것이라고 말하면 의사는 당신의 그런 것을 이해하지 못합니다. 그도 당신의 말을 듣지 않고 현상에 따라 당신의 병을 치료해 줄 겁니다. 어쨌든 의사가 무슨 병이라고 말하든 당신은 참고하면 됩니다.

모든 질병은 4대의 변화로부터 옵니다. 간단히 말하면 3십여 개의 감수 작용이 있는데, 일반 불학자들은 이런 것들을 그리 상관하지 않습니다. 공(空)이네, 유(有)네, 유식이네, 반야네, 3지3관(三止三觀)이네 등등을 얘기하면서 철학 사상만을 연구하지만 뭘 하는지를 모르겠습니다! 그래서 저더러 불학을 연구하고 일생동안 철학 교수를 하라고 하였지만 저는 하지 않았습니다! 특히 불학원(佛學院)을 운영하는 사람들은 이런 것들을 아예 가르치지도 않습니다. 각 불학원에서 양성되어 나온 사람들도 진정한 불학을 알지 못하며, 진정한 불법의 요점은 더더욱 모릅니다.

그러므로 이런 3십여 가지의 느낌을 잘 체험해보기 바랍니다. 하나하나마다 의학상의 큰 주제입니다. 4대의 변화요 생리물리의 변화로서 언제 어디서나 매분 매초마다 우리 신체는 그것들에 의하여 굴려지고 있습니다. 그것들의 굴림에 끌려가지 않으려면 오직 안나반나가 있을 뿐으로 중간의 중점인 기(氣)를 바라보고 있는 것입니다. 바라보고 있으면서 그런 현상들에 따라 가지 않아야 됩니다. 머리가 아파서 죽을 지경이라면 어떨까요? 마지막은 죽음이니 죽는 것 외에 또 큰일이 어디 있겠습니까? 죽는 것은 이 육신만이 죽을 뿐입니다. 그런데 진정한 생명은, 마치 집을 지어도 허공은 여전히 존재하고 줄어들지 않는 것과 같습니다. 집이 낡아서 뜯어내 버려도 그 허공은 증가된 일이 없는 것이나 마찬가지입니다! 육묘문을 얘기하면서 먼저 이런 것을 말씀드렸고, 후면에는 또 심원한 것이 있는데 한 걸음 한 걸음씩 말씀드리겠습니다. 그렇지만 모두 기억해야 합니다. 헛되이 듣고 나서 곧 잊어버리지 말기 바랍니다. 무대의 배우에게 박수갈채를 보내듯이 저에게 그저 박수갈채나 보내지 말기 바랍니다. 저야말로 여러분이 박수갈채나 보내주기를 바라지 않습니다. 저는 혼자라면 훨씬 자유롭습니다!

생명생리의 변화

그리고 지수화풍 외면의 변화현상은 어떨까요? 더욱 많습니다. 일반적으로 불학을 배우는 사람들은 이런 것은 상관하지 않습니다. 이 불학 명사는 현색(顯色)이라고 하는데, 물리세계가 외면에 뚜렷하게 드러난 현상입니다. 중국 『역경』은 팔괘만을 얘기 합니다. 왜 괘(卦)라고 할까요? 물리세계인 하늘과 지구에 걸려있어서 당신에게 보이기 때문입니다. 그래서 괘라고 합니다. 사진이 한 장 걸려있어 당신에게 보여주는 것이나 다름없는데 불교는 그것을 현색이라고 부릅니다. 파랑[靑]·노랑[黃]·빨강[赤]·하양[白]은 색(色)이지 빛[光]이 아닙니다. 색의 이면의 에너지 근원은 빛으로서 보이지 않습니다. 과학 기구로써만 분석할 수 있지만 그래도 철저하지 않습니다.

청색(靑色)은 바람[風]에서 온 것입니다. 그래서 우리들의 간과 쓸개는 청색입니다. 그 곁은 녹색입니다. 그래서 밀종을 배운 사람들도 알았습니다. 황색은 땅[地]의 기운이며 비위(脾胃)입니다. 여러분이 닭의 위를 보면 속에 얇고 얇은 한 층이 있는데 계내금(雞內金)이라고 하며 역시 황색입니다. 심장은 불[火]에 속하며 적색입니다. 폐는 백색입니다. 폐는 어떻게 하얀색일까요? 폐의 겉 얇은 한 층의 막(膜)이 하얀색입니다. 왜 호흡에 문제가 있으면 가래가 나오고 기침이 나올까요? 그 얇은 막이 물로 얼어있고 염증이 일어났기 때문입니다. 그래서 어떤 사람은 정좌하고 나서 말합니다. "선생님, 저는 대단히 진보했어요. 감히 남에게 말하지 못하겠는데요, 온통 노란 빛입니다." 제가 말했습니다. "좋아요! 좋아요! 축하합니다. 진보했어요." 사실은 위기(胃氣)가 발동해서 자기가 안으로 관찰하여 본 것입니다. 불보살이 노란 빛을 당신에게 놓은 것으로 생각하지 말기 바랍니다. 이러한 현상은 모두 과학입니다.

때로는 구름[雲]·연기[煙]·먼지나 모래폭풍[塵]·안개[霧] 이 네 가지 현상이 물리세계에 있습니다. 여기서 말하는 진(塵)은 먼지나 모래 폭풍입니다. 공기 오염 속에 있는 것은 먼지[灰塵]입니다. 송 사장은 사막에서 모래폭풍[沙塵暴]을 다스리는데, 그 모래폭풍이 진(塵)입니다. 우리는 여기 묘항(廟港)에 있는데 강남의 수향(水鄕)에는 수기(水氣)가 강하고 안개가 많습니다. 구름은 구름이고, 연기는 연기이며, 먼지나 모래 폭풍은 먼지나 모래 폭풍입니다. 제가 서강(西康) 티베트 사천(四川)에 있을 때에 만나게 되었던 밀종을 배우는 친구들은 늘 이렇게 말했습니다. "불보살님이 가피하여 주십니다." 그에게 어떠냐고 물으면 그는 앞면이 온통 구름바다[雲海]라고 말했습니다. 그러면 밀종의 상사는 그에게 일러줍니다.

"축하합니다. 얼른 참회하세요. 관상하고 주문을 외우세요. 공양을 닦고 보다(普茶) 공양을 하세요. 채식하세요." 저는 듣고서 웃기조차도 감히 못했습니다. 그것은 수지 속에서의 변화로서 감각이 변한 겁니다. 이런 현상들이 출현할 수 있는 겁니다.

그래서 이렇게 말한 사람들이 있습니다. "도를 닦기 전에는 '산을 보니 산이요 물을 보니 물이었다'. 공부를 하고 난 뒤에는 '산을 보니 산이 아니요 물을 보니 물이 아니었다.' 최후에 깨닫고 난 뒤에는 '산을 보니 산은 여전히 산이요. 물을 보니 여전히 물이었다.'"고 합니다. 실제는 공(空)을 조금도 보지 못했습니다. 이런 것들은 다 제가 본 적이 있습니다. 제가 예전에 이런 것들을 배우고 자신에게 잔꾀가 있게 되었습니다. 이런 것들을 다 이해하고 이것이 과학이란 것을 알았습니다. 학우가 말했습니다. "대사형(大師兄), 당신께 가르침을 청합니다. 저는 최근에 '산을 보아도 산이 아니요 물을 보아도 물이 아닌' 공부에 도달했습니다." 제가 말했습니다. "좋습니다. 당신은 아직 귀신을 봐도 귀신이 아닌 데는 도달하지 못했습니다. 당신이 하는 말은 모두 허튼소리입니다. 지혜가 없습니다."

어떤 때는 자기가 길을 걸어가는 것이 마치 구름 속에서 걷는 듯한 느낌이 정말로 있습니다. 여러분에게 저의 경험을 하나 말씀드리겠습니다. 저는 십여 세 때에 무공을 배우기 시작 했는데, 제가 발로 밟았는데도 땅이 없다는 느낌이 들었습니다. 온통 부드러운 그런 경계에 도달했습니다. 당신이 도를 닦으면서 공부가, 마치 구름·연기·먼지나 모래 폭풍·안개 속에 있는 듯한 느낌이 들 때가 있는데, 그것은 생리물리적인 변화입니다.

그래서 우리가 이번에 태호대학당에서 생명과학을 강의하기 시작한다고 가정한다면 많은 과학 실험기구가 있어 이를 가지고 실험 연구해야 합니다. 그런다면 당신의 생명건강을 보호 유지할 수 있습니다. 파랑·노랑·빨강·하양은 그래도 이해하기 쉽습니다. 구름·연기·먼지나 모래 폭풍·안개는 모두 경계입니다. 그래서 선종에서는 '놓아버리라[放下]'고 말했습니다. 『금강경』에서 말합니다. "모든 정신적 물질적 현상은 다 허망하다[凡所有相皆是虛妄].", 일체의 경계를 반야의 입장에서 보아 모조리 깨뜨려 없애야 합니다.

그 다음의 빛[光]·그림자[影]·밝음[明]·어둠[暗]은 더욱 다루기 어렵습니다. 공부가 어떤 단계에 도달하면 눈을 감고 정좌하고 있어도 신체는 감각이 없습니다. 그러나 뭐든지 다 보입니다. 가령 여러분이 여기 앉아 있어도 상해나 항주의 일을 알 수 있습니다. 대만의 일도 마치 영화처럼 나타납니다. 빛은 빛이고 그림자는 그림자입니다. 때로는 눈이 또렷이 볼 수 없고 보이지 않게 되어서 마치 사람이 늙어버린 것 같아 깜깜함에 당신은 몹시 놀랄 수도 있습니다. 어떤 때는 또 대단히 밝습니다. 예컨대 최근 몇몇 학우가 병이 나타나서 얼른 가서 눈을 검사해 보았다고 말했습니다. 저도 늘 이런 현상이 발생합니다. 때로는 여러분의 말을 듣지 못하기도 하는데, 일반 보통사람들은 몹시 놀라지만, 저는 기맥이 뇌신경에 이르러 어느 한 맥을 통과해야 하는데 고비를 넘지 못하고 기가 그곳에서 맴돌고 지나가지 못하고 있다는 것을 압니다. 그래서 먼저 여러분에게 말씀드리는데 이러한 일시적인 현상들은 모두 과학적인 것입니다.

극형색(極逈色) : 불학에서는 이것이 대단히 멀어서 분석하기 어려운 것이라고 하며, 물리에서는 '극미(極微)'라고 부릅니다. 오늘날은 '중자(中子)·원자(原字)·전자(電子)·쿼크(quark)'라고 부르지만 과거에는 이런 물리과학적인 명칭이 없었습니다. 그럼 불학에서는 이런 '쿼크 · 중자 · 전자 · 입자(粒子) · 양자(量子)'를 무엇이라고 할까요? '공(空)'이라고 합니다. 지수화풍공(地水火風空) 가운데서 공(空)의 일부분이 드러난 물리작용인데 '공일분현색(空一分顯色)'이라고 부릅니다. 이제 여러분은 불학을 이해하게 되었습니다.

『능엄경』에서는 '극미(極微), 인허(鄰虛)'라고 부르는데 기억하고 있기 바랍니다. 저는 장래에 여러분이 조사하지 않도록 전해주었습니다. 『능가경』에서는 '구나(求那)'라고 부르는데 오늘날 쿼크에 해당합니다. 번역을 해낼 수가 없어서 원문대로 번역할 수밖에 없습니다. 저는 오늘 간단하게 여러분에게 말씀드리지만 예전에 저는 고통스럽게도 몇 달 동안이나 분간하지 못했습니다. 모르는 게 아니라 이것을 알았지만 뭐라고 부르는지만 차이가 났을 뿐입니다. 알고 보니 '구나'라고 불렀습니다. 소승의 구사론이나 유식학 속에서는 '극형색(極逈色) · 극미색(極微色) · 인허진(隣虛塵)'이라고 부르는데, 물리에서 최후의 것입니다.

오늘 두 시간의 수업을 시작했는데, 마치 여러분에게 이런 쓸데없는 말이나 이론을 말한 것 같습니다. 사실은 대단히 중요합니다. 만약 여러분이 이런 것들을 잘 기억해서 공부한다면 이런 경계에 부딪혔을 때 조금도 희기하지 않다는 것을 알게 될 것입니다. 무슨 마구니니 귀신이니 보살이니 부처님이니 등등 일체를 다 깨뜨릴 수 있습니다. 그러므로 불법은 하나의 대 과학입니다.

셋째 시간

정(定)을 닦을 때의 약동

(고도 사부가 종판을 두드려 자리위에 앉으라고 통지하다) 출가 학우 여러분은 그를 따라서 연습하는 것이 제일 좋습니다. 이것을 종판(鐘板)이라고 하는데, 옛 법식입니다. 선종은 5종으로 나누어졌는데, 이 종판을 두드리는 법, 거는 법에는 모두 차이가 있습니다. 정통한 사람은 보자마자 이 사원이 조동종인지, 그 선당이 임제종인지를 압니다. 그렇지만 이런 것들은 모두 형식에 불과합니다.

조금 전에 능촉(能觸)과 소촉(所觸)을 말씀드렸습니다. 그러나 자기 자신이 느껴본[感受] 상황은 없습니다. 예컨대 안경을 끼는 사람은 안경 끼는 것이 습관이 되어, 호흡 계통인 코의 여기에 두 개의 작은 맥관(脈管)이 있는데 눌려있습니다. 곁의 양쪽의 살쩍도 눌려있습니다. 제가 십여 세 되었을 때는 근시였습니다. 저는 지금 8,9십 세가 되었는데 오히려 신문을 볼 때도 안경이 필요치 않습니다. 안경을 끼자마자 견디기 어렵습니다. 여러분은 낀 습관이 되어서 모릅니다.

예컨대 제가 여기 앉아 있는데, 제 눈은 앞 방향으로 보면서 양쪽도 다 봅니다. 여러분은 안경을 끼고서 그냥 이 정도만 볼 뿐입니다. 그러므로 회복하고 싶다면 자기가 정좌할 때는 안경을 벗어버려야 합니다. 틀니를 낀 사람도 빼내는 것이 좋습니다. 그러면 신경이 긴장하지 않습니다. 신경의 이완은 최후에는 온통 뇌에 있지 지체에 있는 것이 아닙니다. 온 몸의 모든 반응은 최후에는 뇌의 문제입니다. 여러분 보세요, 병자가 최후에 산소 호흡기를 끼는 것은 바로 이 기(氣)의 문제 때문입니다! 그러므로 여러분은 평소에 이 기를 먼저 잘 조절해야 합니다.

방금 앞서 말씀드렸던 촉수인, 시큰시큰하고 · 아프고 · 부풀어 오르고 · 저리고 · 가렵고 하는 등등은 삽(澁)과 체(滯)와 같은 의미입니다. 즉, 막혀있는 것입니다. 예컨대 황 의사의 등[背]은 풍대와 수대가 그곳에 머물러 있는데, 만약 사람이 늙어서 이 부분을 검사해보면 관절이 푸석푸석해져 있습니다. 왜냐하면 풍대와 수대가 이 지대를 담가놓아 관절뼈의 기능이 압박을 받았기 때문입니다. 공부가 도달하면 열릴 것이며 열릴 때는 자연히 약동(躍動)할 것입니다. 여러분은 본 적이 없겠지만 여기 몇 사람 중에서 가장 잘 약동하는 사람이 저 이 씨 학우입니다. 여러분이 그녀 곁에서 정좌를 할 경우 이해하지 못하고 그녀가 정신병이 난 것으로 생각합니다. 만약 선당에서라면 아마 향판을 맞았을 겁니다. 그건 억울하게 맞는 겁니다. 이해하지 못하기 때문인데 그녀더러 약동하게 내버려둬야 합니다. 그것은 몸 자체의 기능이 기맥진동을 발생시킨 것입니다.

이번에도 이런 일이 일어났습니다. 우리들의 한 젊은 학우가 사원에서 하는 선칠(禪七)에 참가했습니다. 우리는 그가 선당에서 크게 소리를 질렀던 일에 대하여 웃습니다. 그는 선당에 있으면서 아이고! 라고 크게 세 번이나 소리를 질러서 그 현장에 있던 모든 사람들을 놀라게 했습니다. 그래서 선당에서 쫓겨났습니다. 그 이유가 무엇이었을까요? "차라리 천 줄기 강의 물을 움직이게 할지언정 도인의 마음을 방해하지 말라[寧動千江水, 莫擾道人心]"했는데 다른 사람이 열심히 공부하는 것을 방해했기 때문입니다. 이게 그 모든 사람들이 열심히 공부하고 있는 것을 방해한 것이었을까요? 그를 향판으로 때린 일은 그가 다른 사람을 방해한 것이었는지 아니면 다른 사람이 그를 방해한 것이었는지 모르겠습니다! 그도 고의로 그런 것이 아니었습니다. 기가 발동해야 그럴 수 있습니다. 그러므로 여러분이 진정으로 공부해가다 보면, 집에 있을 때 여러분들의 부인이나 애들이 이해하지 못하고 몹시 놀라서 당신을 병원으로 호송하여 정신병이 난 것으로 생각할 수 있습니다. 밥을 배불리 먹거나 많이 먹고 난 뒤에 트림을 하면 전문가는 듣자마자 이것이 위 문제 때문이라는 것을 압니다. 일부는 심장 간장 문제 때문입니다. 트림하는 소리가 다 다릅니다. 그러므로 "명사난우(明師難遇)"라고 합니다. 그런 것을 아는 사부는 그더러 트림을 해서 풀어버리게 합니다. 그러면 그의 병기(病氣)가 밖으로 나와 버립니다.

그러기에 수행에는 함께 공부하는 도반과 노련한 사형제의 돌봄이 필요합니다. 그렇지 않으면 당신이 입정하였을 때 다른 사람이 당신이 죽은 줄 알고 종이 한 장이나 또는 다른 것을 당신의 콧구멍에 놓아 보고는 호흡이 끊어졌다고 느껴서 곧 둘러메고 가 화장시켜버릴지 모릅니다. 그러므로 수행에는 환경이 갖추어져 있어야 하는데, 어려운 일입니다.

방금 전에 말했던 그 축수들은 그 하나하나 여러분에게 먼저 당부 드렸습니다. 여러분은 불경에서 비록 보더라도 군더더기라고 생각하고는 그냥 슬쩍 보고 지나쳐 버립니다. 그런데 이것은 가장 중요합니다. 조금 전에 제가 또 여러분에게, 어제 제 강의를 듣고 나서 당신 자신은 호흡의 기를 이해했다고 생각하느냐고 물었습니다. 먼저 자기의 호흡을 인식하고 심념을 호흡과 결합을 시켜야합니다. 육묘문을 여러분은 다 이해하였습니까? 이해하였으면 저는 계속 강의하겠습니다. 방금 여러분 자신들은 알아들었다고 생각했지만 저의 관념에서는, 설사 백 명 가운데 한 두 사람이 알아들었을 지라도 저는 아주 기쁩니다. 만약 전체가 다 알아들었다면 정말로 여기 있는 모든 사람이 복권에 당첨된 것입니다.

수행의 길을 걸어갈 때 두 가지 중점 문제에 유의해야 합니다. 그것은 음식과 남녀입니다. 그리고 장(腸)과 위(胃)를 가뿐하게 해야 합니다. 남녀 성관계를 당신더러 완전히 끊으라고 말할 수는 없지만 적어도 청심과욕(淸心寡欲)해서 가능한 줄여야 합니다. 그렇지 않으면 안나반나와 당신의 신체에 영향이 있을 수 있습니다. 지금은 여러분에게 기맥 문제를 말할 방법이 없습니다. 육묘문은 생명의 기를 인식하는 것이나 다름없을 뿐입니다. 아직 여러분에게 기 수련 방법은 말씀드리지 않았습니다. 기 수련에는 12경맥과 기경8맥을 이해해야 합니다. 이것은 중국의학과 밀접한 관련이 있습니다. 그럴 뿐만 아니라 인도 그리고 더 나아가서는 티베트에 전해진 밀종의 삼맥칠륜(三脈七輪)을 이해해야 합니다. 이것은 이론이 아닙니다. 이것은 생명과학입니다. 모두 분명히 알아야 자기의 생명을 압니다. 어제 여러분에게 말씀드리기를 두 콧구멍의 호흡 감각이 다르다고 했는데, 저는 경험이 있지만 여러분은 있는지 없는지 모르겠습니다.

호흡으로 시간을 맡은 사람

제가 젊었을 때 서강과 운남의 변경지구에서 부대들을 이끌었는데, 토비들을 모아서 편성한 것이었습니다. 그것을 '건달부대'라고 불렀습니다. 항전 때는 아무것도 없었습니다. 시계조차도 없었습니다. 그리고 병사들하고 고락을 함께 해야 했습니다. 그들이 궁하면 저도 그들과 똑같이 궁해야하고 그들이 뭘 먹으면 저도 그대로 먹어야 했습니다. 사령관인 저는 손목시계가 하나 있었습니다. 아주 진귀했습니다. 다른 사람들은 없었기에 저는 마음속으로 괴로웠습니다. 병사를 이끌면서 그럴 수 없어서 차지 않았습니다.

어느 날 오후에 산속에 이르렀습니다. 그 지대는 문만 열면 문앞이 높은 산이었고 산꼭대기가 보이지 않았습니다. 옛사람의 다음 두 마디의 시가 생각났습니다. "산은 사람 얼굴로부터 일어나고, 구름은 말 머리에서 일어나네[山從人面起, 雲傍馬頭生]" 보세요, 문학으로야 얼마나 아름답습니까! 하지만 사람이 그 환경에 있으면 정말 고통스럽습니다. 불모의 땅으로서 가는 곳마다 산들이고 하루 종일 운무 속에 있습니다. 아래쪽의 사람이 위쪽을 쳐다보면서 말하기를 흰 구름 속에 신선이 있다고 하지만 산꼭대기에 있는 우리들은 온통 습기 속에 젖어 있었습니다. 운무가 가득차면 아주 견디기 어렵습니다! 그 때의 경험을 여러분에게 말씀드리겠습니다. 아마 오후 서너 시나 됐을 겁니다. 몇 시가 되었느냐고 제가 물었습니다. 한 늙은 병사가 시골사람인데 토비출신이었습니다. 저의 앞에 서더니 입을 한번 삐죽거리고 코로 맡아보고는 말했습니다. "사령관님, 세시 반입니다." 네가 어떻게 아느냐고 묻자 자기 코가 맡아냈다고 했습니다. 제가 말했습니다. "네 코는 시간도 맡아낼 줄 알아?" "그렇습니다. 누구 코든지 다 맡아낼 수 있습니다." 군대를 이끌면서 하는 말은 그렇게 점잖하지가 않습니다. 제가 말했습니다. "제미럴, 너 정말 신기하다. 너한테 이런 재간이 있어?" 군대를 이끌 때에 그에게 한 마디 욕을 했지만 그는 기뻐했습니다. 이 한 마디 말이 격려인줄 알기 때문입니다. 제가 말했습니다. "너 대단하다. 어떻게 맡는지 너 내게 얘기 좀 해봐." "사령관님, 고양이 눈은 정오가 되면 한 가닥 실입니다. 점차 변합니다. 시간도 마찬가지로 변합니다. 우리의 코도 마찬가지입니다. 이때에 제 오른쪽 코는 응~ 하면서 오후 세시 반인 줄 압니다." 이거 정말 대단하지요! 뒷날 저는 밀교를 배우고 기맥을 배웠습니다. 이 늙은 병사를 찾고 싶었지만 찾지 못했습니다.

그러므로 코의 기맥이 중요하지 않다고 여기지 말기 바랍니다. 어제 말씀드리기를, 아침에 일어났을 때 양 콧구멍이 다 통한 사람은 절대 건강하다고 했습니다. 어느 한쪽이 통하지 않으면 신체에 문제가 있습니다. 남녀 음식에 대해서 주의하고 삼가 계율을 지켜야 합니다. 특히 한쪽 코로 호흡할 줄 알아야 합니다. 오른쪽 코로 호흡이 들어가면 우맥(右脈)으로부터 내려가며 대변 대장 계통을 관장합니다. 왼쪽 코의 호흡은 호르몬이나 남녀의 정(精) 계통을 관장합니다. 특히 왼쪽 콧구멍은 중국문화 입장에서 말하면 좌변으로 양(陽)에 해당합니다. 오른쪽은 음(陰)에 해당합니다.

이 정도에만 그치는 게 아닙니다. 당신이 두 코의 기맥이 통하고 난 뒤에 어떤 환경에 이르렀을 경우, 예컨대 집을 사려고 한번 들어가서 냄새를 맡아보면 이상한 냄새가 나고 이상한 기가 있다고 느껴진다면 그 집은 풍수가 좋지 않고 삿된 문이 있는 것이니 사서는 안 됩니다. 예컨대 우리의 지금 이 선당을 여러분 한번 냄새 맡아보십시오. 뭐든지 다 좋습니다. 수승한 도량입니다! 그렇게 신묘합니다. 여러분 시험해보십시오. 여러분도 코가 있잖아요! 저는 말합니다. "여러분은 수도 공부하려면서도 생명을 위해서 천하에 가장 값싼 장사를 하지 않습니다. 자기 엄마가 낳아준 코로 돈 한 푼 쓰지 않고도 공부할 수 있지만 하려고 하지 않으니 정말 천하의 바보입니다!"

이상은 모두 초보 가운데 초보로서 유형적인 것이며 알아야하는 것입니다. 그런 다음 만약 당신이 이 기맥을 수련하여 통해진다면 불학에서는 그것을 비관(鼻觀)이라고 부릅니다. 『능엄경』의 스물다섯 분 보살의 보고에는 이 비관 법문을 닦아 성취한 보살이 있습니다. 관(觀)은, 자기가 보는 것인데, 이것을 수행 공부하는 것이라고 합니다. 그러므로 수행이 있는지 없는지 공부가 있는지 없는지 당신은 남을 속일 수 없습니다. 자신도 속여서는 안 됩니다!

제가 또 여러분에게 묻겠습니다. 이틀 전 오후에 전등을 켜고 수업을 했는데 기가 달랐지요! 당신의 감수·촉수도 달랐겠지요? 그렇다면 이 호흡인 안나반나의 왕래를 이제 여러분은 정말로 인식했습니다! 지금은 기만 얘기하고 있습니다. 4대의 입장에서 보면 이것은 풍대의 수행법입니다.

아라한들의 호흡법

어제부터 오늘까지 여러분에게 말씀드렸던 육묘문은 우리들의 사부님이신 석가모니불 어르신께서 말씀하지 않았습니다. 누가 말했을까요? 우리들 대 사형들인 5백나한이 수행 경험을 통하여 제시해준 방법입니다. 그러므로 대단히 존중해야 합니다. 우리가 연구하여 알게 되는데, 부처님이 말씀하신 적이 있는 것은 확실하지만 그렇게 많이는 말씀하시지 않았을 뿐입니다. 그 당시에는 시대가 달랐으니까요. 여러분이 불법을 배우면서 나한들에게 절을 하는 사람이 아주 적은 것에 대하여 저는 늘 웃습니다. 나한들은 절을 받을 자격이 있습니다! 나한은 바로 3귀의(三皈依)에서 귀의승(皈依僧)에 해당합니다. 그분들은 출가하여 성취한 나한 성승(聖僧)

들입니다. 소동파(蘇東坡)는 나한들에게만 절을 했습니다. 그는 잘 알았기 때문입니다.

『달마선경』 속에서는 육묘문을 한번만 언급할 뿐 주요 방법이 아니며 자세한 분석이 없습니다. 왜 그럴까요? 이것이 문제입니다. 이제 그 근원을 찾아보면 부처님은 소승 『아함경』 속에서 안나반나 법문을 제시한 적이 있습니다. 불법을 배우는 데는 경전을 위주로 의지해야 합니다. 계율 부분은 부차적입니다. 논(論) 부분은 후대 조사들과 아라한들의 경험으로서 더더욱 부차적입니다.

부처님의 원래 말씀에 의하면 부처님은 『아함경』에서 다음과 같이 말씀하셨습니다. "숨(息)48)이 길면 긴 줄 알고, 숨이 짧으면 짧은 줄 알고, 숨이 차가우면 차가운 줄 알고, 숨이 따뜻하면 따뜻한 줄 안다[息長知長, 息短知短, 息冷知冷, 息暖知暖]." 이것은 그 어르신께서 제자들에게 당시에 전해준 것입니다. 하지만 길고 짧고 차갑고 따뜻함만 말씀하셨을 뿐입니다. 당시 이런 대아라한 성승들과 우리들 조사들은 지혜가 높아서 듣자마자 이해했습니다. 우리들처럼 이렇게 바보가 아니었습니다. 예컨대 우리가 호흡을 하고 있는데 여름에 선당에 있으면서 여러분은 호흡의 기가 따뜻한 것을 느낍니다. 그러나 보지는 못합니다. 여러분이 겨울에 이르러서 보면, 특히 티베트나 서북지역에서 내쉬면 하얀 김[白氣]이어서 볼 수 있습니다. 그것은 유형유상(有形有相)입니다.

『달마선경』은 여러분이 연구하십시오. 여러분에게 강의할 시간이 없습니다. 문자가 이해하기 어렵습니다. 특히 위진 시대의 문학으로 썼기 때문에 교양 수준이 좀 낮다면 중점을 잡아내지 못합니다. 이런 대아라한 조사들의 수행경험이 전해오고 있는데 중간의

---

48) 호흡. 한 번 들이쉬고 한 번 내쉬는 것을 말함.

한 단락은, "숨에는 긴 가운데 긴 것이 있고, 긴 가운데 짧은 것이 있고, 짧은 가운데 짧은 것이 있고, 짧은 가운데 긴 것이 있다."고 말하여 여러분의 머리를 복잡하게 합니다. 이것은 과학입니다. 만약 여러분들이 정식으로 한 연구소를 운영한다면 발견하게 될 겁니다. 수행자는 말할 것도 없고 보통사람도 확실히 이런 상황이 있습니다. 예를 들어 여러분이 병이 나서 감기가 들어 열이 높게 나면 호흡이 몹시 거칠고 짧습니다. 세균이 있으면 감모(感冒)라고 하는데 중국의학에서는 상풍(傷風)이라고 합니다.

상풍이 꼭 감모인 것은 아닙니다. 기후의 영향으로서 꼭 세균이 있는 것은 아닙니다. 그러나 상풍이 오래돼서 화학실험을 해보면 세균이 있을 가능성이 있습니다. 왜냐하면 한동안 머물러 있어 세균이 배양됐기 때문입니다. 의학은 그런 도리입니다만 만약 제가 의학대학에 가서 강의한다면 그 사람들에게 이렇게 분명하게 말할 겁니다. 상풍이 바로 감모라고 말할 수는 없다고 말입니다. 중의든 양의든 다 같은 도리입니다. 의학을 분계선이 있는 것처럼 해서는 안 됩니다. 공기 속에는 본래 세균이 있습니다. 우리가 건강할 때는 비강속의 비액이 세균을 지배합니다. 세균의 전염이 호흡을 통하여 비강 속에 이르면 1, 2주 동안 머무를 경우가 있습니다. 만약 그 내부가 건강한 사람이면 관계가 없지만 장이나 위가 좋지 않을 경우나 성행위에 문제가 발생했거나 기타방면에 문제가 일어났을 경우에는 열이 나서 합병증이 일어날 수 있습니다.

그래서 여러분들이 열이 나고 호흡이 몹시 급박할 때는 짧은 가운데 짧은 겁니다. 만약 아주 세심한 중의(中醫)라면 "망문문절(望聞問切)"합니다. '망(望)', 한눈에 얼굴의 기색을 보아 어디에서 병이 났는지, 간장인지 심장인지를 보고서 기색이 다르다는 것을 알아버립니다. '문(聞)', 두 번째는 호흡이 아주 짧은 것을 듣고서는 문제가 어디에 있다는 것을 이미 알아버립니다. 늙어서 곧 죽을 무렵에는 호흡이 짧은 가운데 짧아서 곧 기가 끊어지려고 합니다. 그러나 짧은 가운데 짧을 때에 가끔 긴 것이 하나 들리면 구제할 희망이 있습니다. 약을 투여해서 구할 수 있습니다. 지금 거친 호흡에 대하여 말했는데 여러분이 공부하면서 자기 내면의 기식(氣息)49)을 체험하기 바랍니다. 이렇게 '긴 가운데 긴 것이 있고, 짧은 가운데 짧은 것이 있고, 짧은 가운데 긴 것이 있고, 긴 가운데 짧은 것이 있음'을 체험해보십시오. 여러분 이것이 불경입니까 과학입니까? 생명과학이겠지요!

넷째 시간

자력과 타력

(대중이 부처님 명호를 소리 내어 외우다)

이 염불법문은 정토의 염불을 닦는 것으로, 입을 벌려 소리 내어 외우는 것은 수지방법 중의 한 가지입니다. 몸은 여기 앉아서 입으로 나무아미타불이라고 소리 내어 외우되, 생각의식은 모두 오로지 나…무…아…미…타…불… 이 여섯 글자에 있습니다. 오후에 이미 명호의 의미를 해석했습니다. 이 여섯 개의 음은, '나무'는 귀의한다는 뜻이고 아미타불은 부처님의 명호입니다. 염불의 의미에는

---

49) 호흡할 때 출입하는 기. 숨결.

부처님과 나가, 자기와 타자가 둘이 아니라는 의미를 담고 있습니다.

이 세상의 모든 종교는 자력(自力)과 타력(他力) 두 가지 길만이 있습니다. 자력은 자기의 역량입니다. 자기가 있으니 곧 나가 있습니다. 나가 있으니 그 사람이 있습니다. 그러므로 타력이 있습니다. 세간법에서 사람됨과 일처리도 마찬가지여서 자기의 노력에 의지하는 것은 자력이고 상사의 발탁이나 친구의 도움에 의지하는 것은 타력입니다. 모든 종교 신앙에서 믿음이란 하느님이나 신에게 의지하는 것으로, 주재자가 있는 것이 곧 타력입니다. 그러므로 밀교에서 부처님 본존 보살을 관상(觀想)하거나 진언을 외우는 것은 모두 타력의 보우(保佑)에 의지하는 것입니다. 그러나 진정한 불법에서는 타력도 곧 자력이요 자력도 곧 타력입니다. 이게 바로 '자타불이(自他不二)', 자기와 타자가 둘이 아닌 도리입니다.

진정한 불법은 자타불이요 심물일원(心物一元)으로서, 일체적입니다. 선종조사가 한 두 마디 말이 있는데 종교와 과학과 철학이 그 속에 다 포함되어 있습니다. "과거·현재·미래의 무량한 시간이 그 시작부터 끝까지 바로 지금의 한 생각을 떠나지 않고, 무량무변한 불국토에서 자기와 타자가 털끝만큼도 사이 뜨지 않는다[十世古今始終不離於當念, 無邊刹境自他不隔於毫端也]." '십세고금(十世古今)'은 시간을 말합니다. 도대체 시간이 있을까요 없을까요? 과거·현재·미래가 없습니다. 영원히 한 때[一時]만 있을 뿐입니다. 이것은 대 과학입니다. 시간은 인위적이며 상대적인 것입니다.

'무변찰경(無邊刹境)', 우주는 무량무변하여서 지구 이외에도 달과 태양·화성·목성 기타의 별들이 있습니다. 우주는 무량무변한 별세계이며 3천대천세계는 무량무변한 우주입니다. '찰(刹)'이란 실제의 별세계의 국토를 말합니다. '자타불격어호단(自他不隔於毫

端)', 끝없는 국토는 일체(一體)로서 바로 앞에 있습니다. 그러므로 정토종과 선종은 마지막에 합류하게 되어 자력이면서 타력입니다.

사람이 번뇌 망상이 너무 많고 고통이 너무 클 때에, "부처님! 당신께 빕니다, 저를 가피하여 주십시오!" 부처님 명호를 한번 부르면 몸과 입과 마음[身口意]의 3업(三業)이 전일해집니다. 그래서 한 생각 무량한 지혜, 무량한 광명, 무량한 역량이 이 한 점에 집중됩니다. 이것은 하나의 과학으로서 한 개의 자장(磁場)이나 마찬가지입니다. 저 큰 자전(磁電)이 한번 오면 마치 지구의 인력처럼 모든 것을 다 빨아 당깁니다. 그러므로 환경이 허락되면 당신은 집에서나 혹은 선당에서 자리에 올라 큰 소리로 염불하면 당신은 온통 청정한 광명의 정토에 들어갑니다. 당신이 입을 열어 소리 내어 염불할 때 몸과 입과 마음을 하나로 모아서, 눈은 밖을 보지 않고 돌이켜서 의념(意念)으로 자기의 내면을 관찰합니다. 귀는 밖의 소리를 듣지 않고 자기의 염불소리 한 글자마다 자기의 내면으로부터 일어나는 것을 듣습니다. 코는 안나반나를 상관하지 않습니다. 염불은 바로 한번 내쉬고 한번 들이쉬는 것으로 기가 하나로 돌아가니까요. 혀는 입천장을 두드리면서 염불하고, 몸은 단정히 앉아 고요하여 움직이지 않습니다. "8풍이 불어와도 움직이지 않고 자금색 연화에 앉아 있습니다[八風吹不動, 端坐紫金蓮]."

아미타불 곁에는 관세음보살과 대세지보살 이 두 분의 대 교수사(教授師)가 계십니다. 제가 방금 얘기한 이 염불 방법은 대세지보살님이 가르쳐준 염불원통법문(念佛圓通法門)인데, 성불할 수 있으며 자기와 타자가 둘이 아닙니다. 여러분은 다들 알아들으셨겠지요. 염불할 때에는 몸과 입과 마음 이 세 가지 행위를 하나로 모읍니다. 눈을 감고 심념은 돌이켜보아 내면을 비춥니다[反觀內照]. 마음의 광명이 빛나서 눈앞에는 오직 광명뿐입니다. 흑색은 흑색 광명이요, 백색은 백색 광명이요, 황색은 황색 광명이요, 청색은 청색 광명이요, 홍색은 홍색 광명입니다. 이런 빛과 색깔을 일체 상관하지 않습니다. 이렇게 염불해가면 당신 자신이 온통 한 덩이 광명의 청정 속으로 들어가 비할 바 없는 감응이 있을 것입니다. 자, 이것은 음성요가에다 신체요가를 결합시키고, 또 거기다 마음요가를 결합시킨 것입니다.

어떻게 염불할까요

(남선생님이 대중을 이끌고 염불하다) 나무아미타불…… 방금 말했듯이 여러분이 절반 가까이 외우면 기(氣)가 다하여 곧 잠시 멈추지만 마음속으로는 계속 외우면서 들이쉬고 외웁니다. 이런 식으로 한 호흡 한 호흡씩 외웁니다. 나무아미타불……

(남선생님이 향판을 쳐서 정지시키다) 이 찰나에 여러분은 정토인 유심정토로 진입하여 움직이지 않습니다. 당신은 몸을 흔들어서 뭐 할 겁니까? 또 신체에 끌려간 겁니다. 그러므로 지식인이 부처님을 배우는 것은 소용없습니다. 장 모 씨 움직이지 마세요! 안 되겠습니다. 다시 합니다. 입을 열어서 나무아미타불……을 외어가면서 온 심신을 그 속으로 몰입시킵니다. (남선생님이 향판을 쳐서 정지시키다) 온갖 인연들을 다 놓아버리고 한 생각 일어나지 않으면 그 즉시 정토입니다.

방금 제가 때마침 올라오는데 한 학우가 염불법문을 말하고 있는 것을 들었습니다. 기뻤습니다. 사미가 제 뒤에 따라 왔는데 제가 소리 내지 말라고 했습니다. 우리 가만가만 들어가자고 얘기 했습니다. 그 학우는 제가 들어 온 것을 느끼고는 분별심이 일어나서 절반 정도 얘기하고는 멈춰버렸습니다. 그래서는 안 됩니다. 그래서 선종에서는 당신에게 일러줍니다. "법왕의 법을 자세히 보아라, 법왕의 법은 이와 같다[諦觀法王法, 法王法如是].", 진정으로 법을 설할 때 "기봉에 직면하여서는 스승에게도 양보하지 않는다[臨機不讓師]."는 것입니다. 그래서 여러분에게 말씀드리는데 염불법문은 외울 때 온 몸과 마음을 던져 넣어야 합니다. 모든 번뇌 고통과 모든 생각을 모조리 끊어버리고 아미타불을 줄곧 외워가야 합니다. 그러면 자연히 몸과 마음이 부동(不動)의 경지에 도달할 것입니다. 만약 집안 환경이, 소리 내어 외울 경우 집안사람들에게 방해 될까 걱정되면 당신은 혼자 소리 내지 말고 외우는 묵념(黙念)을 하십시오.

묵념은 어떻게 외우는지 여러분에게 다시 말씀드리겠습니다. 자리에 올라서 눈을 감고 자기의 소리를 안으로 관찰합니다. 즉, 자기 마음속에서 자기가 외우는 나무아미타불의 소리를 돌이켜서 듣습니다. 코는 물론 호흡을 상관하지 않습니다. 혀도 움직이지 않고 몸도 움직이지 않습니다. 안에서 마음의 소리가 내는 나무아미타불……을 듣되 나무아미타불을 한 자 한 자마다 또렷이 듣습니다. 밖의 사람이 듣지 못합니다. 그렇게 염불하다가 최후에는 부처님 명호가 사라집니다. 온갖 인연이 놓아지고 한 생각이 일어나지 않습니다. 모든 번뇌고통이 없고 감각도 없으면서 한 생각 청정함의 정(定)의 상태가 지속됩니다. 이게 바로 염불삼매인데 아주 빨리 정(定)을 얻습니다.

그렇지만 지식인이나 일반 노회(老獪)한 사람으로서 불학을 배우는 사람은 알면서도 그렇게 하려고 하지 않고, 매우 중요하면서도 간단한 방법을 가볍게 봅니다. 만약 몸이 좋지 않다거나 일이 순조롭지 않다거나 마음속에 번뇌가 있다면, 당신은 매일 아침저녁으로 두 번 염불을 하면 더욱 좋습니다. 만약 출가자로서 좋은 환경에 있다면 경쇠를 치면서 염불해도 좋습니다. 몇 분의 출가 학우들에게 경쇠를 치면서 한번 염불하게 하여 들어보겠습니다. 이것은 타력으로 돕는 것입니다. 만약 이런 타력이나 외부의 힘이 없다면 어떨까요? 자력에 의지하여 갑니다. 부처님을 배우는 것이니까요. 왜 꼭 타력에 의지해야만 하는 겁니까? (대중이 법답게 창송하다)

(선생님이 향판을 두드려 정지시키다) 그러므로 중국의 정토종에서 이런 방법의 수지는 유심정토입니다. 그 즉시 한 생각이 청정하여 지금 이루어져 있는 것으로, 돈 한 푼 쓰지 않고 그렇게 합니다. 하지만 다들 놓아버리려고[放下] 하지 않습니다. 모두 너무 총명하고 남에게 구하려고 하지 자기에게서 구하려고 하지 않습니다. 보세요, 이 기회 인연을 만나 우연히 부처님 명호를 한번 외우니 자기의 몸과 마음이 조정되어 전일해졌습니다. 온갖 인연을 놓아버리고 한 생각이 일어나지 않아 그 즉시 청정해졌습니다. 여러분 중에 염불삼매에 들어간 사람은 움직이지 말고 그 나머지 분들은 잠깐 휴식하기 바랍니다.

요 며칠 동안 여기서 저를 위하는 관계로 오지 말기 바랍니다. 여러분도 저에게 빚지지 않았고 저도 여러분에게 빚지지 않았습니다. 당신 자신을 위해서 와서 진정으로 자기가 배운 것을 시험해 보십시오. 만약 마음이 안정이 되지 않으면 얼른 상해로 돌아가십시오. 어느 곳으로 돌아가도 좋습니다. 차가 없다면 제가 차를 한 대 불러서 그 시간을 낭비하지 않도록 여러분을 보내드리겠습니다. 여기에 온 이상 저마다 자신을 위해야 합니다. 이 선당은 지금 당신의 선당입니다. 오직 현재만 있고 과거도 없고 미래도 없습니다. 잘 체험하면서 공부하기 바랍니다. 여기서 빈말만 듣느라 시간을 낭비하지 말기 바랍니다. 여러분이 저의 개성을 알듯이, 어떤 사람들을 보고 제가 말을 하지 않으면 마음속으로 짜증이 나는데, 구태여 자기를 속이고 남을 속일 필요가 있겠습니까? 미안합니다! 그래서 여러분이 모두 저를 남선생님이라고 부르는 이상 이것은 곧 사도(師道)의 존엄이므로 일률적으로 체면 보아 용서하는 일을 하지 않습니다.

우리 되돌아가 얘기하겠습니다. 이번에 여러분에게 진실로 수증하는 안나반나 출입식과 백골관, 즉신성취 방법을 설명하고자합니다. 진실하게 수증하고 싶다면 두 가지 중점이 있다는 것을 오후에 말했습니다. 하나는 음식이요, 하나는 남녀 간의 성행위입니다. 아주 엄중한 일인데 아직 자세하게 얘기하지 않았습니다.

다섯째 시간

풍(風)에 대하여 말한다

석가모니불이 제자들로 하여금 즉신성취 하고 과위를 증득하도록 가르친 수지방법은 먼저 출입식 수행에서부터 입문하는 것이었습니다. 이번에 우리가 그에 대하여 주해를 한다면, 먼저 유위법을 닦는 것입니다. 현재 가지고 있는 생명, 생리, 물리방면으로부터 착수하여 닦는 것으로 현실적입니다. 현재의 생명은, 즉 코로부터 목구멍부분까지 3촌(三寸)의 기(氣)가 있지 않으면 바로 사망입니다. 한 호흡의 기가 오지 않으면 사망입니다. 그러므로 이 부분으로부터 닦기 시작해야 합니다. 불학에서의 물리 방면에서 말한다면 풍대를 닦는 것입니다. 풍대는 바로 우주의 에너지가 공기로 변한 것입니다. 이 바람은 무형무상의 것인데 우리 모두는 바람을 본 적이 있습니까? 없습니다. 당신은 말하기를, "있습니다. 바람이 얼굴에 불면 감각이 있습니다."라고 하겠지만 그것은 당신의 얼굴의 감각입니다! 그 바람의 체(體)가 무엇인지는 당신은 모릅니다. 그래서 『장자(莊子)』 제물론(齊物論)은 우주천지의 대기(大氣)가 작은 구멍을 만나면 작은 소리가 나고 큰 구멍을 만나면 큰 소리가 난다고 묘사하고 있습니다.50) 그의 묘사는 신바람이 날 정도입니다. 이

---

50) 『장자강의』(상)에서의 이 단락에 대한 원문해석을 옮긴다:

  남곽자기(南郭子綦)가 몸이 나른해지면서 내려가 찻상 아래 숨은 듯이 머리를 낮추고 앉아 고개를 치켜들어 하늘을 쳐다보고 길게 휘파람을 한번 불더니, 극도로 나른한 모습이 마치 모든 외부의 상대적 경계를 잊어버린 것 같았다. 제자 안성자유(顔成子游)가 그의 앞에서 모시고 서 있다가 물었다. "무엇을 하고 계시는지요? 몸이란 본디 마른 나무 같도록 변하게 할 수 있고, 마음이란 본디 사그라진 재 같도록 변하게 할 수 있는지요? 지금 찻상에 기대고 계시는 모습은 예전에 찻상에 기대고 계시던 모습이 아닙니다."
  南郭子綦隱机而坐 , 仰天而噓 , 荅焉似喪其耦。顔成子游立侍乎前 , 曰 : 何居乎? 形固可使如槁木 , 而心固可使如死灰乎? 今之隱机者 , 非昔之隱机者也。

  자기가 말했다. "언아, 참 훌륭하구나, 네가 그런 것을 묻다니! 방금 나는 나를 잊어버렸는데, 너는 이를 알겠느냐? 너는 사람의 소리[人籟]는 들었으나 땅의 소리[地籟]는 아직 듣지 못했고, 땅의 소리는 들었더라도 하늘의 소리[天籟]는 아직 듣지 못했을 것이다."
  子綦曰 : 偃 , 不亦善乎 , 而問之也! 今者吾喪我 , 汝知之乎? 女聞人籟而未聞地籟 , 女聞地籟而未聞天籟夫!

  자유가 말했다. "감히 그 도리의 방향과 실마리를 묻습니다." 자기가 말했다. "지구라는 거대한 덩어리가 에너지인 기(氣)를 내보내고 그 기가 한번 변화하면, 그것을 바람이라고 한다. 바람이 작용을 일으키지 않으면 모를까, 일단 작용을 일으키면 온갖 구멍이 울려 성난 듯 울부짖는다."

것은 바람의 생김새가 아닙니다. 장자는 당신을 속이지 않았는데, 그가 말하는 것은 바로 이 기(氣)입니다. 그러므로 『장자』제1편 소요유(逍遙遊)는 바로 우주물리의 변화인 기화(氣化)를 말하는 것입니다. 제물론도 당신에게 이 기가 중요하다는 것과 모두 기의 변화라는 것을 말해줍니다.

子游曰 : 敢問其方。子綦曰 : 夫大塊噫氣 , 其名爲風。是唯無作 , 作則萬竅怒呺。

"너는 설마 멀리서 불어오는 긴 바람소리를 듣지 못했느냐? 산림 높은 곳 오목한 골짜기에 있는 둘레가 백 뼘이나 되는 큰 나무의 구멍들이 어떤 것은 콧구멍 같고, 어떤 것은 벌린 입 같고, 어떤 것은 귓구멍 같고, 어떤 것은 서까래를 받치는 도리 같고, 어떤 것은 동그라미 같고, 어떤 것은 절구통 같고, 어떤 것은 깊은 웅덩이 같고, 어떤 것은 얕은 웅덩이와 같다."

而獨不聞之翏翏乎 ? 山林之畏佳 , 大木百圍之竅穴 , 似鼻、似口、似耳、似枅、似圈、似臼、似洼者、汚者。

"저 구멍들이 바람을 만나면 소리를 내는데, 물이 세차게 부딪치는 소리, 화살이 나는 소리, 꾸짖는 소리, 숨을 들이키는 소리, 크게 외치는 소리, 울부짖는 소리, 굴속에서 울려나오는 소리, 가냘픈 소리가 있어, 앞의 것이 위~위~하고 외치면, 뒤의 것이 오~오~하고 뒤따라 외친다. 높은 허공 바람에는 갖가지 소리가 뒤섞여 합쳐진 소리인 화음(和音)이 작고, 큰 바람에는 화음이 크며, 태풍 같은 강력한 바람이 불면 오히려 작은 구멍들은 바람에 틈 없이 꼭 막혀서 소리가 나지 않는다. 그런 다음에 부드러운 바람이 불어 나뭇가지가 하늘거리는 것을 너는 설마 보지 못했느냐?"

激者、謞者、叱者、吸者、叫者、譹者、宎者、咬者 , 前者唱于而隨者唱喁。泠風則小和 , 飄風則大和 , 厲風濟則衆竅爲虛。而獨不見之調調 , 之刁刁乎 ?

자유가 말했다. "땅의 소리는 바람이 온갖 구멍들에 불어서 나는 것이요, 사람의 소리는 대나무 등으로 만든 악기를 연주하여 나는 것입니다. 그런데 하늘의 소리는 무엇인지요?"

子游曰 : 地籟則衆竅是已。人籟則比竹是已。敢問天籟。

자기가 말했다. "일기(一氣)가 우주만유 생명들의 천차만별 현상을 불어내어, 저마다 개별적 자아를 이루게 하며, 모두 자기가 자아를 취하여 붙들어 쥐고 있다. 그런데 그렇게 일기(一氣)를 불어내는 자는 누구이겠느냐?"

子綦曰 : 夫吹萬不同 , 而使其自已也 , 咸其自取 , 怒者其誰邪 !

바람은 무형무상의 것입니다. 우리가 바람의 움직이는 모습을 느끼고 보고 하는 것은 바람 자체가 아니라 바람의 기능이 발생시키는 작용과 현상입니다. 일반적으로 이것을 바람이라고 잘못 인식하고 있습니다. 예컨대 우리가 지금 여기에 앉아 있는데 바람이 있습니까? 바람이 없습니다. 바람이 없다고 느낍니까? 당신의 피부 밖에나 얼굴에 한 가닥의 기류가 가고 있다는 것을 느끼는데, 그게 바로 바람입니다! 그래서『능엄경』에서 부처님은 아주 철저하게 말씀하고 계십니다. "성풍진공(性風眞空)", 바람의 본체 본성은 무형무상으로서 어떤 것이 없으며, 전기와 마찬가지로 에너지입니다. 전기도 바로 바람의 변화이며 본래에 공(空)한 것입니다.

"성풍진공", 바람은 공하기 때문에 천변만화의 작용을 발생시킵니다. 특히『장자』제물론에서는 바람이 "취만부동(吹萬不同)"이라고 말합니다. 바람의 현상이 수만 가지입니다. 그것이 불고 있으며 나타내는 현상이 1만 가지나 있고 천변만화하는 것은 하나의 에너지의 관계입니다. 그래서 바람이라고 부릅니다. "성풍진공, 성공진풍, 청정본연, 주변법계(性風眞空, 性空眞風, 淸淨本然, 周徧法界)", 바람의 최후의 그 에너지는 어디에 있을까요? 허공에 있을까요? 우주 공간속에 있을까요? 없습니다. 어디에도 없습니다. 그것은 본래에 청정한 것입니다. '본연'이란 자연적으로 다 존재하는 것으로, 있는 곳도 없고 없는 곳도 없다는 것입니다. 우리의 앞에는 바람이 없는데 당신 자신이 손으로 당신 앞에서 이렇게 부채질을 두 번 해보면 바람이 있습니다. 그 바람의 자체는 '청정본연 주변법계'입니다. 법계는 우주를 가리키는 것이 아닙니다. 법계는 불학명사인데 그 안에는 우주 전체가 포함됩니다. 우주는 아직 물리세계의 관념이지만 법계는 그 물리세계를 초월하기 때문입니다.

그럼 우리는 어떻게 바람이 있다는 것을 느낄까요? "수중생심(隨

衆生心)", 당신의 그 심념이 그것과 결합하여 당신의 주관의식이 일어나 "응소지량(應所知量)." 과학자들은 에너지를 연구하고 전기를 연구합니다. 오늘날 세계의 과학문명에서 정밀한 과학 기술은 이 전기에너지에 의존하고 있는데, 전기가, 곧 바람이 "수중생심(隨衆生心), 응소지량(應所知量)."는 것으로, 양적인 변화입니다. 오늘날 물리학에서는 양자역학을 말하고 있습니다. 오늘날 과학자들은 이미 본능(本能)의 양적인 변화까지 연구했는데, 당신의 아는 바의 양에 상응하는 것입니다. "순업발현(徇業發現)", 바람은 형상이 없지만 사람들의 생각관념 연구에 따라서 '전기가 있다, 에너지가 있다, 바람이 있다.'고 말합니다. 여러분의 업력 생각의 변동에 따라서 과학철학이 발생했습니다. "영소방소(寧有方所)?", '영(寧)' 자는 '어디에'이고 '방(方)'자는 방위입니다. 어디에 하나의 고정된 공간이 있겠느냐는 뜻입니다.

『능엄경』은 물리세계인 지수화풍공에 대한 최후의 결론을 이렇게 말합니다. "수중생심(隨衆生心), 응소지량(應所知量), 순업발현(徇業發現), 영소방소(寧有方所)?" 이 몇 마디 말이 가장 중요합니다[51]. 바꾸어 말하면 지대·화대·수대도 마찬가지 이치입니다. 당신이 그것을 과학과 결합하여, 시간에든 공간에든 만약 하나의 주체적인 어떤 것이 반드시 있다고 한다면, 그것은 모두 관념적인 착오입니다. 보세요, 석가모니불은 최고의 과학을 수천 년 전에 당

---

51) 『능엄경 대의 풀이』 제4장 「지수화풍공 5대 종성의 분석」에서의 풀이는 다음과 같다; 자성 본체의 기능 중에는 풍성(風性)의 유동을 생겨나게 할 수 있는 본능을 갖추고 있으며 그 본체는 원래 공한 것이다. 바꾸어 말하면 자성 본체의 진공 기능이야말로 풍성의 유동을 생겨나게 할 수 있다. 자성 본체는 원래부터 청정하고 우주 사이에 충만하여 두루 있으면서 온갖 중생의 마음의 작용을 따르고 지식학문의 아는 양을 일으킨다. 풍성은 온 세간에 충만한데 어찌 고정된 방향과 처소가 있겠느냐? 단지 심신 개성의 업력에 따라서 작용을 발생할 뿐이다.

신에게 모두 말씀해 주었습니다. 그렇지만 이렇게 귀중한 문화를 자신이 발견하여 발굴할 줄을 모릅니다. 불경에 근거하여 이 몇 마디 말을 이해하고 나서 물리과학을 연구한다면, 당신이 얼마나 위대한 것을 발견할 수 있을지 모릅니다.

왜 어떤 것을 발명하게 될까요? 어떤 것을 발명한다는 것은 무엇일까요? 불경에서 말한 "순업발현"이라는 한 마디입니다. 이 세상에는 사과가 있습니다. 사과는 익으면 땅바닥으로 떨어지는데, 몇 천 년이나 떨어졌는데도 모르고 있다가 뉴턴 형씨를 만나게 되어 별안간 지구인력(地球引力)을 발견한 것입니다. 지구인력의 발명은 뉴턴의 "순업발현" 데서 온 것입니다. 지구인력은 본래에 존재하는 것이며, 그것은 고정된 방위가 없습니다. 그래서 저는 늘 말합니다. "여러분은 잘못 알고 불학을 미신으로 여기지 마십시오. 불교는 대 과학입니다! 자기 자신이 이해하지도 못하면서 함부로 비평하는 것이야말로 미신입니다! 당신이 수행 공부하는 것도 도리를 이해하지 못하면 소용이 없습니다. 역시 미신입니다! 그러므로 불법은 하나의 대 과학입니다."

심신을 뚫고 들어오는 모든 것

우리가 안나반나 육묘문을 닦는 방법을 얘기 했는데, 아직은 초보적인 한 걸음에 해당합니다. 불학에는 반드시 알아야할 명사가 하나 있습니다. 여기서 또 과학문제가 하나 대두됩니다. 혹시 여러분이 깨어있고 제가 흐리멍덩한지 아니면 여러분이 흐리멍덩하고 제가 깨어있는지 모르겠습니다. 불경에서는 당신에게 일러주는 명칭이 하나 있습니다. 소승은 더욱 더 분명히 얘기 합니다만 이론을 얘기하는 이런 불학자들은 주의하지 않는 것입니다. 그것은 '십일체입(十一切入)'이라고 부릅니다. 특히 여러분이 수행을 얘기하고 안나반나를 닦을 때는 더욱 분명히 알아야합니다. 그것을 십일(十一), 체입(切入) 이렇게 잘못 읽어서는 안 됩니다. 그러면 틀립니다. '십(十)'이란 열 가지의 정신적 물질적 기능으로 심물일원(心物一元)적인 것입니다. '일체입(一切入)'이란 어떤 곳이든 그것은 뚫고 들어갈 수 있다는 것입니다. 그래서 '십일체입'이라고 부르는데 무엇일까요?   청(靑)·황(黃)·적(赤)·백(白)·지(地)·수(水)·화(火)·풍(風)·공(空)·식(識), 이 열 가지입니다.

청황적백은 색상입니다. 지금 날이 어두워졌는데, 당신은 밖에 나가 하늘을 보면 보통 밤은 깜깜하다고 말합니다. 당신은 틀렸습니다. 당신은 과학적인 눈이 없고 광학을 모른 겁니다. 밤은 깜깜한 것이 아닙니다! 파란[靑] 것입니다. 아주 짙은 파란색입니다. 진정으로 까만색은 없습니다. 우주공간 속의 블랙홀도 짙은 청색입니다. 우주공간 속에 블랙홀이 있을까요 없을까요? 저는 수십 년 전에 말하기를 반드시 있으며 존재한다고 했지만 일부 과학자들은 인정하지 않았습니다. 저는 과학을 배운 사람이 아니지만 블랙홀이 있다고 말해도 듣는 사람이 없더니 지금은 저 영국의 호킹 박사가 있다고 말하자마자 다들 있다고 말합니다. 적(赤)은 빨간색입니다. 이 부분에 대해서는 색을 연구해야 합니다. 다들 학교에서 배운 적이 있듯이 색깔은 빨강색[紅]·주황색[橙]·노란색[黃]·초록색[綠]·파란색[藍]·남색[靛]·보라색[紫] 이 일곱 가지로 나누어집니다. 보라색이 가장 진하게 되면 청흑(靑黑)색으로 변합니다. 주의하기 바랍니다. 검은 색도 없고 흰색도 없다니 이상하지요. 모든 색깔을 한군 데 집중하면 흑색으로 변하고 백색으로 변하는데, 검은색과 흰색 이 두 가지는 별개의 것입니다. 빨간색이 오래되면 주황색으로 변하고 다시 한 번 변하면 노란색으로 변합니다. 서서히 변화하는데, 이것은 화학에 속합니다.

그러므로 십일체입에서 청·황·적·백 이 네 가지 색은 어떻게 변하여 나온 것일까요? 지수화풍공 이 다섯 가지 물리작용의 변화에서 온 것입니다. 마지막으로 식(識)이 하나인데 심리적이고 정신적인 것입니다. 이것은 물리에 속한 것이 아닙니다. 이렇게 이해하셨지요! 우리 학우들 중에는 철학을 강의한 사람도 있고 불학을 강의한 사람도 있는데 아예 잘 연구하지 않았고 경전도 보지 않습니다. 보통 불학원에 다니면 솔직히 말해서 학교에서 그럭저럭 보냅니다. 개론도 다 읽지 못하는데 무슨 학자나 전문가라 할 수 있겠습니까? 책은 자세히 읽어야 합니다. 이 열 가지 것 중에서 십분의 일이 유심적인 것인데, 바로 이 식이 유심적인 것입니다. 청·황·적·백·지·수·화·풍·공은 유물적인 것입니다.

주의하십시오! 이 열 가지는 일체입입니다. 당신이 여기 앉아서 정좌를 하고 있으면 당신의 심신 안팎과 전체 우주 일체를 다 뚫고 들어옵니다. 모두 당신의 심신을 뚫고 들어옵니다. 이것을 열 가지 일체입이라고 합니다. 심지어 강판, 우주선, 그 어떤 것도 막을 수 없으며 모든 곳을 뚫고 들어옵니다. 예를 들어 우리들의 지금 이 건물에는 벽이 있습니다. 그 벽이 막을 수 있을까요? 막지 못합니다. 지수화풍공은 마찬가지로 뚫고 들어옵니다. 우리들의 신체는 왜 노쇠하여 갈까요? 물리의 침식 변화가 다 뚫고 들어온 것을 받기 때문입니다. 당신이 여기 앉아서 정좌하고서 공부를 하다보면 경계가 있는데, 이러한 물리적인 영향 간섭을 받을까요 받지 않을까요? 안타깝게도 여기에는 진정으로 불학을 연구한 사람이 없습니다. 있다면 제가 곧 그에게 물어보겠습니다.

우리는 그제께도 12인연을 얘기 했습니다. 저는 여러분에게 주의하라고 했는데, 12인연을 아직 외울 수 있습니까? 제가 여러분이 말하도록 도와주겠습니다. "무명연행(無明緣行)", 무명을 조건으로 행이 생겨납니다. "행연식(行緣識)", 행을 조건으로 식이 생겨납니다. "식연명색(識緣名色)", 식을 조건으로 무엇이 생겨나지요? 명색(名色)입니다. 신식(神識)이 태에 들어가 정자와 난자가 서로 결합되면 그것을 명색이라고 부릅니다. 명(名)이란 개념·이념·정신이고, 색(色)은 정자와 난자가 한데 결합하여 일어난 변화입니다. 그러므로 명색이라고 부르고 태아라고 부르지 않습니다. "명색연육입(名色緣六入)", 명색을 조건으로 6입(六入)이 생겨납니다. 석가모니불은 정말 이상합니다. 불경에서는 분명히 6근(六根)이 6진(六塵)을 마주대한다고 말하고 있습니다. 안이비설신의는 여섯 개의 감각기관의 기능[官能]이고 색성향미촉법은 6진인데, 왜 12인연 속에서 한사코 6진이라고 하지 않고 6입이라고 했을까요? 문제가 나타나지요! 이게 바로 과학적인 두뇌입니다. 학문을 연구하는 두뇌입니다. '식을 조건으로 명색이 생겨난다'고 생명에 대해서 말하고는 왜 명색 이후는 6진이라고 부르지 않고 6입이라고 불렀을까요? 보세요, 부처님의 과학은 얼마나 높습니까! 신식·정자·난자 이 세 가지 조건이 화합하여 태아가 사람의 생명으로 형성되었을 때, 이러한 물리적 기능이 다 뚫고 들어왔기 때문에 6입이라고 부릅니다. 이번에 이해하셨겠지요! 대단하시지요! 제가 대단한 게 아니라 부처님이 대단한 겁니다. 여러분들은 듣고 틀림없이 한 번 놀랐을 겁니다.

6입을 조건으로 무엇이 생겨날까요? "육입연촉(六入緣觸)", 6입을 조건으로 촉(觸)이 생겨납니다. 촉을 조건으로 무엇이 생겨날까요? "촉연수(觸緣受)", 촉을 조건으로 수(受)가 생겨납니다. 촉수(觸

受)란 바로 당신의 감각이 나타난 것입니다. 그러므로 감각상태인 모든 심신의 상태는 모두 물리작용입니다. 그러나 사람들은 물리 세계에 속임을 당합니다. 촉수 다음에는 무엇이 생겨날까요? "수연애(受緣愛)", 수(受)를 조건으로 애(愛)가 생겨납니다. 사랑하면 할수록 붙들어 줍니다. 명예를 사랑하고, 어떤 물건을 사랑하고, 예뻐 보이기를 사랑하고, 자녀와 가정을 사랑합니다. 그래서 그 다음에는 "애연취(愛緣取)", 애를 조건으로 취(取)가 생겨납니다. 애를 써서 붙들어 줍니다. "취연유(取緣有)", 취를 조건으로 유(有)가 생겨납니다. "유연생(有緣生)", 유를 조건으로 생(生)이 생겨납니다. 현실세계가 바로 유이며, 살아있는 것을 생명이라고 부릅니다. 생명의 최후는 어떨까요? "생연노사(生緣老死)", 생을 조건으로 노사(老死)가 생겨납니다. 쇠로(衰老)하고 그 다음은 죽음입니다. 죽은 다음에는 무명이 다시 옵니다. 이렇게 이해하셨지요! 우리의 근본 스승[本師], 이 위대한 선생님의 대단함을 보십시오. 몇 천 년 전에 그는 과학적 관념을 당신에게 일러주셨습니다. 그렇지만 몇 천 년 전에는 이런 과학이 없어서 다들 몰랐습니다. 그래서 그 어르신께서 뒷사람들이 알 수 있도록 방법을 생각했습니다.

생각 의식을 잡아당겨 놓다

열 가지 일체입을 이해하고서 당신이 수행 정좌할 때에 왜 당신의 기(氣)를 상관할까요? 당신더러 먼저 자기의 출입식을 인식하고 출입식이 한번 들어오고 한번 나가는 것을 인식하게 하여 마음과 호흡을 결합시키게 하는 겁니다. 생각과 호흡은 두 가지 것입니다!

생명이 투태한 이래로 나누어진 것입니다. 보세요, 이 생명이 오십 몇 세까지 살아서 비록 늙었지만 영원히 규칙적으로 호흡을 하고 있습니다. 하지만 많은 사람들이 수십 년을 살았지만 호흡이 무엇인지 아예 모릅니다! 당신은 상관하지 않습니다. 당신은 그 제6의 식만이 허튼 생각을 하고 멋대로 달립니다. 그렇지요? 불학에는 한마디의 말이 있습니다. 즉, 밖으로 향하여 달리면서 구하는, 마치 야생마처럼 함부로 날뛰는 마음을, 한 줄의 고삐를 이용하여 다시 말해 자기 생명의 이 기(氣: 풍대)를 이용하여 잡아당겨서 한데 결합을 시킨다는 것입니다.

어떻게 잡아당길까요? 당신은 잡아당길 줄 모르므로 부처님은 당신더러 먼저 수(數)를 헤아리라고 일러줍니다. 기가 한번 들어오고 한번 나가는 것을 하나라고 세어, 이렇게 둘 셋….세어갑니다. 그런데 이때에 세 개의 마음이 작용하고 있습니다. 당신이 그 숫자를 아는 것은 마음의 투영인데, 그 마음은 기와 하나로 결합되어서 하나의 마음이 작용하고 있습니다. 곁에서는 또 하나의 그림자가 자기가 숫자를 맞게 세는지 안 세는지를 살펴보고 있습니다. 그래서 두 개의 그림자가 곁에서 살펴보고 있는데, 모두 자기가 변한 것입니다. 후면에는 또 감찰작용이 하나 있어서, "어! 이번에는 내가 어지러운 생각이 없네. 어! 숫자를 완전히 바르게 세었네."합니다. 이 마음의 대단함을 보세요. 그러므로 사원에 새겨진 보살님은 얼굴이 네 개입니다. 사면을 자기가 다 봅니다. 불상은 당신의 마음을 대표하며 나의 마음 기능은 동시에 사면을 살펴봅니다. 그러기에 저 사미는 열 몇 살 때 제 곁을 따랐는데 학교에서 돌아와 제게 물었습니다. "태로사님[太老師], 마음은 몇 개가 있습니까?" 저는 말했습니다. "많단다." 그녀는 말했습니다. "그래요! 정말입니다! 제가 한편으로는 공부하면서 한편으로는 그 영화를 생각합니다." "그래. 맞다. 어찌 두 개만 생각하고 있을 뿐이겠느냐. 일곱 개 여덟 개를 동시에 생각하고 있는 것이다." 사미가 말했습니다. "맞아요!"

이 한 개의 마음이 동일한 시간에 여러 개로 사용되고 있는데, 당신은 그것을 묶어서 하나로 돌아가게 해야 합니다. 호흡으로 돌아가게 해야 합니다. 오직 움직이지 않는 것이 하나 있는데, 그것을 현실의 생명으로 말하면 '지성(知性)'이라고 말합니다. 저는 지금 말하고 있고 여러분은 다들 듣고 있습니다. 저가 말을 하고 있고 여러분은 듣고 있다고 알고 있는, 그 어떤 것이 하나 있지요? 이것이 '지성'인데 움직이지 않습니다. 그것은 모두에게 있습니다. 예를 들어 우리가 화를 내어 이 바보 같은 놈이라고 욕을 한다고 합시다. 당신이 한편으로 남을 꾸짖을 때에, 자신이 남을 꾸짖으며 화를 내고 있다는 것을 '아는 것'이 하나 있습니까 없습니까? 있습니다! 이 '지성'은 움직인 적이 없습니다. 그것은 화를 낸 적이 없습니다. 하지만 당신은 화를 내고 있다는 것을 압니다!

지성은 어디에 있는가

어떤 사람이 자살하려고 수면제를 먹거나 목을 매달려고 할 때에 그 '지성'은 자기가 지금 무슨 일을 하는지 알까요? 물론 압니다. 당신은 죽으려 할 때에 자기가 죽어가고 있다는 것을 알까요 모를까요? 역시 압니다. "아이고, 나는 몹시 아파요." 남이 묻습니다. "당신 말하네요." "내가 말이 안 나와. 죽어가고 있어." 당신의 그 '지성'은 움직임이 없습니다.

이 지성은 어디에 있을까요? 오늘날 과학자들은 그것이 뇌에 있다고 말하는데 그럴까요? 뇌에 있지 않다는 것을 증명하는 사례가 우리 여기에 두 가지가 있습니다. 모씨와 남과 서로 싸워 못이 뇌에 박혀서 머리뼈를 절개해 냈습니다. 또 한 여사는 뇌를 열고서 종기를 하나 떼어냈습니다. 이것은 그래도 좋은 겁니다. 어떤 사람은 뇌 한쪽을 떼어버렸어도 여전히 지성이 있습니다! 뇌의 일부분을 이미 떼어버렸는데도 어떻게 지성이 있을까요? 오늘날 의학은 시험을 하는데, 한 개의 세포만을 단독으로 떼어내서 사람으로 변하게 할 수 있습니다. 물어보겠습니다, 이 세포에는 지성이 있을까요 없을까요? 이것은 모두 불학입니다! 과학입니다! 유식입니다! 우리는 머리털이나 손톱이 신체에 있는데, 당신의 손톱이 자라서 어떤 것에 부딪혔을 때 손톱이 아픕니까 아프지 않습니까? 아픕니다. 당신이 손톱을 깎아서 땅에 버리고 그것을 돌덩어리로 깨면 그 손톱은 아플까요 아프지 않을까요? 방금 깎아낸 손톱은 아프지 않을까요? 당신은 그것이 아프지 않다는 것을 어떻게 알까요? 그렇지만 당신한테 이어져 있을 때는 당신은 곧 아프다는 것을 압니다. 이게 바로 부처님을 배우는 것이요, 이게 바로 공부하는 문제입니다.

그래서 제가 예전에 유식학을 연구할 때 어떤 교수 분이 제게 이렇게 물었습니다. "형씨, 당신에게 묻겠습니다. 지렁이나 뱀 한 마리를 잘든 칼로 세 토막으로 베었을 때 그 세 토막이 꿈틀거리고 있습니다. 그 어느 토막 속에 심성이 있습니까?" 그 당시 저는 이십 몇 세였습니다. 저는 세 토막 속에 다 있다고 말했습니다. 그는 말했습니다. "형씨, 당신 참 이상하네요." 제가 말했습니다. "있습니다. 세 토막이 꿈틀거릴 때 있습니다." 그가 말했습니다. "그렇다면 명심견성(明心見性)에서의 그 성(性)이 토막 난 것입니까?" 저는 말했습니다. "그것이 토막 난 것이 아닙니다. 두루 있어 가득하고 있지 않은 곳이 없습니다. 그 지렁이와 뱀이 세 토막으로 잘렸을 때 세 토막이 다 꿈틀거리고 있는데, 그것은 성(性)이 아닙니다. 그 것은 에너지가 발동시키는 그 기능입니다. 이것을 업력이라고 하고 남은 힘이 다하지 않았다고 합니다." 당시 저는 젊고 기운이 왕성할 때인데 그는 말했습니다. "응! 형씨, 감복했어요." 저는 말했습니다. "저도 모릅니다. 하지만 우리들 젊은 사람은 생각할 수 있을 뿐입니다!"

예를 들어 사람이 죽으려할 때 눈이나 간을 다른 사람에게 희사했다고 합시다. 아직 한 호흡이 완전히 끊어지지 않았을 때 얼른 그 기관들을 꺼내 냉동시켜 다른 사람에게 이어 붙이는데, 그것은 제8아뢰야식의 남은 목숨[餘命]의 기능이 끊어지지 않은 것입니다. 우리가 잘 든 칼로 우리 자신의 몸에서 고기 한 덩이를 잘라내어 쟁반 위에 놓으면 그 고기 덩어리는 꿈틀거리고 있습니다. 그렇지만 우리 머릿속에서는 자신이 고통스럽다고 아프다고 느끼지 베어낸 그 살덩이가 아프다고 느끼지는 않습니다. 이것은 문제입니다. 당신은 불학을 연구하고 공부하는 것을 그렇게 간단하다고 생각합니다! 그래서 여러분에게 염불하라고 하는데, 어떤 사람은 미신이라고 말합니다. 당신이야말로 미신입니다! 아무것도 이해 못하고 아무것도 모릅니다. 그래서 오늘 저녁에 여러분에게 먼저 십일체입(十一切入)을 이해하라고 함으로써, 하나의 '지성'이 있으며, 그 것은 영원히 움직이지 않고 있다는 것을 서서히 여러분이 알게 하는 것입니다.

제가 질문을 하겠습니다. 당신이 밤에 잠이 들었을 때에 앎이 없어졌습니다. 맞습니까 맞지 않습니까? 그 때에 지성은 어디에 있을까요? 있습니다. 당신이 밤에 잠들어 코를 골면서 잡니다. 제가 이

층에서 누구 일어나라고 소리를 칩니다. 저는 당신이 있는 곳으로 부터 멉니다! 당신은 자연히 압니다. "아! 당신이 나를 불렀군요." 그래서 일반적으로 유식을 배우거나 밀종을 배운 사람들이 제6의식은 뇌에 있고 제7식 제8식은 독맥에 있으며 배척골 신경 속에 있다고 말하는 데 대해 저는 웃습니다. 저는 말합니다. "당신은 무슨 불학을 연구하는 것입니까! 당신은 현장 법사의『성유식론(成唯識論)』을 읽어보세요. 미륵보살의『유가사지론』도 있는데, 제6의식은 몸에 있지 않다고 분명히 말하고 있습니다. 뇌의 감각은 전5식(前五識)의 신식(身識)에 속합니다. 바꾸어 말하면 우리 보통사람들이 일어나서 두 팔을 펴 벌려서 동그라미 하나를 그리면 그 안에 제6의식이 다 있습니다. 그러므로 당신이 여기 앉아있을 때 어떤 사람이 걸어오면 당신도 감각이 있습니다. 제6의식은 몸에 있지 않습니다. 그러나 그것은 일체에 들어갑니다. 당신의 몸속으로 뚫고 들어오고 당신의 뇌 속으로 뚫고 들어옵니다.

오늘 저녁에 여러분에게 일체입을 말씀드렸으며 염불을 잘하라고 말씀드렸습니다. 그래서 저는 출가 학우들에게 말하기를, 절에서 꼭 준제법(準提法)만을 말하지 말고 선정쌍수(禪淨雙修)를 닦을 것을 제창하라고 합니다. 참선 정좌하면서 한편으로는 염불을 잘 하는 겁니다. 그렇게 하면 빨리 성취할 수 있습니다. 방금 저녁에 염불을 한번 했는데, 보세요, 얼마나 좋던가요.

여섯째 시간

출가승중과 거사보살

이제 한 가지 비밀을 말하겠습니다. 부처님이 설한 수행법문인 안나반나에 관하여 제가 오후에 제시를 했는데 여러분은 책을 읽는 게 많지 않고 불학을 연구하면서도 진정으로 부처님을 믿는 건 아닙니다. 불교를 신앙한다는 것은 미신이 아닙니다. 출가자들은 아침저녁 예불에서 3귀의를 외울 때 법에 귀의한다고 외우는데, 경장(經藏)에 깊이 들어가야 지혜가 바다와 같아집니다. 부처님이 세상에 계실 때 『금강경』에 말하기를, "1,250인이 함께 했다[千二百五十人俱]."고 합니다. 이것은 부처님 제자 중에서 상수중(常隨衆)으로, 영원히 부처님 신변을 따라다닌 사람들이었습니다. 부처님도 상당히 짜증나셨는데 다들 이 점을 자세히 분석 연구해보지 않았습니다. 이 1천 명의 사람들 중에는 많은 사람들이 부처님보다 나이가 많았습니다. 우리가 우스갯소리를 한 마디 한다면, 그 어르신께는 공경스럽지 못하지만, 모두들 이런저런 무리에서 온 사람들이었습니다. 그는 도를 깨달은 뒤에 서른한 살 때에 설법에 나섰는데, 그렇게 많은 사람들이 따랐습니다. 사리불은 부처님보다 나이가 많았습니다. 사리불이 부처님을 따른 뒤에 사리불의 학생 1백 명이 모두 그를 따라 왔습니다. 목련존자도 자신을 따르는 1백 명의 학생들이 있었고 또 삼가섭형제가 있었습니다. 선종조사인 가섭존자가 아닙니다. 그들은 다 부처님보다 나이가 많았습니다. 그리고 인도의 당시의 대사(大師)들이었는데, 모두 합하여 1천

명의 제자들과 함께 왔습니다. 야사장자의 아들과 그의 친구들 5십 명의 학생들도 모두 사부가 데리고 귀의한 사람들입니다. 1천2백5십 명의 출가 비구인 상수중은 모두 다 재능을 지니고서 스승에게 나아간 사람들이었습니다. 다들 외도를 배웠고 신통을 배웠고 큰 학문이 있으면서 공부가 있었던 사람들이었습니다. 어떤 사람들은 신통이 있어서 허공 속에서 걸어 오고가는 사람들이었습니다.

이상은 출가대중을 말했습니다. 재가자는 어떠했을까요? 보살들은 대부분이 재가자들이었습니다. 그래서 일부 출가자들은 거사를 반대합니다. 저는 말합니다. 당신은 개념을 분명히 하시기 바랍니다. 문수·보현·관음·지장 이 4대보살과 모든 대보살들은 대다수가 거사들입니다! 여러분들은 보살님에게는 절을 하면서 왜 거사들에게는 절을 하지 않습니까! 거사인 저도 보살인지 모릅니다! 그렇지만 당신이 저에게 절하고자하면 저는 또 기쁘지 않습니다! 저는 아직 보살이 아니라서 당신더러 저에게 절하라 하고 싶지 않기 때문에, 당신이 절하자마자 저는 얼른 당신에게 절합니다. 당신은 아직 저에게 절할 자격이 없기 때문에 제가 당신의 이 절을 기꺼이 받아들이기가 쉽지 않습니다! 이것은 우스개 얘기를 한 겁니다.

비밀속의 비밀

우리 되돌아가 연구해보겠습니다. 왜 당시에 부처님을 따랐던 사람들이 즉시 과위를 증득하고 도를 얻었으며 아라한 과위를 증득한 사람이 많았을까요? 그분이 가르친 것은 어떤 것이었을까요? 지혜 면에서 도를 깨달은 뒤에 이 공부가 단번에 도달했는데 무슨 원인이었을까요? 제가 연구해 보았습니다. 한참 얘기했지만 선정(禪定)을 떠나지 않습니다. 선정 방법에는 언제나 입문하는 방법이 있습니다. 오직 지혜가 높은 사람, 예컨대 중국 선종의 육조대사와 같은 그런 사람이 상상(上上)52)의 지혜라고 불리고 최상 중의 최상 인물이었습니다. 이 세상에 최상의 인물이 몇 사람이나 있겠습니까? 하물며 최상 중의 최상 인물은 더 말할 나위가 없으므로 찾아낼 수 없습니다. 그들은 그 당시에 모두 상상의 지혜를 갖춘 사람들이었습니다. 오늘날 사람들은 부처님을 3생을 배웠어도 그림자조차도 없습니다. 그래서 제가 여러분에게 말씀드리는데, 제가 모든 외도를 두루 배웠고 도가나 밀종 등 일체의 방법 등을 배워보니 그 모두에게는 문제가 있다는 것을 발견했습니다.

도대체 가장 빠른 길은 어떤 길일까? 하고 다시 방향을 바꾸어 불경에서 찾아볼 수밖에 없습니다. 이리저리 살펴보니 역시 안나반나와 백골관이었습니다. 이상합니다! 왜 안나반나나 백골관은 그렇게 간단할까요? 알고 보면 그 비밀 속에 비밀이 들어있습니다. 저는 예전에 이것을 밝혀 보려고 하면서 잘 모르겠는 때는, 나의 운명이 왜 그렇게 안 좋을까? 부처님이 세상에 계실 때를 만나지 못했으니 누구에게 물어볼까? 하면서 울고 눈물을 흘렸습니다. 도를 배우는 사람은 아주 많습니다. 사람들이 자기 사부에게는 신통이 있고 백 몇 살을 살았다는 말을 하는 것을 들을 때마다 저는 듣기조차도 싫어했습니다. 모두다 허튼소리들이었습니다. 만약 그와 함께 가보면 여러 번 속임을 당하곤 했습니다. "우와~, 나의 외사

---

52) 근기(根機)의 등급은, 1차로 上中下로 나누고, 다시 각각을 上中下로 나누면 上上, 上中, 上下, 中上, 中中, 中下, 下上, 下中, 下下로서 9등급이 이루어진다.

촌형의 사부님은 2백5십 세랍니다. 정말 도를 얻었답니다.""그래요, 가봅시다 가봐." 가서 그 외사촌 형을 찾으니 하는 말이 "에이. 당신은 내 동생이 멋대로 얘기한 것을 들은 겁니다. 저는 본 적이 없고요, 제 외삼촌이 뵌 것입니다.""좋습니다. 함께 당신 외삼촌을 한번 찾아가보죠." 이리저리 찾아갔지만 결국은 그림자조차도 없었습니다. 이런 속임에 저는 많이 속았습니다. 그렇지만 자신이 경험해보지 못하면 당신은 모릅니다!

이『달마선경』에서의 '달마'는 선종에서 말하는 그 달마조사가 아닙니다. '달마'란 두 글자는 총칭·총론입니다. 모든 조사들의 수지의 경험 학문을 종합하여 박사 논문을 쓴 것이나 다름없습니다. 그렇지만 불타발타라(佛陀跋陀羅)는 중국에서『달마선경』을 번역해 냈는데 역시 성공을 했습니다. 제가 앞에서 소개하였던 그의 제자 혜지 법사는 나무구멍 속에서 7백 년 동안이나 앉아 있었던 그 분입니다. 그는 불타발타라와 달마 조사와 함께 동문이었습니다.

이『달마선경』은 당신이 1백 번 1천 번 읽지 않으면 그 속의 비밀을 알아낼 수 없습니다. 저는 이런 책을 읽을 때마다 어떤 경우는 소설처럼 여겨서 비록 형식이야 자유롭지만, 내심으로는 "당신은 아무래도 저에게 소식을 하나 일러주셔야 합니다!" 하면서 비할 바 없이 공경스럽게 추구합니다. 뒷날 알아냈습니다.『달마선경』에는 소식이 있었습니다. 비밀이 그 안에 다 남아있었습니다.

16특승은 진정한 수지이다

육묘문은 초보적인 입문과정입니다. 진정한 수지는 불학 명칭에서는 '16특승(十六特勝)'이라고 합니다. 기억하고 있기 바랍니다. 열여섯 가지 원칙이 있는데 특별하고 특별한 방법이요 비밀 중의 비밀 방법이며 더 이상 좋은 방법이 없는 방법입니다. 불학에서는 명칭을 하나 써서 '특승(特勝)'이라고 부릅니다. 오늘날 명사로 말하면 전략적으로 특별히 쉽게 승리하는 대통일전선(大統一戰線)이요 최고의 통일전선으로 그것을 다 종합해놓았습니다. 절대 기억하십시오. 이속에는 많은 것들이 있습니다. 입문방법인 수식(數息)·수식(隨息)·지식(止息)·관(觀)·환(還)·정(淨)을 대략 얘기한 것 말고는 『소지관(小止觀)』같은 책들에 속고 있지 말기 바랍니다. 조사들은 당신을 속이지 않았습니다. 아주 자비롭게 여러분에게 일러드렸지만, 뒤의 진실한 부분은 일부 중생들이 복보와 지혜가 부족할까 걱정되어 분명하게 얘기하지 않았습니다. 육묘문은 가장 기본적인 것입니다. 당신은 먼저 10종일체입(十種一切入)을 이해하고 난 다음 16특승을 이해하고 확실히 기억해두기 바랍니다!

1. "지식입(知息入)" 2. "지식출(知息出)", 호흡이 들어오면 들어오는 줄 알고, 나가면 나가는 줄 아는 겁니다. 그래서 안나반나를 어제 말씀드렸는데, 간밤에 여러분은 체험해 보았습니까? 저에게 대답하는 사람이 한 분도 없군요. 당신은 호흡이 들어왔다 나가는 것을 완전히 압니까? 이것은 아주 엄중한 일입니다. 여러분은 농담으로 여기지 말기바랍니다. 여기서의 1주일을 재미있는 놀이로 여긴다면 당신 자신을 저버리는 것이요 저를 저버리는 것입니다.

3. "지식장단(知息長短)", 언제 어디서나 자기의 호흡이 한번 들어오고 한번 나갈 때 그 길고 짧음을 아는 겁니다. 이 한 마디 말이 바로 문제인데, 어떤 것을 호흡이 길다고 하며 어떤 것을 호흡이 짧다고 할까요? 오 씨는 저렇게 키가 크고 저는 이렇게 작은데 오 씨의 호흡은 들어오는 게 유달리 길까요? 저의 호흡은 좀 짧을까

요? 왜 호흡이 긴 줄 알고 호흡이 짧은 줄 안다고 할까요? 그러므로 당신 자신을 관찰해야 합니다. 어떤 때는 몸이 좋지 않아서 호흡이 들어왔다 나갈 때 당신은 단지 목구멍이나 흉부 부분에만 도달하고 장(腸)과 위(胃)에는 도달하지 못하는 것을 느낍니다. 저 여자 어린이 경우는 정좌할 때 호흡이 단전이나 아랫배까지 도달할 수 있습니다. 심지어 여기 한두 명의 학우는 발바닥까지 도달할 수 있습니다. 호흡 감각인 숨의 길고 짧음을 알면서 풍(風)·한(寒)·조(燥)·열(熱)의 느낌에 대하여, 당신은 고요히 당장에 시험해 보십시오. 자기가 건강한지 건강하지 못한지 문제가 있는지 없는지를 이미 압니다. 숨의 길고 짧음을 알 때 당신은 주체(主體)가 이 '지성(知性)'에 있지 숨에 있지 않다는 것을 분명히 알아야 합니다. 지성에 대해서는 조금 전에 말씀드렸는데, 지성은 신체의 각 세포마다 안팎으로 두루 있습니다. 꼭 뇌 속에만 있는 것이 아니라 있지 않은 곳이 없습니다.

만약 호흡의 길고 짧음을 알면 당신은 신체를 시험해볼 수 있습니다. 먼저 여기까지 말씀드리니 여러분들은 스스로 체험해보시기 바랍니다. 일부러 그렇게 하지는 마십시오. 일부러 호흡을 연습하지는 마십시오. 불경은 여러분에게, 호흡이 들어오는 줄 알고, 호흡이 나가는 줄을 알고, 호흡의 길고 짧음을 알라고 여러분에게 일러주는데, 여기서는 그런 불경들을 귀납시켜 호흡의 길고 짧음을 아는 것을 당신의 수지(修持)와 결합시키고 있습니다. 음식과 남녀 성관계에 대해서는 엄격하게 계율을 지켜야 한다는 것을 분명히 알아야 합니다.

4. "지식변신(知息遍身)", 밀종에서의 삼맥칠륜과 중국의학에서의 12경맥은 신체의 내부로부터 직접 감각하고 알 수 있습니다. '지식변신'이란 호흡이 신체의 세포 하나하나 어느 곳에 도달하였

는지를 모두 잘 아는 것입니다. 이때에 일반적인 불학에 속지 말기
바랍니다. "에이! 이렇게 '아는 것'은 망상이야! 4대는 다 공해야
하니까!" 그러면 당신은 끝난 겁니다. 바꾸어 말하면 당신은 이때
에 '분명히 아는 것[明知]'이지 '일부러 그렇게 한 것'이 아닙니다.
언제나 분명히 알아야합니다. 여러분이 이렇게 수지해가서 첫째
단계, 둘째 단계, 셋째 단계까지 해내기만 하면, 여러분의 신체와
정신은 영원히 건강장수를 유지하고 머리가 맑고 사업도 순조로울
것입니다.

'호흡이 들어오는 줄 알고, 호흡이 나가는 줄 알고, 호흡의 길고
짧음을 아는 것', 이 세 가지를 먼저 시험해보십시오. 만약 네 번째
단계인 '지식변신'에 도달한다면, 당신의 지성에는 망상이 없습니
다. 망상이 있다면 육조의 사형인 신수(神秀)대사의 다음 게송을
이용합니다. "몸은 보리수요, 마음은 명경대이니, 때때로 부지런히 털
고 닦아, 먼지가 일어나지 않게 하라[身是菩提樹, 心如明鏡台, 時時勤
拂拭, 莫使惹塵埃]." 어떤 망상이 일어나든 지성을 방해하지 마십시
오. 모두 내버려두면 지성이 존재합니다. 당신은 한편으로는 공부
하면서 호흡에 주의를 기울이고, 한편으로는 자기의 망상이 오는
것을 알면서도 그 망상을 상관하지 말고 이 호흡만을 상관하십시
오.

공부가 '지식변신'의 단계에 도달하면 당신의 변화는 도가가 말
하는 네 글자로 '거병연년(袪病延年)'입니다. 모든 병이 낫습니다.
암도 사망도 그 안에 포함됩니다. 당신은 '지식변신', 호흡이 신체
의 모든 세포마다에 도달한 것을 알면 비교적 장수할 수 있으며 좀
더 느리게 쇠로(衰老) 현상이 일어납니다. 적어도 저는 지금 이 탁
자에서도 정좌하여 여러분에게 보여줄 수 있는데, 저는 아직도 동
작을 빨리해서 여러분에게 보여줄 수 있습니다. 저는 왜 이 나이에

도 이렇게 동작이 수월할까요? 호흡이 신체의 모든 세포마다에 도 달한 줄 알기 때문입니다.

초선에 진입하다

5번째 단계인 "제제신행(除諸身行)"에 도달하면 대단해집니다. 당신은 이미 신체상의 막힘[障碍]을 완전히 소통시킨 겁니다. 신체 감각이 없으며 신체와 허공이 하나가 됩니다. 이것은 진실한 공부 입니다. '제제신행'이라는 네 글자를 보세요. 신체상의 모든 막힘 을 없애서 모두 소통시킨 것입니다.

'제제신행' 단계에 이르고 난 뒤에야 선정인 초선(初禪)의 수희 (受喜)·수락(受樂) 경계에 진입합니다. 초선은 '이생희락(離生喜 樂)'입니다. 만약 신체조차도 잘 조정하지 못하면서 당신이 4대가 모두 공하다고[四大皆空] 말한다면, 당신은 어떻게 공하게 하겠습 니까? 당신이 신체상의 막힘을 모두 없앤 단계에 이르렀을 때는 허 풍을 떨어도 좋습니다. 약간 4대가 모두 공해진 것 같아야 초선의 '수희수락'에 도달할 수 있습니다. 총명부리기를 좋아하는 여러분 은 총명부리지 말기 바랍니다. 공부란 당신이 허풍을 쳐서 나올 수 있는 것이 아닙니다.

이번에 여러분에게 분명하게 말씀드려 비밀을 다 까 벌렸습니 다. 초선은 심일경성(心一境性)으로 이생희락(離生喜樂)인데, 이 정 (定)의 경계가 온 것을 선정이라고 부릅니다. 이생희락(離生喜樂)에 서 '이(離)'는 무엇일까요? 몸과 마음이 두 개로 분리된 겁니다. 이 때의 그 즐거운 느낌[樂感]은 남녀 성관계의 그런 쾌감이 아닙니다.

온 몸의 세포가 즐거운 느낌으로서 즐거움이 일어난 겁니다. 큰 즐거움은 뇌에 있습니다! 평소에는 머리가 흐릿할 수 있지만 이때의 전체의 뇌는 큰 즐거움을 얻게 됩니다. 우리들의 보통의 즐거움인 욕계의 즐거움은 모두 남녀 생식기 계통의 즐거움입니다. 그런데 초선에 도달하면 뇌의 즐거움입니다.

　오늘은 먼저 이 부분을 얘기했으니 저녁에 다들 16특승을 외우고 먼저 체험해보십시오. 호흡이 들어오는 줄 알고, 호흡이 나가는 줄 알고, 호흡의 길고 짧음을 압니다. 마음을 묶어서 돌이킬 수 없는 사람은 육묘문을 이용하십시오. 오늘날 전 세계적으로 선 수련이나 정좌, 공부하는 것에 대해 말하고 있는데 온통 육묘문의 수식(數息) 속에서 맴돌고 있습니다. 이것은 얼마나 차이가 납니까! 그 다음은 갈수록 엄중해지는데 서서히 말씀드리겠습니다. 지금 여러분은 노트에 모두 기록을 했는데 머릿속에도 기억하고 있기 바랍니다. 그런 뒤에는 당신은 일생동안 수지하면서 남한테 물어볼 필요가 없습니다. 이 16특승은 한 단계 한 단계 올라가는 게 아닙니다. 교차시키는 것인데 내일 다시 얘기하겠습니다.

제5일 강의

첫째 시간

염불법문 수행방법은 아주 초보적으로 말하면 아미타불 명호를 외우는 것입니다. 이 한 마디 아미타불을 외우고 난 다음에 심신을 모조리 놓아 차분하게 가라앉혀서 허공 속으로까지 가라앉히는 것이 정토염불삼매를 닦는 방법인데 대단히 좋습니다. 뿐만 아니라 선종과 정토를 함께 닦는 선정쌍수(禪淨雙修)의 길입니다. 우리 입장에서 보면 이것도 중국 유가문화입니다.

유가의 수행 길

증자(曾子)가 저술한 『대학(大學)』은 말합니다. "위로는 황제까지 아래로는 보통사람 누구에게나 이르기까지 반드시 자기 스스로 내면 수양의 도를 닦아야 한다. 대학지도(大學之道), 재명명덕(在明

明德), 재친민(在親民), 재지어지선(在止於至善). 지지이후유정(知止而后有定), 정이후능정(定而后能靜), 정이후능안(靜而后能安), 안이후능려(安而后能慮), 려이후능득(慮而后能得)."53) 이것은 수천 년의 문화전통입니다. 우리들은 열한두 살 때 모두 외웠습니다. 유가의 정통 수행 길인데 불법이 중국에 들어오기 전에 있었습니다. 그래서 불법이 전해 들어왔을 때 선정(禪定)의 이 '정(定)'자를 번역하면서 『대학』 속의 것을 채용했는데 중국 전통문화입니다. 오늘날 우리 중국인들의 교육은 자기 스스로 그것을 내버렸습니다. 그래서 단층(斷層)이 생겼을 뿐만 아니라 뿌리조차도 뽑혀버렸습니다. 하지만 다 뽑히지는 않아서 아직은 저 같은 늙은 병사가 살아있습니다.

이 몇 단계는 수행공부입니다. "지지이후유정(知止而后有定), 정이후능정(定而后能靜)", 지(止)를 성취하면 정(定)입니다. 우리가 요 며칠 동안 얘기했던 수지(修持)가 그 안에 포함됩니다. 정(定)이 되고 난 뒤에야 진정으로 정(靜)에 진입합니다. 정(靜)의 경계 공부가 이루어져야 비로소 안(安)입니다. 그러므로 여러분들이 여기에 앉아서 4,5일 동안 해본 것으로도 이미 대단한 겁니다. 저는 여러분들에게 감복합니다. 제가 상상하기로는 오른쪽 줄에 있는 요 몇 사람 오늘날의 젊은 대 영웅들은, 제가 그들을 영웅이라 한 것은 그들을 추켜세워 준 겁니다, 이 영웅들은 앉아있지 못할 것으로 저는 원래 생각했습니다. 재미로 왔다가 2,3일 지나면 떠나 가버릴 줄 알았습니다. 뜻밖에도 안정이 되었는데 쉽지 않은 일입니다! 하지만 이 사람들도 4,5일 동안 역시 억지로 버티는 것이지 마음에는 진정한 편안함이 없습니다. "정이후능안(靜而后能安)", 한 걸음 한

---

53) 이에 대한 풀이는 앞에서 나온 역자보충을 참조하기 바람.

걸음 해야 하는 공부이지 읽었다고 바로 아는 것이 아닙니다. 어떤 사람들은 총명을 부려서 읽고 나면 곧 해낸 것으로 여깁니다.

　여러분은 '이후(而后)'라는 두 글자에 주의하기 바랍니다. 한 걸음 한 걸음 공부를 해내는 것을 가리킵니다. "안이후능려(安而后能慮)", 여기서의 '려(慮)'자를 '생각하다'거나 '사려하다'는 의미로 생각하지만 틀린 겁니다. 여기서의 '려(慮)'자는 불학에서 말하는 '지혜반야'입니다. '능려(能慮)'란 지혜가 일어날 수 있음을 말합니다. 정(定)으로부터 지혜가 일어나는 것을 말합니다. '려(慮)' 이후에는 어떨까요? 공부가 성취되면 '능득(能得)'입니다. 뭘 얻는다는 걸까요? "대학지도(大學之道), 재명명덕(在明明德)"에서의 '명덕(明德)'을 얻은 겁니다. "물유본말(物有本末)", 어떤 것이든지 뿌리가 있고 그 최고점이 있습니다. 여기서의 '본(本)'자는 뿌리이고 '말(末)'은 바로 최고점입니다. 이것이 중국문화의 전통으로서, 황제로부터 시작해서 백성 한 사람 한 사람에 이르기까지의 기본교육 수양입니다. "사유종시(事有終始)", 당신이 내성외왕지학(內聖外王之學)을 하고자 한다면 모두 여기서부터 시작해야 합니다. 내(內)는 성인의 수양을 말하며, 밖으로 치국평천하(治國平天下)하는 데 사용할 수 있습니다.

　"지소선후(知所先后), 즉근도의(即近道矣)", 인생에서 자기의 수양이든 전체 인민 인류의 교육이든 간에 그 근본은 '지지(知止)'에 있습니다. '지지'는 어렵습니다. 어떤 한 점에 머무는 것입니다. 제가 방금 이 강단에 올라올 때 여러분들이 염불하고 있는 것을 들었습니다. 공동 수행과 단독 수행은 그 힘이 다릅니다. 공동 수행은 상호 감응이 있습니다. 공명(共鳴) 작용이 있어서 서로 영향을 줍니다. 그래서 밖에서 들어보니 견줄 수 없을 정도로 장엄하고 청정했습니다! 좌우가 다 염불하니 자신도 미안해서 함께 따라서 수행할 수밖에 없습니다. 마음이 고요하지 않아도 고요한 척이라도 해야 하니까요! 이것이 공동 수행의 좋은 점입니다. 그러나 공동 수행의 환경이 있어야 합니다.

그러므로 저는 탄식하는데, 정부가 그렇게 많은 돈을 써서 초등학교 중학교를 운영하고 어린애는 학교에 들어가자마자 학교에서 지내면서 단체생활을 해야 합니다. 여기에는 밝은 스승의 지도가 필요하고 공동의 영향이 필요합니다. 학교에 들어가면 먼저 사회에서는 어떻게 사람노릇을 하고 어떻게 생활할 것인지를 양성해야 합니다. 우리의 경우 여기서 7일 동안 지내는데 이곳도 하나의 사회입니다. 세 사람 이상이 한 곳에 있게 되면 하나의 사회로 변합니다. 사회주의니까 공동의 이익, 공동의 목표, 공동의 생활입니다. 진정한 민주의 중점은 반드시 공동의 요구와 공동의 수양이어야 합니다. 그렇다면 우리의 조금 전 방법은 어떨까요? 염불 공동 수행으로 수증의 길을 걸어가는 것을 말합니다. 아미타불 명호를 외우는 것은 아미타불의 힘이 우리를 가피해 주는 데 의지하는 것입니다. 서양인들은 이것을 기도(祈禱)라고 부릅니다. 우리는 자기 마음으로 기도하는 것이 아니라 마음과 부처가 하나가 되는 것입니다. 부처님의 명호를 외우면 마음이 편안해집니다. 이게 바로 정(定)이요 지(止)입니다.

부처님 명호와 진언

그러므로 정토법문에서는 부처님 명호를 한번 외우는 것을 '삼근보피(三根普被)'라고 합니다. 이 한 마디 말은 가장 큰 교의이자 불교에서 가장 중요한 것입니다. 그런데도 다들 경시합니다. '삼근'이란 무엇일까요? 제1등급 총명한 사람이 상근(上根)입니다. 바로 어제 제가 인용했던 공자가 말하는 "생이지지(生而知之)", 태어나면서부터 아는 사람입니다. 제2등급인 "학이지지(學而知之)", 배워서 아는 사람은 중등인(中等人)입니다. 하근(下根)은 가장 어리석은 사람입니다. 상중하 3등급인 3근을 두루 가피합니다. 당신이 지혜가 높은 사람이든 가장 어리석은 사람이든 간에 부처님 명호를 한번 외면 마음이 고요해지면서 무슨 마구니나 귀신이 그 즉시 조용해집니다. 그렇지 않으면 여러분들이 시험을 해볼 수 있습니다. 고양이를 한 마리 키우거나 개를 한 마리 기릅니다. 이런 동물들이 아주 사납게 행동할 때에 당신이 그 앞에 좀 조용히 서서 그 동물의 눈빛을 보면서 당신의 마음이 그들의 마음속으로 진입합니다. 그리고는 나무아미타불을 외우면 그 동물은 곧 안정됩니다.

　저의 예전의 한 오랜 학생이 바로 주문광(朱文光) 박사였는데 여기의 저 노년 세대들은 그를 사형이라고 부릅니다. 그는 대만사람입니다. 그가 저를 따른 것도 가장 빨랐고 죽는 것도 제일 빨랐습니다. 농업화학을 배우고 미국에 유학을 했으며 불교를 배우고 도가도 배웠습니다. 제가 여러분들에게 허풍을 쳐서 들려드리자면 그는 정말 대 과학자입니다. 비록 농업화학을 배웠지만 뭐든지 이해했습니다. 그에게 해답할 수 없는 과학적인 문제가 있으면 저에게 와서 함께 토론했습니다. 실험을 하기 시작했고 많은 것을 얘기했습니다. 어떤 단계에서 염불과 준제진언의 효과에 대하여 실험을 했습니다. 벼와 꽃나무를 두 줄로 심어놓고 한 줄에는 진언을 외우거나 염불을 한 물을 한 줄에 주었고 다른 한 줄에는 보통의 물을 주었습니다. 2, 3개월이 지나 서로 비교해보니 염불하거나 진언을 외운 물을 주었던 벼나 꽃나무는 대단히 잘 자랐습니다. 일반

것보다 두 세배는 좋았습니다. 그는 말하기를, 그 물을 대하고서 소리 내어 대비주를 외우거나 준제주를 외우거나 반야심경을 외우 거나 아미타불을 외웠더니 그 효과가 다 달랐으며 물의 분자가 따 라서 변화했다고 말했습니다. 입으로 소리를 내서 외우는 것과 의 식상으로 소리 내지 않고 외우는 것도 그 효과가 달랐다고 말했습 니다. 그가 해본 갖가지 실험은 물론 당연히 과학적으로 해석할 수 있습니다.

특히 여러분들은 경험이 없고, 아마 고도 사부는 조금 경험이 있 을 겁니다. 저의 경우는 예전에 아미산에서 폐관을 했는데, 산에서 지낸 3년 동안에 인간세상 일생의 청복(淸福)을 이미 다 누렸습니 다. 그러므로 저는 제 일생동안의 복은 그 뒤로부터는 사라졌다고 말합니다. 여러분들은 벼슬하고 돈 버는 것을 복이 있다고 생각하 지만 제가 보기에는 복이 없습니다. 진정한 복은 청복입니다. 그 아미산 꼭대기에서 가을 9월, 10월 사이에 이르면 눈이 내려 산은 이미 큰 눈에 갇힙니다. 산위에 오르는 것은 불가능하며 길을 걸어 서 올라올 수 있는 사람이 없습니다. 산꼭대기로부터 내려올 때는 스케이트를 타지 않으면 안 됩니다. 일부 화상 스님사형들께서는 큰 초석(草席) 하나로 엉덩이를 싸고 두 개의 지팡이를 지닌 채 산 꼭대기에서 쭈욱~ 미끄러져 내려옵니다. 그야말로 산이란 산은 온 통 얼음과 눈입니다.

저는 그 당시 청복을 다 누렸습니다. 밤마다의 달을 다 볼 수 있 었습니다. 눈썹달이든 반달이든 보름달이든 다 볼 수 있었습니다. 상공을 보면 온통 푸른 하늘이었고, 게다가 산이란 산은 온통 눈으 로 덮여있고 사방상하 전체가 수정유리의 세계였습니다. 특히 깊 은 밤에는 사람 하나도 볼 수 없는 것은 말할 것도 없고 귀신조차 도 반쪽도 볼 수 없었습니다. 몹시 추웠습니다. 자기가 추운지 안

추운지도 이미 모를 정도로 추웠습니다. 바로 그럴 때에 시구를 낭송하거나 나무아미타불을 외웠는데 온 대지가 마치 진동하고 있는 것 같았습니다. 지금 이 자리에 있는 우리들은 모두 도시에서 살고 있는데, 불어 닥치는 홍진(紅塵)의 속세에서 얼마나 번뇌가 많습니까. 그러나 자신의 작은 방이나 내지는 작은 곳으로 돌아와 앉아서 눈을 감고는, 자기가 죽어버린 셈 치고 아무것도 상관하지 않은 채, 마음속에서 나무아미타불을 외우면 산꼭대기의 경계나 마찬가지로 청정합니다.

선정쌍수

나무아미타불 여섯 글자에서 '나무'는 귀의하다는 뜻입니다. '아미타불'은 부처님 명호로서 그 의미는 무량광무량수(無量光無量壽)입니다. 그것은 진정한 대 밀종이요 진정한 선종이기도 합니다. 송나라 때 선종 대사인 영명연수(永明延壽) 선사는 절강성 여항(餘杭) 사람이었습니다. 장군 출신으로서 출가한 사람인데 불법을 배워서 성취가 있었으며 학문도 훌륭했습니다. 중국에서 가장 위대한 불학서인 『종경록(宗鏡錄)』이 한 부 있습니다. 그것은 그가 편집을 주관한 저작으로, 중국문화에 천여 년 동안 영향을 미쳤습니다. 그래서 어떤 사람이 불법을 배우는 데 한 부의 기본 개론서가 없다고 말할 때 저는 그 사람더러 먼저 『종경록』을 읽으라고 합니다. 그게 바로 불학개론서입니다. 영명연수 선사는 도를 깨달은 뒤에 오로지 염불법문을 제창했습니다. 그의 도덕행위는 송·원·명·청나라에서부터 줄곧 현대에 이르기까지 영향을 미쳤습니다. 그에게

네 개의 게송이 있는데 대단히 좋습니다. 여러분 출가 학우들은 마땅히 다 외워야 합니다. "참선수행만 있고 염불공덕이 없으면, 열 사람 중 아홉은 길에서 자빠진다[有禪無淨土, 十人九蹉路].", 여러분들은 정좌하고 수행하면서 선을 배우는데, 염불법문도 함께 닦을 줄을 몰라 닦아가다 보면 잘못되어버립니다. 왜냐하면 자신의 지혜가 부족하기 때문입니다. 두 번째 게송입니다. "참선수행도 있고 염불공덕도 있으면, 마치 뿔 달린 호랑이 같아[有禪有淨土, 猶如戴角虎]", 한편으로는 정좌 수행하고 한편으로는 염불을 하는 것은 마치 대단히 사나운 호랑이에게 또 뿔이 두 개가 난 것 같습니다. "현세에는 뭇 사람들의 스승이 되고, 내세에는 부처나 조사가 될 것이다[現世爲新師, 來生做佛祖]", 영명연수 선사는 일생동안 선정쌍수(禪淨雙修)를 제창했습니다. 저는 그저 그의 몇 구절의 게송을 뽑아서 얘기할 뿐입니다. 출가 학우 여러분들은 배워야합니다. 뿐만 아니라 저는 늘 여러분 출가 학우들에게 권하기를 준제법을 닦는 것 이외에도 선정쌍수를 잘 제창하라고 합니다. 그렇지만 말을 듣는 사람이 하나도 없습니다. 어떤 법사의 경우 제가 그에게 준제법을 하나 전해주었는데 그는 남들에게 준제법을 닦으라고 가르치느라 애를 씁니다. 그러기에 여러분들이 저를 선생님이라고 부르지만 웃을 수밖에 없습니다.

여러분들은 산란(散亂) 속에서 지내는 게 습관이 되어있는데 닷새 동안 이렇게 버텨낼 수 있다는 것은 정말 대단한 희생입니다. 저는 매우 감동했습니다. 왜냐하면 저는 여러분들에게는 이게 얼마나 하기 어렵고 드문 일이라는 걸 알기 때문입니다. 그러므로 찬탄 받을 만합니다. 그러나 이번의 이 6,7일 동안의 경험이 여러분이 돌아간 뒤에 환경의 영향으로 변하지 말기 바랍니다. 그래서는 안 됩니다. 어떤 학우들은 저를 따라서 여기서 여러 차례 있었는데 모두 선당에 있는 것처럼 일관되게 그렇게 해 나가면 3년 5년 7년 동안에 성취하지 못할 사람이 없습니다. 그렇지만 그렇게 하지 못합니다. 선당을 떠나서 돌아가면 여기서와 같지 않습니다. 환경의 영향을 받아서 동요해버립니다. 그런 다음 말합니다. "선생님! 정말 어쩔 수 없습니다. 밖의 일이 많기 때문입니다." 저는 말합니다. "맞아요, 맞아요." 사실 제가 입으로는 맞다고 말하지만 마음속으로는 당신을 꾸짖고 있습니다. "재간이 없는 사람, 수행이 환경이 바뀌자마자 곧 변하다니, 그걸 어떻게 수행이라고 할 수 있는가!"

특히 젊은 학우들은 대학교 때부터 이것을 하기 시작하여 지금에 이르도록 일생동안 성취가 없습니다. 자신의 내양(內養) 공부를 성취하지 못했을 뿐만 아니라 학문도 성취하지 못했고 사업도 성취하지 못했습니다. 허풍 떠는 것조차도 성취하지 못했습니다. 아 그러고 보니 있군요. 어떤 사람이 밖에서 자기가 저의 수법 제자라고 말하면서 곳곳마다 다니면서 사람들을 속이고 허풍을 떨고 있습니다. 사람 속이기를 성취했을까요? 역시 성취하지 못했습니다. 그래서 식사할 때에 대중들의 면전에서 그 사람을 꾸짖기를 부처님을 의지해서 밥을 먹으면서 사람을 속인다고 했습니다. 그는 한편으로는 눈물, 콧물을 흘리면서 "맞습니다! 맞습니다!"고 하면서도 한편으로는 앞에 놓여있는 요리를 바라보고 있었습니다. 그리고는 그것이 소고기인지 돼지고기인지를 묻고 있었습니다. 저는 편지를 써서 꾸짖었더니 그는 제 편지를 표구해서 앞에다 걸어놓았답니다. 그의 의도는 이렇습니다. "보세요! 선생님이 저를 꾸짖고 있는데 선생님은 다른 사람을 꾸짖으려고 편지를 쓴 일은 없었을 겁니다. 제가 그의 큰 제자임을 알 수 있습니다." 무슨 방법이 있겠습니까? 정말 안타깝습니다! 수십 년 동안 저는 반 사람조차도 없다고 말했으니 온전한 사람 하나는 말할 것도 없습니다.

이 시대

사실 이번 시간 수업은 감개가 드는데 무슨 감개가 들까요? 제가 작은 일을 하나 얘기 하겠습니다. 큰 일이기도 합니다. 제가 사미를 보고 웃으며 말했습니다. "이곳은 처음에는 사(謝) 회장이 땅을 일구지 않으면 안 되었다. 일구고 난 다음에는 네가 집을 지었다. 지금 시험 삼아 한번 사용해보니 갖가지가 그런대로 좋다. 물론 너도 이해 못했지만 한사코 너더러 와서 이 일을 하라고 시켰다. 비록 그렇게 많은 고생을 하고 그렇게 많은 분을 참았지만 1, 2년 가운데 이런 곳이 하나 있게 되었으니 너는 역시 대단하다." 또 저는 물었습니다. "다들 여기서 지내는데 방마다 쓰는 물건마다 문제가 없는지 얼른 의견들을 모아보아라. 다음 기회에 다시 지을 때에 개선할 수 있도록 하자."

먼저 여러분들에게 한가한 얘기를 한번 하고 다시 본 주제에 대해 말씀드리겠습니다. 우리 여기에 하(何) 선생이란 친구가 있는데 그는 국가민족의 문화교육에 몹시 열성적입니다. 저는 말하기를 장래 중국의 앞날은 젊은 후대들에게 희망이 있다고 말합니다. 하지만 자신에게 의존해야지 교육에 의존하는 것은 아닙니다. 오늘날 이 교육은 크게 문제가 있습니다. 옛 사람의 두 수의 시가 생각이 나는데 제가 평소에 늘 인용하는 것입니다. 저의 일생의 모습이기도 합니다.

비온 뒤 산속의 덩굴 풀들 무성해지더니
계곡 따라 뻗으면서 가련하게 자라네
평소에 그 누가 길러주었을까

스스로 천기를 얻어 스스로 성장하네

雨後山中蔓草榮　沿溪漫谷可憐生
尋常豈藉栽培力　自得天機自長成

"비온 뒤 산속의 덩굴 풀들 무성해지더니[雨後山中蔓草榮]", 그는
말합니다. 산속의, 우리들 이 묘항 이곳은 원래 쓸모없는 교외나
다름없었는데, 사 회장이 와서 개간하기 시작하였습니다. 그는 말
하기를 큰 비가 내린 뒤에 황량한 산속의 저 풀들이 하늘에서 내린
비를 얻어서 스스로 자라났다고 합니다. "계곡 따라 뻗으면서 가련
하게 자라네[沿溪漫谷可憐生]", 이런 풀들은 배양해주는 사람이 없
었고 이런 나무들은 스스로 성장했다는 것입니다. "평소에 그 누가
길러주었을까[尋常豈藉栽培力]", '심상(尋常)'은 평소라는 뜻입니다.
'자(藉)'는 의지하다는 뜻입니다. 어떤 이끌어주는 것 하나도 의지
하지 않았고 어떤 도움 하나도 의지하지 않았다는 것입니다. "스스
로 천기를 얻어 스스로 성장하네[自得天機自長成]", 저는 젊어서부
터 지금까지 제 자신의 일생도 이와 같았다고 늘 탄식합니다. 예컨
대 여기의 세 분의 사장님이나 상업을 하는 많은 사람들 혹은 사업
을 하는 사람 등등은 다들 그런 감개가 있습니다.
　제가 대륙으로 돌아온 뒤에 이 한 세대인 이삼십 세, 삼사십 세
의 청년들 그리고 사오십 세 된 몇 사람을 포함한 여러분들을 보니
모두 스스로 성장해 나온 사람들입니다! 모두 마찬가지로 가련합
니다. "계곡 따라 뻗으면서 가련하게 자라네", 이리저리 사회적인
동란을 거치면서 돈 한 푼도 없이 자신이 어떻게 해 온 것일까요?
"평소에 그 누가 길러주었을까, 스스로 천기를 얻어 스스로 성장하
네." 몹시 가련합니다! 그러므로 어떤 사람이 누구를 불러서 저를

도와달라고 하고 싶다고 하는 경우 저는 모두 바라지 않습니다. 우리는 모두 스스로 천기를 얻어 스스로 성장하니까요. 남들이 우리가 성장하지 못하기를 바란다하더라도 개의치 않고, 마른 풀이 되고 썩은 풀이 되더라도 개의치 않으니까요. 이것은 보살의 발심입니다. 두 번째 시입니다.

어릴 때는 잡초 속에 묻혀 있다가
지금은 점점 자라 쑥보다 높이 솟았구나
당시 사람들은 구름 위로 솟구칠 줄 몰라보다가
구름위로 솟구치니 그제야 높다하네

自少齊埋於小草　而今漸卻出蓬蒿
時人不識凌雲幹　直待凌雲始道高

　이 두 구절의 시는 현대의 사회·문화·교육·인생에 대하여 매우 비관적입니다. 사람은 자립이 중요합니다. 자기가 노력해서 스스로 일어나야 합니다. "어릴 때는 잡초 속에 묻혀 있다가[自少齊埋於小草]", 그는 말하기를, 한 그루의 큰 나무의 뿌리 싹이 작은 풀과 함께 나란히 나서 자랐다고 합니다. "지금은 점점 자라 쑥보다 높이 솟았구나[而今漸卻出蓬蒿]", 어려서는 보이지 않더니 이제는 서서히 자랐습니다. "당시 사람들은 구름위로 솟구칠 줄 몰라보다가[時人不識凌雲幹]", 당시 사람들이 보니 그것은 작은 풀이었기에 거들떠보지도 않았습니다. "구름 위로 솟구치니 그제야 높다하네[直待凌雲始道高]", 이 나무가 하늘의 구름을 뚫고 올라갈 정도로 성장하고서야 사람들은 아주 위대한 나무라고 말했습니다. 그러므로 어떤 위대함도 모두 평범 속에서 나옵니다.

저는 지금 어느 사람을 가리켜 얘기 하는 것이 아닙니다. 저는 이곳 선당에 오기 전에 사미하고 건축에 대해서 연구하고 있었습니다. 여기의 건축은 아직 다 완성되지 않았고 막 시작한 초보 단계에 해당합니다. 아직 해야 할 것이 많습니다. 정말 큰 학당을 만들려면 과학과 철학 연구실, 기숙사 등등이 다 부족합니다. 그녀는 어떻게 할까요? 라고 말했는데 저도 어떻게 해야 할지 모릅니다. 하나는 늙고 하나는 젊은 우리 둘은 한 걸음 한 걸음 해나가자고 말했습니다! "당시 사람들은 구름 위로 솟구칠 줄 몰라보다가", 세상 사람들은 이루어진 결과만 보지 당신이 앞서서 어떻게 노력했는지는 보지 않습니다. 수행도 마찬가지입니다. 출세간법에서도 입세간법에서도 사람됨과 일처리도 다 마찬가지입니다.

그러므로 이 두 수의 시를 우리는 어려서부터 외웠고 저는 일생 동안 자신의 채찍으로 삼았습니다. 일을 해도 남이 알아주기를 바라지 않았고 자신이 마땅히 해야 하는지 하지 말아야 하는지만 물었습니다. 그러므로 유가의 도리는 바로 "이소당위(理所當爲)", 도리 상 마땅히 해야 할 것이라면 일체를 상관하지 않고 하는 것입니다. 즉, 어제 인용했던 선종 조사가 말한 "보배 구슬을 머금은 용은 주변에서 헤엄치는 물고기들을 거들떠보지 않는다."는 겁니다. 이런 시시비비들과 그런 장애들을 듣기조차도 하지 않습니다. 그런 것은 빈말이고 쓸모가 없습니다. 해내어야 비로소 진짜입니다. 그래서 방금 염불소리를 들으며 걸어오는 길 내내 감상이 들었습니다. 보세요, 사람의 생각이란 이렇게 돕니다. 크게 빙~ 한 바퀴 돌고서 다시 되돌아옵니다.

이 두 수의 시도 게송입니다. 여러분들은 누구나 이 시를 가지고 자기를 위안하고 자기를 격려해도 좋습니다. 예컨대 이 묘항의 땅을 예로 들어 말해보겠습니다. 제가 평소에 말하기를 저의 평생에 가장 후회스런 것은 이 묘항의 일이라고 말합니다. 이곳을 세울 생각을 하지 말았어야 합니다. 생각이 움직인 뒤로 자신을 고통스럽게 했습니다. 제가 가장 안쓰러운 일이 바로 이 일입니다. 중간에 다들 이런 저런 말들을 하지만 저는 듣고서 모두 다 우스갯소리요 빈말들이라서 상대하지 않습니다.

이곳이 완전히 다 갖추어지려면 1~2년은 더 기다려야합니다. 이번에 갑작스런 생각에 달력을 넘겨보니 금년도 또 반년이 가버렸습니다. 음력 6월 초엿새이고 양력으로는 7월 1일로서 회계연도가 막 시작했습니다. 그래서 며칠 전에 그들에게 통지서를 보내라고 일러줬습니다. 하여튼 한번 와서 시험을 해 보자는 겁니다. 억지로 하지 않으면 올라갈 수 없습니다. 그러나 여기는 아무런 관리가 없습니다. 나중에 갑자기 한 분의 여사가 생각이 나서 전화를 했더니 그녀가 달려왔습니다. 이 모두가 다 이렇게 서둘러서 된 겁니다. 그 가운데서 송(宋) 군이 관리할 사람을 찾아서 돕도록 했습니다. 이상은 모두 세속의 일을 얘기한 겁니다. 다들 오륙 일 동안 지내면서 보니 그런대로 됐고 초보적인 시험이 괜찮습니다. 교육의 목적에 정말로 도달하고 사회에 공헌하고자 하면 아직 멀었습니다! 앞길이 만 리인데 이제 막 첫걸음을 내디딘 것입니다.

둘째 시간

어제에 이어 안나반나 수행법을 얘기하겠습니다. 이 방법으로 선정을 닦으면 즉생성취(卽生成就)하여 과위를 증득할 수 있습니다. 그런데 사실대로 말하면 저는 이 얘기를 해도 헛되게 얘기한 게 아닌가 정말 걱정됩니다. 그러나 꼭 여러분들에게만 얘기한 것이 아니라, 많은 중생들이 듣고 있고 여러분들보다도 더 고명한 사람들이 들을 필요가 있다는 생각입니다. 16특승에 관하여 이제 이 불학의 명칭을 먼저 말씀드리겠습니다. 석가모니불 이후에 대 제자들인 대아라한들이 수지 경험을 종합한 매우 중요한 법문입니다. 기(氣) 수련 · 맥(脈) 수련 · 안나반나 수행은 풍대로부터 닦기 시작하는 것입니다. 먼저 색신인 4대를 끝마치고, 그런 다음에 아라한 과위로 증득해 들어갑니다. 이것은 즉생성불(卽生成佛)의 길로서 매우 심오합니다.

지(知)란 무엇인가

어제 가장 먼저 다섯 가지 중점을 얘기했습니다. '호흡이 들어오는 줄 알고[知息入] · 호흡이 나가는 줄 알고[知息出] · 호흡의 길고 짧음을 알고[知息長短] · 호흡이 신체의 모든 세포마다에 도달한 줄 알고[知息遍身] · 신체의 모든 막힘을 제거하는[除諸身行]' 이 다섯 가지 단계가 그것인데, 대소승 불법을 모두 포함하고 있습니다. 4선8정 수행도 포함되어 있고, 오늘날 닦고 있는 밀종의 홍교 · 화교 · 백교 · 황교도 그 안에 포함됩니다. 저는 순서대로 얘기하고 있습니다. 이것은 기맥 수련의 전체로서 즉생성취 방법입니다. 내용이 너무 많으므로 먼저 '호흡이 들어오는 줄 안다'에서의 이 '안다'는 이 지성(知性)을 이해해야 합니다.

이번에 제가 여러분들에게 통지하였던 제목을 여러분들은 아직 기억합니까? 이번 제목은 '선과 생명과학의 인지'인데 아주 엄중합니다. 제 자신도 이렇게 크게 허풍을 치는 것이 우습습니다. 이것은 한 개의 제목만이 아닙니다! 여러 개의 제목들이 한데 종합되어 있습니다. 인지는 인지과학이며 생명과학은 생명과학입니다. 선(禪)은 선입니다. 그리고 선은 선정(禪定)과 선종, 견지와 공부도 포함하고 있습니다. 이 속에는 내용이 아주 많습니다. 노회한 여러분들에게 말씀드리고 있는데 노회한 사람들이란 바로 노참보살(老參菩薩)들로서, 영원히 참구하고 있습니다. 총림에서 오랜 수행자에 대하여 "당신은 노참보살입니다."라고 말하는 사람이 흔히들 있는데, 그런 말을 듣고 나면 몹시 칭찬하는 것 같지만 사실은 노회한 사람이라는 뜻으로 아무리 참구를 했어도 통하지 못했다는 것입니다.

불학에서는 "분별심(分別心)을 일으키지 말라!"고 합니다. 일반적으로 말하기를 "불법을 배우면서 망상을 일으키지 말라!"고 합니다. 일반적으로 불법을 배우는 사람들은 선정을 얻으면 마치 가만히 앉아서 1만 년 동안 꿈쩍도 하지 않아야 일어나지 않은 것으로 친다는 식으로 생각합니다. 저는 말합니다. "제 앞에 있는 한 마리 돌 소는 몇 해 동안이나 앉아 있으면서도 꿈쩍도 하지 않습니까? 그렇지만 여전히 소입니다!" 예전에 제가 불법을 배울 때 다들 저를 '큰 사형'이라고 불렀습니다. 그분들이 어떤 문제를 물을 때면 원(袁) 선생님은 웃으면서 그들더러 저에게 물으라고 했습니다. 그들은 망상이 없음이란 무엇을 말하며, 분별심을 일으키지 않음이란 무엇을 말하느냐고 물었습니다. 이것은 큰 문제입니다. 제가 말했습니다. "망상을 일으키지 않고 분별을 일으키지 않는다고 하는데 물어보겠습니다. 성불한 뒤에 부처님은 망상을 일으키지 않앉을까요? 분별을 일으키지 않았을까요? 당연히 일으켰습니다! 그분은 입을 열어 설법하자마자 모두 분별이었습니다."

지성(知性)의 이 '지(知)'는 최후의 궁극이 아닙니다! 견문각지(見聞覺知)에는 네 가지 작용이 있습니다. '견(見)', 보는 것은 눈을 이용하는 것이 아님을 분명히 알아야 합니다. 우리는 눈을 감고 있으면서 볼까요 보지 않을까요? 역시 보고 있습니다. 무엇을 볼까요? 아무것도 보이지 않음을 하나 봅니다. 그러나 당신은 여전히 보고 있으며, 이것도 보는 겁니다. '문(聞)'은 듣는 것입니다. 여러분이 소리가 전혀 없음을 들을 때, 심지어는 잠 들었을 때 아무것도 들음이 없지만 사실은 여전히 듣고 있습니다. 저 소리가 없는, 들리지 않는 소리를 듣고 있는 것입니다. '각(覺)', 감각인데, 여러분이 잠들면 감각이 없을까요? 있습니다! 여러분은 깨자마자 방금 잘 잤다는 것을 압니다. 일이 지나간 다음에 당시와는 차이가 있을 뿐이라는 것을 압니다. '지(知)', 안다는 지에는 알지 못한다는 것을 아는 '지'가 하나 있습니다. 알지 못함을 아는 것은 '지'의 지극함입니다. 극점에 도달한 것입니다. 그 알지 못한다는 사실을 아는 자리는, 여러분들에게 말씀드리는데, 그것은 반야에 속하며 아주 높은 경계입니다.

불법을 배우는 여러분에게 다시 한 번 일깨웁니다. 이 '지성'은 제6의식의 분별작용이 아닙니다. '지'는 분별이 없습니다. '지'로 인하여 많은 분별이 일어납니다. 이것은 하나의 대 과학이요, 대 철학이요, 대 논리입니다. 그러므로 이 '지'는 그 무엇보다도 대단해서 반야 경계에 도달하고 곧장 무지(無知)[54]의 경지까지 도달합니다. 그래서 구마라집 법사의 제자인 승조(僧肇)는 『조론(肇論)』을

---

54) '범부가 미혹 상태에서 취한 세속적인 앎과 알지 못함'이 없는 지(知)로서 성인의 지혜를 가리킴.

저술하여 수천 년 동안 영향을 끼쳤는데, 그 가운데 「반야무지론(般若無知論)」이라는 글이 한 편 있으며, 알지 못함을 아는[知不知] 것을 '지'라고 합니다. 부처님도 말씀하셨고 공자와 노자도 말씀했는데, 모두 다 '하나의 지[一知]'의 지성(知性)으로부터 착수한다고 했습니다.

지금 여러분들은 당장에 체험해 보십시오. 예컨대 제가 말을 하고 여러분들은 듣고 있는데, 누가 듣고 있을까요? 지성이 듣고 있습니다. 먼저 과학이나 뇌의 반응은 얘기하지 않고 보통 것만을 얘기해보겠습니다! 당신은 한편으로는 제가 말하는 것을 듣고 한편으로는 생각하고 있으면서 제6의식이 속에서 분별하고 있습니다. 선생님이 말하는 이 한 구절은 무슨 의미이며 저 구절은 무슨 의미인지 분별하고 기록도 할 수 있습니다. 이게 바로 제6의식의 분별심입니다! 당신의 그 지성이 아닙니다. 그러나 당신 자신이 여기에 앉아있다는 것을 알며, 기후가 좋은지 안 좋은지도 알고, 몸에서 땀이 나는지 안 나는지도 압니다. 아울러 자기가 분별하고 있다는 것도 압니다. 이 '하나의 지(知)'에는 많은 것이 포함되어 있습니다. 이것이 유식학에서 말하는 5변행(五遍行)입니다.

5변행은 작의(作意)·촉(觸)·수(受)·상(想)·사(思)입니다. 이 다섯 가지 작용은 없는 곳이 없으며 지성(知性)과도 관계가 있습니다. 바꾸어 말하면 작의도 지(知)고, 지(知)도 그 안에 작의가 들어 있습니다. 이것을 오변행이라고 하는데 언제나 있습니다. 과거 현재 미래 심지어는 당신이 죽은 뒤에도 있고 꿈꿀 때도 있고 영혼으로 변해도 있습니다. 이 오변행을 어떻게 끝마칠까요? 즉, 어떻게 이 지(知)를 전환시킬까요? 바꾸어 말하면 지(知)는 무엇일까요? 지는 의(意)입니다. 의식생각입니다. 이제야 여러분들에게 인지과학을 아주 조금 드러내 보여줍니다. 그것은 모두 불학에 있습니다.

평소에도 여러분들에게 얘기했습니다. 일부 학우들은 제가 이렇게 얘기하는 것을 수없이 들었기에 귀에 못이 박힐 정도여서 듣기 귀찮을 정도가 됐습니다. 그렇지만 자신이 체험해 보지는 못했습니다.

부처님은 우리들에게 말씀해주시기를, 이렇게 손가락 한번 튕기는 사이에 6십 개의 찰나가 있다고 합니다. 우리가 한번 들이쉬고 내쉬는 한 찰나 사이의 의식은 몇 번이나 굴러 움직일까요[轉動]? 9백6십 번이나 굴러 움직입니다. 하루 밤낮 동안에 우리들의 생각은 13억 번이나 굴러 움직입니다. 중국의 13억 인구만큼이나 많습니다. 이것은 행음(行陰)입니다. 예컨대 제가 말하고 있고 여러분은 듣고 있으며 기록도 하고 있습니다. 동시에 여러분들은 외부의 일도 알고 있습니다. 작용은 그렇게 많습니다. 그렇게 하는 것은 바로 이 의(意)가 움직이고 있기 때문입니다. 이 작용의 기능은 그렇게 대단합니다.

이것을 듣고 나서 밖에 가서 자기가 많은 것을 알게 되었다고 허풍 떨지 말기 바랍니다. 당신 자신이 정말로 다 이해하여 들어간 다음에 말해야 합니다. 이 지(知)에는 이렇게 대단한 면이 있습니다. 여러분들이 호흡을 하든 어떤 일을 하든 당신의 그 지(知)는 바로 그 일에 있습니다. 하지만 이 일의 면에서도 마치 불꽃처럼 퍼집니다. 그밖에도 많고 많은 것이 있습니다. 예를 들어 우리가 초한 자루를 가져와 불을 켜면 한 점의 밝음만을 보는데, 이 한 점의 밝음이 움직이고 있기에 곁에 있는 사물들을 여러분은 보게 됩니다. 이것은 과학입니다. 그 촛불 빛은 사방으로 내쏘고 있습니다. 오늘날 양자역학은 말하기를, 파(波)와 입(粒)이 회전운동을 하고 있는데 파(波)와 입(粒)의 회전운동은 대단히 빠르다고 합니다.

수행은 여러분들더러 먼저 이 지(知)를 이해하게 합니다. '호흡이 들어오는 줄 안다[知息入]'에서 당신은 호흡이 들어오는 것만 안다고 생각합니까? 여러분은 여기서 호흡이 들어오는 것을 아는 동시에 저쪽에서는 다른 것을 알고 있습니다! 여러분들은 이 머리가 아주 대단하다는 것을 분명히 알아야 합니다. 부처님은 당신더러 먼저 이 코의 호흡을 이용해서 착수하여 호흡이 들어오고 호흡이 나가는 줄 알라고 합니다. 풍(風)과 호흡[息], 그리고 이 기(氣)는 대 과학으로서 우주하고 서로 이어져 있는 것입니다. 우리들의 호흡은 한번 들어왔다 나가는데, 어떤 것이 하나 들어오고 나가고 있는 것일까요? 없습니다. 그것은 공(空)한 것입니다. 그것은 오고 가고 가고 오는 생멸법(生滅法)입니다. 당신이 주먹을 쥐고 이렇게 휘둘러 오고 갈 경우 주먹이 가고 옴이 있습니까? 없습니다! 그 중간에는 주먹이 없습니다. 공의 형상만 있을 뿐입니다. 그럼 없을까요? 있습니다! 그러므로 이해하기 어렵습니다.

부처님을 배운다는 것은 대 과학이요, 대 논리요, 대 지혜입니다. 그러므로 당신에게 안나반나인 입기(入氣), 출기(出氣)를 닦으라고 하는 것입니다. 제가 막 태어난 갓난애를 비유로 들었지 않습니까? 입 벌려서 아~ 하는데 갓난애가 일부러 소리치는 게 아닙니다. 왜냐하면 10개월 동안 엄마 뱃속에서 답답하게 지내면서 호흡이 없었기 때문입니다. 그럼 기(氣)는 없었을까요? 있었습니다. 답답하게 갇혀 있었던 것입니다. 기는 안에서 마찬가지로 변하고 있었습니다. 그러다가 엄마 태로부터 나와 바깥을 접촉을 했는데, 그게 바로 촉수(觸受)입니다. 갓난애가 태어나면 바로 팽창하기 시작하여, 태어날 때는 그렇게 조그마하더니 단번에 적지 않게 큽니다. 부처님은 말씀하시기를 어머니 태 밖으로 나오는 감수(感受)는 마치 십만 개의 바늘이 온몸의 털구멍들을 찌르는 것과 같아서 지극히 견디기 어렵다고 합니다.

토고납신(吐故納新)

그러므로 이 '아 ~' 소리는 자연적인 발음으로 개구음(開口音)입
니다. 그런 다음에 코로 기(氣)가 들어갑니다. 도가에 토고납신(吐
故納新)이란 말이 있는데 잘 묘사하고 있습니다. 탄소를 내쉬는 것
이 '토고'이고, 산소를 들이쉬는 것이 '납신'입니다. 그러기에 어제
제가 여러분들에게 형하이장(哼哈二將)을 얘기한 까닭은 바로 코의
형기(哼氣)와 입의 하기(哈氣) 때문이었습니다. 대(戴) 사장께서 일
본에서 두 개의 형하이장의 머리를 사왔는데 아주 잘 빚었습니다.
예컨대 우리가 괴로울 때 아 ~! 이렇게 한 숨을 쉬면 입에서는 기
가 나옵니다. 이것은 아(阿)부의 음인데 심장·간장·비장·폐장·
신장의 오장육부의 기를 탄식하여 내보내는 것입니다. 심장·간장
·비장·폐장·신장은 그 자체가 호흡을 하고 있고 세포마다도 호
흡을 하고 있습니다. 그런데 호흡으로 오가는 기는 독맥과 임맥 등
등으로 통합니다. 황 의사는 배태(胚胎) 세포의 변화가 꽃이 피는
것과 같다고 말합니다. 생명은 행음(行陰)에서 옵니다. 행(行)은 움
직임입니다. 그러므로 입을 벌린 뒤에 기가 들어오고 후천적인 호
흡이 시작합니다.

그러나 우리들의 호흡은 온통 코에만 의존하면 될까요? 그래선
안 됩니다! 우리가 몹시 괴로울 경우에는 '아이고, 어머니' 하는데,
이 기가 속에서 막혀 있으며 그때는 코의 기가 표현할 수 없습니
다. 그래서 한유(韓愈)도 다음과 같이 말했습니다. "곤궁이 극에 달
하면 하늘을 부르고, 고통이 극에 달하면 부모를 부른다[窮極則呼
天, 痛極則呼父母]." 이것은 우리가 어렸을 때 외운 고문입니다. 사
람이 극도로 운이 나쁘고 환경이 이루 말할 수 없을 정도로 어려울

때 무엇을 부를까요? "아이고 하늘이여!"합니다. 외국인들은 "하느님이여 어떻게 할까요!"라고 합니다. 우리가 고통스럽고 몸이 극도로 괴로울 때는 "아이고 어머니!" 이렇게 한 마디 외치는 것은 자연스런 것입니다.

하늘을 부르든 부모를 부르든 모두 호흡으로 소리를 지른 겁니다! 이 소리를 지르는 것은 기를 토하는 것입니다. "토고(吐故)", 오장육부의 기를 토해내는 겁니다. 우리가 기뻐하고 성내고 슬퍼하고 즐거워할 때는 내보내는 기로서 "희희(嘻嘻) 희희"합니다. 토고하면 곧 납신합니다. 그래서 어제 여러분들에게 말씀드리기를 여섯 글자가 병을 치료할 수 있다고 했습니다. 그 희(嘻) 자는 무엇일까요? 아직 기억하고 계시지요! 희는 곧 희희로서 즐거울 때 희희하면 오장육부의 기가 밖으로 나옵니다. 그러므로 몸이 좋지 않을 때에는 서서 하 ~ 이렇게 한번하면 모든 병이 하 ~ 소리에 따라나옵니다. 사원에 빚어져있는 헝하이장은 미신이 아닙니다. 그것은 여러분들에게 방법을 표시해서 보여주는 것인데 여러분이 보고 이해하지 못할 뿐입니다.

오행기(五行氣)

호흡이 들어오는 줄 알고 호흡이 나가는 줄 알 때 당신은 코에서만 호흡이 들어오고 나가는 것만 본다고 생각하십니까? 그것은 가장 초보적인 것입니다. 그러므로 당신더러 눈은 코를 관하고 코는 마음을 관하라고 하는 것은 먼저 기를 이해하게 하는 것입니다. 우리 몸 전체에는 오행기(五行氣)가 있습니다. 하행기(下行氣)는 아래로 향하는데, 방귀 뀌고 똥 누고 오줌 누는 것은 모두 하행기입니다. 여러분은 하행기를 위로 끌어올려서는 안 됩니다. 끌어올리면 큰일 납니다. 중행기(中行氣)는 우리 허리 부분을 가로로 둥글게 도는 것입니다. 도가와 중국의서에서는 그것을 대맥(帶脈)이라고 부릅니다. 상행기(上行氣)는 위로 올라가는 것인데 심장으로부터 위로 뇌에까지 도달합니다. 또 좌행기(左行氣) 우행기(右行氣)가 있어서 모두 다섯 개인데, 요가를 배우거나 밀종을 배운 사람은 다 알아야 합니다. 그런 다음 오행기를 삼맥칠륜과 결합해야 합니다. 이런 학술이론은 얘기를 하자면 그렇게 떠들썩합니다. 당신이 진정으로 공부를 한다면 어느 날 정(定)의 상태가 되어 호흡이 들어오는 줄 알고, 호흡이 나가는 줄 알며, 호흡이 길고 짧은 줄을 아는 것을 인지할 수 있으며 모조리 다 알게 될 것입니다.

만약 여러분들이 초보적으로 오행기를 아는 데 도달하면 여러분의 신체는 스스로 자연히 좋아질 것입니다. 이런 말은 허풍 떠는 것이 아닙니다! 저는 5,6십 세 때 등도 조금 구부러졌었습니다. 저는 이를 발견하고서 "내가 이거 헛일 한 거 아냐!"하고 마음에서 농담을 하고 싶었습니다. 저는 그것을 변화시켰습니다. 저는 안마해 줄 사람도 찾지 않았습니다. 부처님은 태어나서 한 손은 하늘을 가리키고 한 손은 땅을 가리키면서 "천상천하유아독존(天上天下唯我獨尊)!"이라고 당신에게 말씀해주셨잖아요! 그것은 바로 자기의 힘에 의지하는 것이지 남의 힘에 의지하지 않습니다.

그러므로 여러분들이 초보적으로 정말로 안나반나를 실천했을 때는 신체의 오행기를 다 알게 됩니다. 이것은 유위적인 것입니다! 다시 여러분들에게 주의하라고 일깨워줄 내용은 유위법에 관한 것입니다. "생인식유, 멸종색제(生因識有, 滅從色除)", 먼저 4대를 조정하십시오. 여러분들은 지금 사업을 하는 분들인데, 한편으로는 부처님을 배우고 수행하고 싶고 한편으로는 공부를 열심히 해도 공부가 되지 않습니다. "선생님, 제가 이 일을 다 마치고 나서 잘 수행하렵니다." 저는 말합니다. "그래요, 그래요. 당신은 대단해요." 제 말의 의미는 당신은 일어서지 못한다는 겁니다. 대단하다는 말은 당신에게 체면을 세워준 겁니다. 평소에 불법도 말하지 않는데 제가 당신을 꾸짖어서 뭐하겠습니까!

그러므로 식이 들어오는 줄 알고 식이 나가는 줄 아는, 당신의 그 지(知)속의 의념(意念)은 두 가지입니다. 기식(氣息)이 한번 들어오고 한번 나가면서 토고납신 하기 때문에 입으로 기를 흡입하기도 합니다. 공부가 도달했을 때, 예컨대 정좌를 잘 하였다면 트림을 하면서 어... 소리를 하는데 여러분은 놀라지 마십시오. 그건 기가 움직이는 겁니다. 그러나 그 소리를 듣고서 문외한은 이해하지 못하고 전문가는 이것이 위장의 기[胃氣]임을 압니다! 어… 하는 것은 신장의 기[腎氣]에서 오는 겁니다. 두 개의 신장의 기가 발동한 겁니다. 때로는 간(肝)과 담(膽)에서 오는 기가 내는 소리입니다. 어떤 기들은 공부가 도달한 것입니다. 우리가 연못가에 서서 돌멩이 하나를 주워 연못 속에 내던지면 돌멩이가 바닥에 가라앉으면서 물거품이 올라올 수 있는데, 바깥 기가 들어오고 속의 탁한 기가 눌렸기 때문입니다. 여러분들이 정좌하고서 이것을 발동시킬 수 있을까요? 정말로 수행한다면 이게 틀림없이 있습니다. 이것은 보통의 트림이 아닙니다. 여러분은 듣고 나서 수행해보기 바랍니다. 일부러 하루 종일 그것을 기다리거나 자기가 어…! 하는 방법을 생각하지 말기바랍니다. 그러므로 티베트 밀교에서는 오두막이나 굴속 같은데서 지내는 사람이 그 속에서 어! 한 것을 보았을 때는 얼른 그에게 '하다(Kha Ta)55)'를 걸어주고 오체투지로 절합니다. "아하! 이 사부님은 공부가 있구나." 중국의 한족 지역에서는 일반적으로 모릅니다. 그러므로 정좌수행을 하는 데는 환경이 좋아야한다고 말하는 겁니다. 그렇지 않고 여러분이 집에서 정좌하면서 반응이 있을 경우 집안사람들이 놀래서 병원에 가자며 문제가 생겼다고 할 겁니다. 그럴 경우 당신은 어떻게 할까요?

어떤 때의 트림은 오행기가 다 움직이고 있으며, 장과 위를 완전히 비워야 좋다는 것을 알게 됩니다. 이때에는 하루에 한 끼 먹는데 그치지 않고 하루에 세 차례, 다섯 차례, 여섯 차례 먹습니다. 평소 수행에서 조차도 적게 먹되 여러 차례 먹습니다. 매번 조금씩 먹습니다. 많이 먹으면 기맥을 방해합니다. 저 같은 경우는 아침에 일어나면 콩물 계란을 한 그릇 먹고 여러분들에게 와서 강의를 합니다. 사람들은 점심 때에 저더러 좀 먹으라고 하는데 저는 먹을 수가 없습니다. 먹으면 말을 할 수 없습니다. 먹지 않을수록 여러분들을 꾸짖는 게 통쾌합니다. 꾸짖을 힘이 있기 때문입니다! 먹고 나면 그 기가 막혀버리므로 자기를 관리하려면 정좌할 수밖에 없습니다. 정좌는 왜 할까요? 그것이 소화되도록 돕기 때문입니다. 그것은 낭비하는 정좌입니다. 자신이 게걸스러웠다고, 자신이 밉다고 꾸짖을 수 있을 뿐입니다. 여러분들은 대부분 배부르고 빵빵하고 게걸스럽고 먹고 선당에 들어갑니다.

제가 늘 말합니다. 사원의 선당에서 칠일정진수행[打七] 할 때마다 세끼 이외에 두 번의 간식을 먹습니다. 채식을 하기 때문에 다들 애써 먹습니다. 먹어서 배가 빵빵해지면 위에서는 어…하고 아래쪽에서는 뿌웅 ~ 하고 방귀를 뀝니다. 선방은 어두운 데다 공기는 답답한데 정말 오미(五味)가 다 갖춰져 있습니다. 그러므로 선당을 지으려면 먼저 제가 지어 놓은 다음 와서 참관하기 바랍니다.

---

55) 장방형의 비단 천으로 만든 예경 법기.

공기를 어떻게 유통시켜서 나쁜 기를 빼내고 광선을 잘 조정하는 지를 보아야 합니다. 우리의 이 선당은 초보적인 실험 단계로서 아직은 더 갖추어져야 함께 수행하는 청정도량이 됩니다.

공부가 "정(精)이 충만하여 음욕을 생각하지 않으며, 기(氣)가 충만하여 음식을 생각하지 않으며, 신(神)이 충만하여 수면을 생각하지 않는다[精滿不思淫, 氣滿不思食, 神滿不思睡]."의 정도에 도달하면 남녀의 성행위가 필요 없고 먹고 잠잘 필요가 없다는 것은 모두 진짜입니다. 그러므로 안나반나를 정말로 닦으면 자연히 '지식입, 지식출, 지식장단'에 도달합니다. '지식장단'을 말해보면, 우리가 방금 얘기했던, 연못가에 서서 돌멩이 하나를 내던져서 바닥에 도달하였을 때 물거품이 올라오는 것과 다름없는데, 이 호흡은 길까요 짧을까요? 그렇지 않으면 더욱 깊고 길까요? 장자는 말하기를 "지인(至人)은 발뒤꿈치로 호흡한다."고 했는데, 호흡이 발바닥까지 도달한다는 것입니다. 만약 움직이지 않았다면 물거품은 올라오지 않습니다. 마지막에는 앉아있는 당신의 몸이 장자의 다음 말과 같습니다. "천지와 더불어 정신이 서로 왕래한다[與天地精神相往來]." 또한 맹자의 다음 말에 해당하기도 합니다. "나의 호연지기가 길러져 천지 사이에 가득하다[養我浩然之氣, 充塞於天地之間]." 천지 허공과 합일한 것입니다. 그 정도라야 비로소 나가고 들어오는 호흡을 알고 호흡의 길고 짧음을 아는 단계에 도달한 것입니다.

셋째 시간

요가체공 역근경 세수경

　여러분들은 이번에 듣고 나서 실제 수행을 잘 하기 바랍니다. 시간 여유가 없습니다. 조금 더 지나면 아마 제가 세상을 떠나고 없어서 여러분들은 누구에게 물어볼 사람이 없게 될 겁니다. 방금 수업을 마칠 때에 젊은 학우가 저에게 와서 말하기를 밀종 수련과 요가와의 결합을 한번 이해하고 싶다고 했습니다. 밀종에는 삼맥칠륜 수련과 기 수련·맥 수련·명점 수련·졸화 수련이 있습니다. 안나반나 수련 방법을 기수련이라고 합니다. 밀종 수련에는 반드시 체공(體功)을 연습해야 합니다. 체공이란 한문 번역입니다. 신체 수련 공부에는 36 가지 밀종 권법(拳法)이 있는데, 요가에서 변화해 나온 것입니다. 하벽미(何碧媚)씨가 내일 먼저 떠나야 할 일이 있기 때문에 학우들이 그녀에게 수년 동안 배워온 체공을 시범으로 보여 달라고 했습니다. 그녀가 이제 이 요가 체공을 할 것입니다. 이것은 현대 인도 요가의 또 다른 한 파입니다. 인도에는 많은 유파가 있습니다.(하벽미가 시범을 보이다)

　중국 선종에서는 말하기를 달마 조사가 소림사에 도착하여 전해준 두 개의 최상급의 공부가 있었다고 합니다. 그것은 권법이 아니고 신체를 연마하는 공부인데, 그 하나는 『역근경(易筋經)』이고 또 하나는 『세수경(洗髓經)』입니다. 소림사는 이미 몇 차례 파괴되었습니다. 중화민국 초기 1928년에 풍옥상(馮玉祥) 부대 중의 석우삼(石友三)이란 자가 모조리 불태워버렸습니다. 지금 소림사의 옛날 연무장(練武場)에는 그래도 소수의 도안(圖案)들이 남아 있습니다. 세상에는 『역근경』이 여러 종류의 다른 판본들이 있습니다. 제가 아미산 절에서 고본(古本)의 『역근경』을 하나 발견했는데 일반 판본하고는 완전히 다른 것이었습니다. 제가 그것을 그릴 시간이 없어서 요점만 기억을 했는데, 그것은 한 젊은 동자의 도움에 의지해서 연습하는 것입니다.

실제로 달마 대사는 무공을 전했을까요? 그러지 않았습니다. 그가 당시에 와서 일반 중국 수행자들을 보니 수행은 그저 정좌만 하고 싶어 하고 몸은 잘 다루지 못해서 선정을 얻지 못했습니다. 그래서 요가를 전해줬습니다. 요가 시작 그림은 바로 『역근경』의 기본입니다. 어떤 사람은 『세수경』이 사라져버렸다고 말합니다. 그것은 골수를 바꾸는 공법(功法)입니다. 뒷날 저의 연구에 의하면, 『세수경』은 부정관과 백골관을 안나반나와 결합시켜서 전체의 생명인, 부모가 낳아준 신체를 전환시키는 것입니다. 전문적으로 수련하는 데는 13년에서부터 15년이 걸리는데 몸 전체가 변화합니다. 맞고 안 맞는지는 여러분들에게 참고하도록 남겨놓습니다.

방금 하벽미 씨가 시범을 보여준 요가는 그녀가 포기하지 않고 4~5년 동안 공부한 것입니다. 그녀의 이런 동작들은 안나반나 수행과 결합하면 가장 좋습니다. 그래서 밀종에서는 체공이라고 부르고 밀종의 36가지 권법 가운데 하나입니다. 여러분들이 티베트에 가서 밀종을 배우면 일반인들은 수행해서 성불할 생각만 하고 관상(觀想)들을 닦고 관정(灌頂)을 받고 진언 외우기를 하는데, 모두 아주 기초적인 것들입니다. 그러나 관정 · 진언 외우기 · 관상은 가행(加行)이라고 합니다. 수지에 있어서 하나의 가공 방법인데, 최고가 아닙니다. 하지만 체능(體能) 수련이 중요합니다.

가행법의 요가

티베트 남부에 가면 두 곳의 사원이 있습니다. 그 이름은 제가 기억하지 못하겠습니다. 한 절은 비구니 절입니다. 티베트 비구니 는 비구니 계율이 없습니다. 그들은 출가하여 스스로 규정하여 마음을 청정히 하고 계율을 지킵니다. 한 절의 비구니는 인도 고대의 천문학을 모조리 이해하는데, 여자 라마는 아닙니다. 또 다른 한 여자 라마 절은 요가만을 닦습니다. 히말라야 산 동북부 라싸의 남 쪽지역 가까운 곳에 있는데 아주 춥답니다. 하지만 그 여자 라마들 은 추위를 두려워하지 않고 아침에 일찍 공부를 한답니다. 4, 5시 에 일어나서 요가 수련용 자루를 짊어지고 설산의 정상에 올라가 서 요가를 수련하는데, 하루에 두세 번 오로지 요가 수행만 하고, 마지막에는 요가의 선정에 진입합니다. 일반적으로 말하는, 티베트 에 가서 밀종을 배우는 사람들은 큰절에 가서 절 올리고 라마를 둘 러싸고 한 바퀴 도는데, 아무것도 모릅니다. 저는 여러분들이 정말 로 본적이 없는 것에 대해서도 웃는데, 이런 비구니들은 젊어서 출 가하여 일생동안 진정으로 단련하고 수행합니다. 생각해보세요, 어 떤 사람이 젊어서 출가하여 날마다 이것을 연습하면서 수십 년 동 안 한다면 틀림없이 볼만한 것이 있을 겁니다. 이것은 신체요가입 니다.

요가 연습은 심신의 건강에 그 나름대로의 작용이 있습니다. 만 약 호흡과 결합시키고 마지막에는 선정 경계를 증득한다면, 이것 이 요가의 가행법인데, 대단히 중요합니다. 염불(念佛)·염신(念身) ·염호흡(念呼吸) 등등을 포함한 소승 불법을 수행하여 4선8정(四 禪八定)을 닦습니다. 대승은 보살십지(菩薩十地)로 나눕니다. 실제로는 대승은 5십 단계로 나누는데, 각 단계마다 가행법이 있습니다. 이른바 난(暖)·정(頂)·인(忍)·세제일법(世第一法)입니다.

첫째가 난(暖)입니다. 예컨대 여러분들이 초보적으로 정좌를 배울 때에 저 뚱뚱한 사장님처럼 앉자마자 온몸에 땀이 줄줄 흘립니다. 땀을 흘리는 것은 난의 초보 단계입니다. 생명에는 본래에 졸화(拙火)가 있기 때문에 발동할까말까 할 때에 먼저 수분을 배출합니다. 신체는 지구와 마찬가지로 70%가 물인데, 화력이 부족하여 물에 잠겨서 노화되어버립니다. 배가 뚱뚱한 것은 모두 수분입니다. 그것을 다 배출해야 합니다. 정좌할 때에 오한이 날 때가 있는데 이 역시 수대(水大) 관계 때문입니다. 그러므로 반드시 난을 얻어야합니다. 매 단계의 공부에는 4가행(四加行)이 있습니다.

둘째가 정법(頂法)입니다. 기(氣)가 머리 꼭대기까지 뚫고 올라가 틀림없이 머리 꼭대기가 답답하고 부풀어 오릅니다. 기의 수련이 정수리까지 도달하고 다시 진보한 뒤에, 이 기는 우주와 함께, 자연계의 풍대와 함께, 천지허공과 서로 통합니다.

셋째가 인법(忍法)인데, 선정상태에 머물러서 끊어버리는 겁니다. 격리(隔離)한다는 뜻이 있습니다. 인간세상과 분리되는 것입니다.

난(暖)·정(頂)·인(忍) 그리고 잡념망상이 청정해짐으로부터 세제일법(世第一法)에 도달합니다. 이 단계까지 닦으면 이 세상에서 이미 최고 정점에까지 도달했고, 대아라한 경계로 전환하고, 그런 다음 다시 보살단계로 전환합니다. 그러므로 신체요가를 수련하면 땀을 흘리기 마련이며, 틀림없이 좀 더 빨리 난을 얻을 수 있습니다. 요가의 이런 동작들의 경우는 난을 얻기 쉬워서 기맥을 상하로 관통하게 합니다.

중국의 불경이 그렇게 많이 번역됐지만 미륵보살의 논저 중 하나인 『현관장엄론(現觀莊嚴論)』은 직접 번역하지 않고 티베트어 본만 있습니다. 중화민국 초기에 태허(太虛) 법사의 제자인 법준(法尊) 법사가 티베트에서 티베트어에 근거하여 중국어로 번역을 했습니다. 제가 보니 그는 현장(玄奘) 법사의 문장을 배워서 문자가 잘 번역되었습니다. 유식학의 『성유식론(成唯識論)』의 문자처럼 훌륭했습니다. 하지만 법준 법사 그 자신의 수증(修證) 면의 공력(功力)은 비교적 좀 떨어졌습니다. 『현관장엄론』은 내용이 완비되어있는데, 사가행이 바로 현관입니다. 현관의 의미는 현실적이라는 것으로, 공부를 하자마자 출현하는 것이 바로 현관, 현량(現量) 경계입니다. 이것은 대단히 장엄한 4가행입니다.

넷째 시간

열심히 수지 공부를 하다

어떤 사람이 제안하기를 며칠 동안 수업을 들었으니 조(組)로 나누어 토론하고 싶다고 했습니다. 참학(參學)56) 공부를 얼마나 했는지 모르겠습니다만, 토론하며 생각 놀이를 하려한다면 분별지견(分別知見)으로 바꾸어버리는데, 좋을까요 좋지 않을까요? 좋습니다. 토론하고 싶어 하는 것 자체는 괜찮습니다. 하지만 선종 총림에서 참선공부는 토론이 없습니다. 수수께끼 속에 갇혀있으면서 자기가

---

56) 참선학도(參禪學道)의 준말. 참선하고 도 배우기.

답안을 찾기 위하여 참구하는 겁니다. 고대의 선당에서는 토론 얘기를 하면 향판을 맞아야 했습니다. 토론을 하려면 선당에 오지 말고 법당으로 가기 바랍니다. 불학원으로 가서 연구하고 책 읽기 바랍니다.

참선공부는 증득을 추구하는 길입니다. 그 경계에 도달하였을 때에는 진정한 선지식은 알아볼 수 있습니다. 당신이 스승을 찾지 않아도 그가 당신을 찾아옵니다. 고명하다고 생각되는 어떤 의견이 좀 있어서 발표하고 싶어 한다면 향판을 벌써 백 번은 맞았을 겁니다. 이미 틀린 겁니다. 조(組)로 나누어 토론 하는 것은, 오늘날 사회에서처럼 지식이 서로 비슷한 사람들을 찾아, 입과 머리와 사지가 총명한 사람이 우연히 있어서 그가 조장이 되어, 영원히 어떤 것을 토론해 낼 수 없는 것이나 다름없습니다. 수준이 자기와 거의 비슷한 사람을 찾아서 토론하면 거의 비슷한 바에야 무슨 토론할 것이 있겠습니까! 이 모든 것은 다 허튼소리들입니다. 여러분들에게 말씀드립니다. 여러분들은 먼저 망상을 죽인 다음에 하기 바랍니다. 토론하고자 한다면 사람이야 있습니다! 어떤 사람을 찾아서 토론하면 당신은 그 사람에게 복종할까요? 지금 이 한 무리 학우 여러분들은 그 누구에게도 복종하지 않습니다. 저마다 자기가 높습니다.

이 시대 이 사회는 평소에 토론이 너무나 많습니다. 여러분 일생동안 토론을 얼마나 많이 했습니까! 뭐든지 토론하고 있습니다. 토론을 한참해도 토론 자체가 되지 않습니다. 빨리 단념하기 바랍니다. "타득염두사, 방득법신생(打得念頭死, 方得法身生).", 생각을, 망상을 죽여야 비로소 법신이 생겨납니다. 오늘부터 내일까지 각자 갈 곳으로 떠나갈 겁니다. 이 서른 시간을 소중히 여겨서 잘 공부하십시요.

어떻게 망상을 죽일까요? 조금 전에 육묘문과 16특승을 얘기했습니다. 호흡이 들어오는 줄 알고, 호흡이 나가는 줄 알고, 기(氣)가 하나로 돌아가는 줄 아는 이 단계까지 이미 성취했습니까? 여기에는 토론이 없습니다. 제가 다 말하고 있고 아주 분명히 얘기했습니다. 여러분들은 그 어떤 점을 해냈습니까? 여기에 무슨 토론할 게 있겠습니까! 제가 얘기하는 바는 저 자신이 힘들게 공부한 경험에서 온 재간을 당신에게 말해주는 것입니다. 이렇게 걸어가는 길을 여러분들은 성취하였습니까? 다시 더 토론하고 싶다면 저하고 토론합시다. 몇 사람이 조금 깊게 성취했지만 진정으로 어떤 경계에 도달한 사람은 하나도 없습니다. 그러므로 토론할 것이 없습니다. 특히 오늘날 사회는 회의 열고 토론하는 습관들이어서 모임도 많고 토론조도 많으면서 일생을 낭비합니다. 당신이 사람을 찾아 토론하고 싶다면 수행 경험이 있는 사람을 찾거나 당신 경험보다 좀 더 오래된 사람을 찾아서 물어보십시오. 토론이 아니라 가르침을 청하는 겁니다.

이 양일간에 어떻게 수증할 것인가를 중점적으로 얘기했습니다. 오늘 오후에 이르러 조금 산만해져서 다른 것이 좀 끼어들었습니다. 염불법문에서 염불이 온갖 인연을 놓아버리고 일심불란(一心不亂)한 경지에 도달하게 되었습니까? 육묘문에서 수식(數息)이 일심불란에 도달하면 생각 생각마다 또렷합니다. 수식(數息)·수식(隨息)·지식(止息)을 성취했습니까? 그 다음의 세 단계는 말하지 않겠습니다. 그렇게 성취하고 난 다음에 자신이 맞는지 틀린지를 다시 가르침을 청하십시오. 만약 자기가 의문이 없고 어느 단계에 도달하였다는 것을 알았다면 다음 단계를 추구하십시오. 문제가 있으면 다시 가르침을 청하는 것이지 토론하는 것이 아닙니다. 도대체 무엇이 육묘문인지를 아직도 모른다면 당신은 헛 들은 것입니다. 육묘문으로 끝나는 것이 아니고 한 걸음 더 나아가 16특승을 얘기했습니다. 호흡이 들어오는 줄 알고, 호흡이 나가는 줄 알고, 호흡이 길고 짧은 줄 아는 것은 토론하는 것이 아닙니다! 당신 자신이 마음과 기(氣), 두 가지를 토론하여 어느 단계까지 해냈는지 살펴보라는 것입니다. 이것도 아직 해내지 못했는데 무슨 토론할 것이 있겠습니까? 가르침을 청할 것도 없습니다.

사실은 말을 그렇게 많이 할 필요도 없습니다. 저도 쓸데없는 말을 늘어놓고 있는 겁니다. 왜냐하면 여러분들에게 어떻게 수식(數息)과 수식(隨息) 그리고 지(止)와 관(觀)에 도달하는지를 말했기 때문입니다. 환(還)과 정(淨)의 단계는 비교적 더 깊은 단계입니다. 그런 다음에 전환합니다. 그게 입문하는 방법입니다. 여러분들에게 요 며칠 동안 매분 매초의 시간을 놓치지 말고 스스로 연습하고 닦고 익히라고 하는 것이지 학문을 하라는 것이 아닙니다. 호흡이 들어오는 줄 어떻게 알고 호흡이 나가는 줄 어떻게 알지 이 공부의 증득을 추구하라는 것입니다.

허공과 합하여 하나가 되었나요

기여사(紀女士) : 선생님, 질문이 있습니다. 우리가 출입식 알기를 연습할 때에 정좌 중에 만약 자기가 마치 허공과 하나로 합한 것처럼 변했음을 발견했다면 그런 상황을 유지해야합니까 아니면 되돌아가 주의 기울이기를 유지해야합니까? 하나의 대상이 있는 정좌상태로 되돌아가야 진보할 수 있는지요?

남선생님 : 당신이 방금 물었는데 내가 다시 한 번 반복해서 말

하겠습니다. 모두들 들었고 불법은 공개적인 것입니다. 비밀이 없고 한 개인의 것이 아닙니다. 당신은 내게 묻기를 수행을 하면서 자기 호흡이 들어온 줄 알고 나가는 줄 안다는 것이지요? 그런 다음에 허공의 상태에 도달한다는 것이지요? 그런 다음 허공 상태에 머무르면서 여전히 호흡이 들어오는 줄 알고 호흡이 나가는 줄 아느냐는 것이지요? 이런 질문이죠?

기여사 : 그렇습니다.

남선생님 : 호흡이 들어오는 줄 알고 호흡이 나가는 줄을 아는데 도달하고 호흡이 정지했습니까? 내쉬지도 않고 들이쉬지도 않는 상태가 되었습니까?

기여사 : 호흡이 아주 미약합니다. 거의 없습니다.

남선생님 : 호흡이 아주 미약한 것은 아직도 호흡이 있는 겁니다. 호흡이 멈춘 단계에 도달한 것이 아닙니다. 그런 다음 당신의 생각이 호흡을 상관하지 않고, 자기 자신이 허공과 하나로 합하였다고 느끼는 한 경계가 있습니다.

기여사 : 그렇습니다.

남선생님 : 잘 공부하지 않고, 성실하지 않습니다! 당신은 본래 총명 부리는 사람이었고 수십 년 동안 총명을 부렸지요?

기여사 : 네.

남선생님 : 제 말이 틀리지 않았지요! 당신은 호흡이 들어오는 줄 알고 호흡이 나가는 줄 알고, 또 미세한 호흡이 아직 왕래한 줄 아는 바에야 여전히 출입식의 경계 속에 있는 것이지요? 호흡이 멈춘 상태에 도달하지 못했습니다. 이때에 당신은 심경(心境)은 이미 산란해졌고, 본 자리를 떠나서 허공과 하나로 합하였다는 느낌이 끼어들었는데, 그게 산란 아닙니까? 호흡이 들어오는 줄 알고 호흡이 나가는 줄 아는 단계에 도달하지 못했고 아직 호흡이 멈춘 단계

에 도달하지 못했으니 빈말일 뿐입니다! 수행이 착실하지 않습니다!

이것은 선종 교육인데, 차라리 이 몸을 지옥에 떨어지게 할지언정 불법을 가지고 인정을 삼지 않습니다. 매우 엄격하게 한 걸음 한 걸음씩 공부해가며 증득을 추구하는 것입니다. 그녀가 말한 바에 의하면 그녀는 아주 총명합니다. 법률을 배웠고 미국에서 동양으로 와 젊어서 불법을 배웠으며, 저를 보러왔을 때는 라마 복장을 입고 있었습니다. 지금에 이르도록 그렇게 많은 여러 해 동안 잘 수행하지 못했습니다. 그러나 그녀는 또 대단하기도 합니다. 『금강경강의[金剛經說什麽]』라는 저의 책을 영어로 번역하여 외국에서 아직도 널리 보급되고 있습니다. 그녀가 이렇게 약간의 성적이 있다고 해서 불법에 대해서 관용할 수는 없습니다. 그래서는 안 됩니다. 저는 여전히 그녀에 대하여 말합니다. 당신은 일생동안 총명하기는 했지만 수지는 도달하지 못했습니다. 팽 선생도 그녀가 번역한 『금강경 강의』 책을 많이 사서 여기저기 사람들에게 보내주었고 미국에서도 널리 보급되고 있습니다. 그렇지만 저는 방금 그녀를 꾸짖었습니다. 선종 입장에서는 갈척(喝斥)이라고 하는데, 그녀를 꾸짖었습니다. 기분을 맞춰줄 수는 없습니다. 그녀가 어떤 일을 하나 바르게 해냈다고 해서 용인해 줄 수는 없습니다. 그렇게 하면 그녀의 수행 성취에 영향을 미칠 수 있습니다. 제가 조금 관용해준다면 저의 죄과가 되어 그녀를 잘못되게 합니다. 선종의 교육은 대단히 엄격합니다.

여러분들은 진정한 선종을 본 적이 없습니다. 송 사장은 다섯 개의 선종 조정(祖庭)을 회복하고 선종문화를 보존하겠다는 발원심을 가지고 있습니다. 저는 대단히 찬성합니다. 그렇지만 몹시 우습다고도 느낍니다. 무엇을 선종이라고 할까요? 당신은 지금 겨우겨우 선종의 한 그림자를 보았습니다. 진정으로 선종 교육법을 얘기하면 바로 이렇습니다. 예전에 어떤 선사가 말하기를, 선종의 정인(正印)57)을 정말로 제창한다면 "문 앞에 풀들이 무성히 자라나 세 척이나 깊을 것이다[門前草深三尺]."라고 했습니다. 무슨 뜻일까요? 귀신조차도 방문하지 않는다는 겁니다. 하나하나마다 다 꾸짖어서 쫓아버리기 때문입니다. 그래서 저는 평소에 여러분들에게 대단히 예절 바르게 대합니다. 여러분들이 와서 밥 먹고 우스개 얘기하고 여러분들이 그 높은 의견을 발표해도 좋습니다. 그것은 세속적인 보통 친구입니다. 여러분들은 저더러 선생님이라 부르고 저는 응 응 응 하지만 제 자신이 선생이라고 인정하지 않습니다. 당신을 학생이라고도 인정하지 않습니다. 친구일 뿐입니다. 친구라면 서로 맞으면 머무르고 맞지 않으면 떠나가는 겁니다. 특히나 우리들 사이의 교분이란 도의(道義)를 바탕으로 한 사귐이고 이해관계가 없습니다.

그러나 진정으로 불법을 말한다면 대단히 엄격합니다. 진정으로 교육을 말한다면 유가도 대단히 엄격합니다. 오늘날 교육은 사도(師道)가 사라졌습니다. 사도의 존엄이 있어야 한 인간을 양성해낼 수 있습니다. 중국문화를 여러분들이 본적이 없습니다. 예전에는 집집마다 중당(中堂)에 조상의 위패 중간에 '천지군친사(天地君親師)'라는 몇 개의 글자를 모셨습니다. 그것은 사도의 존엄이었는데 지금은 사라졌습니다. 제가 여러분들에게 조금 드러낸 것입니다. 예컨대 미국 기(紀) 학우는 건성건성 동서양을 이리저리 바삐 돌아다녔고 인도와 밀종을 다 배운 적이 있습니다. 왜 지금 그녀에 대해서 이렇게 엄격히 하고 조금도 용서하지 않을까요? 그녀에게

---

57) 바른 표시라는 뜻. 불심인(佛心印).

해를 끼치고 싶지 않기 때문입니다. 그녀가 하는 것은 다 옳지 않기 때문입니다.

선정을 닦음

이제 이번에 알려드렸던 제목인 '선과 생명과학의 인지'에 대해서 강의를 시작하겠습니다. '어떻게 이 선정을 닦을 것인가?', 그리고 '생명과학에 대해서 어떻게 인식할 것인가?' 인데, 모두 아직 얘기를 시작하지 않았고 초보적으로 겨우 16특승의 한 걸음 한 걸음의 공부에 대해서 말했습니다. 공부란 실제적인 것으로서 자기 자신의 경험이니 당신이 실험해야 합니다. 오후에는, 호흡이 들어오는 줄 알고 호흡이 나가는 줄 아는 것에 대하여 또 얘기하면서 자신의 생명에는 5행기인 상행기·하행기·중행기·좌행기·우행기가 있다고 말했습니다. 모두 다 체험해야만 합니다. 당신의 전체 신체 내부가 변화를 일으킬 것입니다. 오장육부가 다 변화를 일으킬 것입니다. 당신에게 마치 허공과 합일된 듯한 약간 우연한 느낌이 든다는 것을 말하는 게 아닙니다. 그렇다면 또 치우친 길에 가버린 겁니다. 그래서 여러분들이 토론을 하고 싶다면 바로 이 부분에서 토론을 해야 합니다. 어떤 사형이 비교적 고명한 견해가 있다면 이렇게 말할 겁니다. "사제! 얼른 허공과 합일한 그 경계를 놓아버리고 본자리로 돌아가게. 그대는 아직 지식(止息)을 얻지 못했네. 아직 내쉬지도 않고 들이쉬지 않는 정도에 도달하지 못했네! 조금이라도 미세한 왕래가 있다면 이미 아닐세." 지식의 경계에 도달하였을 때는 생각 염두가 사라져버립니다. 한 생각 청정하여서 지

(止)의 상태에 머물게 됩니다. 그래서 제가 오후에는 무거운 말 한 마디를 하겠습니다. 제가 여기 앉아계시는 여러분들에게 얘기를 하는 것이 아니라 또 다른 사람들이 듣고 있기 때문입니다! 이 말을 여러분들이 알아듣지 못할 뿐입니다.

생각도 멈추고 호흡도 멈춘 단계에 도달하였더라도 호흡이 있을까요 없을까요? 있습니다. 한 걸음 더 나아가 호흡의 길고 짧음을 알게 됩니다. 아주 긴 토막의 시간을 지나서 호흡이 한번 왕래함을 느끼거나, 나가는 숨이나 들어오는 숨이 와서는 오래 동안 머물고, 가끔 다시 한 번 오는 것을 느낍니다. 어제도 얘기했지만 한번 오는 게 무엇일까요? 장중단(長中短)이요 단중장(短中長)입니다. 어떤 때는 나가는 숨이 아주 길게 나가고, 숨이 멈추고, 돌아올 때는 아주 짧으면서 이미 가득하다는 것을 느낍니다. 때로는 짧은 가운데 깊음을 느낄 경우가 있는데, 나가는 숨이 아주 짧거나 들어오는 숨이 유달리 아주 깊어서 온 몸에 기가 모두 충만하여 배가 고프다는 감각이 없습니다.

만약 이렇게 이리저리 토론하면 토론한 결과 저 어떤 분처럼 변해서, 자신이 다 아는 것처럼 생각하고는 또 대사로 변해서 자기가 들었던 것을 밖에 나가서 허풍 떨고 돌아다니게 됩니다. 그건 위험합니다. 남의 자제를 그르치고 한량없는 업을 짓습니다. 그래서 저는 단지 이론 면에서 여러분에게 호흡의 출입을 아는 것과 호흡의 장단을 아는 것에 대하여 해설할 뿐입니다. 원래는 오후에 계속 이어서 강의를 해가려고 했는데 나중에 여러분들이 염불을 잘 하는 것을 듣고는 여러분들을 염불삼매로 이끌어 갔습니다. 그렇게 해서 청정해지는 것도 지식(止息)을 닦아 도달한 정도와 마찬가지이면 옳습니다.

호흡의 길고 짧음과 온몸에 두루함을 알다

호흡의 장단을 안 뒤에는 심신이 변화합니다. 이 공부가 깊어졌고 이미 대단해진 겁니다. 저도 제시했습니다만, 인간세상의 세속적인 관념 입장에서 도서(道書)에서는 병을 없애고 수명을 늘리는 것을 말하고 있습니다. 무슨 종기가 생겼다거나 암이 생겨난 등의 갖가지 병통을 약을 쓸 필요가 없이 자기가 그것을 전환 변화시켜 버립니다. 그것은 오후에 말했던 오행기를 다 알게 된 때문인데, 그때는 사람이 대단히 편안하고 차분합니다[寧定].

한 걸음 더 나아가면 어떨까요? "지식변신(知息遍身)", 호흡이 온몸의 세포마다에 모두 도달하는 줄 아는 때에 이르면 온 심신의 기맥이 다 변화합니다. 밀교와 인도 요가에서 말하는 3맥이 모두 변화하고 있고 세포마다의 호흡도 모두 변화하고 있습니다. 설사 당신이 늙었고 병이 있다 하더라도 이때에는 병도 낫고 노화된 세포가 다시 살아나기 시작합니다. 바꾸어 말하면 당신 전신의 10만8천 개의 털구멍들이 자연히 호흡왕래하고 있습니다. 그렇지만 호흡 현상은 없습니다. 이것은 방금 기 여사가 얘기했던 무슨 허공과의 합일이 아니라, 장자가 말한 "천지와 더불어 정신이 서로 왕래하는 것"이며, 또한 맹자가 말한 "나의 호연지기가 길러져 천지 사이에 가득한 것"이기도 합니다. 저는 그냥 원칙만 얘기할 뿐입니다! 다른 친구들에게도 함께 분명하게 말씀드렸습니다. 하지만 그들이 제시하는 질문은 여러분들은 듣지 못합니다. 저는 그들이 질문을 했는지 압니다. 그래서 그들에게 답하는 것입니다.

이 정도에 도달하면 '지식변신'하게 됩니다. 여러분은 인도 의학을 알아야합니다. 오늘날 전해온 것은 티베트 의학인데, 중국 의학이 말하는 12경락 같은 것이 아니라 삼맥칠륜을 말합니다. 그들도 똑같이 병을 치료합니다. 인도사람들도 마찬가지로 수천 년 동안 살아왔고 인구도 많습니다. 이것은 바로 과학이지 공허한 이론이 아닙니다. 그러므로 '지식변신' 정도에 도달한 것입니다. 요 이틀 동안 도가 수도하는 사람이 저를 몹시 만나고 싶었습니다. 하지만 이것은 또 다른 제목입니다. 도가의 신선 경계는 무엇을 닦을까요? '삼화취정, 오기조원(三花聚頂, 五氣朝元)'입니다. 도가가 도달한 이 경계가 바로 '지식변신'입니다. '삼화취정'이란 바로 뇌 부위의 맥이 통하여 정기신(精氣神)이 천지와 서로 통하게 된 것입니다.

오기조원입니다. 중국에서는 금목수화토(金木水火土) 5기(五氣)를 말합니다. 금(金)은 폐이고, 목(木)은 간과 담이고, 수(水)는 신장입니다. 화(火)는 심장이며 토(土)는 비위입니다. 밀교와 인도에서는 바로 상행기·하행기·중행기·좌행기·우행기에 해당합니다. '오기조원'에서 '조(朝)'란 어느 부분으로 향한다는 것일까요? 적연부동(寂然不動)쪽으로 향합니다. 모두 또렷이 알게 되었고 편안해졌고 모든 병이 사라졌습니다. 보세요, 우리들 황 의사는 오늘 오후에 진보가 있습니다. 그는 약도 먹지 않았고 이해했고 서서히 변화하여 달라졌습니다. 그는 과학을 배운 양의사이며 맹목적이지 않습니다.

이 16특승은 '지식변신'만을 얘기하는데, 이 한마디 말은 당신이 대장경과 모든 도가의 책들을 다 넘겨보아도 찾아내지 못합니다. 제가 여러분들에게 그렇게 분명하게 일러드리니 여러분들은 얻기 쉽다 여기고 토론도 하자고 하는데 무엇을 토론하겠다는 것입니까! 만약 당신도 열두 살에 집을 떠나 9십 세까지 배운 저처럼 심혈을 기울여 배움을 추구하면서 목숨까지 걸어놓아야 알 수 있을 것입니다! 누구를 찾아서 토론한다는 겁니까? 공부를 해야 되는데 자기가 공부하지 않고, 몸은 이미 노쇠해졌는데도 자신은 모르고 있습니다.

그러기에 이번에 보내드렸던 통지서에는 '전습(傳習)'이라는 두 글자가 있었는데 여러분들도 이해하지 못했습니다. 여러분들에게 비법을 전해주어 여러분들로 하여금 닦게 하자는 것입니다. 맞지 않습니까? 보내드렸던 통지서에 전습 두 글자가 있는지 없는지에 대하여 모두 유의하지 않았는데 여러분들이 무슨 글을 읽는다는 것입니까? 당신은 보통의 문자로 여긴 겁니다! 그러기에 저는 여러분들이 쓰는 그런 계약공문(契約公文)은 모든 현대문으로서 모두 믿을 수 없고 한글자도 유의하지 않는다고 웃습니다. 제가 편지에서 새로운 사람 데리고 오지 말라고 말한 것이나 다름없었는데도 여러분들은 유의하지 않았습니다. 새로운 사람을 데리고 오지 말라고 한 것을 보면 오래된 사람들, 나이든 세대들은 다 허락하지만 새로운 사람은 참가하지 말라는 것임을 알 수 있습니다. 새로운 사람을 데리고 오면 아무것도 이해하지 못합니다. 이전에 이런 교육을 받아보지 않았던 새로운 사람은 수증이 없는데 무엇을 이해하겠습니까? 그 한 통의 편지조차도 그 문자에 유의하지 않으면서 그래도 선생님에게 배운다고 합니다. 그래서 제가 백화로 쓸 수밖에 없었습니다. 약간 고문으로 쓰면 여러분들은 더욱 알아보지 못합니다.

제제신행(除諸身行)

한 걸음 더 나아가서 다섯 번째는 무엇일까요? "제제신행(除諸身

行)58)"입니다. 몸에 기가 충만하고 그런 것들이 다 변화하고 공령(空靈)하게 되며, 온 몸이 유연해지고 내부가 온통 변화합니다. 오장육부가 변화하는데 오늘날 양의사들이 하는 말로 하면 중추신경계통이 변화하며 도가에서 임맥이라고 말하는 전면의 자율신경 계통의 장부도 함께 다 변화합니다. 예컨대 자기가 간(肝)이 안 좋다든지 위(胃)가 안 좋다는 것을 아는 사람은 그때가 되면 다 좋아집니다. 여성의 유방의 종기 같은 경우도 그것이 변화한다는 것을 서서히 알게 됩니다. 심지어 말하기를 오육십 세 된 여인들이 갱년기가 지났는데도 갑자기 흉부 부분이 부풀어 올라 소녀처럼 충만해진다고 합니다. 우리 이 자리에 있는 어떤 사람은 이 경계에 이르렀는데, 세포마다 다 변화하고 있음을 저마다 스스로 압니다.

'제제신행', 이때에는 밀교에서 말하는 삼맥칠륜의 기맥도 통했고 생활습관이 이미 변화했습니다. 즉, 세 마디 말인데 여러분들이 익히 들었던 것입니다. "정만불사음(精滿不思淫)", 음욕관념이 사라져버렸고 스트레스가 없어졌습니다. 대체로 좋아하지 않음을 느끼게 됩니다. 물론 군이 성관계를 가질 수 있더라도 『능엄경』의 다음 말에 해당합니다. "어횡진시, 미동작랍(於橫陳時, 味同嚼蠟)", 부처님은 성교를 대단히 문학적으로 '횡진(橫陳)'이라고 묘사하고 있는데, 두 사람이 운동으로 요가를 하고 있는 것이나 다름없고 성욕관념이 없다는 겁니다. '미동작랍(味同嚼蠟)', 사랑한다거나 기분이 좋다는 그런 말을 하지 않으며, 백납을 씹는 것 같아서 아무런 맛이 없습니다. 하지만 성행위에 응할 수는 있습니다. 보세요, 불경 번역이 얼마나 좋습니까. 그 묘사가 얼마나 좋습니까.

그래서 '제제신행'에 도달하더라도 전체 물리법칙인 동력은 여전히 돌아가고 있습니다. 이래서 유식학을 알아야하는데 무엇을

---

58) 신체상의 막힘을 완전히 소통시킴.

신행(身行)이라고 할까요? 행음이 끊어지지 않은 것입니다. 신체상의 기(氣)가 아직 완전히 정지한 것이 아니며, 맥(脈)이 아직 완전히 정지한 것이 아닙니다. 그렇지만 당신이 여기에 도달했을 때 심전도로 심장을 측정해보면 대단히 느리고 가볍게 한번 씩 뛰고 있습니다. 요즘으로 말하면 양의는 당신에게 심장에 문제가 있다며 혈관 어딘가가 막혔을 것이라고 말할 겁니다. 중의라면 당신의 심장 맥을 짚어보고 그 맥이 아주 가늘고 느리게 뛰니, 당신 심장에 문제가 있다고 말할 겁니다.

저 같은 경우 이런 경계를 만나게 되었다면 이렇게 할 겁니다. "요 이틀 간 믿을 수 없게 되었다. 떠나야만 한다면 떠나버리자. 기껏해야 심장이 멈출 테니까." 저는 여러분들보다 미쳤습니다. 생사에 전혀 개의치 않을 정도로 미쳐 있습니다. 떠나려면 일찍 떠나가지요 뭐. 떠났다가 다시 돌아오지요 뭐. 다시 온다면 구태여 이 세상으로 올 필요가 있겠습니까! 기껏해야 "헛되이 인간 세상에 와서 한 바퀴 돌고 가는 것[空向人間走一回]"으로 역시 뭐 별것 없습니다. 다시 와서 또 수행하지요! 만약 이때에 의사를 찾으면 큰일 납니다. 죽음조차도 두려워하지 않은 바에야 뭘 두려워하겠습니까? 나잔(懶殘) 선사의 시인, "생사도 걱정하지 않는데 다시 무엇을 근심하리요[生死無慮, 更復何憂]" 그대로입니다. '제제신행'에 대하여 대략 얘기했습니다. 여러분들에게 얘기한 것이 아니라 저를 찾아온 다른 친구들에게 얘기 한 겁니다. 모두 분명히 얘기했습니다. 이것은 아직 초선의 경계에 이르지 못했습니다. 생리가 변화한데 불과합니다.

초선의 수희수락(受喜受樂)

다시 한 걸음 더 나아가 "수희수락(受喜受樂)"에 도달하면 당신의 감수(感受) 방면은 달라져서 마음속에서 비할 바 없이 환희합니다. 그것은 보통의 기쁨이 아니라 자기의 이 일생의 수행이 드디어 옳았으며 약간의 그림자가 있게 되었다는 것을 알고서 매우 기뻐하는 겁니다. 황 의사처럼 이전에는 기(氣)를 믿지 않다가, 뒤에 그 자신이 집에서 닦으면서 마침내 그림자가 조금 있게 되었고, 더듬어내고서는 때로는 매우 기쁘기도 하는 것이나 다름없는데, 이것이 '수희(受喜)'입니다. 하지만 아직 '수락(受樂)'은 아닙니다. 낙(樂)은 뇌로부터 일어나고 세포마다 모두 지극히 편안합니다. 민남어로 말하면 상쾌합니다. 왜 '희수(喜受)', '낙수(樂受)'가 아닐까요? 수(受)는 수음(受陰)인데 특히 감각에 중점이 있고 촉수(觸受)에 해당합니다. 희(喜)를 얻거나 낙(樂)을 얻는 일이 당신은 보통 정좌하여 우연히 한번 있는데, 보통 정좌의 희락과 촉수를 가지고 그 경계로 여기지 말기 바랍니다. 그건 아직 거리가 멉니다! 정도의 차이가 아주 큽니다. 초선(初禪)에 진입하면 '수희수락'합니다.

초선은 무엇일까요? 정식의 선정이 온 겁니다. 어제 말씀드렸듯이 심일경성(心一境性)인 이생희락(離生喜樂)입니다. 이때 당신의 잡념은 청정해졌습니다. '이(離)'라는 이 글자에는 이중의 의미가 있습니다. 첫째는 지성(知性)과 감수가 나누어진 것이며, 기식(氣息)과 4대(四大)가 나누어질 수 있다는 것을 비로소 아는 것입니다. 두 번째 의미는 만약 우리의 이 한 번의 숨이 오지 않아 죽는다면 곧바로 또 다른 생명의 경계로 넘어갈 수 있다는 것을 안다는 것입니다. 그러므로 불경에서는 이 생명을 형용하기를 영혼이 신체를 떠난 것은 마치 새가 새장을 벗어난 것 같다고 합니다. 마치 새장 속에 갇혀 있던 새가 내보내진 것처럼 육체와 물질적인 장애를 초월하여서 대단히 편안합니다.

그러므로 초선인 이생희락에서 '희(喜)'는 심리적인 것이며 '낙(樂)'은 4대의 변화입니다. 만약 당신이 초선까지 닦아서 심리상의 성깔이나 개성, 병폐와 결합하면 모두 고쳐집니다. 지금 세상을 떠나더라도 색계의 초선천(初禪天)에 태어날 수 있습니다. 그것은 다른 종교에서 말하는 천당의 천이 아니라 그보다 더 훨씬 높습니다. 초선천은 이미 욕계를 뛰어넘은 색계천입니다. 욕계에서는 모두 성욕 관계가 있습니다. 그러나 색계에는 욕망이 사라져서 모든 욕망이 청정해졌습니다.

여러분들이 토론하고자 한다면, 여러분이 제시해서 제게 물어보아도 좋은 문제가 하나 여기에 있습니다. 그런데 제시할 줄 모릅니다! 이해하지도 못합니다. 그러므로 토론할 자격이 없다고 말하는 겁니다. 정(定)을 얻어 초선에 진입하게 되었더라도 아직은 첫걸음입니다. 그 앞서의 공부도 모두 선정 아니었을까요? 앞서의 공부도 정(定)을 얻음이었습니다. 무슨 정(定)이라고 할까요? 서너 가지 명칭이 있습니다. 우리가 보통 정좌하여 정을 얻은 것은 욕계정(欲界定)입니다. 욕계의 중생은 다 그렇게 할 수 있는데, 우연히 한번 고요해져서 편안합니다. 그 위에는 아직 미도정(未到定)이 있습니다. 아직 정에 도달하지 못한 일종의 경계입니다. 어떤 것들은 중간정(中間定)인데, 움직이는 것 같기도 하고 움직이지 않는 것 같기도 한 중간적인 것입니다. 또 근사정(近似定)이 있는데, 근접하고 유사한 것입니다. 그러므로 여러분들이 정좌하여 수행하는 것도 정을 닦는 것이며 잘못이 없습니다. 정말로 '제제신행'에 도달하여 '수희수락'할 때에야 비로소 초선의 이생희락에 진입합니다. 다시 구사론(俱舍論)에서 말하는 심리생각 행위의 전환 변화[轉變]와 결합하면 지혜가 열리고, 아마 이 일생에 아라한까지 증득할 수 있을 것입니다. 아마 그럴 수 있다는 것입니다!

수제심행(受諸心行) 심작희(心作喜) 심작섭(心作攝)

여덟 번째는 "수제심행(受諸心行)"인데, 문제가 있습니까 없습니까? 위에서는 '제제신행'이라고 하고 여기서는 전환하여 '수제심행'입니다. 마음의 경계로 전환하여 신체 4대인 지수화풍과의 관계로 변하고 감수가 달라집니다. 이생희락의 초선으로부터 제2선인 정생희락(定生喜樂)에 도달하면 '수제심행'이 나타납니다. 이것은 심념(心念)의 경계입니다. 방금 기 여사가 말한, 그녀가 허공과 합일되었다는 감각을 이때에는 말할 수 있습니다. 그녀가 허공과 합일되었다고 느낀 그 감각은 사실 완전히 망상이요 환상으로서, 독영의식(獨影意識) 경계라고 하는데 역시 비량(非量)에 속하며 옳지 않은 것입니다. 당신이 '수제심행'에 도달하였을 때는 달라져서 2선의 정생희락을 감수합니다.

'수제심행' 이후는 "심작희(心作喜)"입니다. 위에서는 수희수락 아니었습니까? '심작희'에서의 '희'는 '수희수락'의 '희'와 같을까요 다를까요? 다릅니다. 위에서의 '수희수락'은 아직은 물질적 감각적 상태를 띠고 있습니다. 여기서는 심경 상태인데 경계가 완전히 다릅니다. 왜 '심작희'라고 할까요? '작(作)'을 유식학에서는 '작의(作意)'라고 합니다. 심의식(心意識)이 '작의'하고 있음이 바로 '정생희락'입니다. 그러므로 '심작희'입니다.

'심작희'는 그래도 이해하기 쉽습니다. "심작섭(心作攝)"은 이해하기 어려운데, 온 허공과 대지가 하나로 돌아간 것입니다. 『능엄경』은 말하기를, 한 털 끝에 큰 바다를 용납할 수 있다고 합니다. 마음이 가늘기가 마치 터럭과 같고, 일념(一念)이 만년이요 만년이 일념인데, 이 모두는 심(心)의 경계입니다. 『역경(易經)』에서도 말하기를, "확대하여 말하면 우주 전체를 포함하고, 축소하여 말하면 우리들 마음속에 잠재한다[放之則彌六合, 卷之則退藏於密]."고 했는데, 보이지 않습니다. 즉, 겨자씨에 수미산이 들어가고 수미산에 겨자씨가 들어가는 것입니다. '심작섭', '정생희락'은 2선에 진입합니다.

그 후는 어떨까요? "심작해탈(心作解脫)"입니다. 이때에는 정말로 해탈합니다. 모든 번뇌의 뿌리가 청정해지고 2선에서 3선(三禪)의 경계로 나아갑니다.

다섯째 시간

'심작희·심작섭·심작해탈'까지 말했으니 16특승의 절반이 지나갔습니다. 이 초선·2선·3선은 곧 4선(四禪)의 사념청정(捨念淸淨)에 도달합니다. 수행에는 다섯 가지 단계가 있는데, 계(戒)·정(定)·혜(慧)·해탈(解脫)·해탈지견(解脫知見)입니다. 계(戒)를 닦아 올바른 사람됨으로부터 시작하고, 정을 닦고, 혜를 닦고, 해탈을 얻어서 욕계의 속박을 해탈하고 삼계의 속박을 해탈합니다. 공산당은 해탈을 해방이라고 고쳐 부릅니다. 수행이 진정한 해탈을 얻었을 때에 진정으로 해방됩니다. 또한 자성을 보고 대자유(大自由) 대자재(大自在)를 얻습니다. 해탈 뒤에는 다시 해탈지견입니다.

관무상(觀無常) 관혜(觀慧) 관출산(觀出散)

여러분 주의하십시오, '지식입(知息入)', '지식출(知息出)', '지식 장단(知息長短)', '지식변신(知息遍身)' 이 네 가지 다음에는 알고 알지 못함을 상관하지 않습니다. '지(知)'는 당연히 있습니다! 움직인 적이 없습니다. '제제신행(除諸身行)'하고 그런 다음 '수희수락 (受喜受樂) 수제심행(受諸心行)'하여, 알고 알지 못함이 없습니다. 다시 한층 나아가서 '심작희'인데 완전히 마음에 있게 되고 신체를 상관하지 않습니다. 다시 나아가 '심작섭' '심작해탈'입니다. 분명하게 여러분들에게 다 말씀드렸습니다. 이것은 간단히 말한 것이고 자세히 깊이 들어가면 많습니다. 이어서 그다음은 무엇일까요? "관무상(觀無常)"입니다. 지(知)도 아니요 심(心)도 아니며 몸도 아닙니다. 모두 아닙니다. '관무상', 일체가 무상함을 관찰하는 것인데 관혜(觀慧), 완전히 지혜의 경계입니다.

저녁부터 지금까지 한참 지났는데 어떤 분이 저에게 한바탕 꾸지람을 당했습니다. 그가 진짜이든 가짜이든 간에 아직 잘 앉아 있는데 그가 수지타산이 맞을까요, 아니면 제가 수지타산이 맞을까요? 이러한 현상 경계들은 아직 있을까요 없을까요? 모두 지나갔습니다. 일체는 다 무상합니다, 지나갔습니다. 제법(諸法)은 무상합니다, 영원하지 않고 모두 변화하고 있습니다. 현재 변화하고 있습니다. 다들 갓난애로 태어나서부터 지금에 이르기까지 수십 년이 지났습니다. 어떤 사람들은 엄마가 되었고 어떤 사람들은 남편이 되었습니다. 저마다 모두 무상합니다. 모두 지나갔습니다. 세간의 일체는 무상합니다. 수행도 정좌도 무상합니다. 방금 잘 앉아 있었음은 모두 사라졌습니다. 꿈같고 허깨비와 같아 지나갔습니다. 그러므로 '관무상'이라고 말합니다.

수행방법은 하나의 지팡이에 불과합니다. 지팡이에 사로잡혀있지 마십시오. 휠체어를 타고서 휠체어에 사로잡히지 마십시오. 제법(諸法)은 무상합니다. 무상을 관찰하십시오. 그러므로 안나반나로부터 시작하여 출입식이 한번 들어오고 한번 나가는 것도 무상합니다. 부처님은 여러분에게, 이 세계의 일체는 모두 무상하고, 일체는 다 고통이요, 일체는 공한 것이요, 일체는 무아인 것이라고 일러줍니다. 무상(無常)·공(空)·무아(無我)는 3법인(三法印)인데, 부처님을 배우는 기본입니다. 당신이 어느 한 가지 방법으로 수행을 하지만 그 방법에 사로잡히지는 마십시오. 사로잡히면 무상을 유상(有常)으로 여긴 것이 되어 그것은 틀린 겁니다. '관무상'은 이 단계에 이르러서야 비로소 관찰을 시작하는 것은 아닙니다. 사실 당신이 착수하기 시작하자마자 곧 무상을 관찰하고 있는 것입니다. 혜(慧)는 정(定)과 결합하여 닦아야합니다. 이 지혜가 있어야 부처님을 배운다는 얘기를 할 수 있고 또 토론을 얘기할 수 있습니다. 그는 억울한 꾸지람을 당했는데, 때마침 그 당시 제가 꾸짖을 수 있는 대상이 없었습니다. 이것을 "총으로 머리를 내미는 새를 쏜다"[59]고 하는데, 한방 맞은 것입니다. 그는 꾸지람을 당한 게 좋은 점이 있을까요 없을까요? 그에게 물어보십시오. 무상을 관찰하십

---

59) 모난 돌이 정 맞는다는 뜻.

시오.

이어서는 "관출산(觀出散)"입니다. 황 의사는 주의하십시오. 기에 사로잡혀 있습니다. 기에 사로잡혀 있으니 곧 '관출산' 하십시오. 평소에 적합하지 못한 것 일체를 내버리십시오. 허공 속으로 놓아버리십시오. 기가 어느 곳에 도달하든 말든 내버려두십시오. 당신에게 어떤 기가 하나 있다면 그것에 사로잡혀 있는 것입니다. 무상을 관찰하지 않고, 그것을 타파할 지혜가 없고, 출산(出散)을 관찰하지 않은 겁니다. 사람의 신체는 병이 있고 더 나아가 쇠로하여 죽기 마련인데 출산을 관찰함으로써 그것들을 모두 흩어서 내버립니다. 모든 것은 공(空)합니다. 죽음도 공하고 늙음도 공하고 병도 공하니, 내보내 흩어버립니다. 그러므로 부처님이 여러분에게 분부하는 게송이 하나 있습니다. "제행무상(諸行無常)", 모든 작위 행위는 영원한 것이 아닙니다. 모두 무상한 것입니다. "시생멸법(是生滅法)", 한번 오면 한번 갑니다. 마치 호흡처럼 한번 들어오면 한번 나가는 것이 모두 생멸법입니다. "생멸멸이(生滅滅已)", 들이 쉬지도 않고 내쉬지도 않아 절대적으로 청정합니다. 호흡도 정지하고 불생불멸입니다. "적멸위락(寂滅爲樂)", 적멸이 즐거움입니다. 지혜 있는 사람은 이 게송을 보자마자 이치도 도달하고 공부도 도달합니다. 그런데도 무엇을 토론 하겠습니까! 그래도 토론이 있다면 이미 생멸 가운데 있는 겁니다. 그러므로 당신에게 무상을 관찰하고 출산을 관찰하라고 합니다. 이것이 '혜관(慧觀)'입니다. 눈으로 보는 것이 아니라 지혜로 해탈하는 것입니다.

관리욕(觀離欲) 관멸진(觀滅盡) 관기사(觀棄捨)

다시 한 걸음 나아가 무엇을 관찰할까요? "관리욕(觀離欲)"입니다. 욕계를 뛰어넘습니다. 이 세계는 모두 자기의 탐욕·성냄·어리석음[貪瞋癡]의 욕망인데 일체를 해탈해버리면 아무것도 없습니다. '무상을 관찰하고, 출산을 관찰하고, 이욕을 관찰합니다.' 사실 여러분이 관료가 되고 장사를 하는 것도 이 도리입니다. 마땅히 벌어야 할 것을 벌면, 벌어 온 것은 당신에게 속합니다. 마땅히 벌지 않아야 할 것을 1천억을 벌었고 수만 억을 벌었다면 어떠할까요? 최후에는 역시 다른 사람의 것입니다. 그러므로 저는 말하기를 묘항 이곳의 선당은 장래에 누가 쓸까요? 인연이 있는 사람이 쓸 것인데 누가 알겠습니까! "제행은 무상하여 생멸법이라, 생멸이 소멸하고 나니 적멸이 즐거움입니다." 여러분은 마땅히 해야 할 것을 하고나면, '무상을 관찰하고 출산을 관찰하고 이욕을 관찰하십시오'.

그런 다음 무엇을 관찰할까요? "관멸진(觀滅盡)"입니다. 무엇이 '멸진'일까요? 주의하십시오! 다 사라져버렸는데, 어느 두 가지가 사라졌을까요? 수(受: 감각)가 소멸하였고[滅受], 상(想)이 소멸하였습니다[滅想]. 수(受)와 상(想) 두 가지가 사라져버렸고 생각도 청정해져서 잡념 망상이 없습니다. 무슨 토론할 것이 없습니다. 분별이 없으며 감각도 없습니다. 지각도 공해져서 적멸청정(寂滅淸淨)합니다. 대아라한은 멸진정(滅盡定)에 진입합니다. 9차제정(九次第定) 가운데서 마지막 정(定)인데 절대 청정한 열반입니다. 밀종이든 선종이든 무슨 종이든 이곳에 이르러는 멸진정을 증득하여 아라한 과위를 얻습니다. 만법 일체는 모두 공한 것으로 소용이 없습니다.

멸진함에는 무엇을 가지고 멸할까요? 당신의 지성(知性)으로부터 지혜 성취에 도달하여 모든 망상을 소멸시킵니다. 모든 지각과 감각을 소멸시켜서 일체가 다 공해졌습니다. 멸진을 관찰하여 멸진정을 얻습니다. 대아라한이 멸진정을 얻으면 궁극[究竟]에 도달했을까요? 아닙니다.

최후의 하나는 "관기사(觀棄捨)"입니다. 또 버려야 합니다. 도를 얻으면 무슨 도를 얻을까요? 도가 없습니다. 도조차도 버려야합니다. 성불하면 누가 성불했을까요? 성불한 사람이 없습니다. 자기에게 도가 있고 학문이 있고 성취가 있다고 여긴다면, 이미 아닙니다. 최후에는 '관기사', 일체를 놓아버립니다. 황 의사는 주의하십시오! 출산을 관찰하여 기(氣) 일체를 공(空)에 놓아버리십시오. 현재는 기를 닦지 않고 공을 닦습니다. 일체를 놓아 비워버립니다. 등이 구부러진 것조차도 비워버립니다. 이 수행법문은 '혜관(慧觀)'에 의지합니다.

안나반나의 '지식입'에서부터 시작하여 열여섯 가지 특승법문을 하나씩 하나씩 여러분들에게 말씀드렸습니다. 오직 이 한 가닥 길이 가장 좋은 길입니다. 무슨 선종이니 밀종이니 모조리 뒤엎어버리고 바로 이 한 가닥 길입니다. 부처님이 말씀하신 성취로 가는 법문입니다. 그러므로 『달마선경』은 대단히 수고롭게도 여러분에게 이 한 가닥 길을 일러줍니다. 그런 다음 더욱 주의하기 바랍니다. 그는 이 법문을 말하기에 앞서 말하기를 수행자는 물러나기 매우 쉽다고 합니다. 발심수행하고 있다고 날마다 말하지만 날마다 퇴보하고 있습니다. 한 걸음 나아갔다 세 걸음을 퇴보합니다. 퇴보하지 않는다 할지라도 감소할지 모릅니다. 즉, 조금 서서히 물러나고 있거나 머물고 있습니다. 그곳에 머물러 서있고 진보가 없는 겁니다. 『달마선경』은 대략 사십 몇 가지의 퇴보를 말하고 있는데 자세히 분석하면 그 정도의 퇴보에 그치지 않습니다. 그러므로 여러 분들은 자기가 수행하여 열심히 공부하고 있다고 생각하지만 사실은 당신은 날마다 퇴보하고 있습니다. 퇴보하지 않으면 물론 진보입니다. 그러므로 『달마선경』은 대단히 이해하기 어렵습니다. 이것이 바로 대 비밀법문인데, 상승 진보해야지 머물러 있어서는 안 됩니다. 앞으로 나아가야 합니다. 퇴보 감소하고 있거나 머물고 있거나 상승 진보하거나, 최후 멸진정까지 나아가서도 버려야합니다. 그래야 '일체가 다 공함[一切皆空]'을 증득합니다. 진정으로 공의 경계에 도달해야 공성(空性)을 봅니다.

오늘은 먼저 육묘문 법문으로부터 16특승의 수행법까지를 자세히 기억해야 합니다. 자기가 한 걸음 한 걸음 실험을 해보고 밀고 나가야한다는 것이 대단히 중요합니다. 이것은 문제를 토론하는 것이 아닙니다. "제행은 무상하여 생멸법이라, 생멸이 소멸하고 나니 적멸이 즐거움이다."를 기억하고 있으십시오. 여러분 이번 수업에 참가한 사람은 제가 만나게 되면 16특승법이 무엇이며 육묘문 공부는 어떻게 하는 것이냐고 묻고 여러분들더러 저에게 외워서 들려달라고 할지 모릅니다. 만약 제게 대답하기가 두렵거나 만나고 싶지 않다면 외울 수 있는 다음에 오시기 바랍니다. 불법은 빈 말을 하는 것이 아닙니다. 일반적으로 불법을 배우는 사람은 모두 헛말을 합니다.

(역자보충) 이상의 16특승을 순서대로 정리하면 다음과 같습니다. 부록 3번의 『기리마난다경』도 참고하기 바랍니다.

① 지식입(知息入) ② 지식출(知息出) ③ 지식장단(知息長短) ④ 지식

변신(知息遍身) ⑤ 제제신행(除諸身行) ⑥ 수희(受喜) ⑦ 수락(受樂) ⑧
수제심행(受諸心行) ⑨ 심작희(心作喜) ⑩ 심작섭(心作攝) ⑪ 심작해탈
(心作解脫) ⑫ 관무상(觀無常) ⑬ 관출산(觀出散) ⑭ 관리욕(觀離欲) ⑮
관멸진(觀滅盡) ⑯ 관기사(觀棄捨)

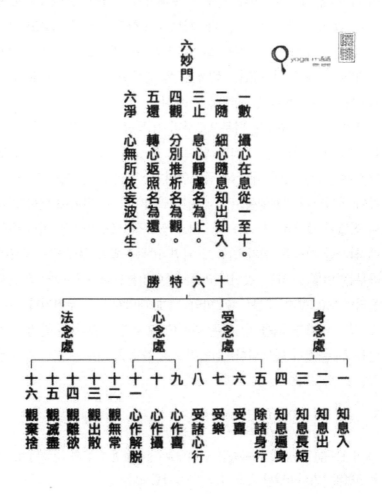

六妙門

一 數 攝心在息從一至十。
二 隨 細心隨息知出知入。
三 止 息心靜慮名為止。
四 觀 分別推析名為觀。
五 還 轉心返照名為還。
六 淨 心無所依妄波不生。

十 六 特 勝

身念處				受念處				心念處		法念處				
一	二	三	四	五	六	七	八	九	十	十一	十二	十三	十四	十五	十六
知息入	知息出	知息長短	知息遍身	除諸身行	受喜	受樂	受諸心行	心作喜	心作攝	心作解脫	觀無常	觀出散	觀離欲	觀滅盡	觀棄捨

제6일 강의

첫째 시간

이번 제목은 '선과 생명과학의 인지'입니다. 선정(禪定)은 내성외왕(內聖外王)의 학으로서 가장 초보적인 내성(內聖) 수양입니다. 그러기에 반복해서 여러분들이 정좌하는 자세인 칠지좌법부터 얘기하기 시작하여, 육묘문으로 입문하는 방법 그리고 선정의 심신생명에 대한 관련을 말했습니다. 그런 다음 부처님이 말씀하신 비밀로서, 선종이나 밀종의 모든 종파들을 포괄하는 가장 기본적인 수행법인 16특승을 가리켜보였습니다. 요 며칠 가운데 수고롭게 비교적 두루 자상하게 얘기한 것이 이상의 것들로서, 여러분들로 하여금 기본을 잊지 말게 하였습니다. 그렇게 하지 않으면 그저 여기서 떠들썩하게 듣기만하고 머리를 쓰지 않고 논리를 알지 못합니다.

부처님을 배울 때는 맨 먼저 인명(因明)을 배웁니다. 불학의 인명은 바로 논리입니다. 보살은 5명을 배워야합니다. 첫째는 인명(因明)입니다. 논리인데, 머리로 생각하고 의식으로 사유하여 먼저 분명히 하는 것입니다. 둘째는 성명(聲明)입니다. 즉, 언어문자입니다. 셋째는 의방명(醫方明)인데 의학을 배우는 것입니다. 넷째는 공교명(工巧明)입니다. 과학기술을 배우는 것입니다. 다섯 번째는 내명(內明)입니다. 이것이야말로 명심견성(明心見性)하여 성불하는 길입니다. 이 다섯 가지 것은 세상의 학문을 포함하고 있습니다. 우리들이 제일 첫 번째로 배워야할 것은 논리인 인명입니다. 바로 방금 제가 말했던 이번의 주제입니다. 그러므로 여러분 잘못하시지 말기바랍니다. 중국인은 오늘날 애를 써서 과학을 말하고 있는데, 진정한 논리를 알지 못하고 그저 헤겔의 삼단논증인 정(正)·반(反)·합(合)만 말하고 있습니다. 이것은 가장 초보적인 논리입니다. 진정한 사유의 논리는 자기가 분명히 알아야합니다.

다시 선정쌍수를 말한다

이 때문에 여러분들에게 염불법문을 말합니다. 선정쌍수는 대단히 중요합니다. 염불법문도 대략만 말했습니다. 나무아미타불을 외워서 극락세계에 왕생하는 데는 두 가지 도리가 있습니다. 하나는 세계 시방삼세에 정말로 아미타불이 있을까요? 있습니다. 이 방면에 관하여는 먼저 불학의 우주관을 이해해야 합니다. 부처님은 여러분들에게 3천대천세계를 말씀해주시는데, 아마 다들 아는 것이라 원래는 다시 설명할 필요가 없습니다만, 새로 참가한 분들을 위해서 중복해서 말할 수밖에 없습니다. 부처님은 우리들에게 말씀하시기를 이 태양계는 지구·달·금성·목성·화성·토성·해왕성·명왕성 등을 이끌고 있다고 합니다. 보통은 일곱 개의 별 혹은 아홉 개의 별이라고 부릅니다. 이 태양계는 하나의 물질세계요, 우리들은 이 태양계 가운데의 한 개 별 속의 중생의 하나입니다. 중생은 아주 많은 생명들입니다. 사람이 대단하다고 생각하지 말기 바랍니다. 사람은 이 지구상 중생 중 인류에 불과합니다. 사람에게는 사람의 종류가 있고, 개에게는 개의 종류가 있고, 돼지에게는 돼지의 종류가 있고, 말에게는 말의 종류가 있으며, 청개구리에게는 청개구리의 종류가 있습니다. 모두 중생이며 모두 이 세계에 함께 있습니다.

부처님은 이 법계의 경우, 이 허공 속에서 잠시 태양계를 기준으로 합니다. 이전에 중학교 교과서에 태양을 항성(恒星)이라고 불렀습니다. 오늘날 과학자들은 이 이론을 뒤엎어버리고 태양은 반드시 항성인 것은 아니라고 봅니다. 이것은 상관이 없습니다. 과학연구는 수시로 또 다른 정의를 내릴 수 있습니다. 이 태양계는 이 세계 속에서 면적이 가장 작고 수명도 가장 짧습니다. 부처님은 말씀하시기를 이 태양계의 경우 지구 등 아홉 개의 별을 이끌고 있는데 그와 같은 태양계가 우주 속에 얼마나 있다고 하실까요? 무량(無量), 무변(無邊), 무수(無數)입니다. 셀 수 없고 알 수 없습니다. 일천 개의 이러한 태양계를 하나의 소천세계(小千世界)라고 부르고 한 별마다의 수명과 시간은 모두 다릅니다.

오늘날 과학은 달을 탐험했는데, 이미 부처님의 말씀이 정확하다는 것을 증명했습니다. 달의 하루 밤 하루 낮은 바로 우리 지구상의 한 달에 해당합니다. 달의 낮은 우리들 지구의 상반월(上半月)이고 밤은 지구의 하반월(下半月)에 해당합니다. 부처님은 태양의 하루 밤낮은 바로 우리 지구의 1년에 해당한다고 말씀하십니다. 이 시간의 대비는 그분이 수천 년 전에 분명히 나누어 놓았습니다. 물론 현재의 과학은 추적하면서 아직은 충분히 정밀하지 않다고 봅니다. 서서히 과학자들이 발견하기를 기다려보지요. 1천 개의 소천세계를 모아놓으면 하나의 중천(中千)세계입니다. 1천 개의 중천세계를 한 개의 대천(大千)세계라고 합니다. 보세요, 불학의 이 세계관은 얼마나 큽니까! 그리고 3천 개의 대천세계를 한 부처님의 국토[一佛國土]라고 하고, 그 속에 한 분의 부처님이 계십니다. 우리의 이 세계는 사바세계라고 하는데 석가모니불이 교화하는 곳입니다. 이번에 그분이 와서 성불하셨습니다.

그러므로 이 우주는 무궁하게 크고 비할 바 없이 큽니다. 무량무변하여 셀 수가 없습니다. 이른바 방위는 인위적으로 가정한 것입니다. 불학으로 말하면 우리의 이 세계는 삼계인 욕계 · 색계 · 무색계로 나누어집니다. 석가모니불은 한 분의 도사(導師)입니다. 그러므로 천인사(天人師)라고 부릅니다. 사람가운데 만의 스승이 아니라 천인가운데에서도 스승입니다. 만약 이런 유형(有形)의 상황으로 말하면 기타의 종교들의, 예컨대 천주(天主)나, 천신, 옥황대제 등은 모두 부처님의 제자가 되어버리고 이들은 모두 호법신입니다. 부처님은 천주가 있다고 인정합니다. 욕계에는 욕계천의 천주가 있고, 색계에는 색계천의 천주가 있으며 호법신이 있습니다. 사대천왕(四大天王)이 있으며 귀(鬼)도 있고 신(神)도 있습니다. 일체가 다 있습니다. 그들은 부처님의 외곽 보위자(保衛者)들입니다. 마치 절에서 큰 스님 곁에 대 거사들이 있는 것이나 다름없습니다.

우리가 어떻게 아미타불이 계신지를 알까요? 누가 소개한 것일까요? 그러므로 저는 늘 염불하는 사람들에 대해서 웃습니다. 여러분들은 아미타불만 외우고 왜 소개한 사람은 외우지 않습니까! 석가모니불이 여러분에게 소개하여 주신 겁니다! 석가모니불이 소개한 불국토는 많습니다. 우리의 지구를 중심으로 가정하여 동쪽으로 걸어가면 무량무변한 세계에 아촉불(阿閦佛) · 약사불(藥師佛)이 계십니다. 약사불의 세계는 비할 바 없이 장엄하고 비할 바 없이 청정합니다. 남방은 보생불(寶生佛)인데 대단히 광명으로 빛납니다. 서방은 아미타불이요 북방은 불공불(不空佛)입니다. 불공(不空)입니다. 공(空)이 없습니다. 중앙은 비로자나불인데 총체적인 부처님이십니다. 이상을 5방불(五方佛)이라고 합니다. 스님들이 법사(法事)를 행할 때에 머리에 쓰고 있는 모자에는 이상의 5방불이 그려져 있습니다.

부처님은 왜 서방극락세계의 아미타불을 소개하셨을까요? 여러분 주의하십시오. 모든 불보살님들 가운데 원력(願力)이 가장 큰 분은 아미타불입니다. 아미타불 자신은 보통사람에서부터 수행하여 48개의 대원(大願)을 일으켰습니다. 약사여래는 12개의 대원을 일으켰습니다. 그러므로 시방삼세제불은 평등하고 평등합니다. 다른 종교에서 오직 한 주재자만 있는 것처럼 그렇지 않습니다. 우리들이 도를 깨달으면 역시 성불할 수 있으며, 한 세계를 성립시켜 일체중생을 제도할 수 있습니다. 큰 돈을 번 어떤 사람이 좋은 상공업을 하나 경영하여 수천, 수만 명을 부양할 수 있는 것과 다름 없습니다. 적어도 큰 사장님 한 사람이 일만 명의 직원을 고용할 수 있는 것도 역시 하나의 작은 세계와 같아서 사람들을 도와 줄 수 있습니다. 서방 아미타불은 무량광수(無量壽光)입니다. 그의 수명은 얼마나 길까요? 부처님도 소개하신 적이 있습니다. 여러분이 부처님의 세계관을 자세히 연구하여 오늘날 과학과 결합시켜본다면 대단히 재미있고 아주 환상적이며 대단히 과학적입니다. 하지만 불학을 연구하는 여러분들은 비록 학문이 좋지만 책 한 권을 잘 써내 사람들에게 소개하는 사람이 하나도 없습니다.

여러분들은 저를 선생님이라고 부르는데 저는 언제나 학우들이 성취가 있기를 바라고 있습니다. 여러분들은 대학을 졸업하고 박사학위를 받았지만 한 가지도 성취한 바가 없습니다. 반편의 글조차도 써내지 못하고 책 한 권도 없습니다. 이렇게 이미 있는 자료를 글로 써낼 줄 모르고 그저 선생님 선생님하고 부르는데 무슨 소용이 있습니까! 선생님은 그래도 뒤죽박죽으로 그렇게 많은 책들을 냈습니다. 여러분들은 어떤가요? 여러분들은 자기를 속이지 말기 바랍니다. 이런 것들은 모두 기성 자료이니, 여러분이 1~2년 시간을 들여서 써 내서 과학자들에게 말해주고 세상 사람들에게 말해주어서, 맞고 안 맞고는 그들로 하여금 증명하게 해보라고 하십시오. 이 속에는 과학적인 큰 이치가 그 안에 많고 우주관, 세계관을 얘기하는데, 어느 분이 발심하려할까요? 있습니다. 여기 몇분의 큰 사장님들의 경우는 이렇게 말합니다. "맞습니다. 맞습니다. 여러분들이 하십시오. 돈은 제가 내겠습니다." 당신의 그 돈이 뭐 별것입니까? 진정한 학문을 돈으로 살 수 있을까요? 지혜, 지식은 돈으로 살 수 있는 것이 아닙니다! 여러분 자신이 지혜가 없고 책을 헛 읽었습니다. 그러므로 여러분은 제 앞에서 돈 얘기를 하면서 이 일을 미루어버린 겁니다.

극락정토

부처님이 소개한 아미타불 서방극락세계는 번뇌가 없고 병통이 없으며 남녀 문제가 없습니다. 만약 우리가 여기서 진정으로 염불을 잘하여 그곳에 왕생하기를 발원하면 죽자마자 곧 그곳에서 또 다른 생명을 시작하는데 모두 보살들입니다. 남녀의 모습이 없으며 성욕의 요구도 없습니다. 음식도 필요하지 않습니다. 우연히 약간의 음식의 습기가 있으면 "사의득의, 사식득식(思衣得衣, 思食得食)", 예컨대 뭘 좀 마시고 싶으면 생각만 움직이면 앞에 곧 나타납니다. 다 마시고나면 컵조차도 거둘 필요가 없이 사라져 버립니다. 그러므로 극락세계라고 부릅니다. 온통 즐겁기만 하고 괴로움이 없습니다. 그 세계는 7보(七寶)로 장엄된 세계로서 산이 없고 물이 없고 평평합니다. 왜 극락세계의 땅은 평평할까요? 모두 보살이기에 그 마음속이 평온하기 때문입니다. 우리의 이 세계는 왜 높은 산이 있고 해양이 있을까요? 사람들 마음이 평온하지 않기 때문에 세계도 평평하지 않습니다. 그곳 아미타불은 수명이 얼마나 될까요? 무량수(無量壽)입니다. 그러나 역시 생사가 있을 것입니다. 아미타불이 열반하면 곁에 계신 두 부총장님 중에서 첫 번째로 자리를 이어받으실 분은 관세음보살(觀世音菩薩)이시고 두 번째로 자리를 이어받으실 분은 대세지보살(大勢至菩薩)입니다. 그러므로 서방 3성(西方三聖)이라 부릅니다.

제가 왜 또 화제를 딴 데로 돌렸을까요? 여러분들에게 정토를 말하기 시작한 것은, 대체로 여러분들이 이번 수업시간에 염불을 잘하는 것을 보고 여러분들에게 한번 소개하고 싶어서입니다. 부처님이 세상에 계실 때에 한 국왕(빈바사라왕)과 황후(위제희)가 있었는데 모두 수행하고 부처님을 배웠습니다. 아들을 하나 낳았는데 대단히 나빴습니다. 바로 아사세 왕입니다. 인도의 유명한 왕입니다. 아사세왕은 부처님의 그 나쁜 형제인 제바달다의 사주를 받아 부친이 좀 빨리 죽고 자기가 황제가 되기를 바랐습니다. 그래서 반란을 일으켜 아버지를 감옥 속에 가두었습니다. 그의 엄마는 대단히 고통스러웠습니다. 마음속으로 우리 두 사람은 모두 수행하는데 어떻게 이런 자식이 있을까 하고 생각했습니다. 그녀는 몰래 자신의 남편을 보러갔습니다. 남편이 죽을 것이라는 것을 알고 무릎을 꿇고서 기도했습니다. 석가모니 부처님 당신은 저의 아들이 이러한지를 아시는지요 모르시는지요! 당신께서는 조금도 관심이 없으시군요! 우리들은 이제 어떻게 할까요? 부처님은 그 때에 정좌하고 있는 중이셨습니다. 홀연히 황후가 눈을 한번 깜박이자 부처님의 한 줄기 광명이 감옥에 도달하는 것이 보이면서 다음과 같이 말한 것을 들었습니다. '그대들의 업보이다. 갚아야할 빚을 갚고 있는 것이다. 그대가 지금 해탈하고자 한다면 유일한 방법은 아미타불을 잘 외우는 것이다. 아미타불이 그대와 인연이 있으니 그대를 구해줄 것이다.' 그녀는 곧 정성스런 마음으로 합장하고 나무아미타불을 외웠습니다. 뒷날 아들도 감화를 시켰습니다. 인연이 그러했습니다.

부처님은 말씀하시기를, "10악업(十惡業)이 너무나 엄중하다. 모두들 아미타불을 외우는 것만 같지 못하다. 뿐만 아니라 허공속의 모든 세계도 모두 결함이 있고 원만하지 못하니, 여러분들은 동방약사불 계신 곳으로 왕생하든가 아니면 서방 아미타불 계신 곳으로 가라."하며 석가모니불 자신을 소개하지 않았습니다. 보세요, 석가모니불은 얼마나 위대합니까. 가장 좋은 중개 상인입니다. 그는 그 자신에게 장사를 하지 않았습니다. 저는 늘 기독교의 목사나 천주교의 신부, 회교의 아훙(阿訇)[60]에게 우스개 이야기를 하는데 진담이기도 합니다. 저는 말합니다. 여러분들은 한 집마다 천당을 하나씩 열어놓고 또 좋은 음식으로 초대를 합니다. 하지만 여러분들의 장사는 부처님을 뛰어넘을 수 없습니다! 부처님의 천당으로는 그의 불국토가 있습니다. 당신이 서방으로 가고 싶다면 아미타불이 계시고, 동방으로 가고 싶다면 약사여래가 계시며, 남방으로

---

60) 이슬람교의 성직자.

가고 싶다면 보생여래가 계시며, 북방으로 가고 싶다면 불공여래가 계십니다. 상방에는 금속여래(金粟如來)가 있습니다. 만약 지옥으로 들어간다 해도 상관없습니다. 지장왕보살이 그곳에서 기다리고 계십니다. 만약 어느 곳에도 갈 수 없다면 망망한 고해에 관세음보살이 그곳에서 구해주십니다. 저는 말합니다. 부처님의 분점(分店)들이 아주 많습니다. 사방팔면에 모두 부처님이 계셔서 여러분들의 장사를 모두 차지하고 있습니다. 여러분들의 천당은 단지 하나의 작은 장사일 뿐입니다.

여러분, 부처님의 우주관을 보세요, 아미타불은 왕생법으로서 진실한 것입니다. 저 극락세계는 도대체 우리들의 세계와 거리가 얼마나 멀까요? 방금 3천대천세계를 말했는데, 우리들의 지구를 중심으로 하여 서쪽으로 걸어가면 우리가 말하는 10만 8천 리는 너무나 적습니다. 무량수의 거리입니다. 너무나 멉니다. 그렇게 먼 거리를 우리가 왕생할 수 있을까요? 부처님은 말씀하십니다. 당신의 마음의 힘이 강하고 임종할 때에 마음이 산란하지 않고 그 때에 당신의 몸을 놓아버리고, 설사 당신이 나쁜 사람이요 대 악인이며 죄업이 깊고 무거울지라도, 단지 나무아미타불을 한번만 일으켜 외우면, 그것도 입으로 외우는 것이 아니라 마음속으로 외우면 업을 지닌 채 서방극락세계에 왕생합니다. 그곳에 도착한 뒤에는 번뇌가 전혀 없습니다. 하루 종일 수행하며 부처가 되기를 생각합니다. 우리들이 날마다 선당에 앉아서 먹을 것을 걱정하지 않고 입을 것을 걱정하지 않는 것과 다름없습니다. 당신이 서방 극락세계에서 성불하고 나서 각종의 세계에 돌아옵니다. 지구에 돌아와 중생을 제도합니다. 중생은 저마다 본래에 부처입니다. 그러므로 아미타불을 외우면 부처님의 국토에 왕생하기를 발원하는 것입니다. 부처님마다 국토가 있습니다. 우리 같은 경우는 지금 묘항에 장소를 하나 세웠는데, 우리들의 이것이 뭐 별것입니까! 부처님의 국토마다 우리들의 이것보다 천만 배나 장엄하고 청정합니다.

어떻게 염불할 것인가

왕생법을 밀종에서는 포와법(頗瓦法: Phowa)[61]을 닦는다고 합니다. 포와법은 정수리가 열려야 합니다. 정좌하고서 진언을 외워 정수리가 열릴 때까지 외웁니다. 이 기(氣)가 이곳으로부터 곧장 서방으로 도달하는데 이것을 포와법이라고 합니다. 즉, 왕생법입니다. 그러나 법문은 많습니다! 제가 만약 7일 동안 오로지 여러분들에게 이것을 얘기한다면 또 하나의 강의가 될 겁니다. 이제 간단히 여러분들에게 소개합니다. 하지만 티베트 밀종에서 왕생법을 닦는 사람이 만약 닦아서 성공한다면, 정수리에서 자기에게 소식이 있고 떠나갈 때에 반드시 그곳에 도달할 것임을 압니다. 이때에는 즉시 장수법(長壽法)을 닦아야 합니다. 그렇지 않으면 당신은 지금 떠나버립니다. 그러므로 아미타불 서방극락세계의 수행법은 동방연수약사불(東方延壽藥師佛)과 하나로 이어져있습니다. 왜냐하면 우

---

61) '포와'는 티베트어 의미가 천이(遷移)인데, 옮겨간다는 뜻이다. 일종의 선정의 수련이다. 선정 속에서 관상(觀想) 방식으로 자기가 사망과정에 진입하여 신식이 자기의 육체를 떠나는 상상을 한다. 수행자는 자유롭게 자기가 다음 생에 환생할 곳을 선택할 수 있다. 일반적으로 말해 수행자는 자기의 의식이 정토에 환생하는 것을 상상할 수 있다. 포와법은 어떻게 깨어있는 상태로 사망할 것인지, 어떻게 사망할 때 자기의 의식을 전환 변화시킬지, 선정에 들어갈 필요가 없이 깨달을 수 있을 지를 수련하는 일종의 방법이다. 전통적으로 티베트 사람들은 세상을 떠나가려 할 때 친척들이 라마를 찾아 병상 곁에서 그를 위해 포와법을 전해주어서 그로 하여금 천상세계나 정토에 순조롭게 태어나게 하는 것이다. 포와법의 정화는 탈사요가(奪舍瑜伽)이다.

주는 하나의 둥근 원이기 때문입니다. 그래서 반드시 약사불법을 닦아야 합니다. 또 다른 노선을 걸어가는 두 사람이 있는데, 왕생법을 닦지 않습니다. 그들은 약사불의 12대원을 배워서 일체세계 중생으로 하여금 빈궁과 고통과 질병에서 벗어나도록 구해줍니다.

어떤 사람은 말합니다. "선생님, 저는 티베트에서 밀종을 배웁니다." 마치 자기가 대단한 것 같습니다. 저는 웃으며 말합니다. "내가 보건대 여러분들이 무엇을 알겠습니까. 그래도 나한테 와서 밀종을 얘기합니까!" 저는 뭐든지 다 만져보았습니다. 그러므로 염불법문은 '3근보피(三根普被)'입니다. 대단히 훌륭합니다. 제가 정오무렵에 들어와 또 염불 소리를 듣고는 아주 기뻤습니다. 천천히 외우면 마음으로 얻는 바가 있습니다. 여러 가지 외우는 법을 우리가 요 며칠 동안 얘기 했던 안나반나 수행과 결합하여 외우는 법이 있는데, 당신이 혼자 집에서도 닦을 수 있습니다. 만약 아미타불을 외우기를 안나반나 수행법과 결합시키고 아미타불의 가피를 얻으면, 당신의 신체는 병을 없애고 수명을 연장할 수 있습니다. 또한 건강 장수할 수 있으며 닦아서 성취할 수도 있습니다.

외우는 법에는 여러 가지가 있습니다. 방금 그 외우는 법은 일반적인 것입니다. 마음 마음이 전일하여, 마치 그저께 제가 여러분들에게 얘기했던 것처럼 눈과 귀를 모두 안으로 되돌려 자기가 염불하는 소리를 듣습니다. 만약 홀로 집에서라면 인경(引磬)도 치지않고 한 호흡마다 단숨에 외웁니다. 이런 식으로 외워 한 호흡이 다하도록 외우는 것입니다. 만약 '나무' 두 글자까지 외우다 호흡이 다 되어 입에서 소리가 멈춰버리면 코는 저절로 호흡을 하게 됩니다. 도가에서 신선 장수를 닦는 방법을 '복기(服氣)'라고 합니다. 주의하십시오, 중국인은 말합니다. 당신은 복기합니까 안합니까? 여기서의 '복'자는 의복의 복(服)자입니다. 즉, 기(氣)를 먹는 것입니다. 사실은 당신이 잘 염불하기만 하면 도가의 복기도 있게 됩니다. 이 16특승에는 기맥 수련도 있습니다. 가볍게 한 호흡 한 호흡씩 단숨에 외웁니다. 제가 지금 대체로 한번 여러분들에게 외워 들려주겠습니다. 저는 여러분들에게 너무나 큰 희생을 하며 말하고 있습니다. 어느 분의 부친이 "선생님에게 애쓰지 말게 해야 합니다."라고 말했지만 저는 애를 써서 여러분들에게 말합니다. 도가 입장에서 말하면 "입만 열면 신기(神氣)가 흩어져서[開口神氣散]" 수명이 감소합니다. 우리 불가의 관념은 또 달라서, 저는 이 생명 조차도 여러분들에게 보시해 줍니다. 사실 두 가지는 하나의 도리입니다. 그럼 제가 이제 대체적으로 여러분들에게 한번 말하겠습니다. 바로 이렇게 외우는 겁니다.

(선생님이 나무아미타불 불호를 외우는 시범을 보이다)

여러분들은 그저 듣기만하고 마음을 쓰지 않았겠지요! 여러분들은 어떻게 선생님이 한 호흡 단번에 몇 번 외웠는지를 주의하지 않았습니다. 보세요, 제가 처음에는 세 번을 외웠습니다. 세 번을 외우자 호흡이 이어지지 않게 되었습니다. 뒤로 외워가자 단숨이 갈수록 길어지고 외우는 숫자도 그만큼 많아졌습니다. 최후에는 코가 자연히 호흡하고 멈추지 않았습니다. 심념도 흩어지지 않았고 오직 한 마디 부처님 명호만 있었습니다. 하지만 여러분들은 듣기만 합니다. 그러므로 오늘 정오에 제가 영회(永會) 사부에게 말했습니다. 이 학우들은 뇌신경이 모두 몇 가닥 부족한데 말하기가 뭐 좋겠어요!

(남선생님이 나무아미타불을 시범을 보이다)

뿐만 아니라 여러분은 한편으로는 외우면서 한편으로는 기(氣)를 조정할 수 있습니다. 예컨대 오늘 가슴이 답답하거나 머리가 아프다면 당신은 나무아미타불을 외워서 그 부분의 병 증상을 흩어버립니다. 위가 편치 않으면 중기(中氣)로써 나무아미타불을 외웁니다. 허리 부분이 편치 않다면 단전기(丹田氣)로써 가라앉혀 나무아미타불을 외웁니다. 안경을 벗어버리고 눈을 가늘게 뜨고 밖을 보지 않고 귀를 되돌려 일심불란(一心不亂)하게 오로지 자기의 소리만 듣습니다. 외워가다 보면 당신의 온 방의 사면이 온통 광명입니다.

여러분은 시험해도 좋습니다! 따라 흉내 내어도 좋습니다! 선생님이라고 부르지 않습니까? 흉내 내세요! 제가 여러분들에게 들려주면 여러분은 들으십시오. 여러분은 가만히 흉내 내십시오. 이것을 잘 학습한다고 합니다. 예컨대 여러분이 이렇게 외워서 한 호흡 한 호흡씩 단숨에 외우면 인경을 칠 필요도 없고 규율도 따르지 않습니다. 개인 스스로 뜻대로 하며 자기가 하나의 천지가 됩니다.

(대중이 선생님을 따라서 나무아미타불을 외우다)

기가 부족할 때에 입을 한번 다물면 코가 기를 들이쉽니다. 때로는 순조롭게 외워지면 입을 닫지 않아도 코가 기를 들이쉴 수 있습니다. 그러므로 입은 입의 기요 코는 코의 기로서 두 가지 노선입니다.

이렇게 외우면 신체도 건강해질 수 있습니다. 여러분 시험해 봐도 좋습니다. 자기가 단숨에 외우십시오. 남 상관하지 마십시오. 옆 사람도 상관하지 마십시오. 자기가 이 소리를 들으면 당신의 몸이 즉시 바뀝니다. (학우들이 방법대로 불호를 외우다)

병이 있거나 신체가 좋지 않은 사람은 얼른 많이 외우십시오. 여러분을 건강 장수하게 합니다. 아미타불을 외우면서 약사불의 법문도 곁들입니다. 만약 여러분들의 눈을 가늘게 뜨고 심경(心境)이 움직이지 않은 채 외워 가면 잠시 후에 당신의 전후좌우에 온통 광명이 에워쌉니다. 그러므로 불법을 배우는 데는 8만4천 방편문이 있는데, 이것은 그 중 하나의 법문입니다. 당신이 한번 외워보면 체험할 수 있습니다. 한 호흡씩 한 호흡씩 안나반나하고 결합하여 외우면 신체와 정신이 곧 변화합니다. 이것을 "화상은 매운 채소를 먹지 않지만 마음속으로는 다 생각이 있다."라고 하는데, 자기가 압니다. 잘 노력하여 부지런히 공부하십시오. 모든 죄업, 모든 번뇌, 고통스러운 일에 한 소리 부처님 명호를 전심으로 닦아 가십시오. 더 나아가 개인적으로 집에서 1주일 동안 폐관하고 홀로 결심하여 외워 가면 모든 게 변화할 것입니다. 꼭 1주일도 아닙니다. 만약 심경이 전일할 수 있다면 일곱 시간 동안 만에도 심신을 전환 변화시킬 수 있습니다. 생로병사에 사로잡히지 마십시오. 자기가 뛰어나와야 합니다. 방금 여러분들이 염불하는 것을 듣고 제가 여러분들에게 이런 법들을 말하게 되었는데, 갖가지 수행법이 많습니다. 그러나 원칙 면에서는 한 길일 뿐입니다.

둘째 시간

염불법문을 위하여 두 시간의 수업을 써 버렸습니다. 이제 우리들은 본 주제인 16특승으로 돌아가겠습니다. 먼저 '지식입(知息入)'을 알아야 합니다. 여러분들은 요 며칠 동안 수업을 들은 뒤에 여기서 안나반나의 공부를 체험한 적이 있는지 없는지 저는 모르겠습니다. 저의 교육방법은 여러분들이 날마다 저에게 보고서를 쓰는 것입니다. 저는 날마다 사람들의 보고서를 읽고 점검해 줍니다. 설사 여러분들이 무슨 소리를 하고 있는지 얼토당토않게 쓴 것이라도 저는 읽어봅니다. 읽어보고는 또 의견이나 지적할 사항이 있으면 써줍니다. 이론적인 빈말만 써서는 안 됩니다. 실제 수행한 것을 써야 합니다. 오늘은 어떤 상황이었고 수행의 심득(心得), 심정의 변화 등을 써야 합니다. 빈말을 하고 이론을 말하는 몇 편이 있었는데 저는 보기가 귀찮았습니다. 그래서 한쪽으로 밀쳐버렸습니다. 그것은 이미 본 주제를 떠났기 때문입니다.

그러므로 수업을 들은 뒤에 실천해야 합니다. 이게 바로 과학입니다. 이론은 실천의 경험과 결합시켜야 합니다. 쓰는 내용은 간단명료해야 합니다. 심지어 오늘 하루는 헛 보냈으며 아무것도 궤도에 오르지 못했다고 했는데, 이것은 진실한 보고입니다. 그렇다면 저는 당신을 찾아 얘기를 합니다. 무슨 이유일까요? 병이 났습니까? 아니면 마음속에 번뇌가 있습니까? 아니면 무슨 다른 것이 있나요? 하고 얘기를 합니다.

저도 보고서를 쓴 경험이 있습니다. 제가 아미산(峨嵋山)에서 3년 동안 폐관할 때 처음부터 날마다 일기를 썼습니다. 마지막에는 날마다 불경을 보아도 다른 망상이 없었습니다. 마침내 저는 일기를 한번 넘겨보니, 대체로 몇 십 페이지가 '또 하루 헛 보냈다'고 써져 있었습니다. 그 다음날 다시 넘겨보니 '또 하루 헛 보냈다'고 쓰고는 쓰지 않았습니다. 그러나 저는 그 '하루 헛 보냈다'는 것이 헛 보낸 것이 아니었습니다. 자신에 대한 요구가 대단히 엄격했기 때문이었습니다. 사실 제가 '하루 헛 보냈다'는 것은 하루 밤낮 동안 앉아서 1만여 권의 대장경을 3년 내에 다 볼 것을 생각한 겁니다. 날마다 밤낮으로 스물다섯 권 내지 삼십여 권을 보아야만 했습니다. 저는 정말 하루도 헛되게 보내지 않았고 기록도 했습니다. 그러나 저는 그렇게 한 것이 불법의 지견(知見)을 구하는데 지나지 않을 뿐이라고 생각했고, 저의 몸과 마음에 대하여 부지런히 공부한 면에 있어서는 저는 하루 헛 보냈다고 보았습니다. 만약 보통사람들이 학문하는 입장에서 본다면 저는 결코 헛되게 보내지 않았습니다. 1분1초조차도 저는 해이(解弛)하지 않았습니다. 그러므로 일기를 쓰고 보고서를 쓰는 게 이와 같다고 말합니다.

호흡과 관(觀)의 상호연관 수지

이제 우리는 본 주제로 돌아가겠습니다. 16특승의 "지식입(知息入)"부터 "지식출(知息出)"까지 방금 말씀드리고 여러분들이 진정으로 체험했는지를 물었습니다. "지식변신(知息遍身)"에 이르면 온몸에 두루 가득하고 호흡도 모두 압니다. 이것은 과학입니다. 황의사가 여러분에게 말한, 수정란(受精卵)이 모태에서 세포 분열을 하는 것은 마치 연꽃이 한 잎 한 잎 피고 있는 것처럼 변화한다는 말에 주의하기 바랍니다. 기(氣)도 그렇게 변화하고 있습니다. 호흡이 온몸에 두루 가득함도 또렷하게 압니다. 그러나 여러분은 체험하기 어렵습니다. 실제로 오장육부가 모두 깨끗하지 않습니다. 특히 장과 위가 깨끗하지 않아 장애가 발생합니다. 그러므로 저는 지금에 와서 사람들에게 늘 말하기를, 식욕의 장애는 성욕의 장애보다 더 엄중하다고 합니다. 음식이란 먹는 것만을 말하는 것이 아닙니다. 물을 좀 마신다든지 영양을 마신다든지 하는 게 모두 문제입니다.

온 몸에 두루 가득한 뒤에는 '지(知)'도 더 이상 얘기하지 않고 "제제신행(除諸身行)"입니다. 물론 지성(知性)은 존재합니다. 하지만 지성의 작용이 일어나지 않습니다. 작용을 일으키지 않는 것도 아니고 자연히 보편적으로 존재합니다. 그런 다음 "수희수락(受喜受樂)"에 도달하여 초선에 들어갑니다. 그런 다음 "수제심행(受諸心行)"에 도달합니다. 앞서는 '제제신행'이었습니다. 주의하기 바랍니다. 이 단계에 도달하면 '수제심행'입니다. 심행의 노선으로 걸어가는 겁니다. 그렇지요? 그런 다음 "심작희(心作喜)", "심작섭(心作攝)", "심작해탈(心作解脫)"입니다. 선정 경계에 도달하면 곧 마음입니다. 마음에 도달하면 바로 제7식입니다. 불법은 심의식(心意識) 세 층으로 나누지 않습니까? 앞은 의(意)에 속합니다. 제6의식은 관계가 가장 엄중한 것입니다. 제6의식 분별생각의 뿌리는 제7식에 있습니다.

'심작해탈'에 도달한 뒤에는 16특승의 절반이 지나갔습니다. 그런 다음 관찰을 이용합니다. 관(觀)은 혜(慧)인데, 유심(唯心) 방면을 얘기한 겁니다. 특히 여러분 글공부를 한 사람이나 과학을 공부한 사람들은 더욱 주의해야 합니다. 제가 앞서서 말한 적이 있듯이 뒷부분의 이 몇 가지 단계는 "관무상(觀無常)"·"관출산(觀出散)"·"관이욕(觀離欲)"·"관멸진(觀滅盡)"·"관기사(觀棄捨)"인데, 결코 이런 뒤 단계에 이르러서 관하는 것은 아닙니다! 지혜가 있는 사람은 '지식입' '지식출'을 시작하자마자 이미 '관무상' '관출산'합니다. 특히 황 의사는 더욱 주의하십시오. 호흡의 출입을 알고 호흡을 붙잡아 오려고 하지 마십시오. 안나반나는 한번 들어오고 한번 나가는 것으로 생멸법입니다. 우리들의 심념도 붙잡아 오려고 하지 마십시오. 일체 중생은 태에 들어간 뒤에 자기가 자기의 신체를 너무 중요하게 보고 신체내부로 붙잡아 오려고 합니다. 본래는 한 덩이 쇳덩이였는데 충전되면 자장(磁場)으로 변하여 일체를 빨아들입니다. 그러므로 선종에서는 당신더러 "놓아버리라[放下]"고 하는 겁니다.

'출산'은 중요한데, 허공과 합일해야 합니다. '관무상', 본래에 무상합니다. '관출산', 출산을 관찰합니다. 붙잡아 오려고 하지 마십시오. 그러므로 공부가 길에 오르지 못하는 것은 모두 당신이 붙잡아 오기 때문입니다. 우리의 이 생명은 태에 들어간 뒤부터 출생할 때까지 일체가 모두 빨아들여온 것이요 붙잡아 온 것입니다. 특히 심리상으로 더욱 붙잡습니다. 돈을 바라고 사람을 바라고 목숨을 바라고 생명을 바라고 벼슬을 바라고 권력을 바라고 욕망을 바랍니다. 내려놓지 못합니다. 그러므로 수행은 '관출산'해야 합니다. 뒤의 이 몇 가지 단계는 첫 번째 시작 단계에서 이미 이용하였습니다. 나누지 말기 바랍니다.

16특승에는 열여섯 단계의 공부가 있어서 한 단계 한 단계 나옵니다. 만약 당신이 평소에 저에게 "이렇지 않습니까?"하고 묻는다면 저는 말하기를 "그렇습니다. 그렇습니다. 당신은 아주 열심히 공부합니다. 대단합니다. 좋습니다!"라고 합니다. 그렇지만 저의 그 '좋습니다'라는 말은 사람을 꾸짖는 것입니다! 많은 사람들이 말합니다. "선생님 당신은 '좋습니다'고 말하십니다." 저는 말합니다. "저의 그 '좋습니다'는 말을 당신은 이해합니까? 제가 당신을 꾸짖을 방법이 없고 때릴 방법도 없기 때문입니다. 당신은 사람이니 당신에게 체면을 세워주어야 하기 때문입니다. 이 '좋습니다'는 말은 선종의 임제(臨濟)조사의 말인 "일할불작일할용(一喝不作一喝用)"에 해당합니다. 한 마디 말을 한 마디 말로 삼지 않는 것인데 어디가 좋겠습니까? 당신에게 답할 방법이 없으니 당신 뜻대로 하세요! 라는 겁니다. 이렇게 자세히 참구해야 합니다.

왕양명의 지(知)

여러분들에게 '지(知)'를 말씀드리겠습니다. 우리가 현재 인지하거나 알거나 생각하는 것을 오늘날 과학에서는 뇌의 관계요, 뇌전파, 뇌의 반응이라고 봅니다. 만약 불학의 입장에서 말한다면 뇌전파의 문제는 절대로 아닙니다. 여러분 보세요, 우리는 한 생각 중에 얼마나 빨리 돕니까? 어제 저녁에 '한 생각 사이[一念之間]'를 말했는데 뒤에 어떤 사람이 또 저에게 와서 물었습니다. "선생님, 불경은 손가락 한번 튕기는 사이에 60 찰나가 있다고도 말하고 90 찰나가 있다고도 말합니다." 여러분, 컴퓨터는 손가락 한번 튕기는 사이에 몇 번이나 진동(振動)할까요? 컴퓨터가 나타내는 진동이 생각의 굴러 움직임[轉動]을 나타낼까요? 꼭 그렇지만은 않습니다. 과학자들의 컴퓨터 시험이 정확하다고 말할 수는 없습니다. 저는 절대로 믿지 않습니다! 그 분초는 숫자로 계산할 수 있는데 우리들의 생각의 빠르기는 그것보다 훨씬 빠릅니다. 예를 들어 당신이 편지를 한통 쓰고 있을 때나 원고를 보고 있을 때, 당신은 한편으로는 보고 있으면서 한편으로는 몸을 감각합니다. 한편으로는 다른 일을 생각하며 심지어는 중국·미국·프랑스·일본을 생각하며 한 바퀴 돌지만 찰나사이에도 되지 않습니다. 그러면서 여전히 원고를 보고 있습니다. 보세요, 얼마나 빠릅니까! 그러므로 글을 쓰거나 컴퓨터를 사용하더라도 미쳐 자기의 생각을 다 써내지 못합니다.

뇌는 신식(身識)의 일부분입니다. 이에 대해서는 당신이 8식(八識)을 알아야 합니다. 가장 중요한 것은 5변행(五徧行)입니다. 즉, 제6식·제7식·제8식 그리고 전5식에 두루 존재합니다. 당신의 의식 생각 속에는 이 다섯 가지 기능이 동시에 갖춰져 있습니다. 거친 것[粗]으로서 모두 존재합니다. 어느 다섯 가지일까요? 첫째 는 작의(作意)입니다. 의식 생각이 있어서 사유할 수 있고 생각할 수 있습니다. 그러나 이 생각 중간에 촉(觸)·수(受)를 갖추고 있습니다. 감각과 지각이 그 속에 있는데 모두 한 생각입니다. 상(想)과 사(思)가 있는데 대단히 빠릅니다.62)

이 지성과 관련하여 유가의 왕양명 철학은 '지행합일(知行合一)' 을 말합니다. 예전에 장개석(蔣介石) 선생의, 수십 년 전 황포군관 학교 학우들은 모두 장개석의 교육 영향을 받아서 왕양명의 '지행 합일'을 연구하고 있었습니다. 일본인들도 연구하고 있었습니다. 명나라 왕조 때의 왕양명(王陽明)은 선종으로부터 뛰쳐나와 종파를 창립했습니다. 그는 절강(浙江) 사람으로, 동양문화 사상에 거의 5, 6백 년 동안 영향을 미쳤습니다. 일본 명치유신(明治維新)도 그의 영향을 받았습니다. 장개석의 예전의 위풍은 모택동과 마찬가지였 습니다. 그는 교장이었습니다. 그 권위는 대단히 컸습니다! 그러나 제가 군관학교에서 수업할 때 애를 써서 왕양명을 비판하고 모조 리 상관하지 않았습니다. 왕양명은 선종을 배운 적이 있고 도(道) 도 배운 적이 있었습니다. 그도 약간은 정말로 깨달았습니다. 저는 그가 제6식만 보았지 제7식은 보지 못했다고 말합니다. 그의 네 구절의 게송은 아주 유명합니다.

선이 없고 악이 없는 것이 심성의 본체요
선이 있고 악이 있는 것이 의식생각의 움직임이다
선을 알고 악을 아는 것이 양지요

---

62) 제2일 강의 셋째 시간 마지막 부분에 수록된 (역자보충) 「오위백법 : 우주만 유 일체법의 분류」를 참조하기 바람.

선을 행하고 악을 제거하는 것이 격물이다

無善無惡性之體　有善有惡意之動
知善知惡是良知　爲善去惡是格物

　왕양명은 '대학지도(大學之道)... 물격이후지지(物格而后知至), 지지이후의성(知至而后意誠)'이라고 한, 『대학』에 나오는 지(知)를 이용하여 본체론과 사유의식이 일으키는 작용을 말하고 있습니다. 누가 감히 왕학(王學)을 비판 하겠습니까! 누가 감히 장 교장을 반대 하겠습니까! 장 위원장에 대해서는 저도 반대하지 않았습니다. 학문을 말했을 뿐이므로, 수업하게 되면 곧 그대로 말했습니다. 그 시대에 저는 겨우 2십여 세였습니다. 저는 왕양명이 도를 보지 못하고 약간의 그림자만 보았다고 말했습니다. 제6식을 인식했을 뿐 제7식은 더욱 알지 못했으며 제8식은 더더욱 몰랐다고 말했습니다. 저는 제1구를 『육조단경』의 "본래에 한 물건도 없거니 어느 곳에서 먼지가 일어나겠는가[本來無一物, 何處惹塵埃]."를 훔친 것이라고 말합니다. 심성의 본체는 선(善)이 없고 악(惡)이 없다는 겁니다. 선악은 제6의식의 분별이며 인위(人爲)에서 나온 것이라는 겁이다. 이상이 그 하나입니다. 두 번째 구절은 육조대사가 대유령(大庾嶺)에서 혜명(惠明) 법사를 접인(接引)하여 말한 "선도 생각하지 말고 악도 생각하지 말라. 이럴 때가 그대의 본래면목이다[不思善, 不思惡, 恁麼時是你的本來面目]."를 인용한 것입니다.
　이것은 아직 말하지 않기로 하고 저는 먼저 그의 근원을 물어보겠습니다. 여러분들의 학식(學識)수양을 아직 모르겠는데, 저는 "선이 없고 악이 없는 것이 심성의 본체요(無善無惡性之體)"를 물어보겠습니다. 우리 인성은 본래 선이 없고 악이 없습니다. 선이 없고 악이 본래 없다는 것이지요? 일체가 없다는데 왜 "선이 있고 악이 있는 것이 의식생각의 움직임이다[有善有惡意之動]"라고 말할까요? 물어보겠습니다, 이 움직이는 '의(意)'는 본체에서 온 것 아닙니까? 본체가 있어야 작용이 있으니까요. '의'가 움직임[意動]이 만약 본체로부터 온 것이라면 '의'가 움직이자 곧 선악이 있으며 본체 자체에 선악이 있음을 알 수 있습니다. 이것을 논리로 말하면 '자어상위(自語相違)'라는 네 글자입니다. 자기가 한 말 자체가 서로 모순되고 위배됩니다. 좋지 않고 나쁘지 않다는 말과 다름없습니다. 좋지 않은 것이 나쁜 것이요 나쁘지 않은 것이 좋은 것이니까요. 이것은 말하지 않은 것이나 다름없습니다. 그러므로 좋지 않고 나쁘지 않다고 어떻게 말할 수 있겠습니까? 논리적으로 말하면 이 한마디 말은 불합리하며 논리에 부합하지 않습니다. 저는 학우들의 말이 때로는 논리에 부합하지 않는다고 늘 꾸짖습니다. 제가 당신에게 요 이틀 동안 좋습니까 좋지 않습니까? 하고 물어봅니다. "선생님, 여기 기후는… " 저는 말합니다. "당신은 먼저 저에게 대답을 하세요. 저는 당신에게 요 이틀 동안 좋은가 좋지 않는가 하고 물었어요. 당신은 '좋다, 좋지 않다'라고 말하면 됩니다. 뭘 그렇게 수다를 떱니까!"

"선도 없고 악도 없는 것이 심성의 본체요, 선도 있고 악도 있는 것이 의식생각의 움직임이다."에서 이 움직임은 본체가 작용을 일으킨 겁니다. 이로써 알 수 있듯이 그는 그 자신이 한 말 자체가 서로 모순되고 위배됩니다. 본체는 선악이 없는 것이며 의가 움직이면 곧 선악이 있다고 했는데, 그 의는 본체가 일으킨 작용이 아닙니까? 바다의 파도가 물이고 물이 움직이자마자 파도가 일어나는 것과 다름없습니다. 파도는 물이 변한 것이니까요! 바로 그런 도리입니다.

세 번째 구절은 "선을 알고 악을 아는 것이 양지요[知善知惡是良知]"인데, 이것은 지성(知性)에 해당합니다. 물어보겠습니다. 여기서의 지(知)는 본체 상의 작용이 아닐까요? 본체에서 작용이 일어납니다. 본체가 선악이 있는 줄 아는 바에야 본체에는 선이 있고 악이 있으며 이런 기능이 있다는 사실을 알 수 있습니다. 그렇지 않다면 철학적으로 삼원론(三元論)을 범하게 됩니다. 선악이 없는 본체가 하나 있고, 본체가 움직여낸 의(意)가 하나 있으며, 아는 지(知)가 하나 있는 것이니, 세 가지 아닙니까? 철학적으로 삼원론의 잘못을 범한 것입니다. 네 번째 구절은 제가 비판하지 않겠습니다. 그것은 행위철학입니다. 모든 종교, 모든 교육은 선을 행하고 악을 제거하는 것입니다. 이 말은 문제가 없습니다. 그 앞의 세 마디 말은 본체론을 말하고 있는데 모두 문제입니다. 그러므로 절대 잘못 알지 마십시오. 왕양명은 사람됨과 일처리를 말했고 도덕행위가 모두 좋았습니다. 엄격하게 말하면 철학 입장에서 보면 잘못입니다. 왜냐하면 본체를 또렷이 알지 못했기 때문입니다.

지(知)는 어느 곳으로부터 오는가

.

우리들의 이 사유하는 지성은 선이 있고 악이 있을까요? 선악이 없다면 당신은 어떻게 "이것은 나가 필요로 하고 저것은 나가 필요로 하지 않는다"고 알 수 있을까요? "이 일은 나가 마땅히 해야 하고 저 일은 나가 마땅히 해서는 안 된다"고 어떻게 알까요? 당신이 "나는 필요로 하지 않는다"고 말하는 것은, 당신의 지성이 당신 자신에게 "나는 필요로 하지 않는다"고 말하기 때문입니다. 나는 필요로 한다는 것은 당신의 지성이 필요로 한 것입니다. 이 지(知)는 어떻게 오는 것일까요? 이에 대하여는 당신이 유식학을 알지 않으면 안 됩니다. 이것은 제6의식이 지(知)에 있는 것입니다. 제6의식의 지(知)는 어디에서 올까요? 그것의 뒤에는 또 사장님이 하나 있습니다. 제6의식의 작용은 분별에 편중되어 있습니다. 생각, 선악, 또렷이 알거나, 옳고 그름, 명암, 좋아하고 좋아하지 아니함은 모두 제6의식이 움직이고 있는 것입니다.

그러나 그것의 뒤에는 또 사장님이 하나 있습니다. 이 사장님은 태어날 때부터 '아(我)'가 하나 있는데 바로 제7식입니다. 산스크리트어 발음으로는 말라(末那)[63]라고 합니다. 말나의 함의는 '근본아집(根本我執)'입니다. 태아가 입태하여 사람으로 변할 때는 생각이 없고 감각이 없으며 작용이 없습니다. 태에 들어갈 때에는 오직 한 개의 '아'의 작용만 존재합니다. 사람은 저마다 하나의 개체의 '아'가 있습니다. 이것이 바로 의(意)의 뿌리입니다. 이 뿌리는 분별을 일으키지 않습니다. 그러므로 태아가 엄마 뱃속에 있을 때에 제8아뢰야식이 오고 제7말나식이 옵니다. 그러나 제6의식은 아직 분별작용을 일으키지 않다가 서서히 성장하여 3,4개월 뒤에야 비로소 감각이 있습니다. 제6의식이 서서히 조금 씩 조금 씩 형성되어 가면서 오염되어 가는 것입니다. 이것은 아주 깊은 내용입니다. 장래에 전문 주제로 말할 때에 다시 얘기하겠습니다.

그렇다면 이 아는 '아'의 의식은 어디서 오는 것일까요? 이 한 생애에 온 것이 아닙니다. 부친의 정자와 모친의 난자가 변해서 온 것이 아닙니다. 모친의 난자는 세포요 혈액이요 근육입니다. 부친의 정자는 서서히 분화합니다. 이것은 아직 완전히 엄밀하게 시험

---

63) 산스크리트어 발음으로는 '마나'가 맞으나 통용하고 있는 우리식 한자발음으로 표기함.

해 보지는 않았는데, 마침내 골격으로 변하거나 다른 어떤 것 등으로 변화합니다. 그럼 이 사람의 개성, 생각, 습관은 어떨까요? 부모의 유전이 아닙니다. 유전은 단지 사연(四緣)[64]에서의 일부 작용일 뿐입니다. 우리들의 개성, 생각은 전생의 것입니다. 다생루세의 습관 종자가 지니고 온 것인데 제8아뢰야식이라고 합니다. 그러므로 종자식(種子識)이라고 부릅니다. 유식학으로 말하면 이 생명은 '종자생현행(種子生現行)'입니다. 사람마다의 종자, 종자식이 현재의 자기를 형성했습니다. 사실 '종자'라는 두 글자는 세간의 물리세계가 불학에서 차용한 것입니다. 벼에는 벼 종자가 있고 보리에는 보리 종자가 있습니다. 바나나는 바나나 종자가 있습니다. 이 종자 저 종자는 저마다 종자가 지니고 온 것입니다.

다시 종자를 연구해 보겠습니다. 세상의 식물마다, 한 송이의 꽃, 한 알의 참깨를 여러분들이 그 종자를 해부해서 보면 모두 두 개의 절반들이 합해져 있고 그 중간은 속이 비어 있습니다! 세상의 어떤 종자이든 중간이 비어있지 않은 것은 없습니다. 물리세계의 중심도 역시 비어 있습니다. 물론 오늘날 과학은 아직 세포의 유전인자까지 해부하는 정도까지 자세히 분석하지는 못했습니다. 그러기까지는 아직은 기다려야 합니다. 최후에는 역시 비어있습니다. '종자생현행'이기 때문에, 한 쌍의 부모가 낳은 세 명이나 여덟 명, 열 명의 자식들은 개성이 모조리 다르고 습관이 절대 같지 않습니다. 쌍둥이는 때로는 서로 비슷하지만 역시 다릅니다. 왜 그럴까

---

64) 물심(物·心)의 온갖 현상이 생기는 것에 대하여 그 연(緣)을 넷으로 나눈 것. 구역(舊譯)에서는 인연(因緣)·차제연(次第緣)·연연(緣緣)·증상연(增上緣)이라 하였고, 신역(新譯)에서는 인연(因緣)·등무간연(等無間緣)·소연연(所緣緣)·증상연(增上緣)이라 하였음. 자세한 풀이는 (부록 6). 「불자의 올바른 삶생을 위한 남회근 선생의 어록」 중에 실혀 있으니 참조하기 바람.

요? 이것은 전생의 다른 종자가 지니고 온 것이기 때문입니다. '종
자생현행'은 바로 현재의 감각지각 그리고 생각의 행위가 표현되
어 나온 것입니다. 그런데 우리들의 현재의 이 일생동안 경험한 모
든 것 전체는, 이른바 이 현행이 이미 오염된 것으로 또 내생의 종
자로 변합니다.

수행이란 무엇을 고치는 것인가

그러므로 수행은 종자로부터 착수해야합니다. 수행은 심리행위
를 고치는 것입니다. 심리행위로부터 전환변화[轉變]시켜야 합니
다. 그러므로 '전환변화'란 어떻게 수행하여 그것을 바꿀 것이냐
인데, 수행은 바로 이 업식(業識)을 전환하는 것입니다. 많은 학우
들이나 친구들, 남녀노소 여러분들은 다들 저의 친구인데, 여러분
보세요, 저마다의 개성이 다릅니다. 때로는 제가 여러분들에게 권
하는 말도 당신을 고치지 못합니다. 저도 한번 웃을 수밖에 없고
화도 내지 않을 것입니다. 마음속으로 탄식합니다. 당신의 습기는
다생루겁에 가지고 온 것인데, 오늘 당신이 저를 남선생님이라고
부르기에 제가 한 마디 한다고 당신을 고칠 수 있다면 그것은 이상
할 겁니다. 고치기 어렵습니다. 수행하려면서도 당신이 자기를 인
식하지 못하고 자기를 고치지 못한다면 부처님도 당신을 고치지
못합니다.

'종자생현행(種子生現行), 현행훈종자(現行熏種子)'에서 이 종자
는 어떻게 오는 것일까요? 이 종자가 바로 12인연입니다. 소승을
설하실 때에 부처님은 이 종자가 무엇이라고 분명히 말씀하시지

않았습니다. 그것을 오늘날 말로 하면 뭐가 뭔지 모르는 것이라고 하는데, 그게 바로 부처님이 말씀하신 무명(無明)입니다. 영문을 모르는 것이며 영원히 뭐가 뭔지 모릅니다. 그러므로 무명이라고 부릅니다. 영원히 어둡고 영원히 멍청한 것입니다. 이 한 생각 무명이 온 것이 바로 종자입니다. 종자가 현행을 낳습니다. 우리는 이 일생동안은 왜 병이 많고 그는 왜 병이 없을까요? 왜 당신은 그렇게 돈을 벌고 왜 나는 이렇게 곤궁할까요? 왜 당신은 그렇게 뚱뚱하고 나는 이렇게 빼빼 말랐을까요? 이게 바로 '종자생현행'입니다. 현행은 또 종자를 훈습합니다.

인연 조건

그럼 이 중간에서 일어나는 작용은 어떤 것일까요? 방금 왕양명을 말했는데 그는 너무 두리뭉실하게 말했고 분명하게 말하지 않았습니다. 일어나는 작용은 전5식으로부터 제6식, 제7식, 제8식에 이르는데 모두 인연소생(因緣所生)입니다. 인연에는 조건이 있습니다. 그래서 저는 여러분들더러 현장 법사의 문장을 읽으라고 하는 겁니다. 그에 대하여 좀 공경스럽지 못하지만 저는 말하기를, 그의 문학은 좋다고 하기에는 부족했기 때문에 유식(唯識)은 그에 의하여 번역되어 한층 읽기 어려워졌다고 합니다. 그러나 그는 또 정말 대단히 위대하기도 합니다. 『팔식규구송(八識規矩頌)』[65]을 중국문학으로써 지어냈으니 정말 대단합니다.

예컨대 눈이 물건을 보는 데는 아홉 개의 연(緣)이 있는데 여러

---

65) 남회근 선생 저 『능가경 강의』 부록 「팔식규구송관주해(八識規矩頌貫珠解)」를 참조하기 바람.

분 모두 기억합니까? 아홉 가지 조건하에서야 눈은 비로소 사물을 볼 수 있습니다. 눈에는 눈알이 있고 흰자위가 있고 눈 신경이 있는데, 이에 대하여는 과학으로 분석하지 않겠습니다. 만약 과학으로 분석하면 1~2십여 개의 연이 있습니다. 대략적으로 얘기하면 우리들의 눈, 눈알을 안근(眼根)이라고 얘기합니다. 저는 저의 지식 범위로써 먼저 여러분들에게 말씀드립니다. 우리들이 눈알로 저마다 보는 사물은 같지 않습니다. 지금 여기에 담배 한 갑이 있는데 우리는 이 담배 갑을 다들 빨간 것으로 봅니다. 눈이 색깔을 분별하는 것을 과학기구로 분석해보면 저마다 보는 빨간색은 다릅니다. 당신은 좀 짙은 색으로 보지만 다른 사람은 좀 옅은 색으로 봅니다. 왜냐하면 사람마다 안구의 조직, 신경, 색소가 각각 달라서 같지 않기 때문입니다. 대체로 우리들은 붉은 것이라고 부르는데, 이것이 현재의 과학입니다.

우리는 현재의 과학을 말하지 않겠습니다. 눈알은 안근이라고 불리는데, 이것은 하나의 기기(機器)입니다. 눈알이 앞의 사물을 볼 때는 마치 사진기와 같아서, 그것은 단지 비출 줄만 알 뿐입니다. 비치는 것이 무엇인지를 사진기는 모릅니다. 사진기의 뒤에 있는 그 사람이 찰칵 한번 하면 비로소 이것은 고양이요, 이것은 사람이라는 것을 알게 됩니다. 만약 오늘날의 과학을 연구해보면 눈알은 완전히 하나의 사진기이고 후면의 시각 신경이 비로소 볼 수 있는 것입니다. 그러므로 당신이 근시라면 당신의 시신경이 건강하지 못해졌고 시각에 영향을 미친 것입니다.

다시 돌아와, 안근과 눈알은 하나의 인연입니다. 그러나 눈알 앞에 공간이 없다면 거리가 없다면 볼 수 없습니다. 눈을 만약에 손으로 가린다면 앞에 있는 사물을 볼 수 없게 됩니다. 그러므로 눈알이 사물을 보는 것은 반드시 앞에 공간이 있고 거리만 있으면 볼 수 있을까요? 그렇지 않습니다. 광선이 있어야 합니다. 깜깜함 속에서는 사물을 보지 못합니다. 오직 깜깜함만 봅니다. 그러므로 안근(眼根) · 빛 · 공간 · 현상(現象: 境)이 있어야 합니다. 우리가 앞에다 담배를 한 갑 놓아두면, 공간이 있고 광선이 있어 우리들의 눈이 담배를 보게 되는데, 네 가지 조건이 갖추어졌습니다.

하지만 이것이 무슨 담배인지 아는 것은 눈이 아는 것이 아니라 제6의식 · 뇌와의 관계입니다. 제6의식은 뇌 속에 있지 않습니다. 뇌의 시각신경을 통하여 제6의식이 이것은 담배라고 분석하는데, 무슨 담배일까요? '중화(中華)'라는 담배입니다. 이것은 제6의식에 작의(作意)가 하나 있는 것입니다. 즉, 하나의 의식이 분별하고 있는 것입니다. 작의의 분별이 "이것은 중화담배이다"는 것을 압니다. 또, 이 중화 담배를 2,3년 동안 뜯어 열지 않아 곰팡이가 피었음을 보는데, 이것은 모두 의식분별로서 눈과는 상관없습니다. 이 의식의 분별은 선악작용을 지니고 있고 염오(染汚)가 있습니다. 이것은 내가 좋아하지 않으니, 당신은 다른 상표의 것으로 바꾸어 주라고 했다면, 그렇게 분별한 뒤에는 오염이 있습니다. 불학에서 원래는 염오라고 불렀는데 우리들은 이제 습관적으로 오염이라고 부릅니다. 사실은 동일한 것입니다. 그러므로 분별에는 염오의 기능이 있습니다.

눈이 사물을 보는 작용은 어떻게 올까요? 기(氣)와 관계가 있습니다. 근본의(根本依)가 기입니다. 여덟 번째 조건은 바로 근본의입니다. 일반적으로 유식을 말할 때는 단지 근본의가 습기(習氣)라고 말합니다. 왜냐하면 그는 수행 경험이 없기 때문에 근본의가 안나반나라는 기와 관계가 있다는 것을 모릅니다. 만약 이 기능이 없다면 당신의 앞에 있는 몇 가지 요소가 갖추어졌다할지라도 소용이 없습니다. 그러나 근본의가 있고 기가 있으면 소용이 있을까요? 역시 맞지 않습니다. 후면에 또 하나의 근원이 있는데 제8아뢰야식 종자 기능이 내는 작용입니다. 종자는 전생 그리고 많은 전생에 누적되어 지니고 온 것입니다.

종자가 현재의 기능을 발생시키는 것을 '종자생현행(種子生現行)'이라고 합니다. 현재의 행위는 기능이 현행(現行)하는 것입니다. 우리들이 사람이 된 뒤에 이 일생의 경험은 누적되고 또 인과(因果)로 변하고, 그가 내생에 태어날 때 자기의 개성으로 변합니다. 심신의 작용은 곧 '현행훈종자'입니다. 현행이 종자를 훈습(熏習)하는 것이며 서로 인과가 됩니다. 상호 인과가 되는 것은 원인 속에 결과가 있고 결과 속에 원인이 있으며 결과와 원인이 동시입니다. 원인이 앞에 있고 결과가 뒤에 있다고 말할 수 없습니다. 때로는 원인이 변하여 결과가 되고 결과가 변하여 원인을 이룹니다. 이것은 아주 세밀한 하나의 과학입니다. 눈이 사물을 봄에는 아홉 개의 조건[緣]이 있다는 것을 분명히 알았는지요? 아홉 개의 조건은 공(空)·명(明)·근(根)·경(境)·작의(作意)·분별의(分別依)·염정의(染淨依)·근본의(根本依)·종자(種子), 이렇게 해서 아홉 가지 조건입니다.

그럼 귀가 소리를 들음에는 어떨까요? 여덟 개의 조건입니다. 귀가 소리를 들음에는 빛이 필요하지 않습니다. 그러므로 하나가 빠집니다. 그러나 귀가 소리를 듣는 것도 공간이 필요합니다. 역시 거리가 필요합니다. 거리가 없다면 귀를 얼떨떨하게 하여서 들을 수 없습니다. 코가 어떤 것이 향기로운지 구린지를 냄새 맡음이나, 혀가 음식물을 먹어 맛있는지 맛없는지, 신지, 단지, 쓴지, 매운지를 앎에는 일곱 가지 조건이 있습니다. 공간이 필요하지 않습니다. 코가 냄새를 맡음과 혀가 음식물을 맛봄에는 거리가 있을 수 없는데, 이것은 촉(觸)과 수(受)입니다. 접촉해야 비로소 감수가 있고,

허공과 밝음이 다 필요하지 않습니다. 신체가 감각함에도 일곱 가지 조건이 있습니다. 하지만 제6의식인 생각은 어디에 있을까요? 뇌에 있지 않습니다. 뇌는 신식(身識)입니다. 의식은 일곱 가지 조건하에서 작용을 일으킵니다.

제6의식은 심신의 안과 밖에 모두 존재합니다. 하지만 그것은 신체와 뇌를 통하여 작용을 일으키고 생각을 일으키고 있습니다. 제6의식에는 다섯 가지 조건인 작의·경·염정의·근본의·종자의가 있고 공·명·근은 필요하지 않습니다. 뇌는 전5식 가운데서 신근(身根)입니다. 불학은 계율 면에서 말하기를, 남녀의 생식기관을 신근이라고 합니다. 그러나 정식으로 말하면 생명의 신근은 뇌입니다. 제6의식은 '근'이 없고 '경'이 있으며 '작의'가 있습니다. 제6의식은 '경'이 있기 때문에 염오가 있습니다. 왜냐하면 그 자체가 분별하는 것이며 염오가 있기 때문입니다. 근본의라는 이 기(氣), 습기가 있기에 종자가 있습니다. 그러므로 사유할 수 있고 생각할 수 있으며 일체를 분별하는 작용이 있을 수 있습니다. 제6의식은 심신 안팎에 보편적으로 존재하면서 우리들의 생명 면에서 분별생각 작용을 일으킵니다. 당신이 책을 읽을 수 있고 과학을 연구할 수 있고 사람 노릇할 수 있는 이 모든 것은 이 작용이며 역시 습기에 의지하여 오는 것입니다.[66]

습기와 개성

왜 불학은 습기(習氣)를 말할까요? 그것은 과거 다생의 습관 개

---

66) 수행은 무엇을 고치는가와 관련하여 (부록 4) 『암발랏티카에서 라훌라를 교계한 경』을 함께 읽어보기 바랍니다.

성인 이 기(氣)가 개인의 특질을 드러낸 것입니다. 그러므로 유가에서는 말하기를 이 사람의 기질(氣質)은 다르다고 합니다. 기(氣)는 변하여 질(質)을 이루고 변하여 세포를 이루며, 개체가 다르기에 개성이 곧 다릅니다. 그러므로 한 어머니가 아홉 자식을 낳더라도 아홉 자식이 각각 다른 것은, 모두 종자가 현행을 발생시키고 현행이 종자를 훈습하여 온 것입니다.

하지만 제6의식 후면에는 또 뿌리가 있을까요 없을까요? 있습니다. 후면에는 사장님인 '아(我)'가 하나 있습니다. 예컨대 두 사람이 같은 방에 지낸다고 합시다. 그러나 두 사람의 생각은 절대 같지 않습니다. 개성이 다르고 습관이 다릅니다. 각각 저마다의 생각이 있습니다. 그렇지요? 사람마다 모두 이와 같습니다. 그러므로 사람과 사람의 의식 생각도 절대 같지 않습니다.

제7식이 바로 아집(我執)입니다. 사람은 저마다 아(我)가 하나 있는데 이것이 의근(意根)입니다. 이 아(我)는 제6의식 생각을 통하여 비로소 표현되어 나옵니다. 그러므로 우리들의 언어는 생각의 작용이요 생각의 표현입니다. 입과 목, 성대를 통한 것을 언어라고 합니다. 말로 나오기 이전에 안에 있는 것은 생각입니다. 그러므로 부처님도 우리들에게 말씀하시기를, 세상의 모든 문자와 언어는 모두 믿을 수 없는 것이며, 자기의 진정한 마음의 뜻을 표현할 수 없다고 합니다. 저도 늘 말하기를 만약 문자와 언어가 사람의 마음의 뜻을 표현할 수 있다면 사람과 사람사이에는 오해가 없을 것이다 라고 합니다. 실제로는 사람과 사람사이에 수시로 오해가 있습니다. "제가 하는 말을 여러분은 이해했습니까?" 물어보면 다들 말합니다. "선생님이 아주 잘 말씀하셨습니다. 저는 듣고 이해했습니다." 하지만 당신은 한 마디 말도 이해하지 못했습니다! 모두 오해한 것입니다. 당신은 이해했다고 하지만 저의 그 말을 오해한 것에 불과합니다. 진짜로 이해했다면 그것은 지혜요 반야요 대철대오입니다.

아집의 후면의 그 뿌리는 종자에서 온 것입니다. 종자가 현행을 발생시키는데, 이것은 분별하기 어렵습니다. 그러므로 수행은 반드시 먼저 종자를 전환시켜야 합니다. 지금 부처님은 우리들에게 방법을 일러주십니다. 먼저 안나반나로 습기를 전환 변화시키고 다시 종자를 바꾸라고 하십니다. 바로 그런 과학입니다. 이 생명이 얼마나 어렵습니까! 그러기에 현장법사는 9연(九緣)과 8식(八識)을 분석하였습니다. 분석이 아니라 부처님이 하신 말씀을 종합하여 우리들에게 방편을 하나 준 것입니다. 8식9연을 그는 네 마디 말로 썼습니다. 저는 그의 문학이 좋지 않다고 하지만 논리는 정말 좋습니다. 제가 오체투지로 절하며 정말로 그 어른을 공경합니다.

그는 말합니다. "구연팔칠호상린(九緣八七好相鄰)", 전5식 가운데, 눈은 아홉 개의 조건이요, 귀는 여덟 개의 조건이며 코와 혀는 일곱 개의 조건입니다. 그 다음에 이어지는 구절은 "합삼리이관진세(合三離二觀塵世)"입니다. 어떤 것을 '합삼(合三)'이라고 할까요? 코가 숨결을 맡을 때는 중간에 거리가 있을 수 없고 직접적인 촉수(觸受)입니다. 혀가 맛을 감각할 때에도 직접적인 촉수이고 거리가 있어서는 안 됩니다. 신체가 차고 따뜻함이나 또 편안한지 편안하지 않은지를 감각하는 것도 거리가 없습니다. 이 세 가지 식(識)은 모아진 것입니다. '리이(離二)', 눈이 사물을 보거나 귀가 소리를 듣는 것은 모두 공간이 있고 거리가 있습니다. 그래서 '합삼리이(合三離二)'라고 합니다. '관진세(觀塵世)', 이 문자는 이해하기 어렵습니다. "우자난분식여근(愚者難分識與根)", 세상의 일반 사람들은 세심하지 못하여 알지 못합니다. 식(識)은 곧 정신이나 마음의 상태입니다. 근(根)은 생리적인 반응 기능입니다. 일반의 어리석은 사람은 과학적인 분석을 경험해보지 않았기에 무엇이 의식이고 무엇이 생리오관의 작용인지 영원히 구분하지 못합니다.

꿈의 경계와 독영경

이 제6의식은 묘한 것입니다. 예컨대 우리가 잠들었을 때에 제6의식은 현행을 일으키지 않습니다. 낮에 그렇게 또렷하듯이 그렇지 않습니다. 그러나 우리들이 꿈을 꾸곤 하는데, 오늘날 과학연구에 의하면 꿈은 당신의 뇌가 전부 쉬지 못하고 단지 부분적으로 교대하면서 휴식하기 때문입니다. 우리들의 뇌는 여러 개의 구역으로 나누어져 있습니다. 이 구역에서 잠들어 휴식하면 저 구역에서는 아직 활동을 하고 있습니다. 오늘날 과학에서는 이게 꿈의 경계로 변했다고 말합니다. 과학이 말한 것은 일부분의 도리이고 완전하지는 않습니다. 불학의 유식에서 말한 것 보다는 훨씬 낮은 수준입니다. 정좌하고서 당신은 청정하다고 느끼고, 이 경계가 좋다고 아는 것도 뇌가 전부 안정(安靜)되지 않고 일부분만 안정되었기 때문입니다. 즉, 뇌의 어느 구역의 신경이 안정되었거나 혹은 또 다른 구역의 세포가 비교적 안정되었기 때문에 당신의 그 지혜 신경 구역이 따로 작용을 일으킨 것입니다.

우리 여기 태호대학당 건축이 끝나고 뇌 과학 설비기구가 갖춰지고 제가 바라는 게 다 갖추어졌을 때 다시 여러분들에게 조금 상세하게 말씀드리겠습니다. 제가 바라는 꿈을 완성할 수 있을지 모르겠습니다만 상관하지 않겠습니다. 뇌가 평온해졌거나 수면을 취할 때에는 당신의 제6의식 중의 낮 동안의 영상(映像), 예컨대 텔레비전이나 영화를 보았든지, 기타 온갖 일들, 어떤 사람이 나에게 미안한 행위를 했다든지 당신의 남편이 당신을 꾸짖었다든지 당신을 사랑한 적이 있다든지 하는, 그런 영상들이 제6의식의 꿈 경계 속에 출현합니다. 그렇게 나타난 것들은 활동이 일정하지 않습니다. 꿈속의 경계는 마치 어떤 학우가 유행하는 춤을 추듯이 어지럽게 나타납니다. 이것을 '독영의식(獨影意識)'이라고 합니다. 꿈 경계는 과거·현재·미래의 모든 경험의 조합(組合)이며 또 불규칙적인 조합입니다. 이게 곧 꿈 경계로 변한 것입니다. 불학에서는 '독영경(獨影境)'이라고 부릅니다. 그러므로 정신병자들이 보는 것도 역시 독영의식 경계에 속하는데, 그 명료하게 아는 기능이 잠시 정지해버리고 독영경이 출현한 것입니다.

제가 대만대학교 정신병원에 가서 본 적이 있습니다. 그곳은 그렇게 크고 수백 명의 정신병 환자들이 안에 있습니다. 그리고 어떤 사람들은 손이 묶여져 있습니다. 그들은 저를 보고 모두 희희 웃었습니다! 저는 정신과 주치(主治) 의사와 30분 동안 서 있었습니다. 제가 말했습니다. "그들이 병이 있는지 아니면 내가 정신병이 있는지 모르겠네요." 그는 말했습니다. "맞습니다." 제가 말했습니다, "당신은 이런 정신병을 치료하다보면 3년이 못가서 당신도 들어오게 될지 모릅니다." 그 의사는 뒤에 정말로 정신병원에 들어갔습니다. 이런 정신병자들과 함께 오래 생활하다보면 정신병자가 우리보다 깨어있고 우리가 오히려 비정상이라고 느낄지도 모릅니다. 이것은 비유입니다. 그러므로 그 독영경계는 정신병에 출현하고 꿈 경계에 출현하며 낮에도 출현하곤 합니다. 예컨대 우리가 책을 보면서 갑자기 하나의 그림자가 뭔가를 생각했을 때가 있는데, 이미 독영경계인 것입니다. 그러므로 수행자는 자기가 또렷이 알아야 합니다. 이런 점에서 역사를 보면 대 영웅들이나 위대한 지도자들은 최후에는 독영의식으로 걸어들어 갔습니다. 그리하여 국가와 사회를 잘못 이끌었습니다. 정말 슬픈 일인데, 전체 백성들이 그를 따라서 고생했습니다.

독영의식은 정좌하여 입정할 때도 나타날 수 있습니다. 그러므로 때로는 정좌하여 입정하고서는 "아이고, 내가 귀신을 보았네. 보살을 보았네. 무엇을 보았네"하는데, 모두 독영의식의 출현입니다. 독영의식의 나타남에는 제6의식에서 두 가지로 나누어집니다. 하나는 대질적(帶質的)인 것입니다. 또 하나는 비대질적(非帶質的)인 것으로, 비량적(非量的)인 것입니다. 예를 들어 어떤 사람이 잠을 자고 있을 때 이 인경 치는 소리를 들었다면, 그는 꿈속에서 듣는 것은 인경 소리가 아니라 어떤 사람이 그에게 전화한 것으로 여기고는 꿈속에서 전화를 합니다. 그는 꿈속에서 제6의식이 맑지 않아서 독영의식이 작용을 일으켜 낮에 습관이 된 소리를 꿈속으로 가지고 옵니다. 한참 얘기하고 나서는 핸드폰을 꺼버리자 아무 일 없습니다. 이것은 가짜[假] 독영의식으로서 대질경(帶質境)입니다.

또 예를 들면 밤에 길을 갈 때 우리가 어떤 그림자를 하나 보고서 "아이고, 저기에 귀신이 있네!"하고 말합니다. 그러므로 저는 늘 말합니다, "저는 불법을 알게 된 이후 지금까지 무엇을 두려워 한 적이 없습니다. 밤에 그림자가 하나 있는 것을 보면 저는 반드시 눈도 깜박거리지 않고 곧장 걸어갑니다. 보면 지팡이나 헤어진 형겊이 하나 거기에 걸려 있거나 합니다. 어디에 뭐가 있겠습니까! 이것은 독영경의 가(假)대질경에다 의식적인 두려움·공포·분별이 더해져 귀신이라고 여긴 것이지, 사실상 어떤 것이 없습니다. 이것은 과학적인 것으로, 바로 제6의식의 독영경입니다.

어제 어떤 학우가 저에게 지성(知性)에 관해서 물었습니다. "꿈속 경계 중에도 그 지성이 전부 압니까? 전부 기능합니까?” 아닙니다. 그것은 일부분 뿐 입니다. 그래서 오늘 여러분들 이끌고 대체로 유식에 대하여 다시 한 번 강의했습니다.

셋째 시간

생명은 자기가 통제해야 한다

우리들은 오후에 이 ‘지(知)’를 얘기하면서 생명의 이 작용인 ‘지성(知性)’을 설명했습니다. 그러므로 여러분들이 『능엄경』을 보면 견문각지(見聞覺知)라는 방면으로부터 들어가 심성본체의 작용을 이해합니다. 그런데 『능가경』은 곧바로 종성과 아뢰야식으로부터 시작하여 종성(種性)의 문제를 얘기합니다. 부처님은 인성(人性)의 분류를 말씀하십니다. 출가 수도자의 경우 일부 사람들은 한 결 같이 소승 성문과 연각 종성이지 대승보살 종성이 아니어서 변동하기 어렵습니다. 그러므로 인성의 전환 변화는 자기의 수행에 의지해야 비로소 완전히 전환 변화할 수 있습니다. 『능가경』에는 ‘자각성지(自覺聖智)’라는 명칭이 있습니다. 오직 대철대오하여 전환 변화시켜야 비로소 수행하여 성불할 수 있습니다. 중점은, 종성이 개인의 습기 · 개성 · 생각을 형성하며 그 작용은 완전히 다르다는 것입니다. 그러므로 수행은 자기를 바꾸는 것입니다. 자기를 진정으로 변화시켜 고치는 것이 바로 대 영웅이요 성불입니다. 생명은 자기에 의지하여 통제해야 합니다. 즉, '자각성지(自覺聖智)'입니다. 보세요, 우리는 그 누구도 어느 누구를 변화시키지 못합니다. 그것은 자기 스스로 깨달아야 하는데, 점수(漸修)와 돈오(頓悟)가 다릅니다. 『능엄경』의 마지막에는 위대한 설명이 있는데, 심성 본체만이 불생불멸이 아니라 여래자성, 물질의 본체, 물리의 본능(本能)도 불생불멸이라는 것입니다. 우리는 지성(知性)을 대략 한번 소개할 수 있을 뿐입니다.

그러면 그 지성은 생명 속에서 도대체 유물적인 작용일까요 아니면 유심적인 작용일까요? 저는 대략 여러분들에게 한번 소개하여 반복하여 여덟 개의 식(識)의 작용을 말했습니다. 다들 이러한 명사들을 알고 있지만 단지 명사만을 기억하고 있지 그를 통해서 열심히 공부하고 연구하지는 않는 것 같습니다. 저는 여러분들이 연구를 한다면 현장 법사의 『팔식규구송(八識規矩頌)』을 알아야 하며 또 『백법명문론(百法明門論)』[67]을 알아야 한다고 생각합니다. 이것은 완전히 학술이론과 과학방면으로부터 들어가기 시작하는 것으로 거꾸로 연구하는 겁니다.

예컨대 심성이 작용을 일으키는 것인 '연생성공(緣生性空)'을 말한다면, '연생'은 물리와 물질의 세계를 말하는 것인데, 인간세상의 작용은 일방적인 변화가 아니라 심물일원(心物一元)적인 상호변화입니다. 본체는 진공(眞空)입니다. 그러므로 먼저 제8아뢰야식으로부터 연구를 시작해야 합니다. 예컨대 제8아뢰야식에 대하여 현장 법사는 대단히 잘 귀납시켜 놓았습니다. 심성본체인 제8아뢰야식은 보이지 않고 만져지지 않습니다. 일반 경전 속에서 항상 말하기를 "심불견심, 식불견식(心不見心, 識不見識)"이라고 합니다!

---

67) 제2일 강의 셋째 시간 마지막 부분에 수록된 (역자보충) 「오위백법 : 우주만유 일체법의 분류」을 참조하기 바람.

여러분, 우리들의 마음은 어디에 있을까요? 당신 스스로 자기의 마음을 볼 수 있습니까? 마음은 마음을 보지 못하고 식(識)은 식(識)을 보지 못합니다. 중국 선종 조사들은 대단히 재미있습니다. 이런 것들을 모두 얘기하지 않고 당신더러 본래면목(本來面目)을 살펴보라고 요구합니다. 세상에 어떤 사람이 자기의 얼굴이 어떻게 생겼는가를 본 적이 있을까요? 우리들은 모두 본적이 있다고 반드시 말할 겁니다. 거울에서 분명히 보인다고 말입니다. 거울 속에서 보이는 것은 당신이 아닙니다! 보여도 결코 분명하지 않습니다. 천하에는 절대 정확한 거울이란 하나도 없습니다. 뿐만 아니라 광학(光學)의 입장에서 보면 거울 속의 상(相)은 우리들의 좌우와 서로 반대이며 피부가 같지 않습니다. 그러므로 거울 속의 그림자도 당신이 아닙니다. 선종 조사들은 당신더러 "어떤 것이 그대 본래의 어머니가 낳아준 얼굴인가?"라는 화두를 하나 참구하라고 합니다. 당신의 엄마가 낳아준 당신은 무슨 모습일까요? 당신은 찾아보아도 자기의 얼굴이 어떤 모습인지를 찾아내지 못합니다. 그러므로 마음은 마음을 보지 못하고 식(識)은 식을 보지 못합니다.

왜 명심견성하려는 것일까요? 본래 면목을 볼 수 있기 때문입니다. 상대적인 반사(反射)는 당신이 보았습니다. 왜냐하면 거울속의 자기를 보았기 때문입니다. 그저께 동산(洞山) 조사를 예로 들어 얘기했습니다. 그는 강을 건널 때 물속의 자기 그림자를 보고 도를 깨달았습니다. 그림자는 나가 아닙니다. 나도 그림자가 아닙니다. 동산 조사가 도를 본 인연으로 말하면, 우리들은 이 세상에서 일생 동안에 길을 걷거나 말을 하거나 일을 하더라도, 이 모두는 우리들의 그림자가 하고 있는 것입니다. 예컨대 우리 모두는 대만이나 홍콩이나 상해로부터 이곳에 왔는데 모두 그림자가 하고 있는 것입니다. 당신은 도대체 상해에 있을까요? 아니면 대만에 있을까요?

아니면 홍콩에 있을까요?

절대로 그림자를 좇아 찾지 말라	切忌從他覓
그러면 나와는 까마득히 멀어지네	迢迢與我疏
나는 지금 홀로 가노라니	我今獨自往
어디서나 그 사람을 만날 수 있네	處處得逢渠
그 사람은 지금 바로 나이지만	渠今正是我
나는 지금 그 사람이 아니네	我今不是渠
마땅히 이렇게 이해하여야	應須恁麼會
비로소 진여에 들어맞을 수 있네	方得契如如

이것이 동산 조사의 오도(悟道) 게송입니다. 그저께 여러분들이 적었으니 외워야만 합니다. "절대로 그림자를 좇아 찾지 말라, 그러면 나와는 까마득히 멀어지네." 모두 그림자입니다. 모두 나가 아닙니다. "나는 지금 홀로 가노라니, 어디서나 그 사람을 만날 수 있네. 그 사람은 지금 바로 나이지만, 나는 지금 그 사람이 아니네. 마땅히 이렇게 이해하여야," 그는 말하기를, 당신은 마땅히 이렇게 수행해가야 "비로소 진여에 들어맞을 수 있네", 비로소 부처의 경계에 도달한다고 말합니다.

"절대로 그림자를 좇아 찾지 말라, 그러면 나와는 까마득히 멀어지네.", 이것은 바로 지성 문제를 말하는 겁니다. 그러나 우리들이 한참동안 얘기했지만 도리를 얘기하고 있는 것이 아니라, 수행은 안나반나로부터 호흡을 닦는 것으로부터 착수해야 빨리 금생에서 과위를 증득할 수 있다는 도리를 여러분이 진정으로 인식하라는 것입니다. 이 중점을 당신이 분명히 인식하기 바랍니다. 그러므로 먼저 '지식입, 지식출'로부터 시작합니다.

이제 짧은 시간을 이용하여, 먼저 여러분들이 이 이틀 동안 수행하면서 무슨 문제가 있었는지를 한번 들어보겠습니다. 코가 막혔습니까? 아니면 심장이 아팠습니까? 아니면 또 무엇이었습니까? 이 이틀 동안 수업을 듣고 난 뒤 자기가 수지한 경험에서 무엇이 가장 물어볼 필요가 있다고 생각하는 문제인지 들어보겠습니다. 지금 제가 여러분들에게 물어보면 여러분들은 아마 생각이 나지 않겠지만, 조금 지나면 토론해야 할 문제가 분명 많을 것입니다. 이것은 습성입니다. 예를 들어 우리들 중에 많은 사람들이 추위를 두려워하거나 더위를 두려워하거나 바람을 두려워하는데, 그것은 체능의 문제로서 자기의 의약으로 보양하고 조정할 필요가 있습니다. 또 대단히 중요한 것은 자기가 연구해야 하며 안나반나를 이용하여 자기의 신체와 습성을 체험해야 한다는 것입니다. 여덟 번째 연(緣)은 무슨 의(依)라고 불렀죠? 근본의(根本依)입니다. 기(氣)의 문제입니다. 이른바 기란 근본의에 하나의 습관이 더해진 것으로 심리적인 것입니다. 그런데 어떻게 그것을 전환 변화 시키느냐는 의학적인 도리와 밀접한 관계가 있습니다. 만약 이해하고 난 뒤에 중국 의학과 서양 의학을 결합시켜서 방법을 이용하면 치료할 수 있으며, 자기를 고칠 수 있는 방법도 있습니다. 그러므로 저는 본사 석가모니불이 우리들에게 남겨 준 것은 진정한 수행경험이라고 말합니다. 즉, 이 두 가지 중요법문인데, 하나는 안나반나 출입식을 닦는 것이요 또 하나는 백골관을 닦는 것입니다.

먼저 닦아야 할 열 단계

부처님은 『증일아함경(增一阿含經)』에서 수행방법을 귀납시켜 우리들에게 가르쳐 주시는데, 모두 열 가지 종류로 분류합니다. 바로 10념(十念)입니다. 그 한 가지 방법 속에서 또 많은 수지방법들이 분화되어 나옵니다. 첫째가 "염불(念佛)"입니다. 둘째가 "염법(念法)"입니다. 염법은 부처님이 말씀하신 모든 경전의 도리를 철저하게 이해하고 난 뒤에 나오는 방법입니다. 세 번째는 "염승(念僧)"입니다. 대아라한을 생각하고 성현승(聖賢僧)을 생각하는 것입니다. 예를 들어 우리가 안나반나의 방법을 닦으면서 먼저 조사들의 경험대로 하는 것이 바로 염승입니다. 네 번째는 염계(念戒)인데, 여기서의 계율의 계는 일반적으로 말하는 비구계, 비구니계가 아닙니다. 마음이 일어나고 생각이 움직임에 있어 모두 선을 행하고 악을 제거하는 것을 말합니다. 한 생각사이마다 8만4천 가지 번뇌가 있으니 곧 8만4천 가지 계율이 있으므로 생각 생각마다 전환시켜야 하고 생각 생각마다 계율을 지켜야합니다. 다섯 번째가 염시(念施)입니다. 보시하는 것인데, 일체를 놓아버리는 것입니다. 염출산(念出散)도 염보시에 해당합니다. 여섯 번째는 "염천(念天)"인데, 3계의 천인을 생각하는 것입니다.

왜 우리들이 사람으로 변하여 이 세상에서 살 수 있을까요? 욕계 천인의 신체는 우리들의 이런 모습이 아닙니다. 그러므로 천인을 연구해보면 부처님이 말씀하신 것은 매우 기묘한데, 얼마나 세월이 지난 뒤에야 과학이 알게 될지 모르겠습니다. 욕계 사람들은 이 세상에서 엄마에 의지하여 태어나며 아래로부터 나옵니다. 상계(上界)의 천인들은 남자들이 낳는데, 남자들의 머리 꼭대기나 어깨에서 태어납니다. 태어나자마자 우리들 인간 세상의 6,7세 아이만큼 크기나 다름없습니다. 얘기해보면 아주 이상하고 매우 신묘합니다. 그러므로 이 여섯 가지 방법은 종교적인 것에 많이 속합니다.

다음은 과학적인 것입니다. 일곱 번째는 "염안나반나"인데, 호흡법을 염하는 것입니다. 여덟 번째는 "염휴식(念休息)"입니다. 놓아버리는 겁니다. 모든 것을 놓아버리고 크게 휴식하는 겁니다. 조사들은 늘 사람들에게 놓아버리라고 했습니다. 누가 감히 정말로 놓아버리고 크게 쉴까요? 『능엄경』에서 부처님 다음 두 마디를 말씀하셨습니다. "광심자헐, 헐즉보리(狂心自歇, 歇即菩提)", 우리들은 일체의 망상·번뇌·선악·시비를 모조리 놓아버릴 때 당신은 깨닫습니다. 이 여덟 글자의 중문 번역은 아주 고명합니다. "광심자헐(狂心自歇)", 단번에 모두 놓아버립니다. "헐즉보리(歇即菩提)", 최고처에 도달하고, 알게 됩니다. 하지만 우리들은 그렇게 하지 못합니다. 그러므로 밀종의 홍교(紅敎)에는 '선정휴식법(禪定休息法)'이라는 것이 있는데 선종의 '방하(放下)'라는 한 마디에 해당합니다.

아홉 번째는 "염신(念身)"입니다. 사실 우리 모두는 자기를 사랑하고 신체를 생각하지만 이 몸은 본래 깨끗하지 못합니다. 그러므로 불교의 기초인 4념처(四念處) 가운데 염신부정(念身不淨)이 곧 백골관을 닦는 것이요 부정관을 닦는 것입니다. 염신부정에는 안나반나의 기(氣)와 맥(脈)에 대한 인식도 포함되며 모두 염신과 관계가 있습니다.

열 번째는 "염사(念死)"입니다. 죽은 뒤 이 신체인 4대의 분화에 대하여는 부처님에 근거하여 『증일아함경』의 기록에 종합되어 있습니다. 우리들이 자리에 앉아 두 다리를 틀고 눈을 감고 당장에 죽었다고 가정해 봅시다. 죽으면 죽은 것입니다. 죽은 뒤에는 천하가 어떻게 변하든지 당신은 걱정하지 마십시오. 태양은 예전대로 떠오르며 사회는 영원히 굴러갑니다. 당신과는 조금도 관계가 없습니다. 당신이 세상을 떠나든 떠나지 않든 인생에 대하여 사회에 대하여 부모와 가정과 아이들에 대하여 또 무슨 좋을 것도 없고 무슨 나쁠 것도 없습니다. 자리에 앉아마자 곧 죽어버리고 놓아버리고 휴식을 생각합니다.

그런 다음 자리에 올라 백골관을 닦습니다. 자리에 오르자마자 자기가 이미 죽었다고 가정하는 것이 제일 좋습니다. 이 온 몸의 살과 내장 등 모두를 아귀의 모든 중생에게 보시해 버리고, 백골조차도 먼지로 변화시켜 비워버립니다. 아주 간단합니다. 백골관의 제1관은, 사람이란 본래 그런 날이 있기 마련인데 현재가 바로 그렇다고 관찰하는 데 불과합니다. 여기에 백골 모형이 하나 놓여 있습니다. 백골은 지대(地大)이며, 그 위에는 많은 전선처럼 경락들이 있고 많은 살이 자라나 예쁘거나 예쁘지 않은 것으로 되는 그런 일일 뿐입니다. 이것이 백골관입니다. 그 뒤에 이 백골을 관찰하면서 변화시켜야 합니다. 최후에는 기(氣)가 끊어져 죽고, 화대(火大)가 사라지고, 썩고 구린내가 납니다. 썩으며 구린내가 나는 것은 수대(水大)의 변화입니다. 수대가 마르고 난 뒤에는 모든 것들이 사라져 버립니다. 최후에는 뼈조차도 바람에 변화되고, 공(空)해지고, 골격조차도 모두 사라져 버립니다. 이상이 백골관을 닦는 것입니다.

염사(念死)와 백골관

가령 여러분이 자리에 올라앉아서 염사를 생각하며 백골관을 닦는다고 합시다. 이 해골 골격 속에 기(氣)가 왕래하며 생명의 활동이 있습니다. 이것이 바로 우리의 본래 모습입니다. 이 골격은 우리들이 집을 짓는 것이나 마찬가지입니다. 진흙으로 바르고 겉면을 한 장의 가죽으로 싸서 하나의 사람으로 변한, 그런 것입니다. 그러므로 먼저 죽음을 생각하고 백골을 생각하면 당신은 쉽게 가뿐해 집니다. 안나반나 호흡인 기(氣)가 여기서 떠나가고 최후에는 빛으로 변하고 공(空)으로 변화합니다. 그러므로 저는 말하기를 송나라 휘종(徽宗) 황제의 두 마디 시가 대단히 좋다고 말합니다. "생사도로목주피(生死徒勞木做皮)", 이 뼈와 살을 위하여 또 몇 조각의 나무 조각을 가져다 써서 못질하고 모아 그를 싸고 매장하는데, 이것은 인류가 하는 놀이입니다. 그러므로 세상에는 티베트 사람들처럼 새에게 먹이로 주는 천장(天葬)이 있습니다. 이 밖에도 물속에 던져 넣는 수장(水葬)이 있습니다. 만약 불로 태워버리면 화장(火葬)인데, 인도에서 전해온 것이며 현재는 관습이 되었습니다. 제일 좋은 방법입니다. 그러므로 불교에 "한 번의 화장이 삼세의 업장을 태워버릴 수 있다[一火能燒三世業]."는 명언이 있는데, 과거·현재·미래의 업장이 한줌의 불로 청정해지고 불로 타고난 뒤에는 재로 변합니다.

10념법 중에서, 방금 말하기를 자리에 오르자마자 죽음을 생각하라고 했는데, 만약 공부가 도달하면, 보세요, 많은 조사들이 수행하여 최후에는 세상을 떠날 시간이 이르렀음을 알고는 두 다리를 틀고서 모두에게 작별인사 한 마디 하고는 떠나버렸습니다.

염사 수행법 얘기가 나왔으니 말인데 '염안나반나'와 백골관을 결합시키면 아주 빨리 길에 오를 것입니다. 그런데 말은 그렇게 하지만 여러분들이 정말로 그렇게 할 수 있을까요? 그것은 자기에게 달려있습니다. 우리들은 여러 차례 얘기 한 적이 있습니다만 제 경험으로 보면 수행법은 그렇게 간단합니다. 솔직히 말해서 여러분의 신체에 견디기 어려운 병의 고통이 있을 때에 곧바로 백골관을 닦아 보십시오. 예를 들어 가슴이 답답함을 느낄 때 당신은 이 백골을 관상(觀想)하여 몸 전체를 중생에게 보시해버립니다. 가상(假想)하기를, "자기가 다른 많은 중생들을 먹었으니 마땅히 빚을 갚아야한다. 마땅히 먹혀주어야 할 것들을 모두 가져가라!"합니다. 당신이 백골관을 할 때 심신은 쉽게 가뿐해집니다. 정말로 관상(觀想)이 성공하면 별로 힘을 쓰지 않습니다. 최후에는 뼈조차도 가져가 먹게 합니다. 이렇게 하는 것도 아주 통쾌합니다.

백골관과 안나반나를 결합시키는 이 두 가지 수행법을 『달마선경』에서 '이감로문(二甘露門)'이라고 하는데 가장 소중합니다. 우리는 오늘 안나반나와 부정관을 일단락 짓고, 조금 있다가 다시 지성(知性)의 심성(心性)과의 관계로 넘어가겠습니다. 실제로는 연관된 것인데 약간 설명하는 법을 바꿨을 뿐입니다.

이제 여러분들은 휴식시간 동안 토론해도 좋습니다. 중점은 요 며칠 간 강의했던 것입니다. 토론은 중점적인 문제를 틀어쥐어야 합니다. 이제 의문이 있는 사람은 말씀하십시오.

넷째 시간

보다(普茶)의 예절

총림에는 '청보다(請普茶)'가 있는데 모두에게 차 한 잔 마시라고 두루 청하는 겁니다. 여러분들은 일본의 선당(禪堂)을 본 적이 없는데 '보다'의 규범이 아주 엄격합니다. 다들 자기 자리에 앉아 스님 저마다 자기의 그릇을 받쳐 들고 있으면 어떤 사람이 차를 따라주고 과자 등을 줍니다. 차를 다 마시고 나서는 그릇을 자기가 깨끗이 씻어서 놓아둡니다. 밥을 먹을 때도 그 그릇을 사용하는데 모두 제 자리에다 둡니다. 방금 여러분들은 제가 말하는 것을 잊어버렸습니다. 자리위에 오를 때에 '청보다' 했습니다. 흩어지지 않도록 하기 위해서였습니다. 그런데 그들은 아주 예의바르게도 저마다의 앞으로 여기저기 다가가서 차를 드렸습니다. 차를 따라주는 것은 괜찮습니다. 그런데 그 수고가 차보다도 엄중합니다. 이것이 '청보다'인데 '청(請)'이란 '차드시지요'라는 의미의 친절한 말입니다. 텔레비전에서 일본 조동종의 일부 선당에서 이렇게 하는 것을 볼 수 있습니다. 우리 여기서는 모든 게 자유롭습니다. 하지만 이 전통도 알아야 합니다. 그렇지 않으면 당신이 '보다'를 얘기할 때 어떤 일본 스님이 여기에 앉아 있다면 듣고서 우리들을 비웃을 겁니다. 중국 자신들이 도리어 규범이 없다고 말입니다.

출가자들이 외출할 때는 그릇을 하나 지니는데 인도말로는 '발우(鉢盂)'라고 합니다. 즉, 밥그릇입니다. 인도인들은 밥을 먹을 때에 손으로 집어 먹습니다. 그렇지만 뒷날 중국에서는 숟가락으로 바뀌었습니다. 병 하나와 발우 하나인데, 병은 깨끗한 물을 담는 것입니다. 출가자는 영원히 이것을 지니고 있습니다. 밥 먹을 때도 사용하고 차 마실 때에도 사용합니다. 먹고 마시고 난 다음에 자기가 거두어 깨끗이 한 다음 지니고 다닙니다. 우리들처럼 이렇게 번거롭지 않습니다. 그러므로 당나라 말기 관휴(貫休) 선사는 항주에서 월왕(越王) 전류(錢鏐)와 의견이 서로 맞지 않아 그곳을 떠나 사천으로 갔습니다. 우리가 16나한상의 그림을 보면 몹시 이상하게 그려져 있는데, 그 사람이 그린 것입니다. 그는 사천으로 가면서 두 마디의 시를 남겼습니다. "일병일발수수로, 만수천산적적래(一瓶一缽垂垂老, 萬水千山的的來)", 이것은 '보다'를 얘기하면서 생각난 그의 명구입니다. 그는 말합니다. 사람이 늙어서 등은 구부정하고 머리도 낮아진 게 마치 꽃이 아래로 드리워진 것과 같다는 겁니다. 보세요, 우리들의 여기 대(戴) 박사는 더욱이 프랑스에서 왔는데 어찌 만수천산에만 그치겠습니까. 그렇지만 오늘날은 비행기를 타고 공중으로 옵니다.

우리들 모두가 한자리에 모인 것은 아주 드문 기회입니다. 그래서 통지서에 기간을 한 주일 혹은 열흘이라고 쓰고 그 때가서 다시 여러분들에게 통지할 예정이라고 했는데, 보니 내일 저녁이면 원만히 끝날 것 같습니다. 왜냐하면 진정으로 이 선당에서 상주하면서 열심히 공부하기란 쉽지 않기 때문입니다. 신청한 사람이 있습니까? 상주하는 사람은 들어오면 오래도록 나가지 못합니다. 당신은 손들었습니다! 1년 혹은 2년 내내 선당 속에서 생활할 준비를 해야 하는데 고도(古道)처럼 그렇게 할 수 있겠습니까? 고도조차도 믿을 수 없는데, 하물며 당신은 더 말할 나위가 있겠습니까? 이(李) 박사는 손을 들었습니다. 손을 한번 들기는 아주 어려운 일입니다!

선생님과 학생 사이의 문답

어떤 학우 : 선생님, 제게 문제가 있어 질문합니다.

남선생님 : 말하세요.

어떤 학우 : 요 이틀간 안나반나를 닦는데 문제가 있습니다. 즉, 평소에는 현재의 마음은 얻을 수 없다고 관하고 또 '관출산'하니, 오히려 '지식변신'을 쉽게 얻었고, 온 몸이 편안하면서 '지식입, 지식출'을 약간 지녔습니다. 그러나 오로지 코의 호흡 출입식에만 주의를 기울이자 오히려 몸이 견디기 어려움을 느낍니다. 원래의 방법이 옳은 것 아닐까요?

남선생님 : 원래의 방법이 맞습니다. 왜냐하면 제가 말한 뒤에 법에 사로잡혔기 때문입니다. 당신이 원래 알고 있었고 이미 그런 모습이 하나 있었으니까요! 그 방법인 원래의 길로 걸어가고 약간의 지성(知性)을 지니면 옳습니다.

어떤 학우 : 그래서 원래 맞았군요.

남선생님 : 원래의 그 방법을 맞게 썼다는 것이 아니라 당신이 첫 걸음만 얘기했기 때문입니다. 그 다음은 어떤 가요? 당신은 원래 가뿐하게 놓아버리는 게 자유로워서 오히려 호흡 관찰과 결합할 필요 없이 호흡 왕래가 미세해짐을 자연히 느끼게 되었습니다. 그렇지요? 당신은 이 단계까지 얘기 했습니다. 그러나 다시 정(定)의 상태를 지속해가면 미세해집니다. '지식입, 지식출' 이 단계에까지 갔으니까요! 원래의 방법인 육묘문의 '수식(隨息)'의 단계나 다름없습니다. 당신은 세 번째 단계인 '지식(止息)'의 단계에는 도달하지 못했습니다.

어떤 학우 : 그렇습니다. 선생님, 여기서 한 걸음 더 나아가서,

일하고 있을 때도 온 몸의 세포마다 모두 호흡이 들어오고 나가는 관상(觀想)을 합니다. 그러면 일을 하는 데 쉽게 도움이 됩니다.

남선생님 : 맞습니다. 틀리지 않습니다.

어떤 학우 : 그러나 진정으로 지식(止息)하지는 못했습니다.

남선생님 : 진정으로 지식(止息)하지 못했습니다. 그것은 관상 방법을 이용하는 것입니다. 당신은 일을 할 때에도 평소 이 방법으로 매 세포마다 숨이 들어오고 나감을 관찰한다고 했지요? 그 뒤의 열두 번째인 '관무상'과 다름없지요? 다시 앞으로 나아가기 바랍니다.

어떤 학우 : 여기서의 문제는 바로 '지식'인데, 노력하지 않기 때문에 진정으로 '지식'에 진입하지 못한 것이기도 합니다.

남선생님 : 이것은 당신이 노력하지 않는다고는 말할 수는 없습니다. 당신은 재가자인데다 일이 많습니다. 그렇게 할 수 있다면 그것은 대보살의 경계입니다. 대보살의 경계라야 비로소 세속에서 어느 때나 지식할 수 있습니다. 이 '지식' 방법은 전문적으로 닦는 것이기 때문입니다. 당신이 처음에 말했듯이 자연스러움에 맡기고, 호흡이 왕래함을 알며, 염두도 따라서 공(空)해졌으며, 호흡도 미세해 졌고 심지어는 느려졌지만[緩慢] 호흡이 멈춘 단계에는 도달하지 못했습니다. 이른바 멈췄다는 것은 호흡이 거의 없어 정지한 것입니다. 만약 다른 사람이 당신을 시험해보려고 그 때에 당신의 코에다 솜을 조금 놓거나 얇은 종이를 놓아본다면 모두 움직이지 않을 겁니다. 당신 자신은 심념도 청정해졌고 잡념망상이 사라졌습니다. 그래야 호흡이 '지식'의 경계에 도달했다고 할 수 있습니다. 그런 다음 내식(內息)이 일어나고 신체 기맥이 변화합니다. 이 단계부터 그 뒤 단계들까지는 전문적으로 닦지 않으면 안 됩니다. 만약 세속에 들어가 일을 하면서도 '지식'에 도달하려고 한다면 그것

은 대단한 큰 공부입니다. 그러므로 '수식(數息)·수식(隨息)·지식(止息)'을 거쳐 그 다음에 '관'을 일으키는 것은 진정한 공부입니다. 당신이 거기까지 도달하면, 당신은 자신의 신체가 혹은 회의를 하고 있거나 일을 하더라도 마치 내가 없는 것 같아서 완전히 꿈을 꾸고 있는 것이나 마찬가지라고 느낄 것입니다. 더 나아가 부하 직원과 또는 당신의 동료들과 말을 하거나 회의를 할 때에도 완전히 꿈속 경계 속에 있습니다. 온 몸의 내부가 변화합니다. 음식, 남녀, 습기가 모조리 아주 크게 변화합니다. 지금은 아직 도달하지 못했으니 또 진정으로 노력해야 합니다.

어떤 학우 : 왕왕 저녁 무렵이나 회의할 때에 비교적 쉽게 그런 상황에 도달합니다.

남선생님 : 여기서 당신이 얘기한 것에는 한 가지 문제가 있는데 맞습니다. 왜 사람마다 체험이 다를까요? 어떤 사람들은 오전에 좋고 오후는 좀 못합니다. 그와 반대로 어떤 사람은 오전의 정신이 비교적 안 좋은 사람도 있습니다. 일반인들, 특히 오늘날 도시 생활은 밤에 잠을 늦게 자서 오전에 정신이 좋지 않고 오후에 저녁 무렵이 되어 갈 때에 정신이 제일 좋습니다. 특히 저녁의 정신은 낮보다도 더욱 왕성합니다. 밤과 낮이 뒤바뀌었습니다. 이것은 음양의 반복인데 대자연의 법칙을 위반한 겁니다. 하지만 습관을 기르면 그래도 됩니다. 이렇게 되면 저녁의 정신이 오히려 좋습니다. 예컨대 포커 놀이를 하는 사람이나 밤을 지나며 생활하는 사람은, 특히 예술 음악을 하는 그런 사람들의 경우는 저녁에 정신이 갈수록 좋습니다. 날 샐 무렵인 5, 6시경에 이르면 제일 못하고 피로하여 잠을 자고 싶어집니다. 만약 그 시간을 지나면 또 다릅니다. 이 것은 본인의 기맥과 대자연과 모두 관계가 있습니다. 과학문제이기도 한데 장래에 다시 연구하겠습니다.

생활 습관

당신이 방금 제기한 문제로, 저녁에 정신이 좋다고 했습니다. 음(陰) 경계에 진입한 뒤에는 양기(陽氣)가 일어납니다. 이것은 생활 습관이요 활동습관이 되었기 때문에 그렇습니다. 정식으로 출가한 수행자들의 경우 산속에서 머무르거나 선당 속에서 지내는 습관이 되면 밤에 네 시에 일어나는데, 수십 년간 습관이 되었습니다. 예를 들어 이원외(李員外)같은 경우는 말하기를, 밤 네 시에 깨어나고 또 밖으로 나가 한 바퀴 돈다고 합니다. 물론 그는 출가자의 그런 습관이 아니라 생활 습관인데, 순서가 변한 겁니다. 수행이 진정으로 도달한 사람은 밤낮으로 영원히 깨어있습니다[晝夜長明].

예를 들어 저는 지금 수업을 하면서 저녁에 이르렀습니다. 저는 밤낮을 완전히 바꾸었고 수십 년 동안 그렇게 해서 습관이 되었습니다. 저는 아침에 일어나면 잠깐 동안 앉아 있거나 계란콩물 한 그릇을 마십니다. 그저 이렇게 해서 여러분들에게 하루 종일 강의를 합니다. 오늘 오후 같은 경우는 유달리 피로를 느낍니다. 그래서 저는 어떤 사람이 총명을 부려 또 저에게 한 가지 계율을 범했다고 말합니다. 저는 이미 상당히 피로해졌습니다. 아마 밖에서 들어오는 바람 때문에 약간 감기가 있기 때문일 겁니다. 그러므로 저는 조금 빨리 돌아가 쉬었습니다. 저 노형께서는 아주 총명하게도 문 앞에 서서 막고는 책을 가지고 와 저더러 서명을 해 달라고 했습니다. 저는 원래 그에게 서명을 해줄 생각이었는데 나중에 생각해보니 서명을 해서는 안 되었습니다. 제가 만약 정말로 그에게 서명을 해 준다면 다른 사람들이 뒤에도 그를 따라 배우게 될 것이기 때문입니다. 이러한 풍조, 이러한 사례는 시작되어서는 안 됩니다.

그래서 저는 웃으면서 말하기를 좀 기다리시라고 했습니다. 사실 저의 그 웃음은 쓴 웃음이었습니다.

돌아가 저의 신변의 학우에게 말했습니다. "나는 쉬겠으니 그대는 얼른 내게 국수를 좀 끓여다 주세요." 저는 날마다 이렇게 지냅니다. 밤에는 날이 샐 때까지 일을 할지도 모릅니다. 저도 일을 하고 있습니다! 이것은 재가수행 생활인데 언제나 이렇습니다. 예를 들면 저는 오늘 일이 있다는 것을 알고 여덟 시가 가까워지면 저를 불러 깨우라고 했습니다. 휴식하다 시간을 지나쳐버리면 안 되도록 하기 위해서였습니다. 뒤에 저는 어떤 목소리가 "선생님, 선생님, 시간이 되었습니다."하고 불렀습니다. 저는 감사하다고 말하며 얼른 일어났습니다. 이상은 저의 생활 상태를 얘기 한 겁니다.

제가 지금 여러분들에게 얘기하는 것도 마치 등(燈) 그림자 속에서 걸어가는 것 같습니다. 선종의 남천(南泉) 선사의 한 마디 말이 생각납니다. 이것은 그의 공부인데, 그는 어느 때에 이르면 마치 등 그림자 속에서 걸어가는 것 같다고 말했습니다. 자기가 느끼기에, 자신의 영혼은 이곳에 살고 있는데 이 육체는 상관없는 골격이라는 겁니다. 남천 선사는 또 한 마디를 말했습니다. "시인견차일주화, 여몽상사(時人見此一株花, 如夢相似)." 백화로 번역해서 말하면 이렇습니다. '꽃이 피어 있는데, 어떤 사람은 이 꽃을 보고 마치 꿈속에서 꽃을 보는 것과 같다고' 그는 말했습니다. 이것은 그의 경계입니다. 그러므로 꿈같고 허깨비 같다 함은 형용하는 것이 아니라 공부가 도달하여, 전체의 물리, 물질의 현실세계가 바로 하나의 꿈 경계입니다. 헛된 말이 아닙니다. 정말로 수행이 그 경계에 도달해야 됩니다. 이것은 당신의 이 문제에 대답한 것입니다. 그러므로 당신은 진실하게 노력해야 합니다. 이것은 음식 남녀 등등의 습관과 모두 관계가 있는데 모조리 고쳐야합니다.

원신(元神)은 음양으로 나누어진다

여기에 문제가 하나 있습니다. 황 의사가 방금 메모를 해서 저에게 물었습니다. 도가에서 말하는 원신(元神)이라는 작용은 지성(知性)과 관계가 있느냐 없느냐는 겁니다. 여기 일반인들은 도가를 잘 연구한 적이 없으니 이제 한번 해석하겠습니다. 도가에서의 신선도 수련은 공부가 도달하면 몸 밖에 몸이 있는 경지까지 닦을 수 있습니다. 즉, 육체 이외의 하나의 생명이 있는 것인데 그것을 원신이라고도 부릅니다. 도가 서적에서는 그림을 그려놓기를, 한 사람이 정좌하고 있고 그의 머리 꼭대기 위로 하나의 나[我]가 나와 있는데, 그 자신과 마찬가지입니다. 보통 일부 사람들은 정좌하고 열심히 공부하거나 잠이 들었을 때 우연히 자기의 신체가 잠자고 있거나 정좌하고 있는 것을 아주 또렷이 보고는, 그것이 원신이라고 생각합니다.

원신은 음신(陰身)과 양신(陽身)으로 나누어집니다. 그는 결코 죽지 않았고 이 육체도 호흡이 왕래하고 있습니다. 그렇지만 자기의 신체가 잠자고 있거나 정좌하고 있다는 것을 정말로 볼 수 있는 그것은 음신이지 양신이 아닙니다. 양신은 무엇일까요? 당신의 공부가 도달하면, 안나반나 노선을 닦는 것도 마찬가지입니다, 신(神)과 기(氣)가 엉겨 붙어 하나가 되는[凝合] 경계에 도달하면, 이 몸에서 또 하나의 몸이 나옵니다. 마치 엄마의 태를 거칠 필요 없이 이 육체로써 또 하나의 생명으로 태어날 수 있는 것 같습니다. 만약 다시 투태(投胎)를 거치려면 엄마를 하나 찾아 투태 해야 합니다. 양신은 천인과 마찬가지로 모태에 의지하지 않습니다. 자기 자신의 4대(四大)가 자신의 정기신(精氣神)을 이용하여 원신과 결합하고 의식과 결합하여 하나의 신체를 태어나게 합니다. 이 생명은 자기가 태어나게 한 것입니다. 그의 이 수명도 이 육체의 수명이 아니지만 형상(形相)이 있습니다. 혹시 당신의 앞에 이르러 당신과 말을 할지도 모릅니다. 실제로는 그의 육체는 여전히 잠자고 있고 정좌하고 있는데, 이것을 양신이라고 부릅니다. 그런데 누가 그렇게까지 닦았는지 저는 모르겠습니다.

황 의사는 도가를 연구하기 좋아합니다. 그가 물은 문제는 정확합니다. 그럼 우리 이제 양신·원신과 음신의 차이를 해석하겠습니다. 예컨대 도가 서적에서는 말하기를, 불가를 닦는 많은 사람들이 모두 음신이지 양신이 아니라고 합니다. 왜냐하면 그들은 안나반나를 닦지 않기 때문에 정기신(精氣神)이 합일되지 않았다는 겁니다. 그래서 한 승려와 한 도사의 이야기가 하나 있는데 아주 중요합니다.

도가와 불가 양쪽이 닦는 노선은 다릅니다. 불가는 도가를 이렇게 비웃습니다. "지수명불수성(只修命不修性)", 신체만 상관하여 정기신을 기르고 병을 없애고 수명을 연장하여 장생불로하지만, 참선을 하지 않고 심성의 도리를 상관하지 않으니 "차시수행제일병(此是修行第一病)", 수행에서 범하는 잘못이다. 왜냐하면 절반의 길만 걸어가기 때문이라는 겁니다. 이와 반대로 도가에서는 불가를 이렇게 비웃습니다. "단수조성불수단, 만겁음령난입성(但修祖性不修丹, 萬劫陰靈難入聖)", 당신은 단지 명심견성(明心見性)만을 닦고 연단(練丹)하여 이 몸을 닦지 않아서 정기신이 변화하여 낸 또 다른 생명에 도달하지 못했기 때문에 금생에 성취할 수 없으니 절반의 길만 걸어간다는 겁니다. 이것은 중국문화인데 생명과학이라고 부릅니다. 황 의사가 잘 질문하였기에 제가 당신에게 대답했습니다. 그렇지 않으면 여러분들은 알지 못합니다.

승려와 도사가 함께 꽃을 감상하다

그래서 어떤 도사와 어떤 스님이 있었는데, 이 두 사람은 저마다 자기의 원신(元神)이 성취되었다고 판단했습니다. 그 도사가 말했습니다. "노형, 우리 함께 정좌하여 동시에 정(定)에 들어갑시다." 그들은 당나라 말기 오대(五代) 시대에 서안(西安)이라는 지방에 있었습니다. 한 사람이 말했습니다. "지금 양주(揚州)의 경화(瓊花)[68]가 한창 피었으니 우리 양주 도관(道觀)에 가서 함께 경화를 봅시다." "좋습니다!" 두 사람은 다리를 틀고 정좌한 채 떠났습니다. 양주에 이르러 두 사람은 역시 한 곳에 있었습니다. 한 스님, 한 도사가 모두 원신출규(元神出竅)로 신체를 떠났습니다. 경화를 보았고 차도 마셨습니다. 돌아갈 때 기념을 남기기 위하여 저마다 경화 한 송이씩 꺾어서 가지고 돌아갔습니다. 서안에 돌아와 서로 정(定)에서 나와 한 번 웃었습니다. 도사가 말했습니다. "꽃을 내 보이도록 할까요. 우리 두 사람이 저마다 한 송이씩 꺾었으니 말입니다." 선정(禪定)의 노선을 걸어간 스님은 소매 자락 속을 더듬어보았으나 꽃이 없었습니다. 그 도사의 소매 속에는 더듬어보니 꽃이 있었습니다. 이게 서로 다른 점입니다. 불가에서 낸 그것은 음신이었으며 도가의 그것은 양신이었습니다. 요컨대 이것을 '원신출규'라고 합니다.

도가에 이런 수련법이 있는데 그런 공부가 있을까요 없을까요? 도가에 있을 뿐만 아니라 밀종에도 있습니다. 그러므로 밀종에는 때로는 화장(火葬)할 때 채색 광명이 신체를 하나 나타내어 당신에게 보여줍니다. 그러면 일반적으로 이런 모습에까지 수련한 사람

---

68) 잎이 부드럽고 윤이 나며 꽃잎이 두텁고 담황색이며 밤에 꽃이 피는 진귀한 꽃.

은 신선이 되고 성불하였다고 봅니다. 사실 아직 멀었습니다! 이것은 초보에 불과할 뿐입니다. 황 의사가 오늘 물은 문제인, 원신과 지성은 관계가 있느냐 없느냐는 지성 자체의 기능입니다. 즉, 화신(化身)의 작용입니다. 보신(報身)을 닦아 성취하여 몸 밖에 몸이 있는 정도까지 닦은 뒤에야 비로소 화신을 생기(生起)할 수 있습니다. 진정한 양신이 실체가 있는 것입니다. 만약 음신이라면 마주 대할 상(相)이 없습니다. 진실한 형상(形象)이 없습니다. 단지 자기가 있다고 느낄 뿐입니다. 이게 바로 불학에서 말하는 것인데, 불학에서 말한 꿈속의 신체와 마찬가지입니다. 꿈속의 신체는 길을 걸을 수 있고 말을 할 수 있습니다. 먹을 수 있고 놀 수도 있습니다. 희로애락(喜怒哀樂)도 있습니다. 그러나 실질(實質)의 신체가 아닙니다.

원신출규의 양신은 실질이 있는 것으로, 몸 밖의 몸이 있는 것입니다. 그러기에 불가에서는 백천만억 화신까지 닦을 수 있다고 합니다. 한 개에 그치지 않고, 많고 많은 화신으로 변화할 수도 있습니다. 이와 같다고 하지만 방법상 이론상으로는 아주 많은 다른 법문들이 있습니다. 당신은 너무 심원한 것을 물었는데, 일반 선당에서였다면 그 질문에 사람들이 답변하지 못할 것입니다. 황 의사는 간단하지 않습니다. 생강은 묵은 것이 맵다고 그는 여전히 그런 매운 것으로써 저를 맵게 합니다.

당신은 원신과 지성이 관계가 있는지 없는지 물었는데, 당연히 관계가 있습니다! 불학에서의 유식학 도리로 말하면 대질경(帶質境)입니다. 4대인 지수화풍의 물질을 지니고서 이 신체를 닦는 것입니다. 공부가 도달해야 비로소 그런 화신이 있습니다. 닦아서 불보살에 도달한 것입니다. 이렇게 대답했으니 되었겠지요.

의식 식신 원신

두 번째 문제입니다. 식신(識神)과 의식(意識)은 동일한 것일까요 아닐까요? 이 문제도 불가와 도가에 관계됩니다. 식신은 원신이 아닙니다. 불가에서 말하는 자성(自性)은 대략 도가에서의 원신에 해당합니다. 식신은 무엇일까요? 원신은 양신과 음신 두 가지로 나눈다고 조금 전에 말했습니다. 닦아서 도달했지만 아직은 제6의식·제7식·제8아뢰야식을 떠나지 못합니다. 이 때문에 후세의 도가와 불가에서는 그것을 식신의 작용이라고 불렀습니다. 식신은 물론 의식과 관련이 있으며 동일한 것입니다. 그러나 보통의 제6의식의 분별망상이 아닙니다. 불법 입장에서 만약 초선(初禪)의 이생희락(離生喜樂), 2선(二禪)의 정생희락(定生喜樂)의 경계에 도달했다면, 그의 식신·원신은 분화작용을 일으킬 수 있습니다. 당신은 의식과 식신은 동일한 것이냐고 질문 했는데, 이 둘은 함께 식(識)에 속하지만 작용이 다릅니다.

그래서 선종 조사에게는 한 마디 말이 있는데 특별히 주의하기 바랍니다. 식신과 원신의 관계를 말하고 있습니다.

도를 배우는 사람이 진짜를 알지 못하고
지금까지 식신만을 알아서
무량겁 이래 생사의 뿌리를
어리석은 사람이 본래인으로 부르네

學道之人不認眞　祇爲從來認識神
無量劫來生死本　癡人喚作本來人

"도를 배우는 사람이 진짜를 알지 못하고", 수행하며 도를 배우는 사람이 도리를 분명히 알지 못한다는 겁니다. "지금까지 식신만을 알아서, 무량겁 이래 생사의 뿌리를", 우리들의 중음신(中陰身)이 투태 하는 것도 역시 식신입니다. 불학에서는 중음신 또는 중유신(中有身)이라고 합니다. 즉, 한 생각 무명(無明)이 모태로 들어가는 것입니다. 제6의식이 함께 도달하는 것인데, 대질(帶質)로서 오는 것입니다. 그러나 지혜가 분명하지 못한 사람은 이것이 생명의 근본이라고 여깁니다. 실제로는 유식에서 말하는 대질경이 오는 것입니다. 이 식신이 바로 원신의 일종입니다. 바꾸어 말하면 바로 음신입니다. 만약 진짜 양신이 출규(出竅)하였다면, 그것은 이미 진정한 화신인 것입니다. 이러한 공부들은, 이러한 수지들은 모두 실제적인 것입니다. 그러므로 당신이 저에게 식신과 의식이 같으냐고 물었는데, 같은 것입니다. 그러나 선정이 전일하여 대아라한이라야 비로소 그렇게 할 수 있습니다.

　그러므로 여기에는 당신이 마땅히 물어보아야 할 한 가지 문제가 있습니다. 부처님은 분부하시기를, 가섭존자·라후라·빈두루존자·군도발탄 이 네 분의 대 제자에게 육신으로 세상에 머무르라고 했는데, 그것은 양신일까요 음신일까요? 그것은 진짜 양신입니다. 그의 육체는 원신이 합일한 것입니다. 그것은 보신, 화신으로서 3신이 한 몸에 다 갖추어진 것이나 다름없습니다. 다시 분석하면, 도가에서 말하기를, 이른바 법신은 원신이요, 보신은 정기(精氣)가 변화한 것이요. 화신은 원신과 정(精)과 기(氣)를 화학처럼 한 몸에 종합하여 아주 많고 많게 분화할 수 있는 것이라고 합니다. 이것은 생명의 대 과학입니다. 도가 얘기가 나왔으니 말인데 최근에 몇 곳의 도가 사람들도 저를 찾아 중국 고유의 도가 문화를 한층 더 발전시켜 주기를 바라고 있습니다.

이 식신과 의식이라는 문제를 황 의사는 분명히 아시겠지요? 또 그밖에 문제가 있습니까? 그가 질문한 문제는 대단히 실제적인 문제인데 토론하고 싶은 사람이 있습니까? 이것은 토론해보아야 합니다. 제가 보니 당신이 질문한 문제에는 이런 태도들이 없군요. 이런 태도가 없다면 문제가 못됩니다.

팔선(八仙), 탈사(奪舍)

음신·양신의 출규 문제에 관한 것인데 여러분들이 다 알 듯이 도가에 팔선이 있습니다. 팔선은 동일한 시대 사람들이 아닙니다. 종리권(鍾離權)·한상자(韓湘子)·여순양(呂純陽)·남채화(藍采和)·조국구(趙國舅)·장과로(張果老)·철괴리(鐵拐李), 그리고 여성으로는 하선고(何仙姑) 한 분이 있습니다. 그러므로 팔선이 바다를 지나며 저마다 신통을 드러냈다고 합니다. 이 여덟 명의 신선은 한(漢)·당(唐)·송(宋) 등 여러 개의 다른 시대를 대표합니다. 예컨대 조국구는 송나라 때 사람이요 남채화도 출가 수도하여 성공한 사람입니다. 도가 방면에 이런 얘기들은 아주 재미있는데, 여러분들도 본 적이 없고 저도 아주 드물게 얘기합니다. 얘기하고 나면 신비학으로 얘기가 흘러갈 것입니다.

종리권은 장군이었습니다. 군인 출신으로 출가했습니다. 팔선 가운데서 일부러 그를 배가 아주 불룩 나온 모습으로 그렸는데, 그는 한나라 때 사람이었습니다. 여순양은 그의 제자였습니다. 그의 보신(육신)은 영원히 존재합니다. 또 철괴리(李玄)는 다리가 하나 없고 지팡이를 하나 지녔습니다. 이 철괴리는 원래 서생이었으며 대단히 잘 생겼었습니다. 그는 수련하여 원신출규의 경지까지 도달하고 공부가 다 이르렀습니다. 음신과 양신의 사이로서 아직은 100% 완성하지는 못했습니다. 그가 한번은 입정할 때 원신이 출규하여 밖으로 놀러나갔습니다. 예컨대 신체는 여기서 정좌하고 있고 신(神)은 프랑스나 미국으로 놀러간 겁니다. 물론 비행기 표도 살 필요가 없이 단번에 도달합니다. 입정상태로 너무 오래 있으면서 원신이 밖에서 운유(雲遊)했습니다. 그러므로 '운유'라는 이 두 글자는 형용이 대단히 좋은데 마치 구름처럼 가뿐하게 자유롭게 유람하고 노는 것입니다. 당신이 양신이나 진정한 신선, 대아라한이 오는 것을 보면 당신은 그가 신선인지 나한인지 구분하지 못합니다. 보통사람으로 보입니다. 일부러 꼴 보기 싫은 모습으로 변할지도 모릅니다. 또 예쁜 모습으로 변해서 당신 앞을 획 스쳐지나갈지도 모릅니다. 당신은 그래도 모릅니다.

이 철괴리는 구름처럼 유람하다 돌아와서 보니 끝장 나 있었습니다. 왜냐하면 제자가 사부가 죽어버린 줄 알고 코를 만져보니 조금도 호흡이 없었습니다. 사실 몸에는 아직도 온도가 있었습니다. 그러나 그의 제자는 알지 못했는데, 이것은 유식학에서 말하는 난(暖)·수(壽)·식(識) 삼위일체입니다. 호흡만 정지했다고 사망인 셈은 아닙니다. 제자들은 그것을 모르고서는 그를 떼 메고 나가 불태워버렸습니다. 화장이 끝난 뒤에 철괴리는 막 돌아왔습니다. 어떻게 해야 할지 애가 타서 죽을 지경이었습니다. 아직은 공부가 한 등급 부족했기 때문에 다시 투태하여 수련하려면 또 수십 년의 공부를 해야 한다고 생각하니 수지타산이 맞지 않았습니다. 도가에는 탈사법(奪舍法)이라는 법문이 하나 있습니다. 밀종에도 있습니다. 티베트어로는 포와(頗瓦)라고 합니다. 뒷날 콩카(貢噶) 사부님께서는 저에게 밀종에 이미 이런 공부가 없어졌다고 말씀하셨습니다. 저는 콩카 사부님께 도가에는 있다고 말씀드렸습니다. 그는 말했습니다. "그대가 알고 있는가?" "예, 알고 있습니다." "그럼 내게 좀 말해주게나." "안됩니다. 당신이 저에게 여인은 어떻게 닦는지를 말씀해주셔야 합니다." "그대란 사람은 정말 이상하군. 왜 여인이 어떻게 닦는 지를 묻는가?" "당신은 어떻든 알고 계십니다. 당신도 남자이니까요." 그는 하하 하고 한번 웃었습니다. 제가 말했습니다. "장래에 제가 여인들을 제도해야 할지 모르고, 또 그들에게 가르쳐줄 수도 있습니다. 사부님, 우리 둘이 교환하죠!" 그는 좋다고 말했습니다.

탈사(奪舍)란 바로 새로운 집을 하나 찾는 것입니다. 여기에는 계율 조목이 있습니다! 당신은 남의 신체를 죽게 하여 영혼을 몰아내고 자기가 그 신체 안으로 들어가서는 안 됩니다. 그랬다가는 큰 일 납니다. 그것은 무간지옥에 갈 죄를 범하는 것입니다. 남을 빼앗아 차지해서는 안 됩니다. 탈사법(奪舍法)에는 조건이 있습니다. 막 태어난 갓난아이가 때마침 나자마자 죽었을 경우 당신은 그 신체로 들어갈 수 있습니다. 하지만 계율조목이 있는데 일단 그 갓난애로 변하면 멍청한 듯이 가장하고 말도 할 줄 몰라야 합니다. 갓난애로 들어가자마자 말을 해서는 안 됩니다. 남들이 당신을 요괴라고 하며 죽여 버릴 수 있기 때문입니다. 몸속으로 들어간 뒤에 당신은 멍청한 것처럼 가장해서, 이 분은 고모고, 이분은 엄마고, 이분은 아빠고, 할아버지고 등등을 다 배워서할 줄 알아야합니다. 만약 중년인의 신체라면 그 신체가 좋은지 좋지 않은지를 알아야 합니다. 왜 그럴까요? 도가에서 말합니다. "차신무유신선골, 종우진선막랑구(此身無有神仙骨, 縱遇眞仙莫浪求)", 신선의 종자가 없이 오로지 이 4대의 신체에만 의지했다가는 닦아서 성취할 수 없습니다. 선골(仙骨) 선기(仙氣)가 있는 신체는 찾기 아주 어렵습니다. 찾을 수 없다면 영원히 음신이나 영혼으로 변합니다. 이것을 귀선(鬼仙)이라고 합니다. 가장 못한 일종이지만 역시 신선입니다. 그러나 신선을 이룰 수는 없습니다.

철괴리는 몹시 애가 탔습니다. 제자가 그의 신체를 태워버렸기 때문입니다. 뜻밖에 길에 거지가 한 사람 있는 것이 보였는데 지금 막 숨이 끊어졌습니다. 그 거지는 다리가 하나 없었습니다. 하지만 그는 그 육체에 신선골(神仙骨)이 있었습니다. 그는 곧 그의 몸을 빌려 들어가서 철괴리로 변했고 그의 신체를 빌려 수련하였습니다. 환생하지 않고 입태(入胎)하지 않은 겁니다. 그러므로 도가와 밀종의 많은 수련법들은 계율 조목이 있습니다. 저는 여기까지만 얘기하고 그 뒷부분의 진정한 것들은 얘기할 수 없습니다. 이것은 도가에서 생명의 기밀인 천기누설(天機漏泄)에 해당합니다. 그러므로 밀종에서 진정으로 환생한 활불(活佛)은 천만 명 중에 한 사람도 없습니다. 라마를 보면 활불이나 린포체라고 부르는데 저는 듣고서 웃습니다. 최근에 어떤 라마활불들이 저를 보러왔는데 저는 평소대로 공양했습니다. 당신이 활불입니까? 물어보니 이런 활불들은 저에 대하여 대단히 겸허해서 "천만에요, 천만에요."라고 대답했습니다. 당신을 활불이라고 부르지 않고 라마라고 부르는 게 예의 바릅니다. 라마는 법사나 대화상의 의미인데 진정한 활불은 아주 드뭅니다. 보면 단번에 알 수 있습니다. 바라보자 말자 알 수 있습니다.

도가의 호법(護法)을 왕령관(王靈官)이라고 합니다. 호랑이를 타고 손에는 수인(手印)을 맺었는데 아주 맺기 어렵습니다. 저는 지금 수인을 하지 않은지 오래됐습니다. 한 손으로 합니다. 두 손이 도와주는 것을 허락하지 않습니다.

원신과 식신의 수도(修道)와의 관계를 얘기하다보니 솔직히 말씀

드리는데, 이번에 여러분들에게 말씀드린 16특승과 육묘문은 기본
수행입니다. 여러분들이 그때에 가면 서서히 알게 될 것입니다. 그
러므로 심기합일(心氣合一)은 실제로 정기신(精氣神) 세 가지가 합
일한 것으로 이 몸으로 닦아 도달할 수 있습니다. 남자든 여자든
상관이 없습니다. 남자는 닦아서 여성으로 변할 수도 있고 여성은
닦아서 남성으로 변할 수도 있다고 합니다.

서유기 소설 인물의 상징

내일은 「목우도(牧牛圖)」에 대해 강의하겠는데, 어떤 사람이 그
렇게 제의하였기 때문입니다. 제가 한 마디 말을 했던 것 같은데
그는 그 말을 단단히 틀어쥐고 있었습니다. 강단 앞에 옥으로 만든
조각품인 푸른 소 한 마리를 놓아두었는데, 방금 외국으로부터 옮
겨 온 것입니다. 이 소는 중국에서 떠나가 미국에서 산 것입니다.
미국에서 캐나다로 옮겨갔다가 캐나다에서 다시 옮겨 돌아왔습니
다. 그렇게 한 바퀴 크게 빙~ 돌았습니다. 오랜 친구가 돌아온 것
을 사미가 보고는 아주 기쁘다고 말했습니다. 노자는 푸른 소를 타
고 함곡관(函谷關)을 나갔습니다. 소의 이야기는 선종의 수도와 관
계가 있습니다.

『서유기(西遊記)』는 두 가지 물건이 아주 대단하다고 말합니다.
손오공(孫悟空)과 우마왕(牛魔王)은 의형제입니다. 이 두 사람은 원
수를 맺은 적이 없습니다. 다만 우마왕의 부인과 손오공이 숙적(宿
敵)일 뿐입니다. 두 형제는 부인이 꼬드겨 원수로 변했습니다. 하
지만 손오공과 우마왕은 원수로 변하지는 않았습니다. 손오공은

제6의식에 해당합니다. 마음이 마치 원숭이처럼 천지를 뒤집어놓을 정도입니다. 또 거기에 나온 말은 용마(龍馬)입니다. 그래서 심원의마(心猿意馬)입니다. 제7식은 사승(沙僧)입니다. 오로지 여행봇짐만 짊어진 사람인데 '아(我)'에 해당합니다. 우리들의 '아(我)'는 이 신체라는 짐을 짊어지고 있으면서 손오공과는 사이가 가장 좋기도 하고 가장 나쁘기도 합니다. 저팔계(豬八戒)는 정서, 정감에 해당하는데, 엉망진창이기를 좋아합니다. 남녀관계를 좋아하고, 먹기를 좋아하여 배가 불룩 나올 정도로 먹습니다. 그러므로 『서유기』는 전체 수행 과정인 구구팔십일난(九九八十一難)에 대하여 쓰고 있습니다. 수행은 마장 하나하나마다 관문을 통과해야 비로소 성불할 수 있다고 쓰고 있습니다. 소는 바로 성깔인데 아주 고집스럽습니다.

선종과 도가는 소와 대단히 관계가 있습니다. 소설에서는 수도하는 도사를 '우비자노도(牛鼻子老道)'라고 꾸짖습니다. 왜냐하면 노자는 푸른 소를 탔기 때문입니다. 우리들의 심성 개성은 변하지 않습니다. 바로 한 마리의 소입니다. 그래서 선종에는 「목우도」라는 게 하나 있는데, 제가 내일 여러분들에게 어떻게 한 마리의 소를 잘 관리해야 당신이 비로소 성불할 수 있는지를 말씀드리겠습니다. 우마왕과 손오공 이 둘은 대립적입니다. 이것은 소설 입장에서 말한 것입니다. 선종조사가 말하는 소의 이야기는 대단히 많습니다. 한 마리의 소를 길들여야 당신은 비로소 정(定)을 얻을 수 있습니다.

그런데 우마왕의 부인은 정말 대단한데, 철선공주(鐵扇公主)라고 부릅니다. 여성 동지들에게 미안합니다만 철선공주와 우마왕 사이에 난 아이는 홍해아(紅孩兒)라고 부릅니다. 뒷날 관세음보살이 거두어 관세음보살의 시자로 삼았습니다. 홍해아는 발로는 풍화륜(風

火輪)을 밟고 손에는 화염창(火焰槍)을 들고 있어서 누구도 그를 어찌할 길이 없습니다. 아주 대단합니다. 이것은 심의식(心意識)의 졸화(拙火)가 일어난 것을 상징합니다. 지금 다들 『서유기』를 고증하여 말하기를, 철선공주가 관할하는 지방이 신강(新疆)을 조금 지나면 그 지방에 화염산이 있는데 몹시 덥다고 합니다. 손오공은 사부님을 모시고 화염산을 지나가지 못합니다. 왜냐하면 철선공주가 그곳에서 통과를 허락하지 않기 때문입니다. 철선공주의 법보(法寶)는 한 개의 부채인데, 이 부채를 이렇게 한번 부채질하면 이 화염산이 청량세계(清涼世界)로 변합니다. 뒤집어서 부치면 온통 불로서 누구도 지나가지 못합니다. 모든 나한이나 신선조차도 이 관문을 통과하지 못합니다. 그녀가 이 부채를 한번 펼쳐 흔들면 우주 전체에 온통 불이 일어납니다. 거두어 들여서는 이빨 틈새에 넣어 놓습니다. 여인의 이 입은 바로 이 부채에 해당합니다. 이렇게 한 번 부채질하면 곧 시원하고, 저렇게 한 번 부채질하면 여러분 남자들은 바로 끝장납니다. 손오공은 철선공주를 제일 두려워합니다. 그녀와 마주치면 어찌할 길이 없습니다! "형수님, 당신은 내게 부채질하지 마세요!" 원숭이는 온 몸이 털이라 불 부채질을 한 번 당했다가는 털들이 깡그리 타버리니 그는 죽어라고 도망갑니다. 오직 관세음보살님한테만 찾아 갑니다. 보살님은 먼저 그녀의 아들을 거둬들이고 그 다음에 철선공주를 거둬들입니다. 손오공은 이 부채를 훔치려 해도 훔치지 못합니다. 한번은 손오공이 훔쳤지만 오히려 부채질하여 불이 더 크게 나서 얼른 버렸습니다. 그러므로 『서유기』 소설이 쓰고 있는 내용은 모두 공부 노선으로서 아주 재미있습니다. 내일 다시 얘기하겠습니다.

제7일 강의

첫째 시간

선사와 선(禪)의 교육

오늘은 칠일 째 되는 날입니다. 이번 수업은, 제가 보냈던 그 통지서에서 말했듯이 여기 학당 자기 내부를 한번 시험해보고, 아울러 함께 있는 소수의 친구들이 이 일을 한 번 많이 체험해보기를 바랐기 때문이었습니다. 또 이렇게 하는 김에 제가 국내로 돌아온 요 몇 년 동안에 홍콩이나 대만 각지에서 계시는 옛 친구들이 생각나서 다들 함께 모임에 와서 체험해보기를 바랐기 때문이기도 했습니다.

이번 수업은 타칠(打七)이 아닙니다. 여러분 잘못 알지 말기 바랍니다. '타칠'이라는 두 글자는 본래 선종에서 시작되었습니다. 그 목적은 '극기취증(剋期取證)'입니다. 칠일이라는 엄격한 규정 시간에 심신 공부 면에서 불법을 증득하기를 추구하는 것인데, 후세에 서서히 규범으로 형성되었습니다. 몇 시에 일어나고, 몇 시에 자리에 오르며, 자리에서 내려온 다음에는 어떻게 행향(行香)하고, 행향하고 난 뒤에는 어떻게 자리에 오르는지.... 즉, 걸어가고 머물고 앉고 눕고 하는 이 네 가지 생활 방식 면에서 체험 증득하기를 추구하는 것입니다.

명나라 청나라 이전에 이른바 선당의 타칠은 백장(百丈) 선사 당시의 총림청규(叢林淸規)가 있는 이외에 기타 선사들도 저마다 규범이 있었습니다. 하지만 후세의 선당마다 세운 규범은 일체 돌아볼 필요가 없습니다. 그러므로 당나라 왕조 말년의 황벽(黃蘗) 선사는 "큰 당나라에 선사가 없다[大唐國裏無禪師]"라고 비판하여 말했습니다. 온 나라를 모두 꾸짖어버린 겁니다. 그러자 어떤 사람이 말하기를 "지금 많은 선사들이 도처에서 불도를 널리 펴고 있는데 당신은 어째서 한 마디로 비판해버립니까?"라고 했습니다. 그는 말했습니다. "선(禪)이 없다고 말하는 것이 아니라, 스승이 없을 뿐이다[不道無禪, 只是無師]", 진정으로 수행을 알고 이해하고 스스로 닦으면서 다른 사람이 닦도록 지도할 수 있는 그러한 스승의 도[師道]는 없어졌고 그저 융통성 없는 약간의 규범만 사수(死守)하고 있는데 그게 무슨 소용이 있느냐는 겁니다. 교육의 목적은 임기응변입니다. 그러므로 현대의 교육은 슬퍼할 만합니다. 역시 죽은 규범입니다. 시험을 위한 보습(補習)이 학생들을 다 망쳐 놓아버렸습니다. 불학교육은 근기에 맞추어 가르침을 베푸는 것[應機施敎]입니다. 상대의 지혜와 성정(性情)과 신체 등등을 살펴보고 그 특징을 붙들어 쥐고 그를 교육시키는 것입니다. 진정한 중국 전통문화의 유불도 교육은 대단히 융통성이 있었습니다. 그러므로 교육은 가장 어려운 일입니다.

진정한 선당 타칠의 경우 대화상은 말을 많이 하지 않았습니다.

우리들처럼 이렇게 말하지 않고 열심히 공부했습니다. 여러분에게 의문이 있거나 마음으로 얻은 바가 있어 한 번 물어보면, 때로는 몽둥이질을 한 번 당하거나 꾸짖음을 당하고 떠나가 다시 열심히 공부했습니다. 우연히 시간을 내는 것을 '소참(小參)'이라고 불렀는데, 긴장을 약간 풀고 몇 가지 중요한 문제들을 묻는 것입니다. 제가 대만에 왔을 때 타칠의 그림자는 전혀 없었습니다. 제가 시작한 타칠에서는 저녁에 이르면 모두 소참을 했습니다. 저마다 하루 동안의 수지 경험을 보고했습니다. 저는 타칠을 지도하기 시작했는데, 때로는 1백 명 정도가 저녁 일곱 시부터 자리에 올라 자기 위치에 앉아서 6, 7시간 동안 저마다의 보고를 들었습니다. 다 듣고 나서 결론을 짓고 나서야 쉬었습니다. 이제 여러분들이 토론 얘기를 꺼내면 저는 토론을 허락하지 않습니다. 왜냐하면 수업하고 있는 중에 여러분이 보고할 시간이 없고 또 여러분에게 묻지도 않습니다. 여러분들은 보고서도 쓰지 않고 또 여러분이 여기서 무엇을 하는지도 모릅니다.

일부 옛 친구들에게 저의 통지서에서 수업 기간이 칠일 간 일지 열흘 간 일지는 아직 확정되지 않았다고 원래 말했었습니다. 제가 제 자신에게 여지를 남겨두고 여러분들에게도 여지를 하나 남겨두었습니다. 특히 요 몇 분 친구들은 모두 하는 일들이 있기에 3일이나 5일의 시간을 내는 것으로도 이미 이번 수업 분위기를 돋구어 준 것이었습니다. 이제 보니 칠일이 거의 다 되었습니다. 하지만 먼 곳에서 온 소수 몇 사람은, 예컨대 대(戴) 박사의 경우는 외국에서 돌아왔는데 그도 대단히 바쁩니다. 마음으로 얻은 바가 있기에 이 기회를 이용하여 수지해 가고 싶어 합니다. 물론 대단히 환영합니다. 이 시간적인 제한을 받을 필요가 없습니다. 그런 것은 소수 몇 분입니다.

공덕 지혜

　두 번째입니다. 일부 친구들은 말하기를 여기에 온지 오래되었다며 아주 미안해하면서 공양을 하거나 헌금을 하거나 하는 것 같습니다. 저는 말합니다, 여러분 이런 일 하지 마십시오. 이번 통지서에는 그런 일은 없습니다. 이미 분명히 말했습니다. 다들 돕고 싶다고 하더라도 우리들 이곳에서도 아직 시작하지 않았습니다. 미래의 일을 어떻게 할지는 아주 번거롭고 고통스런 일입니다. 여러분이 만약 마음이 있고 공동의 바람이 있어서 진정으로 사회에 대해 공헌하고 싶고 약간의 문화교육 사업을 하거나 혹은 연구 작업을 하고 싶다면 물론 돈이 많이 필요합니다. 그때에 가서 다시 얘기 합시다. 지금은 이런 걸 얘기하지 맙시다. 만사는 큰 방면으로 보고 작은 면으로 보지 말아야 합니다. 여기는 여관에서 머무는 곳도 아니요 여러분들에게 인정에 끌려 남의 일을 봐주는 곳도 아닙니다. 이 빚은 여러분이 아직 모릅니다.

　제가 일생동안 나서서 이 일을 하는 데 대하여 예전에 저의 선생님과 토론한 적이 있습니다. 우리 두 사람의 의견은 서로 정반대였습니다. 그때는 항전 시기 끝 무렵이었는데 저의 선생님은 판단하기를, 문화와 불법을 널리 전파하기 위해서는 역시 과거처럼 제왕의 정권에 의지해야한다고 했습니다. 저는 시대가 달라졌으니 이후의 사회에서는 문화를 널리 전파하려면 사회에 의지하고 자본에 의지하고 군중에 의지해야 한다고 말했습니다. 반드시 자본가에 의지해야 한다는 것이 아니라 사회군중 자신에 의지하여 추동(推動) 발전시켜야 하며, 제왕이든 민주이든 정권이 도와주지 못하고 아마도 오히려 방해하는 일이 있을 것이라고 말했습니다. 그러자 저의 선생님은 듣고 나서 언짢은 표정을 한번 지으시면서 말했습니다. "너 이 어린애가…." 제가 말했습니다. "선생님, 이것은 시대의 필연적인 추세입니다."

이제 수십 년이 지났고 그 어르신네도 세상을 떠나셨는데, 저의 당초의 생각이 정확했다는 것을 증명합니다. 저는 말했습니다. 저는 일생토록 두 손으로 보시하고 싶습니다. 한 손은 지혜를 보시하는 겁니다. 법보시하는 겁니다. 다른 한 손은 재물을 보시하는 것입니다. 다른 사람의 공양이나 도움에 의지하는 것은 아주 어렵습니다. 인생은 다음 두 가지를 버리기 어렵습니다. 첫째는 금전물질인데, 버리기 대단히 어렵습니다. 설사 그것이 몸 밖의 물건이라 하더라도 몇 사람이나 기꺼이 몸 밖의 물건을 보시하려고 합니까? 누가 그렇게 할 수 있습니까? 아무도 그렇게 하지 못합니다. 여러분들은 그렇게 했는지 모르겠습니다만 제 생각에 저는 아직 그렇게 하지 못했습니다. 두 번째는 생명정신을 기꺼이 공헌할 수 있을까요? 이념적으로야 있다고 말하지만 진정으로 그렇게 할 수 있기는 어렵습니다. 하지만 회상하여 검토해보니 약간 그 길에 오른 사람도 있습니다. 어떤 사람이 제가 말한 것을 듣고서 아주 감동하였고 다들 역시 그런 생각이 있습니다. 그러므로 제가 방금 칠일 동안의 모임에서 걱정할 필요가 없다고 말했습니다. 이후의 일은 이후에 다시 말하겠습니다.

여기서 모두 한 자리에 모여 저의 이상을 공동의 목표로 삼기는 어렵습니다. 쉽다고 보지 마십시오. 노동일 한 사람을 포함하여 발심하여 자기의 일처럼 여기고 완성할 수 있다는 것은 대단히 어려운 일입니다. 저는 남에게 요구하지 않습니다. 큰 소리 치기는 쉽지만 실제로 해 보면 어렵습니다. 이곳 이 황무지는 그래서 이 모습이 되었습니다. 제가 여러분들의 공로를 널리 칭찬하는 것이 아니라 단지 일에 대한 감상을 먼저 얘기할 뿐입니다. 그러므로 요 이틀간 이 친구 모군은 아주 억울해 기를 펴지 못하였습니다. 저는 늘 그에게 꾸지람의 매질을 합니다.

그와 저 사장님과는 본래 좋은 친구이며 동료입니다. 두 사람은 같은 고향 사람으로서 모두 안휘성(安徽省)사람입니다. 그는 이번에 강서성(江西省)의 5종조정(五宗祖庭)에 관하여 공덕을 지었는데, 역시 그가 마음을 움직여 시작한 것입니다. 그러나 여러분 두 사람 주의하십시오. 선종의 이조(二祖: 혜가) · 삼조(三祖: 승찬) · 사조(四祖: 도신)의 도량은 모두 여러분의 고향에 있습니다. 대단히 장엄합니다. 여러분 절대 보존해야 합니다. 관광지로 바뀌어서는 안 됩니다. 여기서 가면 아주 가깝습니다. 먼저 5종조정은 상관하지 마십시오. 이조 · 삼조 · 사조에 대하여는 여러분 두 사람이 모두 유의하지 않는데 정말 등잔 밑이 어둡습니다. 촛불은 켜놓으면 다른 곳을 비추지만 자기를 보지 못합니다. 이것은 결코 여러분들더러 사원을 수리하라는 것이 아닙니다. 적어도 두 사람은 이 도량을 보존 유지할 발원을 해야 합니다. 무슨 입장표를 팔거나 관광을 하거나 유람을 하거나 하는 것으로 변하여 파괴되어서는 안 됩니다. 하지만 천하의 일도 파괴되지 않는 것은 없습니다. 파괴되면 파괴된 겁니다. 조사들의 사업 정신은 영원히 머물러 전해집니다. 듣건대 그곳의 풍경이 좋다는데 저도 가본 적이 없습니다. 지금은 교통이 발달해서 여기서 차를 타고가면 몇 시간이면 그 산에 도착합니다.

제가 모씨는 아주 억울함을 당했다고 말했습니다. 사실은 그 자신이 모르고 있는데, 저는 그가 자립한 뒤에 남을 세워주기를 바라는 것입니다. 먼저 자기 수양을 정말로 해야 합니다. 그는 총명합니다. 저는 그가 총명하다고만 말했습니다. 당신이 지혜가 있다고 말하지는 않았습니다! 내면의 수양에서 먼저 자기를 안주시켜놓으십시오. 당신은 큰일을 많이 했습니다. 모래 폭풍에 대응하기 위하여 당신은 개인적으로 일을 했습니다. 자기를 검토한다는 것은 재미로 하는 것일까요? 아니면 발심하는 것일까요? 당신은 발심으로 하는 것입니다. 하지만 자신이 한 가지 잘못을 범했습니다. 왜냐하면 이것은 개인이나 소수의 힘에 의지하여 이룩할 수 있는 것이 아니기 때문입니다. 그 사람도 아주 수고했습니다. 하지만 개인에게는 공덕이 있을까요 없을까요? 공덕이 있습니다. 그런 다음 저를 보러왔는데 때마침 또 정부가 그더러 '부빈(扶貧)'69)을 하라고 하게 되었습니다. 부빈과 치사(治沙)70)는 똑같이 좋은 일입니다. 저는 그저 아주 약간일 뿐이라고 봅니다. 그가 하려 하기에 저는 당시에 찬성했습니다. 저는 말했습니다. 좋아요! 저 양(楊)선생도 부빈을 하고 있습니다. 그는 약간 하고 있는 것을 저도 찬성합니다. 하지만 그는 하고도 두려워했습니다. 처리하기 어려웠습니다. 그 속에는 한 가지 큰 까닭이 있습니다. 마침내 당신은 전국적인 것을 하고 싶어 했기 때문에 저는 당신을 반대했습니다. 당신도 제가 왜 찬성했고 왜 또 반대했는지를 몰랐습니다. 이것은 당신을 아끼고 사랑하기 때문입니다. 당신의 목숨을 그곳에 바치지 말기 바랍니다. 실패하면 또 남에게 욕을 먹을 텐데 왜 구태여 합니까!

문화 전승에 대한 근심 걱정

우리들이 알게 된 지는 2년이 되어 갑니다. 저는 언제나 당신이 진정으로 내면의 수양을 하기 바랍니다. 그렇게 하고난 다음에 일

---

69) 가난한 농가에게 가난을 벗어나도록 도와주다.
70) 사막 개척.

어나 행하십시오. 공맹유가의 도리를 '자립이후입인(自立而後立人)'
이라고 합니다. 자기가 먼저 일어나야 합니다. 저는 당신이 장사를
하여 돈을 벌기를 바랍니다. 모사장님이 착실하게 장사를 하듯이
그렇게 하십시오. 돈을 벌고 나서 다시 얘기합시다. 그가 돈을 벌
고 난 뒤에 하든 안 하든 상관없습니다. 그가 하면 아주 좋고 대보
살입니다. 절대 남선생 한 사람만을 위해서 하지 마십시오. 내 이
늙다리는 8, 9십 세가 되었습니다. 저는 여러분들에게 의지하지 말
라고 늘 말합니다. 저는 언제든 떠날 수 있습니다. 제가 진정으로
조급하게 생각하고 있는 것은 이 전통문화 정신을 계승하는 것인
데, 넘겨받을 사람이 없다는 것입니다. 기구를 하나 만든 다거나
묘항 태호대학당을 경영하는 것을 말하지 않습니다. 그것은 모두
겉모양입니다. 이런 기구가 없어도 마찬가지로 문화를 한층 더 발
전시킬 수 있습니다.

여러분이 글공부를 하면서 유가를 배웠든 불가를 배웠든 일생동
안 진정으로 이러한 발심이 있습니까? 이러한 정신이 있습니까?
없습니다. 모두 따라서 함부로 허풍치고 있을 뿐입니다. 제 옆에서
맴돌면서 재미삼아 들을 뿐 스스로 그 자신이 동기가 없습니다. 이
것은 아주 엄중한 문제입니다. 지금 선생님이 묘항 일을 하고 있는
것을 보면 단지 우리 두, 세 사람일 뿐이라는 말입니다. 그러므로
저는 말하기를, 요 2, 3십 년 동안 대만에서부터 지금에 이르기까
지, 금화-온주(金華-溫州)간 철도공사를 했든 무엇을 하든 간에 오
직 두, 세 사람의 미치광이들, 이전홍(李傳洪)이나 이소미(李素美)
가 저를 따라서 미친 것이라고 말합니다. 그들도 제가 멋대로 하는
데 대해서 원망을 품지 않습니다. 제가 미친 짓을 하는 대로 그대
로 합니다. 그들은 또 이유를 묻지 않습니다. 당신이 하려고 한 바
에야 당신 따라서 그렇게 하지요! 입니다. 그들은 반드시 대 발심

한다고 말하지도 않습니다. 그렇게 엄중하게 보려하지 않습니다. 제가 그를 미치광이라고 한 까닭은 저를 따라서 미쳤을 뿐이기 때문입니다! 진정으로 발심하는 것은 정신병이 나는 것보다도 더 어렵습니다! 발심한 사람도 있습니다. 그는 말하기를 일을 다 해놓고 난 다음에 돈을 충분히 벌면 이 일을 하겠다고 합니다. 헛말입니다! 그때는 사람은 이미 죽어버렸습니다.

저의 일생은 스무 살 남짓부터 사회에 나왔는데, 그때는 바로 앞날이 벼락출세할 수 있는 때였습니다. 그래도 이 길을 걸어왔습니다. 수십 년 동안 영원히 이렇게 걸어왔습니다. 아무리 어렵고 가난하고 곤궁해도 한 결 같이 이런 발심이었습니다. 만약 제 자신이 돈을 벌거든 하겠다고 했다면 저는 일생동안 돈이 없으니 하지 못할 것이 아니겠습니까? 그래서 어떤 운명 감정가가 저의 일생을 감정해보았는데 "재부가 한 나라에 필적할 수 있지만 손에는 한 푼도 없고, 명망은 한 시대에 영향을 끼치지만 손에는 관인 하나도 없다."고 했습니다. 정말로 그렇습니다. 저는 수십 년 동안 변동이 없었습니다. 저의 자식들을 여러분이 보세요, 제가 그들을 돌봤을까요? 아닙니다. 출국한 아이들이 모두 여기에 앉아 있는데 예전에 제가 그들에게 말했습니다. '아빠는 아무것도 없다. 너희들에게 대학졸업장 한 장과 몇 백 달러를 주니 떠나가거라! 이후에는 너희들의 일이다. 너희들도 나에게 효순할 필요 없고 나도 너희들에게 효순하지 않겠다.' 지금까지도 여전히 이렇습니다. 이는 모두 사실입니다. 오직 발심만 있을 뿐입니다. 그러므로 여러분 안휘가 고향인 두 사람은 모두 특히 총명한 사람입니다. 하지만 저는 당신이 진정으로 조용히 지내며 자기를 새롭게 한번 연마하고 난 다음 다시 나와서 일을 하기를 바랍니다.

사무적인 일들을 얘기 나온 김에 한번 얘기 하겠습니다. 왜냐하면 내일이면 여러분들도 출발해야하기 때문입니다. 저는 여기서 여전히 남아 일부 사무적인 일들을 한 번 점검해야 합니다. 여기의 일에 참여하는 사람들은 아주 대단한 사람들입니다. 일부 발심한 사람들이 있습니다. 예컨대 저 사장님도 발심했는데 여기저기서 좋은 일 하려고 발심하고, 우리에게는 더욱 특별합니다. 대북에 있는 어떤 출가자가 수행하고자 하자 그는 또 일 년에 1백 여 만원을 써서 일층 빌딩을 빌려 다들 정좌 수행하도록 했습니다. 저는 그에게 웃으며 말했습니다. "당신의 돈은 쓸 곳이 없군요. 한 달에 십여 만원씩이나 주고 건물을 빌려 작은 고양이 서너 마리로 하여금 정좌 수행하게 하다니." 그는 기꺼이 하고자합니다. 또 대단합니다. 그는 다른 좋은 일도 많이 합니다. 하지만 지금 1년 남짓 지났습니다. 저는 말합니다. 당신 그만두어야 합니다. 예를 들어 이곳에 선당이 하나 있는데 누가 와서 진정으로 수행합니까? 누가 지도할까요? 오직 저 같은 늙은이가 여러분과 함께 놀고 다들 따라와서 놉니다. 누가 발심할까요? 이상의 사무적인 일들을 얘기 나온 김에 한번 얘기했는데, 어떤 사람을 널리 칭찬하는 것도 아니요 어떤 사람을 꾸짖는 것도 아닙니다. 여러분들더러 좀 알게 할 뿐입니다.

지금 이곳의 본 청사는 장식 작업을 하고 있는데 고통스럽고 어려운 단계입니다. 가을에는 완성되기를 바랍니다. 어떻게 수업을 열지는 다시 연구할 겁니다. 이제 사무적인 초보는 규모를 갖추었습니다. 교무는 어떻게 할지 총무는 어떻게 처리할지 재정은 어떻게 할지 모두 다 모릅니다. 하지만 저는 일생동안 본래 일을 함에 있어 모르면 곧 모른 것이고 그때에 가서 보자는 식입니다. 자, 이 한 토막의 이야기는 바람처럼 불고 지나갔으니 듣고 지나면 그만입니다.

소감을 담론하다

이제 칠일 동안의 수업을 마치고 소참(小參) 시간을 갖겠습니다. 저마다 면전에서 보고하고 모두들 듣는 시간입니다. 한 사람 한 사람씩 보고하십시오. 제가 보니 여러분은 숫자가 많아서 네 시간은 필요로 합니다. 여러분들은 매 번마다 저의 수업을 들었습니다. 많은 학우들은 여러 해 동안 들었는데 당신은 진실한 보고를 한편 써서 저에게 준 적이 있습니까? 없습니다. 있기도 합니다. 어떤 여사한 분인데 그녀는 언제나 보고서를 씁니다. 그녀는 저를 따르기 전에 먼저 기공(氣功)부터 배웠습니다. 그녀의 보고서는 끊어진 적이 없습니다. 모아서 쌓아 놓으면 수십만 자나 됩니다. 그녀의 몸은 몹시 안 좋았고 여러 가지 병도 난 적이 있었지만 지금 아직 살아 있고 정신도 좋습니다.

제가 그녀를 널리 칭찬하는 것은 아닙니다. 칠일 동안에 그녀는 마침내 빚을 조금 갚은 셈이지만, 여러분들은 저에게 빚을 갚지 않았습니다. 아마 며칠 걸리면 갚는 사람이 있을 겁니다. 여러분 그녀의 보고서를 보세요. 이제 모두들 긴장을 푸십시오. 누가 한번 읽겠습니까?

(어떤 여사가 보고서를 읽다)

만약 타칠(打七) 대로 한다면 저마다 그날그날의 수지 경험을 구두로 보고 해야 합니다. 문제가 있으면 이때에 해답을 합니다. 토론이 아닙니다. 토론은 보통의 회의로서 나는 내 것이 있고 당신은 당신 것이 있어서 토론할 수 있습니다. 여기서는 가르침을 청한 것만 있을 뿐입니다. 그러므로 사도(師道)를 얘기하면 제 생각에는 이 자리에 있는 젊은이들은, 여러분이 비록 오륙십 세이더라도 저는 젊은이라고 부릅니다, 대체로 한유(韓愈)의 「원도(原道)」와 「사도(師道)」라는 글들을 읽어본 적이 없을 것입니다. 무엇을 선생님이라고 합니까? 전도(傳道)·수업(授業)·해혹(解惑) 이 세 가지 요점이 사도인데, 자기의 모든 경험을 학생제자에게 전수해주고 학생이 자기를 뛰어넘기를 바라며, 학생의 의혹과 어려움을 해결해주는 것입니다. 이 글들은 『고문관지(古文觀止)』에 있는데 우리들은 어려서부터 외워야만 했습니다. 한유(韓愈)의 문장은 특별하며 전통 유가교육의 노선입니다. 그래서 여러분이 평소에 보고서를 제출하는 것은 토론을 위한 것이 아니라 의혹을 해결하기 위한 것입니다.

조금 전 여기에 이르렀을 때에 무슨 보고가 없을 것이라고 원래는 생각했는데 결과적으로 한 편이 있었습니다. 보니 대단히 기쁩니다. 제출하게 하여 여러분들에게 들려드렸습니다. 마침내 쓴 사람이 그래도 한 분 있었습니다. 사실 여러분들은 다들 마음으로 얻은 바가 있으며 모두 약간의 것이 있습니다. 다만 하려고 하지 않을 뿐입니다. 저 두 부부의 경우는 교육자들인데 틀림없이 말할만한 것이 많을 텐데도 물어보자마자 "없습니다, 없습니다"고 대답합니다. 중국인에게는 바로 이런 병폐가 있습니다. 의견이 있습니까 없습니까? 하고 물어보면 없습니다 없습니다고 말해 놓고는 내려가서는 또 많은 의견이 있습니다.

둘째 시간

주원장이 맹자를 평론하다

방금 전의 헛말은 먼저 다 했습니다. 이제 다시 이 두 사장님의 안휘 친구인 주원장(朱元璋)을 얘기하겠습니다. 주원장은 곤궁하고 배가고파 밥을 빌어먹기 위해 스님이 되었습니다. 스님이 되고서도 먹을 밥이 없어서 또 밖으로 나와서 밥을 빌었습니다. 최후에는 군인이 되었기 때문에 황제가 되었습니다. 황제가 되고 난 뒤에 그는 공묘(孔廟)[71] 안의 맹자의 위패를 치워버렸습니다. 그러면서 말하기를, "맹자는 성인이 아니다. 뒤죽박죽으로 멋대로 말했다."고 했습니다. 하지만 어느 날 자기가 다시 독서하면서 『맹자』라는 책 속의 한 단락을 읽고는 책상을 치며 크게 소리 질러 "맹자는 성인이다"고 말했습니다. 그리고는 다시 그의 위패를 회복시켰습니다. 이 단락의 말은 우리가 어렸을 때에 다 외울 수 있었던 것입니다. "하늘이 장차 어떤 사람에게 중대한 임무를 내리려 할 적에는, 반드시 먼저 그의 심지를 괴롭게 하고, 그의 육신을 수고롭게 하며[天將降大任於斯人也, 必先苦其心志, 勞其筋骨]", 일생 살아온 과정이 대단히 고통스럽고 몸으로 하는 노동은 고난을 다 겪었다는 겁니다. "그의 배를 굶주리게 하고, 그의 몸을 궁지에 처하게 하며[餓其體膚, 空乏其身]", 먹을 밥이 없어 몸속이 온통 텅텅 비었습니다. 고난을 겪어도 갈 길이 없었습니다. 그래서 어떤 사람은 말하기를 제가, 그를 꾸짖고 그에게 뭘 하라 해놓고는 또 그가 그렇게 하는 것을 제가 반대한다고 했는데, 이게 바로 맹자가 말하는 "하는 행

---

71) 공자를 모신 사당.

위마다 그가 하려는 바에 어긋나고 어지럽게 한다[行拂亂其所爲].”
입니다. 하는 게 다 옳지 않으며, 하면 할수록 옳지 않습니다. 당신
더러 어떻게 하라고 해 놓고는 옳지 않다고 당신을 꾸짖습니다. 부
빈(扶貧)하려고 하자, “맞습니다. 맞습니다. 당신하세요.”해 놓고는
당신이 진짜로 가서 하면 저는 또 당신이 함부로 한다고 말합니다.
“하는 행위마다 그가 하려는 바에 어긋나고 어지럽게 한다.”, 당신
을 어지럽게 만듭니다.

　왜 하늘이 그를 이렇게 단련시키려고 할까요? 왜 그럴까요? “그
까닭은 그의 마음을 분발시키고 그의 성질을 인내하게 만들고 그
의 할 수 없는 능력을 할 수 있도록 증가시키기 위해서이다[所以動
心忍性, 增益其所不能]”, 이게 바로 교육이요, 이게 바로 단련시키
는 것으로, 그로 하여금 갖가지 고통을 겪게 하는 것입니다. 사람
이 마음이 일어나고 생각이 움직이는 사이에 하나의 목표를 굳혀
야 합니다. 갖가지가 뜻대로 되지 않고 갖가지를 했는데도 제대로
되지 않은 것은 당신을 교육시키는 것입니다. 큰 환경이 당신을 교
육시키고 당신이 할 수 없는 일을 할 수 있도록 증가시키고 도와주
는 것입니다. “사람은 항상 잘못한 뒤에야 고칠 수 있다[人恆過, 然
後能改]”, 사람은 잘못을 범하기 쉽습니다. 하지만 잘못을 범하고
서 자기가 고칠 줄 알아야 합니다. “어떤 일을 함에 있어 마음에서
번민하면서 두루 고려한 뒤에야 해야 하며[困於心, 衡於慮而後作]”,
자기가 어떤 일을 함에 있어 마음속으로 번민하면서 어떻게 하는
것이 좋을지 모르면 두루 고려하고 나서서 해야만 합니다. 예를 들
어 제가 금화-온주간 철도 공사 일을 했는데, 하고난 다음에 저는
한 가지도 취하지 않았습니다. 다 했으면 다 한 것으로 끝이어서
지금의 마음속에는 걸려 있는 근심걱정이 없습니다. “상대의 태도
를 살펴보고 말을 한 뒤에야 깨우칠 수 있다[徵於色, 發於聲, 而後

喩)", 어떤 사람이나 일을 대함에 있어서는 상대의 태도가 어떠한지, 상황이 어떠한지, 전체 사회 환경이 어떠한지를 살펴 보고난 다음에 말을 합니다. 그러므로 한 국가나 한 사회가 "안으로는 고명한 사람과 직언하는 선비가 없고[入則無法家拂士]," 그러면 문제가 있을 수 있습니다.

주원장은 여기까지 읽고는 책상을 치며 절묘하다고 소리 지르고 "맹자는 성인이다!"고 말했습니다. 그는 자기의 좌우 곁에 '법가(法家)'가 없다고 말했습니다. 고명한 사람을 '법가'라고 부릅니다. 방법을 아는 것이지 사법(司法)을 하는 것이 아닙니다. 그러므로 우리들이 남에게 글자를 써 줄 때에 '모모법가지정(某某法家指正)'이라고 씁니다. 만약 한 영도자에게 곁에 법가가 없고 고명한 사람의 지도가 없다면, 즉 '불사(拂士)'가 없다면, 다시 말해 당신이 긍정하는 것을 반대하여 뒤엎어 버리는 사람이 없고, "밖으로는 적국과 외환이 없다면, 그 나라는 항상 멸망한다[出則無敵國外患者, 國恆亡].", 밖으로는 당신과 항쟁하는 적이 없고 외환(外患)이 없다면 그 국가는 끝장나게 됩니다. 왜냐하면 사회가 너무 안정되면 다들 재산을 모으고 돈 벌 줄만 알기 때문입니다. "그런 뒤에야 근심과 환난 속에서는 살아나게 되고 안일과 쾌락 속에서는 죽게 된다는 것을 알게 된다[然後知生於憂患而死於安樂也].", 인생과 국가와 사회의 대 원칙은 바로 이와 같습니다. 그런 다음에야 당신은 성공이란 우환과 어려운 고통을 겪는다는 것을 비로소 알게 됩니다. 만약 가는 곳마다 뜻대로 되고 순조롭다면 끝장납니다. 국가이든 사회이든 개인의 사업이든 모두 마찬가지입니다.

지금 여러분도 '우환의식(憂患意識)'이라는 글을 쓸 줄 아는데, 바로 『맹자』의 「고자(告子)」 편에서 나온 것입니다. 여러분은 돌아가면 『논어』·『대학』·『중용』·『맹자』, 이 「사서(四書)」를 읽어 보십시오. 지금 읽어도 늦지 않습니다. 그것은 중국의 성경입니다. 서양의 『신구약전서』와 같습니다.

노신과 소

이제 여러분에게 소 한 마리를 얘기하겠습니다. 이것은 선종의 심지점수(心地漸修) 법문입니다. 목우도(牧牛圖)는 보명(普明) 선사의 작품입니다. 무슨 소일까요? 노신(魯迅)에게는 두 마디 시가 있는데 좋습니다. "횡미냉대천부지(橫眉冷對千夫指)", 그가 예전에 상해(上海)에서 글을 쓸 때 다들 그를 가리키며 욕을 했습니다. 그러나 그는 "부수감위유자우(俯首甘爲孺子牛)", 스스로 머리를 낮추고 목동이 하나 된다는 겁니다. 저는 노신에 대해서 그저 그렇다고 생각하지만 이 두 구절의 시는 매우 의미가 있습니다. 그의 뱃속에 원망과 한(恨)의 기(氣)가 가득했음을 알아볼 수 있습니다. '횡미(橫眉)'는 화가 나서 눈썹이 모두 일어나고 차갑게 바라보는 것입니다. '당신들이 나를 욕하려면 욕하시오. 내가 누군데, 나야말로 당신들이 욕해도 두렵지 않소' 하며 아큐(阿Q)의 정신으로 차라리 어린 목동이 하나 되겠다는 겁니다. 이것은 소와의 관계가 있는 시입니다. 장래에 국내의 젊은 세대에서 좋은 시를 쓰는 시인이 하나 나올지도 모릅니다. 노신의 이 두 마디의 시는 좋은 시입니다. 그러므로 저는 말하기를, 공산주의가 당시에 밀고 나갈 수 있었던 것은 이 몇 사람의 소흥(紹興) 사람인 노신이나 욱달부(郁達夫)같은 사람들에 의지했다고 합니다. 이런 사람들은 모두 소흥 사람들이었습니다.

마구 달아나는 소

목우도는 점수 법문을 말합니다. 우리들의 심념은 바로 한 마리의 소로서 마구 달아납니다. 이 그림은 명나라 선종에서 유명했습니다. 그 당시 목판 그림이었는데 일본인들은 이 목우도를 더욱 받들었습니다. 한 마리의 검은 소가 미친 듯이 도처로 마구 달아납니다. 목동은 고삐를 들고 뒤에서 쫓아갑니다. 이것은 무엇을 상징하는 것일까요? 우리들의 이 마음을 상징합니다. 생각, 정감이 바로이 한 마리의 검은 소인데 이리저리 마구 달아납니다. 목동은 고삐를 가지고 그 뒤에서 쫓아가도 따라잡지 못해서 묶어 놓지 못합니다. 우리가 정좌하고 있을 때 심념은 첫 단계에서 바로 이와 같은 상황인데, 보명화상은 네 구절의 시로써 묘사했습니다.

1. 길들이기 전[一未牧]

머리에 흉악한 두 뿔 나고 제멋대로 울부짖으며
시내와 산으로 내달리는 길 갈수록 멀어지네
한 조각 검은 구름이 골짜기어귀에 걸쳐 있으니
누가 알까 걸음걸음마다 좋은 싹 짓밟는 줄을

猙獰頭角恣咆哮　奔走溪山路轉遙
一片黑雲橫谷口　誰知步步犯佳苗

　"머리에 흉악한 두 뿔 나고 제멋대로 울부짖으며[猙獰頭角恣咆
哮]", 소의 그 두 뿔은 대단히 위풍이 있습니다. 우리는 어떤 사람
이 매우 총명한 것을 형용하여 두각쟁영(頭角崢嶸)72)이라고 합니
다. '자(恣)'는 자기를 방임하는 것입니다. '포효(咆哮)'는 성깔을 부
리면서 마구 날뛰고 소리 지르는 것입니다. 가는 곳마다 허풍을 치
는 것입니다. "시내와 산으로 내달리는 길 갈수록 멀어지네[奔走溪
山路轉遙]", 이 소는 산의 농토에서 마구 달아나 달리면 달릴수록
멀어집니다. 우리들의 정서 망상이 바로 이 한 마리의 소입니다.
"한 조각 검은 구름이 골짜기어귀에 걸쳐 있으니[一片黑雲橫谷口]",
날이 어두워져 어디로 달아났는지를 모릅니다. 네 번째 구절은 자
기반성입니다. 이 망상 정서가 이곳저곳으로 마구 내달리는데 "누

---

72) 두각을 나타내다. 재능이 뛰어나다는 뜻.

가 알까 걸음걸음마다 좋은 싹 짓밟는 줄을[誰知步步犯佳苗]", 자기
가 선량한 뿌리를 모두 잡아당겨 끊어서 짓밟아버리고 자기의 뿌
리를 뽑아버려서 좋은 씨앗 싹이 모두 나지 않게 되어버립니다. 이
것이 목우도의 제1단계입니다. 즉, 우리들이 정좌하면 평소의 정서
생각이 마구 날뛰는 것입니다. 많은 방법을 생각하여 이것저것 하
려고 하거나 장사를 해서 돈을 벌려하거나 관료가 되려하는데, 이
모두는 망상이 마구 날뛰고 있는 것입니다. 이 제목을 '미목(未牧)'
이라고 하는데, 자기의 망상심념을 묶어 놓을 수 없는 것입니다.

소에 올가미를 씌워놓다

2. 처음 길들이다[二初調]

내게 한 가닥 고삐 있어 느닷없이 소코 꿰어서
돌아 내달리면 아프게 채찍질 하고
예전의 나쁜 습성 다스리기 어려우니
아직은 목동이 온힘으로 끌어당겨야 하네

我有芒繩驀鼻穿　一迴奔競痛加鞭
從來劣性難調制　猶得山童盡力牽

　제2단계입니다. 우리들은 정좌를 배우고 자기가 마음을 관찰할 수밖에 없습니다. 16특승에서 지(知)를 말했는데, 아는 것입니다. 잘못을 범하고는 이 마음을 끌어 되돌려야 합니다. '초조(初調)', 드디어 생각염두를 찾아내고는 이 마구 달리는 생각을 묶어놓습니다. "내게 한 가닥 고삐 있어 느닷없이 소코 꿰어서[我有芒繩驀鼻穿]", 고삐를 하나 가지고 소의 코를 꿰어 놓습니다. 이제 우리들이 불법의 출입식 수행을 이용하는 것입니다. 기(氣)를 이용하는 것입니다. 호흡이라는 기는 한 가닥 고삐로 심성이라는 소에 올가미를 씌어 놓는 것입니다. "돌아 내달리면 아프게 채찍질 하고[一迴奔競痛加鞭]", 소가 다시 성깔을 부리고 마구 달아나면 그에게 채찍질을 한 번 합니다. 그러므로 여러분이 정좌하고서 안나반나를 닦는

것은 바로 이 고삐 하나로 이 심념을 잡아당겨 되돌리는 것입니다. "예전의 나쁜 습성 다스리기 어려우니[從來劣性難調制]", 마구 달아나면 다시 되돌립니다. 예를 들어 호흡법을 닦는 경우 안나반나를 잠깐 사이에 잊어버려 또 다른 생각이 옵니다. 마음과 호흡[心息]이 하나로 결합되지 않은 까닭에 또 도망가 버렸습니다. 이것은 자기의 습성인데 밖으로 내달리기를 좋아하는 것입니다. "아직은 목동이 온힘으로 끌어당겨야 하네[猶得山童盡力牽]", 이 목동에 의지하여 끌어당겨야합니다. 목동은 우리들 자신의 의지인데, 그 의지를 이용하여 생각염두를 끌어당깁니다. 이것이 두 번째 그림입니다. 여러분 보십시오, 그림에 이 한 가닥 고삐는 소의 코를 꿰고 있습니다. 소가 달아나고자 하면 목동은 애를 써서 잡아당깁니다.

3. 길들여져 가다[三受制]

점점 복종하여 내달리기 멈추어서
물 건너고 구름 헤쳐도 걸음걸음 따라 오네
손에 쥔 고삐 조금도 늦추지 않지만
목동은 하루 종일 스스로 피곤함을 잊었네

漸調漸伏息奔馳　渡水穿雲步步隨
手把芒繩無少緩　牧童終日自忘疲

　세 번째 단계는 '수제(受制)'라고 합니다. "점점 복종하여 내달리기 멈추어서[漸調漸伏息奔馳]", 소가 고삐에 꿰어진 습관이 되어 점점 얌전해져서 목동이 가볍게 한번 잡아당기면 끌려옵니다.

　여기서 저는 여러분들에게 이야기를 하나 들려주겠습니다. 항일전쟁 때에 저에게는 두 분의 사단장 친구가 있었습니다. 한 사람은 군대를 거느렸는데 둔하고 몸은 뚱뚱했습니다. 그의 부대는 산만했습니다. 그리 훈련되지 않았었습니다. 하지만 전쟁을 하면 그의 병사들은 모두 필사적일 수 있었습니다. 다른 한 사람은 군대를 거느리는데 대단히 총명하고 모르는 것이 없었습니다. 어느 날 제가 그를 보러갔습니다. 때마침 그 부대가 지나가는 것을 보았는데 말한 필이 달아나고 있었습니다. 그는 곧 말을 관리하는 마부를 꾸짖었습니다. "멍청한 놈! 저 말을 묶어 놓아라." 마부는 뛰어가 죽어라고 잡아당겼지만 오히려 말에 끌려 달려갔습니다. 이 사단장은 달려가서 귀싸대기를 올리고 고삐를 넘겨받더니 한 바퀴 한 바퀴씩 감아 돌려 말의 곁에까지 감아갔습니다. 그리고 가볍게 한번 끌자 끌려왔습니다. 그런 다음 고삐를 마부에게 넘겨주고 또 그의 귀싸대기를 때렸습니다. "멍청한 놈! 말조차도 끌줄 모르는구나."

소든 말이든 성깔이 나면 여러분은 그 고삐를 조금씩 감아 돌려 코의 주변까지 감아가 가볍게 당기면 가게 됩니다. 보세요, 부처님은 우리더러 안나반나를 닦으라고 가르치시는데 여러분의 심념은 마구 달아나 심성이 조용해지지 않습니다. 그러므로 부처님은 당신더러 눈은 코를 관하고 코는 마음을 관하라고 가르쳐줍니다. 호흡을 관리하기만 하면 서서히 그 심념은 다스려져 복종합니다[調伏]. 그러므로 제가 이 이야기를 했는데 제 자신이 직접 보았습니다. 점점 복종하여 내달리기를 멈추는 것을 보았습니다. 이 소는 감히 마구 달아나지 못하게 되었습니다. 코가 끌어당겨져 있기 때문입니다. "물 건너고 구름 헤쳐도 걸음걸음 따라 오네[渡水穿雲步步隨]", 소는 목동을 따라 갑니다. 7, 8세 되는 어린애를 따라 한 걸음 한 걸음 걸어갑니다. 얌전하고 감히 움직이지 않습니다. 왜냐하면 고삐가 목동의 손에 있어서 성깔이 이미 통제되었기 때문입니다. "손에 쥔 고삐 조금도 늦추지 않지만, 목동은 하루 종일 스스로 피곤함을 잊었네[手把芒繩無少緩, 牧童終日自忘疲]", 목동의 손은 억새 고삐를 쥔 채 한 걸음도 감히 긴장을 풀지 않습니다. 그러므로 여러분이 열심히 공부하면서 호흡법으로써 숨을 조절하면[調息] 자기가 피로를 느끼지 않습니다. 여러분 그림을 보십시오, 검은 소의 머리가 흰색으로 변했습니다. 호흡이 이미 서서히 조복되어 부드러워졌고 자기가 그를 바라보고 있습니다. 당신의 목동은 무엇일까요? 바로 의식입니다. 당신의 고삐는 무엇일까요? 바로 기(氣)입니다. 출입기(出入氣)인 안나반나입니다.

호흡을 부드럽게 조절함

당신의 의식심념을 전일하게 하여 마음과 호흡을 하나로 결합시켜 부드럽도록 조절하는 것이 세 번째 단계입니다. 그가 그린 그림을 보십시오. 이 목동은 아주 홀가분해졌습니다. 채찍을 들고 있습니다. 마음대로 나뭇가지를 하나 들고 있습니다. 소는 어떨까요? 머리가 하얗게 되기 시작했습니다. 흰색은 선량함을 상징합니다. 검은 색은 악업을 상징합니다. 그러므로 불경에서는 좋은 일을 하는 것을 백업(白業)을 짓는다고 말하고, 나쁜 일을 하는 것을 흑업(黑業)을 짓는다고 말합니다. 통제되어서 당신의 공부는 마음과 호흡이 하나로 합해질 수 있게 되었습니다.

4. 머리를 돌이키다[四廻首]

날이 갈수록 공부 깊어져 비로소 머리 돌이키고
미친 심성의 힘 점점 다스려져 부드럽게 되었네
목동은 아직 완전히는 허락하려 하지 않기에
여전히 잡고 있던 고삐를 또 매어 놓았네

日久功深始轉頭　顚狂心力漸調柔
山童未肯全相許　猶把芒繩且繫留

　네 번째 단계는 회수(回首)인데, 소는 머리를 돌렸습니다. 즉, 심념이 호흡의 고삐에 묶여졌습니다. "날이 갈수록 공부 깊어져 비로소 머리 돌이키고[日久功深始轉頭]", 소가 마구 달아나지 않습니다. 마음이 하나로 돌아갔습니다. "미친 심성의 힘 점점 다스려져 부드럽게 되었네[顚狂心力漸調柔]", 평소에 마구 달아나던 심성이 부드러워져 호흡을 따라서 오고갑니다. 즉, 수식(數息) 다음의 단계인 수식(隨息)입니다. "목동은 아직 완전히는 허락하려 하지 않기에, 여전히 잡고 있던 고삐를 또 매어 놓았네[山童未肯全相許, 猶把芒繩且繫留]", 그렇지만 우리들의 의념은 긴장을 늦추어서는 안 됩니다. 마음과 호흡이 물론 합일할 수 있게 되었지만 심념이 전일하더라도 손을 놓아서는 안 됩니다. 이 그림은 아주 재미있게 그려졌습니

다. 소의 머리와 목 부분이 다 하얗게 변했습니다. 개성이 많이 부드러워 진 것입니다. 목동은 원래 소 곁에 서 있었는데 이제는 제6의식이 마음을 쓸 필요가 없게 되었습니다. 하지만 소를 당기는 고삐는 아직도 잡아당기고 있어야 합니다.

마음과 호흡이 하나가 되다

5. 길들여지다[五馴伏]

푸른 버드나무 그늘 아래 옛 시냇가에서
놓아 주고 거두어 옴이 자연스럽네
해질 무렵 파란 하늘 싱그러운 풀 언덕에서
목동은 집에 돌아가면서 고삐를 끌 필요 없네

綠楊蔭下古溪邊　放去收來得自然
日暮碧雲芳草地　牧童歸去不須牽

다시 한 단계 더 나아가 훈복(馴伏)입니다. "푸른 버드나무 그늘 아래 옛 시냇가에서[綠楊蔭下古溪邊]", 목동은 고삐를 잡아당기지 않기로 했습니다. 의념이 다시 그렇게 힘쓰지 않습니다. 자기의 심성 생각도 더 이상 마구 달아나지 않습니다. 언제나 출입식을 따라서 하나가 되었습니다. 이것은 육묘문의 수식(隨息)이 곧 지식(止息)에 도달하려는 단계입니다. "놓아 주고 거두어 옴이 자연스럽네[放去收來得自然]", 편안합니다. 소도 얌전해졌습니다.

생각이 마구 달리지 않고 언제나 공부 경계 속에 있습니다. "해질 무렵 파란 하늘 싱그러운 풀 언덕에서[日暮碧雲芳草地]", 이 경계는 저절로 마음이 편안하고 기분이 좋습니다. "목동은 집에 돌아가면서 고삐를 끌 필요 없네[牧童歸去不須牽]", 목동은 손에 고삐를 가지고 스스로 집으로 돌아오는데, 소를 끌어당기지도 않습니다. 우리가 시골에서 어렸을 때 본 적이 있는데, 얌전한 소는 저녁이 되면 스스로 돌아올 줄 알았습니다. 그려진 소는 이미 3분의 2가 하얀 색으로 변했습니다. 그만큼 선량해진 겁니다.

6. 걸림이 없다[六無礙]

넓고 빈 땅에서 편안히 잠자고 의식이 자유롭고
채찍질 수고 않고 영원히 걸림 없네
목동은 푸른 소나무 아래 듬직이 앉아서
태평가를 한 곡 부니 즐거움이 여유 있네

露地安眠意自如　不勞鞭策永無拘
山童穩坐靑松下　一曲昇平樂有餘

여섯 번째 단계는 무애(無礙)입니다. 이 소는 거의 전체가 하얗게 되었습니다. 모두 선량해졌습니다. 심성이 조복되었습니다. 오직 꼬리부분만 아직도 여전히 까맣습니다. 목동은 어디에 있을까요? 피리를 불려고 갔습니다. 자기가 놀러갔습니다. 소는 소고 아이는 자기로 돌아갔습니다. 이 그림을 '무애'라고 부릅니다. 공부가 거의 한 덩어리를 이루었습니다. "넓고 빈 땅에서 편안히 잠자고 의식이 자유롭고[露地安眠意自如]", 노지(露地)는 아득히 넓은 빈 땅인데, 밤낮으로 공부가 자연히 길에 올랐고 영원히 청정한 정(定)의 경계 속에 있습니다. 의식을 집중할 필요가 없이 자연히 모두 전일하여 청정합니다. 즉, 우리들이 앞에서 얘기 했던 네 가지 요가에서 '이희(離戲)' 단계에 이미 도달한 것입니다. "채찍질 수고 않고 영원히 걸림 없네[不勞鞭策永無拘]", 이 소에 대해서는 상관하지 않기로 했습니다. 심성망념이 자연히 일어나지 않고 청정해졌습니다. 채찍질도 하지 않기로 했습니다. 주의도 기울이지 않기로 했습니다. 제6의식은 자연히 청정해졌고 망념이 청정해졌습니다. "목동은 푸른 소나무 아래 듬직이 앉아서, 태평가를 한 곡 부니 즐거움이 여유 있네[山童穩坐靑松下, 一曲昇平樂有餘]", 몸과 마음이 대단히 차분해졌습니다. 목동은 아무것도 상관할 필요가 없습니다. 제6의식과 의근(意根)은 이미 청정해져서 차분히 푸른 소나무 아래 앉아서 일없이 피리를 불고 놀고 있는데, 당나라 사람의 시 구절인 "짧은 피리를 가락 없이 입에서 나오는 대로 분다[短笛無腔信口吹]"로서, 내키는 대로입니다. 소는 어떨까요? 집에 도착했을까요? 아직 이릅니다!

마음에 걸림이 없다

7. 자연스러움에 맡기다[七任運]

버드나무 늘어선 언덕과 봄 물결에 석양이 비치고
얇은 안개 속에 싱그러운 풀들은 파릇파릇하네
배고프면 먹고 목마르면 마시며 시절 따라 지내니
바위 위에서 목동은 한참 깊은 잠에 빠져있네

柳岸春波夕照中　淡煙芳草綠茸茸
饑餐渴飲隨時過　石上山童睡正濃

일곱 번째 단계인 임운(任運)에 도달했습니다. 소의 꼬리도 검은 부분이 없어졌습니다. 남은 것은 모두 선업으로, 생각 생각마다 청정합니다. "버드나무 늘어선 언덕과 봄 물결에 석양이 비치고[柳岸春波夕照中]", 시 속의 그림은 얼마나 사랑스럽습니까! 강남의 봄은 물도 푸르고 산도 푸르고 둑에는 버드나무들이 있는데 태양이 비추고 있는 모습니다. "얇은 안개 속에 싱그러운 풀들은 파릇파릇하네[淡煙芳草綠茸茸]", 안개비가 부슬부슬 내리고 안개는 뽀얗고 땅에는 온통 방초입니다. 버드나무들은 온통 푸르고 고요합니다. 이때에 망념이 있을까요 없을까요? 망념이 있습니다. 그러나 어떤 일을 처리하든 자기는 생각 생각마다 공(空)하고 번뇌가 없으며 자재합니다. 관자재보살이 되었습니다. "배고프면 먹고 목마르면 마시며 시절 따라 지내니[饑餐渴飲隨時過]", 배고프면 밥을 먹고 목마르면 물을 마십니다. 인연 따라 세월을 보내며 일체에 거리낌이 없습니다. 『반야심경』은 말합니다. "마음에 걸림이 없고 걸림이 없으므로 두려움이 없으며 전도몽상을 멀리 떠났다[心無罣礙, 無罣礙故, 無有恐怖, 遠離顛倒夢想]", 제6의식은 어떨까요? 목동은 어떨까요? "바위 위에서 목동은 한참 깊은 잠에 빠져있네[石上山童睡正濃]", 잠이 들었습니다. 너무 편안한 경계입니다. 제6의식이 분별을 일으키지 않게 되었습니다. 보세요, 그림속의 목동은 누워서 잠을 자고 있고, 소도 떠나지 않고 자연히 풀을 뜯어먹고 있습니다. 공부가 이 단계에 도달한 것을 '임운자재(任運自在)'라고 합니다. 당신이 사장이 되거나 이사장이 되거나 남을 위해 노동을 하거나 회의를 열거나 일을 할 때이더라도, 심경이 모두 마찬가지입니다. 즉, 16 특승에서의 "수희수락", "심작희", "심작섭", "심작해탈"처럼 그렇게 자재합니다.

8. 서로를 잊어버리다[八相忘]

흰 소는 항상 흰 구름 속에 있고
사람도 자연히 무심하고 소 또한 그러하네
달빛이 흰 구름 뚫으니 구름 그림자가 희고
흰 구름 밝은 달 아래서 가는 대로 내맡기네

白牛常在白雲中　人自無心牛亦同
月透白雲雲影白　白雲明月任西東

이것은 여덟 번째 단계의 공부인 상망(相忘)입니다. 소는 이미 보통의 소가 아닙니다. 이미 승천하였고 서로 잊어버렸습니다. 호흡 왕래도 없고 망념도 없습니다. 신체도 없고 공(空)도 없고 지각(知覺)도 없고 감각(感覺)도 없습니다. 온통 청정하고 온통 선(善)한 경계입니다. "흰 소는 항상 흰 구름 속에 있고[白牛常在白雲中]", 온통 광명입니다. "사람도 자연히 무심하고 소 또한 그러하네[人自無心牛亦同]", 모든 번뇌가 없고 모든 망념이 사라진 경계 속에 몸과 마음이 있습니다. "달빛이 흰 구름 뚫으니 구름 그림자가 희고[月透白雲雲影白]", 달의 광명이 흰 구름을 뚫고 나옵니다. 흰 구름과 달이 온통 광명입니다. "흰 구름 밝은 달 아래서 가는 대로 내맡기네[白雲明月任西東]", 이 여덟 번째 단계의 공부는 대자재(大自在)를 얻은 것입니다. 관자재보살이 5온이 공함을 비추어보고 마음에 걸림이 없는 경지입니다.

영명한 광명이 홀로 비추다

9. 홀로 비추다[九獨照]

소는 사라졌고 목동은 한가한데
외로운 구름이 푸른 산봉우리들 사이에 걸쳐 있네
밝은 달 아래서 박수치며 높이 노래 불러도
집에 돌아가자면 아직은 한 관문이 남아 있네

牛兒無處牧童閑　一片孤雲碧嶂間

拍手高歌明月下　歸來猶有一重關

　　아홉 번째 단계는 독조(獨照)입니다. 소가 사라졌고, 망념잡상(妄念雜想)이 사라졌습니다. 목동인 제6의식은 잠자러 가버렸습니다. 아무것도 없습니다. "소는 사라졌고 목동은 한가한데[牛兒無處牧童閑]", 소도 찾을 수 없고 목동은 한가롭습니다. 즉, 의식이 청명한 것입니다. 백장 선사가 말한 "영명(靈明)한 광명이 홀로 빛나 멀리 6근6진을 벗어났다[靈光獨耀, 迥脫根塵]."입니다. 목동은 유유하고 자유롭습니다. 목동은 바로 우리들 자신입니다. "외로운 구름이 푸른 산봉우리들 사이에 걸쳐 있네[一片孤雲碧嶂間]", 푸른 하늘 위에 아직은 약간의 흰 구름이 있습니다.

'벽장(碧嶂)'경지는 청명한데, 목동은 스스로 알았고 공부가 도달했습니다. "밝은 달 아래서 박수치며 높이 노래 불러도[拍手高歌明月下]", 일체가 공(空)해졌습니다. 밀종에서는 공성(空性)을 본다고 합니다. 공해지면 아무것도 없습니다. 그렇다고 당신은 옳다고 생각합니까? 아직은 이릅니다. "집에 돌아가자면 아직은 한 관문이 남아 있네[歸來猶有一重關]", 옛사람이 말했습니다. "무심이 바로 도라고 말하지 말라, 무심도 아직은 한 겹 관문을 사이에 두고 있다[莫道無心便是道, 無心猶隔一重關]." 왜냐하면 당신이 공(空)을 관찰하였지만 작용을 일으킬 수 없기 때문입니다. 마음이 일어나고 생각이 움직이면 어지럽게 느끼는데 그것은 공부가 집에 도달하지 못한 것입니다. 그러므로 저는 어떤 사람을 꾸짖기를 그더러 공부가 도달하고 난 다음에 다시 나와서 일을 하라고 합니다. 그때에는 어지럽지 않게 될 것입니다. 그러므로 이 단계를 '독조(獨照)'라고 합니다. 세간을 벗어날 수는 있지만 세간에 들어갈 수는 없다면 아직은 공부가 덜 된 겁니다. 대보살의 경계가 아닙니다.

10. 둘 다 사라지다[十雙泯]

사람도 소도 보이지 않아 아득히 그 자취 없고
밝은 달빛은 만상을 머금고 텅 비었네
만약 그 속의 분명한 뜻 묻는다면
들꽃과 싱그러운 풀들이 저절로 떼 지었다 하리

人牛不見杳無蹤　明月光含萬象空
若問其中端的意　野花芳草自叢叢

열 번째 단계인 쌍민(雙泯)에 도달하면 세간으로 들어갈 수도 있고 세간을 벗어날 수도 있습니다. 집어들 수도 있고 놓아버릴 수도 있습니다. 공(空)할 수도 있고 유(有)할 수도 있습니다. 이때에는 세간에 들어가 일을 할 수 있게 됩니다. 재가자도 출가자도 될 수 있습니다. 남자도 될 수 있고 여자도 될 수 있습니다. '쌍민(雙泯)', 공(空)과 유(有)가 모두 사라져버렸습니다. 사람도 보이지 않고 소도 보이지 않습니다. "사람도 소도 보이지 않아 아득히 그 자취 없고[人牛不見杳無蹤]", 색수상행식 5온이 공함을 비추어본 것입니다. "밝은 달빛은 만상을 머금고 텅 비었네[明月光含萬象空]", 오직 자성의 한 덩이 광명만 있습니다. 유(有)도 좋고 무(無)도 좋습니다. 세간에 들어갈 수도 세간을 벗어날 수도 있습니다.

번뇌하여도 좋고 번뇌하지 않아도 좋습니다. 공부가 이 경계에 도달하면 수행에 성취가 있다고 말할 수 있습니다. 거의 깨달았다고 할 수 있습니다. "만약 그 속의 분명한 뜻 묻는다면[若問其中端的意]", 도대체 어떻게 해야 옳을까요? 자연스럽습니다. "들꽃과 싱그러운 풀들이 저절로 떼 지었다 하리[野花芳草自叢叢]", 어느 곳이나 다 그렇습니다. 꼭 출가해야만 그렇게 할 수 있는 것도 아니고, 꼭 재가해야만 도를 닦을 수 있는 것도 아닙니다. 대자재를 얻은 것이 바로 관자재보살입니다.

이상으로 목우도를 다 강의했습니다. 우리들 여기 앞에 소가 한 마리 놓여있는데 어떻게 관리할까요? 열 단계의 공부가 있는데, 심지법문을 16특승과 결합하는 것입니다. 이제 당신은 다 알게 되었습니다.

셋째 시간

오늘은 칠 일째 되는 날입니다. 우리들은 보고를 듣겠습니다. 잠시 후에 제가 몇 사람에게 보고하도록 지정하겠습니다. 이제 한 편의 보고서가 있는데 얻기 드문 것입니다. 여러분 한번 들어보시기 바랍니다. 고서(古書)에 "타산지석가이공착(他山之石可以攻錯)"이라는 말이 한 마디 있습니다. 다른 산의 돌로 나의 옥을 갈 수 있다는 뜻인데, 남이 말한 것이 맞는지 안 맞는지 참구하고 반성하는 것입니다.

한 편의 보고서

(보고서를 읽는다)

이 보고는 얻기 드뭅니다. 이번에는 엄격하게 규정하지 않았기 때문에 내일은 다들 흘러가는 구름이나 떠다니는 부평초라 일이 있는 사람은 얼른 떠나가고 세상의 큰일이 또 다가올 것입니다. 이것은 이전에 선사들이 사람들을 꾸짖는 말이었는데 "구구담공(口口談空)", 입으로 말하는 도리는 모두 일류급이지만 "보보행유(步步行有)", 일이 많다는 것입니다. 그러면서도 자기는 수행하고 있다고 말한다는 겁니다. 인생이니까요. 인생은 본래 그렇습니다. 어렵습니다. 그러므로 유가의 도리는 입세(入世)의 노선을 걸어가서 수행 사업을 합니다. 저도 늘 말합니다, 장부나 대영웅은 출세간의 심경으로써 입세의 사업을 한다고 말입니다. 그것은 성현이나 영웅의 경지로서 너무나 어렵습니다. 이론이야 말하기 쉽지만 실천하지 못합니다. 그러므로 일부 학우들이 왜 꾸지람을 당할까요? 저는 성격이 급한 사람이라 빈말은 소용이 없다고 말합니다. 저는 일생 동안의 심정은 훌륭한 사람이 되지 못하는 것을 안타까워했습니다. 그러므로 저는 또 고인의 두 마디 말을 합니다. "양야지문다둔철(良冶之門多鈍鐵), 양의지문다병인(良醫之門多病人)", 무엇이 '양야(良冶)'일까요? 강철제련 기술자입니다. 대단한 사부입니다. 그의 곁에는 모두 파철더미입니다. 진정한 강철이 없습니다. 훌륭한 의원 옆에는 온통 병자들입니다. 아주 가련합니다.

두 번째 보고서

하지만 괜찮기도 합니다. 수행할 수 있는 도량이 있으니까요. 이 도량의 늙은이는 나이가 너무나 많습니다. 여러분 많이 노력해야 합니다! 저는 이제 너무 늙었다고는 할 수 없는 오랜 학우들 중의 한 사람의 보고를 들어보고 싶습니다. 그는 저의 오랜 학생입니다. 저를 따른 자격이 오래 된 셈입니다. 그는 예전에 미국 유학에서 돌아와 국민당에서 장경국(蔣經國)이 창립했던 청년구국단(靑年救國團)의 한 조직에서 주임을 했습니다. 저는 지금까지 그곳에 가서 강연을 해 본적이 없습니다. 한번은 그가 저더러 강연을 해달라고 했습니다. 그래서 저는 그의 뜻에 따라 강연을 했습니다. 그 강연은 수십 년이 지났습니다. 이제 그도 반 노인이 되었습니다. 글도 잘 쓰는데, 마치 저 학우처럼 마음내켜하지 않습니다. 그 둘은 같은 당으로 모두 '나당(懶黨)'73)입니다. 그는 교수를 하였습니다. 또 저를 대신하여 책도 엮었습니다. 이번엔 역시 유(劉)선생께서 자비로워서 그를 오라고 했습니다. 저도 오라고 했는데, 그는 이것을 하지 않을 것이라고 말했습니다. 결과적으로 그는 미국에 갔다가 잠시 돌아왔습니다. 그러므로 당신의 이번의 '늙어서야 받는 진찰'에 대하여 좀 들어보겠습니다. 그런 다음 당신이 어떻게 했는지 당신은 여러분들에게 말해도 좋습니다. 여러분은 오랜 학우들이 어떻게 했는지, 그의 요 며칠 동안에 대한 보고를 들어보기를 바랍니다.(구두로 보고하다)

그가 여기까지 말한 것은 학술적인 보고입니다. 하지만 괜찮습니다. 예전에 그는 '청년구국단보이스카우트문화공사'에서 일할 때

---

73) 게으름뱅이 당.

장경국은 경비를 배정하여 그들에게 서양문화사를 모조리 번역하도록 했습니다. 그 때에 미국인은 대만을 해적이라고 여겼습니다. 전문적으로 해적판을 찍는다는 것입니다. 이 『세계문명사』의 전질을 1백여 명을 집중시켜 번역했습니다. 뒷날 그도 정중서국(正中書局) 해외부(海外部)의 경리를 맡았습니다. 정중서국은 공산당의 신화서점(新華書店)에 해당합니다. 뒷날 제가 미국으로부터 홍콩으로 돌아와서 북경 측과 접촉할 때 저는 말하기를 여러분들은 서양을 이해해야한다고 했습니다. 저는 곧 전화를 대만에 걸어 그에게 물었습니다. 여러분들의 그 책들은 아직 얼마나 있는가요? 그는 거의 없다고 했습니다. 네다섯 질만 남아있다고 했습니다. 저는 말했습니다. 당신은 모조리 제게 갖다 주십시오. 제 자신이 한질 보관하고 나머지는 고위층 인사들에게 보냈습니다. 그는 대륙이 이 책을 출판하기를 바랐습니다. 다들 읽어보아야만 합니다. 대만의 문화방면에서도 그는 조금의 공로가 있습니다. 그 책이름을 뭐라고 하는지 잊었습니다. (『세계문명사』라고 답하다)

지금 국내에서는 동서 문화의 소통을 이야기하는데 우리들은 아직 멀었습니다. 일을 했던 이런 청년들은 모두 공로가 있습니다. 현재에는 관리학을 얘기할 줄만 알고 문화 방면은 상관하지 않습니다. 예전에 대만에서 예컨대 서양 철학사는 원전 전체를 대만이나 대륙이 번역한 것 같습니다. 하지만 다들 체계적으로 연구는 하지 않았습니다. 유감스러운 일입니다. 이틀 전에 교통대학에서 천문학을 연구한 사람이 쓴 불경 속에서의 천문을 보았는데 대단히 훌륭했습니다. 그러므로 중국 청년학자들 중에도 인재가 있습니다. 그는 천문을 연구하는 사람으로 불경 속의 천문과 관련 있는 글을 모두 집중하여 책명을 『서망범천(西望梵天)』이라고 했습니다(이어서 스물다섯 분이 계속해서 구두보고를 하다)

결어

여러분들의 보고를 들었습니다. 한 학우는 홍콩에서 두 가지 큰 공덕을 지었습니다. 그 한 가지는 홍콩 감옥에서 매주 죄수들에게 수업하기를 여러 해동안 한 것입니다. 특히 청년 죄수들에게 수업을 했는데, 이 일은 하려는 사람이 없습니다. 그런데 그는 그렇게 오랫동안 계속했습니다.

두 번째는 홍콩 문화는 아주 이상하게도 서양 문화를 숭상합니다. 지금도 아직은 영국 식민지 통치의 영향을 받아 기본적으로는 중국문화를 받아들이지 않습니다. 그는 아동독경(兒童讀經)을 보급하고 있습니다. 특히 작년에 아동독경을 홍콩의 초등학교에 보급해보고 싶었는데 대단히 어려웠습니다. 그는 홍콩의 한 초등학교와 협력하였습니다. 홍콩초등학교는 대륙의 것이 아닙니다. 대단히 서양 분위기적입니다. 그는 최근에 한 보고서를 저에게 주었는데, 한 초등학교에 가서 아동독경을 보급하려고 했지만 최후에는 그의 체면 때문에 일 년에 1만 달러를 지급하기로 약속했답니다. 이 학교는 마지못해 몇 명의 학생을 찾아 그더러 시험해보라고 했습니다. 이 학교는 처음엔 학생을 찾았는데 지금은 기풍이 바뀌었답니다. 교장이 그에게 말하기를, '저는 당신의 이 돈이 필요하지 않습니다.'라고 했습니다. 이 말을 들어보면 우스운 말 같습니다. 진입한다는 게 어디 말처럼 쉽습니까? 그러므로 문화의 전파와 불법의 홍양은 모두 어렵습니다. 저는 수십 년 동안 해왔는데 여러분들은 상상조차도 하지 못합니다. 이 길을 지키며 저는 일생을 걸어왔습니다. 여러분들이 보기엔 제가 아주 가뿐하고 다들 떠받들지만 저는 비할 바 없이 고통스럽고 가련했는데, 여러분들에게 분명하게 얘기할 수 없습니다. 두 가지 일 중에서 한 가지인 감옥 수감자들 교화를 그는 버티고 했습니다. 홍콩에서 아동독경 보급을 그는 시작했습니다. 제가 다들 모르는 이 두 가지 점을 보충했습니다. 그는 하고 있었고, 아는 대로 곧 행한 것은 모두 대단한 일이었습니다. 왜냐하면 여러분들은 홍콩이란 사회에서 성장하지 않아서 홍콩과 마카오 지구는 특별히 다르다는 것을 모르기 때문입니다.

그밖에 제가 여러 차례 여러분들에게 말씀드렸는데, 여러분들뿐만 아니라 저 법사를 포함하여 여러분들을 잘 이끌고 염불하며 선정쌍수(禪淨雙修)하라고 말씀드렸지요? 여러분들은 제 말을 따르지 않았습니다. 저도 여러분들에게 준제법(準提法)이 가장 기본이면서 가장 깊은 것이라고 말했습니다. 저는 저 법사에게도 말했는데, 여러분들은 도처에서 준제법을 홍양하지만 저는 준제법의 의궤가 어떻게 시작되었으며 얼마나 심오한지를 아직 진정으로 말하지 않았습니다. 준제법을 부처님을 배우는 하나의 입문으로 삼고 성불하고 싶다면 오직 두 길이 있습니다. 복덕이 원만하고 지혜가 원만한 것입니다. 보통은 복혜쌍수(福慧雙修)라고 합니다. 부처님을 배움에 있어 먼저 공덕을 닦아야 합니다. 마치 집을 지으려면 먼저 땅을 찾고 그 땅을 잘 고르는 것과 다름없습니다. 예컨대 우리들의 이 묘항은 원래는 황무지였는데, 사(謝) 회장더러 한 덩이 한 덩이 진흙으로 늪을 메우고 터를 닦고 토건을 한 것과 마찬가집니다. 그가 여기서 이렇게 한 것은 예컨대 복덕을 닦는 것인데, 반드시 준제법에 의지하여 기초를 닦아야 합니다. 그러나 준제주를 외우려면 지혜와 가피를 구한다는 발원을 해야 합니다. 이것이 복혜쌍수의 기초입니다. 아침저녁 공과(功課)는 계속해 나가되 적어도 1백만 편의 기초가 필요합니다. 이것이 중요합니다. 아울러 준제법과 정토법문, 선정쌍수는 일체라고도 말했습니다. 이것으로 복덕과 지혜의 기초를 구하는 것입니다. 올바른 수행 길은 선(禪) 수행이 아니면 선정쌍수입니다. 저는 평소에 다 말했습니다. 다 말해주었어도 여러분들은 따르지 않았습니다. 그대로 하지 않은 것은 따르지 않은 것입니다. 저도 상관하지 않았습니다. 왜냐하면 저는 성심(誠心)을 다했기 때문입니다.

그래서 지금도 여전히 원래 그 말인데 여러분들은 알아듣는 게 제일 좋습니다. 특히 출가 대중은 착실하게 선정쌍수 하십시오. 염불만 하는 게 아닙니다. 준제법도 마찬가지입니다. 나무아미타불 염불해가다가 최후에는 한 생각이 가라앉아서 곧 정(定)의 상태에 머물며 움직이지 않게 됩니다. 이것을 선정이라고 합니다. 염불로부터 선 수행에 도달하고 안나반나 법문에 도달하고, 공(空)에까지 도달하여 견성 성불합니다. 한 길입니다. 저도 늘 말했듯이 여러분들은 준제법을 닦으면서 진언만 외울 줄만 아는데, 그것은 가행(加行)입니다. 그것은 복덕을 닦는 기초입니다. 준제법은 두 가지 차제입니다. 생기차제(生起次第)와 원만차제(圓滿次第)입니다. 준제법은 최후에 원만차제에 진입해야 하는데, 원만차제는 선정쌍수와 같지 않습니까? 하지만 여러분들은 지금까지 말을 듣지 않습니다. 원만차제는 상관하지 않고 그저 자신이 하루에 몇 번을 읽고 몇 번을 외웠다는 것만 압니다. 좋습니다. 수행하고 있는 것이니 옳지 않은 것은 아닙니다. 다만 여러분들에게 웃을 수밖에 없습니다. 저는 당부했지만 여러분들은 원만차제에 주의하지 않았습니다. 원만차제는 선정쌍수가 최후에 도달한 것입니다. 부처님도 사라지고 진언도 사라져 버려서 일체가 공(空)합니다. 공하면서 공하지 않습니다. 그러므로 당연히 선정쌍수의 길을 걸어가야 합니다. 저는 이미 여러 차례 얘기 했습니다.

이미 여러분들에게 말씀드렸지만, 여러분뿐만 아니라 또 저 법사님 중에는 제 말을 따르는 사람이 하나도 없습니다. 선생님이라고 부르고는 선생님 말을 듣지 않습니다. 네 글자입니다. '의교봉행(依敎奉行)'74)하지 않습니다. 저는 다시 '의교봉행'에 대해 보충 설명을 하겠습니다. 예를 들어 예전에 묘담(妙湛) 노화상은 남보타사(南普陀寺) 방장이었는데 위엄과 명망이 얼마나 높았습니까! 뒷날 선당을 하나 짓겠다고 저를 찾아왔습니다. 사미가 발동하고 이전홍과 이소미가 했습니다. 수십 만 달러를 남보타사에 선당을 하나 짓도록 보시했습니다. 다들 말하기를 제가 지은 것이라고 하는데 사실 그들이 공덕을 지었습니다. 저는 듣기 좋은 이름만 하나 건졌을 뿐입니다. 저는 돈도 없습니다. 묘담화상은 선당을 짓고 나서 저더러 남보타사에 가서 타칠하라고 했습니다. 왜냐하면 새로 지은 건물로서 제가 맨 처음 대륙으로 돌아온 것은 바로 그곳이었기 때문입니다. 원래는 2백 명만 참가하기로 했던 것인데 뒷날 7백여 명으로 변했습니다. 왜냐하면 제가 대륙으로 돌아와 이것을 얘기했기 때문입니다. 저를 놀라죽을 지경이 되게 했습니다. 무엇에 놀랐을까요? 그 선당에 수백 명이 있는데 그 위에는 이층으로서 아직 다 짓지도 않았었습니다. 만일 무너져 내리는 날이면 아래층의 수백 명이 스테이크로 변하게 될 지경이었습니다. 저의 마음속은 부담이 얼마나 무거웠는지 모릅니다.

묘담화상이 저를 만나러 두 번째 왔습니다. 8십여 세였을 것입니다. 저는 말했습니다. "노화상님, 당신은 또 뭐 하러 오셨어요?" "선생님, 제가 당신더러 남보타사에 가서 선칠을 한번 주관하기를 청합니다." 저는 말했습니다. "노화상님, 앉으십시오. 그런 걸 얘기하지 마십시오. 당신은 지금 얼른 돌아가 방장도 사직하고 뭐든지

---

74) 가르침대로 실행하다.

다 사직하십시오. 뭐든지 상관하지 말고 염불을 잘 닦아 가십시오." 그는 아무 말도 하지 않고, '의교봉행'하려고 곧 일어서 돌아갔습니다. 돌아가자 병이 났습니다. 조박초(趙樸初) 거사가 비행기로 그를 북경으로 맞이하여 병을 치료했습니다. 이미 서서히 그 상황에 들어갔습니다. 저는 수시로 그에게 전화하여 통화했습니다. 병상에서 그는 말을 할 수 없었습니다. 제가 말했습니다. "노화상님, 그들더러 당신을 남보타사로 돌아가게 해 달라고 하십시오. 잎이 떨어지면 뿌리로 돌아갑니다." 어린 두 제자들이 곁에서 그에게 들려주었습니다. 그는 곧 남보타사로 돌아왔습니다. '의교봉행'했습니다. 그는 정말로 그렇게 했습니다.

그러므로 저는 평소에 여러분들에게 말하지만 여러분들은 듣고서 '의교봉행'하지 않습니다. 그래서 저는 결국 피로해져 여러분들에게 따져 묻지도 않고 상관하지 않기로 했습니다. 그래서 '의교봉행'한 사람은 오직 이 노화상뿐이라고 말합니다. 죽음을 앞두고 그는 이미 말을 할 수가 없었습니다. 저는 그 제자들에게 전화기를 그의 귀가에 갖다 대라고 하고는 제가 들리느냐고 물었습니다. 그 노화상은 손을 한번 움직여 알았다고 표시했습니다. 저는 말했습니다. "노화상님, 산란하지 마십시오." 그는 나무관세음보살을 외웠습니다. 저는 말했습니다. "잘 외우며 관세음보살을 따라 가십시오." 제자는 전화기를 들고 있고 노화상은 손가락을 한번 움직여 알아들었다고 표시했습니다. 그는 잊지 않고 '의교봉행'했습니다.

(부록 1)

분석 경(Vibhnga Sutta)

1. 이와 같이 나는 들었다. 한때 세존께서는 사왓티에서 제따 숲의 아나타삔디카 원림(급고독원)에 머무셨다.

2. 거기서 세존께서는 "비구들이여."라고 비구들을 부르셨다. "세존이시여."라고 비구들은 세존께 응답했다. 세존께서는 이렇게 말씀하셨다.

3. "비구들이여, 그대들에게 연기(緣起)를 분석하리라. 이제 그것을 들어라. 듣고 마음에 잘 새겨라. 나는 설할 것이다."

"그렇게 하겠습니다. 세존이시여."라고 비구들은 세존께 응답했다. 세존께서는 이렇게 말씀하셨다. "비구들이여, 그러면 어떤 것이 연기인가?

"비구들이여, 무명을 조건으로 의도적 행위들이, 의도적 행위들을 조건으로 알음알이가, 알음알이를 조건으로 정신 · 물질이, 정신 · 물질을 조건으로 여섯 감각장소가, 여섯 감각장소를 조건으로 감각접촉이, 감각접촉을 조건으로 느낌이, 느낌을 조건으로 갈애가, 갈애를 조건으로 취착이, 취착을 조건으로 존재가, 존재를 조건으로 태어남이, 태어남을 조건으로 늙음 · 죽음과 근심 · 탄식 · 육체적 고통 · 정신적 고통 · 절망이 발생한다.

이와 같이 전체 괴로움의 무더기[苦蘊]가 발생한다."

4. "비구들이여, 그러면 어떤 것이 늙음[老]인가?

이런저런 중생들이 무리 가운데서 이런저런 중생들의 늙음, 노쇠함, 부서진 이, 희어진 머리털, 주름진 피부, 수명의 감소, 감각기능[根]의 허약함—이를 일러 늙음이라 한다

[비구들이여, 그러면 어떤 것이 죽음[死]인가?]

이런저런 중생들의 무리로부터 이런저런 중생들의 종말, 제거됨, 부서짐, 사라짐, 사망, 죽음, 서거, 오온의 부서짐, 시체를 안치함, 생명기능[命根]의 끊어짐—이를 일러 죽음이라 한다.

이것이 늙음이고 이것이 죽음이다. 비구들이여, 이를 일러 늙음·죽음이라 한다.

5. "비구들이여, 그러면 어떤 것이 태어남[生]인가?

이런저런 중생들의 무리로부터 이런저런 중생들의 태어남, 출생, 도래함, 생김, 탄생, 오온의 나타남, 감각장소[處]를 획득함—비구들이여, 이를 일러 태어남이라 한다."

6. "비구들이여, 그러면 어떤 것이 존재[有]인가?

비구들이여, 세 가지 존재가 있나니 욕계의 존재, 색계의 존재, 무색계의 존재이다. 비구들이여, 이를 일러 존재라 한다."

7. "비구들이여, 그러면 어떤 것이 취착[取]인가?

비구들이여, 네 가지 취착이 있나니 감각적 욕망에 대한 취착, 견해에 대한 취착, 계율과 의례의식에 대한 취착, 자아의 교리에 대한 취착이다.—비구들이여, 이를 일러 취착이라 한다."

8. "비구들이여, 그러면 어떤 것이 갈애[愛]인가?

비구들이여, 여섯 가지 갈애의 무리[六愛身]가 있나니 형색에 대한 갈애, 소리에 대한 갈애, 냄새에 대한 갈애, 맛에 대한 갈애, 감촉에 대한 갈애, 법에 대한 갈애이다.—비구들이여, 이를 일러 갈애라 한다."

9. "비구들이여, 그러면 어떤 것이 느낌[受]인가?
비구들이여, 여섯 가지 느낌의 무리가 있나니 눈의 감각접촉에서 생긴 느낌, 귀의 감각접촉에서 생긴 느낌, 코의 감각접촉에서 생긴 느낌, 혀의 감각접촉에서 생긴 느낌, 몸의 감각접촉에서 생긴 느낌, 마노의 감각접촉에서 생긴 느낌이다.—비구들이여, 이를 일러 느낌이라 한다."

10. "비구들이여, 그러면 어떤 것이 감각접촉인가[觸]인가?
비구들이여, 여섯 가지 감각접촉의 무리가 있나니 형색에 대한 감각접촉, 소리에 대한 감각접촉, 냄새에 대한 감각접촉, 맛에 대한 감각접촉, 감촉에 대한 감각접촉, 법에 대한 감각접촉이다.—비구들이여, 이를 일러 감각접촉이라 한다."

11. "비구들이여, 그러면 어떤 것이 여섯 감각장소[六入]인가?
눈의 감각장소, 귀의 감각장소, 코의 감각장소, 혀의 감각장소, 몸의 감각장소, 마노의 감각장소이다.—비구들이여, 이를 일러 여섯 감각장소라 한다."

12. "비구들이여, 그러면 어떤 것이 정신·물질[名色]인가?
느낌, 인식, 의도, 감각접촉, 마음에 잡도리함(주의)—이를 일러 정신이라 한다. 네 가지 근본 물질과 네 가지 근본물질에서 파생된 물질—이를 일러 물질이라 한다. 이것이 정신이고 이것이 물질이다. 비구들이여, 이를 일러 정신·물질이라 한다."

13. "비구들이여, 그러면 어떤 것이 알음알이[識]인가?
비구들이여, 여섯 가지 알음알이의 무리가 있나니 눈의 알음알이, 귀의 알음알이, 코의 알음알이, 혀의 알음알이, 몸의 알음알이, 마노의 알음알이다.—비구들이여, 이를 일러 알음알이라 한다."

14. "비구들이여, 그러면 어떤 것이 의도적 행위들[行]인가?
비구들이여, 세 가지 의도적 행위가 있나니 몸의 의도적 행위, 말의 의도적 행위, 마음의 의도적 행위이다.—비구들이여, 이를 일러 의도적 행위들이라 한다."

15. "비구들이여, 그러면 어떤 것이 무명(無明)인가?
비구들이여, 괴로움에 대한 무지, 괴로움의 일어남에 대한 무지, 괴로움의 소멸에 대한 무지, 괴로움의 소멸로 인도하는 도닦음에 대한 무지이다.—비구들이여, 이를 일러 무명이라 한다."

16. "비구들이여, 이와 같은 무명을 조건으로 의도적 행위들이, 의도적 행위들을 조건으로 알음알이가, 알음알이를 조건으로 정신·물질이, 정신·물질을 조건으로 여섯 감각장소가, 여섯 감각장소를 조건으로 감각접촉이, 감각접촉을 조건으로 느낌이, 느낌을 조건으로 갈애가, 갈애를 조건으로 취착이, 취착을 조건으로 존재가, 존재를 조건으로 태어남이, 태어남을 조건으로 늙음·죽음과 근심·탄식·육체적 고통·정신적 고통·절망이 발생한다. 이와 같이 전체 괴로움의 무더기[苦蘊]가 발생한다.

그러나 무명이 남김없이 빛바래어 소멸하기 때문에 의도적 행위들이 소멸하고, 의도적 행위들이 소멸하기 때문에 알음알이가 소멸하고, 알음알이가 소멸하기 때문에 정신·물질이 소멸하고, 정신·물질이 소멸하기 때문에 여섯 감각장소가 소멸하며, 여섯 감각장소가 소멸하기 때문에 감각접촉이 소멸하고, 감각접촉이 소멸하기 때문에 느낌이 소멸하고, 느낌이 소멸하기 때문에 갈애가 소멸하고, 갈애가 소멸하기 때문에 취착이 소멸하고, 취착이 소멸하기 때문에 존재가 소멸하고, 존재가 소멸하기 때문에 늙음·죽음과 근심·탄식·육체적 고통·정신적 고통·절망이 소멸한다. 이와 같이 전체 괴로움의 무더기[苦蘊]가 소멸한다.

여섯씩 여섯[六六] 경(Chachkka Sutta)

1. 이와 같이 나는 들었다. 한때 세존께서는 사왓티에서 제따숲의 아나타삔디까 원림(급고독원)에 머무셨다. 그곳에서 세존께서는 "비구들이여."라고 비구들을 부르셨다. "세존이시여."라고 비구들은 세존께 응답했다. 세존께서는 이렇게 말씀하셨다.

2. "비구들이여, 나는 그대들에게 법을 설하리라. 나는 시작도 훌륭하고 중간도 훌륭하고 끝도 훌륭하며 의미와 표현을 구족했고 더할 나위 없이 완벽하고 지극히 청정한 법을 설하고, 범행(梵行)을 드러낼 것이니 그것은 여섯씩 여섯이다. 그것을 듣고 마음에 잘 새겨라. 이제 설하리라."

"그러겠습니다, 세존이시여."라고 비구들은 세존께 응답했다. 세존께서는 다음과 같이 설하셨다.

3. "여섯 가지 안의 감각장소들을 알아야 한다.
여섯 가지 밖의 감각장소들을 알아야 한다.
여섯 가지 알음알이의 무리를 알아야 한다.
여섯 가지 감각접촉의 무리를 알아야 한다.
여섯 가지 느낌의 무리를 알아야 한다.
여섯 가지 갈애의 무리를 알아야 한다."

4. "여섯 가지 안의 감각장소를 알아야 한다."라고 한 것은 무엇

을 반연하여 한 말인가?

　눈의 감각장소, 귀의 감각장소, 코의 감각장소, 혀의 감각장소, 몸의 감각장소, 마노[意]의 감각장소가 있다.

　'여섯 가지 안의 감각장소를 알아야 한다.'라고 한 것은 이것을 반연하여 한 말이다. 이것이 그 첫 번째 여섯이다."

5. "'여섯 가지 밖의 감각장소를 알아야 한다.'라고 한 것은 무엇을 반연하여 한 말인가?

　형색의 감각장소, 소리의 감각장소, 냄새의 감각장소, 맛의 감각장소, 감촉의 감각장소, 법의 감각장소가 있다.

　'여섯 가지 밖의 감각장소를 알아야 한다.'라고 한 것은 이것을 반연하여 한 말이다. 이것이 두 번째 여섯이다."

6. "'여섯 가지 알음알이의 무리를 알아야 한다.'라고 한 것은 무엇을 반연하여 한 말인가?

　눈과 형색들을 조건으로 눈의 알음알이가 일어난다.

　귀와 소리를 조건으로 귀의 알음알이가 일어난다.

　코와 냄새들을 조건으로 코의 알음알이가 일어난다.

　혀와 맛들을 조건으로 혀의 알음알이가 일어난다.

　몸과 감촉들을 조건으로 몸의 알음알이가 일어난다.

　마노[意]와 법들을 조건으로 마노의 알음알이가 일어난다.

　'여섯 가지 알음알이를 알아야 한다.'라고 한 것은 이것을 반연하여 한 말이다. 이것이 세 번째 여섯이다."

7. "'여섯 가지 감각접촉의 무리를 알아야 한다.'라고 한 것은 무엇을 반연하여 한 말인가?

눈과 형색들을 조건으로 눈의 알음알이가 일어난다. 이 셋의 화합이 감각접촉이다.

귀와 소리들을 조건으로 귀의 알음알이가 일어난다. 이 셋의 화합이 감각접촉이다.

코와 냄새들을 조건으로 코의 알음알이가 일어난다. 이 셋의 화합이 감각접촉이다.

혀와 맛들을 조건으로 혀의 알음알이가 일어난다. 이 셋의 화합이 감각접촉이다.

몸과 감촉들을 조건으로 몸의 알음알이가 일어난다. 이 셋의 화합이 감각접촉이다.

마노[意]와 법들을 조건으로 마노의 알음알이가 일어난다. 이 셋의 화합이 감각접촉이다.

'여섯 가지 감각접촉의 무리를 알아야 한다.'라고 한 것은 이것을 반연하여 한 말이다. 이것이 네 번째 여섯이다."

8. "'여섯 가지 느낌의 무리를 알아야 한다.'라고 한 것은 무엇을 반연하여 한 말인가?

눈과 형색들을 조건으로 눈의 알음알이가 일어난다. 이 셋의 화합이 감각접촉이다. 감각접촉을 조건으로 느낌이 있다.

귀와 소리들을 조건으로 귀의 알음알이가 일어난다. 이 셋의 화합이 감각접촉이다. 감각접촉을 조건으로 느낌이 있다.

코와 냄새들을 조건으로 코의 알음알이가 일어난다. 이 셋의 화합이 감각접촉이다. 감각접촉을 조건으로 느낌이 있다.

혀와 맛들을 조건으로 혀의 알음알이가 일어난다. 이 셋의 화합이 감각접촉이다. 감각접촉을 조건으로 느낌이 있다.

몸과 감촉들을 조건으로 몸의 알음알이가 일어난다. 이 셋의 화합이 감각접촉이다. 감각접촉을 조건으로 느낌이 있다.

　마노[意]와 법들을 조건으로 마노의 알음알이가 일어난다. 이 셋의 화합이 감각접촉이다. 감각접촉을 조건으로 느낌이 있다.

　'여섯 가지 느낌의 무리를 알아야 한다.'라고 한 것은 이것을 반연하여 한 말이다. 이것이 다섯 번째 여섯이다."

9. "'여섯 가지 갈애의 무리를 알아야 한다.'라고 한 것은 무엇을 반연하여 한 말인가?

　눈과 형색들을 조건으로 눈의 알음알이가 일어난다. 이 셋의 화합이 감각접촉이다. 감각접촉을 조건으로 느낌이 있다. 느낌을 조건으로 갈애가 있다.

　귀와 소리들을 조건으로 귀의 알음알이가 일어난다. 이 셋의 화합이 감각접촉이다. 감각접촉을 조건으로 느낌이 있다. 느낌을 조건으로 갈애가 있다.

　코와 냄새들을 조건으로 코의 알음알이가 일어난다. 이 셋의 화합이 감각접촉이다. 감각접촉을 조건으로 느낌이 있다. 느낌을 조건으로 갈애가 있다.

　혀와 맛들을 조건으로 혀의 알음알이가 일어난다. 이 셋의 화합이 감각접촉이다. 감각접촉을 조건으로 느낌이 있다. 느낌을 조건으로 갈애가 있다.

　몸과 감촉들을 조건으로 몸의 알음알이가 일어난다. 이 셋의 화합이 감각접촉이다. 감각접촉을 조건으로 느낌이 있다. 느낌을 조건으로 갈애가 있다.

　마노[意]와 법들을 조건으로 마노의 알음알이가 일어난다. 이 셋의 화합이 감각접촉이다. 감각접촉을 조건으로 느낌이 있다. 느낌을 조건으로 갈애가 있다.

'여섯 가지 갈애의 무리를 알아야 한다.'라고 이렇게 한 말은 이 것을 반연하여 한 말이다. 이것이 여섯 번째 여섯이다."

10. "만일 눈이 자아다.'라고 말한다면 그것은 타당하지 않다. 눈 의 일어남과 사라짐은 알 수 있다. 일어남과 사라짐을 알 수 있기 때문에 ['눈이 자아다.'라고 말하면] '나의 자아가 일어나고 사라진 다.'는 말이 되어버린다. 그러므로 '눈이 자아다.'라고 말한다면 그 것은 타당하지 않다. 그러므로 눈은 자아가 아니다.

'만일 형색들이 자아다.'라고 말한다면 그것은 타당하지 않다. 형색들의 일어남과 사라짐은 알 수 있다. 일어남과 사라짐을 알 수 있기 때문에 ['형색들이 자아다.'라고 말하면] '나의 자아가 일어나 고 사라진다.'는 말이 되어버린다. 그러므로 '형색들이 자아다.'라 고 말한다면 그것은 타당하지 않다. 그러므로 눈은 자아가 아니다. 형색들은 자아가 아니다.

'만일 눈의 알음알이가 자아다.'라고 말한다면 그것은 타당하지 않다. 눈의 알음알이의 일어남과 사라짐은 알 수 있다. 일어남과 사라짐을 알 수 있기 때문에 ['눈의 알음알이가 자아다.'라고 말하 면] '나의 자아가 일어나고 사라진다.'는 말이 되어버린다. 그러므 로 '눈의 알음알이는 자아다.'라고 말한다면 그것은 타당하지 않 다. 그러므로 눈은 자아가 아니다. 형색들은 자아가 아니다. 눈의 알음알이는 자아가 아니다.

'만일 눈의 감각접촉이 자아다.'라고 말한다면 그것은 타당하지 않다. 눈의 감각접촉의 일어남과 사라짐은 알 수 있다. 일어남과 사라짐을 알 수 있기 때문에 ['눈의 감각접촉이 자아다.'라고 말하 면] '나의 자아가 일어나고 사라진다.'는 말이 되어버린다. 그러므 로 '눈의 감각접촉이 자아다.'라고 말한다면 그것은 타당하지 않다. 그러므로 눈은 자아가 아니다. 형색들은 자아가 아니다. 눈의 알음알이는 자아가 아니다. 눈의 감각접촉은 자아가 아니다.

'만일 느낌이 자아다.'라고 말한다면 그것은 타당하지 않다. 느낌의 일어남과 사라짐은 알 수 있다. 일어남과 사라짐을 알 수 있기 때문에 ['느낌이 자아다.'라고 말하면] '나의 자아가 일어나고 사라진다.'는 말이 되어버린다. 그러므로 '느낌이 자아다.'라고 말한다면 그것은 타당하지 않다. 그러므로 눈은 자아가 아니다. 형색들은 자아가 아니다. 눈의 알음알이는 자아가 아니다. 눈의 감각접촉은 자아가 아니다. 느낌은 자아가 아니다.

'만일 갈애가 자아다.'라고 말한다면 그것은 타당하지 않다. 갈애의 일어남과 사라짐은 알 수 있다. 일어남과 사라짐을 알 수 있기 때문에 ['갈애가 자아다.'라고 말하면] '나의 자아가 일어나고 사라진다.'는 말이 되어버린다. 그러므로 '갈애가 자아다.'라고 말한다면 그것은 타당하지 않다. 그러므로 눈은 자아가 아니다. 형색들은 자아가 아니다. 눈의 알음알이는 자아가 아니다. 눈의 감각접촉은 자아가 아니다. 느낌은 자아가 아니다. 갈애는 자아가 아니다."

11. "'만일 귀가 자아다.' …'소리들이 자아다.'… '귀의 알음알이가 자아다.' …귀의 감각접촉이 자아다.' …'느낌이 자아다.' …'갈애가 자아다.'라고 말한다면 그것은 타당하지 않다. 갈애의 일어남과 사라짐은 알 수 있다. 일어남과 사라짐을 알 수 있기 때문에 ['갈애가 자아다.'라고 말하면] '나의 자아가 일어나고 사라진다.'는 말이 되어버린다. 그러므로 '갈애가 자아다.'라고 말한다면 그것은 타당하지 않다. 그러므로 귀는 자아가 아니다. 소리들은 자아가 아니다. 귀의 알음알이는 자아가 아니다. 귀의 감각접촉은 자아가

아니다. 느낌은 자아가 아니다. 갈애는 자아가 아니다.”

12. “'만일 코가 자아다.' ...'냄새들이 자아다.'... '코의 알음알이가 자아다.' ...코의 감각접촉이 자아다.' ...'느낌이 자아다.' ...'갈애가 자아다.'라고 말한다면 그것은 타당하지 않다. 갈애의 일어남과 사라짐은 알 수 있다. 일어남과 사라짐을 알 수 있기 때문에 ['갈애가 자아다.'라고 말하면] '나의 자아가 일어나고 사라진다.'는 말이 되어버린다. 그러므로 '갈애가 자아다.'라고 말한다면 그것은 타당하지 않다. 그러므로 코는 자아가 아니다. 냄새들은 자아가 아니다. 코의 알음알이는 자아가 아니다. 코의 감각접촉은 자아가 아니다. 느낌은 자아가 아니다. 갈애는 자아가 아니다.”

13. “'만일 혀가 자아다.' ...'맛들이 자아다.'... '혀의 알음알이가 자아다.' ...혀의 감각접촉이 자아다.' ...'느낌이 자아다.' ...'갈애가 자아다.'라고 말한다면 그것은 타당하지 않다. 갈애의 일어남과 사라짐은 알 수 있다. 일어남과 사라짐을 알 수 있기 때문에 ['갈애가 자아다.'라고 말하면] '나의 자아가 일어나고 사라진다.'는 말이 되어버린다. 그러므로 '갈애가 자아다.'라고 말한다면 그것은 타당하지 않다. 그러므로 혀는 자아가 아니다. 맛들은 자아가 아니다. 혀의 알음알이는 자아가 아니다. 혀의 감각접촉은 자아가 아니다. 느낌은 자아가 아니다. 갈애는 자아가 아니다.”

14. “'만일 몸이 자아다.' ...'감촉들이 자아다.'... '몸의 알음알이가 자아다.' ...몸의 감각접촉이 자아다.' ...'느낌이 자아다.' ...'갈애가 자아다.'라고 말한다면 그것은 타당하지 않다. 갈애의 일어남과 사라짐은 알 수 있다. 일어남과 사라짐을 알 수 있기 때문에

['갈애가 자아다.'라고 말하면] '나의 자아가 일어나고 사라진다.'는 말이 되어버린다. 그러므로 '갈애가 자아다.'라고 말한다면 그것은 타당하지 않다. 그러므로 몸은 자아가 아니다. 감촉들은 자아가 아니다. 몸의 알음알이는 자아가 아니다. 몸의 감각접촉은 자아가 아니다. 느낌은 자아가 아니다. 갈애는 자아가 아니다."

15. "'만일 마노가 자아다.' ...'법들이 자아다.'... '마노의 알음알이가 자아다.' ...마노의 감각접촉이 자아다.' ...'느낌이 자아다.' ...'갈애가 자아다.'라고 말한다면 그것은 타당하지 않다. 갈애의 일어남과 사라짐은 알 수 있다. 일어남과 사라짐을 알 수 있기 때문에 [갈애가 자아다.'라고 말하면] '나의 자아가 일어나고 사라진다.'는 말이 되어버린다. 그러므로 '갈애가 자아다.'라고 말한다면 그것은 타당하지 않다. 그러므로 마노는 자아가 아니다. 법들은 자아가 아니다. 마노의 알음알이는 자아가 아니다. 마노의 감각접촉은 자아가 아니다. 느낌은 자아가 아니다. 갈애는 자아가 아니다."

16. "비구들이여, 이것이 존재 더미[有身]의 일어남으로 인도하는 도닦음이다. 눈을 두고 '이것은 내 것이다. 이것은 나다. 이것은 나의 자아다.'라고 여긴다. 형색들을 두고 ... 눈의 알음알이를 두고 ... 눈의 감각접촉을 두고 ... 갈애를 두고 '이것은 내 것이다. 이것은 나다. 이것은 나의 자아다.'라고 여긴다."

17. ~21. "귀를 두고 '이것은 내 것이다. 이것은 나다. 이것은 나의 자아다.'라고 여긴다. 코를 두고 ... 혀를 두고 ... 몸을 두고 ... 마노를 두고 이것은 내 것이다. 이것은 나다. 이것이 나의 자아다.

'라고 여긴다. 법들을 두고 … 마노의 알음알이를 두고 …. 마노의 감각접촉을 두고 … 느낌을 두고 … 갈애를 두고 '이것은 내 것이다. 이것은 나다. 이것은 나의 자아다.'라고 여긴다."

22. "비구들이여, 이것이 존재 더미의 소멸로 인도하는 도닦음이다. 눈을 두고 '이것은 내 것이 아니다. 이것은 내가 아니다. 이것은 나의 자아가 아니다.'라고 여긴다. 형색들을 두고 … 눈의 알음알이를 두고 … 눈의 감각접촉을 두고 … 갈애를 두고 '이것은 내 것이 아니다. 이것은 내가 아니다. 이것은 나의 자아가 아니다.'라고 여긴다."

23.~27. "귀를 두고 '이것은 내 것이 아니다. 이것은 내가 아니다. 이것은 나의 자아가 아니다.'라고 여긴다. 코를 두고 … 혀를 두고 … 몸을 두고 … 마노를 두고 이것은 내 것이 아니다. 이것은 나가 아니다. 이것은 나의 자아가 아니다.'라고 여긴다. 법들을 두고 … 마노의 알음알이를 두고 …. 마노의 감각접촉을 두고 … 느낌을 두고 … 갈애를 두고 '이것은 내 것이 아니다. 이것은 내가 아니다. 이것은 나의 자아가 아니다.'라고 여긴다."

28. "비구들이여, 눈과 형색들을 조건으로 눈의 알음알이가 일어난다. 이 셋의 화합이 감각접촉이다. 감각접촉을 조건으로 즐겁거나 괴롭거나 괴롭지도 즐겁지도 않은 느낌이 일어난다.

즐거운 느낌에 닿을 때 만일 그것을 즐기고 환영하고 움켜쥐면 그에게 탐욕의 잠재성향이 잠재하게 된다. 괴로운 느낌에 닿을 때 만일 근심하고 상심하고 슬퍼하고 가슴을 치고 울부짖고 광란하면 그에게 적의의 잠재성향이 잠재하게 된다. 괴롭지도 즐겁지도 않은 느낌에 닿을 때 만일 그 느낌이 일어남과 사라짐과 달콤함과 재난과 벗어남을 있는 그대로 알지 못하면 그에게 무명의 잠재성향이 잠재하게 된다.

비구들이여, 그가 참으로 즐거운 느낌에 대해 탐욕의 잠재성향을 버리지 않고, 괴로운 느낌에 대해 적의의 잠재성향을 파괴하지 않고, 괴롭지도 즐겁지도 않은 느낌에 대해 무명의 잠재성향을 뿌리 뽑지 않고, 무명을 버리지 않고, 명지(明智)를 일으키지 않고, 지금·여기에서 괴로움을 끝낼 것이라는 것은 불가능하다.

29.~33. "비구들이여, 귀와 소리를 조건으로 귀의 알음알이가 일어난다. ... 코와 냄새들을 조건으로 코의 알음알이가 일어난다. ... 혀와 맛들을 조건으로 혀의 알음알이가 일어난다. ... 몸과 감촉들을 조건으로 몸의 알음알이가 일어난다. 이 셋의 화합이 감각접촉이다. 감각접촉을 조건으로 즐겁거나 괴롭거나 괴롭지도 즐겁지도 않은 느낌이 일어난다.

즐거운 느낌에 닿을 때 만일 그것을 즐기고 환영하고 움켜쥐면 그에게 탐욕의 잠재성향이 잠재하게 된다. 괴로운 느낌에 닿을 때 만일 근심하고 상심하고 슬퍼하고 가슴을 치고 울부짖고 광란하면 그에게 적의의 잠재성향이 잠재하게 된다. 괴롭지도 즐겁지도 않은 느낌에 닿을 때 만일 그 느낌이 일어남과 사라짐과 달콤함과 재난과 벗어남을 있는 그대로 알지 못하면 그에게 무명의 잠재성향이 잠재하게 된다.

비구들이여, 그가 참으로 즐거운 느낌에 대해 탐욕의 잠재성향을 버리지 않고, 괴로운 느낌에 대해 적의의 잠재성향을 파괴하지 않고, 괴롭지도 즐겁지도 않은 느낌에 대해 무명의 잠재성향을 뿌리 뽑지 않고, 무명을 버리지 않고, 명지를 일으키지 않고, 지금·여기에서 괴로움을 끝낼 것이라는 것은 불가능하다.

34. "비구들이여, 눈과 형색들을 조건으로 눈의 알음알이가 일어난다. 이 셋의 화합이 감각접촉이다. 감각접촉을 조건으로 즐겁거나 괴롭거나 괴롭지도 즐겁지도 않은 느낌이 일어난다.

즐거운 느낌에 닿을 때 만일 그것을 즐기지 않고 환영하지 않고 움켜쥐지 않으면 그에게 탐욕의 잠재성향이 잠재하지 않는다. 괴로운 느낌에 닿을 때 만일 근심하지 않고 상심하지 않고 슬퍼하지 않고 가슴을 치고 울부짖고 광란하지 않으면 그에게 적의의 잠재성향이 잠재하지 않는다. 괴롭지도 즐겁지도 않은 느낌에 닿을 때 만일 그 느낌이 일어남과 사라짐과 달콤함과 재난과 벗어남을 있는 그대로 알면 그에게 무명의 잠재성향이 잠재하지 않는다.

비구들이여, 그가 참으로 즐거운 느낌에 대해 탐욕의 잠재성향을 버리고, 괴로운 느낌에 대해 적의의 잠재성향을 파괴하고, 괴롭지도 즐겁지도 않은 느낌에 대해 무명의 잠재성향을 뿌리 뽑고, 무명을 버리고, 명지를 일으킴으로써, 지금·여기에서 괴로움을 끝낼 것이라는 것은 가능하다.

35.~39. "비구들이여, 귀와 소리를 조건으로 귀의 알음알이가 일어난다. … 코와 냄새들을 조건으로 코의 알음알이가 일어난다. … 혀와 맛들을 조건으로 혀의 알음알이가 일어난다. … 몸과 감촉들을 조건으로 몸의 알음알이가 일어난다. 이 셋의 화합이 감각접촉이다. 감각접촉을 조건으로 즐겁거나 괴롭거나 괴롭지도 즐겁지도 않은 느낌이 일어난다.

즐거운 느낌에 닿을 때 만일 그것을 즐기고 환영하고 움켜쥐지 않으면 그에게 탐욕의 잠재성향이 잠재하지 않는다. 괴로운 느낌에 닿을 때 만일 근심하지 않고 상심하지 않고 슬퍼하지 않고 가슴을 치고 울부짖고 광란하지 않으면 그에게 적의의 잠재성향이 잠재하지 않는다. 괴롭지도 즐겁지도 않은 느낌에 닿을 때 만일 그 느낌이 일어남과 사라짐과 달콤함과 재난과 벗어남을 있는 그대로 알면 그에게 무명의 잠재성향이 잠재하지 않는다.

비구들이여, 그가 참으로 즐거운 느낌에 대해 탐욕의 잠재성향을 버리고, 괴로운 느낌에 대해 적의의 잠재성향을 파괴하고, 괴롭지도 즐겁지도 않은 느낌에 대해 무명의 잠재성향을 뿌리 뽑고, 무명을 버리고, 명지를 일으킴으로써, 지금·여기에서 괴로움을 끝낼 것이라는 것은 가능하다.

40. "비구들이여, 이와 같이 보면서 잘 배운 성스러운 제자는 눈에 대해 염오하고 형색들에 대해 염오하고 눈의 알음알이에 대해 염오하고 눈의 감각접촉에 대해 염오하고 느낌에 대해 염오하고 갈애에 대해 염오한다.

그는 귀에 대해 염오하고 … 코에 대해서도 염오하고 … 혀에 대해서도 염오하고 … 몸에 대해서도 염오하고 …. 마노에 대해서도 염오하고 법들에 대해서도 염오하고 마노의 알음알이에 대해서도 염오하고 마노의 감각접촉에 대해서도 염오하고 느낌에 대해서도 염오하고 갈애에 대해서도 염오한다."

41. "염오하면서 탐욕이 빛바랜다. 탐욕이 빛바래므로 해탈한다. 해탈할 때 해탈했다는 지혜가 생긴다. '태어남은 다 했다. 청정한 범행은 성취되었다. 할 일을 다 해 마쳤다. 다시는 어떤 존재로도 돌아오지 않을 것이다.'라고 꿰뚫어 안다."

세존께서는 이와 같이 설하셨다. 그 비구들은 흡족한 마음으로 세존의 말씀을 크게 기뻐하였다. 이 가르침이 설해졌을 때 60명의 비구들은 취착 없이 번뇌에서 마음이 해탈했다.

(부록 3)

기리마난다 경(Girimananda Sutta)

1. 이와 같이 나는 들었다. 한때 세존께서는 사왓티에서 제따 숲의 아나타삔디카 원림(급고독원)에 머무셨다. 그 무렵에 기리마난다 존자가 병에 걸려 극심한 고통에 시달리고 있었다. 그때 아난다 존자가 세존께 다가갔다. 가서는 세존께 절을 올리고 한 곁에 앉았다. 한 곁에 앉은 아난다 존자는 세존께 이렇게 말씀드렸다.

2. "세존이시여, 기리마난다 존자가 병에 걸려 극심한 고통에 시달리고 있습니다. 세존께서 연민하는 마음을 내시어 기리마난다 존자를 방문해 주시면 감사하겠습니다."

"아난다여, 만일 그대가 기리마난다 비구에게 가서 열 가지 인식에 대해 말해준다면, 기리마난다 비구는 열 가지 인식에 대해 듣자마자 병이 즉시 가라앉게 될 것이다. 무엇이 열인가?"

3. "[오온에 대해] 무상(無常)이라고 [관찰하는 지혜에서 생긴] 인식, 무아라고 [관찰하는 지혜에서 생긴] 인식, 부정(不淨)이라고 [관찰하는 지혜에서 생긴] 인식, 위험을 [관찰하는 지혜에서 생긴] 인식, 버림을 [관찰하는 지혜에서 생긴] 인식, 탐욕이 빛바램을 [관찰

하는 지혜에서 생긴] 인식, 소멸을 [관찰하는 지혜에서 생긴] 인식, 온 세상에 대해 기쁨이 없다는 인식, 모든 형성된 것들[諸行]에 대해 무상(無常)이라고 [관찰하는 지혜에서 생긴] 인식, 들숨날숨에 대한 마음챙김이다."

4. "아난다여, 그러면 어떤 것이 [오온에 대해] 무상이라고 [관찰하는 지혜에서 생긴] 인식인가? 아난다여, 여기 비구는 숲으로 가거나 나무 아래로 가거나 빈집으로 가서 이와 같이 숙고한다. '물질은 무상하다. 느낌은 무상하다. 인식은 무상하다. 심리현상들은 무상하다. 알음알이는 무상하다.'라고. 이처럼 이들 취착의 [대상인] 다섯 가지 무더기[五取蘊]에 대해 무상을 관찰하면서 머문다. 아난다여, 이를 일러 [오온에 대해] 무상이라고 [관찰하는 지혜에서 생긴] 인식이라 한다."

5. "아난다여, 그러면 어떤 것이 무아라고 [관찰하는 지혜에서 생긴] 인식인가? 아난다여, 여기 비구는 숲으로 가거나 나무 아래로 가거나 빈집으로 가서 이와 같이 숙고한다. '눈은 무아요 형색은 무아다. 귀는 무아요 소리는 무아다. 코는 무아요 냄새는 무아다. 혀는 무아요 맛은 무아다. 몸은 무아요 감촉은 무아다. 마노는 무아요 법은 무아다.'라고. 이처럼 이들 여섯 가지 안팎의 감각장소[六內外入處]에 대해 무아를 관찰하면서 머문다. 아난다여, 이을 일러 무아라고 [관찰하는 지혜에서 생긴] 인식이라 한다."

6. "아난다여, 그러면 어떤 것이 부정이라고 [관찰하는 지혜에서 생긴] 인식인가? 아난다여, 여기 비구는 발바닥에서부터 위로 올라가며 그리고 머리털에서부터 아래로 내려가며 이 몸은 살갗으로

둘러싸여 있고 여러 가지 부정(不淨)한 것으로 가득 차 있음을 반조한다. 즉 '이 몸에는 머리털·몸털·손발톱·이·살갗·살·힘줄·뼈·골수·콩팥·염통·간·근막·지라·허파·창자·장간막·위 속의 음식·똥·쓸개즙·가래·고름·피·땀·굳기름·눈물·[피부의]기름기·침·콧물·관절활액·오줌 등이 있다'라고. 이처럼 이 몸에 대해 부정함을 관찰하면서 머문다. 아난다여, 이를 일러 부정이라고 [관찰하는 지혜에서 생긴] 인식이라 한다."

7. "아난다여, 그러면 어떤 것이 위험을 [관찰하는 지혜에서 생긴] 인식인가? 아난다여, 여기 비구는 숲으로 가거나 나무 아래로 가거나 빈집으로 가서 이와 같이 숙고한다. '이 몸에는 많은 괴로움과 많은 위험이 있다. 이 몸에는 여러 가지 병이 생기나니, 눈병, 귓병, 콧병, 혀의 병, 몸살, 두통, 바깥귀의 병, 입병, 치통, 기침, 천식, 콧물, 감기, 발열, 열병, 위장병, 기절, 설사, 격통, 콜레라, 나병, 종기, 피부병, 폐결핵, 간질, 피부염, 가려움, 딱지, 습진, 개선(疥癬, 옴), 황달, 당뇨병, 치질, 부스럼, 궤양, 답즙에 기인한 병, 점액에 기인한 병, 바람에 기인한 병, 합병증, 환절기로 인한 병, 자세의 부조화에 기인한 병, [다른 이로부터 받은] 상해(傷害)로 생긴 병, 업의 과보로 생긴 병, 차가움, 더움, 배고픔, 목마름, 대변, 소변이다. 이처럼 이 몸에서 위험을 관찰하면서 머문다. 아난다여, 이를 일러 위험을 [관찰하는 지혜에서 생긴] 인식이라고 한다."

8. "아난다여, 그러면 어떤 것이 버림을 [관찰하는 지혜에서 생긴] 인식인가? 아난다여, 여기 비구는 일어난 감각적 욕망에 대한 생각을 품고 있지 않고, 버리고, 제거하고, 없앤다. 일어난 악의에 찬 생각을 품고 있지 않고, 버리고, 제거하고, 없앤다. 일어난 해코지

하려는 생각을 품고 있지 않고, 버리고, 제거하고, 없앤다. 계속적으로 일어나는 나쁘고 해로운 법들을 품고 있지 않고, 버리고, 제거하고, 없앤다. 아난다여, 이를 일러 버림을 [관찰하는 지혜에서 생긴] 인식이라고 한다.”

9. “아난다여, 그러면 어떤 것이 탐욕이 빛바램을 [관찰하는 지혜에서 생긴] 인식인가? 아난다여, 여기 비구는 숲으로 가거나 나무 아래로 가거나 빈집으로 가서 이와 같이 숙고한다. ‘이것은 고요하고 이것은 수승하나니, 그것은 바로 모든 형성된 것들[行]이 가라앉음[止]요, 모든 재생의 근거를 놓아버림[放棄]이요, 갈애의 소진이요, 탐욕의 빛바램[離欲]이요, 열반이다.’라고. 아난다여, 이를 일러 탐욕이 빛바램을 [관찰하는 지혜에서 생긴] 인식이라 한다.”

10. “아난다여, 그러면 어떤 것이 소멸을 [관찰하는 지혜에서 생긴] 인식인가? 아난다여, 여기 비구는 숲으로 가거나 나무 아래로 가거나 빈집으로 가서 이와 같이 숙고한다. ‘이것은 고요하고 이것은 수승하나니, 그것은 바로 모든 형성된 것들[行]이 가라앉음[止]이요, 모든 재생의 근거를 놓아버림이요, 갈애의 소진이요, 소멸[滅]이요, 열반이다.’라고. 아난다여, 이를 일러 소멸을 [관찰하는 지혜에서 생긴] 인식이라 한다.”

11. “아난다여, 그러면 어떤 것이 온 세상에 대해 기쁨이 없다는 인식인가? 아난다여, 여기 비구는 세상에 대한 집착과 취착, 그리고 그런 마음의 결심과 천착과 잠재성향들을 제거하고 기뻐하지 않고 취착하지 않는다. 아난다여, 이를 일러 온 세상에 대해 기쁨이 없다는 인식이라 한다.”

12. "아난다여, 그러면 어떤 것이 모든 형성된 것들[諸行]에 대해 무상이라고 [관찰하는 지혜에서 생긴] 인식인가? 아난다여, 여기 비구는 모든 형성된 것들에 대해 싫어하고 부끄러워하고 혐오스러워한다. 아난다여, 이를 일러 모든 형성된 것들에 대해 무상이라고 [관찰하는 지혜에서 생긴] 인식이라 한다."

13. "아난다여, 그러면 어떤 것이 들숨날숨에 대한 마음챙김인가? 아난다여, 여기 비구는 숲 속에 가거나 나무 아래에 가거나 빈집에 가서 가부좌를 틀고 상체를 곧추세우고 전면에 마음챙김을 확립하여 앉는다. 그는 마음챙기면서 숨을 들이쉬고 마음챙기면서 숨을 내쉰다.

① 길게 들이쉬면서는 '길게 들이쉰다.'고 꿰뚫어 알고, 길게 내쉬면서는 '길게 내쉰다.'고 꿰뚫어 안다. ② 짧게 들이쉬면서는 '짧게 들이쉰다.'고 꿰뚫어 알고, 짧게 내쉬면서는 '짧게 내쉰다.'고 꿰뚫어 안다. ③ '온 몸을 경험하면서 들이쉬리라.' 공부짓고, '온 몸을 경험하면서 내쉬리라.'며 공부짓는다. ④ '몸의 작용[身行]을 편안히 하면서 들이쉬리라.'며 공부짓고, '몸의 작용을 편안히 하면서 내쉬리라.'며 공부짓는다. ⑤ '희열을 경험하면서 들이쉬리라.'며 공부짓고, '희열을 경험하면서 내쉬리라.'며 공부짓는다. ⑥ '행복을 경험하면서 들이쉬리라.'며 공부짓고, '행복을 경험하면서 내쉬리라.'며 공부짓는다. ⑦ '마음의 작용[心行]을 경험하면서 들이쉬리라.'며 공부짓고, '마음의 작용을 경험하면서 내쉬리라.'며 공부짓는다. ⑧ '마음의 작용을 편안히 하면서 들이쉬리라.'며 공부짓고, '마음의 작용을 편안히 하면서 내쉬리라.'며 공부짓는다. ⑨ '마음을 경험하면서 들이쉬리라.'며 공부짓고, '마음을 경험하면서 내쉬리라.'며 공부짓는다.

⑩ '마음을 기쁘게 하면서 들이쉬리라.'며 공부짓고, '마음을 기쁘게 하면서 내쉬리라.'며 공부짓는다. ⑪ '마음을 집중하면서 들이쉬리라.'며 공부짓고, '마음을 집중하면서 내쉬리라.'며 공부짓는다. ⑫ '마음을 해탈케 하면서 들이쉬리라.'며 공부짓고, '마음을 해탈케 하면서 내쉬리라.'며 공부짓는다. ⑬ '무상을 관찰하면서 들이쉬리라.'며 공부짓고, '무상을 관찰하면서 내쉬리라.'며 공부짓는다. ⑭ '탐욕이 빛바램을 관찰하면서 들이쉬리라.'며 공부짓고, '탐욕이 빛바램을 관찰하면서 내쉬리라.'며 공부짓는다. ⑮ '소멸을 관찰하면서 들이쉬리라.'며 공부짓고, '소멸을 관찰하면서 내쉬리라.'며 공부짓는다. ⑯ '놓아버림을 관찰하면서 들이쉬리라.'며 공부짓고, '놓아버림을 관찰하면서 내쉬리라.'며 공부짓는다.

  아난다여, 이를 일러 들숨날숨에 대한 마음챙김이라고 한다.”

14. “아난다여, 만일 그대가 기리마난다 비구에게 가서 이러한 열 가지 인식에 대해 말해준다면, 기리마난다 비구는 이러한 열 가지 인식에 대해 듣자마자 병이 즉시 가라앉게 될 것이다.”

15. 그러자 아난다 존자는 세존으로부터 이러한 열 가지 인식을 받아 지니고 기리마난다 존자에게 갔다. 가서는 기리마난다 존자에게 이러한 열 가지 인식을 말해주었다. 그때 기리마난다 존자는 이러한 열 가지 인식에 대해 듣자마자 병이 즉시 가라앉았고, 기리마난다 존자는 병석에서 일어났다. 이렇게 하여 기리마난다 존자는 그 병에서 완쾌되었다.

암발랏티카에서 라훌라를 교계한 경

1. 이와 같이 나는 들었다. 한때 세존께서는 라자가하의 대나무 숲 다람쥐 보호구역에 머무셨다.

2. 그즈음에 라훌라 존자는 암발랏티카에 머물고 있었다. 그때 세존께서는 해거름에 [낮동안의] 홀로 앉음에서 일어나셔서 암발랏티카로 라훌라 존자를 만나러 가셨다. 라훌라 존자는 세존께서 멀리서 오시는 것을 보았다. 보고는 자리를 마련하고 발 씻을 물을 준비하였다. 세존께서는 마련된 자리에 앉으셨다. 앉으셔서 발을 씻으셨다. 라훌라 존자는 세존께 절을 올리고 한 곁에 앉았다.

3.~7. 생략

8. "라훌라야, 이를 어떻게 생각하는가? 거울의 용도는 무엇인가?"

"비추어보는 것입니다, 세존이시여."

"라훌라야, 그와 같이 지속적으로 반조하면서 몸의 행위를 해야 하고, 지속적으로 반조하면서 말의 행위를 해야 하고, 지속적으로 반조하면서 마음의 행위를 해야 한다."

9. "라훌라야, 네가 몸으로 행위를 하고자 하면, 너는 그 몸의 행

위를 이렇게 반조해야 한다.

'나는 이제 몸으로 행위를 하려고 한다. 나의 이런 몸의 행위가 나를 해치게 되고 다른 사람을 해치게 되고 둘 다를 해치게 되는 것은 아닐까? 이 몸의 행위가 해로운 것이어서 괴로움으로 귀결되고 괴로운 과보를 가져오게 되는 것은 아닐까?'

라훌라야, 만일 네가 그렇게 반조하여 '내가 이제 몸으로 행하고자 하는 이 몸의 행위는 나도 해치게 되고 다른 사람도 해치게 되고 둘 다를 해치게 될 것이다. 이 몸의 행위는 해로운 것이어서 괴로움으로 귀결되고 괴로운 과보를 가져올 것이다.'라고 알게 되면, 너는 그와 같은 몸의 행위는 절대로 해서는 안 된다.

라훌라야, 네가 만일 반조하여 '내가 이제 몸으로 행하고자 하는 이 몸의 행위는 나를 해치지도 않을 것이고 다른 사람을 해치지도 않을 것이고 둘 다를 해치지 않을 것이다. 이 몸의 행위는 유익한 것이어서 즐거움으로 귀결되고 즐거운 과보를 가져올 것이다.'라고 알게 되면, 너는 그와 같은 몸의 행위를 해야 한다."

10. "라훌라야, 네가 몸으로 행위를 하고 있다면, 너는 그 몸의 행위를 이렇게 반조해야 한다.

'나는 지금 몸으로 행위를 하고 있다. 나의 이런 몸의 행위가 나를 해치거나 다른 사람을 해치거나 둘 다를 해치고 있는 것은 아닐까? 이 몸의 행위가 해로운 것이어서 괴로움으로 귀결되고 괴로운 과보를 가져오는 것은 아닐까?'

라훌라야, 만일 네가 그렇게 반조하여 '내가 지금 몸으로 행하고 있는 몸의 행위는 나도 해치고 다른 사람도 해치고 둘 다를 해치고 있는 것이다. 이 몸의 행위는 해로운 것이어서 괴로움으로 귀결되고 괴로운 과보를 가져오는 것이다.'라고 알게 되면, 너는 그와 같은 몸의 행위는 중지해야 한다.

라홀라야, 만일 네가 반조하여 '내가 지금 행하고 있는 이 몸의 행위는 나를 해치고 있는 것도 아니요 다른 사람을 해치고 있는 것도 아니고 둘 다를 해치고 있는 것이 아니다. 이 몸의 행위는 유익한 것이어서 즐거움으로 귀결되고 즐거운 과보를 가져오는 것이다.'라고 알게 되면, 너는 그와 같은 몸의 행위는 계속해도 좋다."

11. "라홀라야, 네가 몸으로 행위를 하고 난 뒤에도, 너는 그 몸의 행위를 이렇게 반조해야 한다.

'나는 지금 몸으로 행위를 했다. 나의 이런 몸의 행위가 나를 해친 것이거나 다른 사람을 해친 것이거나 둘 다를 해친 것은 아닐까? 이 몸의 행위가 해로운 것이어서 괴로움으로 귀결되고 괴로운 과보를 가져온 것은 아닐까?'

라홀라야, 만일 네가 그렇게 반조하여 '내가 지금 몸으로 행했던 이 몸의 행위는 나도 해친 것이고 다른 사람도 해친 것이고 둘 다를 해친 것이다. 이 몸의 행위는 해로운 것이어서 괴로움으로 귀결되고 괴로운 과보를 가져온 것이다.'라고 알게 되면, 너는 그와 같은 몸의 행위를 스승이나 현명한 동료 수행자들에게 실토하고 드러내고 밝혀야 한다. 실토하고 드러내고 밝힌 뒤 미래를 위해 단속해야 한다.

라홀라야, 만일 네가 반조하여 '내가 지금 몸으로 행했던 이 몸의 행위는 나를 해친 것도 아니고 다른 사람을 해친 것도 아니고 둘 다를 해친 것이 아니다. 이 몸의 행위는 유익한 것이어서 즐거움으로 귀결되고 즐거운 과보를 가져온 것이다.'라고 알게 되면, 너는 밤낮으로 유익한 법들을 공부지으면서 희열과 환희로 머물게 될 것이다."

12. "라훌라야, 네가 말로 행위를 하고자 하면, 너는 그 말의 행위를 이렇게 반조해야 한다.

'나는 이제 말로 행위를 하려고 한다. 나의 이런 말의 행위가 나를 해치게 되고 다른 사람을 해치게 되고 둘 다를 해치게 되는 것은 아닐까? 이 말의 행위가 해로운 것이어서 괴로움으로 귀결되고 괴로운 과보를 가져오게 되는 것은 아닐까?'

라훌라야, 만일 네가 그렇게 반조하여 '내가 이제 말로 행하고자 하는 이 말의 행위는 나도 해치게 되고 다른 사람도 해치게 되고 둘 다를 해치게 될 것이다. 이 말의 행위는 해로운 것이어서 괴로움으로 귀결되고 괴로운 과보를 가져올 것이다.'라고 알게 되면, 너는 그와 같은 말의 행위는 절대로 해서는 안 된다.

라훌라야, 네가 만일 반조하여 '내가 이제 말로 행하고자 하는 이 몸의 행위는 나를 해치지도 않을 것이고 다른 사람을 해치지도 않을 것이고 둘 다를 해치지 않을 것이다. 이 말의 행위는 유익한 것이어서 즐거움으로 귀결되고 즐거운 과보를 가져올 것이다.'라고 알게 되면, 너는 그와 같은 말의 행위를 해야 한다."

13. "라훌라야, 네가 말로 행위를 하고 있다면, 너는 그 말의 행위를 이렇게 반조해야 한다.

'나는 지금 말로 행위를 하고 있다. 나의 이런 말의 행위가 나를 해치거나 다른 사람을 해치거나 둘 다를 해치고 있는 것은 아닐까? 이 말의 행위가 해로운 것이어서 괴로움으로 귀결되고 괴로운 과보를 가져오는 것은 아닐까?'

라훌라야, 만일 네가 그렇게 반조하여 '내가 지금 말로 행하고 있는 말의 행위는 나도 해치고 다른 사람도 해치고 둘 다를 해치고 있는 것이다. 이 말의 행위는 해로운 것이어서 괴로움으로 귀결되고 괴로운 과보를 가져오는 것이다.'라고 알게 되면, 너는 그와 같은 말의 행위는 중지해야 한다.

라훌라야, 만일 네가 반조하여 '내가 지금 행하고 있는 이 말의 행위는 나를 해치고 있는 것도 아니요 다른 사람을 해치고 있는 것도 아니고 둘 다를 해치고 있는 것이 아니다. 이 말의 행위는 유익한 것이어서 즐거움으로 귀결되고 즐거운 과보를 가져오는 것이다.'라고 알게 되면, 너는 그와 같은 말의 행위는 계속해도 좋다."

14. "라훌라야, 네가 말로 행위를 하고 난 뒤에도, 너는 그 말의 행위를 이렇게 반조해야 한다.

'나는 지금 말로 행위를 했다. 나의 이런 말의 행위가 나를 해친 것이거나 다른 사람을 해친 것이거나 둘 다를 해친 것은 아닐까? 이 말의 행위가 해로운 것이어서 괴로움으로 귀결되고 괴로운 과보를 가져온 것은 아닐까?'

라훌라야, 만일 네가 그렇게 반조하여 '내가 지금 말로 행했던 이 말의 행위는 나도 해친 것이고 다른 사람도 해친 것이고 둘 다를 해친 것이다. 이 말의 행위는 해로운 것이어서 괴로움으로 귀결되고 괴로운 과보를 가져온 것이다.'라고 알게 되면, 너는 그와 같은 말의 행위를 스승이나 현명한 동료 수행자들에게 실토하고 드러내고 밝혀야 한다. 실토하고 드러내고 밝힌 뒤 미래를 위해 단속해야 한다.

라훌라야, 만일 네가 반조하여 '내가 지금 말로 행했던 이 말의 행위는 나를 해친 것도 아니고 다른 사람을 해친 것도 아니고 둘 다를 해친 것이 아니다. 이 말의 행위는 유익한 것이어서 즐거움으로 귀결되고 즐거운 과보를 가져온 것이다.'라고 알게 되면, 너는 밤낮으로 유익한 법들을 공부지으면서 희열과 환희로 머물게 될 것이다.”

15. “라훌라야, 네가 마음으로 행위를 하고자 하면, 너는 그 마음의 행위를 이렇게 반조해야 한다.

'나는 이제 마음으로 행위를 하려고 한다. 나의 이런 마음의 행위가 나를 해치게 되고 다른 사람을 해치게 되고 둘 다를 해치게 되는 것은 아닐까? 이 마음의 행위가 해로운 것이어서 괴로움으로 귀결되고 괴로운 과보를 가져오게 되는 것은 아닐까?'

라훌라야, 만일 네가 그렇게 반조하여 '내가 이제 마음으로 행하고자 하는 이 마음의 행위는 나도 해치게 되고 다른 사람도 해치게 되고 둘 다를 해치게 될 것이다. 이 마음의 행위는 해로운 것이어서 괴로움으로 귀결되고 괴로운 과보를 가져올 것이다.'라고 알게 되면, 너는 그와 같은 마음의 행위는 절대로 해서는 안 된다.

라훌라야, 네가 만일 반조하여 '내가 이제 마음으로 행하고자 하는 이 마음의 행위는 나를 해치지도 않을 것이고 다른 사람을 해치지도 않을 것이고 둘 다를 해치지 않을 것이다. 이 마음의 행위는 유익한 것이어서 즐거움으로 귀결되고 즐거운 과보를 가져올 것이다.'라고 알게 되면, 너는 그와 같은 마음의 행위를 해야 한다.”

16. “라훌라야, 네가 마음으로 행위를 하고 있다면, 너는 그 마음의 행위를 이렇게 반조해야 한다.

'나는 지금 마음으로 행위를 하고 있다. 나의 이런 마음의 행위가 나를 해치거나 다른 사람을 해치거나 둘 다를 해치고 있는 것은 아닐까? 이 마음의 행위가 해로운 것이어서 괴로움으로 귀결되고 괴로운 과보를 가져오는 것은 아닐까?'

라훌라야, 만일 네가 그렇게 반조하여 '내가 지금 마음으로 행하고 있는 마음의 행위는 나도 해치고 다른 사람도 해치고 둘 다를 해치고 있는 것이다. 이 마음의 행위는 해로운 것이어서 괴로움으로 귀결되고 괴로운 과보를 가져오는 것이다.'라고 알게 되면, 너는 그와 같은 마음의 행위는 중지해야 한다.

라훌라야, 만일 네가 반조하여 '내가 지금 행하고 있는 이 마음의 행위는 나를 해치고 있는 것도 아니요 다른 사람을 해치고 있는 것도 아니고 둘 다를 해치고 있는 것이 아니다. 이 마음의 행위는 유익한 것이어서 즐거움으로 귀결되고 즐거운 과보를 가져오는 것이다.'라고 알게 되면, 너는 그와 같은 말의 행위는 계속해도 좋다."

17. "라훌라야, 네가 마음으로 행위를 하고 난 뒤에도, 너는 그 마음의 행위를 이렇게 반조해야 한다.

'나는 지금 마음으로 행위를 했다. 나의 이런 마음의 행위가 나를 해친 것이거나 다른 사람을 해친 것이거나 둘 다를 해친 것은 아닐까? 이 마음의 행위가 해로운 것이어서 괴로움으로 귀결되고 괴로운 과보를 가져온 것은 아닐까?'

라훌라야, 만일 네가 그렇게 반조하여 '내가 지금 마음으로 행했던 이 마음의 행위는 나도 해친 것이고 다른 사람도 해친 것이고 둘 다를 해친 것이다. 이 마음의 행위는 해로운 것이어서 괴로움으로 귀결되고 괴로운 과보를 가져온 것이다.'라고 알게 되면, 너는 그와 같은 마음의 행위를 스승이나 현명한 동료 수행자들에게 실토하고 드러내고 밝혀야 한다. 실토하고 드러내고 밝힌 뒤 미래를 위해 단속해야 한다.

라훌라야, 만일 네가 반조하여 '내가 지금 마음으로 행했던 이 마음의 행위는 나를 해친 것도 아니고 다른 사람을 해친 것도 아니고 둘 다를 해친 것이 아니다. 이 마음의 행위는 유익한 것이어서 즐거움으로 귀결되고 즐거운 과보를 가져온 것이다.'라고 알게 되면, 너는 밤낮으로 유익한 법들을 공부지으면서 희열과 환희로 머물게 될 것이다."

18. "라훌라야, 몸의 행위가 청정했고 말의 행위가 청정했고 마음의 행위가 청정했던 과거세의 사문들이나 바라문들은 모두 이와 같이 계속해서 반조함에 의해 몸의 행위가 청정했고, 이와 같이 계속해서 반조함에 의해 말의 행위가 청정했고, 이와 같이 계속해서 반조함에 의해 마음의 행위가 청정했다.

라훌라야, 몸의 행위가 청정할 것이고 말의 행위가 청정할 것이고 마음의 행위가 청정할 미래세의 사문들이나 바라문들은 모두 이와 같이 계속해서 반조함에 의해 몸의 행위가 청정할 것이고, 이와 같이 계속해서 반조함에 의해 말의 행위가 청정할 것이고, 이와 같이 계속해서 반조함에 의해 마음의 행위가 청정할 것이다.

라훌라야, 몸의 행위가 청정하고 말의 행위가 청정하고 마음의 행위가 청정한 지금의 사문들이나 바라문들은 모두 이와 같이 계속해서 반조함에 의해 몸의 행위가 청정하고, 이와 같이 계속해서 반조함에 의해 말의 행위가 청정하고, 이와 같이 계속해서 반조함에 의해 마음의 행위가 청정하다.

라훌라야, 그러므로 여기서 너는 '계속해서 반조함에 의해 몸의 행위를 청정하게 하리라. 계속해서 반조함에 의해 말의 행위를 청정하게 하리라. 계속해서 반조함에 의해 마음의 행위를 청정하게 하리라.'라고 공부지어야 한다."

세존께서 이와 같이 설하셨다. 라훌라 존자는 흡족한 마음으로 세존의 말씀을 크게 기뻐하였다.

(이상의 부록 1, 2, 3, 4의 경전은 각묵 스님 옮김 엮음, 대림 스님 옮김, 초기불전연구원 출판 2013년 3월 25일 초판 1쇄본 '니까야 강독 I, II'에서 전재하였습니다. 자세한 주석은 같은 책을 읽어보기 바랍니다/역주)

(부록 5)

인지에 관한 남회근 선생의 법문을 간단히 말한다

대만 달마서원(達摩書院)출판사에서 2013년 4월 초판 1쇄한
『천참남회근선생학술성취문집(淺參南懷瑾先生學術成就文集)』에서 뽑은
「천담남로사관어인지적개시(淺談南老師關於認知的開示)」라는 글이며
필자는 곽위혁(郭偉革)입니다/역주

1. 인지(認知)의 중요성

필자는 한 편의 짧은 글에서 이렇게 찬탄한 적이 있습니다.

"남공상사(南公上師)와 장상덕(張尚德) 선생님은 바로 고난이 심하고 아득한 우리들 이 시대에 태어난 걸출한 인물들입니다. 그분들은 모두 중화민족의 가장 암울하고 가장 비통한 시대에 태어나, 두 분 다 무수한 천재인화(天災人禍)의 타격을 겪으면서 행하기 어

려운 것을 능히 행하고, 참기 어려운 것을 능히 참으며, 증득하기
어려운 것을 능히 증득하였습니다. 그리하여 마침내 학문이 깊게
되어 유불도 삼가와 제자백가 그리고 서양문화 이 모두에 조예가
깊고, 불법의 수증에 있어서는 더욱 불가사의한 경지에 도달한 대
선지식입니다. 사람을 더욱 감동시키는 것은 그분들은 이미 칠팔
십 세가 넘은 고령임에도 여전히 시시각각 국가의 통일, 민족의 진
흥, 중국문화의 부흥, 중국과 세계문명의 개혁개방 그리고 전 세계
정화(精華) 문화의 정합(整合)75) 등 위대한 공정(工程)을 위하여 전
심전력하고 침식(寢食)을 잊고 밤낮으로 자신을 잊고 일하신다는
점이요, 그분들은 언제나 문장으로 이론을 내세우고 아울러 학
당76)과 서원77)을 건립하여 자비와 지혜를 함께 운용하고 마음과
힘을 기울여 시대의 우수한 인재들을 배양하고 있다는 점입니다.
그분들의 성취와 공헌은 세상에 널리 이름이 나 있습니다. 그분들
의 집요한 정신은 사람들을 지극히 감동시킵니다. 그분들의 하시
는 바는 모두 이미 자아를 초월하여 자신을 완전히 무량한 중생들
에게 바치고 이 시대에 바치는 지고한 경지에 도달하였습니다. 그
분들은 지극한 진선미(眞善美)의 화신이요, 우리들의 진정한 귀의
처입니다. 동시에 그분들은 '천하의 근심은 먼저 근심하고 천하의
즐거움은 뒤에 즐거워한다.'는 정신과, '천지를 위해서 대신하여
인애와 공정(公正)의 도를 행할 마음을 세우고[爲天地立心], 백성을
위해서 복지와 안신입명(安身立命)의 기초를 세우며[爲生民立命],
옛 성인을 위해서 끊어진 학문을 계승하고[爲往聖繼絶學], 만세를
위하여 태평을 연다[爲萬世開太平].'는 대장부의 기개는 더욱 우리

---

75) 정돈하고 조합함으로써 새로운 것을 형성하는 것.
76) 남회근 선생의 태호대학당을 가리킴.
77) 장상덕 교수의 대만의 달마서원과 중국 호남의 도남(道南)서원을 가리킴.

세대와 만민이 존경하고 우러러볼만 합니다!"

　남회근 선생님을 찬탄한 뒤 필자는 늘 호기심에서 다음과 같이 생각하였습니다. 남선생님의 그렇게 많은 저술과 그렇게 많은 학문은 도대체 그 중심 사상이 무엇일까? 남선생님이 금생에 이 세상에 오신 주요 목적이 무엇일까? 아무리 생각해보아도 그 해답을 얻지 못하였을 때 어느 날 『법화경』을 읽어가다 "사리불이여, 무엇을 일러 모든 부처님 세존이 오직 일대사인연(一大事因緣)으로 세상에 출현하신다 하는가? 모든 부처님 세존은 중생에게 부처님의 지견(知見)을 열어주어 청정(淸淨)함을 얻게 하고자 세상에 출현하시며, 중생에게 부처님 지견(知見)을 보여주고자 세상에 출현하시며, 중생에게 부처님의 지견(知見)을 깨닫게 하고자 세상에 출현하시며, 중생에게 부처님의 지견(知見)을 성취하는 길에 들어서게 하고자 세상에 출현하시느니라."는 구절에 이르렀을 때 홀연히 이해하게 되었습니다. 남선생님의 이 일생의 주요 임무는 바로 우리들로 하여금 잘 인지(認知)하라는 것이며 남선생님의 수행과 학문의 핵심도 이 '지(知)'라는 것입니다. '지'라는 한 글자는 태산보다도 무겁습니다! '지'라는 한 글자는 뭇 오묘함의 문입니다[知之一字, 衆妙之門]! 오직 잘 인지하여야 비로소 남선생님의 저작들을 읽고 이해할 수 있습니다. 오직 잘 인지하여야 비로소 남선생님의 세상을 구제하는 심경을 이해할 수 있습니다. 오직 잘 인지하여야 비로소 남선생님의 지혜의 암호를 해독할 수 있습니다. 오직 잘 인지하여야 남선생님의 사상 보물창고를 열 수 있습니다. 동시에 또 오직 잘 인지하여야 비로소 진정으로 진정한 수행 길을 밟아갈 수 있습니다. 그러므로 우리들은 반드시 또한 무엇보다도 먼저 남선생님에게서 인지를 학습하여야 합니다!

2. 지(知)에 대한 남선생님의 법문

여기의 지(知) 자의 주요 의미는 능지(能知)·소지(所知)와 지성 (知性)을 포함합니다. 인지에 관한 남선생님의 법문은 대단히 많습 니다. 필자는 남선생님의 저작들에 유의해보니 기본적으로 모두 이 방면의 법문이 있습니다. 어떤 것은 직접적인 법문이며 어떤 것 들은 간접적인 법문입니다. 그런데 선칠(禪七) 법문 가운데 인지에 관한 법문이 더욱 명료하고 또한 더욱 직접적인데 진정으로 직지 인심(直指人心)입니다. 필자의 열독 범위와 인식 능력의 제한으로 필자는 주로 『원본대학미언(原本大學微言:한국어판은 대학강의)』, 『원각경략설(圓覺經略說:원각경강의)』, 『금강설십마(金剛經說什麼:금 강경강의)』, 『선여생명적인지초강(禪與生命的認知初講)』78), 『남회근 여피득·성길(南懷瑾與皮得·聖吉─關於禪·生命和認知的對話)』, 『습선녹영(習禪錄影)』과 『답문청장년참선자(答問靑壯年參禪者)』 등 의 저작들에 근거하여 인지에 관한 남선생님의 법문에 대하여 한 번 간단명료하게 설명하겠습니다.

(1) 지(知)·능지(能知)·소지(所知)에 관한 법문

『원본대학미언』 제2편과 제3편 가운데 지(知)·능지(能知)와 소 지(所知)에 대한 남선생님의 상세한 법문이 있는데 모든 수행의 기 초로서 잘 읽어보고 맛볼 필요가 있습니다. 그 요점은 다음과 같습 니다.

---

78) 『선과 생명의 인지 강의』

1. 천고에 밝히기 어려운 것은 오직 자기의 '지(知)'

『대학(大學)』은 말합니다. "지지이후유정(知止而後有定), 정이후
능정(定而後能靜), 정이후능안(靜而後能安), 안이후능려(安而後能
慮), 려이후능득(慮而後能得)." 이것은 '대학지도(大學之道)'의 '칠증
(七證 : 일곱 개의 수증 단계)'입니다. 이것은 증자가 공문심법(孔門
心法)에서 증득을 추구하고 실험하는 수양공부를 일부러 제시해놓
은 것일 뿐 아니라, 주(周)나라와 진(秦)나라 이전 유가와 도가가
나누어지지 않았던 중국 전통문화에서의 교화와 학문과 수양의 특
색을 대표하기도 합니다.

만약 우리가 중국의 불가와 도가의 발전사 대략에 관해 이해하
고 있다면, '지(知) · 지(止) · 정(定) · 정(靜) · 안(安) · 려(慮) · 득(得)'
이라는 이 '칠증'의 설이 진(秦)나라 한(漢)나라 이후로는 도가의
신선도 수련에 인용되었다는 사실을 알 것입니다. 동한(東漢) 이후
에 이르러 불학이 중국에 전해 들어오면서 소승선정(小乘禪定)의
나한과위(羅漢果位)를 수습하고, 대승도(大乘道)의 보살위(菩薩位)
를 수증하는 지관(止觀)의 방법을 강구하면서도 '지(止) · 정(定) ·
정(靜) · 려(慮)'의 설을 차용하였습니다. 그리고 마치 하늘을 떠받
들고 있는 기둥이 무너지지 않고 만고에 우뚝 서 있는 것처럼 줄곧
지금까지 2천여 년 동안 전해내려 왔습니다. 증자가 『대학』을 저술
한 때가 기원전 470년 무렵이었는데, 이 시기는 그리스에서 철학
자 소크라테스가 막 태어났던 때였습니다. 불학이 중국에 전해 들
어오기 시작한 것이 대략 서기 65년 이후이니, 증자가 살았던 시
기와는 약 5백여 년이라는 거리가 있습니다.

『대학』에서 열거한 이 일곱 개의 수증단계 가운데 첫 번째는 바

로 '지(知)'입니다. 우리는 이 '지'자의 뜻이 '안다'임을 물론 알고 있습니다. '지각(知覺)'이니 '지식(知識)'이니, '지기(知己)'니 '지심(知心)'이니 하는 말, 심지어 '하늘이 알고, 땅이 알고, 내가 알고, 네가 알고, 그 사람이 안다.'하는 말도 모두 이 알 '지(知)'자를 빌려나온 말들입니다. 안다면 아는 것이지 또 무슨 문제가 있을까요?

만약 당신이 자세히 살펴보면 문제가 참으로 많습니다! 우리의 생명에는 왜 모든 일과 모든 물건을 자연스럽게 알 수 있는 작용이 하나 있을까요? 옛날부터 다들 나면서부터 아는 것이라고도 여겨왔거나, 어떤 사람은 말하기를 우리에게는 '영성(靈性),' 또는 '마음[心]'이 있기 때문에 모든 일과 물건[事物]을 알 수 있는 것이라고 보았습니다. 현대인들은 생물체에는 뇌의 작용이 있기 때문에 모든 것을 알 수 있다고 말합니다. 하지만 '영성'이라고 말하든 '마음'이라고 말하든 '뇌'라고 말하든, 이 모두는 인류의 문화 문명 소산으로서, 인류 자신이 인정하는 학설일 뿐입니다. 도대체 '능지지성(能知之性)'의 제1원인이 어디로부터 왔으며 어떻게 생겨났는가 하는 문제는 여전히 과학, 철학 상의 하나의 큰 문제입니다.

이것은 송대(宋代) 이학가(理學家)들이 주장했던 '성리(性理)'나 '이성(理性)'의 지(知), 그리고 명대(明代)의 저명한 이학가인 왕양명(王陽明) 선생이 특히 『맹자』의 학술이론으로부터 제기했던 '양지(良知)' '양능(良能)'의 설 등과 함께 사실은 아직도 모두 인류문화에서 지금까지 해결하지 못한 기본 문제로 존재합니다.

중국 철학사 입장에서 보면, 특히 불가의 철학이 중국으로 전해진 이후로 '지(知)'와 '각(覺)'을 같은 뜻으로 제멋대로 해석하는 일이 흔했습니다. 그렇지만 논리적(추리적)이고 과학적인 분석에 의거해서 보면 이 두 글자의 뜻은 제멋대로 모호하게 함께 사용해서는 안 됩니다. 그러므로 심리학적으로, 또 의학적으로 지각과 감각은 반드시 뚜렷하게 구분해야 합니다.

예를 들어 초당(初唐) 시기에 선종 제6대 조사인 혜능(慧能)대사의 제자였던 하택신회(荷澤神會) 선사는 아주 직접적으로 제시하기를, "지(知)라는 한 글자는 뭇 오묘함의 문이다[知之一字, 衆妙之門]."라고 했는데 '지(知)'는 바로 덕(德)으로 들어가는 문이라고 인정하여 말한 것입니다. '지(知)'는 바로 도를 밝히고 도를 깨닫는 가장 기본적인 작용입니다. 지(知)가 없는 것은 나무토막이나 돌멩이처럼 도(道)와는 아무런 관련이 없습니다!

현대인의 입장에서 말해보겠습니다. 만약 어떤 사람이 식물인간이 되었다면 그가 보이는 반응들은 '지(知)가 있다'라고 해야 할까요 아니면 '지(知)가 없다'라고 해야 할까요? 혹은 단지 생리적인 반사작용일 뿐일까요? 이 역시 논쟁의 여지가 많은 문제라고 할 수 있습니다. 사람이 죽으면 이 '영지지성(靈知之性)'이 도대체 여전히 존재할까요 존재하지 않을까요? 이것도 하나의 중대한 문제입니다. 이러한 문제들 까지는 얘기하지 않더라도, 과연 이 '지(知)'가 바로 인간 생명의 제1원인일까요? 하택 선사가 말했던 "지(知)라는 한 글자가 뭇 오묘함의 문이다"와 왕양명의 '양지' '양능'설에서 말한 '지성(知性)은 완전히 옳을까요?

우리가 인용한 불가와 도가의 이야기들은, 그들은 모두 '지(知)'가 결코 심성(心性) 도체(道體)의 최고의 묘법[無上妙法]이 아니라고 보았음을 설명해줍니다. '지(知)'는 도의 본체가 아닙니다. 바꾸어 말하면 '지'는 '능(能)'이 아닙니다. '지(知)'는 하나의 능지(能知)에 의하여 일어난[所] 하나의 최초의 작용일 뿐입니다.

2. 지(知)와 지(止)의 상호작용 관계

'지지(知止)'라는 이 두 글자가 함께 연결되어 있으면 다음과 같은 문제가 생겨납니다. 먼저 "알아야(知)"만 비로소 "멈출(止)"수 있는가? 아니면 먼저 "멈추어야(止)"만 비로소 "알(知)" 수 있는가? 그 답은 이렇습니다. 먼저 "알아야(知)"만 비로소 "멈출(止)" 수 있습니다. 이것은 이성적인 지지(智知)가 주관이 되는 것이요 주도자입니다. 그렇다면 이 '안다[知]'가 바로 주인이요, '머문다[止]'는 손님이요 객관으로서 지휘[領導]를 받는 작용입니다. 예를 들어 앞에 불이 있는 것을 보면 걸어가다 전진을 멈춥니다. 이게 바로 '안다(知)'가 주인이고 '멈추는(止)' 작용은 손님인 경우입니다. 또 예를 들면 배부르게 먹어서 더 이상 먹고 싶지 않고 비장과 위장이 만족했을 경우, 그 반응이 의식이나 뇌로 전달되어 반드시 멈추고 먹지 않기로 합니다. 이것은 '멈춘다[止]'가 주인입니다. 배가 불렀으니 이제 더 이상 먹어서는 안 된다는 것을 "안다[知]"고 할 때의 이 '안다[知]'는 손님이 됩니다. 주자(朱子)가 『대학』을 주석하면서 이 요점에서 '멈춘다는 지(止)' 자에만 착안하고 '안다는 지(知)'에는 특별히 주의하지 않았습니다. 아니면 무심코 대충 넘어가 버렸는지 알 수가 없습니다. 하지만 이 부분은 관건이 있는 곳이기 때문에 결코 모호하게 넘어가서는 안 됩니다.

먼저 이 관건을 이해하고 나서 "지지(知止)", 혹은 "지지이후유정(知止而後有定)"을 다시 연구해보면 조리가 정연하게 됩니다. 바꾸어 말하면 추리의 순서에도 맞고, 또 '내명(內明)'의 성리(性理)의 길을 비교적 쉽게 이해합니다. 이런 결론은 당연히, '안다는 지(知)'는 주인이고 선도자이며, '멈춘다는 지(止)'는 손님이요 주도자가 조작(造作)[79]한 일종의 경계라는 것입니다.

　이른바 "지지(知止)"의 '내명'의 학문이란 모든 사람이 먼저 자신의 심리상태를 분명히 알아야 한다는 것입니다. 더욱 분명하게 말하면, 자신의 생각과 정서를 분명하게 알아야 한다는 것입니다. 위로는 천자(제왕)으로부터 아래로는 평민(서민)에 이르기까지 사람들의 생각과 정서는, 잠에서 깨어나서부터 다시 잠들 때까지 이 하루 동안의 생명 역정에서 얼마나 많은 생각과 잡념과 환상(幻想)을 거치는지 완전히 헤아릴 수 있고 기억할 수 있을까요? 특히 그 중에서 일어나서 떠다니다 사라지는 갖가지 크고 작은 정서들에 대해서는 더더욱 말할 필요도 없습니다. 뿐만 아니라 이런 복잡다단한 생각의 갈피들은 우리가 잠들었을 때도 마치 다면경(多面鏡)처럼 서로 이리저리 꺾여 비추고 갖가지 이상하고 난해한 꿈으로 변화하여 나타나곤 합니다! 그 누가 이 마음의 생각의 갈피들을 아주 맑고 고요하며 평안하게 언제나 하나의 청명(淸明)하고 청정(淸靜)하며 조용한 경계 가운데 놓아 둘 수 있을까요? 아마 절대로 그렇게 할 수 없는 것이라 하겠지요? 그 해답은 그렇게 할 수 있다는 것입니다. 문제는 사람들이 자기가 어떻게 '지지[知止]'해야 할지를 모른다는 것입니다. 그래서 저는 늘 말합니다. "영웅은 천하를 정복할 수는 있어도 자신을 정복할 수는 없다. 성인의 도는 가장 먼저 자기를 정복하려 하고 천하를 정복하고 싶어 하지 않는다. 천하를 정복하기는 쉽지만 자기를 정복하기는 어렵다." 자기의 생각을 항복시켜 평정(平靜)으로 돌아가려면 그 초보로, 노자(老子)가 말한 "호흡에 의식을 집중함으로써 온몸이 유연해져 갓난애 같을 수 있는가?" 정도까지 도달할 수 있어야 점차 '지지(知止)' 단계에 도달

---

79) 만들어 이룬.

하고 더 나아가 '명덕(明德)'의 과지(果地)에 진입할 수 있습니다.

3. 먼저 할 바와 나중에 할 바를 아는 지성(知性)

당신더러 깊이 생각하고 반성하라고 해도 됩니다. 그런데 그가 또다시 어려운 문제를 내주면서 당신에게 말합니다. 당신은 진정한 '성의(誠意)·정심(正心)·수신(修身)'에 도달하고 싶으십니까? 그러려면 반드시 '치지(致知)'에서의 '지(知)'를 알아야 합니다! 또 여러분이 '치지(致知)'에서의 '지(知)'를 알고 싶다면, 반드시 '격물(格物)'해야만 가능합니다! 뒤집어 말하면 여러분이 진정으로 '격물(格物)'했다면, '지지(知至)'에서의 '지(知)'를 틀림없이 알게 될 것입니다! 여러분이 '지지(知至)'의 '지(知)'를 알고 나서야, 처음에 말했던 '지(知)·지(止)'로부터 '려(慮)·득(得)'에 이르는 과정을 통해 확연히 깨달았던 '명덕(明德)'의 묘용(妙用)을 비로소 알게 될 것이고, 비로소 진정으로 '지(止)'하여 '성의·정심·수신'의 품덕(品德)에 도달할 수 있습니다. 그런 다음에야 비로소 자기 자신을 아는 밝음[自知之明]을 지니게 되고 자신의 입신처세의 방향을 알 수 있습니다. 그렇게 되면 '제가(齊家)'를 하든 '치국(治國)'을 하든 '평천하(平天下)'를 하든, 아니면 이 한 생애를 산속에서 은거하며 천수를 다 누리고 죽든, 평생에 여한이 없을 것입니다! 그런데 '격물지지(物格知至)'에서의 '지(知)'와 맨 첫 부분인 '지지이후유정(知止而後有定)'에서의 '지(知)'는 서로 같은 것일까요 다른 것일까요? 두리뭉실하게 인정해서는 안 되며 이 속에는 생각해보지 않으면 안 될 점이 많이 있습니다.

이제 먼저 이 '지(知)'자에서 이야기를 시작하겠습니다. 물론이지요! '지'는 곧 인성(人性)에 본래 있는, 알 수 있는 지각(知覺)작용입니다. 만약 그렇게만 이해한다면 그 '지'의 작용은 '뭇 오묘함의 문[衆妙之門]'이 되기에는 부족합니다. 우리는 현대인의 습관대로 과학적인 연구 분석을 통해 검토해 보겠습니다. 예를 들어 갓난애가 태아 단계에 있을 때에는 '지'가 있을까요 없을까요? 이 문제는 현대 생물학과 의학에서도 추적하고 있는 문제인데, 현재까지는 아직 진정으로 확실한 정론(定論)이 없습니다.

사실은 갓난애가 태(胎)에 머물고 있는 동안에도 이미 '지'가 있습니다. 그러나 사람들은 태아의 이런 '지성(知性)'을 본능적인 반응, 혹은 생리적인 반응이라고만 부릅니다. 갓난애가 출생한 다음 이러한 지성은 생리적 물리적 반응의 뚜렷함에 훨씬 못 미치는 것 같습니다. 바꾸어 말하면 감각 작용의 뚜렷함에 못 미칩니다. 그것은 갓난애가 막 태어났을 때와 성장 단계에서는 후천적인 지성의 의식 분별 작용이 아직 성장 숙련되지 않았기 때문에, 그의 '소지(所知)' 성(性)이 단지 생리적 물리적인 감각 면에 편중되어 작용을 일으키기 때문입니다. 가령 배가 고프거나 아프거나, 혹은 뭔가 불편하면 울게 됩니다. 사실 감각이 있음을 아는 것은, 감각이 안다고도 말할 수 있는데, 모두 지성의 '소지(所知)'의 작용입니다. 다만 우리 같은 성인들은 순전히 생각이나 사유에 속하는 작용을 '지성'이라고 부릅니다. 심지어 지성의 비교적 선량한 일면은 '이성(理性)'이라고 부르고, 감각 기관 및 신경 작용에 속하는 생리 반응은 '감각(感覺)'이라고 부릅니다. 감각할 때에 만약 식별하는 작용을 일으켰다면 '지각(知覺)'이라고 부릅니다. 감각이나 지각 과정에서 동시에 또 이른바 칠정(七情) 육욕(六欲) 등의 작용이 일어났다면 이러한 일시적인 심정 상태를 '정서(情緖)'라고 부르고, 이러한 정서가 비교적 긴 시간 동안 지속될 때는 '감정(感情)'이라고 부릅니다. 일시적인 정서이든 지속적인 감정이든—현대인들은 '감성(感性)'이라고도 부릅니다—세월이 흘러 쌓이다 보면 또 그 사람의 습성(習性)을 형성하게 되고 인격의 일부분이 되어버립니다. 이렇게 복잡하고 미세한 각종의 심리상태는, 사실은 모두 넓은 의미의 '지(知)'와 관련된 하나의 묘용(妙用)입니다.

만약 한 층 더 깊이 연구 토론해본다면, 모든 생물 가운데 동물은 지성이 있을까요? 답은 '있다'입니다. 다만 인간의 지성과 비교해 봤을 때, 많은 종류의 생물 가운데서 그것이 지성의 작용면에서 얼마의 성분을 차지하고 있느냐의 차이일 뿐입니다. 그렇기 때문에 '영지지성(靈知之性)'을 지닌 온갖 것들을 '중생(衆生)'이라고 부르는 것입니다. 이 명칭은 『장자(莊子)』라는 책에서 제일 먼저 나왔는데, 뒷날 불학을 번역하면서 이 명칭을 오래도록 빌려 쓰고는 되돌려주지 않은 탓에, 마치 불학의 독창적인 고유명사인양 변해버린 겁니다. 그렇다면 예를 들어 세균이나 미생물 그리고 식물 등도 모두 지성이 있을까요? 이에 대한 답은 이렇습니다. "그것은 뭐라고 딱 잘라 말하기 어렵습니다." 현대과학의 분류법에 의하면 그런 것들은 끊임없이 생성되는 기능 작용만이 있는데, 화학적 물리적 작용에 속합니다. 하지만 좀 더 자세히 연구해보면, 자연 물리적 화합(化合)이 끊임없이 생성되고 있음은 형이상의 본체 기능의 생지(生知), 혹은 감지(感知)인데, 뒷날 과학과 철학이 새로이 만나게 될 때 다시 얘기하도록 하지요!

4. 능지(能知)와 소지(所知)를 명확히 구별한다

지금 가장 중요한 것으로 여전히 먼저 지성(知性)의 '지(知)'의 문제로 돌아가겠습니다. 앞에서 우리는 말하기를, 갓난애가 처음 태어났을 때 선천적인 '지(知)'성을 본래에 갖추고 있다고 했습니다. 그렇지만 태아는 늘 안온한 상태에 처해 있으면서 명암이 나누어지지 않는 희미한 경계가 자연히 하나 있습니다. 물론 성인이 된 뒤 이미 의식이 형성되어 시비호오(是非好惡)를 분별할 수 있는 그런 작용은 아닙니다. 바꾸어 말하면 갓난애는 성장 과정에서 뇌문(腦門)의 두골(頭骨)이 합하여진 뒤에, 즉 의학에서 말하는 신문(囟門)[80]이 밀폐된 뒤에 성인들의 생활 동작의 영향, 그리고 눈으로 보고 귀로 듣는 외부 환경 등의 훈습(薰習) 작용을 받으면서, 그 자아가 태어남과 함께 온 지성의 '지(知)'가 점차 분화하고 변화함으로써 후천적인 의식을 형성하며, 아울러 생각하는 지각 작용도 갖추고, 그와 동시에 또 접촉하고 느끼는[觸受] 감각 작용을 갖추게 됩니다. 지각과 감각이라는 두 종류의 작용이 엇섞이기 때문에, 의식과 생각이 있게 된 뒤의 '소지(所知)'성(性)을 형성합니다.

이 '소지'성에서의 '지(知)'에 대해서는 잠시 경계선을 하나 그어 놓겠습니다. 이와는 별도로, 태어날 때 함께 온 선천적 본능인 지성의 '지(知)'를, 즉 후천적인 성장 뒤에 알고 분별하는 선악시비 등의 습염(習染)이 더해지지 않은 그 '지'를 '능지(能知)'의 '지(知)'라고 부릅니다. 이것은 왕양명이 대학과 맹자의 학설에 취했던 이른바 '양지(良知) 양능(良能)'에서의 '능지(能知)'와도 서로 같습니다. 하지만 여기서 말하는 이 '능지'는, 인간이 가지고 있는 이 현실적인 생명의 단계에만 한정하는 것으로서 갓난애로 태어나면서부터 지성을 본래 자연히 갖추고 있기에 이름 붙인 '능지'의 '지'이

---

80) 숫구멍, 갓난애의 정수리가 채 굳지 않아서 숨 쉴 때 마다 뛰는 연한 곳, 숨구멍.

지, 최초의 원시 생명, 그러니까 철학에서 말하는 형이상적 본체의 기능인 '지'를 총괄하는 것은 아닙니다. 이 점을 특히 분명히 해두어야 합니다. 왜냐하면 우리는 지금 형이상적 본체론을 얘기하고 있는 것이 아니기 때문입니다.

당신이 태어나면서부터 함께 온 이 선천적인 '능지'의 '지(知)'와 후천적인 의식이 형성된 이후의 '소지'의 '지(知)'를 이해하였다면, 이제 다시 '대학지도(大學之道)'의 처음으로 돌아가서 읽어보십시오. 증자가 맨 먼저 제시한 "지지이후유정(知止而後能定)"에서의 '지(知)'는, 사람들이 성인(成人)이 된 뒤의 '소지'성의 '지'로부터 수양을 시작하여, 점차 단계적으로 닦아 나아가 "려이후능득(慮而後能得)"의 "명명덕(明明德)"의 '내명(內明)'의 경지에 도달하는 것을 가리킵니다. "려이득"뒤에 이어서 '명명덕(明明德)'의 '외용(外用)'인 '친민(親民)'의 학문을 개발하여 '제가·치국·평천하'의 공적을 세우고자 한다면, 반드시 먼저 '성의·정심·수신'의 학문수양에 도달해야 할 때, 다시 또 "치지재격물(致知在格物)"에서의 '지'를 제시했습니다. 이 '지(知)'는 '지지(知止)'에서의 '지(知)'와는 그 효용이 다릅니다. 그렇기 때문에 '지(知)'에는 '능지(能知)'와 '소지(所知)'의 구분이 있음을 알 수 있습니다. 왜냐하면 상고 문자는 습관적으로 간략히 써서 한 글자로 여러 겹의 개념들을 뭉뚱그려 말했음을 자주 볼 수 있기 때문입니다. 그런 간략화 도리를 잘 모르고 있다면, 당신이 『대학』 같은 고서의 고문을 읽어볼 경우 무슨 '지(知)'니 무슨 '지(知)'니 하면서, '지(知)'에서 시작해서 '지(知)'로 끝나서 오히려 읽으면 읽을수록 그 까닭을 알 수가 없게 만듭니다! 그냥 모르는 것이 더 좋습니다.

그렇다면 이러한 '능지·소지'의 '지(知)'는 우리가 생각할 수 있고 지각 할 수 있는 '지(知)'와 마찬가지로 하나의 기능일까요? 일으키는 작용에 있어 차별적인 효용이 있기 때문에 변별하는 명칭으로 각종의 다른 명사가 있겠지요? 그렇습니다. 당신 말이 맞습니다. 그래서 『대학』이 맨 처음에 제시하는 '지지(知止)'의 '지(知)'는 뒤에 이르러서는 "려이후능득(慮而後能得)"의 '려(慮)'자로 바뀌어 사용되었습니다. 왜냐하면 고문의 '려'자는 후세에 사용된 '사(思)'자이기 때문입니다. 바꾸어 말하면 '사려(思慮)'의 '사(思)'가 바로 지성(知性) 기능의 선도적인 작용입니다.

중국의 상고 이래의 전통문화 가운데서 주(周)나라 진(秦)나라 이전에는 제후국의 문자 언어가 아직 완전히는 통일되지 않았습니다. 그렇기 때문에 생명이 태어날 때 함께 온 이 '능지'의 '지'에 대해 그 용도가 달랐고, 사용하는 문자 부호 역시 제각기 달랐습니다. 어떤 데서는 그것을 '신(神)'이라고 부르는가 하면 어떤 데서는 '령(靈)'이라고 불렀고, 또 어떤 데서는 '사(思)'라고 불렀습니다. 심지어 한(漢)나라 위(魏)나라 이후 불학이 번역되면서는 그것을 '지(智)'라고 부르기도 하고, 혹은 아예 범어(梵語)의 발음 그대로 번역하여 '반야(般若)'라고도 부르기도 했습니다.

요컨대 우리가 먼저 이상의 자료들을 인용한 것은, 바로 이러한 도리들이 '치지격물(致知格物)'의 '지지(知至)'와 모두 극히 중요한 관계가 있다는 점을 당신이 이해하기를 바라서입니다.

5. 치지(致知)와 격물(格物)

우리는 대학의 도는 "재명명덕(在明明德)"의 관건이 있는 '치지

재격물(致知在格物)'과 '물격이후지지(物格而後知至)' 이 두 구절의 내함을 밝히기 위해, 이미 많은 시간을 들여서 먼저 '지성(知性)'의 작용에 대해 설명했습니다. 그리고 특히 '능지(能知)'와 '소지(所知)'의 개념 정의도 제시했습니다. 이제는 다음과 같이 종합 결론을 내릴 수 있습니다. 『대학』 시작 부분 제1절인 "지지이후유정(知止而後有定)"에서부터 "지소선후, 즉근도의(知所先後 則近道矣)"까지는 모두, 인간이 성장한 이후에 의식 사유 분별인 소지(所知)를 이용하여 닦기 시작하여 "명명덕(明明德)"의 '내명'의 학문수양 경지까지 도달하는 것입니다. 비록 그렇더라도 여전히 개인적인 '자립(自立 : 自利)'의 학문에 속합니다. 만약 '내명'의 학문을 이미 얻고 나서 작용을 일으켜 더욱 나아가 '친민(親民)'함으로써 "다른 사람을 세우는[立人]", 즉 세상 사람들을 이롭게 하는 덕업(德業)을 이루고자 한다면, 반드시 진일보 수양하여 '능지(能知)의 성(性)'의 대기(大機) 대용(大用)을 철저히 이해해야 비로소 가능합니다. 그렇기 때문에 증자는 또 '치지재격물(致知在格物)'과 '물격이후지지(物格而後知至)'라는 관건적인 지표(指標)를 제시했습니다. 그러나 이 두 구절의 요점이 어디에 있는가를 알기 위해서는, 먼저 '치지'와 '격물' 두 명사의 정의에 대해 이해해야 합니다.

첫째, 이른바 '치(致)'자는 "도달한다"는 '도(到)'자와 동의어입니다. '지(知)'는 바로 '지성(知性)'의 '지'입니다. 이 두 글자를 한데 모아 '치지'라는 한 개의 명사를 구성했는데, 그 함의는, 먼저 자기의 이 '능지(能知)의 성(性)'의 원뿌리를 돌이켜 살펴보아야 한다는 것입니다. 그래서 '치지(致知)'라고 부르는 것인데, '지지(知至)'라고도 말할 수 있습니다. 이런 도리는 원본의 『대학』 첫 단락의 결론 중에 이렇게 아주 뚜렷합니다. "차위지본, 차위지지지야(此謂知

本 此謂知之至也)." 그런데 주자는 일부러 이 두 구절의 결론을 뚝 떼어다가 뒤쪽에다 갖다놓고 단독으로 하나의 장(章)으로 편성한 다음, "우(右)는 전문(傳文)의 5장이니, '격물치지'의 뜻을 해석한 것이나 지금은 없어졌다[右傳之五章, 蓋釋格物致知之義, 而今亡矣]." 라고 했습니다. 이 어찌 자기 자신을 속이고 남도 속이는 엄청난 거짓말이 아니겠습니까?

다음으로 우리는 다시 상고 문자들을 인용하여 '격(格)'의 뜻을 설명하겠습니다. 가령 '유신래격(有神來格)', '유묘래격(有苗來格)' 등등에서 '격'자는 '오다, 도달하다'는 뜻이지, 우리가 알고 있는 "가로막다"는 뜻의 '격'자이거나, "격자무늬"라고 할 때와 같은 '격'자의 의미가 아닙니다. 그래서 말하기를, 지성(知性)의 '지(知)' 에 도달하면, 정말로 '능지'의 원뿌리에 도달할 수 있다면, 마찬가지로 만사만물(萬事萬物)의 성리(性理)를 알 수 있다고 했습니다. 왜냐하면 만사만물의 성리의 본원(本元)은 '명덕(明德)'의 '능지(能知)의 성(性)'과 일체양면(一體兩面)이기 때문입니다. 바꾸어 말하면, 이것이 바로 증자가 가리켜주는, 유가 공문(孔門)의 '심물일원론(心物一元論)'의 근본 학설입니다. 그렇기 때문에 후세 유가들도 "민오동포(民吾同胞)", 사람마다 모두 동포이며. "물오여야(物吾與也)", 만물은 모두 나와 밀접하게 이어져 있는 관계라는 것을 알고 있었습니다. 그래서 말하기를, '물(物)'과 '격(格)' 두 글자를 한데 연결시켜서 하나의 명사로 만들어 '물격(物格)'이라고 부른다고 하는 겁니다. 마음속의 물욕(物欲)을 쳐서 없애야[格去] 비로소 '물격' 이라고 함을 완전히 가리키는 것이 결코 아닙니다. 바꾸어 말하면, '치지격물'의 이치에 대해서는 공자의 손자이자 증자의 문인인 자사가 『중용』에서 다음과 같이 명확하게 해석해 놓았습니다. "오직 천하의 지극한 정성이라야 자기의 본성을 다 알 수 있다. 자기의 본성을 다 알 수 있다면 모든 사람의 본성이 본래 평등하고 스스로 갖추어져 있다는 것을 알 수 있다. 모든 사람의 본성을 다 알 수 있다면, 더 나아가 만물의 자성과 인성도 더불어 일체(一體)로서 차별이 없다는 것을 다 알 수 있다. 만물의 자성을 다 알 수 있다면, 마음과 물질은 근원이 동일하여 인성과 물성이 매우 밀접한 관계가 있는 묘용을 알 수 있으니, 비로소 사람의 생명 기능의 가치를 완성할 수 있어서 천지가 만물을 생겨나게 하고 길러주는 공덕에 참여하여 도울 수 있다. 천지가 생겨나게 하고 길러주는 공덕에 참여하여 도울 수 있다면, 천지와 함께 존재하면서 나란히 서 있을 수 있다[唯天下至誠, 爲能盡其性. 能盡其性, 則能盡人之性. 能盡人之性, 則能盡物之性. 能盡物之性, 則可以贊天地之化育. 可以贊天地之化育 ,則可以與天地參矣]."81) 이를 통해 알 수 있듯이, '진인지성(盡人之性)'은 아직은 단지 자신의 '내명' 학문수양에서의 한 단계 공부에 불과합니다. 여기서 더욱 나아가 반드시 '진물지성(盡物之性)'인 '격물치지'에 이르러야만 비로소 내성외용(內聖外用)의 학문이 됩니다.

만약 우리가 위에서 말한 '치지 · 격물' 두 명사의 뜻을 이해했다면, '치지격물'라는 지표가 모두 '성의(誠意) · 정심(正心) · 수신(修身)'을 위해서 요점을 제시한 것임을 알 수 있습니다. 『대학』이 성인(成人)의 학문 요점이 될 수 있는 것도 이 때문입니다. 그래서 증자는 뒷글의 결론에서 이렇게 말했던 것입니다. "천자(天子)로부터 일반 백성들에 이르기까지 똑같이 저마다 자신의 수양을 근본으로 해야 한다. 그 근본이 어지러운데도 말단이 다스려지는 경우는 없

---

81) 역자 번역 남회근 선생의 『중용 강의』 '중용의 돈오와 점수' 단락을 참조하기 바람.

었으며, 두텁게 해야 할 것을 얇게 하고 얇게 해야 할 것을 두텁게 한 경우는 아직 없었다. 이것을 일러 근본을 안다고 하고, 이것을 일러 지성이 도달하였다고 한다[自天子以至於庶人 壹是皆以脩身爲本 其本亂 而末治者否矣 其所厚者薄 而其所薄者厚 未之有也 此爲知本 此爲知之至也]."

이런 이치에 대하여 아주 간단하고 명백하게 이해하고자 한다면, 제가 또 다른 집안에서 빌려 와 설명하고자 하니 여러분은 양해해 주기바랍니다. 그러나 일반 세속의 학자들은 저의 이런 방식을 대단히 싫어하고 반감을 갖습니다. 왜냐하면 그들의 학문파별적 아집견[門派之見]이 너무 깊기 때문입니다. 다행이 저는 학자라고 할 수도 없고, 또 한평생 학자가 되겠다는 생각을 하지도 않았기 때문에 '마음이 하고자 하는 대로[隨心所欲]' 말할 수 있습니다. 사실 이것도 "다른 산의 돌을 가지고 옥을 갈아 흠을 없애는[他山之石 可以攻玉]" 이치입니다. 그렇다면 '치지격물·물격지지'의 내함은 결국 무엇일까요? 불학의 한 구절만 인용하면 알 수 있는데, 바로 부처님이 말씀하신 것으로 "자기의 마음이 만물의 현상에 미혹되지 않아 업을 짓지 않을 수 있다면 여래와 같아진다[心能轉物, 卽同如來]."입니다. 다시 말해 선종 대사들이 말한, "마음과 만물이 둘이 아니라 혼연일체로서 본래 안팎의 구분이 없다[心物一如, 渾然全體, 本無內外之分]."입니다. 만약 반드시 전통 유가의 학술이론, 그리고 상고 시대 유가와 도가가 본래 분가하지 않았을 때의 학설을 근거로 한다면 정말 얼마든지 있습니다. 게다가 적지도 않으니 나중에 따로 말하겠습니다.

'심물일원'의 '도'는 '능지(能知)'나 '소지(所知)'로 꿰뚫을 수 있는 것이 아닙니다. 그래서 『주역계사전』에는 "음양(陰陽)으로 헤아리지 못하는 것을 신(神)이라 한다[陰陽不測之謂神]."는 말이 있습니다. 하지만 '도'라는 것이 절대적으로 알 수 없는 것은 아니기 때문에 공자는 이렇게 말했습니다. "나면서부터 아는 사람은 상급이요, 배워서 아는 사람은 그 다음이요, 강요하여 배우는 사람은 또 그 다음이며, 강요하여도 배우지 않으면 백성 중에서도 하급이 될 것이다[生而知之者 上也 學而知之者 次也 困而學之 又其次也 困而不學 民斯爲下矣]." 이로부터 알 수 있듯이, 증자가 『대학』을 저술하면서 특히 '치지격물(致知格物)·격물지지(物格知至)'를 제시하여 반복 종합적으로 신신당부하고, '내성(內聖 : 內明) 외왕(外王 : 外用)'의 '명덕(明德)'을 숭상하면서 '수신'에 중점을 두었던 의도가 사실상, "나의 도는 하나로 꿰뚫었다[吾道一以貫之]."는 공문 심법의 전승을 이어받았다는 것이었습니다.

6. 자성(自性)을 어떻게 '지선에 머무르게' 하는가

인성은 본래 본능(本能)[82] 자체가, 스스로 그 덕을 밝힐 수 있고 본래 자체가 지선(至善)을 갖추고 있는데도, 왜 마음을 일으키고 생각을 움직여 사람의 행위로 변할 때는 또 선(善)과 악(惡)의 대립이 있어서 그 작용이 완전히 다른 것일까요? 이 문제를 유가의 관점에서 설명한다면, 그것은 인성이 주로 후천적인 환경의 영향을 받아 바뀌기 때문입니다. 이 점에 대해서 공자도 말하기를 "사람은 태어날 때에는 선량하고 순결한 본성에 가깝지만, 점차 습관이 더해지면서 그 본성과는 멀어진다[性相近也, 習相遠也]."고 했습니다. 바꾸어 말하면, 타고난 인성은 본래 저마다 선량한데 다만 후천적인

---

82) 본래 있는 능력.

영향, 즉 생리적 환경적 갖가지 영향을 받아 나쁜 습성[習氣]에 물들다보니 선과 악이 뒤섞여 흐릿한 습관으로 변했다는 것입니다. 그렇기 때문에 학문의 도리란 바로 자성(自性)의 오염된 습성을 수시로 어디서나 씻어냄으로써 자성을 '명덕(明德)'과 '지어지선(止於至善)'의 경지로 다시 되돌아가게 하는 것입니다.

그렇다면 어떻게 해야 자성을 '지어지선'의 경지로 되돌려 보낼 수 있을까요? 오로지 자성이 본래 갖추고 있는 '능지(能知)의 성(性)'의 기능작용[功用]을 이용하여, 자기의 마음이 일어나고 생각이 움직이는 것 하나하나마다와 행위 하나하나마다가 선(善)인지 악(惡)인지를 수시로 반성하고 살펴보아 또렷이 알고 처리하되 각각 씻어냄으로써, 자성으로 하여금 순수하고 깨끗한 '명덕(明德)'의 본래 모습으로 되돌아가게 해야 합니다. 그래서 언어적 표현 입장에서는, '그 성이 스스로 밝고 깨끗한[性自明淨]' 지성의 작용을 논리적인 이론개념으로는 '능지(能知)'라고 부르는 것입니다. 그리고 이 지성을 마음이 일어나고 생각이 움직이는 데 써서 외부로 향하여 사람이나 일이나 물건에 대하여 분별 작용하는 것을 '소지(所知)'라고 부릅니다. 예를 들어, 인성(人性)은 태어나서부터 늙어 죽을 때까지 배가 고프면 먹어야 한다는 것을 압니다. 추우면 추위를 피하고 따뜻하게 해야 한다는 것도 압니다. 예쁜 것 아름다운 것을 보면 자기가 소유하고 싶어 하지만, 좋지 않는 것 싫어하는 것을 보면 얼른 내다버리고 싶어 합니다. 그 모두가 천성적인 '지성'의 '능지'의 작용입니다. 하지만 그 사이에도 구분은 있습니다. 배부름, 따뜻함, 굶주림, 추위, 좋음, 싫음은 천성적인 '능지의 성'의 감각 부분이 반응함으로써 알게 된 것입니다. 그렇기 때문에 그것은 '감지(感知)' 혹은 '감각(感覺)'이라고 부를 수도 있습니다. 불학 명사로는 '촉수(觸受)'라고 합니다. 하지만 이것이 맛있다 맛없다, 이 것은 요구해도 된다 안 된다, 이렇게 하면 된다 안 된다를 아는 것은 '능지'의 성이 일으킨 '소지'의 분별작용에 속합니다. 그러한 작용은 '지각(知覺)'이라고 부릅니다. 지각은 사유나 생각과 밀접한 관련이 있어서 한시도 나누어질 수 없습니다. 지각 작용이 자세히 분별·추적·분석·귀납·회상·구상할 때는 또 '생각[思想]'이나 '사유(思惟)' 같은 다른 이름으로 불러야 합니다.

그러나 '능지'이건 '소지'이건, 『대학』에 나오는 명사로 표현하자면, 그 둘 다 스스로 그 덕을 밝힐 수 있는 '명덕(明德)' 자성이 일으키는 작용에 속한 것입니다. 만약 '명덕(明德)' 자성을 밝히게 되면, 그것은 본래 자체가 "적연하여 부동하지만 일단 감응하면 천하의 모든 이치에 통하게[寂然不動, 感而遂通]"됩니다. 이른바 '능지'와 '소지'는 '명덕(明德)'이 일으키는 작용인 파동에 불과합니다. '지성(知性)' 역시 하나의 자성적 존재가 따로 있지 않습니다. 비유하자면 파도가 고요하고 맑아서 수원(水源)이 맑게 들여다보이는 그것이 바로 '지어지선(止於至善)'입니다. 그래야 비로소 '지본(知本)'이요 그래야 비로소 '지지지야(知之至也)'입니다.

그러나 보통사람들은 생명을 지니는 그 순간부터 시종일관 '소지'의 분별 작용이 일으키는 파동(波動)으로 인해 잠시도 평안이 없습니다. 어려서부터 늙을 때까지 '소지'의 '습성[習氣]'을 수집 누적하여서 '의(意)'를 형성합니다. 이것을 '의식'이라고 부르기도 합니다. 그런 다음에는 스스로 명확히 구분할 수 없기 때문에 '의'가 바로 '지성'이라고 여깁니다. 사실 '의'는 '지성'의 '소지'가 누적되어 형성된 것입니다. '지성'이 수집 누적되어 '의'가 형성된 다음에는 마치 스크린 위에서의 배우와 장면은 그 표정이나 만남과 이별

등의 줄거리를 각각 연출할 수 있는데, 허깨비 같기도 하고 진짜 같기도 합니다. 사실 그런 줄거리 변화들은 모두 스크린 뒤에서 한 통의 필름을 상영하는 것일 뿐입니다. 필름이란 바로 '의'와 같습니다. 스크린 위에서 갖가지 인물의 활동은 '소지'의 갖가지 투영(投影)과 같습니다.

'의기(意氣)'를 말하자면 문제가 참 많습니다. '의'는 '능지'와 '소지'가 외부 물질 환경 등의 영향을 받아서 자기도 모르는 사이에 점점 형성해 놓은 자아 지성의 견고한 영상(影像)인데, '형태(形態)'라고도 부를 수 있습니다. 하지만 논리적인 구분에 의거해서 말한다면 그것은 유심론적입니다. 그러나 그것이 작용을 일으킬 때에는 항상 필연적으로 동시에 생리적인 내부의 정서와 관련되어 양자가 서로 결합하기 때문에 '의기(意氣)'라고 부르는 것입니다. 한 부의 수천 년 인류역사 · 인류사회라는 것도, "요란스레 네 노래가 끝나면 내가 무대에 오르지, 타향도 오히려 고향이라 여기면서[亂哄哄你方唱罷我登場, 反認他鄉作故鄉]." 십중팔구는 모두 우리의 '의기'가 만들어낸 실수입니다. 송대(宋代) 이학가 육상산(陸象山)은 이런 명언을 남겼습니다. "소인은 이해를 놓고 다투고, 사대부(지식인)는 의견을 놓고 다툰다네[小人之爭在利害, 士大夫之爭在意見]." 확실히 이것은 매우 견지가 있는 관점입니다.

사실 우리가 평소 사람됨이나 일처리에서 대부분의 행위와 언어는 모두 일시적인 기분인 '의기'에서 일을 처리하지, 맑고 밝은 이지적인 '명덕(明德)' 지성에서 하는 경우는 극히 드뭅니다. 일마다 이성에 맞게 처리한다는 것은 사실 아주 어려운 일입니다. 진실로 '대학지도(大學之道)'의 기본적 수양인, 이른바 '정(定) · 정(靜) · 안(安) · 려(慮) · 득(得)'의 학문 공부에 도달하지 않은 한은 말입니다.

그렇지 않고는 자기 이성의 진실한 모습이 무엇인지에 대해 자기가 알 길이 아예 없습니다. 그래서 노자(老子)는 이런 소감을 표현하는 말을 했습니다. "남을 아는 자는 지혜롭고, 자기를 아는 사람은 명철하다[知人者智 自知者明]." 그래서 증자는 "지지이후의성(知至而後意誠)"이라는 중점을 특히 지적했던 것입니다. 그러나 '성(誠)'이라는 글자를 하나 사용함으로 인해 후인들의 오해 또한 적지 않았습니다. 참으로 선종의 낙포(洛浦) 선사가 말한 "한 조각 흰 구름이 골짜기 입구에 걸쳐 있어, 얼마나 많은 새들이 밤에 둥지로 돌아가는 길을 잃었던가[一片白雲橫谷口, 幾多歸鳥夜迷巢]."란 말 그대로입니다. 그러므로 대학의 '성의·정심·수신'의 관점에서 『이십육사(二十六史)』상의 지도자들(제왕들)과 보통사람들의 창업(創業) 및 수성(守成)에서의 성패득실을 살펴보면 연극을 얻어 보게 될 것입니다!

심(心)·의(意)·식(識:지성)의 차이에 있어, 지성과 의지 혹은 의식의 작용에 대해서는 대략 구분지어서 설명했습니다. 하지만 일반적으로는 이른바 '의(意)'는 심리의 일종의 활동 작용으로 이해합니다. 바꾸어 말하면 '의'가 바로 '심(心)'인데, 단지 습관적으로 사용하는 용어가 다를 뿐이라는 것입니다. 사실 '심'과 '의'는 동일한 것이 아닙니까? 만약 적당히 뭉뚱그려서 말한다면 '심'과 '의'는 동일한 것으로 생각과 정서의 총화(總和)나 다름없는 것 같습니다. 하지만 엄격하게 구분지어 말한다면 '의'는 '심'을 개괄할 수 없습니다. 이른바 '심'의 현량(現量) 경계는 우리가 의식 사유를 일으키지 않을 때, 특히 지성의 분별 사량 작용을 움직여 사용하지 않을 때는, 잠이 든 것도 아니고 그렇다고 혼미한 상황도 아닌 것이 마치 아무 일도 하지 않는 것 같지만, 또 맑고 밝게 존재하고 있는,

그것이 바로 '심'의 현상(現象)입니다. 예를 들어 명대(明代) 창설 (蒼雪) 대사의 시에서 말한 것과 같은 것입니다.

남대사에서 향 피우고 정좌하고 있노라니
종일 정신이 집중되어 온갖 생각 사라지네
마음을 멈추고 망상을 없애는 것이 아니라
단지 생각하고 헤아릴 일이 없기 때문이라네

南臺靜坐一爐香　終日凝然萬慮亡
不是息心除妄想　只緣無事可思量

사실은 우리 마음속에 아무런 일이 없어서 의식이 작용을 일으키지 않아, 그 즉시 '소지(所知)'의 분별활동을 잊어버림이 마치 텅 비어 멍해진 것 같은 상태가 바로 '심(心)'의 현상입니다. 보통 일반인들, 특히 평소에 아주 바쁜 사람들은 우연히 극히 짧은 시간 동안 때로는 그런 상황을 만날지 모릅니다. 하지만 그런 경우 일반인들은 오히려 공포를 느낄 것입니다. 자신의 뇌에 무슨 문제가 생긴 것은 아닌가, 혹은 심장의 활동이 정지한 것은 아닌가? 하고 의심하고는, 짧은 의학 상식으로 이리저리 혼자 고민하다가 결국은 의사를 찾아서 혈압을 재고 심전도를 검사할 것입니다. 대부분은 자기가 공포심을 일으켰기 때문에 정말로 병이 나고 맙니다. 사실 이것은 일종의 자기의 심리적인 병에서 기인한 겁니다. 만약 그런 상황에서 태연하게 머문다면 도리어 큰 휴식을 얻을 수 있습니다.

그러나 평소 그런 경험이 없었고, 또 자기 자신에 대해 인식하지 못해서 믿음이 없으면, 극히 짧은 순간은 곧바로 과거가 되어 버리고 그런 현량 상황을 장구히 유지시킬 수가 없습니다.

잠을 자고 있거나, 외부의 자극을 받거나, 통증으로 현기증이 나고 혼미할 때에는 그런 '심량(心量)'의 경계가 나타나기는 불가능합니다. 심지어 꿈속에서도 불가능합니다. 꿈꾸는 것은 '의식'이 일으키는 반면 작용이지 '심'의 작용이 아닙니다. 꿈속에서 갑자기 심력(心力)이 강해지면서 꿈이라는 것을 깨닫고 얼른 깨어나기도 하는데, 그것이 바로 '심'의 경계를 회복하는 것입니다. 하지만 보통 사람들은 습관상 꿈에서 깨어나면 '의식'을 운용하여 생각하고 헤아려[思量]봅니다. '소지'의 습관으로 꿈 경계를 추억하거나 '소지'를 가지고 새로운 지식을 추구하기 때문에 영원히 휴식에 머무르지 못합니다.

이렇게 대략 나누어 해석해 놓은 것이 이해된다면, '심(心)·의(意)·지성(知性)' 세 가지는 서로 다른 독자적인 영역을 지니고 있음을 알 수 있습니다. 그런데 정말 공교롭게도 위진(魏晉) 이후 불학이 중국에 전해져서도 마찬가지로 '심(心)·의(意)·식(識)'이라는 세 단계를 구분해서 말합니다. 이는 정말 "현명한 사람의 소견은 대체로 같다[賢者所見略同]"는 한 마디 옛말에 들어맞지 않습니까? 요컨대 다시 비유를 하나 사용하여 설명하겠습니다. '심(心)'은 마치 하나의 쟁반 같고, '의(意)'는 쟁반 위의 한 알의 둥근 구슬 같습니다. '지성(知性)'은 마치 쟁반과 구슬이 내뿜는 빛이 안으로는 자기 자신을 비추고 밖으로는 외물을 비추는 것과 같습니다. 그렇지만 이 쟁반은 또 피와 살로 만들어진 가죽 주머니 속에 담겨 있는데, 그것이 바로 사람의 몸입니다. 그런데 이것은 굳이 비유한다면 그렇다는 것이지 결코 실제 참모습은 아니라는 것을 알아야 합니다. 중국소설에서 옛사람은 이미 아주 재미있는 비유를 들었는데, 바로『서유기(西遊記)』에 나오는 네댓 명의 인물이 그것입니다. 작가는 심신의식(心身意識)을 소설로 변화시켰습니다. 즉, 심원의 마(心猿意馬)를 인물로 변화시켰는데, '심(心)'을 나타내는 인물이 손오공(孫悟空)입니다. '의기(意氣)'를 나타내는 인물은 용마(龍馬)입니다. 저팔계(豬八戒)는 사람의 큰 '욕망(慾望)'을 나타내는데, 특히 여색과 음식을 좋아합니다. 재수 없는 사오정(沙悟淨)은 주관이 없는 '정서(情緒)'를 나타내기 때문에 여행 짐만 맬대로 짊어질 수 있어서 이 가죽 부대를 매고서 원숭이 저팔계를 따라 달려갑니다. 그 전체의 심신 생명을 나타내는 인물이 바로 삼장 법사입니다.

우리는 '심·의·지성'라는 세 개의 층차 작용 역시 '명덕(明德)'의 '내명'의 범주에 속한다는 것을 알았습니다. 그런데 이 '심·의·지성'은 반드시 외물인 사람의 몸을 빌려야만 비로소 물리적인 현실 세계에 대해 작용을 발생시킬 수 있습니다. 우리가 통상 사람의 생명 전체를 '심신(心身)'이라고 부르는 것은 아주 정확한 견해인 셈입니다. 이 생명은 신(身)과 심(心)의 조합으로 이루어진 것입니다. "신체(身)"는 생리적이며 물리적인 것으로서 끊임없이 생겨나는데, '생(生)'의 기능이 드러납니다. "마음(心)"은 심리적이며 정신적인 것으로서 마찬가지로 끊임없이 생겨나고 계속 이어지는데, '명(命)'의 기능을 형성합니다.

소결(小結)

1. 위에서 설명하여 보인 지(知)·능지(能知)와 소지(所知)는 모

두 지성이 드러낸 기능으로 그 작용 시간은 입태(入胎) 이후부터 사망까지입니다. 입태 전과 사망 후의 지성에 대하여는 아직 언급하지 않았습니다. 그러므로 형이상의 도체인 지성에 대하여는 아직 언급하지 않았습니다. 지선(至善)이나 지지지(知之至)에 도달하여야 비로소 지성입니다. 그러므로 유가의 수증 중점은 현재의 생(生) 현재의 세상을 닦는 데 치우쳐 있으며 좋은 사람이 됨을 가장 중시합니다. 그 수증 이론과 실제 수지 방법은 모든 사람들에게 대단히 적용되며 그 적응 범위가 대단히 넓어서 "천자(天子)로부터 일반 백성들에 이르기까지" 모두에게 적용됩니다.

2. 유가는 양곡가게와 같아서 사람마다 그에서 떠날 수 없습니다. 그렇지만 유가는 현세만을 중시하기 때문에 그 견지와 수증에는 한계성이 있기 마련입니다. 그래서 역대의 대 유학자들 중에는 비록 청명재궁(淸明在躬)한 인물이 드물지 않았지만 진정으로 도를 증득한 사람은 새벽 하늘의 별처럼 드물었습니다(견도見道와 수도위修道位를 아직 뛰어넘지 못했습니다).

3. 점수와 돈오의 각도에서 분석해보면 유가에는 비록 "삼아, 나의 도는 하나로 꿰뚫었느니라."를 곧바로 가리켜 보여서 증자로 하여금 심성을 돈오하게 하는 공안이 있었지만 이런 상황은 극히 드물었고 특별한 예라고 말할 수 있습니다. 그러므로 유가가 걸어간 것은 점수 노선으로, 비교적 평범하고 실제적이며 온당합니다. 불가처럼 곧바로 가리켜 단박에 뛰어넘는, 대단히 유쾌하며 심금을 울리고 사람 마음을 격동시키는 일이 없었습니다. 일반 수행자는 반드시 위에서 설명한 지(知)·능지(能知)와 소지(所知)를 확실히 이해한[了悟] 뒤라야 한 걸음 더 나아가 지성을 깨달을 수 있습니다. 근기가 좋은 사람이라면 직접 지성을 깨닫는 것으로부터 들어가 깨달은 뒤에 닦음을 일으켜도 됩니다.

4, 보충설명: 남선생님이 위에서 인용한 "지(知)라는 한 글자는
뭇 오묘함의 문이다[知之一字, 衆妙之門]."에서의 '지'는 지성을 가
리키지 능지와 소지를 가리키는 것이 아닙니다. 물론 지성은 능지
와 소지를 포함하는데 하나는 본체[體]요 다른 하나는 작용[用]입니
다.

5. 남선생님이 『원본대학미언』에 그렇게 많은 심혈을 기울인 것
을 보면, 『대학』이 현대인들 특히 수행자들에게 중요한 작용을 한
다는 것을 충분히 알 수 있습니다. 우리는 반드시 잘 학습하여야
합니다.

(2) 지성에 관한 법문

남선생님이 말한 지성(知性)은 자심(自心)·자성(自性)·청정심
(淸淨心)·도(道)·부처[佛] 등이라고도 부릅니다. 불가의 명심견성
(明心見性)도 이것이요, 유가의 존심양성(存心養性)도 이것이요, 도
가의 수심양성(修心養性)도 이것이요, 맑고 밝음이 자신에게 있다
는 청명재궁(淸明在躬)도 이것이요, 듣는 작용을 안으로 돌이켜 자
성을 듣는다는 반문문자성(返聞聞自性)[83]도 이것이요, 수행자들이
가장 좋아하고 가장 감격하는 것도 이것입니다. '이것'에 대한 남
선생님의 법문은 하나하나 셀 수 없을 만큼 많지만, 주로 『원각경
략설』·『금강경설십마』·『선여생명적인지초강』·『남회근여피득성
길—관어선생명화인지적대화』·『습선녹영』, 그리고 『답문청장년참
선자』 등의 저작 속에 집중되어 있는데, 그 하나하나마다 훌륭하며
사람들의 흥취를 끌어서 정말 사람들이 더 이를 데 없이 좋다고 극

---

83) 역자 번역 남회근 선생의 저작 『능엄경 대의 풀이』 제6권 「관음이근원통
장」을 참조하기 바람.

구찬양하게 됩니다.

1. 남선생님이 바로 가리키는 지성을 맛보기

(1) 부처님은 말씀하시기를 일체의 대승도 보살은 이 환관(幻觀)으로부터 수행을 닦기 시작하여, 점차 나아가 한 걸음 한 걸음 천천히 진보한다고 하십니다. "저 허깨비를 관하는 자는 허깨비와 같지 않으며[彼觀幻者, 非同幻故]", 환화임을 '알 수 있는 이것', 환관을 '일으킬 수 있는 이것'은 환화와 다릅니다. 치통을 예로 들면 아픈 감각은 환입니다. 그러나 아픔을 '알 수 있는 이것'은 결코 아프지 않습니다. 아픔과 '이것'과는 조금도 상관이 없습니다. 이로부터 체험해보아야 합니다. 주의해야 합니다! 이것은 크나큰 법을 전하는 것입니다! (원각경 강의)

(2) 우리들의 심념은 흐르는 물과 같아서 영원히 흐르고 있는데 잡념 망상을 멈추게 할 수 없으니 어떻게 할까요? 잡념 망상을 두려워하지 마십시오. 그것은 공중의 먼지와 같습니다. 마음이 고요해지면 당신은 잡념 망상이 많다는 것을 알게 되는데, 그 '앎[知]'이 바로 반야심경에서 말하는 '조견오온개공(照見五蘊皆空)'의 '조(照)'입니다. 이 '앎' 자체에는 잡념망상이 없습니다. 그것은 허공처럼 무량무변(無量無邊)합니다. 이 '앎'은 형상도 없고 명칭도 없습니다. 그것을 '부처[佛]'라 불러도 되고 '도(道)'라 불러도 되고 '원각(圓覺)'이라 불러도 됩니다. 그러나 일반인들은 알지 못합니다. 설사 당신이 알고 깨달았다 할지라도 공부가 도달했고 더 이상 일이 없다 생각해서는 안 됩니다. "취모용료급수마(吹毛用了急須磨)", '취모'는 대단히 예리한 보검입니다. 털을 하나 뽑아 칼날 위에 놓고 입으로 한번 훅~ 불면 털이 끊어집니다. 계속 주의를 기울

여 수행해야 합니다. 우리들의 심념은 쓰고 나면 버려서 언제나 지(止)의 상태에 있고 정(定)의 상태에 있어야 합니다. (원각경 강의)

(3) "시방삼세 일체 여래는 본래 일으킨 인지(因地)에서 성불의 수단으로, 모두 원만히 비추는 청정한 각상(覺相)에 의지하여, 영원히 무명(無明)을 끊고, 비로소 불도를 이루느니라[一切如來本起因地, 皆依圓照清淨覺相, 永斷無明, 方成佛道]", 무릇 성불하고자 하면 반드시 이 원각수행법에 의지하여야 성불할 수 있습니다.

'본기인지(本起因地)', 성불의 수단은 어디로부터 찾아야 할까요? 우리 자신에게서 찾아야 합니다. 우리들 보통의 범부에게는 한 가지 물건이 있는데, 생각할[思想] 줄 알고 번뇌를 일으키는 바로 그 물건입니다. 사람의 일체의 활동은 모두 이 물건에 의지하고 있습니다. 이 물건을 찾아내야 합니다. 이 물건은 성불의 '본기인지'가 됩니다.

그런데 이것은 또 어떻게 찾아야 할까요? 아주 간단합니다. 바로 사람의 한 생각, 즉 일념(一念)사이에 있습니다. 무엇이 우리들의 제1념일까요? 우리가 이 문제를 드물고 신기하다고 느낄 때에 이미 제2념이 되어버립니다. 여러분은 아침에 일어났을 때 제일 첫번째 염두(念頭)가 생각한 것이 무엇이었는지를 기억할 수 있습니까? 생각해 낼 수 없습니다. 자, 상관없습니다. 그럼 여러분은 내일 아침에 잠에서 깨었을 때 첫 번째 염두가 무엇을 생각할지를 알 자신이 있습니까? '본기인지'는 바로 이곳에서 찾아야 합니다. (원각경 강의)

(4) 우리들은 보통 도를 닦아 최후에 이르면 움직이지 않는다고 잘못 생각하고 있습니다. 생각을 움직이지 않거나[不動念] 혹은 아무것도 모르는 것이 바로 정(定)이라고 잘못 생각하고 있습니다. 그렇다면 구태여 부처님을 배울 필요가 있겠습니까? 돌덩이를 배

우거나 죽은 사람을 배우면 얼마나 좋겠습니까! '부동(不動)'이란 형용사로서, 움직이면서 움직이지 않는다는 의미입니다[動而不動]. 예를 들어 제가 말을 했는데 여러분은 들었습니까 안 들었습니까? 들었습니다. 이것은 '동(動)' 아닙니까? 여러분이 들은, 제가 말하는 소리나 내지는 밖의 차 소리가 바로 움직이는 현상인 동상(動相)입니다. 만약 높은 산꼭대기에 갔다면 아무 소리도 들을 수 없는데, 그 때 여러분들은 들었을까요 안 들었을까요? 들었습니다. '소리가 없음'을 들었습니다. 이것이 소리가 없는 현상인 정상(靜相)입니다. 동상도 듣고 정상도 들었습니다. 동상과 정상을 여러분들은 분명히 압니다. 이때에 생각이 움직이지 않았습니다[動靜二相, 了然不生]. '동(動)'이 오면 '동(動)'인줄 알고 '정(靜)'이 오면 '정(靜)'인줄 압니다. 동정(動靜)을 알 수 있는 '그것'은 '동'과 '정'에 있지 않으며 '동'과 '정'과는 아무 상관이 없습니다. 그것은 영원히 불변하는 것입니다. 그래서 '항상 움직이지 않는다[常不動]'는 말로써 '그것'을 형용하고 있습니다. '그것'은 불생불멸(不生不滅)이요 부증불감(不增不減)이요 불구부정(不垢不淨)입니다. (원각경 강의)

(5) 이 자리에 계신 여러분은 2십여 세의 젊은이들이나 연세가 많은 6,7십여 세의 노인들이나 모두 일생동안 환상(幻想)을 썼습니다. 우리는 모두 자신의 생각[思想]·감각·정서 등의 속임을 당했습니다. 이런 것들은 모두 허환부실(虛幻不實)한 것입니다. 그 중에 오직 한 물건이 시종 변함이 없고 노쇠함도 없습니다. 여러분들이 지금 여기에 앉아 있으면서 마음속에 번뇌가 없고 생각이 없어서, 자기가 본래에 청정하다는 것을 아는 '이 물건'은 움직인 적이 없습니다. 이것이 '불여환자(不汝還者)', 되돌려 보낼 곳이 없는 것입니다. 여러분은 먼저 이것을 알아야 합니다. 이처럼 인정한 뒤에

번뇌생각을 없애려고 하지 마십시오. 그것은 허깨비 경계입니다. 당신이 그것을 상대하지 않아도 그것은 자연히 가라앉아 맑아져갈[澄淸] 겁니다. 이처럼 청정해가다 보면 가끔 망상이 날아드는데 그럼 어떻게 할까요? 상관없습니다. 날아오고 날아가든 여전히 그 경계 속에 있습니다. (원각경 강의)

(6) 우리가 만약 이런 생멸현상에 굴림[轉]을 당하면 바로 범부입니다. 만약 이 끊임없이 생멸하는 가운데에 한 개의 불생불멸한 것이 있어서 생겨나도 생겨나지 않고[生而不生], 소멸해도 소멸하지 않으며[滅而不滅], 움직여도 움직이지 않고[動而不動], 형상이 없음[無形無相]을 발견하면, 불경에서 말한 '무생법인을 증득하여 보살지에 올라[證無生法忍, 登菩薩地]', 생멸을 끊어 없앨 필요 없이 생사 가운데 있지 않을 수 있습니다. (원각경 강의)

(7) 승려 갑(甲) : 망상을 아는 그것에는 망상이 없습니다.

남선생님 : 그 말은 맞습니다! 또 한 가지 것이 있습니다. 우리가 호흡이 들어오고 나갈 때 지금 수식(數息) 법문을 이용하여 수식(隨息) 지식(止息)에 도달하였기 때문에, 비록 마음과 호흡 이 두 개가 전일하여서 그 망상이 오더라도 자기가 상관하지 않고 망상을 압니다. 그 밖에 한 가지 가장 큰 것이 곁에 있는데, 그것은 아는 그 지성입니다.

우리가 정좌하고 공부하여 그런 경계에 도달하면 식(息)도 멈추고 망념이 우리들과 상관없다는 사실도 알고는 그것을 생각하지 않기로 합니다. 염두도 상대하지 않고 호흡도 고요해졌습니다. 이 때에 전체 경계는 어디에 있을까요? 지(知)의 지성에 있습니다. 이 지(知)는 밖에도 있지 않고 안에도 있지 않으며 중간에도 있지 않습니다.

당신은 이해했습니까? 이 지성은 본래 자성의 지성입니다. 본래 자성의 첫 단계의 기능인 '견문각지(見聞覺知)'라는 이 지성은 밖에도 있지 않고 안에도 있지 않으며 중간에도 있지 않습니다. 이것은 망상이 아닙니다. 그것은 망상을 알고 이 기식(氣息)을 알며 이 망념도 압니다. 이것은 여여부동(如如不動)한 채 여기에 있습니다. 이것이 자성입니다. 이렇게 아십니까? 모두 이해하였습니까? 그렇다면 축하드립니다! 이해했습니다.

승려 임(壬) : 그럼 능지(能知)와 소지(所知)는요?

남선생님 : 당신도 능지와 소지를 상관하지 마세요! 또 그런 것을 더해서 뭐 하게요! 모든 불학을 전당포에 가서 잡혀버리세요! 상관하지 마세요! 어쨌든 자신은 그때에 이 지(知)를 아니까요! 지(知)는 여기에 있습니다. 그렇지요? 이 지(知)를 파악했으니 당신은 가뿐하고 유쾌합니다. (청장년참선자의 질문에 답함)

(8) 그러므로 안나반나를 닦는 데 있어 우리가 방금 토론했던 중점은 바로 이 지(知)라는 것을 여러분들은 모두 압니다! 이 지성은 기식(氣息)에 있지 않으며 지수화풍에도 있지 않으며 허공에도 있지 않습니다. 있는 곳도 없고 있지 않은 곳도 없습니다. 그래서 선종 조사에게는 다음과 같은 한 마디 말이 있습니다. "지(知)라는 한 글자는 뭇 오묘함의 문이다[知之一字, 衆妙之門]." 이 지(知)는 어디에서 올까요? 와도 어디로부터 옴이 없고 가도 어디로 좇아 감이 없습니다[來無所從來, 去無所從去]. 『금강경』에서 부처님이 당신에게 말씀하십니다. "어디로부터 옴도 없고 어디로 감도 없는 것을 여래라고 이름 한다[無所從來, 亦無所去, 是名如來]." 이 지(知)는 당신이 일부러 찾을 필요가 없습니다. 본래에 존재합니다. 우리는 다들 평소에 그것을 사용하고 있겠지요! 물론 사용하고 있습니다. 이에 대해서는 여러분에게 더 이상 캐묻지 않겠습니다. 더 이상 물었다가는 사람들을 너무 깔보는 것이 됩니다. 여러분들은 당연히 압

니다. 우리는 차가 오면 차를 마실 줄 알고 밥이 오면 밥을 먹을 줄 압니다. 피곤하면 피곤한 줄 압니다. 잠을 자면 잠을 잔 줄 압니다. 편안한지 편안하지 않은지 모두 압니다. 이 지(知)는 본래에 여기에 있으니 당신이 일부러 닦을 필요가 없습니다. 만약 소나 말이나 개로 변한다면 역시 소나 말이나 개로 변한 줄 압니다. 다만 자성의 근원이 어디에 있는지 모르는데 지나지 않을 뿐입니다. (청장년참선자의 질문에 답함)

(9) 이론 면에서 투철하게 이해하기만 하면, 이 움직이지도 고요하지도 않은 여여(如如)한 경계 속에서 움직여도 무방하며 움직여도 움직임이 아닙니다. 여러분들 중에는 지금 이미 그 그림자를 체험한 사람들이 있습니다. 그림자라도 괜찮습니다! 그림자를 찾아낼 수 있다면 틀림없이 그 주인을 찾아낼 수 있습니다. 당신이 그림자조차도 찾아내지 못할까 걱정되는데, 어떻게 주인을 찾아낼 수 있을까요? (습선녹영)

(10)

가을바람에 낙엽들 어지럽게 쌓이기에
다 쓸어내면 또 오고 그러기를 천백 번
한번 웃고 그만두고 한가한 곳에 앉아
내버려두니 땅에 떨어져 저절로 재가 되네

秋風落葉亂爲堆　掃盡還來千百回
一笑罷休閑處坐　任他著地自成灰

망상은 추풍낙엽과 같아서 한번 쓸어내도 또 오고 쓸어내도 또

옵니다. 그리고 가을바람 속에서는 쓸어낼수록 많습니다. 늙은이는 쓸어내기가 귀찮아져 하하 한번 웃고는 그만두기로 하고 쓸어내지 않습니다. 낙엽이 떨어지면 저절로 재로 변할 것이며 자연히 비워지게 되는데 당신은 그것을 쓸어내서 뭐하겠습니까? 그것이 땅에 떨어져 저절로 재가 되도록 내맡겨둡니다. 이런 도리들을 저는 다 말한 적이 있습니다. 망념을 일부러 없애려고 하지 마십시오. 당신이 망념을 없애려고 하는 그 마음도 망념입니다. 망념은 본래에 공(空)한 것이요 본래에 허망한 것입니다. 그러기에 망념이라고 부릅니다. 당신은 그것을 없애서 뭐하자는 겁니까? 저는 줄곧 여러분들더러 망념이 오고 감을 알 수 있는 그 마음을 체험해보라고 했습니다. 그 마음은 망념이 아니며 그것은 결코 움직인 적이 없습니다. 당신이 이미 망념인 줄 알았다면 망념은 벌써 사라져버렸습니다. 그래도 당신은 망념을 없앨 방법을 생각하다니 배부르게 밥 먹고 할 일이 없는 것 아닙니까? (습선녹영)

(11) 석가모니불은 49년 동안의 설법에서 '나가 없다'고 '무아(無我)'를 말했으며 공자도 "자기의 의견을 고집하지 않았고, 꼭 그래야 한다고 요구하지 않았고, 자기의 선입견을 고집하지 않았고, 자기중심적으로 생각하지 않았다[毋意 毋必 毋固 毋我]."고 말했습니다. 당신은 그분들에게 물어보십시오, 당신은 무아인데 어떻게 설법할 수 있습니까? 만약 '아'가 있어 상락아정(常樂我淨)이라고 말한다면 상락아정도 공(空)이 아니니, 자기를 가지고 놀고 있는 것 아닙니까? 젊은이들이 하는 이런 말은 맞습니다. 대단히 간단합니다. 이것은 나라는 '아(我)'입니다! '아'는 어디까지나 '아'입니다! 말해보면 아주 간단한 것 같아 나는 바로 나입니다. 당신은 어디에 '나'가 있습니까? 곳곳마다 '나'가 없습니다.

제가 말씀드리겠습니다. 변화하는 것은 '나'가 아닙니다. 당신은 항상 변하고 있지요! 매초 매분 매일 매월 모두 변하고 있습니다. 당신은 어려서부터 늙을 때까지 이 육신은 당연히 '나'가 아닙니다. 이것은 냄새나는 뼈, 냄새나는 고깃덩이로 '나'가 아닙니다. 그럼 당신은 말하기를 "나는 생각하기 때문에 나가 있습니다."라고 합니다. 이 생각·사유·감각은 곧바로 사라져버립니다. 뿐만 아니라 가련하게도 나는 마땅히 주인이지만 자기 뜻대로 하지 못하고 외부의 환경이 변하자마자 생각이 곧 변합니다. 일체의 감각·생각은 변화하고 있으며 진아(眞我)가 없습니다. 진짜 나는 어디에 있을까요? 능히 감각할 수 있고 지각할 수 있으며 생각할 수 있는 '그것'은 남자도 아니요 여자도 아니며, 늙지도 않으며 젊지도 않습니다. 그 본래를 찾아내야 합니다. 그러므로 당신더러 산란(散亂)하지 말라, 망상하지 말라고 합니다. 자기 뜻대로 할 수 없는 이런 사념(思念)·감정·생각들을 모조리 내던져버리라고 합니다. 다 내던져버려서 깨끗하고 적나라하게 하여 몸을 잊어버리고 일체를 잊어버리면 영명한 자성이 하나 있는데, 이 자성이 바로 백장 선사가 말한 "영명(靈明)한 광명이 홀로 빛나며 6근6진을 멀리 벗어나 있다....심성은 물듦이 없으면서 본래에 그 자체가 원만히 성취되어 있다. 다만 허망한 인연을 떠나면 바로 여여한 부처이다[靈光獨耀 逈脫根塵.... 心性無染 本自圓成 但離妄緣 卽如如佛]."입니다. (습선녹영)

(12) 이제 우리는 꿈에 대해서는 말하지 않겠습니다. 왜냐하면 생각을 말하면서 꿈까지 말하게 되었기 때문입니다. 우리들의 생각은 그렇게 많은데도 자기가 또렷이 보지 못합니다. 그런데 다들 정좌하면 자기의 생각이 그렇게 많다는 것을 알지 않습니까? 예를 들어 여러분들이 여기서 듣고 있을 때, 또렷이 제 말을 듣고 있는 것이 하나 있음을 압니까 모릅니까? 있습니까 없습니까? 틀림없이

있습니다! 아는 것이 하나 당연히 있는데 그 지성(知性)은 생각이 아닙니다. 지금 저는 말하고 여러분은 듣습니다. 동시에 여러분은 제가 하는 말의 도리를 분석도 하고 있습니다. 맞지요? 많은 작용을 일으킵니다. 맞지요? 그렇지만 당신에게는 자기가 분석하고 있음을 알고 자기가 말을 듣고 있다는 것을 아는 이 물건이 하나 있는데, 그것은 움직인 적이 없습니다. 이 물건은 또렷이 압니다.

그러므로 이 물건은 당신이 일부러 힘쓸 필요가 없습니다. 당신이 찾을 필요가 없습니다. 당신은 자신이 생각하고 있다는 것을 자연스레 압니다. 분명히 이해하였지요? 적어도 한 두 사람은 분명히 이해하셨지요? 만약 여기 모든 분들이 분명히 이해하였다면 대단한 일입니다.

우리는 자기에게 생각이 있고 감각이 있음을 아는데, 이것이 지성이며 그것은 움직인 적이 없습니다. 우리가 잠을 자고 깨어났을 때 첫 번째가 이 물건인데, 그것을 '잠에서 깨어났다'라고 부릅니다. 아주 빠르게 두 번째 물건인 생각이 옵니다. 그렇지요?

맞습니다. 바로 그것입니다. 당신은 그것을 꽉 움켜쥐고 있으십시오.

자기의 생각은 왜 그렇게 많을까요? 이것을 망상이라고 부르고 부상(浮想)이라 해도 좋습니다. 우리가 아는 이 망상은 3단계로 나눌 수 있습니다. 과거, 현재, 미래입니다. 과거는 사라져버렸으며 미래는 아직 오지 않았습니다. 현재라고 말하면 현재는 이미 사라져버렸습니다.

그러므로 당신이 고요해졌을 때 망상이 많은 것을 두려워하지 마십시오. 당신의 그 지성이 망상을 바라보았으면 곧 이것을 꽉 움켜쥐십시오. 앞생각은 이미 지나갔고 미래는 아직 오지 않았으니 현재만 바라보고 있습니다. 세 토막으로 나누어 항상 이렇게 반성 체험하면서 시간이 오래가다보면 당신은 공령(空靈)해질 것입니다.

만약 당신이 이 공령함을 꽉 움켜쥐고, 만약 다리를 틀고 정좌한 채 오래 꽉 움켜쥐고 있을수록 좋습니다. 이것을 오래 꽉 움켜쥐고 난 뒤 당신의 몸과 마음, 뇌의 힘, 체력 등등은 모두 변화하게 됩니다. (남회근과 피터 세인지 — 선과 생명과 인지에 관한 대화)

2. 남선생님에게서 관심(觀心)을 배운다

위에서 말한 법문을 통하여 많은 사람들이 지성을 이해함으로써 진정한 실제 수행의 길을 걸어갈 수 있으리라 믿습니다. 만약 아직도 찾아내지 못했다면 관심으로부터 착수하는 것이 제일 좋습니다. 그렇게 하면 빨리 지성을 찾을 수 있습니다. 물론 지성을 찾아낸 사람은 수행이 이제 막 시작한 것이니 더욱 잘 마음을 관찰해야 합니다. 그렇지 않으면 공부가 진보향상하기 어려우며 부지(不知)와도 그리 큰 구별이 없습니다. 남선생님이 말하는 관심의 요점은 다음과 같습니다

(1) 여러분이 찾을 수 없다고 한다면 어떻게 해야 할까요? "모두 원만히 비추는 청정한 각상(覺相)에 의지하여[皆依圓照淸淨覺相]", 이는 법을 전해 준 것입니다. 그리고 수행의 방법도 여러분들에게 알려드렸습니다. 어느 때나 원만히 관조(觀照)해야 하는데, 무엇을 비추어 볼까요? 자기의 마음이 일어나고 생각이 움직이는 것[起心動念]을 돌이켜 비추어 보아, 자기의 생각염두(思想念頭)가 어떻게 오고 가는지를 또렷하게 알아야 합니다. 기억하십시오. 원만히 비추어 보아야 합니다. 치우쳐 비추어 보는 것이 아닙니다. 정좌할 때에는 관조가 아주 또렷하다가도 자리에서 일어나면 곧 어지럽고 흐릿해집니다. 그렇다면 원만히 비추어 봄이라고 할 수 없습니다.

바쁘고 어지러운 가운데도 언제 어디서나 자기의 염두를 관조해야 합니다.

염두를 관조하라 함은 결코 당신더러 생각하지 말라는 의미가 아닙니다. "아이구, 내가 왜 또 생각했지?" 하면서 마치 생각[想]이 당신하고 원수나 진 듯이 하는데, 염두(念頭)가 오더라도 두려워할 필요는 없습니다. 사람의 생각 염두는 머무르게 할 수 없다는 사실을 알아야 합니다. 여러분 믿지 못하겠다면 여러분 머무르게 해 보십시오. 머무르게 할 수 있습니까? 사람의 생각 망념은 머무르게 할 수 없습니다. 그러나 보내려고 해도 보낼 수 없습니다. 여러분이 생각하지 않으려고 해도 망상은 한사코 생각하고자 합니다. 정말 밉습니다! 그렇지요? 사람의 생각은 그렇게 이상합니다. 주의하십시오. 이것이 바로 무명(無明)입니다. 염불을 예로 들면 아미타불, 아미타불,…… 이렇게 염불해 가다가 도중에, "어? 밖에 비가 오는군! 문을 닫았는지 안 닫았는지 모르겠네? 큰일이네! 망상이 또 왔네. 이래서는 안 돼지! 이래서는 안 돼!", 이런 식으로 우리들은 하루 종일 후회 망상 속에서 맴돌고 있습니다. 이와 같은 망상 무명을 어떻게 청정하게 할 수 있을까요?

그럼 어떤 사람이 고요하게 앉아 움직이지 않고 있다고 합시다. 이렇게 하면 곧 청정함을 원만하게 관조하는 걸까요? 조금도 그렇지 않습니다. 몹시 바쁩니다. 마음속으로 생각하는 것이 대단히 많습니다. "내가 여기 이렇게 오래 앉아 있는데 기(氣)가 왜 아직 발동을 안 하지? 내가 속은 것 아니야? 나는 왜 아직 깨닫지 못했을까? 여래의 큰 법이 설마 이런 것일까?" 이런 식이라면 원만히 비추어 보는 것[圓照]이라고 할 수 없습니다. 글자를 하나 바꿔서 원망하면서 비추어 보고 있는 것[怨照]이라고 해야 합니다. 여러분 생각해 보세요, 그렇지요?

여러분들이 망상이 온 것을 살펴 알아차렸을[察覺] 때가 바로 청정함입니다. 왜냐하면 망상이 이미 떠나가서 당장에 청정해졌기 때문입니다. 본래 청정하므로, 망상을 비워버리겠다는 생각을 다시 할 필요가 없습니다. 망상은 비우지 않아도 스스로 비워집니다. 이처럼 일념으로 청정히 해가고 원만히 관조해 가면서, 서서히 닦아 가면 무명을 영원히 끊고 성불할 수 있습니다[永斷無明, 方成佛道]. (원각경 강의)

(2) "선남자여, 비춤이 있고 감각 지각이 있음을 모두 장애라 한다. 그러므로 보살은 항상 깨어있으면서 어떤 경계에도 머물지 아니하며, 비추는 자와 비추어지는 것이 동시에 적멸하느니라[善男子, 有照有覺, 俱名障礙, 是故菩薩常覺不住, 照與照者, 同時寂滅]." 이 단락은 수행에서의 공부 방법과 경계를 말하고 있습니다. 여기서는 '조(照)'와 '각(覺)'이라는 문제를 제기하고 있습니다. 조(照)와 각은 수행공부에서의 심리상태입니다. 각(覺)에는 감각과 지각이 포함됩니다. 신체상의 기맥변화를 예로 들면, 기(氣)가 어느 곳에 이르렀고, 어떻게 통했다! 고 느끼는 것은 감각상태입니다. 이러한 감각에 속아서는 안 됩니다. 이렇게 하는 것이 틀리다는 것이 아니라 여러분의 마음이 이러한 감각에 끌려가서는 안 된다는 것입니다. 이러한 감각들이 있다고 해서 대단해진 걸로 여겨서는 안 됩니다. 이런 것은 생멸법으로 일어남이 있으면 사라짐이 있습니다. 변화하기 마련입니다. 두 번째는 지각상태입니다. 정좌하다 보면 청정한 느낌이 들 때가 있습니다. 마치 공(空)해져버린 듯 하여 편안하고 자재한 느낌이 드는 경우가 있습니다. 이러한 고요함·공령함·편안함의 지각상태는 어느 종교에나 다 있습니다. 예를 들면 기독교인이 세례를 받고 교회당 안에서 꿇어앉아 아주 정성스럽게 기도를 하면 성령이 강림함을 느끼게 됩니다. 이 역시 중국인들이

말하는 '지성스러우면 영험하다[誠則靈]'의 이치로서 우리들의 각조(覺照)가 작용을 일으킨 겁니다.

그럼 '조(照)'란 무엇일까요? 우리는 공부하면서 관조(觀照)한다고 말합니다. 조(照) 자 위에 관(觀) 자를 하나 더한 것인데, 관(觀)과 조(照)는 같은 것일까요 다른 것일까요? 반야심경은 첫 부분에서 "관자재보살행심반야바라밀다시, 조견오온개공(觀自在菩薩行深般若波羅蜜多時, 照見五蘊皆空)"이라고 말하고 있습니다. '관'은 관이고 '조'는 조로서 양자는 다릅니다. 관이란 눈으로써 보는 것이 아닙니다. 예를 들어 정좌할 때 자기의 생각이 자꾸 일어났다 사라지고 오고 가는지를 아는 것을 '관'이라고 합니다. 염불할 때에 나무아미타불, 나무아미타불 해 가다가 문득 "에이고! 내일 아침 여덟 시에 일어나야 하는데 시계바늘을 맞추어 놓는 걸 잊어버렸군. 아이고! 이거 또 잘못되었군. 내가 어떻게 염불하다 다른 생각을 하게 되었지. 아미타불, 아미타불... 하지만 생각 좀 해도 상관이 없지. 아이고! 또 잘못했군." 이것이 관(觀)의 경계입니다. 공부가 조(照)의 단계에 이르면 관할 필요가 없습니다. 마치 태양이 떠오른 것과 같습니다. 전체가 잡된 생각이 없고 망념이 없습니다. 송나라 명나라 이학가들은 이를 '청명재궁(淸明在躬)'이라고 했습니다. 이것이 조(照)의 경계입니다. 관(觀)과 조(照)의 이치는 유식학인 『유가사지론』에서는 '심(尋)'과 '사(伺)'라고 합니다. 관(觀)이라는 글자에는 찾는다는[尋找] 의미가 있습니다. 사(伺)는 찾을 필요는 없고 기다려보고 있으며 비추어보고 있는 것입니다.

"유조유각(有照有覺)", 정좌하고 염불할 때 한편으로는 염불하면서 한편으로는 마음속으로 염두를 살펴보고 있는 것입니다. 즉, 잡념이 있는지 없는지를 살펴보는 것입니다. 그러나 이것도 초보적인 각조일 뿐입니다. 공부가 참으로 각조의 경계에 도달하면 꿈속에서도 각조하고 있습니다. 진정한 수행인은 꿈속에서의 마음이 일어나고 생각이 움직임도 평소 깨어있을 때와 마찬가지로 또렷이 알 뿐만 아니라 주재할 수 있습니다. 낮에는 어지러운 생각을 감히 못하고 나쁜 일을 감히 생각 못하다가도 꿈속에 이르면 모두 나타나게 되어 주재할 수 없다면, 이러한 수행은 소용이 없습니다. 설사 꿈속에서 주재할 수 있다 할지라도 한 걸음 더 나아가 꿈이 없는 경계에 이르러야 합니다. 수면 중에서도 심성의 근본을 알 수 있어야 비로소 '유조유각'의 경계가 됩니다. 이러한 경지에 도달할 수 있는 것은 보살 경계의 단지 초보가 될 뿐, 원각 자성에서 보면 '유조유각'은 역시 장애가 됩니다. "그러므로 보살은 항상 깨어있으면서 어떤 경계에도 머물지 아니하며, 비추는 자와 비추어지는 것이 동시에 적멸하느니라[是故菩薩常覺不住, 照與照者, 同時寂滅]", 그러므로 진정한 등지(登地) 이상의 보살은 '상각불주(常覺不住)', '상각'은 영원히 맑게 깨어있는 겁니다. 이 각(覺)이 바로 보리요 보리는 바로 깨달음입니다. 만약 여러분에게 한 개의 각이 영원히 있어서 감히 움직이기조차도 못하고, 움직이자마자 깨닫지 못한다면, 그것은 머무름이 있는 것이지 머무르지 않는 것이 아닙니다. 진정한 보살의 경계는 영원히 맑게 깨어있으면서 머무르지 않습니다. 각의 경계에도 머무르지 않고 한 개의 각조의 경계도 안고 있지 않습니다. 각조의 경계가 하나 있다면 머무는 바가 있는 것입니다. 선종의 육조는 『금강경』에 나오는 "머무른 바 없이 그 마음을 내어야 한다[應無所住而生其心]"는 한 구절에 도를 깨달았습니다. '응무소주이생기심'은 수행의 한 방법입니다. 만약 원각 경계의 입장에서 보면 "본무소주이생기심(本無所住而生其心)"으로 고쳐야 마땅합니다. 도를 깨닫고 나면 본래 머무는 바가 없습니다. 이 마음은 본래에 머무는 바가 없어서 사물이 오면 응하고 사물이 지나가면 붙들지 않습니다. '조여조자(照與照者)'에서 첫 번째 '조'자는 능조(能照)이고 그 다음 '조'자는 소조(所照)입니다. 예컨대 망념은 소조입니다. 능조와 소조가 동시에 적멸하고 동시에 공(空)해져야 도를 얻은 경계가 됩니다. (원각경강의)

(3) 심(尋)과 사(伺)의 관계

대승불학에서는 지정(止定)의 수양에 있어서 어떤 원칙을 내세울까요? 현장 법사가 번역한 불학에는 유각유관(有覺有觀)이라는 용어 대신에 더욱 정교하고 세밀하게 표현한 유심유사(有尋有伺)라는 말이 있습니다. 심(尋)은 예를 들면 재빠른 고양이가 쥐를 잡으려고 찾고 있는 것입니다. 사(伺)는 황룡혜남(黃龍惠南) 선사가 말한 것처럼 마치 재빠른 고양이가 쥐를 잡으려고, 눈동자는 조금도 깜박거리지 않고, 네 발은 땅에 버티고 섰고, 온 털은 한 방향을 향하였고, 머리와 꼬리는 곧게 세우고 기회를 엿보다가 재빨리 움직이는 것입니다.

요즘 말로 하면 심(尋)은 손전등을 들고 이리저리 찾는 것이고 사(伺)는 모든 불빛이 일제히 하나의 사물에 비춰지는 것입니다. 그러므로 첫 단계에서는 유심유사의 심리상태를 이용하여 마음의 맑고 고요한 경지를 붙잡아야 합니다. 점차 능숙해지면 두 번째 단계인 무심유사(無尋有伺)의 심경에 도달하게 됩니다. 다시 말해서 그렇게 애쓰지 않아도 자연스럽게 도달할 수 있습니다. 마지막으로 무심무사(無尋無伺)의 단계에 이르면 의식이 맑고 밝아지며 마음이 거울 같은 경지에 도달하게 됩니다. (대학강의)

3. 항상 외우라고 남선생님이 일깨워 주는 두 개의 중요한 진언

(1) 첫 번째 진언

선남자여, 망념이 허깨비임을 알면 곧 망념이 떠나니 다른 방편을 쓰지 아니하며, 허깨비를 떠나면 곧 여래의 각성이니 점차도 없느니라.

善男子, 知幻即離, 不作方便, 離幻即覺, 亦無漸次.

유의해야 합니다! 이 단락은 대단히 중요합니다. 이는 선종의 심인(心印)이자, 밀종의 대수인(大手印)으로서 보현여래(普賢如來)·금강살타(金剛薩埵) 심법(心法)이기도 합니다.

우리 이제 눈을 감고 체험해 봅시다. 모든 생각과 감각은 가짜입니다. 끊임없이 오고가는 이런 망념들은 모두 가짜입니다. 여러분은 마음속에 망념이 있다는 것을 발견할[發覺] 것입니다. 그러나 여러분이 발견했을 때에 망념은 이미 사라져버렸습니다. "망념이 허깨비임을 알면 곧 망념이 떠나니[知幻即離]", 망념이 스스로 가버렸으니 여러분이 다시 망념을 없애려고 할 필요가 없습니다. 다시 무슨 방법을 써서 그것을 없애려 할 필요가 없습니다. "다른 방편을 쓰지 아니하며[不作方便]", 다른 방법을 쓸 필요가 없습니다. 이른바 염불·진언은 모두 더 더하는 방편입니다. 염불도 생멸법이자 몽환이요 허공꽃이므로, 이런 것들을 전혀 쓰지 않는다는 겁니다.

"허깨비를 떠나면 곧 여래의 각성이니[離幻即覺]", 망념 환상(幻想)을 떠나서 지금 청정해졌음을 '아는 것' 이것이 여래각성(如來覺性)입니다. 예를 들어 제가 지금 말을 하고 있는데, 여러분들은 눈을 감고 들어보십시오. 귀는 소리를 들었습니다. 이 소리는 허깨비입니다. 이미 사라졌습니다. 다시 무슨 방법을 써서 소리를 없앨 필요가 없습니다. 그것은 자연히 사라져버렸습니다. 그러나 소리임을 아는 앎의 성품[知性]은 공하지 않고 본래에 있습니다. "점차도 없느니라[亦無漸次]", 여러분이 수행을 하든 하지 않든 그것은 여전히 똑같이 들습니다. 이 물건에는 무슨 초지, 2지, 3지... 10지의 보살계위(菩薩階位)가 없습니다. 또 무슨 초과, 2과, 3과, 4과의 성문사과(聲聞四果)가 없습니다. 본래에 일체 중생의 자성이 부처입니다. 이것이 바로 부처요, 이것이 바로 정토입니다.

어떤 사람들은 제게 달려와서 이렇게 말합니다. "선생님, 이 도리는 제가 이해합니다, 하지만 천천히 닦아가야겠습니다." 이런 사람들에 대해서는 저는 어떻게 해야 할까요? 그저 이렇게 말할 수밖에 없습니다. "당신 말이 맞아요. 완전히 맞습니다. 천천히 닦아가세요. 하늘 가 바다 끝까지 닦아가세요. 언젠가는 마침내 닦아서 도달할 테니까요!" 그 사람은 기백이 없기 때문입니다. 도달했다고 하면 도달한 것이지요. 자기 자신에 대해서 신심이 있으면 곧 도달합니다. 무엇을 믿는 것일까요? 나인 이것은 청정한 원각이요 천상천하유아독존(天上天下唯我獨尊)임을 믿는 겁니다. 그래서 석가모니불은 태어나자마자 곧 불법을 다 말해버린 것입니다. (원각경 강의)

(2) 이어서 부처님이 말씀하시는 공부방법일 뿐만 아니라 성불하는 데 가장 좋고 가장 빠른 방법입니다.

어느 때나 마음에서 망념을 일으키지 말며, 모든 망심에 대하여 쉬어 없애려 하지도 말며, 망상 경계에 머물러 있더라도 분별하여 분명하게 알려함을 더하지도 말며, 분별하여 분명히 알려함이 없을 때에 진실을 가리지도 말지니라.

居一切時, 不起妄念; 於諸妄心亦不息滅; 住妄想境不加了知; 於無了知, 不辨真實.

이 단락은 대승도의 평시 수행 법문입니다. 이 법문을 수행하기에 앞서 먼저 마음이 곧 부처라는 것을 인정해야 합니다. 일반인들은 부처님을 배우고 도를 닦으면서 모두 한 물건을 희구하여 마음 밖으로 찾고 있습니다. 그러기에 가장 큰 병폐를 범하는데, 바로 이 마음이 부처임을 감히 승인하지 않는다는 겁니다. 여기에 중생의 큰 병이 있습니다. 사람들은 언제나 불보살의 경계를, 대단히 높아 도달할 수 없고 깊어서 헤아릴 수 없는 것으로 환상(幻想)합니다. 이른바 '높이 성인의 경계로 미루어버립니다[高推聖境].' 사람은 환상이나 추억의 지배를 받습니다. 눈앞의 현실을 직면하고 싶어 하지 않기 때문입니다. 평등한 마음이 부처님이라고 평범하게 인정할 수 있다면 구태여 밖으로 바삐 서둘러 구할 필요가 있겠습니까?

이 도리를 인식한다면 "어느 때나 마음에서 망념을 일으키지 말며[居一切時, 不起妄念]"일 수 있습니다. 이 마음이 어느 때나 허망한 환상을 일으키지 않고 평정한 상태면 됩니다. 정말로 이렇게 할 수 있다면 이게 바로 보살로서, 무슨 주문을 외운다든지 관상을 한다든지 부처님께 예배할 필요가 없습니다. 이때에는 창설(蒼雪) 대사가 말한 바와 같습니다.

남대사(南臺寺)에서 향 피우고 정좌하고 있노라니
종일 정신이 집중되어 온갖 생각 사라지네
마음을 멈추고 망상을 없애는 것이 아니라
단지 생각하고 헤아릴 일이 없기 때문이라네

무엇이 부처일까요? 마음이 곧 부처입니다[心卽是佛]. 무엇이 도일까요? 평상심이 곧 도입니다[平常心卽是道]. 어떻게 평상(平常)해질까요? 평상은 바로 어떤 방법도 더하지 않는 것입니다. '마음을 멈추고 망상을 없애는 것이 아니라, 단지 생각하고 헤아릴 일이 없기 때문이라네', 대단히 평범한데 이것이 진정한 관심(觀心)법문이요 바른 수행 길입니다. 이 역시 선(禪)이요 여래선이 표방하는 법문입니다.

"하지만 저는 할 수 없는데요. 역시 망상이 있는데 어떻게 해요?" 한다면 "모든 망심에 대하여 쉬어 없애려 하지도 말며[於諸妄心亦不息滅]", 망상이 오거든 오도록 내버려두면 됩니다. 망상은 스스로 떠나갑니다. 서둘러서 빗자루 들고 그를 쫓을 필요가 없습니다. 망상은 저 홀로 왔다 저 홀로 갑니다. 제가 『능엄경 대의 풀이[楞嚴大義今釋]』에서 공부하는 방법을 보여주는 열일곱 수의 시를 썼는데 그 중의 한 수는 이렇습니다.

가을바람에 낙엽들 어지럽게 쌓이기에
다 쓸어내면 또 오고 그러기를 천백 번
한번 웃고 그만두고 한가한 곳에 앉아
내버려두니 땅에 떨어져 저절로 재가 되네

우리들의 망념은 가을 낙엽과 같아서 이리저리 날리고 떨어집니다. 그것을 비우려고 하거나 쓸려고 하면 곧 어긋나 버립니다. 당신이 첫 번째의 망념을 없애버리면 두 번째의 망념이 또 나타납니다. 앞전의 나뭇잎을 깨끗이 쓸고 나면 새로운 나뭇잎이 또 떨어집니다. 이렇게 하다가는 하루 종일 바빠서 쉴 수가 없습니다. '한번 웃고 그만두고 한가한 곳에 앉아', 내가 쓸지 않고 상관하지 않기로 한 것만 못합니다. '내버려두니 땅에 떨어져 저절로 재가 되네', 망상은 비우려고 할 필요가 없습니다. 그것은 자연히 비워집니다. 당나라 시대의 시인인 두보(杜甫)의 두 구절의 시가 있는데, 이를 가지고 망상의 자성이 공(空)함을 형용할 수 있습니다.

스스로 오고 가는 것은 들보 위의 제비들이요
서로 친하고 가까운 것은 물속의 갈매기들이네

自去自來樑上燕　相親相近水中鷗

　부처님은 우리들에게 '모든 망심에 대하여 쉬어 없애려 하지도 말며'라고 제2단계를 일러주셨는데 무슨 이치일까요? 여러분들이 고요하게 앉아있을 때에 망상이 오면 자기가 다 압니다. 망상임을 알았을 때에는 이미 망상은 사라져버리고 없습니다. 그렇지만 망상임을 알 수 있는 그 '앎'은 움직인 적이 없습니다. 그것은 어느 때나 망념을 일으키지 않습니다[居一切時不起妄念].

　이어서 부처님은 우리들에게 제3단계를 일러주십니다. "망상 경계에 머물러 있더라도 분별하여 분명하게 알려함을 더하지도 말며[住妄想境不加了知]", 부처님을 배우는 우리들은 흔히 이렇게 생각합니다. "망상은 옳지 않다. 망상이 오면 내가 어쨌든 지켜봐야지. 망상이 없는 것이야말로 도이다." 그런데 부처님은 우리가 틀렸다고 말씀하십니다. 예를 들어 제가 지금 말을 하고 있는데 이것은 망상 아닐까요? 망상입니다. 망상을 두려워해서는 안 됩니다. 망상하려면 망상하십시오. '불가료지(不加了知)', 망상이 올 때에는, 이것은 무명이야! 인연이야! 업력이야! 하면서 연구하지 말기 바랍니다.

제4단계는 "분별하여 분명히 알려함이 없을 때에 진실을 가리지도 말지니라[於無了知, 不辯真實]"입니다. 당신이 멍하게 그렇게 앉아 있으면서, 들리는 것은 듣고 보이는 것은 보되, 아주 평안하고 자재하고 마음 편안히 아무 생각 없이 머물러 있는 겁니다. 그렇게 하면 됩니다. "이것은 청정한 경계가 아닐까? 이것은 공이 아닐까? 이렇게 하는 것이 맞을까? 그렇게 간단해? 그럴 리가 없는데?" 이렇게 가리지 말아야 합니다. 그렇게 하면 자기가 또 자기를 속이게 됩니다.

무엇이 부처일까요? 마음이 바로 부처입니다. 무엇이 도일까요? 평상심이 바로 도입니다. 이렇게 간단합니다. 일체 중생은 어째서 알 수 없을까요? 평상하려고 하지 않기 때문입니다. 진정으로 대단한 사람은 틀림없이 아주 평범한 사람입니다. 진정한 평범함이야말로 진정한 위대함입니다. 일반인들이 부처님을 배우고 도를 닦아도 왜 성취할 수 없을까요? 평상하려고 하지 않기 때문입니다. 여러분 보세요, 부처님을 배우는 사람은 대단히 바쁩니다! 여기 와서는 부처님에게 절하고, 저기 가서는 경전강의 듣고, 또 공양 올리고, 또 절하고, 또 방생하고, 또 헌납하고, 바쁜 나머지 자기 집안사람들도 돌보지 않습니다. 그런데 결과적으로는 아무것도 없습니다. 없는 게 당연합니다. 왜냐하면 너무 바빴기 때문입니다. 너무나 평상이 아니었기 때문입니다. (원각경강의)

4. 지견을 깨뜨려 없애고 지성을 초월해야 한다

지성을 인식하고 난 뒤에야 수행이 비로소 걸음을 떼기 시작하며, 그에 따라서 오는 것이 이 지성을 어떻게 초월할지를 알아야 한다는 것입니다. 남선생님은 『선과 생명의 인지 강의』에서 이렇게 가리킵니다. "지성(知性)의 이 '지(知)'는 최후의 궁극이 아닙니다!
......그 알지 못한다는 사실을 아는 자리는, 여러분들에게 말씀드
리는데, 그것은 반야에 속하며 아주 높은 경계입니다. 『금강경 강
의』에서 견(見)과 지(知)를 말할 때 『능엄경』의 경전 어구를 인용하
여 멋진 법문을 하였습니다.

　(1) 『능엄경』에는 도를 보는[見道] 견을 말하고 있는데 다음의 네
마디 말이 있습니다. "견견지시(見見之時), 견비시견(見非是見). 견
유리견(見猶離見), 견불능급(見不能及)."[84]

　"견견지시(見見之時)"에서 첫 번째 견(見)은 우리가 눈으로 본다
는 견입니다. 마음과 눈으로 보는 것입니다. 두 번째의 견(見)은 도
를 본다는 견입니다. 바꾸어 말하면 첫 번째 견은 소견(所見)의 견
이요, 두 번째 견은 능견(能見)의 견입니다. 우리가 눈으로 사물을
보는 것이 소견인데, 이것은 현상을 보는 것입니다. 소견을 돌이키
면 자기가 도를 볼 수 있습니다. 명심견성(明心見性)에서의 견은 소
견의 견이 아니므로 눈으로 하나의 현상을 볼 수 있는 것이 아닙니
다. 혹자는 하나의 경계를 보기도 하는데, 이것은 도가 아닙니다!

　그러므로 "견견지시(見見之時)", 도를 본다는 견인, 명심견성의
견을 자기가 돌이켜 볼 때, "견비시견(見非是見)", 이 능견인, 도를
본다는 견은 눈으로 사물을 본다는 소견의 견이 아닙니다. 그래서
"견비시견"이라 말합니다. 그럼 도를 볼 수 있는 견은 설마 또 하
나의 경계가 있을까요? "견유리견(見猶離見)", 눈으로 볼 수 없고
귀로 들을 수 없는, 일체가 다 공한 뒤에 나는 도를 보았다고 말하

---

84) 이에 대하여 남회근 선생은 『능엄경 대의풀이』에서 다음과 같이 풀이합니다:
　만약 눈이 보는 작용에서 능견의 자성을 보려한다면, 이 자성은 결코 눈앞의 소
　견의 작용이 볼 수 있는 것이 아니다. 만약 능견의 자성을 보려면 반드시 소견
　과 능견을 절대적으로 떠나야 한다. 왜냐하면 능견 자성의 본체는 소견의 작용
　과 능견의 기능이 볼 수 있는 바가 아니기 때문이다.

고 하나의 견이 존재한다면 여전히 소견으로서, 이 견 역시 떨쳐버려야 합니다. "견유리견"이니 떨쳐버려야 하며, 공(空) 또한 비워야 합니다. "견불능급(見不能及)", 진정한 명심견성의 견은 눈으로 보는 견이 아니요 마음의 눈으로 미칠 수 있는 능견의 견이 아닙니다. 한 무더기 견을 말했는데 얼마나 이해하기 어렵습니까!

우리에게 말하고 있는 명심견성의 견은, "산을 보니 산이 아니요, 물을 보니 물이 아니다. 청개구리가 물에 풍덩!하고 뛰어든다...는 그런 경지가 절대 아닙니다. 일체를 보되 보는 바가 없고. 일체의 산하대지와 우주만유를 모두 허공에 분쇄하고 대지도 가라앉혀 버려야 합니다. 그래야 선종을 담론할 수 있고, 명심견성에 약간의 그림자가 있게 된 겁니다. 기억하십시오! 그 정도에 도달했더라도 약간의 그림자일 뿐입니다!

(2) 『능엄경』에는 또 매우 중요한 몇 마디 말이 있습니다. "지견입지(知見立知), 즉무명본(卽無明本), 지견무견(知見無見), 사즉열반(斯卽涅槃)." 지(知)와 견(見)은 뒷날 불교의 한 전문 용어가 되었습니다. 지(知)란 아는 것입니다. 불경의 이치를 모두 알았다고 할 때의 그 지(知)입니다. 견(見)도 하나의 현상이나 경계를 본 것으로, 바로 지견(知見)입니다. 당신은 이치를 이해하고서 수행하고 정좌해야 합니다. 정좌하고 있으면 일체가 다 공합니다. 그렇지만 아직 지성이 있어서 자기가 청정한 상태로 앉아 있다는 것도 알고 있습니다. 그러나 하나의 청정함이 존재한다면 옳지 않습니다. "지견입지(知見立知), 즉무명본(卽無明本)", 바로 무명의 근본이 됩니다. 하나의 청정함이 존재한다면 그 속에는 청정하지 않는 힘이 하나 간직되어 있는데, 바로 번뇌의 힘이 존재합니다. 그러므로 "지견입지, 즉무명본"입니다. "지견무견(知見無見)"해야 최후에는 공(空)을 보고, "사즉열반(斯卽涅槃)", 견의 가장자리에 도달할 수 있습니

다.85)

(3) 지(知)가 곧 무명의 근본이다

이전에 여러 대법사들은 경전을 보면서 선종의 노선을 걸어가 뒷날 도를 깨달았습니다. 그러므로 선을 배운다고 해서 반드시 정좌하고 참선해야 하는 것은 아니며, 꼭 정좌하고 공안을 참구하고 화두를 참구해야 하는 것도 아닙니다. 송나라 때 온주(溫州) 서록사(瑞鹿寺)에 우안(遇安) 선사라는 분이 있었는데, 그는 날마다 불경을 보면서 염불을 했습니다. 그는 위에서 말한 『능엄경』의 그 구절을 보게 되었는데, 홀연히 어떤 영감이 떠올라서 원래의 구절인 "지견입지(知見立知), 즉무명본(卽無明本), 지견무견(知見無見), 사즉열반(斯卽涅槃)."에 대해 구두점을 다르게 찍어 "지견립(知見立), 지즉무명본(知卽無明本), 지견무(知見無), 견사즉열반(見斯卽涅槃)."이라 해 놓고는 자신은 이로 인해 대철대오 했습니다. 뒷날 그는 자칭하기를 '파능엄(破楞嚴)'이라 했습니다. 구두점을 다르게 찍어 새롭게 읽고 나서 스스로 홀연히 깨달음이 열려서 대철대오하고 명심견성한 것입니다. "지견립(知見立)", 지(知)가 있고 견(見)이 있습니다. 청정함이 하나 있고 각성(覺性)이 하나 있다면, "지즉무명본(知卽無明本)", 이 지(知)는 그 자체가 바로 무명의 근본입니다. 바로 번뇌입니다. "지견무(知見無)", 일체가 다 공합니다. 이치도 공하고, 생각도 공하며, 공도 공합니다. "견사즉열반(見斯卽涅槃)", 이것을 보는 것이 바로 오도(悟道)입니다. 이렇게 해서 그는 도를 깨달았는데, 스스로 『능엄경』의 구절을 쪼개서 이해하여 들어간 겁니

---

85) 이에 대하여 남회근 선생이 『능엄경 대의풀이』에서 다음과 같이 풀이합니다: 만약 이 소지소견所知所見의 작용을 하나의 능지能知의 것으로 인정해버린다면, 그것이 바로 무명의 근본이다. 만약 이 소지소견의 작용의 자성 기능은 본래 볼 수 없고 형상이 없는 것임을 분명히 안다면 그것은 바로 번뇌가 없는 적멸청정한 진심이다.

다.

(4) 그래서 어떤 사람들은 매일 정좌를 하기에, 그에게 어떠냐고 물어보면 대답합니다. "좋습니다! 아주 청정합니다." 상(相)에 집착한 것입니다! 청정하다는 상에 집착하고 있습니다. 상은 도가 아니며 도는 상에 있지 않습니다. "지견립(知見立), 지즉무명본(知卽無明本), 지견무(知見無), 견사즉열반(見斯卽涅槃)." 당신은 하나의 청정함이 도라고 세운다면, 게다가 등에서는 독맥이 통하고, 앞에서는 임맥이 통해서 수도꼭지를 가져다 틀어 물을 댈 넣듯이 모두 통했다고 내세운다면, 그것은 도를 이룬 것이 아닙니다. 모두 상에 집착한 것입니다. 일단 상에 집착하여 지견이 세워지면, 지(知)는 곧 무명의 근본입니다. 지견이 없어야 이것을 보는 것이 곧 열반입니다.

소결

1. "자기의 마음을 모르고 법을 배우면 이익이 없다(不識自心, 學法無益)", 이것은 오조가 육조에게 한 가르침입니다. 이 말은 대단히 엄중합니다. 지성(知性)을 인식하기 전에는 모두 함부로 수련하는 것이어서 도무지 이익이 없다는 의미입니다. 그래서 남선생님이 그렇게 자비로워 그 번거로움을 싫어하지 않고 지성에 대하여 다각도 다층면의 법문을 진행한 목적은 우리들로 하여금 길을 에돌아가는 일이 적고 스스로 사서 고생하는 일이 적도록 하는 데 있었습니다. 우리는 반드시 이 관건의 문제를 대단히 중시하지 않으면 안 되며, 아울러 지성심으로 남선생님의 법문 은혜에 감사해야 합니다. 남선생님의 이러한 시원시원한 법문이 없었다면 우리는 어둠속에서 얼마나 오래 더듬어 찾아야 할지 모릅니다.

2. 이미 부처님을 배우고 있거나 지금 배우고 있거나 장래에 배울 친구들은 절대 기억하십시오. 반드시 갖은 방법을 생각해내어 먼저 지성을 찾아내어야 합니다. 그렇지 않으면 설사 채식하고 계율을 지키며, 염불하거나, 진언을 수지하거나, 경전을 읽거나, 방생 등을 하더라도 수행은 여전히 바른 길에 들어서지 못한 것입니다. 오직 착실하게 염불하십시오. 그런데 오늘날 착실하게 염불할 수 있는 사람도 이미 봉새의 털이나 기린의 뿔처럼 드뭅니다.

3. 불법의 수증강요(修證綱要)는 자기 마음을 인식한 뒤에 관심(觀心), 지(止), 관(觀)과 선나(禪那) 등을 포함한 유효한 방법을 채용하여 이장(理障)과 사장(事障) 이 두 가지 장애를 끊어 없애거나 항복시키면서 진정으로 대철대오의 길로 들어 걸어가는 것입니다. 이 강요를 위반한다면 대부분 맹목적인 수행이 될 것입니다. 남선생님은 말하기를 언제나 마음을 관찰하는 사람은 성취하지 못할 자가 없다고 했습니다. 그러므로 우리들은 지성을 잘 인식하고 마음을 잘 관찰해야 합니다.

4. 남선생님이 관심에 대하여 한 법문은 대단히 많습니다. 『반야정관략강』86)·『여하수증불법』87)과 『정혜초수』88) 등등이 있으니, 뜻이 있는 분은 참고하고 읽어볼 수 있습니다.

5. 인지한 뒤에는 중점이 확실히 아는 데에 있으며, 중점은 장상덕 선생님 말씀처럼 세세생생 자신을 중생에게 바치고 어떤 조건도 없이 중생을 위하여 봉사하는 것입니다. 그렇지 않으면 구두선으로 변하기 쉽습니다. 수행은 조금도 없으면서 허풍은 하늘만큼 쳐서 남도 자기도 잘못되게 합니다.

---

86) 한국어판 『선정과 지혜 수행입문』에 들어있음)
87) 『불교수행법강의』
88) 『선정과 지혜 수행입문』

6. 인지의 최고 경계는 '앎이 없는 것'을 아는 것입니다.

(3) 인지와 인지과학에 관한 법문

남선생님은 이미 백세가 가까워진 노인이지만 사유의 민첩한 정도, 시대와 함께 나아감, 그리고 새로운 지식의 흡수 능력은 정말 젊은이보다도 좋습니다. 정말 우리들로 하여금 부끄러워 얼굴에 땀이 나게 합니다. 서양의 생명과학과 인지과학에 대한 연구는 이미 나날이 새로워지고 있는데, 그에 대해 우리들은 모두 아직 잘 모르고 있지만 남선생님은 그 모두를 대단히 잘 알고 있습니다. 뿐만 아니라 가장 앞에서 걸어가고 있으면서 생명과학과 인지과학에 대하여 많은 구체적인 전망 의견을 가지고 있습니다. 정말 사람들이 감복하고 찬탄해 마지않게 됩니다. 남선생님의 이 방면에 대한 법문은 주로 근년에 출판된 『선여생명적인지초강(禪與生命的認知初講: 한국어판 선과 생명의 인지 강의)』, 그리고 『남회근강연록(南懷瑾講演錄)』에 집중되어 있습니다.

1. 이번의 제목이 무엇인지 다들 기억하십니까? '선과 생명과학의 인지[禪與生命科學的認知]'입니다. 이 제목에는 세 가지 큰 주제가 포함되어 있습니다. 첫째는 무엇이 선이냐는 것입니다. 여러분은 한번 생각해보아야 합니다. 여러분은 많은 분들이 대 박사님이고 대 교수님인데 소홀히 해서는 안 됩니다! 둘째는 무엇이 생명과학이냐는 것입니다. 오늘날 생명과학이란 말이 매우 유행하고 있습니다. 셋째는 새로 일어난 인지과학(認知科學)인데, 무엇이 인지(認知)일까요? 이상 세 가지 큰 주제는 백여 만자의 책을 쓸 수 있습니다. 본래는 이것을 얘기하려고 했는데 시간이 모자라기 때문에 한 단락 한 단락씩 나눠서 얘기를 하겠습니다.

어제 저녁에 무엇이 불법인지를 말했습니다. 불법은 대 과학이요 대 철학입니다. 종교가 아닙니다. 종교가 아니면서도 또 종교를 포함하고 있습니다. 부처님이 일대사인연(一大事因緣)을 위하여 세상에 출현하여 설했던 대소승 불법이 그 방대하기가 아득한 바다와 같더라도 선과 생명의 인지 문제를 강해하는데 지나지 않습니다. 다시 귀납하면 바로 전 인류가 추구하고자하는 우주기원의 문제입니다. 도대체 인류생명의 기원은 유물일까요 유심일까요? 그런데 오늘날의 과학은 우주세계까지 발전했습니다. 특히 아인슈타인 이후에 과학자들은 양자역학(量子力學)이라는 문제를 말합니다. 나노(nano) 과학기술과 정보의 발전, 인문적 관리의 발전, 컴퓨터 인터넷의 발전 같은 것들은 모두 양자(量子)의 문제로부터 온 겁니다. 물론 이면에는 또 많은 문제들이 있습니다. 사실은 불학 속에 다 있는데 단지 여러분이 꺼내지 못할 뿐입니다. 만약 여러분 대 박사님들, 대 교수님들이 배워서 할 줄 알게 되어 이 문제를 과학과 결합시켜 내서, 여러분이 현직에서 퇴직한 뒤에 이 새로운 과학기술 방면으로 발전시켜갈 수 있습니다. 이것은 인류에 공헌하는 것입니다! (선과 생명의 인지 초강)

2. 오늘날 미국에서 유행하는 것이 무엇일까요? 선(禪)이 아닙니다. 도가와 밀종입니다. 왜냐하면 이 두 가지 것이 두 가지의 새로운 과학에 영향을 미쳤기 때문입니다. 하나는 인지(認知)과학이라고 하는데, 유식학의 영향을 받았습니다. 정신생명이 이해되지 않고, 태어남은 어디로부터 오며 죽음은 어디로 가는지 그리고 우주가 어떻게 생겨났는지를 모르기 때문에 과학자들이 추구하고 있습니다.

또 하나는 생명과학 연구입니다. 미국은 서양문화 영향을 깊게 받았습니다. 기독교는 원래 전생과 후세를 믿지 않습니다. 그러나 지금은 영화나 소설도 나왔고 인과가 있고 전생과 내생이 있다는 것을 믿습니다. 그래서 애를 쓰고 추적해 들어가고 있습니다. 이것을 생명과학이라고 부릅니다. 이것은 물론 물리작용에서 온 것입니다. 그래서 저는 말하기를 이곳 묘항(廟港)이 대략 완성된 것은 100%의 공정에서 3분의 2밖에 완성된 것이나 다름없다고 합니다. 진정한 완성은 아직 멀었습니다. 지금은 기숙사도 없고 연구실이나 사무실 등 아무것도 없습니다. 진정으로 연구하려면 최신의 뇌 부위 관련 의료기기 등도 사야합니다. 그리고 의사와 결합시켜서 과학적으로 연구해야 합니다. 날마다 여기서 정좌 좀 하고 이런 옛 것들을 듣는 것이 아니라, 오래된 옛 문화를 현대의 것으로 변화시켜 인류세계로 하여금 새로운 문화 발전 과정 속으로 걸어 들어가도록 이끌어야 합니다. 이것이 제가 이상(理想)으로 하는 길입니다. 그런데 우리는 이제 막 첫걸음을 떼었습니다. 두 번째 걸음은 어떻게 밟아나갈지 아직 모르겠습니다. 그 어려움이 어디에 있을까요? 첫 번째가 인재이고, 두 번째가 돈입니다. 어떤 사업을 하던 인재가 돈보다 훨씬 어렵습니다.

엄중한 문제가 하나 있습니다. 인류의 문화는 21세기 이후에 도대체 어느 길을 향하여 걸어가야 할까요? 지금은 중국이 아닙니다! 전체 인류의 사상문화와 정신생명은 모두 공백 상태입니다. 제가 근심하는 심정은 이 방면에 있습니다. 한 사람의 진정한 발심이 필요한데, 한 개인을 위해서거나 어떤 점을 위해서가 아닙니다. 불학 입장에서 말하면 중생을 구제하기 위해서입니다. (선과 생명의 인지 초강)

3. 오늘날 과학은 필연적으로 철학과 만나야 할 때에 도달하였습니다. 이것은 전 인류문화의 추세라는 사실을 저는 지금 여러분에게 말씀드립니다. 과학은 원래 철학과 나누어졌습니다. 그러나

과학의 최후의 결론은 철학에 의지해야 합니다.

지금 미국에서 가장 유행하고 있는 것이 무엇일까요? 새로 일어난 인지과학입니다. 인지과학은 어떤 것일까요? 중요합니다. 이 과학의 발전은 빠르게 전 세계에 유행할 것입니다. 인지과학은 새로 일어난 것으로, 진정으로 과학을 배우는 고위층은 알 것입니다. 인지과학이 발전해 가면서 두 가지 것이 대두하였습니다. 하나는 인도문화에서 기원된 티베트 밀종이요, 하나는 중국의 도가입니다. 이 두 개의 문화가 머리를 들었습니다.

인지과학이란 무엇일까요? 제가 여러분들에게 한번 소개하겠습니다. 먼저 철학이란 무엇인지 이해해야 합니다. 구(舊) 철학에서 첫 번째 중점은 본체론, 두 번째 중점은 인식론, 세 번째 중점은 가치론이었습니다. 이것은 서양문화에 근거하여 여러분들에게 소개한 겁니다. (남회근 강연록)

4. 저는 늘 말하기를, 인류문화가 오늘날까지 발전하였지만 그 나이는 영원히 30세일 뿐 성장하지 못했다고 합니다. 이러한 문제들을 몇 천 년 동안 모두 해결하지 못했기 때문입니다. 이 때문에 오늘날 과학이 우주를 탐색하면서 기본적으로 여전히 이 문제를 찾고 있습니다. 그러나 아직 찾아내지 못했습니다. 오늘날 새로운 과학이 출현하였는데, 우리들 일부 고위층도 알고서 특별히 이것에 유의하라고 분부합니다. 바로 인지과학이나 생명과학 등등입니다. 인지과학은 무엇을 연구하는 것일까요? 생명은 어떻게 온 것인지 생명과학까지를 포함한 인식론입니다. 이것은 새로운 추세입니다.

여러분들은 모두 뛰어난 인재들인데 여러분들이 기업을 관리하는 것도 개인의 인지문제에 해당합니다. 앞으로 상공업의 발전은 우리 국가와 사회, 심지어는 개인이 어떤 길을 걸어가야 좋을지에 있습니다. 예컨대 다들 부동산업을 말하는데 우리들 여러 명의 학우들은 부동산업을 하고 있지만 저는 반대합니다. 저는 말합니다. 여러분은 왜 부동산업을 합니까? (남회근강연록)

3. 간단한 결어

남선생님의 인지사상은 대단히 깊고 넓으며 미묘하여 헤아리기 어렵습니다. 필자는 한낱 보통사람으로서 설사 필생의 정력을 다 쏟아 붓더라도 그 대략을 이해할 수 없는데 하물며 그 정묘한 곳까지 깊이 들어간다는 것은 더더욱 말할 필요도 없습니다. 본 글은 단지 필자가 단기간에 남선생님에게서 인지를 학습한 하나의 심득 보고일 뿐입니다. 만약 남선생님의 인지노선이, 지지(知止)—능지(能知) · 소지(所知)—지성(知性)—요지(了知)[89]—지일개부지(知一個不知)[90]임을 요행히 헤아려 맞추었다면 그것만으로도 이미 대단히 영광이며, 나아가 이 때문에 여러분들이 인지에 대하여 중시하게 되고 아울러 여러분의 인지를 위하여 약간 읽어볼 수 있는 편리를 제공했다면 더욱 대단히 기쁜 일입니다.

인지와 서방의 인지과학과의 관계 문제에 관하여 필자는 생각하기를, 서양의 인지과학은 그 기초가 제6의식에 세워져 있으며, 만약 대승의 유식사상이 더해지고 주도하지 않는다면 진정한 인지과학이 되기는 완전히 불가능하다는 것입니다. 그리고 대승유식학이 만약 일부 스님들 · 거사들과 학자들 사이에서만 맴돌고 있다면 인지과학으로 변할 방법이 전혀 없으며, 세상 사람들 모두가 그 이익을 누리게 할 방법이 전혀 없으며, 동서양의 정화 문화의 정합을

---

89) 확실히 아는 것. 밝게 깨닫다.
90) 하나의 알지 못함을 아는 것.

위하여 마땅한 공헌을 해야 할 방법도 전혀 없으며, 하나의 큰 시대의 조류를 바꾸는 일도 한 마디 헛된 말이 될 것입니다. 그러므로 오직 서양의 인지과학과 대승유식사상을 유기적으로 하나로 결합시켜서 현대인들이 듣고 보기 좋아하는 방식으로 널리 보급해야 비로소 진정한 인지과학을 사람들의 마음속으로 깊게 들어가게 할 수 있습니다. 그리하여 미래시대에 영향을 미치고 세계문화의 대융합, 세계민족의 대단결, 세계인민의 대안락 등을 위하여 획기적인 공헌을 할 수 있습니다! 이 방면에서 남회근 선생님과 장상덕 선생님이 대표적인 유식학 거장이며 자신들의 노력을 통하여 유식신학(唯識新學)의 수증체계를 형성함으로써 유식학의 현대화를 위하여 충분한 기초를 놓았습니다. 이것은 장래 진정한 인지과학의 건립을 위하여 핵심적인 주도 작용을 일으킬 것이며, 미래 시대에 대한 거대한 작용은 더욱 헤아리기 어려울 정도일 것입니다! 그래서 우리는 인지를 학습하고 인지과학과 유식신학을 수학(修學)의 중점으로 삼아야 마땅합니다.

필자는 이미 불혹(不惑)의 나이를 지났습니다. 예전의 구름을 뛰어넘는 장대한 뜻도 이미 꿈·허깨비·물거품·그림자·이슬·번개가 되어버렸습니다. 그렇지만 필자가 불법을 수학하는 과정에서 늘 발견하는 사실은, 정묘하고 실용적인 불법이 일반대중들과는 거리가 멀며, 불법을 널리 전파해야 할 장소가 대부분 명승관광지로 변했거나 주로 죽은 자의 영혼을 위하여 봉사하는 장소로 변해버렸다는 것입니다. 이 때문에 늘 손목을 쥐고 탄식하면서 항상 이런 문제들을 사고하였습니다. 무엇이 진정한 불법인가? 어떻게 진정한 불법을 널리 전파하여 무수한 사람들이 이생에서 이익을 누리게 할 것인가? 어떻게 현대인들이 번뇌를 대치할 수 있도록 도와줄 것인가? 남선생님을 통해서 인지와 관심(觀心)을 학습하고, 장상덕 선생님의 법문을 통하며, 2, 3년의 단기간 동안 인지의 실증으로 대번뇌를 항복시켜 쾌락지수가 전면적으로 높아지는 절실한 체험을 통하여 저는 이미 그 해답을 찾아냈습니다. 그래서 필자는 후반생 동안 인지를 더 한 층 깊게 학습하고 실증하는 데 힘쓰며 진보가 있기를 바랄 것입니다. 나아가 뜻을 같이 하는 사람들과 함께 남 선생님의 인지와 사상을 지도로 삼고, 장 선생님의 직접적인 지도 아래서, 인지를 중심으로 하고 관심을 수단으로 하며, 유식신학을 지침으로 하며 번뇌의 항복을 목표로 하며, 현대인이 듣고 보기 좋아하는 방식을 진입점으로 하는 학습수증 체계를 한 걸음 한 걸음 수립하기를 희망합니다. 뜻이 있는 사람은 함께 노력하기를 원합니다!

그때는 불법이 장경각에서 나가게 할 것입니다!

그때는 정묘하고 실용적인 불법이 집집마다로 걸어 들어가게 할 것입니다!

그때는 진정한 불법이 세계의 새로운 조류를 이끌어 나아가게 할 것입니다!

장래 세상에 선남자 선여인이 만약 인지를 제일 중요한 일로 여길 수 있고, 정지정념(正知正念)을 시시각각 보호 유지할 수 있으며, 때때로 마음이 광명정대하고 머리가 명석할 수 있으며, 날마다 새롭게 진보할 수 있으며, 즐거움과 경안(輕安)으로부터 고귀함과 장엄함을 향하여 걸어갈 수 있다면, 남 선생님과 장 선생님은 우리들 무리와 함께 또 다른 공간에서,

불어오는 바람에 춤을 추고 노래하고 읊조리거나

꽃을 집어 들자 미소 짓거나 혹은 돌아갈 것입니다!

불자의 올바른 신행을 위한
남회근 선생의 어록

1

여러분들이 인생문제를 제게 물으면 저는 늘 말하기를 사람이 사는 일생이란 바로 다음 세 마디라고 합니다. "영문을 모른 채 태어나, 어쩔 수 없이 살아가고, 까닭을 모른 채 죽어간다." 사람마다 다 그렇습니다. 자기 스스로 영문을 모른 채 태어납니다. 어떻게 태어났는지 왜 태어났는지를 모릅니다. 살아가는 것은 어떨까요? 어쩔 수 없이 살아갑니다. 사람들은 이것 추구하고 저것 추구하고 한없이 추구합니다. 그러므로 부처님은 "일체가 다 괴로움이다[一切皆苦]."고 말씀하셨습니다.

2

사람은 저마다 사회에서 살아가면서 자신의 명성이 좋고 성취가 높기를 바라며 모든 일이 순풍에 돛을 단 것처럼 순조롭기를 생각하지만 그것은 불가능한 일입니다. 진정으로 도(道)가 있는 사람은 이 사회에서 지내면서 항상 많은 억울함과 모욕과 고통이 있으며 상대에게 고통을 하소연할 방법이 없어 오직 자신이 짊어질 뿐입니다.....'열 가지 일 중에서 아홉 가지가 깨지는 것이 세상사요, 백 사람 중에서 뜻에 맞는 사람은 한 사람도 없다"고 했습니다. 인생의 경계는 열 번 중 아홉 번은 깨지는 것이요 만족하는 일은 극히 드뭅니다. 결혼 상대를 찾거나 친구할 상대를 찾을 때 진정으로 우리들을 만족시킬 만한 대상은 찾을 수 없습니다.

그 외에도 "뜻대로 되지 않는 일이 열에 여덟아홉이요 남에게 말해도 좋은 말은 두세 마디도 없다"는 이 두 마디 말도 있는데, 인생사란 열 번 중에 여덟아홉 번은 고통스럽고 뜻대로 되지 않는 경우입니다. 그러나 심리적인 고통을, 자신을 알아주는 사람을 찾아 얘기해도 좀 할 수 있는 말은 두세 마디도 안 됩니다. 그러므로 남이 위안해주기를 바랄 필요가 없습니다. 그가 당신을 위안해주어도 조금도 상관이 없기 때문입니다. 내가 쓴 맛을 보아 몹시 쓰라린데도, 그는 말하기를 단 것을 좀 먹으면 좋아질 것이라고 말하고 그는 당신의 고통이 어디에 있는지도 모릅니다. 이게 바로 인생입니다. 특히 큰 일을 처리하는 경우 더욱 그렇습니다. 그래서 제가 알게 되었는데 역사상 억울함을 당한 사람들이 많았습니다!

3

사람은 누구나 다 선천적으로 자연스럽게 종교적인 정서를 가지고 있습니다. 사람은 태어나면 생명의 전 과정 속에 해결할 수 없는 문제가 있기 마련입니다. 크게는 전체 인류 문화의 입장에서 보면 동양이든 서양이든 수천 년 동안, 사람은 어디에서 왔는지 내지는 우주는 어떻게 시작되었는지의 수수께끼를 시종 풀 길이 없습니다. 오늘날의 우주 과학이 이처럼 발달했지만 그 목적은 우주의 근원을 탐구하기 위한 것입니다. 작게는 매 개인마다 인생에는 뜻대로 되지 않는 일이 허다합니다. 사람은 태어나면 문제 있는 물건이 됩니다. 생명 자체의 문제는 대단히 큽니다. 사람이 문제에 부딪히면 궁극적으로는 한 가지 공동심리가 있는데 한유가 이렇게 말했던 것과 같습니다. "인궁즉호천(人窮則呼天), 통극즉호부모(痛極則呼父母)", 사람이 막다른 길에 다다라 어찌할 수 없을 때에는 아무래도 의존처를 찾고 싶어 합니다. 사람의 의존성[依賴性]은 타고난 것으로서 인생의 취약한 일면이기도 합니다. 이렇게 해서 자연스럽게 의지하고 기댈 만한 신(神)을 찾고 싶어 하는데, 이것이 바로 종교의 근원입니다.

　종교란 것은 사람들의 생각과 정서로 하여금 기댈 곳이 있도록 하는 데에 있습니다. 뿐만 아니라 이러한 종교는 여러분의 생각과 정서를 장악할 수 있습니다. 종교철학을 한 걸음 더 나아가 탐구해 보면, 내가 신뢰하고 의탁하는 것, 그것이 궁극적으로 존재하느냐 존재하지 않느냐를 묻고 싶어집니다. 이것은 크나큰 문제입니다. 일반적인 종교는 신뢰하고 의탁하는 이러한 대상을 인격화 내지는 신격화·초인화(超人化) 하고 있습니다. 인간의 역량이란 부족하기 때문에 하나의 초월적인 신을 믿고 의지하는 것입니다. 그래서 사람은 자아를 버리고 자아를 상실해버렸습니다. 만약 신이 존재한다면 이 신은 어디에서 왔을까요? 이러한 문제를 탐구하는 것도 역시 종교철학의 과제입니다. 그 다음에는 우리는 또 이렇게 묻고 싶습니다. 나는 왜 그를 믿어야 할까? 내가 믿는 대상은 옳은 것일까 옳지 않은 것일까? 만일 옳지 않다면 그건 또 어떻게 할까? 이런 것들을 모두 연구해 볼 필요가 있습니다. 최후까지 연구해가다 보면 모든 문제가 분명해집니다. 생명의 본래를 보고 우주의 본래를 본 사람을 '불(佛)'이라고 하고 혹은 '불타(佛陀)'라고 번역합니다. 불타는 '깨닫는다[覺悟]'는 뜻으로서 우주와 인생 등의 일체의 문제를 분명하게 알았다는 것입니다.

수천 년 전에 일체의 문제를 철저하게 해결한 이 사람을 석가모니불이라고 합니다. 그 분도 처음에는 우리와 마찬가지로 인생의 문제에 대해서, 생명의 문제에 대해서 회의로 가득 차 있었습니다. 어렸을 때부터 이러한 인생 가운데의 생로병사 등등의 문제에 대해서 사색하였습니다. 뿐만 아니라 어렸을 때 일반인보다도 훌륭한 교육을 받았습니다. 그는 궁정교육을 받았는데, 선발된 가장 우수한 선생님들로부터 가장 알맹이의 학식을 전수받았습니다. 게다가 그는 타고난 자질이 탁월했습니다. 그래서 그는 십여 세에 벌써 각종 천문이나 수학 등등의 학문에 정통했습니다. 그는 독자(獨子)였기에 당시에 경선(競選)할 필요 없이 황제가 될 수 있었습니다. 그러나 자신의 지혜로 살펴보니 한 국가 사회에는 진정한 삼십 년의 태평이 없었고 인류는 안락한 세월을 지낼 수가 없었습니다. 그래서 황제를 하고 싶지 않았습니다.

인생에서 해결할 길이 없는 번뇌 문제를 탐구하기 위하여 열아홉 살에 왕위를 버리고 출가하였습니다. 그러나 출가하기 전에 자신의 의무를 다했습니다. 장가를 들어 아들을 낳고 난 다음에 출가한 것입니다. 이 점을 특별히 유의해야 합니다. 석가모니불의 행위는 가정의 효도를 위반하지 않았다는 겁니다.

4

그는 대철대오 하고나서 그 해답을 얻었습니다. 우주와 인생의 이치를 이해했습니다. 우주 인생 일체의 사물은 주재자가 없다는 겁니다. 염라대왕이 당신의 생명을 주재하는 것도 아니요 하나님이 당신의 운명을 주재하는 것도 아니라는 겁니다. 그렇지만 자연

(自然)도 아니요 유물(唯物)이 변화한 것도 아닙니다. 일체 만유의 생명과 사물은 인연소생(因緣所生)이라는 겁니다. 무엇을 인연이라고 할까요? 인(因)은 앞선 하나의 동기입니다. 앞에서 한 번 움직이면 연쇄적인 관계가 오게 되는데 그게 바로 연(緣)입니다. 인연의 연쇄관계는 어떻게 오는 것일까요? 스스로 오는 것입니다. 주재자가 없습니다. 타력(他力)도 아니요 자연도 아닙니다.

인연은 다시 친인연(親因緣)과 소인연(疏因緣)으로 나누어 구별합니다. 무엇이 친인연일까요? 자기의 마음을 일으키고 생각을 움직이는 모든 행위입니다. 예를 들면 보리씨 하나가 한 곳에 오래 있다 보면 자동적으로 변화가 일어납니다. 그것은 타력 때문이 아닙니다. 그러나 타력과도 서로 관련이 있습니다. 친인연은 과거의 시간·공간과 자아의 누적이 가져온 종자(種子)입니다. 그 사이에 얽혀 있는 관계는 대단히 복잡합니다. 종자가 현행(現行)을 낳고 현행은 다시 미래의 종자로 변해서 끊임없이 순환합니다.

무엇이 소인연일까요? 증상연(增上緣)과 소연연(所緣緣) 그리고 등무간연(等無間緣)이 소인연에 속합니다. 예를 들면 우리들의 생명의 근원은 반드시 남성의 정자와 여성의 난자가 서로 결합하고 그 위에 정신체(精神體)가 더해져서 이 세 가지 연이 화합하여 이루어지는 것입니다. 이 세 가지 연이 친인연이 되고, 정자와 난자속에 지니고 있는 부모의 유전자가 증상연입니다. 유전의 요소는 우리들의 생명에 크나큰 영향을 미칩니다. 사람의 생각·행위동작은 아버지나 어머니를 몹시 닮을 수 있습니다. 어떤 사람들의 개성은 부모하고 완전히 상반된 사람도 있습니다. 예를 들면 부모는 얌전한데 태어난 자식은 아주 까불어댑니다. 이것은 유전과 무관할까요? 아닙니다. 이것은 유전의 반동(反動)입니다. 얌전한 사람도 까불어대는 일면이 있기 때문입니다. 다만 그가 억눌러서 감히 드러나지 않다가 다음 대에 나타나게 된 겁니다. 사람은 태어난 다음에는 생각이나 개성 면에서 학교교육이나 가정교육 사회풍조의 영향을 서서히 받게 되는데, 이러한 요소들이 증상연에 해당합니다. 이 밖에 소연연이 있습니다. 현재의 생명은 과거의 종자가 현행을 낳은 것입니다. 전생에 누적된 습성과 부모의 유전자 그리고 받은 교육과 당대 사회의 사상적 조류[思潮]의 영향 등 갖가지 요소가 더하여져 주관적인 생각의식을 형성합니다. 그리고 다시 새로운 생각과 행위를 낳아 다른 사람 및 사물과의 관계를 발생하여 서로 영향을 미치는데, 이것이 바로 소연연입니다. 이러한 현상들이 다시 종자로 변하여 파생하여 갑니다. 이와 같이 끊임없이 순환하는데, 이는 곧 윤회의 이치입니다. 종자가 현행을 낳고 현행이 종자를 낳아서 영원히 간단(間斷)없이 도는 것을 등무간연이라고 합니다.

우리들의 생명은 이처럼 쉬지 않고 돌아가고 있습니다. 만약 생사를 벗어나 이런 연쇄적인 생명 역량의 속박을 받지 않으려고 한다면 반드시 이 인연의 작용을 잘라 끊어야 합니다. 우리들의 생각은 영원히 정지해 본 적이 없습니다. 잠잘 때도 영원히 생각하고 있습니다. 그래서 잠을 자면 꿈을 꾸는 것입니다. 진정으로 잠을 자본 사람은 한 사람도 없습니다. 어떤 사람들은 꿈이 없다고 생각하는데 사실은 깨어나서 잊어버린 것입니다. 그럼 사망 이후에는 생각을 할 까요 안 할까요? 마찬가지로 생각을 합니다. 그것은 또 다른 경계입니다. 만약 우리의 생각을 그 가운데로부터 끊어버릴 수 있다면 그것을 '삼제탁공(三際托空)'이라고 합니다. 과거의 생각은 이미 과거가 되었으니 더 이상 존재하지 않습니다. 미래의 생각은 아직 오지 않았으니 당연히 존재하지 않습니다. 지금은 어떨까요? 역시 현재라는 게 없습니다. 막 현재라고 말했을 때에 현재는 즉시 과거로 변해버립니다. 우주 간에는 과거도 없고 미래도 없습니다. 오직 현재만이 있습니다. 영원히 한 결 같이 현재일 뿐입니다. 그러나 현재도 틀어잡을 수가 없습니다. 그것은 끊임없이 흘러가고 있기 때문입니다. 이러한 현상을 잠시 우리는 '공(空)'이라고 부릅니다. 석가모니불은 우주의 생명 속의 이러한 도리는 필경에 주재자가 없고 자연이 아님을 이해했습니다. "인연으로 생기하는 법을 나는 곧 공이라고 말한다[因緣所生法, 我說卽是空]." 공(空)은 우주 생명의 본체요, 인연의 일어남은 우주 생명의 작용입니다. 이를 '연기성공, 성공연기(緣起性空, 性空緣起)'라고 합니다. 예를 들어 제가 말을 하는데 반드시 연기(緣起)가 있어야 합니다. 저의 생명, 생각, 신체, 호흡계통, 성대, 입, 혀, 치아 등등 많은 요소가 결합되어야 소리를 낼 수 있는데, 이것을 '인연소생법'이라고 합니다. 말을 마치고 나면 곧 사라져버립니다. 그래서 "곧 공이라고 나는 말한다."고 합니다.

석가모니불은 이 문제를 해결하고 대철대오했고, 생명은 자재함을 얻었습니다. 그는 한 가지 결론을 얻었습니다. "사람이 바로 부처이다[人卽是佛], 마음과 부처와 중생 이 세 가지는 차별이 없다[心、佛、眾生三無差別]." 석가모니는 보리수 아래에서 밤에 밝은 별을 보고 도를 깨닫고서 말했습니다. "기재(奇哉)! 일체중생개구여래지혜덕상(一切眾生皆具如來智慧德相), 지인망상집착(只因妄想執着), 불능증득(不能證得).", 이상하다! 정말 이상하다! 저마다 모두 부처이다, 사람만이 아니라 동물을 포함한 지각이 있는 생명체는 모두 다 부처와 똑같은 지혜 기능을 갖추고 있다. 그렇다면, 인간 중생은 왜 부처가 아닐까? 단지 자기의 생각이 자기를 장애하고 있기 때문이다. 자기의 허망부실한 생각을 진짜로 여기고서 꼭 붙들어 쥐고 놓지 않고 있기 때문이다. 그래서 부처의 경계를 증득할 수 없다. 부처님이 도를 깨닫고 한 말씀을 간단하게 말하면 이렇게 됩니다. "아이구 이런! 수행을 한참 동안 했지만 알고 보니 내가 바로 도이네." 이렇게 도를 깨달은 석가모니불은 원래는 곧바로 열반하고 싶었습니다. 열반이란 생명을 원래의 자리로 회귀시키는 것입니다. 예를 들면 얼음을 녹여서 물로 변화시키는 것과 같습니다. 그러나 대범천(大梵天)의 천주는 부처님께 열반하시지 말고 법을 널리 전하여 중생을 제도해주시라고 청하였습니다. 석가모니불은 이렇게 말했습니다. "지(止)! 지(止)! 오법묘난사(吾法妙難思)", 됐다! 말하지 말라! 말하지 말라! 내가 이해한 이치는 불가사의하여 표현할 길이 없다. 저마다 부처인데 나더러 뭘 말하라는 것인가?

5

석가모니불은 서른두 살 때부터 세상에 나와 이 이치를 널리 알리기 시작했습니다. 당시의 인도 사람들은 석가모니불이 설한 이런 이치에 대단히 큰 충격을 받았습니다. 주재자가 없고 자연이 아니라고 설하자 그들은 석가모니불을 무신론자(無神論者)로 여겼습니다. 사실은 그들이 잘못 안 것입니다. 석가모니불은 신의 존재를 결코 부정하지 않았습니다. 다만 신과 인간을 동일한 생명으로 보았습니다. 신과 인간이 평등하여 둘이 없는 동일한 본체로 본 겁니다. 석가모니는 사람들에게 모든 생명이 함께 갖고 있는 이 본체를 찾아내야 한다고 제창했습니다. 이 생명의 본체를 찾아낸 것을 '무상정등정각(無上正等正覺)'이라고도 하고 '아뇩다라삼먁삼보리(阿

耨多羅三藐三菩提'라고도 합니다. 그러므로 불법은 미신이 아니라 대지혜의 성취입니다. 석가모니불은 자신의 일생 동안의 설법에 대하여 만년에 이렇게 말했습니다. "나는 49년간 설법하였지만 한 글자도 설한 적이 없다[我說法四十九年, 未曾說過一字]." 이것은 무슨 이치일까요? 연기성공(緣起性空)의 이치로, 일체 현상의·일체 경계의 본체는 모두 공(空)하다는 것입니다. 본체에 대해서는 말로 표현할 수가 없습니다. 하나의 공(空)이라고 말했더라도 이미 옳지 않은 것입니다. 왜냐하면 그것은 무아상(無我相)·무인상(無人相)·무중생상(無衆生相)·무수자상(無壽者相)이기 때문입니다. 집착함이 없음이 부처의 경계입니다. 그는 그래도 사람들이 믿지 않을까 걱정이 되어 『금강경』에서는 재삼 이렇게 강조합니다. "여래시진어자·실어자·여어자·불광어자·불이어자(如來是眞悟者、實語者、如語者、不誑語者、不異語者)."

6

저는 일생토록 철학과 종교를 연구했으면서도 왜 불법에 중점을 두는 것일까요? 중국의 유가나 도가는 불가와 마찬가지지만 그러나 부처님만큼 분명하게 설명하지 않았습니다. 부처님은 이미 수증오도(修證悟道)하여, 일체의 중생과 모든 생명, 온 우주에는 하나의 전체적인 공동의 생명이 있는데, 그 전체적인 공동의 생명은 생겨나지고도 않고 소멸하지도 않으며[不生不滅] 영원히 불변한다는 것을 알았습니다. 이것을 철학에서는 '본체(本體)'라고 합니다. 일체 생명의 육도윤회, 분단(分段)의 생(生)과 사(死)는 이 본체의 변화 현상일 뿐입니다.

시간이 영원한 것이라고 가정한다면 과학적인 면에서 우리들이 '가정(假定)'이란 두 글자를 더하는 것은 엄숙한 것입니다. 왜 저는 '가정'이란 두 글자를 말하는 것일까요? 시간이 반드시 영원한 것은 아니기 때문입니다. 시간이 영원한 것이라고 가정한다면 어제·오늘·내일·과거·현재·미래는 시간의 분단(分段)입니다. 이것은 인위적인 지식생각으로 시간을 토막지어 놓은 것입니다.

우리의 생명도 이 원리와 마찬가지입니다. 소위 본체(本體) 입장에서 보면 시간은 영원히 불변하는 것입니다. 그러나 우리는 지금 남자로 변했고 여자로 변했습니다. 여자는 남편에게 시집가고 남자는 아내를 맞이합니다. 그런 다음 태어나고 또 죽습니다. 어제·오늘·내일·매분·매초마다 심신(心身) 생명은 언제나 변화하고 있습니다. 우주도 항상 쉬지 않고 변화하고 있습니다. 이것이 변역생사입니다.

예를 들어보겠습니다. 제가 늘 여러분들에게 하는 농담입니다만 사실 진담이기도 합니다. 수십 년 동안 만나지 못했던 학우가 저를 보러 와서는 "선생님, 20여 년 동안 뵙지 못했는데도 변함없이 여전하시네요."라고 했습니다. 제가 말했습니다. "내가 변하지 않았다면 늙은 요괴로 변한 것 아니야?" 사실 저는 벌써 변했습니다. 이미 같은 모습이 아닙니다. 이것이 변역생사입니다. 『장자(莊子)』에 나오는 공자가 안회에게 말한 "교비비고(交臂非故)"라는 말을 저는 늘 인용합니다. 이 말은 무슨 뜻일까요? 오늘날의 여러분들의 교육은 고문(古文)으로부터 시작하지 않았기 때문에 보고 이해하지 못합니다. '교비'란 두 사람이 어깨를 스치고 지나가는 것입니다. 당신은 지나오고 나는 지나갑니다. 바로 그 잠깐 동안에 이미 원래의 당신과 내가 아닙니다. 일체가 변화했습니다. 대단히 심히 변화했습니다.

그런데 불법의 수지(修持)에서 소승 아라한(阿羅漢)의 경우는 생사를 마쳤다 해도 기껏해야 분단생사를 마친 것으로 이 한 생에 수행에 성공해서 다시 오지 않겠다고 생각합니다. 하지만 대승보살은 그들을 옹졸하다고 비웃습니다. "오지 않겠다고요? 그렇게 못합니다. 설사 당신이 8만4천 년 동안 선정(禪定)에 들어 있더라도 최후에는 선정에서 나오지 않으면 안 됩니다." 그러므로 구경(究竟)[91]이 아니라고 말합니다. 대보살이라야 변역생사를 마칠 수 있습니다.

7

부처님은 괴로움을 무슨 의미로 말씀하셨을까요? 그는 여기 이 세상의 어려움과 괴로움 속에서 일러주시기를, "세상은 모두 괴로움이니 이 세상을 인식하라. 전체 인류사회와 인생은 결국 괴롭다. 그러나 괴롭지 않는 것이 하나 있으니 당신은 그것을 찾으라." 이게 바로 부처님의 목적입니다. 벗어나 저 고통이 없는 극락을 찾았기에 극락세계라고 부릅니다. 아미타불의 세계만이 극락세계가 아닙니다. 철저히 괴로움을 떠나고 즐거움을 얻은 경계라면 모두 극락세계입니다.

부처님을 배우는 목적은 인간 생명의 궁극을 추구하는 데 있습니다. 불가나 도가나 유가나 오늘날 기본적인 문제가 하나 있는데,

---

91) 무상(無上)의, 궁극의, 필경의, 사리의 궁극, 궁극의 경지, 사물의 극한, 지극의 의미가 있음.

그것은 바로 생명의 궁극적 이치를 추구하는 것입니다. 오늘날 문화가 널리 보급되어 과학, 철학, 더 나아가 불학에 대해 많은 사람들이 연구하고 있습니다. 그러나 진정으로 생명의 궁극을 추구하는 사람은 거의 없습니다.

8

아득한 태고부터 지금까지 억만 년 동안 이 거대한 우주세계 속의 생명 존재가 각종 문자로 기록한 문헌은, 그것이 문학·정치·군사·경제·경서·정사(正史)·필기소설이든 간에, 한 마디로 말하면 모두 인간의 천태만상의 괴상한 연애소설[情史] 기록일 뿐입니다.

9

철학에는 '인생관'(人生觀)이라는 단어가 하나 있습니다. 저는 늘 말하기를, 오늘날의 교육은 틀렸으며, 진정으로 철학도 말하지 않는다고 합니다. 왜냐하면 진정한 철학을 말하려면 인생관이 대단히 중요하기 때문입니다. 제가 발견한 바로는 오늘날 수많은 사람들, 심지어 6,7십 세가 된 사람도 정확한 인생관이 없습니다. 저는 늘 일부 친구들에게 묻습니다. 어느 분은 돈을 많이 벌었고 어느 분은 높은 관직에 있는데, 저는 그 분들에게 묻습니다. 여러분은 도대체 어떤 사람이 되고자 합니까? 정확한 인생관이 하나 있습니까? 그들은 대답합니다. 선생님은 왜 이런 말을 물으십니까? 제가 말합니다. 그래요! 저는 당신이 어떤 사람이 되려고 하는지를 모릅니다! 관직에 있는 당신의 경우, 당신은 아름다운 명예를 천고에 남기고 싶습니까 아니면 악명을 천추에 남기고 싶습니까? 이것이 인생의 두 가지 전형입니다. 돈을 번 사람들은 어떨까요? 역시 제가 늘 물어봅니다. 당신은 지금 돈을 많이 벌었는데, 당신은 도대체 이 일생에서 무엇을 하고 싶습니까? 그러나 제가 접촉한 돈 번 친구들은 열 명 중 거의 열 명은 이렇게 말합니다. 선생님, 정말 모르겠습니다! 돈은 많지만 막연합니다. 저는 말합니다. 맞습니다. 이것은 바로 교육 문제로서 인생관이 없는 것입니다.

무릇 불법을 배우고 선(禪)을 배우는 사람이라면 무엇보다 먼저 하나의 확정된 인생관을 세워야 합니다. 나의 이 일생이 이 세상에 온 것은 근본적으로 바로, 진 빚을 갚고 나와 관계가 있는 모든 빚진 인연[冤緣]에 보답하는 것이라고 여기는 것입니다. 왜냐하면 우리는 빈손으로 벌거숭이로 이 세상에 와서 본래 아무것도 없었기 때문입니다. 어른으로 성장하면서 먹고 입는 것 모두가 중생·국가·부모·스승과 벗들이 준 은혜입니다. 나는 남에게 빚만 있지 남은 결코 나에게 빚진 것이 없습니다. 이 때문에 나의 가진 바를 다하고 나의 능한 바를 다해서 세상의 사람들에게 공헌함으로써 그들의 은혜에 보답 감사하며, 다생루겁(多生累劫) 동안 생명이 있었던 이래의 묵은 빚을 말끔히 갚아야 합니다. 심지어 자기를 아끼지 않고 희생하여 세상과 사람들을 위하며 세상을 구제하고 세상일에 유익해야 합니다. 대승 불학에서 보시를 첫째로 중시하는 요점도 바로 이로부터 출발합니다. 이런 정신은 공자(孔子)의 "매사에 마음을 다하고 힘을 다하며, 사람에 대해서는 될 수 있는 한 너그럽게 용서하고 포용하라."는 충서지도[忠恕之道], 그리고 "자기 자신에 대하여는 엄중하게 책망하고, 남에 대하여는 가벼이 책망한다[躬自厚, 而薄責於人]."는, 입세(入世)의 가르침과 서로 부합합니다. 뿐만 아니라 노자(老子)의 "만물을 생겨나게 하지만 자기 소유라고 하지 않고, 하였으면서도 그 공로를 자랑하지 않는다[生而不有, 爲

而不恃].”는 천도자연(天道自然)을 본받는다는 관념, 그리고 “은덕으로 원한을 갚는다.”는 이덕보원(以德報怨)’의 정신과 완전히 서로 같습니다.

10

책속의 도리가 자기의 마음속으로 들어가서 자기의 정신이 되고 자기의 행위상에 실천할 수 있는 것, 이게 바로 진정한 학문입니다. 이것도 다들, 특히 청년 친구들은 주의를 기울여야 할 곳입니다. 책을 읽을 때 책속의 도리를 이해했지만 실제 상황에 닥쳤을 때 도리대로 해낼 수 있느냐 없느냐, 이거야말로 가장 중요합니다.

책에서 말하는 도리를 이해함은 지식일 뿐이지 학문이 아닙니다. 진정한 학문은 이해한 도리를 자기의 정신, 생각, 행위로 변화시킬 뿐만 아니라 실행하고 해낼 수 있어야 비로소 진정한 학문입니다. 지식은 곳곳마다 있지만 학문은 자기가 해내야 합니다.

그 도리를 마음에서 이해하고, 사람됨, 일처리에 사용해야 읽어 통한 것이요 성공한 것이라 칠 수 있습니다. 성공은 꼭 고위직에 오르고 돈을 많이 모아야 하는 것이 아니요 큰 회사를 차린 것이 결코 아닙니다. 그것은 한 인간이 학문을 완성함과는 무관합니다. 오직 자기 교육을 완성하고 자기를 구제했다면 비로소 진정한 성공입니다

11

모든 종교나 철학은 최초의 조물주가 무엇인지, 그 누가 주재(主宰)하고 있는지, 최초의 현상은 어느 때 시작되었는지를 추적하여 찾아보고 있습니다. 불교에서의 결론은 ‘시작 없는 시작’이라는 겁

니다. 마치 하나의 둥근 원(圓)과 같아서 점마다 시작점이자 종점이 될 수 있습니다. 소위 시작점과 종점은 하나의 가정(假定)에 불과합니다. 우주의 법칙은 원주적(圓周的)이요 원만(圓滿)한 것입니다. 생성하지도 않고 소멸하지도 않고, 오지도 않고 가지도 않습니다. 능히 생겨나게 하고 소멸하게 하며 가고 오게 하는 그것은 생멸거래(生滅去來)가 없습니다.

생명의 본래(本來)를 보고, 우주의 본래를 본 사람을 '불(佛)'이라 하고, 혹은 '불타(佛陀)'라고 번역합니다. 불타(佛陀)는 '깨닫다[覺悟]'는 뜻으로서, 우주와 인생 등 일체의 문제를 분명하게 알았다는 것입니다. 수천 년 전에 모든 문제를 철저하게 해결한 이 사람을 석가모니불이라고 합니다. 그는 우주와 인생의 이치를 이해했습니다. 우주와 인생과 사물은 주재자(主宰者)가 없다는 겁니다. 염라대왕이 당신의 생명을 주재하는 것도 아니요, 하느님이 당신의 운명을 주재하는 것도 아니라는 겁니다. 그렇지만 자연도 아니요, 유물(唯物)이 변화한 것도 아닙니다. 일체만유(一切萬有)의 생명과 사물은 인연소생(因緣所生)이라는 겁니다. 인연소생은 어떻게 오는 것일까요. 스스로 오는 것입니다. 주재자가 없습니다. 타력(他力)도 아니고 자연(自然)도 아닙니다. 석가모니불은 32살 때부터 세상에 나와 이 이치를 널리 알리기 시작했습니다. 당시 인도 사람들은 석가모니불이 설한 이런 이치에 대단히 큰 충격을 받았습니다. 주재자가 없고 자연이 아니라고 설하자, 그들은 석가모니불을 무신론자(無神論者)로 여겼습니다. 사실은 그들이 잘못 안 겁니다. 석가모니불은 결코 신의 존재를 부정하지 않았습니다. 다만 신과 인간을 동일한 본체로 본 겁니다. 석가모니는 사람들에게 모든 생명이 함께 갖고 있는 이 본체(本體)를 찾아내야 한다고 제창했습니다. 이 생명의 본체를 찾아낸 것을 '무상정등정각(無上正等正覺)'이라고도

하고, '아누다라삼먁삼보리'라고도 말합니다. 그러므로 불법(佛法)은 미신이 아닌 대지혜의 성취입니다.

공자, 노자, 석가모니불, 예수, 마호메트 이 다섯 분의 교주(教主)는 모든 생명의 본체는 불생불멸(不生不滅) 한다는 이치를 알았지만, 도(道)를 전하고 전파하는 방법이 달라 지역 상황에 맞추었을 뿐입니다. 그 중에서도 가장 철저하게 말씀하신 분은 석가모니불입니다.

12

종교는 의타적인 것입니다. 하느님을 찾든 부처님을 찾든 모두 나에게 유리한 것을 하나 찾고 있는 것입니다. 마치 이익을 도모하고 재물이 생기도록 장사를 하는 것과 같아 자기에게 번뇌와 고통, 태어남과 죽음을 두려워함, 곤란을 두려워함이 있고 만사를 해결할 수 없기에 그 모든 것을 다른 어떤 초월적인 힘에게 떠 맡아주라고 건네주고 싶어 합니다. 여러분 한 번 생각해보십시오, 이것이 진정한 불법일까요? 불법이 그럴까요?!

불법(佛法)은 종교적인 미신도 아니요 철학적인 사상도 아니며, 현실에 사로잡힌 과학적인 유한한 지식은 더더욱 아니지만, 오히려 이로 인해 종교와 철학과 과학에 대해 비교적 깊은 인식을 얻을 수 있으며, 이로 말미암아 아마 비교적 큰 계시들을 얻을 수 있을 것입니다.

불교는 비록 종교이기도 하지만 심원한 철학이론과 과학실험을 갖추고 있는 하나의 종교입니다. 불교철학 이론은 늘 종교의 범주를 뛰어넘기에 불교는 일종의 철학사상이지 종교가 아니라고 주장하는 사람도 있습니다. 불교는 과학적인 실험방법을 갖추고 있습니다. 그러나 인생의 본위에 서서 우주를 증험해보기 때문에, 사람들은 그 과학적 기초를 소홀히 하면서 여전히 종교의 범위로 귀결시키곤 합니다. 하지만 사실상 불교에는 과학적 증험과 철학적 논거가 확실히 있습니다. 불교의 철학은 과학을 기초로 삼아 좁은 의미의 종교를 부정합니다. 불교의 과학은 철학적 논거를 이용하여 종교를 위해 증명합니다. 『능엄경』은 그런 면이 가장 두드러진 경전입니다. 『능엄경』을 연구한 뒤에는 종교 · 철학 · 과학 모두에 대해 더욱 깊은 인식이 있을 것입니다.

이른바 시방3세 모든 부처님에서, 시방은 공간을 대표하고 3세는 시간을 대표합니다. 공간과 시간 속에는 부처님이 많이 계십니다. 단지 한 분만 계시는 것이 아닙니다. 어떤 사람은 오늘날의 새로운 관념 명사로써 말하기를 불교는 다원론(多元論)이자 다신론(多神論)이기도 하다고 합니다. 이와 반대로 불법은 무신론(無神論)이다고 비판하는 기타 종교도 있습니다. 불법을 무신론이라고 말하는 것은 절대적인 오해입니다. 뿐만 아니라 엄중한 오해입니다. 안타깝게도 부처님을 배우는 많은 사람들이 이러한 설에 부화(附和)합니다. 불법을 다원론이거나 다신론이라고 말하는 것도 오해입니다. 진정한 불법은 일원론(一元論)입니다. 그뿐 만아니라 '원(元)'도 원(元)이 아닙니다. 일원론이라고 말하는 것도 단지 철학적인 대명사일 뿐입니다. 이른바 '다(多)'는 작용을 일으키는 현상을 말합니다. 우주 만유현상은 각각 다릅니다. 그러나 만유 기능은 바로 일체(一體)입니다.

13

영혼은 환생할 수 있다는 것을 원래 서양 문화에서는 인정하지 않았는데 지금은 바뀌었습니다. 비교적 보편적으로 인정할 뿐만 아니라 추적해보고 있습니다. 미국인들의 경우, 현재 생명과학·인지(認知)과학을 연구하고 있습니다. 사람의 영혼이 전생과 후생, 삼세(三世)의 인과(因果)가 있는지를 연구하고 있습니다. 바꾸어 말하면 서양의 문화, 기독교 문화는 삼세인과를 믿지 않았는데 지금은 온통 바뀌고 있는 중입니다.

오늘날 운영하는 불학원에서는 다른 종교의 내용조차도 소개하지 않고, 다른 종교의 이론도 이해하지 못하고 그 규범도 이해하지 못하는데, 다른 종교도 그 나름의 한 체계가 있으니 모두 연구해야 합니다!

그래서 제가 방금 말했습니다만, 여러분 보세요, 예루살렘과 신흥 유태 국가 이스라엘은 원래 모두 서인도 범위로서 인도문화의 영향을 받았습니다. 바꾸어 말해, 제가 연구한 비교종교에 따르면 세계의 진정한 종교의 기원은 모두 인도에 있다고 봅니다.

이 말에 대해 학자들이 의견이 있다면 저는 그들을 반박할 수 있습니다. 왜냐하면 그들은 인도문화를 이해하지 못하기 때문입니다. 인도에는 원래 바라문교가 있었고 불교는 뒤에 일어난 것입니다. 서방의 종교를 여러분 보세요, 예수가 입은 옷 쓴 모자는 모두 밀교식입니다. 기독교와 천주교에서 그들이 십자가를 그리는 것을 보십시오. 바로 밀교의 준제법(准提法)의 5인(五印)인데 금강권인(金剛拳印)으로 이마, 명치, 왼쪽 어깨, 오른쪽 어깨, 그리고 목 부분을 찍습니다.

그래서 서양인들은 예수의 일생을 연구하면서 십 몇 년 간 그의 종적을 찾지 못했습니다. 이제 연구해 내서 예수가 실종된 십 몇 년간을 알게 되었습니다. 그는 인도와 티베트 쪽에서 부처님을 배웠습니다! 이것은 티베트 밀교 자료에서 조금 찾아냈는데, 한 도반이 중동으로 포교하러 갔다가 남에 의해 십자가에 못 박혔다고 말하고 있습니다.

생명이 죽고 나서 아직 또 다른 생명으로 태어나기 전까지 존재하는 중간 단계를 중음(中陰)이라 부릅니다. 우리는 보통 그것을 영혼이라 부릅니다. 중음신(中陰神)은 신통(神通)이 있습니다. 사람이 죽은 후 중음신으로 변하면 공간적인 장애가 없습니다. 자기의 친척이나 애인이 미국에 있더라도 생각만 하면 즉시 그들 곁으로 갈 수 있습니다. 그리고 미국 친구에게 자신이 이미 죽었으니 괴로워하지 말라고 말하지만 상대방은 듣지 못합니다. 중음신은 우리 살아있는 사람이 하는 말은 다 알아 들을 수 있습니다. 중음신은 당신이 무슨 일을 하든지 수시로 와서 봅니다. 사람이 죽은 후 중음신이 생겨날 때까지는 마치 잠에서 깨어나는 것과 같습니다. 이 단계를 중음신이라 부르는데, 마치 살아있는 것 같아 자신이 몸도 볼 수 있고 볼 수도 들을 수도 있다고 느낍니다. 외국에서 친구가 그를 위하여 울면 다 듣습니다. 중음신은 다섯 가지 신통이 있습니다. 즉, 신족통(神足通)·천안통(天眼通)·천이통(天耳通)·타심통(他心通)·숙명통(宿命通)이 나타납니다. 어느 곳이든 갈 수 있습니다. 산하(山河)와 장벽, 시간과 공간이 장애가 되지 않습니다. 이런 물리세계는 중음신에게 조금도 장애가 되지 않습니다. 그 빠르기는 빛의 속도보다도 더 빠릅니다. 우리는 그것을 염속(念速)이라 부르는데 정말 빠릅니다. 중음신은 진정한 눈·코·혀·귀·대뇌

· 신체가 없지만 모든 것을 볼 수 있습니다. 색(色: 형태와 색깔) · 성(聲: 소리) · 향(香: 냄새) · 미(味: 맛) · 촉(觸: 신체에 접촉하여 지각함) · 법(法: 생각과 의식의 대상) 이 모두에 감응할 줄 압니다.

당신은 함부로 성관계를 가져서는 안 됩니다. 당신은 주위에 보는 사람이 없다고 생각하겠지요. 두 사람이 성관계를 갖고 있을 때, 그 곁에는 수억 명의 중음신(中陰神)들이 보고 있습니다. 중음신들이 환생할 기회를 찾고 있는 것입니다. 중음신은 남녀가 성관계를 갖고 있는 것을 보고, 이 남녀가 자기와 인연이 있으면 곧바로 자궁으로 빨려 들어가 자식으로 변합니다.

천주교, 기독교, 이슬람교도 인과응보를 말합니다. 좋은 일을 한 사람은 천당에 올라가고, 나쁜 일을 한 사람은 지옥에 떨어집니다. 그렇다면 인과(因果)는 누가 주관하는 걸까요. 누가 사건을 판단하고 당신으로 하여금 응보(應報)를 받게 할까요? 불교에서는 당신의 죄를 심판하는 어떤 존재가 있다고 인정하지 않습니다. 당신을 지옥에 떨어지게 하고, 천당에 오르게 하는 존재가 있다는 것을 인정하지 않습니다. 왜 인정하지 않을까요? 왜냐하면 그것은 인과(因果)의 도리로서 대 과학이기 때문입니다. 천당에 오르고 지옥에 떨어지는 등 6도를 윤회하는 것과, 3세(三世)의 6도윤회와 3세의 과보(果報)는 모두 누가 그렇게 시켜서 그런 것이 아니라 우리 스스로가 만든 것입니다.

세상에는 항거할 수 없는 일들이 많습니다. 그 영문을 모르게 오는 것으로 중국문화에서는 '명(命)'이라고 부르는 대명사가 하나 있습니다. 이것은 하나의 부호로서 추상적인 것입니다. 결코 당신이 태어나 온 사주팔자로서 일생동안 고정된 것임을 말하는 것이 아니라, 명은 전생의 업력이 지니고 온 것임을 말합니다. 유식학을 연구하면 이해하는데, 이른 바 종자가 현행을 낳는 것이 바로 운명의 이치입니다. 운명은 전환 변화시킬 수 있을까요 없을까요? 전환 변화시킬 수 있으며 우리가 지배할 수 있습니다. 일체는 유심입니다. 마음의 전환변화는 운명을 전환 변화시킬 수 있습니다. 그러나 이 전환변화는 대단히 어렵습니다. 막대한 선행공덕이라야 전환 변화시킬 수 있습니다.

팔자운명은 사실상 바로 인연법입니다. 종교가들은 다들 말하기를 생명에는 어떤 주재자가 있다고 합니다. 여러분을 통제하는 어떤 것이 있다고 합니다. 미신하는 많은 사람들이 늘 말하기를, 어떤 보살님께 절하지 않으면 죄를 받는다고 하고, 어떤 귀신에게 절하지 않으면 그 귀신이 당신에게 달라붙는다고 합니다. 이런 것들은 불법이 아닙니다. 왜냐하면 귀신더러 당신의 주재자가 되도록 시켰기 때문입니다. 보살은 인연 있는 사람이든 인연 없는 사람이든 모두 다 제도해야 합니다. 나쁜 사람은 더더욱 교화해야하는데 어떻게 자신에게 절하지 않는다고 벌을 줄 리가 있겠습니까? 이렇다면 어떻게 보살이라 할 수 있겠습니까? 초인적인 주재자는 그만두고라도, 나이 많은 사람이거나 도덕적 수양이 있는 사람조차도 남을 포용할 수 있는데, 설마 보살이 그런 도량에조차도 비교가 못되겠습니까? 온갖 법에는 주재자가 없습니다. 그렇다면 자연적으로 나오는 것일까요? 자연적으로 나오는 것이라고 한다면 유물사상이 됩니다. 그러므로 온갖 법은 주재자가 없고 자연도 아닙니다. 인연소생입니다. 인연의 이치는 불법 전체의 기초입니다.

사람의 몸을 얻기는 어렵습니다. 이 생명 존재는 쉽지 않은 것입니다. 그러기에 불교에서는 자살을 계율을 범하는 것으로 여기고 자살을 허락하지 않습니다. 자살은 오히려 당신 자신이 죄에다 죄를 더하는 것입니다. 형기(刑期)가 끝나지 않았는데 탈옥하는 것이나 마찬가지여서 더욱 고통을 당해야 하고 형벌도 가중됩니다. 그러므로 자살은 해탈하는 방법이 아닙니다.

14

제불보살은 하나의 일대사(一大事) 인연을 위해서 세상에 출현하십니다. 즉, 일체중생에게 이익을 주기 위하여 세상에 출현하고 자기의 생사를 끝마치고 해탈하는 것을 보여줍니다. 이것이 바로 불법의 참정신입니다. 우리들이 부처를 배움은 모두 다른 사람을 위해서 배우는 것이지 자기를 위함이 아니라는, 이런 정신이 없다면 불자라고 할 수 없습니다. 일반적인 범부, 윤회하는 중생은 온통 자기만을 위하여 이해타산을 따지고 요구합니다. 보살의 기미라고는 조금도 없습니다.

무엇이 보리심일까요. 보리심을 발하는 것은 바로 '내가 대철대오 하여 성불하겠다'는 마음을 일으키는 것인데, 자기만이 깨달아 성불하겠다는 것이 아니라, 일체 모든 중생으로 하여금 성불하기를 바라는 것입니다. 대자대비심을 일으키고 일체중생을 구하겠다는 마음을 일으켜야 비로소 진정한 발심(發心)입니다

우리들이 문자를 가지기 시작해서부터 줄곧 「사서오경」이 있을 때까지의 기간 동안에는 불교가 아직 중국에 전해 들어오지 않았습니다. 사서 가운데는 『논어(論語)』만이 공자의 사상입니다. 『대

학(大學)』은 공자의 직계 문인[嫡傳門人]인 증자(曾子)가 지은 것입니다. 『중용(中庸)』은 공자의 손자인 자사(子思)가 지은 것입니다. 맹자(孟子)는 자사의 학생이 지은 것입니다. 당신이 『고승전(高僧傳)』을 조사해보면 열 명 중 7~8은 유가 출신이었습니다. 그러므로 많은 사람들이 유가의 관념을 끌어다가 불법을 강해했습니다. 유가의 「사서오경」은 사람더러 어떻게 사람이 되라고 가르치면서 인도(人道)에 편중되어 있습니다. 왜 그와 같을까요? 『좌전(左傳)』에 '천도는 멀고 인도는 가깝다[天道遠, 人道邇]'라고 말했습니다. 형이상의 도는 어떻게 닦아야 할까요? 하늘은 도대체 어디에 있을까요? 공자는 우리들에게 가르치기를 '귀신을 공경하되 멀리하라[敬鬼神而遠之].'고 했습니다. 그는 귀신이 있다는 것을 인정했습니다. 당신은 귀신을 공경해야합니다. 그러나 이 문제는 너무나 심원하므로 함부로 그것을 연구하지 마십시오. 당신은 먼저 얕고 가까운 인도를 먼저 잘 실천하고, 그 다음 한 걸음 더 나아가 천도(天道)를 연구하라는 것입니다. 인도조차도 잘 실천하지 못하면서 부처님을 배우고 싶어 합니까? 저를 포함한 많은 사람들이 실제 사람됨에 있어서 문제가 있습니다. 그렇지만 부처님을 배운다고 표방하고 불경을 읽어보았으며 부처님에게 귀의한 뒤로는 목이 뻣뻣해지고 고개를 쳐들어서 마치 자기가 바로 제일이라는 것 같은데, 그것은 타락으로 가고 있는 것입니다.

법신을 얻어 생로병사를 끝내려면 아뇩다라삼먁삼보리심을 일으켜야 합니다. 대심(大心)을 일으켜야 합니다. 무상정등정각심을 발하고 대철대오를 추구하는 마음을 발해야 합니다. 그래야 진정한 발심이요 보리심을 발한 것입니다. 보리심은 자비심이기도 합니다. 진정으로 발심한 사람은 중생에 대해 반드시 자비롭습니다.

15

불법의 기본은 자비와 평등에 있습니다. 수행방법 면에서도 역시 평등하여 좋고 나쁨이나 애증이 없습니다. 불교를 믿고 나서 불교를 믿지 않는 사람이나 혹은 다른 종교를 믿는 사람을 깔보아서는 안 됩니다. 선종을 배우고 나서는 정토종을 깔보아서는 안 됩니다. 밀종을 배우고 나서는 밀종이야말로 성불할 수 있다고 생각해서는 안 됩니다. 정토종을 배우고 나면 선종은 확실한 공부가 아니라고 생각해서는 안 됩니다. 8만4천 가지 법문은 어느 것은 좋고 어느 것은 나쁘다는 게 없습니다. 중요한 것은 당신의 근기와 상응하여 성실하게 수행할 수 있느냐 없느냐에 있습니다. 『능엄경』에서 "본원으로 돌아가면 자성에는 둘이 없지만, 방편에는 많은 법문이 있다[歸元性無二, 方便有多門]."고 말했습니다.

욕계천의 천인들도 우리와 마찬가지로 색신(色身)이 있습니다. 색계천의 천인에 이르면 육신이 없습니다. 오직 광명신[光身]만 있어서 있는 듯 없는 듯합니다. 저 무색계의 천인들은 광명신조차도 없습니다. 그렇지만 정(情)이라는 한 생각은 남아 있습니다. 아무리 큰 성취가 있다 할지라도 부모 · 자녀 · 형제 · 남녀의 정을 끊을 수 없다면 영원히 삼계를 뛰어 넘을 수 없습니다. 그렇다면 문제가 나타나는데, 정이 끊어진 바에야 어찌하여 보살이라고 부를까요. 보살은 유정(有情)이라는 뜻입니다. 일체의 제불은 정(情)이 있습니다. 중국에는 속담 한 마디가 있습니다. '속되지 않음이 바로 신선의 풍골이요, 다정함이 곧 부처님의 마음이다[不俗卽仙骨, 多情乃佛心].' 부처님이 일체중생을 제도하는 것은 정이 많은 것[多情] 아닙니까. 그 분들은 이미 정(情)과 욕(欲)을 자비로 변화시켰습니다.

물론 논리적 입장에서 말하면 자비가 곧 정이 있는 겁니다. 그렇지만 불보살이 정이 있음은 일체의 중생에 대하여 대자대비라는 크나큰 정을 가지고 있는 것〔大有情〕입니다. 그러므로 모든 불보살은 모두 다 우리들을 크게 사랑하는 사람〔大情人〕입니다. 당신이 그분들을 생각하면 그분들은 당신을 생각할 겁니다. 여러분들을 가피할 겁니다. 이 정(情)은 세속적인 정이 아닙니다. 일체 중생을 사랑하는 진정한 자비입니다.

자타증애(自他憎愛)를 없애버리고 일체에 평등하여 남을 자기처럼 사랑할 수 있어야 부처님을 배우는 행위입니다. 그러나 누가 그렇게 할 수 있습니까? 남을 자기처럼 사랑한다는 말은 누구나 다 할 줄 알지만, 이해(利害)관계의 대목에 이르자마자 당연히 내가 제일이지 남이 또 어디에 있던가요? 어떤 사람의 수행은 평소에는 알아볼 수가 없습니다. 이해관계의 대목에 부딪쳤을 때에야 진정으로 시험해볼 수 있습니다. 특히 종교인들은 다른 사람들을 배제하는 심리가 특별히 강합니다. '아! 당신은 기독교인이군요.'하는 그런 분위기가 나오면서 평등하지 못하고 자비롭지 못합니다. 왜 종교를 신앙하면 남을 배제하기 쉬울까요? 자기가 믿는 종교야말로 옳고 남이 믿는 건 틀렸다고 생각하기 때문입니다. '어떤 사람이 원한을 입힌 사람을 자기의 부모처럼 여기고 완전한 평등심을 지닌다면 모든 질병에서 벗어날 수 있다〔若復有人, 觀彼怨家, 如己父母, 必無有二, 即除諸病〕.' 어느 불교인이 이 단락의 말대로 할 수 있을까요? 늘 말하지만 저는 불교도가 아닙니다. 왜냐하면 저는 불교인이 될 자격이 없기 때문입니다. 부처님은 말씀하시기를, 가령 어떤 사람이 원한이 있는 사람을 보더라도 자기의 부모처럼 여기라고 하는데, 이는 얼마나 어려운 일입니까! 원한이 있는 사람을 자기의 가족처럼 보고 원한이 있는 사람이나 친한 사람에게나 평등해야 부처님을 배우는 사람입니다. 은혜와 원한을 너무 분명하게 가려서는 안 됩니다. 그럼 은혜와 원한을 가리지 않는 게 좋을까요. 그래서도 안 됩니다. 은혜와 원한, 시비선악을 분명하게 가리면서도 포용할 수 있어야 합니다. 불교를 믿고 나서 불교를 믿지 않는 사람이나 혹은 다른 종교를 믿는 사람을 깔보아서는 안 됩니다. 선종을 배우고 나서는 정토종을 깔보아서는 안 됩니다. 밀종을 배우고 나서는 밀종이야말로 성불할 수 있다고 생각해서는 안 됩니다. 정토종을 배우고 나면 선종은 확실한 공부가 아니라고 생각해서는 안 됩니다. 8만4천 가지 법문은 어느 것은 좋고 어느 것은 나쁘다는 게 없습니다. 중요한 것은 당신의 근기와 상응하여 성실하게 수행할 수 있느냐 없느냐에 있습니다.

이치를 제대로 이해하지 못하고 진정한 지혜가 없이 달려가 정좌한 채 선정을 닦는다면 어느 방법을 이용하든 간에 모두 성공할 가능성이 없습니다. 제가 늘 학우님들에게 말합니다. 불법은 대 과학입니다. 그러므로 먼저 이론을 제대로 알고 나서 실제 수행 증득해야 합니다. 이론조차도 제대로 모른 채 다리 틀고 앉아있는데 부처님을 배움은 행(行)을 닦는 것이지 다리를 닦는 것은 아닙니다. 다리를 틀고 앉아 있으면 불법이 있고 다리를 풀어버리면 불법이 없다면, 이것을 지혜 없이 선정을 닦는 것이라고 합니다. 눈이 없는 선이나 다름없습니다. 무턱대고 닦으면서 법안이 없으면서 생사를 뛰어넘으려 한다면 그것은 불가능합니다.

많은 사람들이 부처님을 배움에는 한 가지 병폐가 있는데, 그것은 주제넘게 높은 데만 바라보고는 올라가자마자 성불하고 싶어하고 천인조차도 문제로 삼지 않는다는 것입니다. 사실 불법은 5승도로서 가장 먼저가 인천승입니다. 먼저 사람됨으로부터 시작합니다. 사람노릇을 잘 해야 비로소 승천할 가능이 있습니다. 소승에서는 특별히 이 점을 중시합니다. 그런 다음 한 걸음 한 걸음 성문승 연각승 보살승으로 수행하여 최후에 불승에 도달하여 도를 증득하고 성불합니다.

16

불법을 배우는 데는 경전[經]을 위주로 의지해야 합니다. 계율[律] 부분은 부차적입니다. 논(論) 부분은 후대 조사들과 아라한들의 경험으로서 더더욱 부차적입니다.

부처님을 배우고 불법을 공부하고자 한다면, 다음에 열거한 경부, 율부, 논부 저술들에 대해 적어도 4~5년 정도는 투자하여 비교적 깊이 이해할 수 있어야 합니다. 이 정도라면 충분합니다. 어떤 사람은, 그저 수행에만 전념하면 되지 경론을 꼭 읽어야 할 필요가 어디 있느냐고 말합니다. 그러나 이것은 중요한 착오입니다. 이치에 밝지 못하면 관점이 바로 서지 않아 바른 길로 들어설 수 없습니다. 달리 말하면, 공부가 시원찮은 것은 이치에 통달하지 못했기 때문입니다.

1. 경부(經部): 『대반야경(大般若經)』, 『대열반경(大涅槃經)』, 『화엄경(華嚴經)』, 『금강경(金剛經)』, 『반야심경(般若心經)』, 『유마힐경(維摩詰經)』, 『능가경(楞伽經)』, 『해심밀경(解深密經)』, 『승만부인경(勝鬘夫人經)』, 『대보적경(大寶積經)』, 『법화경(法華經)』, 『능엄경(楞嚴經)』, 『원각경(圓覺經)』

2. 율부(律部): 『사분율(四分律: 소승)』, 『보살계(菩薩戒: 대승)』

3. 논부(論部): 『현관장엄론(現觀莊嚴論)』, 『대마하지관(大摩訶止觀)』, 『종경록(宗鏡錄)』, 『정·속지월록(正·續指月錄)』, 『대지도론(大智度論)』, 『밀종도차제론(密宗道次第論)』, 『유가사지론(瑜伽師地論)』, 『보리도차제광론(菩提道次第廣論)』

어떤 사람이 신선이나 부처를 배우고 도술이나 불학을 연구하려면 무엇보다도 먼저 있어야 할 한 가지 인식은, 그들의 학문과 수양의 방법들은 모두 높고 심원한 학술 이론이 풍부하다는 것입니다. 그들의 수양 효험은 이렇게 대단히 깊고 두터운 학술 이론으로부터 그 방법적 기초를 세운 것입니다. 뿐만 아니라 사람에 따라서 베풀고 증세에 따라서 약을 쓰며 오직 활용적인 지도가 있을 뿐 틀에 박힌 묘술(妙術)은 없습니다.

특히 도가는 천문, 지리, 물리, 화학, 심성수양, 윤리도덕 등의 자연과학과 인문과학을 결합하여 철학의 형이상(形而上)의 최고 경계로 걸어 들어갑니다. 만약 도리에 통달하지 못하고 방문(旁門)의 작은 술법에 의거하거나 호흡을 수련하거나 혹은 수규(守竅: 미간의 중심, 단전, 중궁, 해저 등등을 지킴)하면서 그게 바로 무상(無上)의 비결이라고 여긴다면, 대단히 가소로운 일입니다. 사실 이러한 방법들은 모두 주의력을 집중시키기 위하여, 생리 기능의 일부분에 의식을 머무르게 하여 그것으로 하여금 본능(本能)의 활력을 일으키게 하는 것입니다. 단지 일종의 정신적인 자기 치료가 자연 물리 작용의 원리와 함께 생리 본능(本能) 활동을 자극하는 방법일 뿐 신선단결(神仙丹訣)이 모두 그 속에 들어 있는 것이 결코 아닙니다.

하물며 수행하는 사람이 노자(老子)의 청심과욕(淸心寡欲)과 나아가서는 청정무위(淸靜無爲)의 경계에 아직 도달하지 못했음에도 세간에서 뭔가 얻으려고 하는 공리(功利)적인 생각으로써 장생불사의 신선이 되고자 하는 욕망은 바로 급암(汲黯)이 한나라 무제(漢武帝)에게 "속으로는 욕망이 많으면서 겉으로는 인의(仁義)를 베푼다[內多欲而外施仁義]."고 했던 말처럼 마찬가지로 심리가 건전하지 못한 병폐입니다.

그러므로 이 단법을 수련하는 과정에서 혹은 생리변화로 인하여 심리적인 착각과 환각을 불러일으키거나 혹은 심리적인 환각으로 인하여 생리적인 변태(變態)를 일으켜서, 신경 이상이나 정신 분열에 이를 수 있는데, 통속적으로 이른바 마구니에 들어간 상황은 바로 이러한 원인으로부터 온 것입니다. 사실 마구니는 마음으로부터 짓고 요괴는 사람으로 말미암아 일어난 것으로, 모두 어리석은 사람이 스스로 문제를 일으킨 것입니다. 청(淸)대 시인 서위(舒位)는 여순양(呂純陽)의 시에 감응되어 말하기를, "본래 부귀란 꿈과 같으니 책을 읽지 않았던 신선은 없었네[由來富貴原如夢, 未有神仙不讀書]"라고 했는데, 딱 이 도리의 주석으로 인용할 만합니다.

우리가 부처님을 배움에 있어 스승을 구하고 진리를 찾는 일은 정감화(情感化) 해서는 안 됩니다. 절대로 이성화(理性化) 해야 합니다. 그래서 정법을 구함에 있어서는 4불의(四不依) 법문으로 검사해야 합니다. 무엇이 정법일까요? 대승경전을 예로 들면, 『화엄경』·『법화경』·『능엄경』·『능가경』·『해심밀경』·『유마힐경』·『금강경』 등은 절대로 정법입니다. 틀림이 있을 리 없습니다. 옛사람이 말하기를, 한 경전이나 한 논[一經一論]에 정통해야 비로소 진정으로 부처님을 배울 자격이 있다고 했습니다. 당송 시대에는 마음대로 출가할 수 없었습니다. 불학고시를 통과해야 했습니다. 자기가 어느 하나의 경이나 하나의 논을 지정할 수 있고, 그 경론을 가지고 시험을 치러 통과되면 국가가 증명서를 하나 발급해 주었습니다. 그것이 바로 도첩(度牒)인데 오늘날처럼 쉽게 가질 수 있는 것이 아니었습니다. 만약 출가자가 법규를 범하면 정부는 도첩을 회수할 수 있었습니다. 당나라 명황(明皇)[92] 이후에 한 번은 국가 재정에 문제가 발생, 외국과 전쟁을 하면서 경비가 부족하여 도첩을 판 적도 있었습니다.

그러므로 경론에 통하지 못하면 정법을 이해할 리 없습니다. 대체로 말하면 『대반야경』·『금강경』·『반야심경』은 모두 반야계통에 속합니다. 이는 중국의 불학체계에서는 성종(性宗)에 속하며 형이상도(形而上道)·명심견성을 곧바로 말합니다. 이 밖에 과학적인 심리로부터 들어가 한 걸음 한 걸음 수행을 일으키는 유식계통이 있는데, 중국에서는 이를 상종(相宗)이라고 합니다. 이 양대 계통은 모두 정법에 속합니다. 그 외에도 많은 정법이 있습니다. 예컨대 37조도품이나 12인연이 다 정법입니다. 좀 더 간단히 말하면 심법(心法)을 말하는 불법은 모두 정법입니다. 무릇 마음에 의지하여 수행을 일으키는 것은 다 정법입니다.

수도(修道)는 곧 과학입니다. 수시로 문제가 생길 때마다 해답을 제시할 수 있으면 수행공부도 한층 진보하며 그렇지 못하면 진보할 수 없습니다. 그러므로 불경을 대충 훑어보아서는 안 됩니다. 불법은 우리에게 모든 것을 말하고 있지만 우리가 그에 통하지 못하고 있을 뿐입니다.

참고로, 대소승 불학 각 부의 주요 경전들은 모두 문답 체제이거나 부처님의 말씀을 기록하는 방식으로 인생과 우주의 진리를 반복해서 상세하게 설명하고 있습니다. 혹은 먼저 심신으로부터 탐

---

92) 당 현종(玄宗)을 말함.

구하기 시작하여 위로는 법계(우주를 포괄하는 불학명사이다)의 궁극까지 밝혀내는가 하면, 혹은 법계(우주)의 본체 자성으로부터 심신의 분석에까지 이릅니다. 예컨대 『화엄경』·『원각경』 등은 법계자성의 본체로부터 출발하여 심신까지 설합니다. 『능엄경』·『금강경』 등은 심신을 돌이켜 밝히는 데서 출발하여 법계자성까지 거슬러 올라갑니다. 『법화경』·『열반경』 등은 마음·부처·중생이 그 본성 자체는 서로 다르지 않고 미혹과 깨달음 사이의 일념의 전환에만 있을 뿐이라고 설합니다. 『대일경』·『밀승경』 등은 진실과 허망이 둘이 아니며[眞妄不二], 가유(假有)를 떠나지 않고 진실을 증득하는 것[即假證眞]은 지성으로 의지하고 믿음으로 이루어지는 것임을 설합니다.

많은 사람들이 번뇌가 곧 보리라고 하면서 자기 자신을 자유방임하고 번뇌하는데, 저는 절대 옳지 않다고 말합니다. 대승경전, 예컨대 『금강경』이나 『능엄경』의 상반부는 모두 형이상의 본체론을 말하고 있습니다. 입문 단계에서 최고 이론을 접하면 일반인들은 나쁜 영향을 받게 됩니다. 소승불법에서는 증득과 4선정을 구할 것을 설합니다. 한 걸음 한 걸음 기본에서부터 최고의 경계에 도달함을 설합니다.

그런데 안타깝게도 뒷날 『금강경』·『법화경』·『능엄경』·『유마경』…등이 유행하면서 번뇌가 곧 보리라는 풍조가 되었습니다. 『유마경』에서는 음노치(婬怒癡)가 곧 보리라고 설하는데, 그 의미를 깊이 이해하지 못하는 사람은 남녀 간의 성교가 곧 보리라고 생각할 테니 엄중한 일입니다.

17

우리가 알 듯이 불법에는 네 가지 원칙이 있습니다.

첫째, 의법불의인(依法不依人)입니다. 법에 의거하고 사람에 의거하지 않는 것입니다. 어떤 선생님이나 법사나 상사(上師) 혹은 선지식을, 내가 그를 특히 좋아하기 때문이거나 그분이 나에 대해 특별히 사랑하기 때문에 그분이 말한 불법을 믿고, 다른 사람들이 말한 것은 일체 상대하지 않고 그렇지 않다고 생각하는 것은 불제자가 해야 할 행위가 아닙니다. 불교를 배우는 사람은 상대가 말한 것이 정법(正法)인가 아닌가만 따지고 개인적인 좋아함이나 싫어함에 미혹되어서는 안 됩니다.

둘째, 의경불의론(依經不依論)입니다. 경(經)에 의거하지 논(論)에 의거하지 않는 것입니다. 보살들이 지은 모든 논술이나 후세의 주해는 물론 고명하지만, 진정한 불제자는 궁극적으로는 불경을 근거로 삼아야지 논장을 근거로 삼아서는 안 됩니다. 그래서 저는 불교를 배우는 학우들에게 항상 권하기를, 최근 1백 년 동안에 나왔던 불학 저작과 주해에 빠져서 방향 갈피를 잡지 못하지 말고 직접 불경을 연구하라고 합니다. 모르는 명사 용어는 불학사전을 찾아보면 됩니다. 제가 쓰거나 말한 것은 단지 여러분들이 불경을 이해하고 연구하는 데 도움을 줄 따름입니다. 제 말을 기준으로 삼아서는 안 됩니다. 직접 불경을 근거로 삼아야 합니다.

며칠 전 제가 어느 대학교에서 주임교수로 있을 때 학생이었던 사람이 찾아와서 말하기를, 최근에 무슨 개론서를 한 권 쓸 준비를 하고 있다면서 어떻게 쓰면 비교적 타당하겠느냐고 했습니다. 저는 학생들이 무슨 개론서를 보는 데 대해서는 항상 유보적인 태도를 지녀왔습니다. 무슨 철학개론이다, 문학개론이다, 정치학개론이니, 경제학개론이니, 아휴~, 이미 수십 년 동안 대략 해놓고는 아직도 여전히 쓸데없이 대략 하고 있습니다. 가위 한 자루, 풀 한 병 가지고는 여기서 한 도막 베껴내고 저기서 한 도막 잘라내고, 그것이 바로 한 권의 개론입니다. 여러분에게 권합니다. 학문을 참으로 하려면 원전(原典)으로부터 직접 착수해야 합니다.

최근에 외국에 있는 어떤 분이 제게 편지로, 불학을 연구하고 싶은데 맨 첫걸음으로 어떤 책부터 공부를 시작해야 하느냐고 물었습니다. 저는 한 번 생각해보았지만 정말 대답을 할 수가 없었습니다. 없다고 대답을 할 수밖에 없었습니다. 하지만 불학개론을 보고 싶다고 한다면 인도 불교본의 불학개론이 두 가지가 있는데, 하나는 『대지도론(大智度論)』이요 또 하나는 『유가사지론(瑜伽師地論)』입니다. 중국의 불학개론으로는 지자(智者) 대사의 『마하지관(摩訶止觀)』과 영명연수(永明延壽) 선사의 『종경록(鏡宗錄)』이 있습니다. 그는 말하기를, "선생님, 이런 개론서들은 저는 볼 수 없습니다." 하기에 제가 그랬습니다. "볼 수 없다면 나도 어쩔 수 없습니다."

주의해야 합니다! 부처를 배우는 데는 경(經)에 의거해야지 논(論)에 의거해서는 안 됩니다. 불경을 볼 수 없다면 한 자 한 자 천천히 공부해가야 합니다. 한 자 한 자 천천히 찾아보고 힘들게 공부하면서 일상생활과 결합시켜서 반성 검토해보면 체험하는 바가 있을 것입니다.

셋째, 의료의불의불료의(依了義不依不了義)입니다. 요의(了義)에 의거하고 불료의(不了義)에 의거하지 않는 겁니다. 불경에 어떤 것들은 요의경이고 어떤 것들은 불요의경입니다. '요의'란 철두철미하게 통달 원만한 것입니다. 예를 들면 『능엄경』이나 『원각경』·『화엄경』·『법화경』 같은 경들이 요의경입니다. 어떤 경전들은 불요의경인데, 불요의경은 부처님이 상대의 근기나 일 또는 시간적

공간적인 조건에 따라 우주생명의 문제에 대해서 방편으로 설법한 것입니다. 비록 불법의 궁극[究竟]을 단도직입적으로 보여주지는 않았지만 이러한 이치를 가지고 참조하여 서로 대비 융회 관통할 수 있다면 역시 요의 이취(理趣)로 들어가는 맥락을 찾을 수 있습니다.

넷째, 의지불의식(依智不依識)입니다. 지혜에 의거하고 의식에 의거하지 않는 겁니다. 불법은 지혜의 학문이지 맹목적인 미신이 아닙니다. 또한 틀에 박힌 공부도 아닙니다. 진정한 지혜는 우리들의 의식망상에 근거하여 추측하는 것이 아닙니다.

18

이 자리에 계신 여러분은 2십여 세의 젊은이들이나 연세가 많은 육칠 십여 세의 노인들이나 모두 일생동안 환상(幻想)을 썼습니다. 우리는 모두 자신의 생각[思想] · 감각 · 정서 등의 속임을 당했습니다. 이런 것들은 모두 허환부실(虛幻不實)한 것입니다. 그 중에 오직 한 물건이 시종 변함이 없고 노쇠함도 없습니다. 여러분들이 지금 여기에 앉아 있으면서 마음속에 번뇌가 없고 생각이 없어서, 자기가 본래에 청정하다는 것을 아는 '이 물건'은 움직인 적이 없습니다. 이것이 '불여환자(不汝還者)', 되돌려 보낼 곳이 없는 것입니다. 여러분은 먼저 이것을 알아야 합니다. 이처럼 인정한 뒤에 번뇌생각을 없애려고 하지 마십시오. 그것은 허깨비 경계입니다. 당신이 그것을 상대하지 않아도 그것은 자연히 가라앉아 맑아져갈[澄淸] 겁니다. 이처럼 청정해가다 보면 가끔 망상이 날아드는데 그럼 어떻게 할까요? 상관없습니다. 날아오고 날아가든 여전히 그 경계 속에 있습니다.

우리가 고요히 앉아 마음을 관찰할 때, 이 사람의 마음은 명심견성(明心見性)의 마음이 아니라 이 마음은 생각과 번뇌의 염두를 말합니다. 우리는 지금 한 염두가 가버리고 뒤의 한 염두가 아직 오지 않았을 때, 그 중간에 한 토막의 빈 것이 있음을 분명히 살펴보고, 중간의 이 공(空)을 유지하여야 합니다. 이것을 관심법문이라고 합니다. 이렇게 하면 먼저 첫걸음에 도달한 겁니다.

일체 유정 중생은 심의식(心意識)이 작용한 이후 작용하자마자 멈출 줄을 모릅니다. 기계 스위치나 전기 스위치 같아서 스위치를 켠 다음에는 멈추지 않을 것입니다. 뿐만 아니라 돌 수록 빨라져서 우리 자신이 이 스위치를 끄지 않는 이상 그럴 것입니다. 이제 구체적인 도리로 말했으니 당신은 수행을 이해하였습니다. 그러므로 우리들 생명의 이 스위치가 켜지면 자기가 무시이래 영원히 돌고 있습니다. 돌고 있는 동안 당신이 공(空)의 본자리로 되돌아가고 싶어도 돌아가지 못합니다! 그래서 도를 닦음에 있어 당신은 누구를 찾아야 할까요? 오직 자기만이 합니다. 자기가 원래의 그 스위치를 한번 꺼버리면 그것은 정지합니다. 윤회하지 않고 구르지 않게 됩니다. 윤회는 구르고 있는 것인데 구르지 않으면 그 본자리로 되돌아갑니다.

그러나 당신은 주의해야합니다 지금 우리가 수도하는 것은 자기의 그 원래의 스위치를 더듬어내지 못하고 있는 것이나 다름없습니다. 스위치가 어디에 있는지를 모릅니다. 그러므로 삼대아승기겁 동안 당신은 천천히 닦으십시오. 정좌도 좋고 경전에 절하는 것도 좋습니다. 당신은 더듬어보십시오. 어느 날 더듬어 찾아내면 "아하 여기 있구나! 할 것인데 이것을 견도(見道)라고 합니다. 견도는 당신이 스위치를 뚝! 하고 닫아버려 비워진[空] 것이나 같습니다. 그러나 당신이 스위치를 이미 껐지만 그 기계는 이미 몇 년이나 돌았는지 모릅니다. 얼마나 오래 돌았는지 모릅니다. 선풍기처럼 비록 정지시켰더라도 빨리 돌다가 서서히 여전히 돌아가고 있습니다. 그러므로 견도한 뒤에 수도(修道)해야 합니다. 그것이 서서히 돌다 최후에 이르면 찰가닥! 하며 완전히 정지했다면 오도(悟道)요 증도(證道)한 것입니다. 이해하셨겠지요. 수도란 바로 그렇게 닦는 것이요 바로 그런 도리입니다.

인류문화에서 동방이든 서방이든 허다한 종교와 철학들이, 실제적인 수련방법을 중시하기만 하면 모두 인간의 천부적인 본능인 '의식' 생각에 의지하여 공부를 지어 갑니다. 이것은 일치하여 바뀌지 않는 원칙이자, 동서양의 공통적인 사실이기도 합니다. 예컨대 불교의 대소승 각 종파의 수련법은 '유여의열반(有餘依涅槃)'이나 '무여의열반(無餘依涅槃)'에 도달함을 목적으로 하지만, '자기의 의식을 정화하는 것이 모든 부처님들의 가르침이다[自淨其意, 是諸佛教]'를 수칙(守則)으로 삼음은 조금도 의심할 여지가 없습니다.

소승 도과(道果)인 '편공(偏空)'과, 대승 불과(佛果)인 그 '공(空)' 역시 공(空)하여 '필경공(畢竟空)'에 이르는 원리에서, 그 이른바 '공(空)'의 경계란 기본적으로는 자기의 심의식(心意識) 작용을 이용하여 의식을 승화(升華)시킨 것입니다. 마치 쐐기로써 견줄 바 없이 '공령(空靈)'한 영역으로 끊어 들어가, 몸에도 의지하지 않고 사물에도 의지하지 않으면서, 범속과는 다른 경계에 머무르는 것입니다. 그런 다음 억지로 그것의 상황을 설명하여 그것을 '공(空)'이라고 부를 뿐입니다.

그러므로 대소승 불학과 불법에서 말하는 '공(空)'도 추상적으로 또 하나의 현상을 가리키는 다른 관념일 뿐이라는 것을 알 수 있습니다. 만약 '밀종(密宗)'과 '유식학(唯識學)'의 이론 입장에서 보면 경계가 있는 공(유여의열반)이든 경계도 없는 공(무여의열반)이든, 그것은 모두 다 하나의 허망하지 않고 진실한 '대유(大有)'입니다. '공(空)'이란 의식이 평정(平靜)한 상태에 도달한 현상입니다. '불공 (不空)'이란 의식이 평정한 실체(實體)가 본래에 이와 같을 뿐'이라는 것입니다.

'전5식'은 '제6의식'의 앞잡이입니다. 예컨대 용병(用兵)으로 말하면 '의식'은 전권(全權)을 지닌 지휘관에 해당합니다. '전5식'은 마치 각각 다른 병종(兵種)의 최전방 보초병입니다. '제6의식'의 주요 임무는 앞으로는 '전5식'에 통하고 뒤로는 '제7식(第七識)', '제8식(第八識)'과 접속되어 있습니다. 모든 사유 분별과 정서 등등의 작용은 모두 '제6의식'의 지배를 받아 좌우됩니다. '제6의식'은 오늘날 주식회사 조직에서의 총지배인에 해당합니다. 위로는 '제8식'이라는 이사회로부터 지시를 받고 상무이사인 '제7식'의 정책결정을 접수하고 아래로는 '전5식'으로 하여금 각종 업무를 달성하도록 지도하고 독촉합니다.

영아(嬰兒)의 입태 초기와 태어나서 갓난아기가 되었을 때는 제6의식 기능이 존재는 하지만 아직 성장하지 않아 작용을 발생하지는 않습니다. 아이[童]가 되고 난 뒤에 '의식'은 '전5식'의 영향을 받아 점점 형성될 뿐만 아니라 나이가 들어갈수록 그 형태가 견고해집니다. 그래서 고정된 심리 형태의 일종의 역량—'업력(業力)'으로 구성됩니다.

'제6의식'은 깨어 있을 때에 제8식, 제7식의 권능(權能)을 대행하여 사유분별 등등의 작용을 일으킵니다. 만약에 수면이나 꿈 상태에 들어갔을 때는 그것은 의식의 반면인 잠재 기능을 일으켜 전

5식의 현장 작업이 필요 없이, 전5식이 원래 수집했던 자료에 근거해서 독립적인 잠재 작용을 일으킬 수 있습니다. 그러므로 유식학은 제6의식의 이러한 잠재 기능을 '독영의식(獨影意識)'이라고 이름 짓고 '독두의식(獨頭意識)'이라고도 부릅니다. 이러한 독영의식의 작용은 전5식을 벗어나 단독으로 활동할 수 있습니다. 그 활동의 가장 뚜렷한 범위를 귀납시키면 세 가지 상황이 있습니다. 1) 꿈꿀 때, 2) 신경병이나 정신병이나 더 나아가 기타의 병 등으로 인하여 혼미 상황에 들어갔을 때, 3) 선정(禪定) 중의 모종의 경계입니다. 그러므로 유식학의 입장에서 보면 현대 '심리학'이 이해하고 있는 '잠재의식(潛意識)'은, '하의식(下意識)' 또는 '제6감(第六感)' 등등이라고도 하는데, '독영의식'의 작용을 겨우 아는 것일 뿐입니다.

그러나 '제6의식'은 여전히 진정한 주인이 아닙니다. 그것은 살아있는 사람의 회계사무실 총관리자[總管]일 뿐입니다. 그의 무대 뒤의 사장은 바로 '제7식'입니다. 유식학에서의 번역 명사로는 '말나식(末那識)'이라고 부릅니다. 이 명사는 많은 의미를 담고 있는데 여기서는 잠시 많은 풀이를 하지 않겠습니다. 보통 일반인들은 그것을 '아집(我執)'이라거나 혹은 '구생아집(俱生我執)'이라고 부르는데, 그리 크게 타당하지 않은 것은 아닙니다. '말나식'은 '제6의식'의 뿌리로서, 진정한 '의식(意識)'의 근원이라고 할 수 있습니다.

예컨대 한 사람의 타고난 개성(타고난 특성), 그리고 생명과 함께 온 그 까닭을 모를 습관, 생각, 천재(天才) 등이 바로 '말나식'의 작용입니다. 그것은 순수하게 '심리적인' 것도 아니고 순수하게 '생리적인' 것도 아닙니다. 그것은 타고날 때 지니고 온 몸과 마음의 본질과 밀접한 관계가 있습니다. 그러므로 알 수 있듯이 어떤 사람이 깨어 있을 때 '의식'의 이지(理智)적으로는 자기의 '개성'이 몹시 좋지 않다는 것을 알고서 자기를 즉시 고치고 싶어 하지만 왕왕 불가능하여 실패합니다. '의식'의 뿌리가 되는 '제7식'은 사람들이 바로 '나(我)'라고 여기는 바이자 그 나의 진정한 '의근(意根)'이기도 합니다. 불학에서 말하는 생명의 '업력(業力)'도 바로 그것이 그 뚜렷한 작용을 드러낸 것입니다.

그러나 제7식도 뿌리와 연결되어 나누어진 가지입니다. 예컨대 한 무더기의 넝쿨풀이 있다면 그것은 원래의 무더기 가운데 있는 뿌리와 연결된 나눠진 가지의 한 맥일 뿐입니다. 그의 진짜 주인공은 바로 '제8식(第八識)'입니다. 유식학에서는 이것을 '아뢰야식(阿賴耶識)'이라고 합니다. 이 명사의 의미도 많은데, 잠시 자세히 말하지 않겠습니다. 결론적으로 말해 그것은 마음과 물질의 동일한 근원[心物一元]으로서 우주만유의 동일한 뿌리인 하나의 근본[一本]입니다. 그것은 정신세계와 물리세계가 혼합된 동일연원(同一淵源)입니다. 우주만유는 그것으로부터 생겨나고 또 소멸하여 그것으로 돌아갑니다. 그것은 하나의 '생생불이(生生不已)하고 생성과 소멸이 멈추지 않는'[生滅不停] 다함이 없는[無止盡] 창고입니다.

불학에서는 수행이 성취되기 이전에는 아뢰야식이라고 부르고 중생의 망심이라고 하는데, 그것은 음(陰)의 일면입니다. 그리고 수행하여 성불한 뒤로는 아뢰야식이라고 부르지 않고 여래장식이라고 부르는데, 그것은 바로 양(陽)의 일면입니다.

수행은 결코 무엇을 끊어버린 것이 아니라 본래로 되돌아온 것입니다. 5온은 범부 중생에 대해 말한 것이고, 성불한 뒤에는 5온이라고 하지 않고 5방불(五方佛)이라고 합니다. 이것은 밀종에서 사용하는 비밀인데, 이제 모두 여러분들에게 철저하게 말했습니다.

공(空) 자체가 바로 유(有)입니다. 공은 모든 것을 포함하며 일체

만법을 생성할 수 있습니다. 밀종은 스스로 현교보다 높다고 여기지만, 사실 밀종은 부처님이 열반한 뒤에 불제자들 중의 일파의 수행법으로서 일체유부에 속했습니다. 현교이든 밀종이든 모두 공, 반야를 첫째라고 봅니다.

여기에서 특별히 제시하고자 하는 것은 본성은 불생불멸이라는 것입니다 유심적인 그런 작용은 불생불멸하는 것이며, 유물적인 것도 불생불멸하는 것입니다. 이 비밀은 『능엄경』에서 말하고 있습니다.

당신이 식(識)을 지혜[智]로 전화시켜 성불한 뒤에는 색온[金]은 서방극락세계로 변하며, 아미타불은 서방극락세계에 있습니다. 행온[木]은 동방유리세계로 전환 변화되며, 동방 약사불과 아촉불은 동방유리세계에 있습니다. 상온[火]은 남방 보생불로 변화합니다. 수온[水]은 북방 불공불로 변하며, 식온[中央]은 비로자나불로 변합니다.

19

고금동서의 고대로부터 오늘날까지의 모든 부처님들은 모두 비로자나불의 화신입니다. 그러므로 석가모니불과 더 나아가 아미타불은 모두 비로자나불의 화신일 뿐입니다. 전정한 부처님은 바로 비로자나불입니다.

노사나불은 색계천에서 성불한 분으로 바로 보신불입니다. 그러기에 말하기를 유심이 성불할 수 있으며 유물도 성불할 수 있다고 합니다. 하지만 진정으로 물질을 전화시키려면 진정한 공부와 진정한 재간이 필요합니다. 그러기에 불법을 배우고 익힘은 하나의 대과학이라고 말합니다.

이런 것들은 모두 대 비밀로서, 불학의 내막인데 이제 모두 여러분을 위해 드러내었습니다. 대비로자나불의 밀종 수행법은 최대의 한 부로서, 일본의 동밀과 티베트의 장밀을 포괄합니다. 중국에서는 대일여래라고 번역했습니다. 일본인들은 대일여래를 가지고 자기를 뽐냅니다.

『범망경』·『화엄경』은 말합니다. 진정한 성불은 색계에 있어야 합니다. 욕계에서는 성불 할 수 없습니다. 무색계에서도 성불할 수 없습니다. 반드시 색계에서라야 보신불을 성취할 수 있습니다 색계신인 이 육신을 전화시킵니다. 지금 이 육신은 욕계 안에 있는데 이를 색계의 몸으로 전환 변화시켜서 광명의 몸으로 성취해야합니다. 중국문화에 진정한 수행을 비유하는 한 마디 말이 있는데 '분수(焚修)', 태우며 닦는다 라고 합니다. 수행은 고통스러운 일입니다. 화광(火光)속에서 단련해서 부모가 낳아준 욕계의 몸 전체를 단련 전화시켜야 합니다. 연소시키는 것이 단련입니다. 즉 색신이 전환 변화한 뒤에라야 성불할 수 있습니다.

'수지(受持)'란 경전의 내용을 받아들일 뿐만 아니라, 거기에 의거해 지속적으로 수양한다는 뜻입니다. 이치상으로만 받아들이는 것은 아무 소용이 없습니다. 불법을 진정으로 이해하고 몸과 마음으로 받아들여 변화가 생겼을 때 비로소 '받아들였다[受]'고 할 수 있습니다. 그러나 단지 받아들이는 것만으로는 불충분합니다. 영원히 그 상황, 그 경계를 '유지해야[持]' 합니다. 이렇게 해야 '수지'라 할 수 있습니다. 어떤 사람은 날마다 『금강경』을 암송하는 것을 '수지'라고 하지만, 이것은 그냥 읽어 나가는 것에 불과합니다.

위대한 고승이나 조사님들 가운데에는 처음에는 불교를 배척하다가 나중에서야 불교를 받아들인 분들이 많은데, 이것도 큰 화두입니다. 게다가 『아미타경』에는 부처님의 설법을 듣는 청중이 1,250인인데 『무량수경』은 12,000인입니다. 『관무량수경』은 1,250인의 비구들과 35,000의 보살들이고, 『금강경』은 1,250인이고, 『능엄경』도 1,250인입니다. 『법화경』은 12,000인이고, 『원각경』은 무려 대보살 10만인이고…. 이처럼 설법을 듣는 수가 경전마다 다른 것도 화두입니다.

우리들의 근본 스승인 석가모니불은 태어나자마자 일곱 걸음을 걸은 다음, 한 손으로는 하늘을 가리키고 한 손으로는 땅을 가리키며 말씀했습니다, "천상천하 유아독존." 이것은 무슨 의미일까요? 왜 딱 일곱 걸음만 걸었지, 여섯 걸음이 아니요 여덟 걸음이 아니었을까요? 여러분은 참구해 보기 바랍니다. 이거야말로 진짜 큰 화두입니다.

어떤 사람이 불경 수리(數理)철학 논문을 한 편 쓴 것을 본 적이 없습니다. 왜냐하면 일반인들은 수리철학을 알지 못하기 때문입니다. 불경 속에 그렇게 많은 숫자들인 3계(三界)·4념처(四念處)·8정도(八正道) 등등에는 모두 그 속에 대학문이 들어있으며 또한 불법의 수지(修持)의 대 신비를 포함하고 있으며, 『역경(易經)』의 숫자와도 관계가 있습니다. 그렇지만 불학을 연구하는 일반인들은 이 방면에 비교적 부족하여 왕왕 이러한 숫자들을 소홀히 하고 지나갑니다. 역대의 고승 중에 두세 명만이 이해했습니다.

경전을 읽을 때에 입으로만 읽고 아무 생각이 없다면, 그것은 자기를 속이고 남을 속이는 것으로, 말할 만한 공덕이 조금도 없습니다. 입으로 읽을 때 마음은 경문(經文)에 마음을 기울여야만 합니다. 여러분들이 경전을 읽고 누구에게 회향하겠다는, 이 한 생각이 움직이기만 하면 이미 회향한 것입니다. 애를 써서 생각하거나 특별히 말할 필요가 없습니다. 당신이 심념(心念)이 전일(專一)하면 심파(心波)가 방사(放射)하는 힘이 커서 영향을 일으킬 수 있습니다. 심념이 집중되지 않으면 영향을 미칠 수 없습니다. 일체의 인과(因果), 즉 착한 원인을 심으면 착한 과보를 받고 악한 원인을 심으면 악한 과보를 받는 것 역시 회향입니다.

불경은 함부로 주해해서는 안 됩니다. 불법도 입에서 나오는 대로 함부로 말해서는 안 됩니다. 그런 식으로 해놓고 "불법을 전파하고 중생을 교화하여 구제한다"는 미명(美名)으로 자기를 치부해서는 안 됩니다. 현재 수많은 저작들이 있지만, 제가 보기에는 위험천만한 것들입니다. 그런 불법 저작들은 사람을 죽이는 독약보다 그 해가 훨씬 지독합니다. 독이 들어있는 사상이니 여러분은 진정한 불법의 관점에서 잘 선택하기 바랍니다. 지혜로써 변별하여 사견(邪見)이나 잘못된 사상으로 걸어가지 마십시오.

천고이래로의 특히 불문의 선종의 저작들을 저는 예전에 다 읽었습니다. 보자마다 모두 중시하지 않았습니다. 왜냐하면 일반인들은 『역경(易經)』을 이해하지 못하고 노장(老莊)을 이해하지 못하며 음양오행(陰陽五行)을 이해하지 못하기 때문입니다. 그러나 음양오행을 이해하고 난 뒤에는 불법의 수행, 선정 공부, 심신의 변화와 모두 관련이 있습니다. '회호(回互)'라는 두 글자의 의미는 관련이 있다는 뜻입니다. 마음과 물질이 관련이 있고, 외부 경계와 내부 경계가 관련이 있으며, 움직임과 고요함이 관련이 있습니다. 일체가 모두 상대적인 관련입니다. 그러나 본래 원만하고 밝으며 청정한 자성의 불법으로서 단도직입적인 선종은 파괴 되었습니다....중략 ... 현대에 진정으로 수행하고자 하면 선종의 그런 것들조차도 소용이 없다고 저는 봅니다. 역시 『능가경』, 『능엄경』, 『해심밀경』, 『승만부인경』, 『화엄경』, 『중론』에 의지하고, 게다가 선정 공부의 「십육특승(十六特勝)」, 심지어 「육묘문(六妙門)」을 배합하여 불법의 복고(復古) 노선으로 걸어가야 한다고 봅니다.

어떤 젊은이들은 저를 찾아와서는 성명조차 말하지 않고 저와 선(禪)을 담론하자고 합니다. 그리고 저더러 자기를 인가해 달라고 합니다. 이건 미친 짓입니다. 오만방자함의 극치입니다. 저는 이렇게 말할 수밖에 없습니다. "나는 선을 모릅니다. 선을 배우려면 먼저 『유마경』·『반야경』·『법화경』·『능엄경』을 잘 읽은 다음에 다시 오십시오. 먼저 실천행[行]으로부터 시작하십시오!"

20

불학은 기본적으로 6도윤회와 3세인과 위에 건립된 것입니다. 그렇지만 수 십 년간의 제 경험에 의하면, 불법을 배우고 도를 배우는 사람들 중에 진정으로 6도윤회를 믿는 사람은 몇 사람 되지 않습니다. 3세인과를 믿는 사람은 이보다 더 적었고, 그것도 절대적으로 믿는 것이 아니었습니다. 6도윤회와 3세인과를 믿지 않으니, 선(禪)이나 밀종, 정토종에 대한 배움이 아무리 훌륭해도 근본적으로 기초가 잘못된 것입니다.

『유마경』은 말합니다, "세간의 온갖 것은 모두 인연으로 생겨났기에 처음부터 자주적 · 독존적 · 항구적인 실체가 없어서 본래에 아我가 없으니 아를 없앤 뒤에야 무아가 아니므로) 아(我)와 무아 (無我)에 있어서 둘이 아닌[不二] 것, 이것이 무아의 진정한 의미입니다[於我無我而不二, 是無我義]."

아주 오래전에 제가 이 제목으로 강연을 한 번 했습니다. 그때 저는 왜 이 많은 사람들이 '아(我)' · '무아(無我)' 때문에 끊임없이 논쟁하고자 하는지 탄식했습니다. 무엇이 '무아'일까요? 무아는 부처님의 방편 불법입니다. 사람됨이나 일처리에 있어서는 반드시 곳곳마다 '아(我)'가 있어야 합니다. 예컨대 글을 쓰는 데도 무아이면 제대로 쓸 수 없습니다. '아'가 있는 그 사이가 바로 '무아'입니다. 형이상(形而上)으로 증득하여 들어갈 때는 아견(我見)을 버려야 무아에 도달합니다. 사실은 무아야말로 대아(大我)입니다. 이 아(我)와 무아(無我)는 둘이 아닙니다[不二]. 바로 하나입니다. 이 둘 아님이 바로 불교문학의 묘용(妙用)입니다. 『금강경』에서는 무아에다 '상(相)'자를 하나 더해 무아상(無我相)을 말하면서, 상에 집착하지 말라고 합니다. 현상에 속임을 당하지 말라고 합니다. 여러분이 만약 무아상(無我相) · 무인상(無人相) · 무중생상(無衆生相) · 무수자상(無壽者相) 이런 법문을 통달하게 되면 불이(不二)법문을 이해하게 됩니다.

'아소(我所)'는 아(我)로부터 오는 것입니다. 그럼 이 '아'는 어디에 있을까요? '아'는 이 육체를 가리키는 것이 아닙니다. 만약 의사가 말하기를 당신은 눈을 빼내버려야 목숨을 보존할 수 있다고 한다면 당신은 틀림없이 눈을 희생하는 데 동의할 것입니다. 당신에게 또 말하기를 당신은 입조차도 떼어내어 버려야한다면 하면 당신은 또 동의할 것입니다. 왜냐하면 이런 기관들은 '나의 것'이 아니고 '나'가 아니기 때문입니다. '나'는 도대체 어디에 있을까요? 이것은 찾아야합니다. 부처님은 49년 동안 설법하면서 사람들에게 무아라고 일러주었지만 그가 떠나기 전에 이르렀을 때는 사람들에게 '아'가 있다고 말했습니다. 우리들은 쓴웃음을 지을 수밖에 없습니다. 그 노인께서 어떻게 이렇게 사람을 속였을까요? 그는 세상에 태어나자마자 '천상천하, 유아독존(天上天下, 唯我獨尊)'이라고 선포했습니다. 도를 깨닫고 난 뒤에 세상에 나와 교주가 되어서는 가는 곳마다 사람들에게 무아(無我)·무상(無常)·고(苦)·공(空)을 설해오다가, 열반하기 전에야 비로소 '상(常)·락(樂)·아(我)·정(淨)'을 말함으로써 완전히 상반되었습니다. 이것은 무슨 말일까요? 사실 그는 우리들을 속이지 않았습니다. 그는 이때에 우리들에게 일러주시기를 불생불멸하기 때문에 영원하다는 도리를 말해주었습니다. 이 진아(眞我)를 얻으면 영원히 정토입니다. 정토는 바로 여기에 있으며 영원히 극락입니다. 당신이 부처님의 일생을 연구하여 화두로 삼아 참구해보면 알게 될 것입니다.

21

많은 사람들이 불학을 공부하지만 조그만 진척도 없다고 하면서, 시종 생로병사의 고통을 벗어날 수 없습니다. 심지어는 부처를 배웠기 때문에 생로병사가 더 엄중하게 변해버렸다고 말할 수 있습니다. 왜 그럴까요? 그 이유는 자신들의 저술이나 발언, 설법이 더욱 잘못된 인과를 범함으로써 사람들의 혜명(慧命)을 끊어놓았기 때문입니다. 일체법은 연기성공(緣起性空)으로서, 공(空)을 '없음'으로 그들은 생각합니다. 만약에 공이란 곧 '없음'이라면 우리도 부처를 배울 필요가 없습니다.

성불이란 지혜의 성취이지 맹목적인 미신이 아닙니다. 공부 역시 공부의 누적도 아닙니다. 지(止)를 닦고 난 후에 관(觀)을 닦고, 관으로 말미암아 혜(慧)를 성취합니다. 관은 혜의 원인이요, 혜는 관의 결과입니다. 보리를 증득하고 도체(道體)를 깨닫는 것을 반야라고 합니다.

22

사람들은 불법을 배우면서 효과를 추구할 뿐 집착을 놓아버리는 것을 추구하지는 않습니다. "야, 이거 내가 부처님을 배운 뒤로 장사를 하면 할수록 실패하네. 일이 갈수록 순조롭지 못하네." 여러분 우리가 부처님을 배우는 것은 무엇을 배우는 겁니까? 설마 돈을 갈수록 많이 벌기 위한 겁니까? 부처님은 말합니다. "그러므로 나는 일체보살과 말세의 중생들에게 설하노라. 먼저 무시이래로 윤회의 근본이 되는 것부터 끊어라[是故我說一切菩薩及末世衆生 先斷無始輪廻根本]." 부처님을 배우려면 먼저 세속의, 계산하고 비교하는 계교심(計較心)·공리심(功利心)을 끊어야 합니다. 먼저 공덕을 추구하고 평안을 추구하는 마음을 놓아버려야 부처님을 배울 수 있습니다

'지(止)'란 일체망념 잡생각을 그치고 지극한 선[至善]에 머무르는 것입니다. 일념으로 청정한 생각[淨念]에 있는 겁니다. 그런 다음에 관(觀)을 일으켜서 일체의 부처님을 참구해야 합니다.
'지(止)'란 마음을 전일(專一)하게 하는 겁니다. 지(止)는 '전일유가(專一瑜伽)'라고도 합니다. '유가(瑜伽)'는 심신이 서로 감응 조화

하여 전일의 경계에 도달하는 것입니다. 부처님을 배우고 도를 배우는 것은 말하지 않더라도, 세상의 어떠한 일도, 예컨대 학문·사업·기술·무술·예술도 전일하지 않으면 성취가 없을 겁니다. 그러나 전일하기란 매우 어렵습니다. 예를 들면 독서하거나 소설을 보면서 한 편을 보고 나서는 그 앞 편을 잊어버리기도 하고, 책을 절반까지 읽었을 때 자신이 이런 저런 허튼 생각을 하고 있음을 갑자기 발견하고 또 처음부터 다시 보곤 합니다. 그렇지요? 만약 진정으로 전일한 상태에 도달하면, 기억력이 대단히 강해서 매 글자 매 구절마다 머릿속에 또렷이 새겨지며 영원히 기억됩니다. 만약 자신이 뭔가 쉽게 잊어버린다고 느낀다거나, 과거의 일이 기억나지 않거나, 물건을 어디다 두었는지를 늘 잊어버린다거나, 가는 곳마다 물건을 흘린다면, 마음이 전일하지 못하고 산란한 까닭입니다. 어떤 사람들은 외모로 보면 조용해 보이지만 사실 그의 머릿속에서는 생각이 멈춘 적이 없습니다. 그래서 전일하기란 일반인들에게는 대단히 곤란합니다. 석가모니불은 "제심일처, 무사불판(制心一處, 無事不辦)"이라고 말씀했습니다. 단지 마음을 한 곳에 집중하기만 하면, 성공하지 못할 일이 없다는 겁니다. 닦아서 성불하고 싶다면 닦아서 성불할 수 있을 것입니다. 부처님의 말씀은 이렇게 간단합니다. 하지만 그 누구도 그렇게 해내지 못합니다. 마음을 전일하게 할 수 없기 때문에 많은 방법을 설했던 겁니다. 예를 들면, 염불·주문·관상(觀想)...등등 갖가지 공부는 그 목적이 전일을 추구하여 얻는 데에 있습니다

선정을 닦는 방법은 처음부터 끝까지 네 글자를 떠나지 않는데, 그것은 '심일경성(心一境性)'입니다. 즉, '계심일연[繫心一緣]', 마음을 하나의 대상에 묶어 놓는 것입니다. 그러나 대승보살도의 선정

은 마음을 한 대상에 묶어 놓을 필요가 없습니다. 마음을 한 대상에 묶어 놓는 목적은 우리들의 억센 제6의식의 심념(心念)을 조복하기 위한 것입니다. 당신이 자기 자신더러 이제 생각 그만하라 해 보세요. 그 생각은 당신 말을 듣지 않습니다. 당신이 자기 자신더러 성내지 말라고 해도 그렇게 할 수가 없습니다. 선정 수양이 있는 사람은 억센 심념을 서서히 조복하여 부드럽게 하고, 그런 다음 그것이 비워지게 할 수 있습니다. 그러므로 선정이 도량입니다

어떤 학우에게 제가 법문을 하나 가르쳐 주었는데 그는 언제나 자기를 속이고 있습니다. 자기가 알고 있다고 여기고 자기가 옳다고 생각합니다. 저는 상관하기 귀찮아졌습니다. 진정으로 부처님을 배우려면 대장부 기개가 있어야 합니다. 정말로 옳으면 곧 한 길로 깊이 나아가야 합니다. 끝까지 닦아야지 어디 그렇게 많은 수다를 떨 필요가 있겠습니까? 부처님을 배우는 사람은 상상(上上)의 지혜가 있는 사람이 배우는 것입니다. 일반인들은 아무리 닦더라도 이 일생에 약간의 선근을 심고 약간의 잘못을 적게 범하여 내생에 조금 좋을 뿐입니다. 불도를 진정으로 얘기하자면 얘기할 나위가 못 됩니다. 어느 사람은 정을 얻었네, 기맥이 통했네 하고 말하지만 함부로 떠들어대지 마십시오. 제 앞에서 두세 걸음만 걸어도 알아낼 수 있습니다. 그 눈빛이 정(定)의 상태일까요? 기맥이 통했을까요? 보자마자 압니다.

불법에서 추구하는 것은 정(定)과 혜(慧)의 균등한 수행[定慧等持]인데, 이 지혜의 힘을 어떻게 수행해야 할까요. 불법의 이치를 참구하는 것 외에도, 선심과 복덕에 의지해서 배양해야 합니다. 선심과 복덕이 부족하면, 마치 쇠를 제련할 때 화력이 부족한 것과

같아서, 업력과 습기(習氣)를 철저하게 변화시킬 수 없습니다.

여러분이 정좌(靜坐)해서 약간의 청정함을 얻고 약간의 도리를 이해한 것을 선(禪)이라고 여기고, 계율규범조차도 지키지 않고 오만방자하면서 무지하다면, 그것은 깨달음이 아니라 지옥종자(地獄種子)입니다

제가 평소에 말합니다. 만약 어떤 사람이 적막을 즐길 수 있고 무료함을 즐길 수 있다면 그는 대장부라고요. 예를 들면 명나라 말기의 창설 대사의 시구는 이렇습니다. "남대사에서 향 피우고 고요히 앉았노라니, 종일토록 정신이 응결되어 온갖 생각 잊었네." 당신이 생각하기에는 이것은 일반인들의 입장에서 보면 그야말로 무료함의 극치라고 하겠지요! 하루 종일 의식이 응결되어 한 곳에 머물러 있으면서 어떤 생각도 일어나지 않는 것인데, 세상 사람들 중에 몇 사람이나 더없이 큰 이 적막을 누릴 수 있겠습니까?

우리는 하루 종일 진정으로 선(善)한 생각은 하지 않으며, 대부분 흐리멍덩하게 세월을 보냅니다. 염불을 하면서도 6근(六根)은 도처에서 난동을 부리고 있습니다. 여러분이 선종이니 무슨 종(宗)이니 내세우며, 공덕이라고는 조금도 쌓지 않고 진보하려 한다면 그건 불가능합니다. 만약 마음을 바꿔 선(善)의 경계를 조금이라도 높인다면 지혜는 그만큼 진보합니다. 여기에는 융통성이 없습니다.

수행을 하려면 먼저 지혜자량(智慧資糧)과 복덕자량(福德資糧)을 쌓아야 합니다. 마치 회사가 돈을 벌려면 먼저 투자를 해야 하는 것과 같습니다. 복덕이 갖추어지지 않으면 지혜가 일어나지 않습니다. 지혜가 일어나지 않으면 보리를 증득할 방법이 없습니다. 다

들 도를 깨닫고 싶은 생각은 모두 망상입니다. 조금의 선행조차도 없는데 하물며 복덕은 더 말할 나위가 있겠습니까! 수행이란 바로 자기의 심리와 행위를 바로잡고 대 자비와 이타적 심리와 행위를 일으켜 공덕을 성취하고 지혜가 원만해지는 것입니다. 그래야 깨달음이 열려 성불할 수 있습니다.

　무엇을 수행이라고 할까요. 자기가 지혜·학문·수양으로써 탐욕·성냄·어리석음·교만·의심·정확하지 못한 견해를 바르게 고치는 것입니다. 이것이 수행의 길입니다. 불보살이나 하느님이나 귀신에게 도움을 구하는 것이 아닙니다. 수행은 자기의 심리상태로부터 닦기 시작해야 하고, 자기의 생각을 바르게 고쳐야 합니다. 자기의 행위를 고치지 않는다면 그런 수행은 쓸모가 없습니다

　우리가 부처님을 배움에는 견혹(見惑)과 사혹(思惑)의 문제가 있습니다. 사혹은 생각의 결사인데 우리들을 가로막는 미혹으로서 탐욕·성냄·어리석음·교만·의심이 그것입니다. 이런 심리적 생리적 장애는 공부 수행에 의지하여 점차 닦아가면서 끊는 것입니다
　견혹에는 신견·변견·견취견·계금취견·사견이 있는데, 견해와 이치 면에서 투철하지 못한 것으로 닦아서 끊을 수 있는 것이 아니라 지혜에 의지하여 끊는 것입니다. 당신이 공부를 아무리 잘 닦고 염불을 얼마나 했고 정좌를 일만 겁을 하였더라도 지혜 견지가 도달하지 않으면 소용이 없습니다. 그러므로 견혹과 사혹을 어떻게 해야 끊을 수 있는지를 분명히 알아야 합니다.

　수행하고 있는 여러분들은 무슨 법문이든 간에 자기가 진보가 있는지 없는지를 알아야지, 저에게 묻지 말기 바랍니다. 당신이 평

소에 마음이 일어나고 생각이 움직이는 곳에서 자기 뜻대로 얼마 정도 할 수 있는지를 물어보기만 하면 됩니다. 예컨대 당신이 갑자기 큰 자극을 만나서 마음속에 짜증이 나고 화가 났다면, 당신은 살펴보십시오, 이 화가 몇 초, 몇 분이면 지나가는지, 아니면 몇 날, 몇 개월 심지어는 몇 십 년 내내 잊어버릴 수 없는지 살펴보십시오. 만약 당신의 이런 탐진치(貪瞋癡)가 몇 초 만에 곧바로 가라앉을 수 있다면 이미 대단한 겁니다. 가라앉았다고 끝나는 게 아니라, 자기 뜻대로까지 해야만 합니다. 대소승 수행의 노선은 모두 여기로부터 시작합니다. 그런 다음 반야지혜의 성취에 도달합니다. 그래야 완전히 자기 뜻대로 할 수 있습니다. 이 자기 뜻대로 할 수 있는 경계가 바로 관자재(觀自在)로서, 정말로 자재(自在)를 행할 수 있는 것입니다. 우리의 수행은 반드시 3계천인표(三界天人表)에 주의를 기울여야 합니다. 특히 색계천의 유정천(有頂天)은 대자재천(大自在天)이라고도 하는데, 그곳은 절대적으로 자재하며, 10지(十地)이상의 보살입니다.

우리 모두는 계율을 지켜야 합니다. 계율의 근본은 소승 계율이든 대승 계율이든 바로 당신더러 하나의 관계, 즉 인과관계인 업력을 이해하라고 요구합니다. 그러기에 부처님은 계율 부분을 재삼 언급하기를, "설사 백겁이 지나더라도 지어진 업은 없어지지 않고, 인연은 때를 만났을 때 과보를 도리어 스스로 받는다[縱使經百劫, 所做業不亡, 因緣會遇時, 果報還自受]." (녹음 중단) 특히 글을 쓰는 사람은 자기가 통쾌하게 남을 꾸짖는 문장을 한 편 썼다고 생각하지만, 통쾌하게 꾸짖으면 그 과보로 당신이 금생 혹은 내생에 집에 앉아 있는데 밖에서 남이 당신에 대한 유언비어를 퍼뜨립니다. 바로 자신이 전생에 남에게 이렇게 했던 것이 올 것입니다. 뜻하지 않은 재난이 당신의 몸에 이를 수 있습니다. 이것이 바로 인과입니다.

그러므로 수행(修行)이란 행위를 수정(修正)하는 것입니다. 그러기에 말하기를, '설사 백겁이 지나더라도 지어진 업은 없어지지 않고, 인연은 때를 만났을 때 과보를 도리어 스스로 받는다.'라고 했습니다. 그래서 계율을 지켜야 합니다. 계율은 무엇일까요? 당신의 행위를 삼가하여 당신의 행위를 바꾸는 것을 계율이라고 부릅니다.

왜 계율을 말할까요? 그래서 저는 항상 여러분 청년 학우들에게 말합니다, "여러분은 계율을 담론하지 마십시오. 당신은 유가의 서적인 사서오경을 잘 배우면 그게 바로 계율입니다. 사람됨의 계율이며 인승도의 사서오경인 인승도의 계율을 잘 행하고 다시 불가의 소승 계율을 보십시오.

소승 계율을 잘 배우십시오. 소승 계율은 배우기 어렵습니다. 불가의 것으로 그것은 인천승의 것입니다. 공맹의 도의 행위는 인승도이며 소승 계율은 천승도의 것입니다.

대승의 계율은 보살도의 것인데 너무나 어렵습니다. 보세요, 대승 보살도에는 얼마나 많은 계율 조목이 있을까요? 조문(條文)이 없습니다. 조목의 글을 말하자면 8만4천 조목의 계율이 있으니 당신이 지켜보시지요. 당신은 어떻게 계율을 지키겠습니까? 보살 대계는 8만4천 조목입니다. 8만4천 조목은 그래도 적습니다. 아직 완전히 말하지는 안했습니다. 왜냐하면 마음이 일어나고 생각이 움직임[起心動念]이 계율이기 때문입니다. 온갖 중생의 한 생각 사이에 8만4천 가지의 번뇌가 있으므로 마음이 일어나고 생각이 움직임이 바로 계율입니다. 그러기에 그것에는 조문이 없어서 더욱 지키기 어렵습니다.

그러므로 심리 행위는 인과응보를 구성합니다. 우리가 어렸을 때 받은 교육의 경우는, 여러분의 이 세대와는 달랐습니다, 어렸을 때 먼저 이런 것을 교육 받았습니다. '선에는 선의 보답이 있고, 악에는 악의 보답이 있다, 보답하지 않음이 아니라, 그 때가 아직 이르지 않아서다[善有善報, 惡有惡報, 不是不報, 日子未到]'

제가 책에서 늘 말하기를 제게는 열두 글자의 진언이 있다고 합니다. "간파할 수는 있지만 참아내지는 못한다. 생각할 수 는 있지만 해내지는 못한다[看得破, 忍不过 ; 想得到, 做不来]"가 그것입니다. 출가자든 재가자든 인생에서 다들 저의 이 열두 글자의 계율을 범했습니다.

몸으로 짓는 세 가지 업은 살생[殺]·도둑질[盜]·사음[婬]입니다. 마음으로 짓는 세 가지 업은 탐욕[貪]·성냄[瞋]·어리석음[癡]입니다. 입으로 짓는 네 가지 업은 거짓말[妄語]·이간질하는 말[兩舌]·악담[惡口]·꾸며대는 말[綺語]입니다. 이 열 가지 수행이 원만해졌다면 계행은 저절로 청정해집니다.

계율을 지키는 것이 누적되고, 거기다 악을 행하지 않고 뭇 선(善)을 받들어 행하는 수복(修福)이 더해질 때, 비로소 진정한 대복보(大福報)인 대지혜를 얻을 수 있습니다. 여러분 젊은이들은 그저 지혜만 구하고 깨닫고 싶어만 하는데, 구할 수 없습니다. 왜냐하면 당신은 복보가 없기 때문입니다. 복덕은 선행을 닦는 데서 옵니다. 당신은 선행을 닦지 않고 복만 소비하고 있습니다. 『금강경』에서 말하는 두 가지 일은 바로 복덕과 지혜입니다. 그러나 『금강경』은 복덕의 중요성을 강조합니다. 대복덕이 있어야 대지혜가 성취됩니다. 당신이 다시 한 번 읽어보시면 이해하게 됩니다. 당신은 날마다 게으름을 피우면서 복을 소비하고 있습니다. 그렇게 해서 어떻게 도를 이룰 수 있겠습니까? 그렇게 편리한 일은 없습니다! 도를 얻음은 다생루겁에 걸친 한량없는 작은 행위로부터 오는 것입니다.

진정으로 착한 일을 한 가지 하면 자기 마음에는 말로 할 수 없는 편안함이 있고 그날은 잠도 특히 잘 자고 유달리 통쾌합니다. 그러므로 이렇게 선행을 쌓아 가면 자성(自性)의 광명에서, 당신은 정좌할 필요가 없고 다리를 틀고 앉아있을 필요도 없이, 지혜가 다 나옵니다. 다리를 틀고 앉아 선정을 닦는 것은 감히 악행을 하지 않는 것일 뿐 여전히 소극적인 선행입니다. 그러므로 보살도는 적극적으로 선행을 하는 것입니다. 당신은 정좌할 필요 없이 마찬가지로 선정에 도달합니다! 뿐만 아니라 아주 빨리 도달합니다.

욕망에는 오욕(五欲)이 있는데, 오욕은 다시 큰 오욕[大五欲]과 작은 오욕[小五欲]으로 나눕니다. 색성향미촉(色聲香味觸)은 큰 오욕입니다. 예컨대, 사람은 아름다운 것을 보기 좋아하고, 귀를 즐겁게 해주는 음악을 듣기 좋아합니다. 좋은 향기를 맡기 좋아하고, 맛있는 음식을 먹기 좋아하며, 물질생활 누리기를 좋아합니다. 작은 다섯 가지의 욕망은 무엇일까요. 작은 오욕은 '소시교포촉(笑視交抱觸)'입니다. 남녀 사이에 서로 웃거나[笑] 보거나[視] 교접하거나[交] 포용하거나[抱] 만지거나[觸] 하는 것입니다. 욕계중의 중생은 모두 암컷과 수컷의 관계로써 비로소 생명이 있게 됩니다. 태양계 이내의 인간을 포함한 축생·아귀·지옥은 모두 욕계(欲界)에 속합니다.

우리는 부처님을 배우면서 하루 24시간 가운데에서 몇 분 동안이나 몇 시간 동안이나 일체의 공덕을 부지런히 닦고 있습니까? 자기 스스로 편안함을 탐하고, 자신의 그 몇 십 근의 고깃덩이 육체를 먹여 살리는 것 이외에는 온갖 공덕을 닦는 일이 결코 없습니다. 이렇게 하는 것이 어떻게 불법의 실천행이겠습니까?

　불법의 상징은 연꽃입니다. 연꽃은 가장 더러운 진흙 수렁 속에서 자라야 꽃이 핍니다. 만약 깨끗한 땅에서라면 오히려 연꽃이 자라날 수 없습니다. 이것이 바로 부처님을 배우는 정신입니다. 고난이 심한 곳에서 수행할수록 그만큼 성취가 더 있을 수 있습니다. 여러분이 이 세상을 도피하고자 하여 자기 혼자만 청정한 곳에 가고자 수행한다면 성공하지 못할 것입니다. 이것이 정통 불법입니다.

23

　진정한 수행은 마지막으로 하나의 길, 즉 행원(行願)으로 통합니다. 무엇이 행원일까요? 바로 자신의 심리와 행위를 바르게 닦아가는 것입니다.

　보현(普賢)보살은 불법 가운데서 행원을 대표합니다. 부처님을 배우기는 쉽지만 행원은 어렵습니다. 도를 깨달은 뒤에는 수행해야 합니다. 수행(修行)이란 자기의 행위를 수정(修正)하는 것입니다. 내면의 마음을 일으키고 생각을 움직이는 심리행위로부터 외면의 행위에 이르기까지 자기의 행위를 수정하는 것입니다. 이른바 자비심을 일으키는 것으로, 실제로 반드시 실천해야 합니다. 날마다 집안의 불당에서 자비를 말하지만, 여러분은 누구에게 자비를 베풀었습니까? 그건 남이 여러분에게 자비를 베푼 것입니다. 보살도를 행하려면 대 원력을 갖춰야 합니다. 코끼리는 보현보살을 상징합니다. 인도의 코끼리는 사막에서의 낙타와 같습니다. 등에는 무거운 짐을 싣고 사람을 대신해서 힘들고 수고로운 일을 합니다. 보살도를 행하는 것은 중생을 위하여 그들의 고난을 대신 짊어지는 것입니다. 자비행원은 고통스러운 것입니다. 좋은 일을 하겠다고 발심하면 먼저 욕먹을 준비를 해야 합니다. 좋은 일을 다 하고 나면 남들이 당신을 비방합니다. 당신이 명예와 이익을 위해 일했다고 말합니다. 이런 말을 듣고서도 당신은 마음속으로 얼음과자를 먹은 것처럼 편안히 해야 합니다. 남이야 어떻게 오해를 하든지 상관하지 말아야 합니다. 우리는 늘 남의 수고를 떠맡기는 쉽지만, 남의 원망은 떠맡기는 어렵다고 말합니다. 보살도를 행하려면 수고를 떠맡고 원망을 떠맡아야 합니다.

진정으로 부처님을 배우고 도를 닦는 사람은 몇 되지 않습니다. 대부분 놀이 삼아 하는 정도입니다. 그렇지 않다면 부처님을 배우는 사람들 가운데 인과응보를 믿지 않고 만족할 줄 모르고 탐욕부리고 이익 때문에 의(義)를 잊어버리는 사람이 왜 그렇게도 많겠습니까?

우리가 한 행위는 그것이 물리세계 영역이든 정신세계 영역이든, 했던 일체의 일은 모두 기록됩니다.

24

'계(界)'는 불학명사로서 모두 18계가 있습니다. 안이비설신의

(眼耳鼻舌身意)는 생리적인 각종 기능의 6근(六根)이며 색성향미촉법(色聲香味觸法)은 외부와 생리기능이 서로 마주하는 6진(六塵)입니다. 6근과 6진의 중간에 한계가 있을까요? 없습니다. 눈이 시계를 본다면 곧바로 보입니다. 눈과 시계 사이에는 정말로 한계가 없을까요? 절대 있습니다. 중문으로 말하면 '간불용발(間不容髮)'입니다. 머리털 하나처럼 그렇게 미세한 거리라고까지라도 말할 수 없습니다. 물리를 연구한 사람은 아는데, 이 중간에는 한계가 있습니다. 그러므로 불법에서 18계로 정한 것은 우연이 아닙니다. 이론상의 차이를 위한 것이 아닙니다. 실재적이며 과학적인 차별이 있습니다. 그러므로 6근 6진에 중간의 한계를 더하여 모두 18계입니다. 이 한계 가운데에는 또 한 가지 비밀이 있는데, 불법에서는 왜 18층 지옥이 있을까요? 이것은 수리철학의 범위에 속하며 『역경(易經)』의 숫자와도 관련이 있습니다. 불법에서 말하는 각종의 명사 숫자인 7각지나 8정도 등의 숫자들은 모두 멋대로 정한 것이 아닙니다. 그 가운데는 최고의 깊은 가장 심원한 도리가 있습니다. 이 때문에 수리철학을 배운 사람이 불법을 배운다면 아주 쉽습니다.

지옥과 아귀는 있을까요, 없을까요? 있습니다. 절대적으로 있습니다. 뿐만 아니라 인간세계에 있는 지옥은 보이지 않는 지옥보다도 훨씬 더 분명합니다. 인간세계에는 지옥이 많습니다. 모두들 지옥에서 지내는 게 습관이 되어 낙원으로 여기고 있으니까요! 그러나 부처님은 '삼계유심조(三界唯心造)'라고 말씀하셨습니다. 지옥도 오직 마음이 지은 것이니 만약 마음을 깨달으면 지옥도 공(空)해집니다. 마음을 깨닫지 못하면 지옥은 절대적으로 있습니다. 탐욕·성냄·어리석음은 사람의 심리상의 나쁜 근성입니다. 불학에서는 이를 3독(三毒)이라고 부릅니다. 탐심이 원인을 일으켜서 당하는 악한 과보는 수재(水災)와 흉년[饑荒]이며 6도(六道)중에서의 아귀도입니다. 성내는 마음의 과보는 화재와 전쟁이며 지옥도입니다. 어리석은 마음의 과보는 풍재(風災)와 돌림병[瘟疫]이며 축생도입니다. 사람이 세상에 살면서 좋지 않은 일 당하는 과보는, 많은 생에 걸쳐 누적되어온 3독인 탐욕·성냄·어리석음이 초래한 것입니다. 우리 스스로에게는 지옥종성(地獄種性)이 있습니다. 왜냐하면 성내는 마음이 크기 때문입니다. 우리 스스로에게는 축생 종성이 있습니다. 왜냐하면 어리석은 마음이 크기 때문입니다. 우리 스스로에게는 아귀 종성이 있습니다. 왜냐하면 탐욕심이 크기 때문입니다.

불교경전 속에서 말하는 3계는 모두 28층의 천(天)이 있습니다. 저층인 욕계에서부터 색계·무색계에 도달합니다. 태양계의 안과 밖, 위와 아래가 욕계입니다. 일체의 욕계중생은 양성 음욕의 생각이 있기 때문에 생명이 있습니다. 사람은 욕계 속에서 있으며 착한 일을 하거나 수행을 하여 천상에 오르더라도 여전히 욕계천 범위 안에 있습니다. 그곳에도 역시 색성향미촉(色聲香味觸)의 오욕이 있을 겁니다. 마찬가지로 색욕과 식욕이 있으며 수명은 인간세상보다 길고 복보는 큽니다. 생존환경도 우리보다 좋습니다. 우리가 절에서 보는 사대천왕은 욕계천의 호법천신입니다. 욕계천에는 33천이 있는데 그 중의 천주는 석제환인이라고 합니다. 중국인이 말하는 옥황대제입니다. 욕계천의 위는 색계천인데 이미 과학적으로 볼 수 있는 천체가 아닙니다. 가장 높은 천상계는 유정천(有頂天)인데 그곳에서 돌덩이를 하나 떨어뜨리면 65,535년이 지나야 지구에 도달합니다. 유정천의 천주는 대자재천인데 흰옷을 입고 있고 눈이 세 개로서 대보살이 화생한 것입니다. 삼천대천세계의 주(主)가 됩니다. 석가모니부처님이 교화하는 대범천 천주(天主)는 이름이 시기(尸棄)입니다. 다른 이름으로 번역된 것도 있습니다. 색계천에는 많은 범천왕이 있습니다. 그러므로 경문에 1만 범천왕이라고 합니다. 만약에 일생동안에 욕망을 억제하고 계율을 수지하면서 수행했으나 깨닫지 못한다면 그 과보는 욕계천에 왕생하는데 지나지 않습니다. 하물며 욕계천의 물질적 환경의 욕망은 더욱 크니 천인으로 태어나서 다시 계율을 파괴하면 더욱 엄중해 질것은 말할 나위가 없습니다. 천인경계는 잘 연구해야 합니다. 현실을 모르고 이상만 높아서는 안 됩니다. 툭하면 『금강경』을 이야기하고 성공연기(性空緣起)를 말하는데, 사실 불법은 3세인과 위에 건립됩니다. 조금 닦으면 왕생할 거라고 생각하는데 사실은 여전히 욕계천에 떨어집니다. 사람 몸으로 다시 올지도 모릅니다. 부처님 재세 시에 96종의 외도(外道)가 있었습니다. 오늘날 세계에는 1~2백 개의 종교가 있는데 모두 수도를 말합니다만, 기껏해야 색계천의 불환과(不還果)에 도달해서 이 욕계에 다시 돌아오지 않을지 모릅니다. 이 정도 되기도 이미 어렵습니다. 만약 그렇지 않으면 수행이 다른 천인경계에 이르더라도 여전히 생사윤회 속에 있습니다.

소승 수행자의 노선에 두 가지 노선이 있습니다. 그 하나의 노선은 세간을 싫어하여 외부 사물을 떠나야 마치 내심의 청정을 증득할 수 있다는 것인데, 사실은 의식 놀음을 하고 있는 것입니다. 그렇지 않습니까?

두 번째 노선은 외물 즉 외부 세계와 정신의 마음 이 두 개의 세계로 나눕니다. 마치 서양철학에서 플라톤의 분류법인 이데아인 정신세계와 물리세계 이 두 개 세계로 나누는 것이나 다름없습니다. 실제로는 틀린 겁니다! 다시 말해 전체 삼천대천세계, 마음과 물질 이 두 방면은 모두 제8아뢰야식의 현량입니다. 바로 오늘날 말하는 심물일원으로 일체(一體)에 해당합니다.

25

당신이 깨달음을 증득하지 않고서 "불법은 닦을 필요가 없다"느니, 깨달음을 얻지 못했으면서도 얻었다고 말하면, 거짓말하지 말라는 망어계(妄語戒)를 범하는 것입니다. 그것은 무간지옥의 죄이며, 밀종에서 보면 금강지옥의 죄가 됩니다.

사람들마다 걸핏하면 깨달음에 대해 말하는데, 소위 깨달음이란 궁극적으로 어떤 것일까요? 그 기준은 무엇일까요? 가장 평이하고 실제적인 설명으로는 바로 영명연수(永明延壽) 선사가 『종경록』에서 언급한 내용으로, 선종의 견지, 수증, 행원이 포함되어 있습니다.

『종경록』은 진정한 깨달음이란 어떤 것인지를 말해줍니다. 책에서는 열 가지 물음을 제기하는데, 도를 깨달은 사람은 경전에 통달하지 않는 자가 없어서, 모든 불경의 교리를 바라보자마자 알 수 있다고 합니다. 마치 소설을 보듯이 보자마자 이해하니 깊게 연구할 필요가 없다는 겁니다.

영명연수 선사의 『종경록』 제1권에는 이렇게 말합니다.

"자기 식 견해에 굳게 집착하고, 부처님의 말씀을 믿지 않고, 자기를 가로막는 마음을 일으키고, 다른 배움의 길을 끊어버리는 사람들이 있으므로, 그들을 위하여 이제 열 가지 물음으로 기준원칙[紀綱]을 정한다."

첫째, 자기의 본성을 또렷이 볼 수 있음이 마치 대낮에 색깔을 보듯 명백하고 그 경지가 문수보살 등과 같은가?

둘째, 연(緣)을 만나고 경계를 대함이나, 색상을 보고 소리를 들음이나, 발을 들어 올리고 발을 내림이나, 눈을 뜨고 눈을 감음이나 모두 밝은 종지를 얻어서 도와 상응하는가?

셋째, 세존이 한 생에 걸쳐 설한 모든 가르침[一代時敎]과, 위로부터 내려오는 조사의 언구(言句)를 열람하고, 그 심오함을 듣고서도 두려워하지 않으며, 모두 철저히 이해하여 의심이 없을 수 있는가?

넷째, 온갖 질문과 갖가지 힐난에도 네 가지 변재(辯才)를 갖추어 그들의 의심을 모두 해결할 수 있는가?

다섯째, 언제 어느 곳에서도 지혜의 비춤이 걸림 없어서, 생각생각마다 원만히 통하고, 한 법도 능히 그 장애가 되는 걸 보지 않으며, 한 찰나 동안이라도 끊어지지 않을 수 있는가?

여섯째, 일체의 역(逆) 경계와 순(順) 경계, 좋은 경계와 나쁜 경계가 현전할 때, 방해받아 틈이 생기지 않고 다 꿰뚫어 볼 수 있는가?

일곱째, 『백법명문론(百法明門論)』에서 말하는 심리 경계들에 대해서, 하나하나 그 미세한 체성(體性)과 그 근원이 일어나는 곳을 살펴보고, 생사와 6근 6진[根塵]에 미혹되지 않을 수 있는가?

여덟째, 걷고 머물고 앉고 눕는 네 가지 위의(威儀) 중에 가르침을 받들거나 응답하거나, 옷을 입거나 밥을 먹거나 동작을 취하는 등 모든 활동 가운데에서 하나하나 진실을 변별할 수 있는가?

아홉째, 부처가 있다고 하든 없다고 하든, 중생이 있다고 하든 없다고 하든, 칭찬을 하든 비방을 하든, 옳다고 하든 그르다고 하든, 이런 말을 듣고서도 한결같은 마음이면서 흔들리지 않을 수 있는가?

열째, 온갖 차별의 지혜를 들어도 다 밝게 통달할 수 있고, 본성과 현상을 모두 통달하며 이론[理]과 사실[事]에도 걸림이 없어서 한 법이라도 그 근원을 변별하지 못함이 없고, 나아가 천 명의 성인이 세간에 나오더라도 의심이 없을 수 있는가?'

어떤 사람이 진정으로 깨달음에 이르렀는지의 여부는, 위의 열가지 물음을 그 판단기준으로 삼을 수 있습니다.

첫 번째 질문 : 명심견성의 경계입니다. 언제 어느 곳에서라도 일체의 사물에 대해 또렷이 아는 것이, 마치 대낮에 그림의 색깔을 보는 것과 같아서 문수보살 등의 경계와 같아야 하는데, 당신은 그렇게 할 수 있습니까?

두 번째 질문 : '연을 만나고 경계를 대한다.' 는 말은 그 포괄 범위가 아주 넓습니다. 당신이 사람을 만나거나 어떤 일에 직면했거나, 혹은 다른 사람이 면전에서 당신을 방해하거나, 색상을 보거나 소리를 듣더라도 마음이 움직이지 않을 수 있고, 일상생활에서 뿐만 아니라 심지어 밤에 잠을 자면서도 도와 합치할 수 있어야 하는데, 당신은 그렇게 할 수 있습니까?

세 번째 질문 : 『법화경』이든 『능엄경』이든 불교의 경전을 보기만 하면 모두 알 수 있고, 가장 고명한 설법을 들어도 두려워하지 않으면서, 철저하게 훤히 꿰뚫어 이해할 수 있고 의심이 없어야 하는데, 당신은 그렇게 할 수 있습니까?

네 번째 질문 : 모든 학자들이 갖가지 학문을 들고 나와 당신에게 질문을 하더라도, 당신은 막힘없는 변재로 해답해줄 수 있습니까?

나머지 여섯 가지 질문은 여러분 자신이 한번 연구해 보기 바랍니다. 마지막 단락은 이렇습니다.

"만약 정말로 이렇게 할 수 없다면, 절대 분수에 지나고 속이는 마음을 일으키지 말아야 하며, 자부하고 만족하는 뜻을 내지 말아야 한다. 반드시 지극한 가르침을 두루 연구하고, 선지식들에게 널리 묻고, 부처와 조사의 자성(自性)의 근원을 궁구하여, '배움이 끊어지고 의심이 없는[絶學無疑]' 경지에 도달해야 한다. 그때 비로소 배움을 쉬고 방황하는 마음을 쉴 수 있다. 그 때는 자신을 다룸에는 선관(禪觀)으로 상응하고, 남을 위함에는 방편을 열어 보일 수 있다. 법계에 두루 나아가지 못하고 뭇 경전을 폭넓게 연구할 수 없다면, 오직 『종경록』의 내용만 자세히 살펴보아도 자연히 들어갈 수 있다. 『종경록』은 바로 모든 법의 요체이자 도에 들어가는 문이다. 마치 어머니를 지켜서 자식을 알아보고 근본을 얻어서 지말(枝末)을 아는 것과 같으며, 그물의 벼릿줄을 끌어당김에 그물코마다 다 바르고 옷을 끌어당김에 올올이 모두 따라오는 것과 같다."

만약 이 열 가지 물음에 대해서 조금이라도 그 수준에 이르지 못했다면, 자기를 속이지 말고 남을 속이지 말아야 합니다. 스스로 옳다고도 생각해서는 안 됩니다. 어떤 의문이 있다면 도처의 선지식에게 가서 가르침을 청하여, 반드시 모든 부처와 조사들의 경계에 도달해야 합니다. 조사들이 깨달은 바를 당신도 다 성취했다면, 비로소 배움이 끊어지고 의문이 없는 경지에 도달할 수 있어서 더 이상 배우지 않아도 좋습니다. "회식유심(灰息游心)"은 망상심이 모두 쉬어버린 겁니다. "자신을 다룸에는 선관(禪觀)으로 상응하고, 남을 위함에는 방편을 열어 보일 수 있다"는 말은, 대철대오한 뒤에 소승의 길을 걸어가면 다시 4선8정을 닦아 과위를 증득하고, 6신통을 구족하고, 3신(三身)을 갖추고, 신통의 묘용을 일체 구족한다는 겁니다. 또 대승의 길을 걸어가면 남을 위해 자신을 희생하는 수지(修持)로써 세속으로 나와 불법을 널리 전파하기 위하여 세상으로 나설 수 있다는 겁니다.

"법계에 두루 나아가지 못하고 뭇 경전을 폭넓게 연구할 수 없다면", 만약 3장12부의 대장경이 너무 많아서 볼 수 없다면, "오직 이 『종경록』의 내용만 자세히 살펴보아도 자연히 들어갈 수 있다. 이 『종경록』은 바로 모든 법의 요체이자 도에 들어가는 문이다.", 영명연수 선사는 자신이 편집한『종경록』을 참고하기를 권하는데, 그 이유는 모든 경전의 정수를 집약하여 이 책에 담았기 때문이란 겁니다. "마치 어머니를 지켜서 자식을 알아보고 근본을 얻어서 지말을 아는 것과 같으며, 그물의 벼릿줄을 끌어당김에 그물코마다 다 바르고 옷을 끌어당김에 올올이 모두 따라오는 것과 같다.", 이 구절이 얼마나 아름답습니까? 이 구절은 영명연수 선사가 이 책의 중요성을 말한 것입니다.

당신은 자신이 깨달았는지 않았는지를 알고 싶지 않습니까? 아주 간단하게 한번 시험해 볼 수 있습니다.

당신의 색신은 전환 변화했습니까? 형상과 습기는 고쳤습니까? 계·정·혜·해탈·해탈지견은 성취했습니까? 부처님의 10력·4무소외를 모두 갖추었습니까? 18불공법을 압니까 모릅니까? 자비심을 어느 정도까지 일으켰습니까? 위의는 무슨 경계에 도달했습니까?

자신의 수명을 틀어쥘 수 있습니까 없습니까? 설법은 변재(辯才)가 무애하여 법에 자재할 수 있습니까? 중생의 청정한 불국토를 성취할 수 있습니까?

이 모두가 자기에 대한 테스트입니다. 당신이 아직 성불하지 못했다고 한다면 부처님이 성취한 억만 분의 일을 가지고서 자기의 수행을 시험해 보는 것도 하나의 좋은 척도입니다. 이렇게 보면 자기는 교만하고 미치지 않을 것이며 자기는 아직 멀었다는 것도 알게 될 것입니다.

예컨대 선종은 대철대오(大徹大悟) 성불을 말하는데, 성불했을까요? 이루었습니다. 단지 대부분 이룬 것은 법신의 부처로서 명심(明心)하여 자성을 본 것일 뿐입니다. 법신이 작용을 일으키는 것을 성취했을까요? 아직 못했습니다. 왜냐하면 색신이 전환 변화되지 않았기 때문입니다. 도를 깨달으면 이 부모가 낳아준 육신을 전환 변화시켜서 비로자나불이 대표하는 색신으로 이루어야 합니다. 그것은 광명입니다. 전해오는 바에 의하면 천여 년 동안 내내 색신을 성취한 사람은 없습니다. 육신이 죽은 뒤에 썩지 않더라도 색신 성취로 여길 수 없습니다. 여전히 법신 성취의 하나의 부대적인 작용입니다. 색신 성취의 수행자는 살았을 때 자연히 6통이 있으며 떠나가려 할 때에 그를 태울 필요가 없습니다. 그가 한 줄기 빛으로 변화하여 떠나버립니다. 도가의 두 마디 말을 빌려서 말하자면 최후에 이르면 '흩어져서는 기(氣)가 되고, 모아져서는 형체를 이룬다[散而爲氣, 聚而成形]'입니다. 색신성취도 자연히 탈태환골(脫胎換骨)할 수 있습니다.

진정으로 도를 깨달은 성취는 3신(三身)의 성취입니다. 그래야 대철대오입니다. 법신은 자성의 체(體)요, 보신은 자성의 상(相)이요, 화신은 자성의 용(用)입니다. 천고이래로 보신 성취까지 닦을 수 있었던 사람은 적고 또 적었습니다.

불학은 도를 얻음에 대하여 근본지(根本智)라고 말합니다. 명심 견성하여 얻은 어린애 같은 순수한 마음이 바로 근본지입니다. 그러나 도를 얻은 뒤는 하나를 통하면 온갖 것을 통하는 것을 의미하지는 않습니다. 다시 말해 정좌하여 도를 깨닫기 만하면 무엇이든

지 다 안다는 것이 아닙니다. 전기공사 과정도 알거나 원자탄 제조 과정도 안다 든지 하여 모든 것을 마치 소금에 절인 오리 알을 만들어 내듯이 만들어 낸다는 것을 말하지 않습니다. 사실은 결코 그렇지 않습니다.

이러한 인간세상의 각 분야 부류를 아는 것을 차별지(差別智)라고 합니다. 하지만 근본지를 얻고 나면 차별지를 배울 때 더 빨리 배워할 줄 알아서 하나를 들으면 천 가지를 깨달을 수 있다고 말할 수 있습니다. 똑 같은 일에 대하여 보통사람은 1백 마디라야 이해할 수 있지만 근본지를 얻은 사람은 한 마디만 들어도 전체를 이해합니다. 만약 한 마디조차도 듣지 않고 이해한다면 그건 불가능합니다. 그러나 종교계에는 왕왕 이런 잘못된 관념이 발생하고 있습니다. 특히 부처님을 배우고 도를 배우는 사람은 그런 환상을 가지고 있습니다. 정좌하여 도를 깨달으면 우주 안의 어떤 일도 다 알 수 있는 것으로 말입니다. 사실 모든 것은 여전히 배워야 합니다. 맹자가 말한 '박학이상설지(博學而詳說之)', 널리 배워 그것을 자세히 말한다는 것은 바로 차별지를 가리켜 한 말입니다.

26

성불하고자 하면 발원을 해야 합니다. 뿐만 아니라 이타적인 발원을 해야 합니다. 그렇지 않으면 성취할 수 없습니다. 절대 기억하시기 바랍니다.

불경 3장12부(三藏十二部) 모두는 우리들에게 행원을 일러주고 행원을 말하고 있습니다. 37보리도품 · 6바라밀만행 이런 곳들에 부처님을 배우는 기본이 있습니다. 3세인과와 6도윤회를 이해하고 심리행위로부터 자기를 고쳐 나아가면 점점 공부와 견지가 자연히 진보할 것입니다. 이것은 설교가 아니라 저의 몸소 경험입니다. 여기서부터 공부하지 않으면 문제를 해결할 수 없으며 과위를 증득할 수 없습니다. 심리행위인 탐욕·성냄·어리석음·교만·의심을 고치는 것이 정좌나 수증(修證)보다도 훨씬 중요합니다. 그리고 심리행위를 하루 바르게 고치면 당신의 정력(定力)과 정좌는 그에 따라 하루 진보합니다.

일상생활 활동에서 언제 어디서나 자기의 심념에 대해 또렷이 알아야 합니다. 심지어 자기의 꿈에 대해서도 또렷이 알아야 합니다. 다시 한 걸음 더 나아가 꿈속에서도 자기 뜻대로 할 수 있어야 합니다. 산을 하나 변화시켜 내어 놓고 싶다면 곧 산을 하나 변화시켜 낼 수 있어야 합니다. 그런 정도라면 수행이 비로소 약간의 성취가 있다고 할 수 있으며 죽어도 흐리멍덩하지 않고 업력에 끌려가지 않을 것이며 서방극락에게 왕생하고 싶다면 생각을 움직이자마자 갑니다.

남이 욕하고 모욕을 주고 못살게 구는 것은, 당신의 죄업을 일찍감치 소멸시키고, 일찍감치 청정하게 하고, 일찍감치 도(道)를 이루도록 도와주는 것이니, 마땅히 그에게 감사해야 합니다.

부처님은 우리들에게 말씀하시기를, 참회하려면 미움·사랑·질투·아첨·왜곡의 심리들을 제거해야 한다고 합니다. 내심을 깨끗이 하는 것이야 말로 참회입니다. 불당에 달려가 한바탕 우는 것이 참회가 아닙니다. 우는 것은 정서적인 발작으로서 울고 나면 기분이 가라앉습니다. 그것은 울어서 피곤하게 된 결과 다른 일이 생각나지 않기 때문입니다. 부처님 앞이나 하느님 앞에서 꿇어앉아 한

바탕 울고 참회하고 나면 편안하다거나 하느님의 영감을 얻었다거나 보살의 가피를 받았다고 생각하지 말기 바랍니다. 그것은 피곤함 때문입니다. 불보살의 감응이 아닙니다. 믿지 못하겠거든 보세요, 몇 시간 지난 뒤에 밥 배불리 먹고 체력이 넉넉해지면 성깔이 다시 나타납니다! 주의해야 합니다! 무엇이 진정한 참회인지 분명히 알아야 합니다.

참회란 이전에 지었던 잘못을 영원히 다시 범하지 않고 앞으로는 악한 행위는 하지 않고 선한 행위만 하는 것입니다.

원력이 견고할수록 불보살님의 가피를 쉽게 받습니다. 많은 사람들이 불보살님이나 혹은 어느 상사(上師) 앞에서 절을 하면서 "보살님! 저를 가피해 주십시오!"라고 합니다. 마치 절만 하면 무슨 일이든지 상관하지 않아도 보살님이 도와줄 것처럼 말입니다. 이것이 무슨 심리일까요? 의뢰심(依賴心)입니다. 그래서 저는 늘 젊은이에게 말하기를, "너는 부처님을 배우러 오지 말라. 먼저 가서 사람됨부터 배워라."고 합니다. 사람노릇 조차도 제대로 못하면서 어떻게 부처님을 배울 수 있겠습니까? 그렇지 않습니까? 예컨대 가피를 구하고 가피[加持]를 구하는 이러한 의뢰심으로 어떻게 부처님을 배울 수 있겠습니까? 가피라는 것은 당신 자신이 먼저 건전해지고 그 다음에 비호(庇護)를 더해서 서로 감응하는 것입니다. 자신이 노력하지 않고 자신이 열심히 공부하지 않으면 불보살이 가피해주고 싶어도 가피해 줄 수 없는 것입니다.

여러분 맹목적으로 미신하여 부처님 보살 혹은 신이나 하느님에게 구하면 보우(保佑)해준다고 생각하지 말기 바랍니다. 자기가 잘못해놓고는 절에 가서 향을 피우거나 교회에 가서 예배하면 참회

속죄할 수 있다고 생각한다면, 그건 웃기는 얘기입니다. 불가능합니다. 생각해보세요, 향 한 갑을 사는 데 돈 몇 푼 들고, 거기다 바나나 몇 개 사 보았자 모두 한 2만원에 불과하겠지요? 불보살님이나 하느님 앞에 꿇어앉아 한참 기도하고는 주식으로 큰 돈 벌고 싶어 하고, 집안사람들도 평안하기를 바랍니다. 내 남편 자식들도 잘 되도록 보우해달라고 합니다. 뭐든지 다 잘 되게 보우해달라고 합니다. 절 다하고 나서는 또 그 바나나를 애들에게 줄려고 집으로 가지고 갑니다. 설마 불보살이나 하느님이 탐오귀(貪汚鬼)일까요? 뿐만 아니라 탐오도 그렇게 옹졸하게 해서, 절하면 도와주고 참회를 받아주고, 절하지 않으면 거들떠보지도 않을까요? 이런 자를 무슨 보살이나 하느님이라고 부르겠습니까? 보통사람만도 못합니다. 그러므로 그런 도리가 아니라고 말하는 겁니다! 방금 말했듯이 부처님은 당신에게 3세인과와 6도윤회를 말씀하셨습니다. 모든 것은 자기가 많은 복을 구하는 겁니다. '주재자가 없고, 자연이 아니기 [無主宰, 非自然]' 때문입니다.

여러분들이 가르침에 따라 수행하고 열심히 노력하면서 공부하면 자연히 불보살의 가피를 얻을 것입니다. 당신이 진정으로 원력이 있으면 자연히 불보살의 가피를 얻을 수 있습니다. 기독교의 성경에는 문둥병에 걸린 사람들이 예수를 보고 재빨리 예수에게 자신들을 구해달라고 기구하는 얘기가 나옵니다. 이 병자들은 예수의 옷자락을 만지자 병이 곧바로 나았습니다. 그래서 무릎을 꿇고 예수에게 감사했습니다. 예수가 말했습니다. "나에게 감사하지 마십시오. 당신 자신에게 감사하십시오." 맞습니다! 왜 자기에게 감사해야 할까요. 믿으면 구원을 얻기 때문입니다. 예수가 한 이 말은 고명(高明)합니다. 조금도 잘못이 없습니다.

자재한 신통은 닦아서 나오는 것이요 중생이 본래 갖추고 있는 것입니다. 그러나 명심견성한 뒤에야 일으킬 수 있습니다. 바꾸어 말하면 자재한 신통의 경계를 얻지 못하면 진정한 오도(悟道)라고 할 수 없습니다. 일반적으로 생각하기를 신통은 육안이 볼 수 없는 것을 볼 줄 아는 것으로 여기거나 혹은 귀가 들을 수 없는 것을 들을 수 있는 것으로 여기는데, 그러나 이러한 현상은 모두 정신 병태이지 신통이 아닙니다. 분명히 가려야 합니다.

27

왜 그려놓은 부처나 새겨놓은 보살에게 절을 할까요? 그것은 부처의 모습을 통해 자신의 공경심을 끌어내기 위함입니다. 절을 하는 것은 그림이나 조각에게 하는 것이 아니라 자신에게 하는 것입니다. 어떤 종교든 최고의 이치는 마찬가지입니다.

여러분이 부처님께 절을 할 때, 마음으로 공경하지 않고 정성스럽지 않으면서 그저 운동으로 여긴다면 설사 일만 번을 절을 해도 소용이 없습니다. 합장을 하고 부처님을 지극히 공경스럽게 대하면 당신의 마음은 겸손하고 침착해지면서 이익을 얻는 것은 당신 자신입니다. 절대 주의해야 합니다. 이치는 바로 지성과 공경입니다.

종교를 신앙하는 많은 사람들이 그들의 교주에 대해서는, 부처님이든 하느님이든 공경 공양하는 마음이 대단하지만, 자기 부모에 대해서는 원수같이 대합니다. 여러분은 일체중생에게 공양해야 합니다. 하물며 부모에게는 말할 필요가 있겠습니까! 자기 눈앞의 가족들조차 제도하지 못하는 사람들이 무슨 일체중생을 제도하겠다고 말하겠습니까? 그야말로 범죄입니다.

많은 사람들이 위로 부처님께만 공양할 줄 알지 사회의 빈궁한 사람들에 대해서는 거들떠보기조차 하지 않는 일이 종종 있는데, 이것은 처음부터 불법이 아닙니다. 당신이 이 세상에서 가장 가난한 사람이나 곤란에 처한 사람에게 공양하거나 보시를 하는 것은 한 부처님께 공양하는 것보다 낫다는 것을 기억하십시오.

28

일반적으로 유식을 배우거나 밀종을 배운 사람들이 제6의식은 뇌에 있고 제7식과 제8식은 독맥에 있으며 배척골 신경 속에 있다고 말하는 데 대해 저는 웃습니다. 저는 말합니다. "당신은 무슨 불학을 연구하는 것입니까! 당신은 현장법사의 『성유식론(成唯識論)』을 읽어보세요. 미륵보살의 『유가사지론』도 있는데, 제6의식은 몸에 있지 않다고 분명히 말하고 있습니다. 뇌의 감각은 전5식(前五識)의 신식(身識)에 속합니다. 바꾸어 말하면 우리 보통사람들이 일어나서 두 팔을 펴 벌려서 동그라미 하나를 그리면 그 안에 제6의식이 다 있습니다. 그러므로 당신이 여기 앉아있을 때 어떤 사람이 걸어오면 당신도 감각이 있습니다. 제6의식은 몸에 있지 않습니다. 그러나 그것은 일체에 들어갑니다. 당신의 몸속으로 뚫고 들어오고 당신의 뇌 속으로 뚫고 들어옵니다.

저는 지금 말하고 있고 여러분은 다들 듣고 있습니다. 저가 말을 하고 있고 여러분은 듣고 있다고 알고 있는, 그 어떤 것이 하나 있지요? 이것이 '지성(知性)'인데 움직이지 않습니다. 그것은 모두에게 있습니다. 예를 들어 우리가 화를 내어 이 바보 같은 놈이라고 욕을 한다고 합시다. 당신이 한편으로 남을 꾸짖을 때에, 자신이 남을 꾸짖으며 화를 내고 있다는 것을 '아는 것'이 하나 있습니까 없습니까? 있습니다! 이 '지성'은 움직인 적이 없습니다. 그것은 화를 낸 적이 없습니다. 하지만 당신은 화를 내고 있다는 것을 압니다!

불가의 모든 수양방법은 모두 '선호념(善護念)' 이라는 세 글자에 지나지 않습니다. 심지어 유가나 도가, 기타 어느 종교든 인류의 모든 수양방법도 마찬가지입니다. 자기 마음의 생각을 잘 보호하고 살펴보는 것입니다. 마음이 일어나고 생각이 움직일 때, 어떤 경우라도 자신의 생각을 잘 살펴보고 보호하는 것입니다.

사실 여러분들이 부처님을 배워 도를 성취하는 일은 지극히 간단합니다. 제가 당신에게 한 가지 비결을 전해드리겠습니다. 틀림없이 쓸모가 있는데 배우겠습니까? 여러분에게 전해주려니 정말 아까운데 바로 '우직함'을 배우는 것입니다! 아주 성실하여서 믿는다고 말했으면 곧 믿는 것입니다. 대장부이니까요! 그러므로 『화엄경』은 우리들에게 일러주기를, "믿음은 도의 근원이요 공덕의 어머니이다."라고 합니다. 제불보살의 모든 법문은 믿을 신(信) 한 글자로 들어갈 수 있습니다. 당신이 믿자마자 들어갑니다.

그 이치를 철저하게 이해하지 못한 일에 대하여 모두 믿는 것이 넓은 의미의 미신입니다. 종교적인 것이든 입세간의 학문이든 당신이 철저하게 이해하지 못하면서 믿는다면 바로 미신입니다. 좁은 의미의 미신은 어떤 신(神)이나 주재자에 대하여 맹목적으로 숭배하는 것입니다.

만약 자기가 경전에서 말하는 경지까지 수증하지 못했다면 여전히 미신이라고 할 수 있으며 바른 믿음이 아닙니다.……증득할 수 있어서 더러움이 없는 청정한 경지에 도달할 수 있는 것은 분별심으로써 사유하고 연구하여 얻을 수 있는 것이 아닙니다. 분별심으로 사유 연구함은 하나의 방편일 뿐 진정한 불법이 아닙니다. 그러므로 우리는 불법을 학문으로 삼아 연구해서는 안 됩니다. 공을 예로 들면 진정으로 공을 증득하여 실제 증거가 있어야 비로소 바른 믿음입니다. 이 정도로도 부족하고 또 깊이 믿어야 합니다. 선종 조사들은 말하기를 크게 깨달은 것은 36회요 작게 깨달은 것은 무수한 횟수인 경지를 요구한다고 했습니다. 설사 깊은 믿음이 10신(十信)·10주(十住)·10행(十行)·10회향(十回向)에 도달하였더라도 여전히 견고하지 못하여 수행자가 퇴전할 수 있습니다. 왜냐하면 견지가 차이가 나고 공덕이 원만하지 않으면 퇴전을 초래할 수 있기 때문입니다. 8지 보살 이상에 도달하여야 퇴전하지 않아서 비로소 깊은 믿음이 마치 금강처럼 견고하다고 말할 수 있습니다.

증득(證得)이란 온 몸과 마음을 던져서 몸과 마음을 철저하게 비워버림에 도달한 것입니다.

점수가 없으면 돈오가 어디서 오겠습니까? 돈오했더라도 점수해야 합니다. 그러므로 망상하지 말고 돈오를 함부로 말하지 말기 바랍니다. 그렇게 간단하겠습니까? 부처님마다 보살님마다 조사님마다 대선사님마다 모두 고생해서 성취하신 것입니다.

29

부처님께서 말씀하셨습니다. "대단히 높은 선정의 힘과 지혜가 있는 대보살·대아라한이라야 환생하더라도 미혹하지 않는다." 불경에서는 일반의 대아라한이나 대보살에게는 격음지미(隔陰之迷)가 있다고 했습니다. 여자의 태속에 들어가거나 태속에서 머무르거나 태속에서 나오거나 온통 미혹해 버립니다. 전생의 일을 다 잊어버립니다. 제8지(地)에 이른 보살은 태속에서 머무르거나 나올 때 그래도 약간의 자신이 있습니다. 10지(地) 이상의 보살이라야 태속에서 나올 때 미혹하지 않습니다.

좌탈입망(坐脫立亡) 했다고 반드시 도를 얻은 것은 아닙니다. 좌탈입망은 선정을 닦은 공부입니다. 어떤 사람들은 여전히 음(陰) 경계 속에 있는 것이므로 수행 중에 특히 주의하기 바랍니다.! 그러기에 역대로 정토염불을 제창했던 조사들은 여러분들에게 정토염불을 닦는 것이 제일 좋다고 일러줍니다. 염불이 좋은데, 그 원인이 어디에 있을까요? 당신은 선정과 지혜를 고려하지 말고 다만 생각 생각마다 부처님에게 있으면 선정이 그 가운데 있으며 지혜도 그 가운데 있기 때문입니다. 이것은 후세에게 주는 대단히 방편적인 하나의 법문입니다. 왜냐하면 후세 사람들은 반야지혜가 부족하여 혜관(慧觀)을 일으킬 수 없기 때문입니다.

천고이래로 보신 성취까지 닦을 수 있었던 사람은 적고 또 적었습니다. 선종 조사 중에 여러 사람이 보신성취까지 닦았습니다. 예컨대 임제(臨濟)선사는 30여 세에 대화상 노릇을 했습니다. 그가 나이가 너무 젊어서 명성과 덕망이 부족할까 걱정되었기 때문에 이미 도를 깨달은 그의 두 분의 사형인 극부(克符)와 보화(普化)선사는 일부러 임제 선사에게 귀의함으로써 임제 선사가 대중 가운데서 위엄과 명망을 누리며 대중이 믿고 따르게 하였습니다. 뒷날 임제가 종파를 이루자 보화는 떠나고자 했습니다. 보화는 그를 따르는 제자들에게 말하기를 자기는 어느 날 어느 곳에서 입적하겠다고 했습니다. 뒷날 그곳으로 보러 간 사람들이 너무나 많았기에 날짜를 바꿨습니다. 결과적으로 여전히 따르는 사람들이 너무나 많았습니다. 그렇지만 조금 줄어들었습니다. 그는 곧 다시 다른 날로 바꿨습니다. 이렇게 몇 번을 바꾸자 따르는 사람들이 많이 줄어들었습니다. 그는 마침내 떠나갈 수 있게 되었다고 결정하고는 스스로 관속으로 뛰어 들어갔습니다. 다들 관을 메었을 때에 몹시 가벼움을 느꼈습니다. 보니 사람 그림자는 없고 단지 공중에서 그가 평소에 흔들던 요령소리만이 전해왔습니다. 그가 이렇게 한 것이 바로 보신에 성취가 있는 것입니다.

30

21세기의 최대 위협은 정신병입니다. 특히 인터넷의 발전이 대단히 빠르고 또 몹시 두렵습니다. 이렇게 발전해가면 10년이 못되어 인류를 모두 환상(幻想)과 정신병의 세계로 이끌 것입니다. 그렇지만 당신은 막을 수 없습니다. 무슨 교육 무슨 의료로도 막을 수 없습니다. 이것은 크나큰 문제로서 전쟁보다도 두렵습니다. 무슨 수소폭탄보다도 더 두렵습니다.

지금은 정신병이 시작한 시대가 되었습니다. 저는 많은 어린 아이들이 정신에 문제가 있다는 사실을 발견하는데, 그 원인을 귀납하면 교육의 문제입니다. 한 국가와 사회의 흥망성패는 그 중점이 문화에 있으며 교육에 있습니다.

미래의 시대에는 속도를 추구하여 무엇이든지 다 빠르기를 바랄 것입니다. 기계가 발달하면 사람은 게을러집니다. 사람이 머리를 쓰지 않고 컴퓨터를 쓰면 사람은 점점 폐물로 변합니다. 사람은 모두 흐리멍덩해질 겁니다. 사람의 지혜가 그만큼 높으면 중생의 업력도 그만큼 높습니다. 이 두 가지는 상대적인 것입니다. 여러분들이 장생불로(長生不老) 법을 잘 닦아서 30년 후에 저의 말이 어떤지 보십시오. 그 때의 생활은 이미 지금 우리들의 생활형태가 아닐 것입니다. 변화해버리면 변화해버리는 것이어서 돌이킬 수 없습니다. 정말 강물이 동쪽으로 흘러가 돌아오지 않는다는 격입니다. 어떤 사람은 말하기를, "선생님! 선생님이 시대의 광란을 힘써 막아야 합니다! 선생님이 중류지주(中流砥柱)해야 합니다!"고 하는데 저를 속이지 말고 여러분이 나서서 구해보십시오. 여러분이 나서서 중류지주에 서 보십시오. 돌이킬 수도 없고 막을 수도 없습니다. 왜 그럴까요? 시대의 흐름의 대세이기 때문입니다. 방법이 조금도 없습니다. 이것이 이른바 대세지보살입니다! 막을 수 없습니다. 무엇이야말로 막을 수 있을까요? 아미타불, 아미타불이야말로 방법이 있습니다. 그 가운데의 도리는 스스로 깨달으십시오.

오늘 가슴이 답답하거나 머리가 아프다면 당신은 '나무아미타불'을 외워서 그 부분의 병 증상을 흩어버립니다. 위가 편치 않으면 중기(中氣)로써 나무아미타불을 외웁니다. 허리 부분이 편치 않다면 단전기(丹田氣)로써 가라앉혀 나무아미타불을 외웁니다. 안경을 벗어버리고 눈을 가늘게 뜨고 밖을 보지 않고 귀를 되돌려 일심불란(一心不亂)하게 오로지 자기의 소리만 듣습니다. 외워가다 보면 당신의 온 방의 사면이 온통 광명입니다.

31

진정한 복보는 무엇일까요? 청정무위(淸淨無爲)입니다. 마음속에 번뇌도 없고 슬픔도 없으며 얻음도 잃음도 없으며 영광도 치욕도 없습니다. 정면 반면 두 가지가 없어서 영원히 시비(是非)가 항상 평정(平靜)한 것이 이른바 상계(上界)의 복보인 청복(淸福)입니다.

청복은 사람마다 다 있습니다. 우리는 누구나 한가한 시간이 있지만 하루 종일 한가하게 집에 있으면 한가함을 견뎌내지 못합니다. 그래서 눈물을 흘립니다. 마치 자신이 사회적으로 잊혀진 것 같습니다. 그는 청복이 있어도 누릴 줄 모릅니다.

부처님을 배워 공성(空性), 자성의 청정무위, 대지혜의 성취를 증득해야 진정한 복보라 할 수 있습니다. 진정한 복보는 그렇게 구하기 어려울까요? 아주 쉽습니다! 그렇지만 사람이 이런 복보가 있는 때가 되면 오히려 바라지 않고 모두들 자신이 번뇌를 찾고 있습니다.

저의 경우는 예전에 아미산에서 폐관을 했는데, 산에서 지낸 3년 동안에 인간세상의 일생의 청복(淸福)을 이미 다 누렸습니다. 그러므로 저는 제 일생동안의 복은 그 뒤로부터는 사라졌다고 말합니다. 여러분들은 벼슬하고 돈 버는 것을 복이 있다고 생각하지만 제가 보기에는 복이 없습니다. 진정한 복은 청복입니다.

32

열반은 여래자성(如來自性)의 다른 이름입니다. 열반은 생명을 원래로 자리로 회귀시키는 것입니다. 예를 들면 얼음을 녹여서 물로 변화시키는 것과 같습니다. 열반은 또 적멸(寂滅)하다는 뜻입니다. 적멸은 본래 청정하고 본래 적정(寂靜)하다는 뜻입니다. 열반은 사망이 아닙니다. 영원히 존재하는 것입니다. 석가모니 부처님이 정말로 세상을 떠났다고 생각해서는 안 됩니다. 떠나지 않았습니다. 부처님은 온 바가 없고 간 바가 없습니다.

저자 소개

남회근(南懷瑾) 선생은 1918년 중국 절강성 온주(溫州)에서 태어났다. 어릴 적부터 서당식 교육을 받아 17세까지 사서오경 제자백가를 공부하였다. 절강성성립국술원에 입학하여 2년간 무술을 배웠고 문학 서예 의약 역학 천문학 등도 두루 익혔다. 1937년 국술원을 졸업하였다. 그 후 중앙군관학교 교관직을 맡았으며, 금릉(金陵)대학 대학원에서 사회복지학을 연구하였다.

25세 때인 1942년에 스승인 원환선(袁煥仙) 선생이 사천성 성도(成都)에 창립한 유마정사(維摩精舍)에 합류하여 의발제자가 되었다. 1942년부터 1944년까지 3년간 사천성 아미산 중봉에 있는 대평사(大坪寺)에서 폐관 수행하며 팔만대장경을 완독하였다. 28세 때인 1945년 티베트 밀교의 여러 종파의 고승들을 참방하고 밀교 상사로 인가 받았다. 그 후 운남(雲南)대학과 사천(四川)대학에서 한동안 강의하였다. 30세 때인 1947년 고향에 돌아가 사고전서(四庫全書)와 고금도서집성(古今圖書集成) 등을 읽었다.

1949년 봄에 대만으로 건너가 문화(文化)대학, 보인(輔仁)대학 등 여러 대학과 사회단체에서 강의하며 수행과 저술에 몰두하였다. 또 노고문화사업공사(老古文化事業公司)라는 출판사를 설립하고 불교연구단체인 시방(十方)서원을 개설하였다.

1986년 대만을 떠나 미국으로 다시 홍콩으로 다시 2004년 대륙으로 이주하여 활동하였다. 강소성 오강에 태호대학당(太湖大學堂)을 창건하여 머물며 교육 문화 연구 등의 활동을 해오다 2012년 9월 29일 세상을 떠났다. 다비 후 온전한 두개골과 혀 사리, 그리고 1백여 과의 사리자를 거두었다.

논어별재 등 출판된 저작이 2018년 12월 현재 60여 종 80권에 이른다. 좀 더 자세한 소개는 『생과 사 그 비밀을 말한다』와 『중용 강의』

부록을 참조하기 바란다.

번역자 송찬문(宋燦文)

1956년생으로 금융기관에서 20년 근무하였다. 대학에서 중어중문학을 전공했으며 1990년 대만담강대학 어학연수, 1991년 대만경제연구원에서 연구하였다. 1998년 이후 유불도 삼가 관련 서적들을 번역 중이다.

번역서로는 남회근 선생의 『논어강의』, 『생과 사 그 비밀을 말한다』, 『선정과 지혜 수행 입문』, 『원각경 강의』 등이 있으며,

편역 저서로는 『21세기 2천자문』, 『삼자소학』, 『그림으로 배우는 한자 첫걸음』, 『나무아미타불이 팔만대장경이다』가 있다.

다음카페 홍남서원 (http://cafe.daum.net/youmawon)

e-mail : youmasong@naver.com

마하연의 책들

1. 나무아미타불이 팔만대장경이다 송찬문 엮음

참선법문과 염불법문은 어떻게 다른가? 나무아미타불의 심오한 의미는 무엇인가? 극락세계는 어떤 곳인가? 왜 염불법문이 뛰어난가? 등 염불법문의 기본교리를 이해하도록 이끌어 준다.

2. 생과 사 그 비밀을 말한다 남회근 지음, 송찬문 번역

생사문제를 해설한 기록으로 사망에 대해서부터 얘기를 시작하여 사람의 출생을 설명한다. 인간의 정상적인 생명의 윤회환생 변화를 기준으로 말한 것으로, 불

법의 원리에서 벗어나지 않지만 종교의식에 물들지 않고 순수하게 생명과학의 입장에서 한 상세한 설명이다. 진귀한 자료로서 자세하고 명확하여 독자의 마음속에 있는 적지 않는 미혹의 덩어리를 풀어준다.

3. 원각경 강의 남회근 지음, 송찬문 번역

원각경은 인생의 고통과 번뇌를 철저히 해결해주는 경전으로서, 어떻게 수행하여 성불할 것인가를 가리켜 이끌어 주는 경전이다. 남회근 선생의 강해는 쉽고 평이하면서도 어떻게 견성할 것인가와 수행과정에서의 문제들을 분명히 가려 보여준다. 참선을 하려거나 불교를 연구하고자 하는 사람이 반드시 보아야 할 책이다.

4.. 논어 강의 (상, 하) 남회근 지음, 송찬문 번역

논어로 논어를 풀이함으로써 지난 2천년 동안 잘못된 해석을 바로잡은 저자의 독창적인 견해가 담긴 대표작이다. 동서고금과 유불도 제자백가를 넘나들면서 흥미진진한 강해를 통해 고유문화의 정수를 보여주어 현대인들로 하여금 전통문화를 이해하게 하고 나아가 미래를 창조하게 하는 교량 역할을 한다.

5. 역사와 인생을 말한다 남회근 지음, 송찬문 번역

논어별재(論語別裁), 맹자방통(孟子旁通), 노자타설(老子他說) 등 남회근 선생의 여러 저작들 가운데서 생동적이며 유머가 있고 뛰어난 부분들을 골라 엮은 책으로 역사와 인생을 담론하고 있다

6. 선(禪)과 생명의 인지 강의 남회근 지음, 송찬문 번역

생명이란 무엇일까요? 당신의 생명은 무엇일까요? 선은 생명 가운데서 또 어떠할까요? 당신은 자신의 지성(知性)을 이해합니까? 당신은 자신의 생명을 장악할 수 있습니까? 범부를 초월하여 성인의 영역으로 들어가고 싶습니까? 그 가장 빠른 길은 무엇일까요? 등, 선과 생명과학과 인지과학에 대한 강의이다.

7. 선정과 지혜 수행입문 원환선 남회근 합저, 송찬문 번역

원환선 선생과 그 문인인 남회근 선생이 지관수정(止觀修定)에 대하여 강의한 기록을 모아 놓은 책이다. 선 수행자나 정토 수행자에게 올바른 지견과 진정한 수행 방법을 보여 주는 것으로 초학자에게 가장 적합하다.

8. **입태경 현대적 해석** 남회근 지도, 이숙군 역저, 송찬문 번역

사람이 모태에 들어가기 전에 자기의 부모를 인식할까요? 모태에 있을 때 어떤 과정을 거칠까요? 모태에 있을 때 교육을 받아들일 수 있을까요? 모태에 있을 때 심신은 어떻게 변화할까요? 이런 문제 등을 논술하고 있는 입태경은 인간 본위의 생명형성의 심신과학을 내포하고 있으며 범부를 뛰어넘어 성자가 되는 관건을 언급하고 있음에도 1천여 년 동안 마땅한 중시를 받지 못했습니다. 그래서 저자는 남회근 선생의 치밀한 지도 아래 입태경을 현대의학과 결합하는 동시에 전통 중의학 개념과도 일부 결합하여 풀이합니다. 태교부분에서는 3천여 년 전부터 현대까지를 말하면서 동서의학의 태교와 태양의 정화를 융합하고 있습니다. 그러므로 이 책은 부모 되는 사람은 읽지 않으면 안 되며 심신과학에 흥미가 있는 사람이라면 더더욱 읽어야 합니다.

9. **장자 강의(내편) (상, 하)** 남회근 강술, 송찬문 번역

장자 내7편에 대한 강해이다. 근대에 많은 학자들이 관련된 주해나 어역(語譯)이나 주석 같은 것들을 참고로 읽어보면 대부분은 문자적인 해석이거나 다른 사람의 주해를 모아 논 것일 뿐 일반 독자들의 입장에서 보면 사실 그 속으로부터 이익을 얻기가 어렵다. 남회근 선생은 청년 시기에 이미 제자백가의 학문을 두루 연구했고 30대에는 경전 도법(道法)에 깊이 들어가 여러 해에 걸쳐서 몸소 힘써 실제 수증하였다. 그러므로 그의 장자강해는 경사자집(經史子集)에서 노닐고 있다. 또 통속적인 말로써 깊은 내용을 쉽게 풀어내서 독자 청중을 위하여 문을 열어주고 있다. 남선생의 강의가 따로 일가의 품격을 갖췄다고 일컫더라도 과분한 칭찬이 되지 않을 것 같다.

10. **능엄경 대의 풀이** 남회근 술저, 송찬문 번역

옛사람이 말하기를 "능엄경을 한 번 읽은 뒤로부터는 인간세상의 찌꺼기 책들을

보지 않는다" 고 했듯이, 이 경은 우주와 인생의 진리를 밝히는 기서(奇書)이며, 공(空)의 이치를 깨달아 들어가는 문이자, 단계적인 수행을 거쳐 최후에 부처의 과위에 이르기까지 거울로 삼아야 할 경전이다. 옛날부터 난해하기로 이름난 이 경전을 현대적 개념으로 대의만 풀이했다.

11. 유마경 강의 (상, 중, 하) 남회근 강술, 송찬문 번역

어떤 사람은 말하기를, 유마경을 조금 읽고 이해하고 나면 마음의 크기가 자기도 모르는 사이에 확대되어서, 더 이상 우리들이 생활하는 이 사바세계에 국한하지 않고, 동경하는 정토세계에도 국한하지 않으며, 무한한 공간에까지 확대될 것이라고 합니다. 또 어떤 사람은 말하기를, 이 경전은 온갖 것을 포함하고 있어서 당신이 부처님을 배우면서 어떻게 해야 할지 모를 때에는 당신에게 줄 해답이 본 경전에 들어있으며, 당신이 사리(事理)를 이해하지 못할 때에는 당신에게 줄 해답도 본 경전에 들어있다고 합니다. 남회근 선생이 1981년에 시방서원에서 출가자와 불교도를 위주로 했던 강의로 수행방면에 중점을 두었기 때문에 일반적인 불경강해와는 다르다. 유마경은 현대인들에게 원전경문이 너무 예스러운데 남선생은 간단명료한 말로써 강해하였기에 독자들이 이해하기 쉽다.

12. 호흡법문 핵심 강의 남회근 강의, 유우홍 엮음, 송찬문 번역

남회근 선생은 석가모니불이 전한 가장 빠른 수행의 양대 법문이 확실하고 명확함을 얻지 못한 것이 바로 수행자가 성공하기 어려웠던 주요 원인이라고 보고 최근 수년 동안 남선생님은 수업할 때 항상 '달마선경(達磨禪經)' 속의 16특승안나반나(特勝安那般那)법문의 해설과 관련시켰다.

이 책은 남회근 선생님의 각 책과 강의기록 속에 여기저기 흩어져 보이는 안나반나 수행법을 수집 정리하여 책으로 모아 엮어서 학습자가 수행 참고용으로 편리하도록 한 것이다.

13. 중용 강의 남회근 저 송찬문 번역

자사(子思)가 『중용(中庸)』을 지은 것은 증자의 뒤를 이어서 「곤괘문언(坤卦文言)」

과 『주역』「계사전(繫辭傳)」으로부터 발휘하여 지은 것입니다. 예컨대 『중용』이 무엇보다 먼저 제시한 '천명지위성(天命之謂性)'으로부터 '중화(中和)'까지는「곤괘문언」에서 온 것입니다. 이런 학술적 주장은 저의 전매특허입니다."

남회근 선생의 강해는 '경문으로써 경문을 주해하고[以經註經]', 더 나아가 '역사로써 경문을 증명하는[以史證經]' 방법으로 『중용』을 융회관통(融會貫通)하고 그 심오한 의미를 발명하여 보여주고 있다.

14. 도가 밀종과 동방신비학 남회근 저 송찬문 번역

본서의 각 편은 비록 남선생님의 40여 년 전의 저술이지만, 오늘날 다시 읽어보면 그 문자가 간략하면서 내용이 풍부하고 조리가 분명하여서 사람들로 하여금 밀종과 각 방면에 대해서 마음이 확 트이는 느낌을 갖게 합니다. 문화를 배우고 밀법(密法)을 배우고 불법을 배우는 독자들에게 이 책은 아마 없어서는 안 될 것으로 여겨도 될 것입니다.